諸子學刊

第七輯

《諸子學刊》編委會 編
方勇 主編
華東師範大學先秦諸子研究中心 主辦

選堂題

上海古籍出版社

諸子學刊（第七輯）

**顧問：**
饒宗頤（香港）

**名譽主編：**
李學勤

**主編：**
方　勇

**副主編：**
陳　致（香港）

**學術委員會：**

| | | | |
|---|---|---|---|
| 方立天 | 尹振環 | 王鍾陵 | 王葆玹 |
| 池田知久[日本] | 余英時[美國] | 李澤厚 | 李　零 |
| 李炳海 | 周鳳五（臺灣） | 周勳初 | 林其錟 |
| 卿希泰 | 涂光社 | 孫以昭 | 徐儒宗 |
| 莊錦章（香港） | 陸永品 | 陳鼓應（臺灣） | 陳麗桂（臺灣） |
| 陳廣忠 | 張雙棣 | 張　覺 | 許抗生 |
| 崔大華 | 曹礎基 | 畢來德[J.F.Billeter, 瑞士] | |
| 湯一介 | 森秀樹[日本] | 裘錫圭 | 蜂屋邦夫[日本] |
| 廖名春 | 鄧國光（澳門） | 熊鐵基 | 劉笑敢（香港） |
| 劉楚華（香港） | 鍾肇鵬 | 譚家健 | 龐　樸 |
| 嚴壽澂[新加坡] | | | |

**編輯委員會：**

| | | | |
|---|---|---|---|
| 丁一川 | 尤　鋭[Yuri Pines, 以色列] | | 白　奚 |
| 史嘉柏[David Schaberg, 美國] | | 朱淵清 | 何志華（香港） |
| 李美燕（臺灣） | 尚永亮 | 林啟屏（臺灣） | 胡曉明 |
| 姜聲調[韓國] | 高華平 | 徐興無 | 陳少峰 |
| 陳引馳 | 陳繼東[日本] | 黃人二 | 傅　剛 |
| 湯漳平 | 楊國榮 | 趙平安 | 橋本秀美[日本] |
| 簡光明（臺灣） | 橋本秀美[日本] | 顧史考[Scott Cook, 美國] | |

（以上皆按姓氏首字筆畫排列）

執行編輯：葉蓓卿

封面題簽：集蔡元培字

扉頁題字：饒宗頤

# 目　　錄

先秦諸子思潮的開端 ………………………………………………… 張　涅（1）

諸子人文思想的原始意義及歷史演變 ………………………………… 郝　雨（13）

論諸子的文本結構及其學術意義
　　——以張載《正蒙》為例 ……………………………………… 李似珍（27）

論治諸子 ……………………………………………………………… 姚奠中（37）

天人之思：孔子"志於道"思想再審視 ……………………………… 張永祥（43）

漢代黃老思想的學術生態及其對儒學的影響 ………………………… 孫少華（55）

從"輔萬物之自然"到"無以人滅天"
　　——道家對人類中心觀念的反思 …………………………………… 白　奚（69）

莊子的養生之道 ……………………………………………………… 陸永品（81）

莊子的山水觀 ………………………………………………………… 孫以昭（93）

論莊子應世思想中的"我"與"他人" ……………………（臺灣）江美華（103）

《莊子》中的宋人形象考說 …………………………………………… 賈學鴻（119）

《莊子》中的豫東方言與民俗 ………………………………………… 劉洪生（131）

宋人對《莊子·養生主》首段的探究 …………………………[韓國]姜聲調（147）

《莊子》政治批判的現代意義 ………………………………………… 涂光社（161）

《莊子》研究創新芻議 ………………………………………………… 王鍾陵（179）

嵇康莊學析論 ……………………………………………（臺灣）蔡忠道（185）

《列子釋文》考辨 ……………………………………………………… 劉佩德（199）

再談名家學派思想的基本特徵 ………………………………………… 許抗生（205）

荀子人性論重詁 ……………………………………………………… 耿振東（209）

"可以而不可使"
　　——以《荀子·性惡》為中心的詮釋 …………………………… 東方朔（217）

國粹學派與墨學
　　——以章太炎、劉師培爲中心 ………………………… 張永春（237）
《商君書》明刻本考述 ……………………………………… 張　覺（259）
《韓非子》的"辯證法"和"邏輯學"析評 …………………… 楊俊光（271）
韓非子的進言術
　　——從進言術看知言 ………………………………… 尹振環（293）
《吕氏春秋》題解 …………………………………………… 劉生良（301）
論《吕氏春秋》的編撰背景 ………………………………… 延娟芹（309）
宋本《春秋繁露》書後 ……………………………………… 鍾肇鵬（323）
司馬父子對先秦西漢諸子學術體系的構建 ……………… 陳廣忠（325）
《史記》與戰國遊説之關係 ………………………… [美國] 史嘉柏（339）
《劉子》的版本及其作者問題 ……………………………… 林其錟（349）
"一家之言"與《金樓子》 …………………………………… 陳志平（367）
李贄編纂《孫子參同》的時地和動機 …………… 李桂生　郭　偉（385）

## 書　評

旨在傳世的《子藏》工程 …………………………………… 徐志嘯（403）
"爲後來學莊者節省了半生精力"
　　——評方勇教授《莊子纂要》 ……………………… 包兆會（407）

## 《子藏》工程動態

爲諸子學全面復興而努力
　　——在"先秦諸子暨《子藏》學術研討會"上的發言 … 方　勇（411）
古籍整理與中華文化傳承創新
　　——在"先秦諸子暨《子藏》學術研討會"上的發言 … 傅璇琮（415）
抓住機遇　共興子學
　　——"先秦諸子暨《子藏》學術研討會"綜述 ……… 李秀華（419）

稿約 …………………………………………………《諸子學刊》編委會（425）
編後語 ………………………………………………《諸子學刊》編委會（427）

# Contents

The Beginning of Early Chinese Philosophic Thought ………………… Zhang Nie ( 1 )
The Original Significance and Historical Evolution of Humanistic Thoughts among
　Early Chinese Philosophers ……………………………………… Hao Yu ( 13 )
The Textual Structure of Early Philosophies and Its Academic Significance: A Case
　Study of Zhang Zai's *Zhengmeng* ……………………………… Li Sizhen ( 27 )
On the Study of Early Philosophers ……………………………… Yao Dianzhong ( 37 )
Thoughts on Heaven and Man: A Reexamination of the Confucian Idea of
　"Zhiyudao" ……………………………………………………… Zhang Yongxiang ( 43 )
The Huang-Lao School during the Han Dynasties and Its Impact on Ruism
　………………………………………………………………… Sun Shaohua ( 55 )
From "Helping the Myriad Creatures to Be Natural" to "Not Letting What Is
　Human Destroy Nature": A Reflection on Taoist Human-emphasis Conception
　………………………………………………………………………… Bai Xi ( 69 )
On Zhuang Zi's Way of Cultivation ……………………………… Lu Yongpin ( 81 )
Zhuang Zi's Perception of Mountains and Waters ……………… Sun Yizhao ( 93 )
On "I" and "Others" in Zhuang Zi's Secular Thought …… Jiang Meei-Hwa (Taiwan) (103)
On the Image of Men from State of Song in the *Zhuang Zi* ………… Jia Xuehong (119)
The Dialectal Remnants and Folk Customs of Eastern Honan as Recorded in
　*Zhuang Zi* …………………………………………………… Liu Hongsheng (131)
An Exploration of the First Paragraph of the "The Fundamentals for the
　Cultivation of Life" by the Song Dynasty Scholars …… Kang Seong-Jo (Korea) (147)
The Modern Significance of Political Criticism in *Zhuang Zi* ……… Tu Guangshe (161)
An Attempted Discussion on the Innovative Research of *Zhuang Zi*
　……………………………………………………………… Wang Zhongling (179)

An Analysis on Xi Kang's Study of *Zhuang Zi* ·········· Tsai Chung-tao (Taiwan) (185)
A Textual Study of *Lie Zi shiwen* ···················································· Liu Peide (199)
A Reexamination of Fundamental *Sophist* School Thought ·········· Xu Kangsheng (205)
A New Interpretation on Xun Zi's Theory of Human Nature ······ Geng Zhendong (209)
"Capable of Doing on One's Own Will, but Incapable on That of Others'": An
  Exegesis of *Xun Zi* Focusing on the Chapter "On the Evilness of Human Nature"
  ·········································································· Dongfang Shuo (217)
The School of Classical Learning and the Mohists: On the Cases of Zhang Taiyan
  and Liu Shipei ········································································· Zhang Yongchun (237)
A Study of the Ming Dynasty Edition of the *Shang Jun Shu* ············· Zhang Jue (259)
On the "Dialectics" and "Logics" in the *Han Feizi* ···················· Yang Junguang (271)
On Han Fei's Skills of Persuasive Argumentation ···················· Yin Zhenhuan (293)
On the Title of "Lvshi Chunqiu" ·············································· Liu Shengliang (301)
On the Background of the Compilation of *Lvshi Chunqiu* ············· Yan Juanqin (309)
Postscript to the Song Edition of *Chunqiu Fanlu* ···················· Zhong Zhaopeng (323)
The Simas' (Tan and Qian) Reconstruction of the Academic World of the Pre-Qin,
  Qin and Western Han Times ················································· Chen Guangzhong (325)
*The Grand Scribe's* Records and Its Relations to the Persuasive Argumentation of
  the Warring States ······························································ David Schaberg (339)
On the Authorship and Editions of *Liu Zi* ······························· Lin Qitan (349)
"One Scholar's Words" and *Jinlou Zi* ···································· Chen Zhiping (367)
The Time, Venue and Motivation of Li Zhi when He Compiled *Sun Zi Cantong*
  ············································································ Li Guisheng and Guo Wei (385)

## Reviews

Aiming on Perpetual Value: The Project of *Zi Zang* ····················· Xu Zhixiao (403)
Saving One's Energy on the Study of *Zhuang Zi*: A Review on Fang Yong's
  *Zhuangxue Zuanyao* ······················································· Bao Zhaohui (407)

## Project of *Zi Zang*

Contributions to the Revival of Early Chinese Philosophic Studies: A Speech from
  the Conference on Early Chinese Philosophers and the *Zi Zang* Project
  ·········································································································· Fang Yong (411)
Chinese Classical Studies and Heritage and Innovation in Chinese Culture: A

Speech from the Conference on Early Chinese Philosophers and the *Zi Zang* Project ·················································································· Fu Xuancong (415)

Take the Good Opportunity, and Allow the Study of Early Chinese Philosophers to Flourish: Remarks from the Conference on Early Chinese Philosophers and the *Zi Zang* Project ·················································································· Li Xiuhua (419)

Submission of Manuscripts ··························································· Editorial Committee (425)

Postscript ·································································································· Editorial Committee (427)

# 先秦諸子思潮的開端

張 涅

先秦思想的萌芽,大概與中國文化的起源同時發生。在發掘出的甲骨文、鐘鼎文中,就有大量敬畏"天"、"帝"的表達。至於《詩經》、《尚書》、《春秋》等文獻,人文的意義已經極為濃烈。但是,講先秦諸子思潮的開端,則時期當定在春秋末無疑,因為這一階段誕生了有系統思想的士人,他們的著作經過其弟子後學的整理傳承也留存至今。學界有爭議的,是開端時期代表人物的認定,即是誰開啟了先秦諸子爭鳴的大幕。這個爭議涉及對諸子思想特質、先秦思想史源流等問題的再認識,不乏意義,故試作探討。偏陋之處,祈方家指正!

## 一、孔子和孫子開啟了先秦諸子思潮

關於先秦諸子思潮開端的問題,最早在《莊子·天下》篇有所闡述。《天下》篇記述道:"古之所謂道術者,果惡乎在? 曰:'無乎不在。'曰:'神何由降? 明何由出?''聖有所生,王有所成,皆原於一。'……天下大亂,賢聖不明,道德不一,天下多得一察焉以自好。……是故內聖外王之道闇而不明,鬱而不發,天下之人各為其所欲焉以自為方。悲夫,百家往而不反,必不合矣! 後世之學者,不幸不見天地之純,古人之大體,道術將為天下裂。"在這段文字後,依次介紹了墨翟、禽滑釐、宋銒、尹文、彭蒙、田駢、慎到、關尹、老聃,莊周,惠施六家的學說。這裏的意思很明白:先秦學術思想史分為"道術"和"方術"兩個階段。"方術"階段,"天下多得一察焉以自好","各為其所欲焉以自為方","道術將為天下裂",即百家爭鳴,而這個階段從墨子才開始。墨子之前的孔子及其弟子,在"原於一"的道術階段,不屬於相互爭鳴的百家之一。

《漢書·藝文志》也有相似的記載:"昔仲尼沒而微言絕,七十子喪而大義乖。……戰國從衡,真偽分爭,諸子之言紛然殽亂。"即說明孔子以後才進入諸子爭鳴時代。墨子的生卒年稍晚於孔子[①],則也指示墨家思想的誕生標誌着諸子時代的來臨。

---

① 參見錢穆《墨子生卒考》,載《先秦諸子繫年考辨》,河北教育出版社2002年版。

到梁代的劉勰,則明確提出諸子始於鬻子的觀點,他說:"子目肇始,莫先於茲。"(《文心雕龍·諸子》)後來逢行珪《進鬻子表》、柳伯存《意林序》等承其說。但是《鬻子》書早已亡軼,今所存為輯佚本,且意義淺陋,其對戰國諸子的影響也無從尋覓。

現代以來,孔子從聖人的位置回歸為諸子之一①,從而以孔子為諸子開端的觀點影響很大。例如馮友蘭說:"在中國哲學史中,孔子實占開山之地位。"②張岱年也說:"中國哲學之創始者,當推孔子。……孔子是集過去時代之學問思想之大成的人,而又是一個新時代的開創者。"③另有一些學者則認為孔子學於老子,且《老子》一書更具有哲學特徵,故而認為子學始於老子。例如胡適著《中國哲學史大綱》,"老子"篇放在"孔子"篇之前。④陳鼓應闡述道:"老子是中國第一位哲學家,因為老子第一個建立了相當完整的形而上學體系。老子提出的'道'的概念,開創了中國哲學本體論和宇宙論的先河。"⑤周山也說:"雖然,《老子》作者老聃的生卒年無法確定,但是,子學思潮的起點,卻應從他開始。"⑥

但是,諸子時代的思想特徵是相互間激烈的爭鳴,因此許多專家認為開端期不應只是孔子或老子中的一位。其中又有四種說法影響較大:(1)認為是孔子與墨子。例如侯外廬的《中國古代思想學說史》說:"孔墨顯學"為子學開端,隨後為"繼承儒家傳統的孟、荀學派,繼承墨家傳統的後期墨學,排拒儒墨(或兼採)的老、莊形而上學,把儒墨現實的異同爭辯,還原為形式的異同名辯之名家,攝取儒墨道名傳統而師今世的法家"⑦。牟宗三也說:"諸子的思想首先出現的是儒家,然後是墨家,所以最先是儒墨相對立。道家是後起的,法家更是後起的。"⑧ (2) 主張是老子與孔子。例如梁啟超曾說:"全盛時代,以戰國為主,而發端實在春秋之末。孔北老南,對壘互峙。"⑨ (3) 認為是老子、孔子與墨子三者。例如楊東蓴著《中國學術史講話》,在第二講"學術思想的解放與分野"中先介紹這三家學說並作綜論⑩,顯然以此為子學的

---

① 章太炎演講、曹聚仁整理《國學概論》:"《論語》,後人稱之為'經',在當時也只算是子書。"上海古籍出版社1997年版,第30頁。
② 馮友蘭《中國哲學史》(上冊),華東師範大學出版社2000年版,第19頁。
③ 張岱年《中國哲學大綱》,中國社會科學出版社1982年版,第10頁。
④ 胡適《中國哲學史大綱》,上海古籍出版社1997年版。
⑤ 干春松《道家是中國哲學史的主幹——訪陳鼓應先生》,載《哲學動態》1994年第11期,第5頁。
⑥ 周山《子學思潮》,上海社會科學出版社2006年版,第72頁。另,呂思勉先生曾認為:"最早者農家,沿襲簡陋(時代或地域)之農業社會之思想。"(《國學概論》,載黃永年記《呂思勉文史四講》,中華書局2008年版,第158頁。)此學理不足,且無文獻證據。
⑦ 侯外廬《中國古代思想學說史》,遼寧教育出版社1998年版,第19頁。
⑧ 牟宗三《中國哲學十九講》,上海古籍出版社1997年版,第54頁。此觀點前人就有,例如《淮南子·俶真訓》記:"周室衰而王道廢,儒、墨乃始列道而議,分徒而訟。""列道"即"裂道",即認為是儒、墨兩家相爭。
⑨ 梁啟超《論中國學術思想變遷之大勢》,上海古籍出版社2001年版,第18頁。
⑩ 楊東蓴《中國學術史講話》,江蘇教育出版社2005年版。

開端。(4)還有學人特別重視名家思想,提出以老子、孔子和鄧析為子學開端。例如王錦民認為:"老子、孔子與鄧析,均當春秋末,分別為道家、儒家和名家之開創者。老子、孔子、鄧析三子可以視為先秦諸子之宗源,其後之諸子,或為此三子之傳承流變,或者另有所出,而立學立說必取資於三子。"①

從這些觀點看,先秦諸子開端期的思想矛盾主要集中在孔、墨與孔、老之間。這種認識很有意義,因為其中不但揭示了他們基本觀點的矛盾(如孔子的"仁愛"與墨子的"兼愛",孔子的"仁義"與老子的"道德"),而且指示了各自社會立場的不同。他們反映了不同類別的社會成員的價值觀。孔子與墨子的矛盾,是貴族階級的理念與平民階級的需要的衝突;老子與孔子的矛盾,則是貴族階級內部的分野。

但是,這些觀點的局限性也是顯然的,即其停留在社會政治的領域,着重就他們的政治人生論以及社會影響而言。無疑,諸子思想立足於社會層面,着重思考群體社會的規範形式和個體活動的價值意義。但是,我們都知道,他們的思考拓展到了經濟、軍事、教育等領域,而且在其中滲透着各自思想和認識的方式,可以說,先秦諸子所創造的是一個民族最本質的文化精神。先秦諸子思想何以有如此巨大深刻的影響,被稱作創造了一個軸心時代②,是因為他們確立了民族的文化精神,為後代昭示了思想的方式。所謂文化精神,是物質文明基礎上的觀念意識的集中體現,是落實在倫理道德、審美感受、人格取向等方面,滲透在所有文化活動中的價值內核;其指導着方方面面的實踐活動,並且決定了文化創造的品質。而思想方式,則是精神活動最基本的路徑,相當程度上限定了認識的方向和範圍。顯然,所有的社會政治觀點都是文化精神的表現、思想方式的實踐。作為開端期的某位士人,自然是繼承殷商以來的文化傳統,昭示了某一種文化精神,表現出某一種思想方式,從而被其後的諸子所繼承、所批判吸納,並深刻地影響了之後的中國歷史。從這個層面上講,上述局限在社會政治領域的觀點似有所欠缺,我們還可以作出新的界定和疏理。由此,筆者的認識是,先秦諸子思潮開端期最重要的是孔子和孫子兩位,前人缺略孫子實為不周③。

---

① 王錦民《古學經子》,華夏出版社 2008 年版,第 248 頁。
② 卡爾·雅斯貝爾斯把西元前 500 年前後同時出現在中國、西方和印度等地區的人類文化突破現象稱為"軸心時代"。他說:"在中國,孔子和老子非常活躍,中國所有的哲學流派,包括墨子、莊子、列子和諸子百家,都出現了。""這個時代產生了直至今天仍足我們思考範圍的基本範疇。"(《歷史的起源與目標》,魏楚雄、俞新天譯,華夏出版社 1989 年版,第 8、9 頁。)
③ 有一些學者已經把《孫子兵法》列入春秋後期重要思想著作專章論述,例如郭齊勇主編《中國哲學史》(高等教育出版社 2006 年版)、劉文英主編《中國哲學史》(南開大學出版社 2002 年版),但是仍未重視其對於戰國諸子思想的開啟意義。另何炳棣《有關〈孫子〉〈老子〉的三篇考證》(臺灣中研院近史所 2002 年版),提出"《孫子兵法》是中國現存最古的私家著述"、"老子辯證思維源於《孫子兵法》"等觀點,惜也未展開進行深入論證。

孫子的生平約與孔子同時①。現代諸多學者討論諸子思想時把孫子排除在外，可能一方面是受《漢書·藝文志》的影響，《藝文志》承自《七略》，《七略》中有"諸子略"，也有"兵書略"，把兵家獨立於諸子之外。另一方面，大概是認為孫子講的是軍事思想，與一般的社會政治領域無關。這兩方面認識都甚偏誤。軍事活動本身是社會政治活動的重要組成部分，《商君書·戰法》說："凡戰法，必本於政勝。"即闡述了軍事與政治的密不可分的關係。克勞塞維茨說得更直白："戰爭無非是政治通過另一種手段的繼續。"②在先秦，軍事活動極為頻繁，春秋時期也沒有職業軍人，將軍由君王、貴族擔任，軍政合一，政治活動的規則拓展到軍事活動中，軍事活動的要求又反作用於政治，促使政治變革。到了後代，軍事才作為特定領域的特定活動從社會政治的一般活動中獨立出來。漢代的"兵書略"獨立於"諸子略"，即是歷史發展的結果。這相當於後代教育學、經濟學、法律學、倫理學等從政治活動中分割開來一樣③。因此，現代學者討論先秦諸子思想不宜缺略孫子。呂思勉說："論先秦學術，實可分為陰陽、儒、墨、名、法、道德、縱橫、雜、農、小說、兵、醫十二家也。"④他把兵家與儒、墨等家並列認識，當合乎該時期政治思想史的客觀事實。

當然，本文講先秦諸子思潮的開端特別地把孫子提取出來，不只是因為他與孔子同一時代，以及該時代軍事活動的普遍性、對於政治的重要性，而是認為其與孔子代表了兩種不同的文化精神和思想方式，且這兩種文化精神和思想方式被其後的諸子各取所需，構成百家爭鳴的內質。《左傳》成公十三年說："國之大事，在祀與戎。""祀"即祭祀活動，蘊含着信仰的素養；"戎"是軍事活動，特別要求理性精神。從文明的發展過程看，人類早期絕對地信仰上天神靈，戰爭的要求和結果也按天意來解釋；隨着經驗活動和認識的增加，現實理性得以加強。其中的軍事活動，因為以生命和榮譽為代價，最具有功利性，反思也就最為深入。像子魚等人就是基於殘酷的經驗教訓，批判宋襄公"不以阻隘"、"不鼓不成列"（僖公二十二年）的軍事觀點。這種對於戰爭性質和規律的認識，最集中地體現了功利理性的精神，而《孫子兵法》最為典範。而且，其中的思想方式也各有示範性：孔子信仰精神的表達是先奉有天道，自上而來；孫子功利理性的認識則基於經驗層面，自下而上。戰國諸子的思想表現實不外乎這兩個方面。

---

① 參見郭化若《孫子譯注》"前言"，上海古籍出版社1984年版。
② 克勞塞維茨著、中國人民解放軍軍事科學院譯《戰爭論》（第一卷），商務印書館1991年版，第43頁。
③ 鄭良樹《論兵家的起源及其學術領域的開拓》說到："雖然《漢志》將兵書置於諸子之外，不過，劉向及班固在處理這批材料時，似乎有意將它們當子書來看待。《兵書略序》說：'兵家者，蓋出古司馬之職，王官之武備也。'這樣的序列方式和推說語氣，除了《諸子略》之外，其他諸略不見，可見劉、班在意識形態上是把兵書、兵家當諸子來處理。"（載《諸子著作年代考》，北京圖書館出版社2001年版，第77頁。）此論述有理。
④ 呂思勉《先秦學術概論》，中國大百科全書出版社1985年版，第15頁。

## 二、孔子承自天道的價值信仰

認識孔子信仰的精神,一般總是提到他有关"天"的語録,如《述而》篇"天生德於予,桓魋其如予何",《子罕》篇"文王既沒,文不在茲乎?天之將喪斯文也,後死者不得與於斯文也;天之未喪斯文也,匡人其如予何"。確實,這些語録明確表達出孔子信仰天道、樂觀堅定的精神氣質。故而錢穆說:"孔子臨危,每發信天知命之言。蓋孔子自信極深,認為己之道,即天所欲行於世之道。自謙又甚篤,認為己之得明於此道,非由己之知力,乃天意使之明。此乃孔子內心誠感其如此,所謂通道篤而自知明,非於危難之際所能偽為。"①不過,信仰有對於神靈的,也有對於某種價值或主義的。孔子的信仰精神,在其"禮"和"仁"的思想觀點和實踐性特質上也表現出來,且貫穿在一生的踐行中。如他所言:"人能弘道,非道弘人。"(《衛靈公》)"朝聞道,夕死可矣。"(《里仁》)②

孔子思想的實踐性特質,李澤厚曾以"實踐理性"("實用理性")來概括,當是精闢之論③。細細認識這實踐性的特質,則我們會發現其中有"敬"貫穿始終。離開了"敬",孔子的"禮"成為了軀殼,"仁"也無從談起。"敬"從表層上看是為人做事、待人接物的表現,一種心理現象和對未知領域的認識態度,但是探究孔子執着於"敬"的意義,則可以體會到其中正是包含了一種對於道德價值的信仰精神。

眾所周知,"敬"原本就是殷周以來的文化思想的內質。殷周時期的"禮",最早是祭拜天地神靈的儀式活動,即《說文》所記的"事神致福",王國維所說的"奉神人之事通謂之禮"(《觀堂集林·釋禮》)。在禮活動中,人面對的是高高在上的天、神,人與天、神的地位不平等,自然產生敬畏的心理。其中的敬,是內心的崇拜仰慕,而畏則是害怕受到懲罰。因而《詩經·雝》說:"有來雝雝,至止肅肅。"《敬之》說:"敬之敬之,天維顯思。"顯然,禮表敬內,早期禮的活動形式中,內含着"敬"的質子。

---

① 錢穆《論語新解》,三聯書店 2005 年版,第 224~225 頁。
② 孔子的思想核心以"禮"、"仁"兩種觀點影響最大。例如高明說:"孔子精神、學術、生活、思想之所寄,實在於禮。"(《孔子的禮教》,載傅傑選編《論語二十講》,華夏出版社 2009 年版,第 192 頁。)勞思光則說:"'仁'觀念是孔子學說之中心,亦是其思想主脈之終點。"(《新編中國哲學史》(卷一),廣西師範大學出版社 2005 年版,第 87 頁。)其實,這兩種觀點是統一的。孔子思想的切入點是"禮",但是他對"禮"的意義有創造性的認識,提出了"仁"的思想。從孔子的思想創造以及對於歷史文化的深刻影響言,"仁"核心說自然可以成立。但是,孔子的"仁"是"禮"之中的"仁",是等級關係中以血緣為核心又推而廣之的互相親愛的感情原則。我們不能脫離"禮"的規定意義來抽象地討論"仁"的意義;若為後者,則已經不是在討論孔子的思想了。
③ 參見李澤厚《孔子再評價》,載《中國古代思想史論》,人民出版社 1986 年版。

"禮"下降為人與人之間的社會關係準則時,敬的內涵也留存下來。故而《左傳》說:"敬,禮之輿也。不敬則禮不行。"(僖公十一年)"敬,德之聚也。能敬必有德,德以治民。"(僖公二十三年)"禮,身之幹也。敬,身之基也。"(成公十三年)"是故君子勤禮,小人盡力,勤禮莫如致敬,盡力莫如敦篤。敬在養神,篤在守業。"(成公十三年)"事大國,無失班爵而加敬焉,禮也。"(成公十八年)這些表述說明,"禮"在踐行時最本質的要求就是"敬"。

孔子繼承了禮樂文化的傳統本質,因此在告誡弟子等人怎樣踐行"禮"或"仁"時,反復強調的就是一個"敬"。例如,他回答魯哀公說:"治禮,敬為大。"(《禮記·哀公問》)他的思想貢獻,一方面繼承了人對天的敬畏,如"祭如在,祭神如神在"(《論語·八佾》)、"祭思敬"(《子張》)、"祭禮,與其敬不足而禮有餘也,不若禮不足而敬有餘也"(《禮記·檀弓》)、"齊戒以事鬼神,擇日月以見君,恐民之不敬也"(《表記》)。他還說過:"務民之義,敬鬼神而遠之。"(《論語·雍也》)"遠"是強調現實理性,不要依賴於鬼神降福,如朱子注:"專用力於人道之所宜。"但即使如此,對鬼神依然要求有敬畏的心態。另一方面,特別強調人倫間的敬愛,如"今之孝者,是謂能養。至於犬馬,皆能有養;不敬,何以別乎"(《為政》),還擴展到對待物事的原則,即做工作要有敬業的精神。所以說"執事敬"(《子路》)、"事君,敬其事而後其食"(《衛靈公》)、"敬事而信"(《學而》),並批評"為禮不敬"(《八佾》)。在《論語》中,"敬"出現21次,關於敬事的有18次,關於待人的3次,出現頻率頗高。而且,許多語錄雖沒有出現"敬"字,闡述的也是"敬"的意義。例如《學而》篇"慎終追遠",孔安國注:"祭盡其敬"。"恭近於禮",朱熹注:"恭,致敬也。"

顯然,禮由祭祀的儀式活動發展為人倫社會的交際交往形式和一般規範時,"敬"的內涵也落實在形式和規範的內質之中。無疑,"敬"是孔子思想的重要組成部分,也是社會實踐的價值原則。"敬"在祭祀活動中就存在着,在禮作為人倫關係時已經積澱為內在的需求,因此是一種本質的存在,有恆久的意義。假如說禮和仁都因為與具體的實踐活動有關而不免有時代的局限性,而"敬"作為內心的需求和狀態則具有超越性。

這一點,宋明儒家已有充分的認識。例如程子注《顏淵》"出門如見大賓,使民如承大祭"說:"聖人修己以敬,以安百姓,篤恭而天下平。惟上下一於恭敬,則天地自位,萬物自育,氣無不和,四靈何有不至?"(《二程遺書》卷六)朱熹說:"'敬'字工夫,乃聖門第一義,徹頭徹尾,不可頃刻間斷。"(《語類》十二)王陽明進而講"故聖人之學,只是一'誠'而已"(《傳習錄》卷下),意義也一樣。只是現代以來,學界側重於形而上的理論系統構建,對此才有所忽略。

由這個"敬",就可以充分領會孔子的信仰精神。從理性的角度看來,着重強調"敬"的心理和態度不免無濟於事,無甚利益。其就是尼布林所說的"光明之子"所為,"認為自我利益應當受到高一級規律制約"[1],而表現不免愚蠢。但是,換一個角度看,在人類的認識活動中,理性並非是絕對唯一的需要。理性局限在經驗範圍內,只能把握當下,不能確定未來,而且更不

---

[1] 萊茵霍爾德·尼布林著、趙秀福譯《光明之子與黑暗之子》,北京大學出版社2011年版,第10頁。

能觸及形而上的東西。因此人類還需要信仰；因為人的有限性，信仰還是更本質的需要。荀子的"天人之分"(《天論》)，康德把世界分成可知的"此岸"和不可知的"彼岸"兩部分，都明確為信仰留下了空間。而"敬"，則是信仰的直接透顯和信仰活動的本質狀態，是信仰滲透在個體生命及踐行過程中的有機把握。其有否合理性或可能性，不能也不必去證明；只是在踐行者的內心中，以此與"天道"或價值理想相契合。

顯然，孔子對中國文化的貢獻之一是承傳了這種信仰的精神。他把祭祀的禮發展為人倫社會的行為規範，並確立了"仁"的價值觀時，強調"敬"的理念，即在宣揚傳播對道德價值的信仰的精神。

## 三、孫子基於實踐的功利理性

有關孫子的理性精神，可以從《孫子兵法》的思想內容開始認識。

《孫子兵法》是一部基於西周以來的戰爭經驗而且用以指導軍事實踐的書。軍事實踐的主角是統帥和將軍，統帥決定戰略，將軍指揮戰術行動，因此《孫子兵法》對統帥講戰略問題，對將軍講戰術問題。孫子所處的春秋時代，戰爭的形式並不複雜，決定戰略者也往往親自指揮作戰。例如《左傳》記載的莊公十年齊魯長勺之戰，魯莊公在曹劌協助下指揮作戰。僖公二十八年的晉楚城濮之戰，晉軍也由晉文公重耳在戰場上隨機調動。因此《孫子兵法》對統帥和將軍都稱為"將"，沒有區別開來。但是其在表述時，各自的職責和權力很明確。這一點，諸多注本並沒有重視，其實這是讀懂《孫子兵法》的關鍵所在，因為由此可知其中的內容都是針對性的告誡，都為着直接的功利目的。

其中，關於統帥的職責，都有關於國家整體的軍事戰略。《計篇》告誡軍事戰略的"道"要與具體戰術的"詭"相統一。《作戰篇》指示戰爭與經濟的關係，強調經濟是戰爭勝利的基本條件。《謀攻篇》講戰略原則，包括"不戰而屈人之兵"的最高軍事目標和"十則圍之，五則攻之，倍則分之，敵則能戰之，少則能逃之，不若則能避之"的基本用兵原則。《形篇》則是關於戰略階段目標的認識，要求先考慮國土安全的問題，再尋找進攻的時機。

關於將軍的職責，則是針對具體指揮作戰的將軍而言，屬於戰術原則。其中《勢篇》是關於兵力的分配組合問題，《虛實篇》要求掌握戰爭的主動權，《軍爭篇》講戰爭中爭取先機的重要性，《九變篇》講作戰的機動性問題，《行軍篇》講行軍駐扎的問題，《地形篇》細述將軍"不可不察"的六種軍事地形和六種失敗情形，《九地篇》闡述根據地形機動作戰的原則，《火攻篇》則着重於使用火攻的策略，包括火攻的對象、器具、風力風向要求和軍隊接應進攻的要點。

另外，《用間篇》專門論述如何利用間諜的問題，涉及戰略和戰術兩個方面。其關鍵在於"先知"。要"先知"，就要有情報，而獲得情報最有效的辦法是"用間"，但是"先知"並非只有通過間諜一種可能。《用間篇》說："殷之興也，伊摯在夏；周之興也，呂牙在殷。"伊摯即伊尹，並非間諜,吕牙也不是周文王派到商紂王那裏去的,他們只是瞭解一般的政治經濟和地理情況,使商湯王和周武王得以"先知"。因為當時戰争經過的時間一般不長,戰術行動並不複雜,所以"用間"往往是為了戰略決策①。

上述關於統帥、將軍的職責任務的闡述,内容不同,但精神一致,即都是建立在現實因素和人性詐偽的認識上的徹底的功利理性。《計篇》說:"兵者詭道也。"《軍争篇》說:"兵以詐立。"所謂"詭"和"詐",就是以最大利益為唯一目的,充分利用各種現實因素,不擇手段。即使講統帥的戰略原則,要求"令民於上同意",將軍具備"智、信、仁、勇、嚴"(《始計》)的素質,也是為了"勝"的目的,也是從軍事活動能否成功的現實需要考慮的。故而高似孫《子略》說:"武則一切戰國馳騁戰争、奪謀逞詐之術耳。"

這些客觀理性的精神具體表現在諸多方面。例如關於時空觀念的認識。在人類早期,簡單的農耕生産完全依順於自然的季節,對於時間的認識只是純自然性的日出日落,春去秋來,没有自主的支配。戰争活動也受到自然時間的限制,"不違時","冬夏不興師"(《司馬法·仁本》)。但是,戰争目的和手段的發展要求更積極、更自主地利用時間。《孫子兵法》中"不貴久"和"争"的概念,就是對於時間認識的發展結果。"不貴久"指戰略上要求速勝,因為"久則鈍兵挫鋭,攻城則力屈,久暴師則國用不足"(《作戰篇》)。"争"即戰術上的争先、搶先,《軍争篇》闡述的就是戰術活動對於時間的要求②。空間觀念的認識也是如此,簡單農耕生産的地理認識不能適應戰争發展的要求,孫子開始重視各種特殊的軍事地形,如"通形"、"掛形"、"支形"、"隘形"、"險形"、"遠形"(《地形篇》)等。顯然,這種對特殊性時空因素的認識是現實功利理性發展的標誌。

再如關於組織形式的認識。早期的人類組織由天然血緣關係而來,隨後部落間的政治聯盟也比較鬆散簡單,遠不能適應軍事活動發展的要求。到春秋時期,根據戰場需要的易於調配的軍隊組織創設出來,其中的合理性和嚴密性顯示了理性發展的品質。《孫子兵法》還從理論上作了總結,概括為"以正合,以奇勝"(《勢篇》)。而且,春秋兵學提出了組織中職權界限的問題,提出"將能而君不御"(《謀攻篇》),"君命有所不受"(《九變篇》),它的意義也在於強調從客觀形勢出發的尋求最大功利的理性精神。

對於目標意義的認識也充分反映了現實理性的精神。原始巫術也有目標考慮,但是只有熱烈的期望,没有失敗的心理準備。殷商政治信仰天命,西周政治認為"神所馮依,將在德矣"(《左傳》僖公五年),也都是單向性的因果思維。春秋兵學的思考則更加理性和複雜,在考慮目標效益時還考慮代價問題。例如《軍争篇》說:"軍争為利,軍争為危。"認識到搶先的軍事行動可能有利,也可能危險。而且,它還考慮到目標的有限性對於行為程度的要求。"歸師勿

---

① 參見拙作《從"將"字讀解〈孫子兵法〉的思想結構》,《浙江社會科學》2005年第1期。
② 參見郭化若《孫子譯注》,上海古籍出版社1984年版;李零《吴孫子發微》,中華書局1997年版。許多學人注"軍争"為"兩軍相争",大誤。

遏,圍師遺闕,窮寇勿迫"(《軍爭篇》),就是基於春秋戰爭目的的特殊性而概括的行動策略。春秋戰爭本質上還沒有脫離禮樂政治的形式,"猶尊禮重信","宗周王"(《日知錄·周末風俗》),因此,一般沒有必要徹底地消滅對方。

許多學者還闡述其中的哲學理性。例如任繼愈主編的《中國哲學史》說:"《孫子兵法》的'知己知彼'的原則,體現了唯物主義的認識論的如實反映現實的精神,也體現了從矛盾雙方的特點去認識事物的辯證法思想。"[1]李德永主編的《中國辯證法史稿》還以"先秦兵家的軍事辯證法思想"為題專章論述[2]。無疑,其中內含的矛盾雙方的統一性、相互制約性和轉換性等認識,是功利性對象關係的抽象,更是理性的精髓。

顯然,在春秋時期,兵制較之其他制度完備,一切政制建設都以便於戰爭為原則,戰爭在國家政治生活中起着舉足輕重的作用。指揮作戰的將軍也是由國君或卿相擔任,由軍事經驗獲得的理性認識必然對民族和社會發展產生直接深刻的影響。人類理性最早出現在生活領域,隨後在手工技術領域也有理性要求,但是它沒有像軍事理性那樣關係到生命和部落國家的存亡,不可能促使一個民族作自覺的反省,從品質上講也是初級的。因此,以孫子為代表的春秋兵家的功利理性是理性精神的代表,是漢民族文化精神的重要組成部分,其對於後來的諸子思想產生深刻影響自然而然。

## 四、兩種文化精神對於其後諸子思想的影響

如上所述,在春秋末期,孔子集中表達了對於天道和人倫價值的信仰精神,孫子則通過兵家經驗的總結發揮了功利理性精神。兩者標誌着先秦諸子思潮的開端,對於後來的諸子思想產生了深刻的影響。其後的諸子,有的是對於孔子信仰精神的發揚光大,有的是對於孫子理性精神的繼承,有的則是有所側重的批判融通。他們提出了不同的政治人生觀念,認識方法也各有所重,但是內在的精神都不外自上而來的信仰和自下而來的理性兩種因素。

繼承孔子信仰精神的主要是孟子。眾所周知,孟子由孔子的"仁"發展出"性善"說。"性善"說揭示了"仁"的價值觀的內在合理性;即建立在血緣關係基礎上的以親親為特徵的仁愛思想之所以是現實的合理存在,是因為每個人的內心之中先驗地存在着道德良心的"善","性善"是人固有的品性。這個思想經過陸王心學的闡釋,已經成為漢民族文化的基本品質之一。但是,"性善"說是一個客觀的、科學的認識嗎?其能夠在社會倫理政治和歷史實踐中得到證實嗎?對此許多學人有批評,但是沒有認識到孟子表達的內質其實只是一種價值信仰,並非科學命題。他的"性善"說是對於"天道"的契合,就是把天道信仰落實為現實道德的持有。他

---

[1] 任繼愈主編《中國哲學史》(第一冊),人民出版社1996年版,第133頁。
[2] 李德永主編《中國辯證法史稿》(第一卷),武漢大學出版社1990年版。

說:"盡其心者,知其性也。知其性,則知天矣。存其心,養其性,所以事天也。"(《盡心》)這也就是郭店竹簡《性自命出》所說的"性自命出,命自天降",張岱年所說的"天是人倫道德之本原,人倫道德原出於天"①。其昭示人類社會的價值原則,以此指示現實活動中的人,因而倡導心性修養,痛斥暴君污吏。由此,我們才可以明白孟子何以強調自己的"浩然之氣",何以有居高臨下的氣勢,有如此激揚的文字。劉述先先生說:"孔子本人不太談心性與天道,但這些思想的種子卻已隱含在他的思想之中。……到了孟子十字打開,更無隱遁。盡心、知性、知天,為我們指點了一條由人道以體現天道的明白途徑。"②這裏所述的即是孟子對於孔子的信仰精神的繼承發展。

繼承孫子理性精神的主要是老子和韓非子。李澤厚曾說過:"《老子》是由兵家的現實經驗加上歷史的觀察、領悟概括而為政治——哲學理論的。其後更直接衍化為政治統治的權謀策略(韓非)。……貫串在這條綫索中對待人生世事的那種極端'清醒冷靜的理智態度',給中國民族留有不可磨滅的痕迹,是中國文化心理結構中的一種重要的組成因素。"③這段文字對於孫、老、韓之間的思想關係疏理得非常清晰。《老子》與《孫子兵法》的聯繫,不在於其若干章節也明確地論述了戰爭問題,而是在其思想原則上的相似相承:兩者都建立在現實功利的原則上,要求把握敵對關係,重視策略手段,企圖以最小代價獲得最大效益。《老子》自然包含了軍事經驗,可以指導軍事實踐,但它已經把軍事內容高度抽象化了,不考慮戰爭的特殊條件和形式特徵,從軍事的個別提升到社會的一般。《老子》的思想抽象具體表現在:(1) 超越了特殊時空的限定,不是兵家那樣因時因地的法則,而是一般的政治告誡、人生教誨;(2) 從軍事的組織控制發展為政治人事控制。組織控制通過明文條規,而人事控制雖也有法規形式,但核心在隱蔽的手段中,即"國之利器不可以示人"(《老子》三十六章);(3) 忽略信息。信息總是以個別性的形式出現,《老子》透徹到人生本質,提倡"靜觀"、"玄覽",具象信息就不足道。顯然,在《孫子兵法》功利理性的基礎上,《老子》作了抽象思辨。老子的"道"發展了孫子"詭"的精神,並以此批判孔子的"禮"、"仁"思想④。

---

① 張岱年《中國哲學大綱》,中國社會科學出版社 1982 年 1 版,第 181 頁。
② 劉述先《儒家思想的現代化》,載景海峰編《儒家思想與現代化——劉述先新儒學論著輯要》,中國廣播電視出版社 1992 年版,第 198~199 頁。
③ 李澤厚《孫老韓合說》,載《中國古代思想史論》,人民出版社 1986 年版,第 78 頁。
④ 對於《老子》與《孫子兵法》的關係,許多學者認為《老子》在前。例如任繼愈主編的《中國哲學史》說:"《孫子兵法》發展了老子的辯證法。"(人民出版社 1963 年版,第 132 頁。)其實,近幾十年來的出土發現已經可以否定這種觀點。1972 年山東臨沂漢墓同時出土了《孫子兵法》和《孫臏兵法》,說明戰國初《孫子兵法》已經流傳於世。1993 年湖北郭店出土的楚簡《老子》,沒有像今本《老子》那樣具有鮮明的非儒性和思辨性特點,說明《老子》著作的真正完成更可能在戰國中期以後。而且,從思想發展的邏輯看,總結春秋戰爭經驗的《孫子兵法》在前,在春秋戰爭經驗總結的基礎上再概括發展的《老子》在後更加合理,否則《老子》思想的產生缺乏基礎。

《韓非子》的思想核心在於"理"和"術",其承接着《老子》又作了發展。"理"是對"道"的形而上本體意義的發展。"道"是一般性的理性認識,"理"是具體性的個別性的理性認識,即"理者,成物之文也;道者,萬物之所以成也"(《解老》)。由"道"到"理",更明確了實踐理性的要求。"術"則是對"道"的實踐層面的方法論意義的發展。"道"把事物分析為對立的兩極,在實踐中要求取"柔弱"一極,表面"無為",其實"無不為";"術"也明確地把事物分析成"矛盾"關係,設置陰謀手段。故而說:"道也者,生於所以有國之術。"(《解老》)由"道"到"術",是實踐理性的具體化。"理"與"術"的關係,又是以"術"為根本,以"理"來闡明"術"的合理性、必然性。"理"和"術"都帶有《老子》的思想痕迹,所以多處稱"道理"、"道術"。但是較之《老子》明顯的抽象企圖,《韓非子》徹底地回落到社會政治層面。"道"異變為現實政治中的君權,"道"的絕對性異變為君權地位和價值的絕對性,對"道"的終極信仰異變為對君權獨尊的先驗認識。而"無為"、"謙下"的"道"的方法論也異變為君權專制的具體的陰謀手段,即統治術。這裏,我們不評價《韓非子》的思想貢獻,僅就其特質而言,為孫子功利理性主義的路綫無疑[①]。

　　墨子、莊子、荀子以及法家人物等,則是各有側重的批判融通。《淮南子·要略》說:"墨子學儒者之業,受孔子之術,以為其禮煩擾而不說,厚葬靡財而貧民,服傷生而害事,故背周道而用夏政。"後學多據此強調墨子批判孔子思想的一面,其實"學"和"受"也已經表明兩者學術思想有聯繫可見。《墨子·公孟》記:"子墨子與程子辯,稱於孔子。程子曰:'非儒,何故稱於孔子也?'子墨子曰:'是亦當而不可易者也。'"這"當而不可易者",就表示對孔子思想有所肯定和繼承。兩者最大的相似處,就是都執着地懷抱着一種"愛"的價值信仰。當然,另一方面,墨子又有生活的功利性考慮,他從平民立場出發,切身感受到儒家"禮煩擾"、"貧民"、"害事",又提出"交相利"的觀點,強調平民普遍的物質生存和價值要求。荀子斥責其為"役夫之道"(《王霸》),正是就此而言。後者顯然又是一種現實理性的考慮。

　　莊子的思想,一方面有理性因素,表現在其繼承了《老子》思想,對孔子禮樂政治的現實可能性和意義作了否定性的認識,並且對個體的社會屬性作了深刻的思考;另一方面,莊子則依然抱有價值信仰,對生命意義的思考超越了現實社會的可能性。莊子對孔子信仰精神的繼承,着重表現在都關懷生命意義的問題上,只是孔子重視社會關係中的"人",莊子重視精神自由的"人"。孔子解釋人何以需要"禮",怎樣來實踐"禮",從而揭示出"禮"關係中包含的尊重"人"、實現"人"的社會情感需要的內核。莊子目睹禮樂崩壞的現狀,認識到外在要求的"禮"和內在需要的"仁"在現實社會中必然矛盾,從而拓轉出張揚個性,追求精神自由的新的思想空間。

　　荀子倡導禮治主義,其融"法"於"禮",以"禮"為本,以"法"為用,即兼有孔子儒家的理想追求和孫子的理性精神。他的"性惡"說,正是基於現實社會的認識,又抱着"化性而起偽"、"合於善"(《性惡》)的價值企求。後人稱之"集大成",也可謂是就其文化精神的多元性而言。

---

[①] 參見拙作《〈孫〉、〈老〉、〈韓〉的精神異變》,刊《中國哲學史》1998年第1期。

法家人物，大多精於兵學。例如管仲曾"伐楚，責包茅不入貢於周室"(《史記·管晏列傳》)，吳起"好用兵"，李克評價他"司馬穰苴不能過也"(《吳起列傳》)，因此一般認為法家為孫子的功利理性一脈無疑。其實，法家也是理想主義者，他們同時深受孔子信仰主義的影響，認為"法者所以愛民也"(《商君書·更法》)，"愛"即是類似於孔子的價值理想。他們只是在尋求一條有現實可能性的道路。從法家的實踐經歷看，同樣也有着崇高的理想和執着的情懷。顯然，法家與術家有着本質性的區別。法家以國家為本位，重視組織機構的控制形式，在法規頒佈後提倡公開和公正精神。術家則以君王為本位，通過個別的人事關係控制臣下；雖然有時也表現出公正，但是隨君王當下的意志而定①。

综上所述，總結春秋兵學經驗的孫子思想對於其後諸子思想的形成和發展也有着巨大的貢獻。人們一般認為孔子儒家和老莊道家是中國文化思想史上的兩大源流，儒道互補，其實，在諸子學派形成之前，在文化精神上，已經有信仰和理性兩個傾向，在思想形式上，也有自下而上的經驗性認識和自上而下的傳統信仰兩條路綫。兩者的衍化交匯直接引導出了其後的諸子思想，對於民族心理和文化思想的影響也更為深遠。由此而言，《孫子兵法》與《論語》兩部著作在思想史上具有同等重要的地位。以《論語》為代表的孔子儒家開啟了孟子心學，旁轉出墨家；以《孫子兵法》為代表的兵家精神則直接影響了《老子》和《韓非子》。而莊子、荀子以及法家則是批判融通孫子、孔子思想的結果，只是在莊子中信仰的成分更多些，在法家中理性的素質更強烈些。顯然，孫子的功利理性與孔子的價值信仰構成了對立的兩極，他們共同開啟了波瀾壯闊的先秦諸子思潮。

**[作者簡介]** 張涅(1963— )，本名張嵎，男，浙江岱山人。現為浙江科技學院中文系教授，主要講授先秦文學和諸子思想。在《文獻》、《國學研究》、《中國哲學史》、《學術月刊》等刊物上發表論文60餘篇，著有《莊子解讀——流變開放的思想形式》、《先秦諸子思想論集》等。

---

① 參見拙作《先秦的法治主義和術治主義》，刊《浙江社會科學》，1999年第5期。

# 諸子人文思想的原始
# 意義及歷史演變*

## 郝　雨

中國傳統文化的結構之中到底有沒有"人文精神"的內涵？其"人文精神"的真實意義又和現代的以及西方的人文精神有着怎樣的異同？尤其是，這樣的人文精神對於當下中國的文化發展和思想建設有着怎樣的價值和意義？對於這樣的問題，近年來學界存在巨大的分歧。而以往人們對於我國傳統人文精神的認定，又多從字面考證切入，很難抓住我國古代思想家的思想原意和根本精神。本文力圖綜合考察諸子時代各大先哲的基本主張，從中把握各家思想體系蘊含和貫穿着的人文精神的原始意義。而對於其後的歷史嬗變，也就是為何導致五四新文化運動以後對於傳統文化"吃人"本質的全面否定和批判，筆者只粗略描述了一些脈絡。

## 一、諸子人文思想溯源

這裏所使用的"人文精神"，就其字面來解釋，就是"以人為本"的"文化"精神；就其基本內涵而言，說得最通俗明白一些，就是指"人的精神"。而所謂"人的精神"，又起碼應該包括兩個層面(即雙重意義)：其一，強調"人"的精神；其二，則強調人的"精神"。所謂"人文"，當然是要堅持把"人"放在第一位。而"人文"者，第一講的是"人"，第二講的是"文"。這並不是簡單地拆解字面，望文生義①，這恰恰是對"人文精神"這一內涵極其複雜豐富的概念做最細微的考

---

\* 本文為教育部人文社會科學項目《中國化媒介批評教材體系創新》階段成果，專案編號：10YJA860005。

① "人文"一詞在中國傳統經典中原是與"天文"一詞對舉為文的。最早見於《周易·彖傳》。"賁卦彖傳"曰："剛柔交錯，天文也；文明以止，人文也。觀乎天文，以察時變；觀乎人文，以化成天下。"這裏"天文"指的是自然界的運行法則，"人文"則是指人類社會的運行法則。因此，"人"與"文"二字，本身就各有其獨立含義。

辨與闡釋的必要環節。再進一步說，這裏所說的"人"，又是特別強調具體的人和個體的人；而我們所強調的"文"，則又指的是一種純精神的東西，比如人的基本信念、信仰、理想，以及整體精神的健全（而不是被扭曲和異化）。我們既要堅持以人為本，充分肯定具體"人"的價值、權利、尊嚴，以及自然需求，又要使每個個人能夠具有一些精神上的堅守。尤其在高度物質化的世界中，提倡一些能夠超越物質的虛（"文"）的東西，也是使得每個人能夠保持人的個性和尊嚴的重要的方面。以往，人們解釋人文精神，一般只是單一地將其理解為"以人為本"，而忽略了精神堅守這一點。其實，人文精神本身正是一種需要堅守的"精神"，本身就是屬於精神範疇的"文"的一面。"以人為本"之"人"要成為完整和健全的"人"，就不能喪失精神性。因而，我們要大力提倡作為媒介批評理論命脈的人文精神，自然首先要從精神上高張"人"的旗幟，更實際地關注實實在在的個體生命，更細微更徹底地關懷每一個普通人。所謂人文至上精神，歸根結底，就是首先突出和強調社會個體至上的精神；而又要真正在"以人為本"的原則基礎上，讓個體"人"成為社會"文"的中心，讓"文"永遠服從和服務於"人"，而不是要"人"絕對屈從和受制於"文"。而另一方面，當我們把社會個人放在至高位置上的時候，又必須注意把個人作為整體的人，也就是說，每一個個人，不僅是有着社會共同利益和要求的個人，而且是有着獨立欲望和需求的個人；不僅是需要他為社會負責的人，而且是需要社會為他負責的人；不僅是要以社會共性來加以規範和約束的人，而且是需要承認其自身個性和獨特性的人；不僅是肉體的人，而且更是精神的人；不僅有現實物質的需求，而且有終極嚮往的需求。人類社會正是由這樣的一個個活生生的個體構成，才顯得豐富多彩，波瀾壯闊，生機勃勃。

那麽，按照這樣的精神，我們的傳統文化之中，尤其是先秦諸子的時代，其人文思想又具體有什麽樣的觀點和構成呢？

1. "人"的精神的核心精神就應該是"人最貴"。

肯定人在世間的最高價值，肯定人在世界上的主體的主動的以及能動的地位，當然是人文精神的核心構成。在漫長的中國文化發展史上，很早就有表現"人"是天地萬物中最靈、最貴者的思想。如《尚書·泰誓》說："惟天地，萬物之母；惟人，萬物之靈。"①《孝經》則借孔子的名義說："天地之性，人為貴。"②這句話中的"性"字，即"生"的意思。宋人邢昺解釋說："性，生也。言天地之所生，惟人最貴也。"其實在《孝經》面世之前，荀子已提出了人最為天下貴的觀點："水火有氣而無生，草木有生而無知，禽獸有知而無義，人有氣有生有知，亦且有義，故最為天下貴也。"③荀子用比較的方法，層層遞進地說明了為什麽天地萬物中人最為貴的道理。其後，《禮記·禮運》篇，又進一步對人之所以異於萬物並高於萬物的道理

---

① 孔穎達《尚書正義》卷十一，《泰誓上》，《十三經注疏》（上冊），中華書局1980年影印本，第180頁。
② 《孝經注疏》卷五，"聖治章第九"，《十三經注疏》（下冊），第2553頁。
③ 《荀子·王制》，《諸子集成》第二冊，中華書局1986年版，第104頁。

作了理論上的說明,如說:"故人者,其天地之德,陰陽之交,鬼神之會,五行之秀氣也","故人者,天地之心也,五行之端也,食味、別聲、被色而生者也。"①漢儒董仲舒繼承荀子思想,亦極言人與天地並為萬物之根本,如說:"天地人,萬物之本也。天生之,地養之,人成之"②,"人下長萬物,上參天地"③,"唯人獨能偶天地"④,"唯人道為可以參天"⑤等。《荀子》、《中庸》和董仲舒等論述中,應當說都蘊涵着這樣一層意思,即在天地人三者中,人處於一種能動的主動的地位。從生養人與萬物來講,當然天地是其根本,然而從治理人與萬物來講,則人是能動的,操有主動權。就這方面說,人在天地萬物之中可說是處於一種核心的地位。中國傳統文化的人文精神把人的道德情操的自我提升與超越放在首位,注重人的倫理精神和藝術精神的養成等,正是由對人在天地萬物中這種能動、主動的核心地位的確認而確立起來的。而且,在儒家看來,解決"人與自然"、"人與人"、"人自我身心內外"的種種矛盾,這其中"人"才是關鍵。因為,只有人,才可以"為天地立心,為生民立命,為往聖繼絕學,為萬世開太平"。

2. "人"的精神的基本立場是從"個人"出發。

其實,從深層次上來看,儒家文化與西方文明之間的確有着極大的差異,然而,卻又並不是在所有問題上都絕然對立、不可調和。有人曾經發現兩者之間其實具有一個交集的價值空間,就在於對"人"的問題的關注。眾所周知,十八世紀歐洲的啟蒙運動,高揚人本主義,衝破中世紀神本文化的牢籠,然而誠如當時主要思想家所言,他們倡導的人本主義,正是從中國儒、道哲學的人文精神中得到了極大的啟發和鼓舞⑥。西方社會自文藝復興之後對人本主義的追求毋需多言,我們需要在此強調的是儒家文化對於人的思考。在傳統解讀中,儒家文化似乎站在個人的對立面而崇尚集體主義的思維模式。對於儒家文化作這樣的解讀,其所得出的結論自然無法與白西方而來的現代化理念並行不悖。然而所謂"修身、齊家、治國、平天下"的理念恰恰說明,孔子對社會問題的探討是從個體的人開始的。個體的人作為構成社會的最基本單位,不單構成了社會本身,也構成了社會的諸種問題。因此,社會問題的解決最終必須倚賴人的問題的解決,必須關注人的複雜與多樣,而非將"人"視作一種生物意義上的抽象個體。"身心合一"(內外)將會為調節自我身心內外的矛盾提供某些有意義的思想資源。"身心合一"是說肉體生命與精神生命之間存在着一種相即不離的和諧關係。儒家認為達到"身心合一"要靠"修身"。《郭店楚簡·性自命出》中說:"聞道反己,修身者也。"意思是說,知道了做

---

① 孔穎達《禮記正義》卷二十二,《十三經注疏》(上冊),第1423、1424頁。
② 《春秋繁露》卷六《立元神》,《二十二子》本,上海古籍出版社1986年版,第781頁。
③ 《春秋繁露》卷十七《天地陰陽》,同上第808頁。
④ 《春秋繁露》卷十三《人副天數》,同上第797頁。
⑤ 《春秋繁露》卷十一《王道通三》,同上第794頁。
⑥ 參閱朱謙之《中國哲學對於歐洲的影響》,福建人民出版社1985年版。

人的道理，就應該反求諸己，這就是"修身"①。所以《大學》認為，"修身"、"齊家"、"治國"、"平天下"，"自天子以至庶人，壹是皆以修身為本，其本亂而末治者否矣。"如果一個社會有了良好的制度，再加之以有道德修養的人來管理這個社會，社會上的人都能"以修身為本"，那麼這個社會也許就可以成為一個"和諧的社會"，世界就可以成為一個"和諧的世界"了②。面對"禮崩樂壞"的時代，孔子所提出的解決問題的思路，開始於個人品行的修養，而復歸於"禮"這樣一個在他看來符合自身價值認同的社會規範。當西方遭遇發展中的精神危機，而儒家文化圈內的國家則面臨如何調和個體價值與集體價值之間種種衝突之時，孔子在兩千年前所提出的由個人延展至集體的思考模式就具有了可供探討的空間。當然，不同文明之間容易引起爭論的主要是關於是否存在普世價值及普世價值為何的問題。需要指出的是，即使文明之間存在着怎樣不可調和的矛盾與衝突，文明構成的核心要件一定是人，而人的問題也理所當然地成為不同文明的核心話題。西方世界強調自由、平等、博愛，儒家文化強調"修身、齊家、治國、平天下"的理想，無論其路徑為何，最終的指向一定是生活在其中的一個個具體的人，文明的發展必然要以尊重人存在的價值，保證人作為一個具有超越生物學意義上的存在的尊嚴作為前提條件。因此，對於"人"的關注、對於其存在價值的尊重，足以成為不同文明普遍的價值認同。

　　上個世紀以來，許多學者在比較中西文化的差異時，認為西方人重視個體，而中國傳統思想則強調群體。但是，如果把眼光回溯到源頭，看看儒家在開始時是怎麼說的，就會發現問題並沒有那麼單純。以人們最熟悉的一段孔子的說法來看："吾十有五而志於學，三十而立，四十而不惑，五十而知天命，六十而耳順，七十而從心所欲不逾矩。"（《論語·為政》）以往人們對這段話的理解，主要是認為孔子講述了他七十歲以後的精神境界，是孔子在晚年回顧一生的精神生活的過程時，概括了這個過程的幾個主要階段。其實，細讀起來，這些話的字裏行間不是滲透着強烈的自我肯定的意識嗎？而且"不惑"、"知天命"、"耳順"，尤其是"從心所欲"這樣的一些表述，不都是充滿着對於個體自由的嚮往和追求嗎？孔子還說："仁遠乎哉？我欲仁，斯仁至矣！"在孔子心中，仁是德行極致的表現，但其實踐契機全在於"我"的決定。更扼要的說法是："三軍可奪帥也，匹夫不可奪志也。"匹夫是指平凡百姓，他內心打定了主意，誰也奈何不了。這樣的自我意識還不夠強嗎？還有一句在今天看來更加自我和自信的話，就是："自反而縮，雖千萬人，吾往矣！"只要反省自己，肯定自己有理，那麼即使有千萬人反對我，我照樣向前走去！這樣強烈的自我和自信，怎麼能說儒家思想完全否定自我呢？當然，漢代以後的儒家學者配合政治需要而推廣群體意識，固然是歷史事實，但在孔孟思想中早已展現了鮮明的

---

① 1993年10月，在湖北省荊門市郭店村，發掘出竹簡，共804枚，為竹質墨蹟。其中兩種是道家學派的著作。

② 湯一介《論儒學的復興》，2010年1月19日22:54，鳳凰網文化綜合，http://book.ifeng.com/special/fuguruxue/list/201001/0119_9265_1517501_2.shtml

自我意識,也是不可否認的事實①。

3. 熱愛生命與崇尚自由平等。

人文精神強調"人"的精神,其實歸根結底就集中在幾個關鍵字上,即:生命、自由、尊嚴。中國傳統文化中最重要的"天人合一"思想,內涵極其複雜,其中一個很重要的意義,就是強調人要順應自然,以獲得更加圓滿的自然生命。尤其在莊子的思想當中,"尊生"、"養生",更是其哲學思想的重要構成。對此,《莊子》的許多篇章都有所論述,如:"陰陽和靜,鬼神不擾,四時得節,萬物不傷,群生不夭,……莫之為而常自然。"(《莊子·繕性》)莊子珍愛一切鮮活的生命,認為它們都是造物的偉大創造,其內篇中的《養生主》篇主旨,更是人人熟知的養生之道。至於莊子的自由觀,則以《逍遙遊》最為代表,有人說,莊子的哲學本質上是人生哲學,拯救人生是其哲學的出發點和歸宿。這突出地表現在莊子對於人生困境的追溯,對人的自由境界——"逍遙"狀態的刻畫。而莊子的所謂自由就是與"道"合一,"與宇宙精神往來"。自由境界是莊子哲學的最高的價值追求。也有人認為,中國的天人合一是有分的合一,所以主體性和自由本來就是天人合一的內在尺度。天人之際的問題本身就默認了天人之間存在着差別和對立。相信人本身的力量,相信主體能夠把握客體,是中國哲學的固有精神。

關於平等觀念,自五四新文化運動以來,我國傳統文化最受詬病的就是嚴格的等級制度與尊卑觀念。然而,無論如何,我們還是不應該回避歷史真實,即就原生狀態,古代儒家並沒有現代人的平等觀念,沒有像現代人那樣用"平等"去規範和改變現實生活中的諸多不平等現象。因此,對古代儒家而言,人有兩重性:一方面,在天性和成就德性的可能性上,人是平等的;另一方面,現實生活中的不平等也是必然的和合理的。正如"勞心者治人、勞力者治於人",或者"上智下愚不移"一樣,"君子"和"小人"的區分表示政治的不平等幾乎是天經地義的。但是面對人們對儒家綱常的不平等實質的批評,有學者也提出了一個很有趣的問題:三綱五常中是否有某種類型的平等關係存在,譬如師生和朋友關係。其中,有一條"四海之內皆兄弟"值得注意,抽象地講,它非常接近我們現代人的觀念,以至於張藝謀把它演繹到了2008年北京奧運會的開幕式上。它雖然不是直接說朋友,但是此處的"兄弟"當然不是家族關係,通常是指親密的朋友關係。尤其在孟子那裏,朋友一倫與其他倫理關係是聯結在一起的,"獲於上有道,不信於友弗獲於上矣。信於友有道,事親弗悅弗信於友矣。"(《孟子·離婁上》)當然最後最重要的是要"反身而誠"。《萬章下》中有特別的友道,萬章問曰:"敢問友。"孟子曰:"不挾長,不挾貴,不挾兄弟而友。友也者,友其德也,不可以有挾也。孟獻子,百乘之家也,有友五人焉:樂正裘,牧仲,其三人,則予忘之矣。獻子之與此五人者友也,無獻子之家者也。此五人者,亦有獻子之家,則不與之友矣。非惟百乘之家為然也,雖小國之君亦有之。"這一段,大約是把不同地位的人之間的朋友關係平等化了。同時又說,朋友的關係是道德的關係,

---

① 參見傅佩榮《國學給我們的啟示》, http://blog.sina.cn/dpool/blog/ArtRead.php?nid=4a57bcc90102e0pw&oid=sina&vt=3&page=4, 2011-12-04 11:36

不參與政治活動,不改變社會地位的分化狀況(參見《中華國學網》)。所以,傳統文化之中還是具有一定程度的平等思想的。甚至,我們從孔子的"苛政猛於虎"的感歎中,不也能感受到他的政治批判精神,和深潛在他內心深處的關心平民,渴望平等的意識嗎?

4. 人的"精神"強調精神,亦不否定和排斥物質。

"義"與"利"是一對古老的哲學概念,義利關係更是中國經濟倫理思想史上一個長期爭論的話題。先秦儒家在義利關係問題上的基本傾向是"重義輕利",但也絕不否定功利、扼殺人性。《論語》中,子曰:"君子喻於義,小人喻於利。"子曰:"一簞食,一瓢飲,在陋巷,人不堪其憂,回也不改其樂。賢哉回也!"在我國傳統文化的思想觀念當中,所謂義,用孟子的話來解釋:"義,人之正路也。"展開理解,"義"就是指一種精神,一種人生準則,或者就是一種超越物質利益的信仰和良知。而關於利,則主要包含各種實際的、物質的利益以及人們的切身欲望。儒家倡導重義輕利,但也並不否定、壓制、貶斥對利的正當追求,而是強調義與利之間的相互制衡和統一。儒家認為,人人都有追求富貴的欲望。孔子曾說:"富與貴,是人之所欲也,貧與賤,是人之所惡也。"並且他還說:"富而可求也,雖執鞭之士,吾亦為之。"《論語·鄉黨》篇記載孔子生活起居時,描述他"食不厭精,膾不厭細",從中可以瞭解到孔子是毫不掩飾自己求富、惡貧的觀點的,並且孔子認為按照自己付出的勞動獲取合理的報酬亦是極為正當的行為:"事君,大言入則望大利,小言入則望小利。故君子不以小言受大祿,不以大言受小祿。"孔子本人在授徒講學時,也收取一定的費用,如果一切為義而不圖利,則是無法生存的。集先秦德學之大成的荀子,在利欲問題上更為現實:"饑而欲食,寒而欲暖,勞而欲息,好利而惡害,是人之所生而有也。"衣食住行是人生所必需,也是任何人都無法回避的問題,故追求富貴和利益是人之本性。對於民眾,儒家認為應該首先保證他們對於物質利益的需求得到滿足,使之"仰足以事父母,俯足以畜妻子,樂歲終身飽,凶年免於死亡",並且儒家堅信"有恆產者有恆心"。見利思義,重義輕利,是先秦儒家義利思想的一個重要特色。因此,在肯定人們追求利欲合理性的同時,孔子也特別強調義對利的統帥作用,即謀利必須符合道義的要求,應當見利思義,見得思義。所以孔子說:"富與貴,是人之所欲也,不以其道得之,不處也。"還說:"不義而富且貴,於我如浮雲。"孔子提倡,應當通過正當的途徑和手段去謀求利益。當義與利發生矛盾時,孔子提出"君子義以為上",否則"放於利而行,多怨"。故見利思義是一個具有普遍指導意義的命題。由此可知,先秦儒家雖然肯定人們追求物質利益的合理性,但並不把這種追求看作是絕對的、無條件的,而是要求任何謀取物質利益的行為都必須置於"義"的前提之下,並嚴格遵循這一原則。一切不合乎義的"利",則絕對不允許。雖然"利"為人生之必需,但在義與利孰輕孰重的問題上,孔子堅持重義輕利,"君子謀道不謀食"就是這種思想的真實體現。孟子則更加高揚貴義賤利、義高於利的觀點:"王何必曰利,亦有仁義而己矣。"他將"富貴不能淫,貧賤不能移,威武不能屈"看作大丈夫必備的德行,認為這就是最高的精神追求。孟子甚至把捨生取義當作人生的最高目標,是故"先義後利者榮,先利後義者辱。榮者常通,辱者常窮"。更重要的是,先秦儒家的義利思想是同他們對於人的本性的認識密切相連的,人性論是先秦儒家義利觀的哲學依據。孔子首開儒家義利思想之端,最直接的言論就是"性相近也,習相遠也",即承認人的天性。孟子的人性思想較之孔子有着更為豐富的內涵,他認為人生來便具有四端:"惻隱之心,仁之端也;富貴之心,義之端也;辭讓之心,禮之端也;是非之心,智之端也。人之有四端也,猶其有四體也。"孟子認為仁、義、禮、智是人與生俱來的一種理性判斷,也就是說,人性首先表現為一種理性能力。同樣,先秦儒家也將追求利欲作為人性的基本規定之一。孔子不僅肯定利欲的存在,而且將其視作君子"五美"的內在要素之一,他認為,君子應做到"惠而不費,勞而不怨,欲而不貪,泰而不驕,威而不猛",將欲與惠、勞、泰、威相提並論。儒家認為,在人的本性之中,對於義的精神需求是較之於物質利欲的更高層次的需求,雖然這種需求不可能脫離物質之利的基礎,但崇尚義、追求義是人之所以區別於動物的重要標誌。孟子也說:"人之有道也。飽食、暖衣、逸居而無教,則近於禽獸"。因此追求義就成為人的至高無上的尊嚴和崇高目標。由此可知,對於利欲的肯定,表明先秦儒家對於人的欲望的本性的尊重;而對於仁義的執着,則更加體現了先秦儒家對於人之理性價值的追求。正是在這個意義上,他們高揚道義,強調仁義的崇高性,在仁義與利欲發生矛盾和對立時,主張先義後利、尚義輕利、以義制利,甚至不惜捨生取義,把仁義禮智作為最高標準來要求所有的社會主體,並以此為終極關懷①。

5. 落到社會實踐就是"以民為本"、"以人為本"。

"民貴君輕"是中國古代最精彩的思想命題之一。當然,其核心理念實際上是強調在政治權力本原的意義上,民眾比君主更重要。但是,無論如何,能夠把"民"看得很重要,並以之為"本",多少還是具有了比較初級的人文思想的要素。也有人曾經認為,"民貴君輕"的思想,關注的不是君王的威嚴,而是民眾的意志;不是統治者的權益,而是民眾的命運②。早在先秦時

---

① 當然,也有人認為,孔子提出的義與利是對立的、矛盾的,強調和主張要貴義賤利,墨子的說法則與儒家不同,他認為:"義,利也。"(《墨子·經說上》)而到了西漢董仲舒卻對上述原儒的義利觀作了歸納性的概括,提出"正其誼不謀其利,明其道不計其功"的觀點,強調道義和功利難以並存和共生,他的這個論述對後儒的影響極大。所以,宋儒就義利問題所展開的爭論是非常激烈的。二程、朱熹等堅執董仲舒的觀點,認為道義和功利是互相排斥的:"大凡出義則入利,出利則入義。天下事,唯義利而已。"(《二程語錄》)而到了永康學派和永嘉學派的陳亮、葉適,則認為道義和功利並不矛盾,功利體現在道義之中,離開功利的標準無所謂道義,葉適說:"古人以利與人,而不自居其功,故道義光明。既無功利,則道義乃無用之虛語耳。"(《習學記言》)再後來清初的顏習齋更是認為義利不能偏廢,應該並重,他反對董仲舒的義利觀,把董的話重新格義為:"正其誼以謀其利,明其道而計其功。"(《四書正誤》)在這裏,顏元顛覆和修正了傳統儒學崇義貶利的單向意涵,高揚"外王"治平下的功利和業績,而從根本上否定和背棄了"內聖"之學崇尚心性,脫離實際事務的無益空談,所以顏元說:"吾讀甲申殉難錄不愧無半策匡時難,惟餘一死報君恩,未嘗不淒然泣下。"將由義及仁的"內聖"之說置於殘酷無情的現實歷史功能的價值追問中。這是有待討論的。見興華論壇 http://www.1911.cn/bbs/thread-38531-1-1.html

② 參見賈陸英《構建和諧社會與民本主義思想》,http://club.topsage.com/thread-787704-1-1.html

期,儒、道、墨、法等重要學派普遍認同這個命題,其中法家的理論貢獻尤為突出。慎子的"立天子以為天下"和商鞅的"為天下位天下"就是孟子"民貴君輕"的理論先導。其實,《尚書》中就有"民惟邦本,本固邦寧"的名言;管仲更是提出:"夫霸王之所始也,以人為本,本治則國固,本亂則國危";《老子》主張"愛民治國","聖人無常心,以百姓為心";孔子則從心性和社會兩個層面,對民本思想進行深刻的闡述,提出了"仁者愛人"的倫理原則和"為政以德"、博施於民的政治主張。孟子繼承並發展了孔子的思想,提出以"民貴君輕"為核心內容的"仁政"學說,從而達到了先秦時期民本主義思潮的高峰。在心性層面上,孟子提出"仁義禮智根於心",認為人的道德行為的根源在於人心,從而深化和拓展了"仁"的觀念,強化和突出了儒家自我反思、自我修養、自我完善的道德實踐方法,這是他"仁政"學說的理論依據。在先秦眾多思想家中,孟子用"民為貴,社稷次之,君為輕"這句名言,鮮明地提出了關於民眾、國家、君王之間關係的主張,成為我國民本主義思想中最具代表性的觀點。首先,"民貴君輕"思想突出了"民"的重要性。孔子講"仁",重視的是人的生命。孟子在此基礎上更進一步,他關注的是人的生存狀態和權利。孟子說:"民事不可緩也"。他尖銳地揭露和批判了苛政給人民帶來的苦難,呼吁統治者要"救民於水火之中","博施於民而能濟眾",要求統治者克制私欲,實行"仁政",慎刑罰,薄賦斂,廣施恩澤以讓人民安居樂業。其次,"民貴君輕"思想要求統治者進行自我道德約束。孟子說:"惟仁者宜在高位,不仁而在高位,是播其惡於眾也"。他認為,具有"仁"的道德修養,是天子、國君必須具備的品質。強調統治者應以"不忍"之"仁"設身處地為民着想,憂民之憂,樂民之樂。這就把民本思想昇華到一個自覺的政治道德境界。其三,"民貴君輕"思想提出了不同社會地位的人之間雙向的義務關係。在"君"與"民"的關係上,孟子強調君王要"樂以天下、憂以天下"。他認為,作為一國之主而不能"與民同樂"是不對的,"樂民之樂者,民亦樂其樂;憂民之憂者,民亦憂其憂"。這些含有民主性色彩的觀點,是中華民族走向文明的歷程中迸發出的極為寶貴的思想火花。令人痛惜的是,在秦以後兩千多年的封建社會中,君權愈益強化,到了宋代,"理學家"們提出所謂"君要臣死,不得不死"的愚忠思想,民主的思想火花也就此被窒息了。

## 二、我國傳統人文精神的歷史境遇

當然,人文精神在我國的文化發展史上,也並非一直處於最核心的地位。在漫長的文化思想發展演進過程中,我們的傳統文化對人的理解與闡釋出現過巨大變化與變異。這主要由三個方面的原因所導致。

1. 在認識論上,過於強調或者單純偏重人與動物的區別。

中國傳統文化尤其是歷代聖賢在對人的肯定中,最初的思維依據就是把人與動物做比較,從而極端推重人的"高貴"一面。前面我們所引荀子論人"最為天下貴"的文字,就是把天下萬物分為四大層次和類別：最底層的是無生命的水火，其次是有生命而無識知的草木，再次是有生命也有識知的禽獸，最高一層就是不僅有生有知而且更有義的人。這樣的思維方式和論述過程對於人的自我肯定顯然是非常順暢的，也是非常通俗易懂的。因此在中國傳統文化中，絕大部分賢者都按照這樣的思路，區別人與動物，也就是高度肯定人。對此，荀子更有進一步的論述，他說："人之所以為人者，何已也？曰：以其有辨也。饑而欲食，寒而欲暖，勞而欲息，好利而惡害，是人之所生而有也，是無待而然者也，是禹桀之所同也。然則，人之所以為人者，非特二足無毛也，以其有辨也。今夫猩猩形笑亦二足而毛也，然而君子啜其羹、食其胾。故人之所以為人者，非特以其二足而無毛也，以其有辨也。夫禽獸為父子而無父子之親，有牝牡而無男女之別。故人道莫不有辨，辨莫大於分，分莫大於禮，禮莫大於聖王。"①《禮記·曲禮》發揮這一思想，亦強調人當以禮來自別於禽獸，如說："鸚鵡能言，不離飛鳥；猩猩能言，不離禽獸。今人而無禮，雖能言，不亦禽獸之心乎？夫唯禽獸無禮，故父子聚麀。是故聖人作，為禮以教人。使人以有禮，知自別於禽獸。"②宋儒呂大臨闡發《曲禮》這段話的思想說："夫人之血氣嗜欲，視聽食息，與禽獸異者幾希，特禽獸之言與人異爾，然猩猩、鸚鵡亦或能之。是則所以貴於萬物者，蓋有理義存焉。聖人因理義之同，制為之禮，然後父子有親，君臣有義，男女有別，人道之所以立，而與天地參也。縱恣怠敖，滅天理而窮人欲，將與馬牛犬彘之無辨，是果於自暴自棄而不齒於人類者乎！"③然而，這種過於強調"義"、"禮"而貶低動物性，就越來越造成了人的無限度壓抑自己的自然屬性，最終從理論上提出"存天理滅人欲"，因而不僅遭到歷史上不少思想家的批評，更受到近現代民主革命思想家的激烈批判，指斥其壓制人性、無視人性。

其實，理學家之談天理人欲原本於《樂記》，而程朱等所談之天理人欲關係，正是在以上人與動物區別的思維慣性上，對於《樂記》所論之天理人欲進行了最大篡改。《樂記》曰："人生而靜，天之性也；感於物而動，性之欲也。物至知知，然後好惡形焉。好惡無節於內，知誘於外，不能反躬，天理滅矣。夫物之感人無窮，而人之好惡無節，則是物至而人化物也。人化物也者，滅天理而窮人欲者也。於是有悖逆詐偽之心，有淫佚作亂之事。是故強者脅弱，眾者暴寡，知者詐愚，勇者苦怯，疾病不養，老幼孤獨不得其所，此大亂之道也。是故先王之制禮樂，人為之節。"④對照陸九淵所引本節之文，人們可以看到陸氏引文中略去了"好惡無節於內，知誘於外"一句，然而這一句恰好是《樂記》本節所論旨趣之關鍵所在。《樂記》並未否定人感於物而動的性之欲，它只是否定那種好惡無節於內，知誘於外，且又不能反躬的人。這樣的人，在它看來就是在無窮的物欲面前，不能自我節制，而被物支配了的人，亦即所謂"物至而人化

---

① 《荀子·非相》，《諸子集成》第二冊，中華書局1986年版，第50頁。
② 引自孔穎達《禮記正義》卷一，《十三經注疏》(上冊)，第1231頁。
③ 引自孫希旦《禮記集解》卷一，中華書局1989年版，第11頁。
④ 引自孔穎達《禮記正義》卷三十七，《十三經注疏》(上冊)，第1529頁。

物也"。人為物所支配,為了窮其人欲,那就有可能置一切倫理原則於不顧,而做出種種背離倫理的事來。為此,《樂記》才特別强調"制禮樂,人為之節"的重要和必要。而《樂記》的這一思想,又基本上是來源於荀子。荀子論述禮的起源,他肯定了"人生而有欲,欲而不得,則不能無求"。但同時他又指出,如果"求而無度量分界",那就會造成社會的爭亂。因此,需要制訂禮義來節制之,以達到"養人之欲,給人之求"的理想。由此可見,如果說在程朱理學的"存天理滅人欲"命題中具有禁欲主義意味的話,那麼在《樂記》和荀子那裏則並無此意。《樂記》主張"節欲",而荀子除了講"節欲"外,還提出了"養欲"、"導欲"、"禦欲"①等一系列命題。因此,在"人"的思想理論問題上,就這麼一步步走向了非人化的主張。

2. 在社會關係上,過於強調人倫秩序。

中國傳統文化一向被稱為道德文化、倫理文化,而其注重並强調人的心性道德修養,最根本的是認為人"最為天下貴",而人之所以"最貴",就是因為其不僅有生有知,而更有義。按照通常的理解,這裏的"義",就是指遵循一定倫理原則的行為規範,也就是如荀子說的"仁者愛人,義者循理"②、"夫義者,所以限禁人為惡與奸者也。……夫義者,内節於人而外節於萬物者也"③等等。當然,這種對於倫理秩序的極端看重和强調,也有着哲學意義以及社會發展層面上的道理。從根本上說,人類生存在世界上,就需要一種秩序。而且,越是高度現代化的文明社會,其秩序越是需要高度的規範和嚴密。一個無序的世界,或者一個嚴重失序的社會,人類是根本無法生存於其中的,或者起碼是得不到生活的基本保證的。於是,億萬年來,自從地球上有了人類的足跡,世世代代具有了人類智慧的人們就不斷地為自己也為子孫萬代建構着生存的秩序。尤其是中國這樣一個歷史漫長又疆域廣大的國度,從文化上對於秩序的建構更是源遠流長。而在文化秩序方面,所謂"義"以及倫理綱常,就是中國文化秩序中最核心的内容。這種文化秩序也是人類建造的全部秩序當中最牢固最穩定也最具有長久性的一種秩序。它無所不在,對人的制約力也最大最普遍。可以說,每個人生活在社會中,首先就是生活在文化的秩序中。文化秩序對於每個社會中人而言無所不在。在歷代聖哲先賢看來,這就是人類與其他萬物,特别是動物(禽獸)的根本區别之所在。孔子在回答子游問孝時嘗說:"今之孝者,是謂能養。至於犬馬,皆能有養;不敬,何以别乎?"④而明儒薛瑄則說得更加明確:"人之所以異於禽獸者,倫理而已。何謂倫?父子、君臣、夫婦、長幼、朋友五者之倫序是也。何謂理?即父子有親、君臣有義、夫婦有别、長幼有序、朋友有信五者之天理也。於倫理明而且盡,始得稱為人之名。苟倫理一失,雖具人之形,其實與禽獸何異哉!蓋禽獸所知者,不過渴飲饑食、雌雄牝牡之欲而已,其於倫理則蠢然無知也。故其於飲食雌雄牝牡之欲既足,則飛鳴躑躅、群遊

---

① 《荀子·榮辱》,第42頁。
② 《荀子·議兵》,第185頁。
③ 《荀子·强國》,第203~204頁。
④ 《論語·為政》,《四書章句集注》,中華書局1983年版,第56頁。

旅宿,一無所為。若人,但知飲食男女之欲,而不能盡父子、君臣、夫婦、長幼、朋友之倫理,即暖衣飽食,終日嬉戲遊蕩,與禽獸無別矣。"①

從以上論述中,我們可以看到,我國歷代思想家一致強調,明於倫理是人與禽獸區別的根本標誌。進而更認為,但求物欲上的滿足,則將使人喪失人格而淪為禽獸。所以,有關人的倫理與物欲的關係問題,一直是中國傳統文化和哲學中最重要的主題之一。這也就是為什麼在中國傳統文化中,尤其是儒家文化中,把人格的確立(以區別於禽獸)和提升(以區別於一般人)放在第一位,而且把倫理觀念、道德規範的教育和養成看作是一切教育之基礎的根源所在。

然而,也正是由於這種對於倫理秩序的格外強調,逐漸造成了在行為規範方面越來越嚴格和絕對強制化,甚至逐步成為一種無形的枷鎖。

3. 在思想體制上,由於專制統治的需要。

專制制度是權力組織形式的一種。權力組織形式一般有兩種,一種是民主,一種是專制。一個人或一部分統治者掌握一國或一方的全部權力就是專制。專制制度存在於任何形式的社會形態中,包括奴隸制度,封建制度,資本主義制度。在封建社會,中央集權往往導致權利集中在皇帝一人手上,形成君主專制。在政治運行中,儘量用專制皇帝的個人人格,取代臣僚的獨立人格,用皇帝的是非取代臣僚的是非,用皇帝的利益取代國家的利益,將皇帝的意志作為政策、法律的核心。因此,專制主義的權利體制不僅統治人的身體,管制人的經濟利益,而且統治人的思想,統治人的精神,統治人的心靈。封建制度的思想觀念:通常以"君上大權"為骨架,融入一些有利於統治階級的思想彙集而成,最典型的即是利用"儒家思想"。如前文所述,在秦以後兩千多年的封建社會中,君權愈益強化,到了宋代,"理學家"們提出所謂"君要臣死,不得不死",就已經把那些本應該合理堅持的思想,變成了後世的"吃人"禮教。

## 三、我國現代人文精神的重新覺醒

在我國,從理性上對於個體"人"的充分張揚和認可,應該說是自魯迅始。在上個世紀初的 1907 年,魯迅連續撰寫了《人之歷史》、《科學史教篇》、《文化偏至論》和《摩羅詩力說》等文。這些文章在內容與題材上雖然相距很遠,卻也可以從中集中透視出青年魯迅基本成形的思想面貌,而其中最核心者,就是對於人的關注,對於人的發展與進步的傾心嚮往。《人之歷史》以解釋海克爾(魯迅譯為黑格爾)的人類各族發生學為主,介紹了達爾文的生物進化學說及其發展的歷史。當時的魯迅站在唯物主義的立場上,批判所謂上帝創造人類的觀點,魯迅肯定"進化論之成,自破神造說始",這就首先使魯迅思想的整個發展牢牢奠定在人的基礎之上。

---

① 《文清公薛先生文集》卷十二《戒子書》,《薛瑄全集》上冊,山西人民出版社 1990 年版,第 661 頁。

《文化偏至論》是最能體現魯迅早期思想的具有代表性的作品。《文化偏至論》分析了西方資本主義文化發展的歷史特點及其存在的偏頗,系統表達了魯迅當時的社會政治觀點和文化思想。其基本的核心就是:要"生存兩間,角逐列國","其首在立人,人立而後凡事舉;若其道術,乃必尊個性而張精神。"在此,魯迅已把"立人"放在了一切之"首"的地位,他認為:"人既發揚踔立矣,則邦國亦以興起。""立人"在魯迅思想中成了最核心的東西,他的一切主張和行為包括文化傳播活動,也便全部以此作為出發點。為了"立人",他主張要在社會上提倡"尊個性而張精神",更具體地說,就是"掊物質而張靈明,任個人而排眾數"①。由此看來,魯迅從來都是把人的"個性"和"精神"同等看待的。他尤其把"精神(靈明)"看作是"物質"的對立物,因而主張"掊物質而張靈明"。這應該說是對人文精神雙重內涵的最早認定。到魯迅文學創作的高潮時期,他用一個個活靈活現的人物形象,呼喚國人"人"的意識的覺醒,對那些在封建文化的吞噬之下,肉體和精神都極度麻木和萎縮的人,魯迅用他的小說意在"揭出病苦,以引起療救的注意"。魯迅終其一生所奮鬥的,就是通過改造國民性,能夠使得國人從精神到人格都能頂天立地地站立起來。

如今,在魯迅這種"立人"思想已經提出一百餘年之後的 21 世紀,我們對於人文精神的張揚,我們提出的"人文精神是新聞永恆的至上精神"②,當然也首先要以魯迅的"立人"思想作為基本的思想依據。尤其在傳媒市場化的現實進程當中,媒體一旦缺乏必要的人文意識,媒體一旦遠離了真正意義上的人文精神,這對於一個高速發展的社會來說,尤其是對於一個直接建立在高科技基礎上以及經濟高速運行的商品化、物質化社會來說,人們的精神危機隨時可能爆發。技術理性和物質欲望的極度膨脹,會使得人們在精神上越來越感到無家可歸。人文精神的普遍缺失,更會使個體感到被技術和物質所充塞着的社會完全遺忘和遺棄。而在金錢高於一切的情景中,人從根本上失去了生命的最高價值。在喧囂浮躁、急功近利的社會氛圍中,人就會越來越喪失人的自然本性,而在物質化的社會中完全迷失。這也許就是當年馬克思以及後來的法蘭克福學派所說的"異化"結局。

至於對"精神"的堅守和敬畏,實際上主要是針對社會的物質化的一種抵抗和反叛。當初,當西方世界的工業化進程飛速發展,面對西方人文精神傳統的萎縮和工具理性逐漸遠離人文關懷的終極目標,20 世紀上半葉,西方世界的有識之士不斷發出呼吁。偉大的科學家愛因斯坦在不同場合多次憂心忡忡地告誡人們,只懂得應用科學本身是不夠的,"關心人本身,應當始終成為一切技術上奮鬥的主要目標。"1937 年他在一封信中指出,"我們切莫忘記,僅憑知識和技巧並不能給人類的生活帶來幸福和尊嚴。人類完全有理由把高尚的道德標準和價值觀的宣道士置於客觀真理的發現者之上。"這是智者之言,閃爍着一位充滿人文精神的優秀科學家的遠見卓識,更表現出一位以科學探索為職志的思想深邃的人文主義者對人類前途的

---

① 郝雨《中國現代文化的發生於傳播》,上海大學出版社 2002 年版,第 75~80 頁。
② 郝雨《人文精神:21 世紀媒介之魂》,《媒介批評與理論原創》,上海三聯書店 2009 年版,第 141 頁。

深切關注和高度責任感。隨着時間的推移,人類將越來越清楚地意識到,人文精神和科學精神的和諧統一,珠聯璧合,將是人類自救的必由之路。所以,在科學技術高速發展,以及物質財富高速積累的過程中,對於人文精神的弘揚,是任何時代都不能輕視的。

[**作者簡介**] 郝雨(1957—  ),男,原名郝亦民,河北昌黎縣人。現為上海大學影視學院教授、博導、上海大學新聞理論研究中心主任。主要從事現代文化與媒介批評研究。著有《中國現代文化的發生與傳播》、《告別世紀》、《媒介批評與理論原創》等,並在海內外學術期刊發表論文數百篇。

# 論諸子的文本結構及其學術意義

## ——以張載《正蒙》為例

### 李似珍

## 一、關於諸子的文本結構

當今有關諸子的學術研究已經深入到文字表達、語言的層面。東西方各國都在學術探討中提倡一種以還原文本本來面目和真正含義為旨歸的活動。它們往往以注釋學(exegesis)或文獻學(philology)等經典詮釋手段出現。這種做法被認為是可以使人消除誤解、準確地把握蘊涵於文本之中的作者原意。在當代西方學術界，還出現一種與此相應的被稱為"解釋學循環"的現象。它被施賴爾·馬赫、狄爾泰、海德格爾、伽達默爾等哲學家所闡發，成為具有普適意義的解釋學理論中的核心命題之一。這一命題要求對文本中一系列不斷擴展的循環關係，如字詞與語句之間、文本與文類之間、文本與作者之間等的關係做出說明，以揭示文本局部與整體之間、有限的個體存在與其歷史認識之間、理解與經驗之間互相依賴、互為因果的關係及其理論困境。中國諸子的研究其實也有着這方面的涉及，不過，我們所做的文本分析較多地指向文字及其內在含義方面，涉及言意之間關係的考量等，至於其中有關文本結構方面的考察，則較少注意到。本文想在這一方面做些試探性的考察。

我這裏所說的文本結構，是指體裁這樣的作品種類和樣式，其結構在歷史上具有某種穩定的形式，希望考察的是它們設題謀篇的框架及其背後的出發點，而不僅僅指諸如"言"、"象"、"意"即語言層、現象層和意義這樣的層面，所以也可以用"文體"這樣的字眼來稱呼。

中國人自先秦開始，即有豐富的思想文化類的專著，其中《論語》、《道德經》、《莊子》、《孟子》、《墨經》、《公孫龍子》、《荀子》、《周易》等，通過或語錄、或論說、或推理、或雄辯、或詼諧等方式，表達自己對世事的思考。這些文體與相應的文本結構配合，構成了中國學術史上各有特色的不同流派。《莊子·天下》、《史記·六家要旨》等篇章，對其中的思想及相關特點有最早的記錄。從流傳下來的著作及相關介紹來看，這些文字都是出於對自然、社會與人自身的疑問，對相關問題所作出的思考。其中不像西方學術那樣有對神學的求助，也沒有達到自覺要求建構本體體系的程度。"不是力圖證明一個真理的思辯論著，……什麼都不揭示，也不建樹任何東西——只是闡述。"①於此學術界有"深度詮釋"的說法，意思是其中的思考具有時空結合的特點，既有對當下問題的關注，"同時也根據先而打開過去與未來的雙向往來的過程中"②。

這種特點經過後來漢、魏晉、隋唐等的歷代發展，綿延不斷。漢武帝奉行董仲舒"獨尊儒術"之策，對儒家經典的收集、解釋便成為當務之急。此後圍繞着現實社會種種問題，經籍的解釋變得與國家大事息息相關，解經也超出了單純的學術範圍，被提到重要的地位看待。當時所形成的今文經學與古文經學兩派，圍繞着經書書寫字體、讀音等方面的差別展開論爭，由此涉及對其背後之"道理"的把握。訓詁式的解釋方法由此而形成。

訓詁式的解經方法一直延續到魏晉隋唐時代，不過後世已經在漢代做法上有所改進。魏晉時的王弼曾分別對《論語》、《老子》、《周易》等文本加以解釋，但他採用了對同一文本做多種形式注釋的方式，以使自己的思想能夠得到較為充分的體現。例如關於《論語》，他作的是《論語釋疑》，主要在何晏《論語集解》的基礎上進行。由於何晏已經在《論語集解》中做了大量的文字梳理工作，所以王弼就不再此方面展開，而是做些不同版本的考證、用自己的話來解釋其中的意思。把《莊子》、《老子》等道家書中的相關思想作為參照系，為人們理解其中的含義提供了新的思路。至於《老子》，王弼則作了《老子注》和《老子指略》兩部，前者以串講文句意思為主，而後者採用老子的原話來說明自己的觀點。可以說是一種依托古典闡發自身義理的形式。關於《周易》，王弼也是同時作成《易經注》和《周易略例》兩部書，前者以解釋文本本身為主，而後者則更多闡發自己的意思。值得注意的是，正是在這些書中，王弼提出了"得意忘象，得象忘言"的詮釋方法，使得他能在"原意"、"原象"基礎上，得到對自己認識的"意"的陳述機會。他的這種解釋方式得到了學術中人的重視，清代學者黃宗炎曾稱讚他的方法，說："輔嗣（王弼字）生當漢後，見象占之牽強拘泥，有乖於聖教，始一切掃除，暢以義理，天下之耳目煥然一新，聖道為之復睹。"③以後隋唐時期的經學家，基本還是在王弼基礎上作些文意的推敲，於探討方法上沒有太多的創新與突破。直至宋代思考恢復儒學時，這樣的以解經為文體結構的著述方式，仍為學術之主流。

當時學界已形成重新探討儒家經典的風氣，一些儒生、學者着重發揮經文"義理"，逐漸形成了一種新的治經方法，使經學轉而哲理化。這種經學研究的新方法，被後人稱為"宋學"。不過這種突破主要表現在文字的疏解方面，已經不再是文字本身的訓詁，而又溢出文字本身的思想觀點之發揮。宋初致力於儒學體系構建的大家，一般首推北宋五子，即周敦頤、邵雍、張載、二程，其中周敦頤主要著作為《太極圖說》與《通書》，前者關涉天道觀，是依據圖形而做

---

① 此語本針對《中庸》而講，筆者以為也可作為對早期中國學術典籍的特點的概括。引自[法]弗朗索瓦·於連（Francois Jullien）《中庸》（1993），轉引自陳贇《天下或天地之間》，上海書店出版社2007年版，第2頁。
② 見陳贇《天下或天地之間》，第3頁。
③ 轉引自朱彝尊《經義考·易》。

出的對世界本原及其本體之存在的哲理性思考;後者論述人道思想。雖然引文中也有對《周易》、《中庸》等經文的引用,但在結構上有了自己的系統。邵雍作《皇極經世》,以《周易》象數構想先天之學,又通過《觀物內外篇》論及社會、人生等問題,但從整體上來看,系統性不強,故仍有着天人相離的缺陷。二程論涉"理"之本體,在形上思考方面頗具深度,但自行文而言,仍遵《論語》之語錄體風格,這對思想闡述之嚴謹性有所妨礙。故自此而言,同時代的張載所著《正蒙》,以自立體系,闡陳論題的方式為寫作風格,在營構理論體系方面起到了示範作用,糾正了一般注經文字的內在關聯不足之缺陷。

《正蒙》作為一部古典漢語的著作,兼有對傳統書寫方式的繼承及帶有個體特色的突破。這種突破主要表現在逸出"述而不作"傳統方面。我們知道,張載作《正蒙》,尚屬北宋中期,張載自謂寫作此書是受到《周易》等書的影響,但他把對《周易》原意的理解集結在《橫渠易說》一書中,而於《正蒙》則採取了放開思想、自由發揮的方式。這種體裁上的處理方式,頗有學習王弼之處。不過王弼仍未脫離原典,而張子的《正蒙》卻已不拘於某書而有獨立的姿態,故於形式上更有特色。

## 二、張載《正蒙》文本結構特點溯源

《正蒙》書名是受蒙卦卦辭"蒙以養正,聖功也"的啟發而來。蒙卦,在中國傳統文化中,被認為是記錄古代先祖教育活動的情況。那時的教育概念寬泛,指整個教化人生的活動,與現代的普及教育系統概念有所不同。後來幾千年在這一概念上的認識都以此為基礎。蒙卦象辭說:"山下出泉,君子以果行育德。"即教育要靠有成果的行為來培育道德。這既與家族的興旺有關,也與國家的治理互相關聯。宋代學術上承唐儒、釋、道三家鼎立局面,有鑒於前朝缺乏統一理論思想的弊病,為服務封建集權之需,朝廷於開國之初就提出了重整文化教育綱常、恢復儒學正統地位的要求。為此,北宋朝廷自建國伊始,便用行政手段實施了一系列措施,對這方面問題加以糾正,張載著此書是以義理的闡釋為教化切入點的。他提出教育的過程是通過變化氣質,去惡為善,以禮成性,最終達到聖人之境。這也可以說是他寫作這部書籍最後所要達到的目的。

張載此等依托經典之意作為主題、構建著作的方式,在中國學術史上雖然不多見,但還是可以找到範例。如董仲舒《春秋繁露》即可認作其中之一。《春秋繁露》共十七卷,為漢武帝時儒家學者董仲舒(約西元前179—104年)的哲學著作。它以《公羊傳》的闡釋為中介,按今文經學來描述《春秋》中的倫理道德及政治原則,並根據當時所流行的陰陽五行觀念而加以進一步確證,被認為是當時最全面地表述其時儒家正統的學說。兩相比較,兩書在行文風格方面確實有相似之處。試以圖表示之:

| 序號 | 書名 | 特點 | 例　　證 | 同異之處 |
|---|---|---|---|---|
| 1 | 《春秋繁露》 | 以經籍為題 | 題名標示與《春秋》的關係，主要依據《公羊傳》。 | 比較直露。 |
| 1 | 《正蒙》 | （同上） | 題名標示與《周易》的關係，然以其中《蒙卦》為依托。 | 比較含蓄。 |
| 2 | 《春秋繁露》 | 語錄式 | 雖以《春秋》注釋為宗旨，然行文卻放開，以言己意為主。如《天道無二》："天之常道，相反之物也，不得兩起，故謂之一；一而不二者，天之行也。" | 有時依托歷史故事喻理。 |
| 2 | 《正蒙》 | （同上） | 每篇雖然獨立成篇，但主要內容一般不超過50字。以《天道篇第三》為例，全篇不足千字，分21節，平均每節20餘字。首段文曰："天道四時行，百物生，無非至教；聖人之動，無非至德，夫何言哉！"顯然來自《論語》。 | 單純及理，史實性介紹明顯減少。如《作者篇》尚涉及歷史事件，然以一句話帶過。 |
| 3 | 《春秋繁露》 | 天人相關的結構框架 | 全書分17卷，82節，2萬餘言。第1—33節，多涉《春秋》原文，以敘事為主，兼及說理。第34—65節，通篇論理，標題也以"奉本"、"實性"、"五行之義"等出現。最後一部分，則及祭祀、譴告之類，以證其"天人感應"之思想。 | 人事成分尚多。 |
| 3 | 《正蒙》 | （同上） | 全書分17章，前五章涉及自然觀念，後四章言及人事，後又有關於社會政治、禮儀、道德規範等方面的涉及。最後一章《乾稱》為概括性的總結。 | 論理比重明顯加大。 |
| 4 | 《春秋繁露》 | 詮釋目的：理解經文原義 | 如《三代改制質文》："春秋曰：'王正月。'傳曰：'……。'" | 直接標出原文出處。 |
| 4 | 《正蒙》 | （同上） | 《太和》："'日月相推而明生，寒暑相推而歲成。'神易無方體，'一陰一陽'，'陰陽不測'，皆所謂'通乎晝夜之道'也。" | 只在行文中引用《周易》原文，然不特意提示，表現注釋比重之減少。 |
| 5 | 《春秋繁露》 | 闡發內容：引申出的聖人原意 | 《身之養重於義》："故曰：聖人天地動、四時化者，非有他也，其見義大，故能動。動故能化，化故能大行，化大行故法不犯，法不犯故刑不用，刑不用則堯舜之功德。此大治之道也。先聖傳授而復也。" | 所謂"聖人"，即理想狀態中的人物。作為道德楷模出現。 |
| 5 | 《正蒙》 | （同上） | 《中正》："君子之道，成身成性以為功者也；未至於聖，皆行而未成之地爾。" | （同上） |
| 6 | 《春秋繁露》 | 詮釋目的：作者所悟之意 | 《實性》："今謂性已善，不幾於無教而如其自然，又不順於為政之道矣；且名者性之實，實者性之質，質無教之時，何遽能善。" | 沒有受注釋文本類限制，發揮己意比較自如。 |
| 6 | 《正蒙》 | （同上） | 《大易》："往之為義，有已往，有方往，臨文者不可不察。" | （同上） |

從上表中，我們可以看到，張子《正蒙》雖然在形式上有很多創新，但還是有對前代學術著述方法的繼承之處，其在中國傳統學術論著的撰寫方法中起到了承上啟下的作用。漢代詮釋經籍風氣，源自五經的整理成功及相應注經制度之建立。其中董仲舒無疑為開風氣先者。南宋陳騤編撰《中興館閣書目》中謂：" '繁露'冕之所垂，有聯貫之象；《春秋》比事屬辭，立名或取諸此，亦以意為說也。"提出董氏此書為依托《春秋》而作的"比事屬辭"之書。所以雖然漢代治經文風為注釋訓詁，講究文字之疏通，然作為經學之倡導者董仲舒本人寫作《春秋繁露》，走的則是義理闡述路數。張載於北宋時期改從董氏治學風格，明顯走出了章句訓詁傳統模式。

張載著《正蒙》無疑受到時代精神的影響，他要求自己在治學中繼承魏晉傳統，突破漢學章句注疏的束縛，故使此書兼有原創與解釋雙重身份。牟宗三先生曾評價張載《正蒙》，認為此書"一開頭講太和、太虛、氣，把人的頭腦弄模糊了"，另外又"文章不太通順"，故一般人不太容易瞭解①。牟先生分析，這種不通順，主要來自張載自創一些名詞、一套體系所致，故使其文章表面上蒙上一層煙霧。所以讀他的這本書，要有一番"掃除煙霧，見其實意"的作為。此言可作為我們閱讀張載《正蒙》的先導。

## 三、《正蒙》篇章的邏輯結構

張載《正蒙》各篇於其在世時已經見有綱要，然尚缺少條理，故其自謂："吾之作是書也，譬之枯株，根本枯葉，莫不悉備，充榮之者，其在人力而已。以後蘇昞會歸義例，略效《論語》、《孟子》，篇次章句，以類相從，為十七篇。"即有目前之格局。各有主要討論的問題，如能將其一一展示，亦能見出張載思想的面貌。以下將針對各篇主題作一說明，並對於哲學基本問題較直接相關的篇章作出提示。

《太和篇》第一：這是書中最重要的哲學創作篇章之一，涉及他的宇宙論及本體論的闡發。其中以"太和"、"太虛"概念，作為宇宙本體的核心，指出它是作為整體而存在着的，是氣與道的整體呈現，是一種真實的實有。這是張載為儒學建立形上體系的重要立論。篇中"太和所謂道……起知於易者乾乎！效法於簡者坤乎"等句，體現與易學之關係；而野馬氤氳之語，明言源自莊子；天人交相勝之詞，則與受到荀子、柳宗元、劉禹錫等人的影響有關。

《參兩篇》第二："參兩"二字取自《周易》，指參天兩地，此篇句首有"地所以兩，分剛柔男女而效之，法也；天所以參，一太極兩儀而象之，性也"之句，可知他在此篇中較多講大道運行、變化形式，又涉及對其中內在原因的探究。文字中運用了豐富的天文學知識，為其特點之一。依托中國古代天文地理學知識，對宇宙問題作出詳細的思考是漢代而來性成的風格。他們據此解答的是關係宇宙結構及變化等問題。以後魏晉時代王弼及唐宋時代研究周易象數體系

---

① 牟宗三《宋明儒學的問題與發展》，華東師範大學出版社 2004 年版，第 105 頁。

的學者也有所涉及,與張載同時代的邵雍,於其《皇極經世》等書中也有所體現。張載繼承這一傳統,沒有關於這個問題的認識,便不能對張載辯證思想的來源缺乏全面的理解。有人說此篇記錄的只是具體的天體運行的自然知識,是他思想的材料,說法中有片面性存在。

《天道篇》第三:以"天"概念為對象討論道體的作用原理。自篇中將天體與仁體並及、言"'禮儀三百,威儀三千',無一物而非仁也"觀之,則儒家氣象分明。當然文中重點涉及的是形上本體的性質分解,體現對本體論問題意識的進路。此外,篇中有體貼本體、彰顯天道等方面的內容,具有於工夫、境界論方面的意義。此也是有書中重要的篇章之一。

《神化篇》第四:本篇對天道與人性作出聯繫的考慮。作者發揮《易傳》天道作用有其神化不測的妙用思想,提出道體的作用在於陰陽變化。張載在論述"道"的神化作用時,較多提示其於本體意義上發生作用之神妙,同時又言及如何彰顯其中神妙境界的問題,與前篇相似,亦兼有本體與境界並論之特點。篇章較多體現張載哲理思辨之深度。

《動物篇》第五:古人論及天道問題,往往以五行框架出現,而張載卻捨棄此說,直接自動物、植物立論,並將有呼吸功能的人類也歸之動物一類而言,實在有科學家理性思維的特徵。本篇通過討論動物及植物的存在性,涉及萬物與人類等存有者的宇宙論意義、存在地位等問題[1],是歷代思想家所不曾涉及的,很有新意。他通過對存有者感通性的解釋,來說明其間的聯繫問題,也具有說服力。此篇將《天道篇》等篇中本體與境界貫通思想加以引中,提出感通在貫穿自然與人事中的作用,亦具儒家傳統特色。

本篇由宇宙論問題探討而進入對人的問題的思考。不過這方面的思考自人之形體開端,故所討論的主要為魂魄觀念[2]、人的睡夢之事[3]以及聲音出現的知識問題[4],等等。由於這些都是古人對人體疑惑不解的問題,如魂魄觀念,涉及人的生命狀態、意識由來等方面,悟夢問題則與人的潛意識有關。至於聲音問題也是古人感到較難把握的一個方面。由於它們較為虛玄,雖可通過耳朵等感官獲得,但其中的樂律所傳達的信息,對人之情感的觸動,則很難分辨。加上自古而來,中國人又把音樂看得較重,很早歸之於六藝之列,又認為其與"禮"密切相關,故特別引起重視。邵雍《皇極經世》中花了十多個篇幅,列出各式圖形來解釋其中之密,即

---

[1] 參見《正蒙·動物篇》:"動物本諸天,以呼吸為聚散之漸;植物本諸地,以陰陽升降為聚散之漸。物之初生,氣日至而滋息;物生既盈,氣日反而遊散。至之謂神,以其伸也;反之謂鬼,以其歸也。"《張載集》,中華書局1978年版。以下引文僅注篇名。

[2] 參見張載《正蒙·動物篇》:"氣於人,生而不離、死而遊散者謂魂;聚成形質,雖死而不散者謂魄。"

[3] 參見張載《正蒙·動物篇》:"寤,形開而志交諸外也;夢,形閉而氣專乎內也。寤所以知新於耳目,夢所以緣舊於習心。醫謂饑夢取,飽夢與,凡寤寐[夢]所感,專語氣於五藏之變,容有取焉爾。"

[4] 參見張載《正蒙·動物篇》:"聲者,形氣相軋而成。兩氣者,谷響雷聲之類;兩形者,桴鼓叩擊之類;形軋氣,羽扇敲矢之類;氣軋形,人聲笙簧之類。是皆物感之良能,人皆習之而不察者爾。形也,聲也,臭也,味也,溫涼也,動靜也,六者莫不有五行之別,同異之變,皆帝則之必察者歟!"

含此理①。邵雍提出音律與形上之道相關,人類與自然之間的溝通可以通過音律來實現,整個世界變化猶如有節奏的跳動,可以作為張載考慮聲音問題原因的參照。

《誠明篇》第六:本篇是《正蒙》中直接談本體工夫的重要文章,張載在本篇中發揮了天道與人道合一,工夫與境界合一,道德哲學與宇宙論知識合一的義理模式。另外還討論了人性論的問題,張載"氣質之性"與"天地之性"的二分觀點即出此篇。張載還區分了"天德良知"與"見聞之知"②,由人性引出了對工夫論的討論。這是繼周敦頤、邵雍之後探討工夫的知識架構的理論,為以後的宋代理學家構建道德修養工夫理論創造了條件。

《大心篇》第七:本篇是張載從儒學"仁智統一"思路出發,談論認識論的問題。由此提出義理的格式在於人與天地萬物為一體,大心的工夫論意義就在於體貼人心與天地萬物合一。在此基礎上,張載比較了儒學與道、佛工夫格式的差別。有學者指出,此篇與程顥的思路十分接近,由此可見出儒學義理的必然相通性,以及張載思路的體系性廣度。這是可以得到認同的。

《中正篇》第八:本篇宇宙論、本體論、境界論層面言及道德工夫的修養問題,對自先秦而來的性之善惡問題加以分辨,從哲學層面對儒家倫理道德觀念作出分析,把由天道而人性的思路落實於工夫。文中還引用《論語》、《易傳》等傳統儒學典籍中的相關命題,對於君子修養工夫進行具體的討論。篇中並結合張載自己的實踐經驗,使工夫論哲學與相關涉的理論問題於義理相貫前提下呈現不同層次。

《至當篇》第九:本篇與《中正篇》所論內容類似,但涉及了"禮"的問題及其在日常生活中的運用。講到了"禮"在國家治理、家族關係處理及個人生存條件創造等方面的作用。

《作者篇》第十:以傳統典籍中常見的古代人物為例,具體展開對"道"的標準的認定。提示人的認識、行為與其自身命運之間的關係。

《三十篇》第十一:"三十"是孔子認定的而立之年,兩篇討論當人有所立時,也就是事業剛起步時,思想行為方面的規範、要求。多為張載閱讀《論語》時的心得。

《有德篇》第十二:本篇與《三十篇》類似,也是讀《論語》的體會文章,不過自內容來看,所涉的範圍大一些,往往與"禮"的思考與遵循有關。

《有司篇》第十三:本篇討論政治哲學問題,似乎與其時注重《春秋》一經的研讀有關,也就是以史為鑒,思考理論與現實問題。

《大易篇》第十四:本篇為張載研易的文義疏理,涉及哲學理論問題。

《樂器篇》第十五:本篇討論禮樂問題,多為針對《詩經》經文的解讀。

《王禘篇》第十六:本篇為討論祭禮的問題,討論儀式以及相關的理論問題。這對於糾正受宗教影響的時風,有實際的幫助,故以後朱熹亦有特為儀禮、家禮做集注之舉。

---

① 可參看拙作《邵雍先天之學與時代之契應》中的有關內容,《周易研究》2008年第1期,第45頁。
② 參見張載《正蒙·誠明篇》:"誠明所知乃天德良知,非聞見小知而已。"

《乾稱篇》第十七：此段內容由張載本名之《訂頑》與《砭愚》兩篇組成，據說於其生前曾命人將此兩篇分別書於橫渠書院大門東西兩側，以為師生座右銘。二程對此大為讚賞推崇，命之為《西銘》、《東銘》，此說後被世人所接受而流傳下來。據蘇昞等序，可知《西銘》一篇原先在《正蒙》中是獨立成篇的，經蘇昞編次後，作為《乾稱》之首段。此篇以"存，吾順事；沒，吾寧也"為結。《砭愚》一篇則被列於此句之後，自"凡可狀，皆有也"開首。兩篇內容各有偏重，由《訂頑》而來的《西銘》，自人道切入，追溯人性本根、天人關係及人生氣象，等等。《東銘》中則更多論及天道，有些內容與前述之《太和》、《天道》、《誠明》、《神化》、《大心》等篇相合，為其中主要觀點之濃縮。整篇內容注意到語詞的簡練與上口易記方面，故因座右銘之功效體現得較為充分。"正蒙"之主旨在此篇中得到提煉；此等做法使全書宗旨得到提綱挈領的概括，這樣的寫法在中國古代著作中尚很少見到。故後來成為朱熹等理學家最為稱讚的部分。

全書自《太和》之論天道觀開端，及至《參兩》、《天道》、《神化》四章，主述天道、陰陽，兼有本體論與宇宙論等方面的思考。第五章《動物》至《誠明》、《大心》、《中正》等章，對道德倫理及人之對其之認識，有所涉及。屬人道觀念範圍。第九章《至當》始，論及政治、禮樂等屬於禮儀制度方面的思考。第十七章《乾稱》，則為全書宗旨之總結。大致而言，一個從天道至人道、又及於境界論的理論體系大致成型。自各篇分量來看，則第九章至十六章，顯得略微散漫，各篇之內在結構感覺有不足之處。這或許與作者後來患病，無法最後完稿有關。

從以上各篇重點主旨提示中，我們可以看到，張子構建《正蒙》全書時，已不滿足於對觀念的零星陳述（如語錄之類），也不滿足於"舊瓶子裏裝新酒"的表述方式（如"集注"之類），他注重形成"根本枝葉"，製成百物具在之"晬盤"（顏色純粹的盤子），為讀者建立一個思考問題的框架，以後能"觸類廣之"。這樣的行文格式，有助於擺脫傳統儒學文氣薄弱、思辨能力差的局限，鮮明體現新儒學注重義理特色，在當時很有示範意義。

牟宗三先生曾講到張載的學說，並稱其為"一心開二門"。作為形而上的哲學，一手開出知識，一手握着道德，揭示了世界的自在自為性。也就是說，他的學說在體現對本體與現象結合基礎上的考察之外，還有着理論理性與指向本體的實踐理性結合的特點；它具有強烈的道德形而上學色彩，注重體悟、覺知，較少在概念的邏輯分析推演上下工夫，其所講的是從太虛之氣到萬物與人的"生化"過程，強調的是知行合一、體用不二的實踐的道德價值的問題。而這一思考方法，正是類似於"深度詮釋"思考方式的運用與體現。這是他繼承傳統書寫方式的體現。

## 四、《正蒙》文本結構之學術意義

與中國歷代學者論著方式相似的是，張載《正蒙》雖然章節自成體系，但文字上仍為語錄體，即多有摘自《周易》等原文而來的詞句，有的段落只是一些感悟式的論述，故自內在邏輯而言,尚有可推敲之處。這也是讀《正蒙》時不能不注意到的一點。

南宋朱熹曾在總結前人著述情況的基礎上提出:"秦漢以來,聖學不傳,儒者惟知章句訓詁之為事,而不知復求聖人之義,以明夫性命道德之歸。至於近世,先知先覺之士始發明之,則學者有以知夫前日之為陋矣。"①認為要在理解經典原意的基礎上,提出富有啟示意義的闡釋,只有這樣的論述才能對現實的學術發展起到作用。他並提出詮釋的數種層次。朱熹的說法,有許多是與張載在《正蒙》等著作中的撰寫主旨合拍的。

張載一生著述無數,惟獨對《正蒙》一書最為重視,這或許與其治學的經歷有關係。在《經學理窟·自道》中,他曾說過:"某學來三十年,自來作文字說義理無限,其有是者皆只是億則屢中。譬之穿窬之盜,將竊取室之物而未知物之所藏處,或探知於外人,或隔牆聽人之言,終不能自到,說得皆未是實。觀古人之書,如探知於外人,聞朋友之論,如聞隔牆之言,皆未得門而入,不見宗廟之美,室家之好。比歲方似入至其中,知其中是美是善,不肯復出,天下之議論莫能易此。譬如既鑿一穴已有見,又若既至其中卻無燭,未能盡室中之有,須索移動方有所見。"這裏他回顧了自己的為學過程,認為年輕時主要學到的是文字梳理與義理的品味,但未能"自到",即不能真正提出自己的見解。以後逐漸登堂入室,知其美惡,但仍然不能豁然貫通,故仍有"未能盡"之憾。所以只有到了晚年,才能夠做到對"性與天道"的把握與理解。

張載弟子呂大臨寫有《橫渠先生行狀》,提到《正蒙》成書大致在熙寧九年(1076)秋,當時張子告訴門人:"此書予歷年致思之所得,其言殆於前聖合與!大要發端示人而已,其觸類廣之,則吾將有待於學者。正如老木之株,枝別固多,所少者潤澤華葉爾。"②那時的本子尚未分出篇次,比較粗糙。據其弟子范育言,此書直至張載去世以後,才由其門人傳授於外,這已經是熙寧十年(1077)以後的事情了。《正蒙》篇目的編定,是在張載身後由其弟子蘇昞完成的。

《正蒙》一書,通過對天道的重塑、天道與人道的相互貫通等方向的思考,努力履行"造道"之歷史使命。這種努力已經超出了區別於佛老、為漢唐儒學糾偏的範圍,而進入構建新的思想體系的層面,立意與境界較為高遠。承張載自道,他以為《正蒙》"其言殆於前聖合",是他多年思考的結晶。晚年張載曾說自己"道理今日卻昇分明,雖仲尼復生,亦只如此"③,而《正蒙》之成書正可謂是他道理分明後的收穫,也體現在他心目中雖然還未完全地實現其著書之初衷,但離其目標還是接近了的。

關於張載所處時代之學術背景,我們不難從史書中瞭解到,筆者言此並非只為擺出史實,而是由此獲得對《正蒙》成書的另一層面理解。近代思想家梁啟超曾考慮過一個時代與其間流行之思潮的關係,認為所謂"時代思潮",是指"凡文化發展之國,其國民於一時期中,因環境

---

① 朱熹《中庸集解序》,《四書章句集注》。
② 《張載集》,第384頁。
③ 張載《經學理窟·學大原上》,《張載集》,第281頁。

之變遷,與夫心理之感召,不期而思想之進路,同趨於一方向,於是相與呼應洶湧,如潮然。"①他提出這種思潮並非只是思想的打包集成,也不是每個時代都有"思潮"的存在,非"思"能成"潮"者,"則其'思'必有相當之價值,而又適合於其時代之要求者也",而"有思潮之時代,必文化昂進之時代也"。他並舉出我國歷史上漢之經學,隋唐之佛學,宋及明之理學,清之考證學,以為唯有這四者,才稱得上時代之思潮。

聯想此說,令人感到張載《正蒙》的問世,一方面為受到時代思潮感召的産物;另一方面,它的思想又為時代思潮的成熟起到了良好的促進作用。或許正是有這樣的信念的支持,才使得張子有了如此的熱情,以一種近乎宗教式的熱誠,以從事事業的精神投入這一書籍的撰寫。這種寫作的狀態,與一般的玩弄文字者不可相提並論。

當前的學術探討中,理解和解釋的重要性、複雜性日益凸顯,並占據了思想界的顯要位置,而"為確定解釋的普遍有效性提供一個歷史確定性可以依據的理論基礎,以避免浪漫任意的衝動和懷疑的主觀性"(伽達默爾《解釋學的形成》)無疑是其初衷。因為人文科學的獨特之處在於,其研究對象不是無意識的物質客體,而是歷史的、具體的、有意識的個人及其全部活動:言語、體征和行為——狄爾泰稱之為"運算式"(expressions)。而理解作為人類存在的本體特徵,就是把握包含在各種運算式中的精神內涵的活動。而在理解的對話關係中,不同的意向、興趣、視點和經驗都具有獨立的價值和意義,它們彼此互補,歷史地展開,構成了神入(empathy)地理解的前提條件,以及理解的無限可能和歷史延續。對於諸子研究而言,上述理論演進不乏啟發意義,那就是從諸如文體之創新等層面來說,對其理解當有不同層面,而自文本結構出發的理解,即是其中重要的環節。

**[作者簡介]** 李似珍(1952—    ),女,上海人。華東師範大學哲學系教授,上海市科技史學會副理事長。著有《中國古代身心觀述評》、《中國學術思想編年·宋元卷》、《靜心之教與養生之道》等書,發表學術論文近百篇。

---

① 《清代學術概論》第一節,上海古籍出版社 2006 年版。

# 論治諸子

姚奠中

## 引言

　　諸子初興之時，各尊所學，各行所知，其所言論，皆與當時社會相切合，雖各家注意之點不同，而其人俱存，則與世無隔閡之憂。即其人云亡，而其黨徒或皆親見聞而知之，雖有改易，其大體不至隱沒也，及曠日既久，傳授都絕，"言語異聲，文字異形"（此指語言文字之流變言），而後人所處之時勢，又與古迥不相侔，於是諸子之言，"暗而不明"。後之人，或理其訓詁，或征其事蹟，雖用力之勤，而其能否得諸子之真，未可知也。韓非有言："孔墨之後，儒分為八，墨離為三，取捨相反不同，而皆相自謂真孔墨，孔墨不可復生，將誰使定世之學乎！"（《顯學篇》）況居二千餘年之後，以尚論二千餘年之前者哉！然學術之進展，在於因故而創新；學者之任務，欲其窮原以竟委，惟其得真之難，而治之之術，乃不可以不究，爰以所見，略陳於次。

## 一、論前人治諸子之得失

### 兩漢以來

　　秦火而後，諸子銷聲，向歆父子之《七略》，乃有整理諸子之專篇，然其言廑曰：某家者流，出於某官，其長何在，其弊如何而已。（《漢書·藝文志》即襲《七略》者）其淵源當否，今所不論，即其所論"長"、"弊"，亦廑視某一流派之趨勢，於各家固未能一一深究也（劉向《別錄》間有存者，亦仍止概括各書之大意而已）。

　　魏晉人偏好《老》、《莊》，平叔、輔嗣與阮、嵇諸人，偶有妙論，然每與《老》、《莊》本旨不合，以其思索多而用功少也。郭子玄唯以自然解《莊》，亦殊蔽於時習，雖成家言，亦不免"六經注我"之嫌。故其成就，未為多也。自茲以下，迄於宋、明，研習諸子者，誠亦有之，殊少創獲可言。

清儒於經典而外,旁及諸子,校勘輯軼,以至注疏,一時稱盛。其著述之大者,如《孟子正義》(焦循,原屬經部,今以入子部)、《莊子集釋》(郭慶藩)、《荀子集解》(王先謙)、《墨子閒詁》(孫詒讓)之屬,所長乃在名物訓詁,考據之事,尋其義理,每不貫澈。其見於《讀書雜誌》(王念孫)、《諸子平議》(俞樾),所謂"渙然冰釋"、"怡然順理"者,亦特在章句之間,不及一書之通旨,一人之學說也。故即搜紹絕學而言,清人之功,為不可沒,然其成就,亦適至是而止。

## 現 代 各 家

胡適之曾言:"至章太炎,始於校勘、訓詁之外,別成一有系統之諸子學。《原名》、《明見》、《齊物論釋》,皆為空前著作。其所以如此精至者,以其精於佛學,先有佛家之因明學、心理學、純粹哲學,為比較印證之資,故能融會貫通,於墨、莊、惠、荀學說中,得一系統"云云(詳見《中國哲學史大綱·導言》)。此言太炎先生之成就,在其於諸子之能作系統之研究,而其所以能得系統,則在以佛學、心理、哲學比較印證。胡氏所評當否,今所不論,惟胡氏之作《中國哲學史大綱》,實即欲採用此法,而以西洋哲學為比較印證之資也。

近人治諸子,皆喜比附西洋哲學,觀其書中,充滿"宇宙論"、"本體論"、"方法論"等名詞可知,而胡適之、馮芝生實為其冠(胡、馮二氏尚不拘泥其名詞)。不知於中國各家學說無深刻之研究,則比附大未易言也(以下就哲學史立論,以哲學史中諸子為主要部分故也)。

蔡孑民之序胡氏《中國哲學史大綱》也,極推重其"倚傍西洋哲學"、"以構成適當形式"之為難能,馮芝生於其《中國哲學史》之《緒論》中,首即謂"今欲講中國哲學史,即就中國歷史上各種學問中,將其可以西洋所謂哲學名之者,選出而敍述之",是胡、馮二家皆以西洋哲學為骨幹以研究中國哲學,而周秦諸子部分,彼等亦即以此法治之也。

然所謂"倚傍西洋哲學而構成適當形式"者,以中國本無此形式,而不得不倚傍西洋以構成此形式也;夫以本無此形式之諸子,而加以外來固定之形式,其吻合與否,與吻合之程度如何,與是否有削足適履之弊,至足慮也,且其可以此形式括之者,為全部?抑一部?為主體?抑枝節?其不能以此括之者,皆為無價值?抑尚有價值?此皆首宜注意之問題也。

又所謂"就中國歷史上各種學問中,將其可以西洋所謂哲學名之者,選出而敍錄之"者,是先承認中國學問僅一部分可以西洋哲學名之也,此言極有分寸,而吾人更宜注意者,則在除此一部分外,是否尚有高深精要,最可寶貴之學問在也。

就中西哲學之實質而言,其不同至為顯著,其同者非枝節,則其表面也。西洋哲學中之宇宙論、本體論、價值論、方法論之屬,誠皆可以由中國諸家學說中抽出之;然此所抽出者,顯非諸家精神之所在,蓋彼主於求"知",此主於求"用",基本態度即不同也。如老、莊、孟、荀之言宇宙(即言天、言自然等),非以求知宇宙之底蘊,乃在於說明"人……法自然"(《老子》二十五章),"天地與我並生"(《莊子·齊物論》),"存心養性以事天"(《孟子·盡心》),"天有其時,地有其材,人有其治,夫是之謂能參"(《荀子·天論》)之人生行為而已。以其目的之不同,故其論宇宙之處,皆就直觀所得之自然現象而為言,若以此類材料為某家之宇宙論,則其不如西人之博大精深,固其所也(西人宇宙問題之複雜,及派別之多,皆遠非中國所可及)。至於本體、價值、知識、方法等問題,則中國亦無此等純粹之學說。中國之所重,惟在所謂"內聖外王"之道,亦即"修己治人"之道也。雖間有偏重,而大較則不出此範圍。道家然,儒家亦然,其他各家亦無不然。而西人與此等問題,則遠不如中國之博大精深也。故胡、馮二君之方法,即使於其所畫範圍內,可以自圓其說,然絕不能以此而得諸家學說之精神,亦不能視為治諸子之方法也。至二君之著作之成就如何,則亦非此文之所能論矣。

準上所言,是古今各家於治諸子之學,雖所得深淺不同,然其治之之法,實未臻完備也。

## 二、論治諸子應有之基本功夫

### 入 與 出

荀卿有云:"慎子有見於後,無見於先;老子有見於詘,無見於信;墨子有見於齊,無見於畸;宋子有見於少,無見於多。"(《天論》)又云:"墨子蔽於用,而不知文;宋子蔽於欲,而不知得;慎子蔽於法,而不知賢;申子蔽於勢,而不知知;惠子蔽於辭,而不知實;莊子蔽於天,而不知人。"(《解蔽》)夫惟其有見,故有卓特獨得之知;惟其有蔽,故各是其是,各非其非,而不能相通也。

今欲見諸子之所見,則必登其堂,入其室而後可。漢學尊師承而重家法,其蔽良深,然欲知漢學之底蘊者,則非求助於師承家法不可。諸子雖無明顯之師承家法,然一家之學,不容以別家之觀點觀之,亦不容以別家之思想亂之也。盡捐成見,"不以所已臧、害所將受"(《荀子·解蔽》)。寢饋遊息其中,然後可以"自彼則不見,自知則知之"(《莊子·齊物論》)。吾人每初讀一書,即輒以好惡私意是非上下之,則於昔人卓特獨得之知何由得見?終亦一無所得而已。

至欲去諸子之所蔽,則又必出其藩籬,盡脫羈絆而後可。儒墨之是非,儒墨不能自定也,而必兼知儒墨,不囿一方者始能定之。各家之是非,各家不能自定也,亦必兼知各家,不囿一隅者始能定之。若"學一先生之言,則暖暖姝姝,而私自說"(《莊子·徐無鬼》),終必"見笑於大方之家"而已。故"大知觀於遠近"(《莊子·秋水》),而後能知"道通為一",而後各家之得失,乃有可言。故凡世人之固陋者,皆能入,而不能出者也。

### 異 與 同

莊生有言:"自其異者視之,肝膽楚越也;自其同者視之,萬物皆一也。"(《德充符》)此為治一切學術之常法。蓋天下無一絕對相同之二物,亦無絕對不同之二物也。故自其異點觀之,無物不異;自其同點觀之,亦無物不同。惠施所謂"萬物畢同畢異"(《莊子·天下篇》)是也。故極異之中,有其同;極同之中,有其異。求其異,所以得其特點;求其同,所以觀其會通。能異則精深,能通則博大。

中國哲學與西洋哲學之不同，前已言之。而宋明理學，復與周秦諸子不同，儒道名法，又各不同，孔孟荀不同，老莊不同，商申韓不同，惠施公孫龍不同。同一"道"也，老莊孔孟荀墨皆不同；同一"仁"也，儒道墨各家亦皆不同。即就諸子中任提一問題，無二家絕對相同者。孔子之言修己也，以"忠"、"恕"為本，蓋以己為度而以行為實踐者也。大學之言修己也，以格物、致知、誠意、正心為本，是先以知識心理之修養為基，而後見於行為也。孟子之言修己也，以"存心養性"為本，而後及於"居仁由義"也。老子之無為也，乃"為之於未有，治之於未亂"（六十四章）。莊子之無為也，乃"順物自然，而無容私焉"（《應帝王》）。韓非之無為也，乃以法為準，而不用私知也。此其相異之處，正其特點所在，亦即其學說所以能獨立者也，能求其異，斯得之矣。

孟子言性，荀子亦言性，其注意之問題同。孟子稱"人皆可以為堯舜"，荀子稱"塗之人可以為禹"，其結論同。孔子之"信而好古"，老子之"執古之道"，其法古同。孔子云："禮云禮云，玉帛云乎哉！"（《陽貨》）老子云："禮者，'忠信之薄'。"（三十八章）其務本同。孔子贊大舜之"無為"，堯之"民無能名"，老子莊子並稱"無為"，其理想同。孔孟崇仁義，墨子亦崇仁義，儒家尚賢，墨家亦尚賢，其用以治世之術同。墨子尚功利，宋鈃亦尚功利，荀子亦尚功利，韓非亦尚功利，其所尚同。荀子重禮，韓非重法，其實質同。周秦諸子各"持之有故，言之成理"（《荀子·非十二子》），魏晉玄學，宋明理學，亦各"持之有故，言之成理"，其皆占學術史上之重要地位同。中國諸子以下，為文史諸學外獨一學術，其議論各有其理則，其思想各有其系統。西洋哲學亦然，其學術之性質同。哲學所以領導人生，科學所以擴大人生，其為人生同，凡此不可殫舉，此其相同之處，正其學與他學息息相關之處，而其學之價值與應用，亦於此始能表見也。能求其同，斯得之矣。

荀卿論制名之要曰："推而共之，共則有共，至於無共而後止……推而別之，別則有別，至於無別而後止。"（《正名》）名固如是，實亦宜然。此即異同之術，亦即今世所謂"分析"與"綜合"之術也。

## 參驗與默契

韓非云："無參驗而必之者，愚也；弗能必而據之者，誣也。"（《顯學》）孟子云："以意逆志，是為得之。"蓋昔人之情，與今人之情，有其同；而昔人之時勢，與今人之時勢，其有異。有其同，斯有可通之理；有其異，斯有隔蔽之憂。惟其異，故必取於參驗；惟其同，故可會以默契也。

孟子攻楊墨為"無父"、"無君"，徵之楊墨之書不然也。荀子謂"莊子蔽於天而不知人"，徵之莊書不然也。以立場之不同，非有古今之差也。王弼以"自然"解《老》，以《老》解《易》，徵之《老》、《易》，不然也。蘇軾謂"李斯以荀卿之學亂天下"，徵之荀、李之書，不然也（李斯無書，散見於《史記》各篇）。鄒衍稱"儒者所謂中國，於天下，乃八十一分居其一分耳"，儒者所謂九州，乃九州之一（詳見《史記·孟子荀卿列傳》），徵之事實，非盡唐大無憑之詞。禹平水土之事，諸子所稱與其他經籍，皆可參互印證，而今賢以歐美運河擬之，而不置信，細案諸書揆其情理，未見有可疑之點也。故於時移世異,異說雜陳之際,所可以為依據者參驗而已。

"知其不可為而為"(《論語·憲問》),"天下有道,丘不與易也"(《論語·微子》),孔子之人格,即見於此。"天地與我並生,萬物與我為一"(《莊子·齊物論》),"今也以天下惑,予雖有祈嚮,不可得也,不亦悲乎?"(《莊子·天地》)莊子之胸懷與憂世之情,亦皆可見。孟子以齊宣、梁惠,皆可王天下,世人皆可以為聖人;於修己,則"反身而誠,樂莫大焉"(《盡心》),於治人,則"以齊王由反手也"(《公孫丑》),其樂觀之狀躍然在目。荀子言修養,則"化性起偽"(《性惡》),言行身,則"端慤誠信"(《修身》)。言為學,則"鍥而不捨"(《勸學》),言治國,則"禮義節奏"(《強國》),其戒懼之貌,亦儼然可見也。故需"誦數以貫之,思索以通之"(《荀子·勸學》),因其言語行事,以體會其心情與人格,與其學說之動機,與其所惑之問題,則對其人其書,皆可有具體之認識,亦即所謂默契也。

如上所云,雖不必能得諸子之真,亦固當免於淺嘗固陋之誚,而亦庶可以得攻錯之益,至於校勘、訓詁、考據、整理,斯皆另有專攻,此所不及也。

**[作者簡介]** 姚奠中(1913— ),男,原名豫泰,字奠中,後以字行。別署丁中、刈草、樗廬,山西省稷山縣人。早年曾師事章太炎先生,先後在多所高校任教六十餘年,現為山西大學文學院教授。治學興趣廣泛,除經、子之外,還涉及詩、詞、文字學、文藝學,以及書、畫、印等。著作有《中國文學史》、《莊子通義》、《中國古代文學家年表》、《南北詩詞草》、《姚奠中論文選集》、《姚奠中詩文輯存》、《姚奠中講習文集》等。

**編者按**:姚奠中先生是我國著名的學者、教育家、書法家,是章太炎先生的入室弟子,他不僅在文、史、哲等方面卓有建樹,其詩、書、畫、印還被譽為"四絕"。今值姚先生百歲華誕之際,特發表其舊文一篇,以示恭賀。

# 天人之思：孔子"志於道"思想再審視

## 張永祥

孔子的思想學說是不是一個自足的理論體系？這個理論體系有沒有一個足以貫穿整個體系的核心？對這一系列問題的追問和思考構成了五四以來孔學研究的主旋律。前輩學人在討論孔子學說時，一般按照哲學、政治、倫理、教育等西方學科分類方法分門別類地介紹孔子思想體系，並認為孔子的理論體系有一個完整的核心。子曰："吾道一以貫之"。由於孔子沒有明確指出此"一"究竟何指，種種推論便隨之而來。有主"仁"者，有主"禮"者，有主仁禮並重者，有主仁義禮三位一體者，有主"中庸"者，有主"時"者，有主"和"者，凡此種種，莫衷一是。在反思以西方學術方法分疏中國古代學術思想的研究思路是否合宜的同時，我們試圖從孔子自己的理論框架出發解讀孔子思想。子曰："志於道，據於德，依於仁，游於藝。"（《述而》）這也許才是孔子思想大門的鎖鑰所在。本文僅從"志於道"的方面展開討論，希望能從孔子道論的角度重新審視其思想學說，洗去西學油彩，重現水墨神韻。

## 一

《說文》："志，意也，從心從之，之亦聲。"朱熹《論語集注》："志者，心之所之之謂。"正用此意。何晏《論語集解》云："志，慕也。"乃司馬遷"雖不能至，心嚮往之"之意，雖不如文字學家的冷靜客觀，卻似乎更合乎孔子當時語境下的心情。因為孔子談及道時，往往帶有明顯的感情色彩，如《八佾》："周監於二代，郁郁乎文哉！吾從周。"《里仁》："朝聞道，夕死可矣。"又，"士志於道，而恥惡衣惡食者，未足與議也。"《禮記·禮運》也記載孔子說："大道之行也，與三代之英，丘未逮也，而有志焉。"那麼，孔子口中的"道"究竟為何物，讓他如此神往，疏食飲水亦"樂在其中"？何晏曰："道不可體，故志之而已"[1]，這顯然出於老子"道之為物，惟恍惟惚"（《老子》

---

[1] 何晏《論語集解》，《十三經注疏》本，上海古籍出版社1997年版，第2481頁。

二十一章)式的本體道論,與孔子本意相去甚遠。朱熹則曰:"道,則人倫日用之間所當行者是也。"①當行者,義也;人倫日用之間,禮也。僅以人道釋孔子之道,恐意有未洽。孫欽善認為孔子之道"指典範的政治理想,即'天下有道'的道"②,相比劉寶楠"道者,明明德親民,大學之道"③的解釋,孫說更為明白曉暢,但兩者皆不脱人道範圍。事實上,當孔子單稱"道"時,是包含西周以來"道"的全部豐富性在內的。因此,我們在討論孔子道論的時候,必須注意孔子思想的兩個主要來源:第一,孔子醉心西周禮樂文化,《詩》、《書》、禮、樂是孔子思想賴以生成的基礎。第二,孔子生當春秋晚期,以博學著稱當世,深諳"百國《春秋》"與各類古書,春秋時期社會思潮的發展與學術思想的新變必然會對孔子思想學説的形成產生重大影響。以此為基礎,結合《論語》和其他先秦古籍,庶幾可以一窺孔子道論門徑。

　　自西周立國以來,天人之間的關係就一直是周人關注的重點。《尚書·大誥》:"天休於寧王,興我小邦周。"天何以獨美文王之小邦周? 周公給出的答案是"文王之德之純"(《詩經·周頌·維天之命》),這是周公為天人關係定下的基調,目的是為周革殷命尋找合理的依據。天道佑善,周德至美,"有命自天,命此文王"(《詩經·大雅·大明》),《詩》、《書》中充滿了這種周公式的具有宗教神學特徵的天人關係論調。從現實政治的效果來看,這種理論闡釋路徑不僅是成功的,而且影響也是深遠的。直至春秋時期,天人關係依然是人們思考問題的基本模式。只不過在經歷了西周末年王權的衰落與春秋時期大國諸侯的迭興,人們思考的重心已由天道悄悄轉向了人道,子產提出"天道遠,人道邇"(《左傳》昭公十八年)的光輝命題正是對這一轉向的理論概括。天人之道同樣也是孔子的理論關切,《孔子家語》卷四《哀公問政》篇有孔子"天道敏生,人道敏政,地道敏樹"之語。考之《論語》,書中雖未出現孔子直接言及天道或人道的記錄,但言及"道"字者凡五十九章八十八次。除去其中涉及道路義、稱説義和假借義的十章十一見外,具有形而上氣質的"道"字尚有五十一章七十七見之多。這些具有抽象意義的"道"字,大致包括天道和人道兩種用法。人道思想是孔子學説關注的重心,內涵較為豐富,一般包括政治、文化、思想方法等三方面的內容。天道思想則是孔子晚年對早期人道思想的超越和升華,為人道思想提供理論基礎和價值來源。

## 二

　　孔子論道,首重人道。人道之中,為政之道又是孔子理論思索的重心,這是春秋時代社會

---

① 朱熹《四書集注》,中華書局 1983 年版,第 94 頁。
② 孫欽善《論語本解》,生活·讀書·新知三聯書店 2009 年版,第 79 頁。
③ 劉寶楠《論語正義》,中華書局 1990 年版,第 257 頁。

思潮發展的必然結果。"中國哲學毫無例外地同時也就是政治思想"①,金岳霖的這個斷語用在孔子身上恰如其分。孔子之道,首先是對其政治思想的最高概括,這種政治學說帶有明顯的理想化特徵。《學而》篇載有子之言:"禮之用,和為貴。先王之道,斯為美。小大由之,有所不行。知和而和,不以禮節之,亦不可行也。"這種對道的認識雖出自有若之口,但即便不是出於有若的轉述亦是有若濡染夫子之教的總體印象。子游曾驚歎"有子之言似夫子"(《禮記·檀弓上》),孔子自己亦不乏對先王之道美與善的讚歎。《八佾》:"子謂《韶》:'盡美矣,又盡善也。'謂《武》:'盡美矣,未盡善也。'""周監於二代,郁郁乎文哉!吾從周。"《述而》:"子在齊聞韶,三月不知肉味,曰:'不圖為樂之至於斯也。'"《里仁》:"朝聞道,夕死可矣。"孔子不但醉心於西周禮樂文化的彬彬之盛,甚至願意為追求這種理想政治獻出生命,景仰之情,溢於言表。

其次,作為孔子政治理想的"道",其具體內容就是所謂的"先王之道"、"文武之道"。

> 子曰:"無為而治者,其舜也與?夫何為哉?恭己正南面而已矣。"(《衛靈公》)
> 
> 孔子曰:"才難,不其然乎?唐虞之際,於斯為盛。有婦人焉,九人而已。三分天下有其二,以服事殷。周之德,可謂至德也已矣。"(《泰伯》)
> 
> 子曰:"禹,吾無間然矣。菲飲食而致孝乎鬼神,惡衣服而致美乎黻冕,卑宮室而盡力乎溝洫。禹,吾無間然矣。"(《泰伯》)
> 
> 謹權量,審法度,修廢官,四方之政行焉。興滅國,繼絕世,舉逸民,天下之民歸心焉。所重:民、食、喪、祭。寬則得眾,信則民任焉,敏則有功,公則說。(《堯曰》)

君聖臣賢,天下為公,人盡其才,政行法平,天下歸心,先王之道在孔子心目中是高大而完美的。反觀孔子的施政理念,無不是圍繞着這種理想的先王之道闡述的。子曰:"為政以德,譬如北辰,居其所而眾星共之。"(《為政》)季康子問政於孔子。孔子對曰:"政者,正也。子帥以正,孰敢不正!"(《顏淵》)子曰:"苟正其身矣,於從政乎何有?不能正其身,如正人何?"(《子路》)葉公問政。子曰:"近者說,遠者來。"(《子路》)孔子口中的這些政治理念與《詩經》之《大雅》、《周頌》,《尚書》之《周書》中所謂的文武之道若合符契。

再次,孔子把這種政治理想貫穿於自己的歷史觀當中,並將其用作評價歷史和現實政治好壞的標準,凡是符合其理想的政治局面是為"有道",反之則為"無道":

> 孔子曰:"天下有道,則禮樂征伐自天子出;天下無道,則禮樂征伐自諸侯出。自諸侯出,蓋十世希不失矣;自大夫出,五世希不失矣;陪臣執國命,三世希不失矣。天下有道,則政不在大夫。天下有道,則庶人不議。"(《季氏》)
> 
> "甯武子,邦有道則知,邦無道則愚。其知可及也,其愚不可及也。"(《公冶長》)

---

① 金岳霖《中國哲學》,《哲學研究》1985 年第 9 期。

"直哉,史魚! 邦有道,如矢。邦無道,如矢。君子哉,蘧伯玉! 邦有道,則仕。邦無道,則可卷而懷之。"(《衛靈公》)

不僅如此,孔子更以這種政治理想的現實擔當者自居:"文王既沒,文不在兹乎? 天之將喪斯文也,後死者不得與於斯文也。天之未喪斯文也,匡人其如予何?"(《子罕》)孔子不僅是這樣說的,也是這樣做的。周遊列國十四載,明知不可爲而爲,厄於宋,畏於匡,斷糧於陳蔡,凄凄遑遑,卻視富貴如浮雲,好學不厭,誨人不倦,他用實際行動捍衛了自己的政治學説和理想。

## 三

孔子之道還包括禮樂,這既是藴育他政治理想的文化背景,也是支撐他政治理念的理論基礎。《禮記·哀公問》:孔子曰:"人道政爲大。""爲政先禮,禮其政之本與!"人道首重政治,政治必以禮爲先,禮乃人道題中應有之意。這種思路在《論語》中也是信而有徵的。《先進》:孔子曰:"爲國以禮。"《陽貨》:子游曰:"昔者,偃也聞諸夫子曰:君子學道則愛人,小人學道則易使也。"何晏《集解》引孔安國注曰:"道,謂禮樂也。"《泰伯》:曾子曰:"君子所貴乎道者三:動容貌,斯遠暴慢矣;正顔色,斯近信矣;出辭氣,斯遠鄙倍矣。籩豆之事,則有司存。"何晏引鄭玄注曰:"此道謂禮也。"所謂"君子學道",在東西二周,禮樂是貴族子弟從小就必須接受的教育,"幼者教之於小學,長者教之於大學。"①在孔子以前,受教者首先應該是高級貴族之嫡子,其次是經過層層選拔脱穎而出的高級貴族之庶子及低級貴族之子中的優秀者;學的内容則包括詩、書、禮、樂;學的時間也很有講究,"凡學,世子及學士必時。春夏學干戈,秋冬學羽籥。"②禮樂是君子之所以爲君子的身份標誌,同時也是君子立身行事的根本,"不學禮,無以立。"(《季氏》)禮樂不僅體現在貴族人生的方方面面,還伴隨君子一生,趙武所謂"歌於斯,哭於斯,聚國族於斯",正體現了周禮的這種特點③。禮樂在兩周社會生活中涵蓋範圍之廣、影響程度之深,從宗教、政治、軍事、外交、日常生活、個人修養直至生老病死,可謂無往而非禮樂。朱熹所説的:"道,則人倫日用之間所當行者是也。"從這種意義上説是完全適用的。正因爲如此,孔子才慨歎:"誰能出不由户? 何莫由斯道也?"(《雍也》)

禮樂是兩周貴族的必修課,人人都要學習,但並非人人都能學到個中精髓,孔子的君子之道是有層次高低之分的。《子張》篇記載了孔子兩位高足間的一場争論,子游説:"子夏之門人小子,當灑掃應對進退,則可矣,抑末也。本之則無,如之何?"何晏《集解》引包咸注曰:"言子

---

① 《禮記·王制》鄭玄注。
② 《禮記·文王世子》。
③ 《禮記·檀弓下》。

夏弟子但當對賓客修威儀禮節之事則可,然此但是人之末事耳。"子夏批評子游說:"噫! 言游過矣! 君子之道,孰先傳焉? 孰後倦焉? 譬諸草木,區以別矣。君子之道,焉可誣也? 有始有卒者,其惟聖人乎!"批評歸批評,但子夏立論的基礎還是承認了子游所說的君子之道有高低本末之別。錢穆先生於此認為:"子游非不知灑掃應對進退為初學所有事,特恐子夏之泥於器藝而忽於大道,故以為說。子夏亦非不知灑掃應對進退之上尚有禮樂大道,不可忽而不傳。"① 那麼,"禮樂大道"之精髓何在? 李澤厚先生認為:"所謂周禮,其特徵確是將以祭神(祖先)為核心的原始禮儀加以改造制作予以系統化、擴展化,成為一套早期奴隸制的習慣統治法規('儀制')。以血緣父家長制為基礎(親親)的等級制度是這套法規的骨脊,分封、世襲、井田、宗法等政治經濟體制則是它的延伸擴展。"②這裏有兩點需要注意:第一,威儀禮節之末事儘管細碎繁瑣,卻是周禮的來源和基礎,體現着周禮的溫文爾雅和森嚴氣象,沒有這些瑣碎的"儀制",就沒有周代彬彬之盛的禮樂文明,也不會有孔子的由衷讚歎。第二,血緣父家長制的"親親"原則是西周宗法制度的基礎,"尊尊"原則才是西周等級制度的靈魂。二者的結合,構成西周上層建築的真正核心,這裏也正是禮樂大道的精髓所在。"禮云禮云,玉帛云乎哉? 樂云樂云,鐘鼓云乎哉?"(《陽貨》)失去"親親尊尊"的理論支撐,繁瑣的"儀制"只會淪為亂臣賊子"借殼上市"的工具。不幸的是,孔子面對的正是這樣一個禮樂崩壞的時代,這個時代是以禮樂儀式的極度繁榮和周禮"親親尊尊"精神內核的逐步喪失為特徵的。孔子之所以不厭其煩地強調"君君、臣臣、父父、子子",力圖為周禮"正名",正是對這個令人失望的時代的不滿與抗爭,希望能以自己的思想學說教育下一代,來扶起周王朝這座搖搖欲墜的大廈。哪怕"道之不行,已知之矣",卻仍然"知其不可而為之"。"儘管在當時政治事業中是失敗了,但在建立或塑造這樣一種民族的文化——心理結構上,孔子卻成功了。"③從這個角度看,與其說是孔子不幸遭逢亂世,毋寧說是離亂時代對孔子的玉成。

## 四

孔子之道有時候又是對他思想學說的一種統稱,而這種統稱背後隱含的則是孔子的方法論。《公冶長》載孔子曰:"道不行,乘桴浮於海。從我者,其由與?"皇侃《論語義疏》云:"孔子聖道不行於世,故或欲居九夷,或欲乘桴泛海,故云道不行乘桴浮於海也。"④孔子與其他政治家的不同之處在於,他不僅有着崇高的政治理想,完整的政治學說,甚至還積極培植後備政治

---

① 錢穆《論語新解》(新校本),九州出版社2011年版,第567頁。
② 李澤厚《孔子再評價》,《中國社會科學》1980年第2期。
③ 同上。
④ 皇侃《論語義疏》,轉引自黃懷信《論語彙校集釋》,上海古籍出版社2008年版,第384頁。

力量。由於與季氏"道不同,不相為謀"(《衛靈公》),在政治鬥爭中失利,孔子被迫離開魯國。在十四年周遊列國的漫長旅途中,一邊"隱居以求其志",一邊積極準備謀求再次"行義以達其道"(《季氏》)。困境中依舊不忘教育弟子"君子謀道不謀食。耕也,餒在其中矣。學也,祿在其中矣。君子憂道不憂貧。"(《衛靈公》)明知己道難行,仍然堅持自己的思想學說,並借子路之口回應那些不理解自己的隱士:"不仕無義。長幼之節,不可廢也;君臣之義,如之何其廢之? 欲潔其身,而亂大倫。君子之仕也,行其義也。"(《微子》)即便走到山窮水盡的地步,孔子仍然堅信自己政治生涯的失敗並非是自己思想學說出了問題,而是將之歸於個人努力難以把握的"命":"道之將行也與,命也。道之將廢也與,命也。"(《憲問》)

對自己理想的堅持和學說的自信並不代表孔子食古不化。相反,在他的思想學說裏,道分常道和變道。所謂常道,指孔子理想中的文武之道及貫穿其中的那些千古不可移易的道理,孔子所說禮之不可損益的部分即是。所謂變道,指在具體的政治活動和日常生活中,可以靈活掌握的原則,看似與常道遊離,實則有異曲同工之妙。常道為經為正,變道為權為奇,充滿了靈活的辯證因素。《子罕》:孔子曰:"可與共學,未可與適道;可與適道,未可與立;可與立,未可與權。"何為權? 《韓詩外傳》卷二引孟子曰:"夫道二,常之謂經,變之謂權。"① 經是常道,權是變道。《春秋公羊傳》桓公十一年曰:"權者,反於常經然後有善者也。"② 可以行不合常道之事,但權宜的目的必須純粹。《淮南子·氾論訓》曰:"忤而後合者,謂之知權。"高誘注:"權,因事制宜,權量輕重,無常形勢,能令醜反善,合於宜適。"③ 變道儘管可行,也有其合理的一面,但時過境遷,依然要回歸常道。行"權"不能盲目,更不可氾濫,要有一個可以衡量的尺度,孔子衡量行權的尺度或方法為"義"。《里仁》載孔子曰:"君子之於天下也,無適也,無莫也,義之與比。"君子行事,無厚無薄,惟義是親。"君子喻於義,小人喻於利。"(《里仁》)"見得思義"(《季氏》),常道人人都要遵守,於變道處方見人格之高下,取義者為君子,取利者為小人。利並非絕不可取,只是不可苟取,常道情況下,"義然後取,人不厭其取。"(《憲問》)"富而可求也,雖執鞭之士,吾亦為之。"(《述而》)"不義而富且貴,於我如浮雲。"(《述而》)將義的標準落實到家國政治上來,"其使民也義。"(《公冶長》)"上好義,則民莫敢不服。"(《子路》)

孔子的常道裏同樣有方法論的貫穿。《里仁》載,子曰:"參乎! 吾道一以貫之。"由於這段話只記載了最關鍵的部分,而之前孔子和眾弟子談話的內容未能記錄在案,就造成了後人理解上的分歧。曾子的理解是:"夫子之道,忠恕而已矣。"後人多從仁者忠恕的角度理解這句話,"'吾道'就是孔子自己的所有意識形態,而貫穿這種意識形態的,必然是它的核心。分別講是忠恕,概括講是仁。孔子自己曾替恕下了定義:'己所不欲,勿施於人。'這是仁的消極面。

---

① 許維遹《韓詩外傳集釋》,中華書局1980年版,第34頁。
② 《春秋公羊傳注疏》,阮元《十三經注疏》本,上海古籍出版社1997年版,第2220頁。
③ 劉文典《淮南鴻烈集解》,安徽大學出版社、雲南大學出版社1998年版,第451頁。

另一面是積極面:'己欲立而立人,己欲達而達人。'"①這種說法較好地解決了道一而忠恕二的矛盾,為學界大多數人所接受。持不同意見者認為,曾子少孔子四十六歲,說這番話時至多二十多歲,而且孔子明確提到"參也魯"(《先進》),從年齡、學識到才能都不足以服眾,因此他對夫子之道領悟的確切性值得懷疑;何況以顏回聞一知十、子貢聞一知二之聰慧,皆未得夫子"一貫"之意,曾參如何能解孔子真意。愚以為,孔子早年汲汲於"以道事君",故論道多有"先王之道"及自己的政治主張內容在裏面。及其晚年返回魯國,用世之心漸退,育人之心方滋。刪《詩》《書》,正禮樂,筆削《春秋》,坐而論道,道的理論內涵發生轉移自在情理之中。曾子未見孔子用世之心,多接夫子育人之意,以忠恕解孔子之道,難免有以偏概全的嫌疑。其實,曾子的回答未必就是在解釋孔子的整個句子,他似乎更偏重於解釋夫子之"道",於"一"字則似有未達。子思早已提出過不同意見,認為"忠恕違道不遠"(《中庸》),違道不遠,但不是道。正如"剛、毅、木、訥近仁"(《子路》),近則近矣,但無論剛、毅還是木、訥,本身都不是仁,而是指此四德本身包含有與仁相近的理論品質。況且,子思在談及孔子之道時,是從孔子政治理想和政治主張的層面上理解的,與曾子的理解有着明顯的區別。如子思在《中庸》中曾引用孔子這段話"道之不行也,我知之矣。知者過之,愚者不及也。道之不明也,我知之矣。賢者過之,不肖者不及也。人莫不飲食也,鮮能知味也。""道之不行"、"不明",此道顯然指孔子政治理想與政治主張而言,至於"知者過之,愚者不及也","賢者過之,不肖者不及也",顯然與孔子論子張、子夏"過猶不及"的說法如出一轍,道的學說裏面,隱約閃爍着中庸的思想光芒。孔子更有方法論色彩的"一貫"之說來自與子貢的一次對話,《衛靈公》載孔子曰:"賜也,女以予為多學而識之者與?"對曰:"然,非與?"曰:"非也,予一以貫之。"孔廣森認為:"予一以貫之,言予之多學,乃執一理以貫通所聞,推此而求彼,得新而證故,必如是,然後學可多也。"②此乃孔子為學之法。孔子一生"學而不厭,誨人不倦",欲以道濟天下,整個思想學說中都貫穿着獨立不遷的中庸精神。孔子思想雖能"一以貫之",但他自己並未就中庸思想展開討論,真正關注孔子中庸思想並展開理論闡述的是子思。關於子思中庸思想的具體內容,龐樸先生有很好的總結,"執兩用中,用中為常道,中和可常行,這三層互相關聯的意思,就是儒家典籍賦予'中庸'的全部含義。"③執論堅確不移,吾無間然。

## 五

受西周以來天人關係思考模式的影響,孔子之道的內容中同樣不乏對天道的深刻體察與

---

① 楊伯峻《試論孔子》,《論語譯注》,中華書局1980年版,第16頁。
② 孔廣森著、楊新勳校注《經學卮言》,華東師範大學出版社2010年版,第114頁。
③ 龐樸《"中庸"平議》,《中國社會科學》1980年第1期。

感悟。孔子一生用舍行藏，身之所歷，言之所及，皆不離人道範圍，極少言及天道，所以子貢才有"夫子之言性與天道，不可得而聞也"(《公冶長》)的感歎。問題是為什麼《憲問》篇明明記有孔子說過"知我者其天乎"的話，子貢卻說"不可得聞"呢？可見不言不等於不思，何以不言才是問題的關鍵。

《史記·天官書》云："幽厲以往，尚矣。所見天變，皆國殊窟穴，家占物怪，以合時應，其文圖籍禨祥不法。是以孔子論六經，紀異而說不書。至天道、命不傳，傳其人，不待告；告非其人，雖言不著。"這段話分兩層意思：其一，從"幽厲以往"至"紀異而說不書"，解釋孔子對待古籍的態度，不是盲目尊信，而是遵循理性原則有取有捨。禨祥，《史記正義》引顧野王云："吉凶之先見也。"幽厲以前，時代悠遠，除了《詩》、《書》、禮、樂等經由政府整理保存下來的王官典籍以外，民間流傳下來的圖籍多混雜怪力亂神之說，文不雅馴，難為世法，故一概為孔子所摒棄不言。《論語·述而》載："子不語怪力亂神"事，莊子《齊物論》也有"六合之外，聖人存而不論"之語。所以，司馬遷的這種說法應該是可信的。其二，下半段解釋孔子何以不言性與天道。《正義》云："待，須也。忽有志事，可傳授之則傳，其大指微妙，自在天性，不須深告語也。"可見，司馬遷是從人的才性角度說明問題，這種解釋與孔子"有教無類"的思想頗為契合。顏師古則提供了另外一種版本的說法，他說："性命玄遠，天道幽深，故孔子不言之也。"①這種看法與司馬遷看問題的角度雖有不同，意在強調天道的高深莫測，但兩種說法在本質上並不矛盾，甚至可以說是後者為前者提供了理論前提。兩人的說法雖然都深契孔子思想學說，但畢竟是推測之辭，更有說服力的證據還要從孔子本身的言行中尋找。史載孔子傳六經，晚而喜《易》，讀《易》竟至"韋編三絕"的地步。而《易》在戰國人的心目中，是一部"所以會天道人道"的書②。晚而喜《易》，說明孔子晚年曾沉浸於天人之思，甚至到了難以自拔的程度。《論語·陽貨》載："子曰：'予欲無言。'子貢曰：'子如不言，則小子何述焉？'子曰：'天何言哉？四時行焉，百物生焉，天何言哉？'"孔子的這種想法，頗得老子"大直若屈，大巧若拙，大辯若訥"的神髓。聯繫孔子早年適周，曾問禮於老子，並深歎老子思想猶如龍一般變幻無方、高深莫測的傳聞；還有顏回盛讚孔子晚年思想"仰之彌高，鑽之彌堅，瞻之在前，忽焉在後"的話，孔子晚年深悟天人之道，欲無言以順天應人的想法和做法就不難理解了。這似乎是一個悖論，但依然有探討的餘地。

孔子雖不言天道，但常提及天和天命。孔子往往在感慨壯志難酬或感歎世事無常的時候呼天，他五十歲才體會到的天命顯然不會是怪力亂神一類的東西，口不言天道但顯然有深入的思考，這三個糾結纏擾的概念之間究竟是什麼關係？只要能把這些問題理清楚，孔子心目中的天道自然會呈現廬山真面。

---

① 《漢書·眭兩夏侯京翼李傳贊》顏師古注。
② 《郭店楚墓竹簡·語叢一》，文物出版社1998年版，第194頁。

## 六

"天命"在西周語境中特指自己接受上天賦予的王權,所謂"有命自天,命此文王"①;"假哉天命,有商孫子"②;"文王受命惟中身,厥享國五十年"③,等等,反反復復,說的都是周人接受天命以推翻大邑商、建立周王朝、永葆天下的事。字裏行間貫注着真實的生命體驗和神聖的宗教情感,是他們剛剛取得天下時既志得意滿又如履薄冰般心情的生動寫照。只是時過境遷,天命如同禮樂一樣因氾濫而貶值,再也沒有西周初期那種高高在上的尊貴地位。孔子出於維護西周"尊尊親親"的大道目的,提倡"正名",將不畏天命者劃入小人的行列。儘管如此,他自己在運用"天命"這一概念時,同樣是"沈園非復舊池臺",請看:

子曰:"吾十有五而志於學,三十而立,四十而不惑,五十而知天命,六十而耳順,七十而從心所欲不逾矩。"(《為政》)

子曰:"天生德於予,桓魋其如予何?"(《述而》)

子畏於匡,曰:"文王既沒,文不在茲乎?天之將喪斯文也,後死者不得與於斯文也。天之未喪斯文也,匡人其如予何?"(《子罕》)

子曰:"莫我知也夫!"子貢曰:"何為其莫知子也?"子曰:"不怨天,不尤人,知我者其天乎!"(《憲問》)

孔子曰:"君子有三畏:畏天命,畏大人,畏聖人之言。小人不知天命而不畏也,狎大人,侮聖人之言。"(《季氏》)

從上述材料不難看出,孔子的天命觀與西周相比同中有異,因中有革。第一,孔子的天命觀仍然強調對美德的擁有是獲得上天眷顧的充要條件,只是孔子所說的德,已然由文王時代的"天德"轉向了春秋時的"人德"④。對個人道德修養的關注和對文化使命的自覺承擔,是孔子為天命觀注入的全新內涵。第二,孔子的天命觀裏雖然還保留着對天的那份敬畏之情,但那早已不是宗教式的虔誠膜拜,而是悄悄置換為對人類文化價值的深刻思考和對人類命運的終極關懷。這種意義上的"天命",實質上已經與儒家後來的"天道"概念沒太大區別了。儘管在概念的運用和理論體系的構建上還顯得有些淩亂,但正是這種由宗教而理性,思考重心的悄然轉

---

① 《詩經·大雅·文王》。
② 《詩經·大雅·大明》。
③ 《尚書·周書·無逸》。
④ 參見拙作《西周德觀念的宗教神學淵源及其內涵之演變》,《內蒙古社會科學》2011年第5期。

向,才最終成就了孔子思想學說形而上的哲學氣質;也正是因為這種轉變,才真正開創出儒家文化乃至東方文明獨特的發展模式和前進方向。

擺脫了西周天命觀的束縛,孔子才有可能對更具理性氣質的"天道"進行深入思索。何為天道? 天道何為? 如果我們把偽古文《尚書》排除在外,可以說西周無"天道"的概念①。傳世文獻中,"天道"一詞最早見於《左傳》莊公四年(前 690 年),"春,王三月,楚武王荊尸,授師子焉,以伐隨。將齊,入告夫人鄧曼曰:'余心蕩。'鄧曼歎曰:'王禄盡矣。盈而蕩,天之道也。'"天之道猶言天道。盈,《說文》云:"滿器也。"蕩,杜注云:"動散也。"楊伯峻認為:"物滿必動,故盈與蕩可以連類成義。"②以"天之道"釋"盈而蕩",可見天道在春秋時代初期已經是與自然規律同類的概念。《左傳》宣公十五年,"諺曰:高下在心,川澤納污,山藪藏疾,瑾瑜匿瑕,國君含垢,天之道也。"同樣是對自然規律這一現代概念的《春秋》式表達,並不含什麽神秘的內容在其中。除了人倫物理的涵義,天道在前孔子時代還用來指稱天體運行規律,但這種規律和人間重大事件之間往往具有某種神秘的聯繫。這種意義上的"天道",是當時頗為流行的一種混合天文學知識與占卜技術於一體的占星術。但是,這種融合了科學知識、宗教思想與迷信色彩的占星術在當時就遇到很多批評和反對的聲音,如《左傳》:

晉侯問於士弱曰:"吾聞之,宋災於是乎知有天道,何故?"對曰:"……商人閱其禍敗之釁,必始於火,是以日知其有天道也。"公曰:"可必乎?"對曰:"在道。國亂無象,不可知也。"(襄公九年)

董叔曰:"天道多在西北。南師不時,必無功。"叔向曰:"在其君之德也。"(襄公十八年)

子産曰:"天道遠,人道邇,非所及也,何以知之? 灶焉知天道? 是亦多言矣,豈不或信?"遂不與。亦不復火。(昭公十八年)

無論士弱、叔向還是子産,他們的回答顯然都是將人道擺在重要位置,對占星術意義上的天道則採取敬而遠之的態度。這種態度在春秋時代上層知識分子那裏似乎達成了某種默契,我們不妨將這種默契認作是一種旨在擺脫虛無荒誕的宗教神學與怪力亂神,關注現實民生疾苦的人文主義思潮。

孔子的天道觀沿襲了叔向、子産等人的思想方向,而更關注於天道帶給人的理性思考。孔子對怪力亂神敬而遠之的曖昧態度引來子貢的疑惑,"夫子之言性與天道,不可得而聞也。"子貢所說的天道與孔子的天道似是而非,乃指占星術而言,《後漢書・桓譚傳》李賢注引鄭玄曰:"天道,七政變動之占也。"不言不是不懂,事實上,孔子對古代天文學知識還是非常精通

---

① 馮禹《"天道"考釋》,《管子學刊》1990 年第 4 期。
② 楊伯峻《春秋左傳注》(修訂本),中華書局 2009 年版,第 163 頁。

的,對占星術也絕非不瞭解①,但他更關注自然規律包括天體運行規律帶給人類的理性啟示,而不是將人類可貴的理性引向神秘的不可知論。《孔子家語》卷四《辯物》載:"季康子問於孔子曰:'今周十二月,夏之十月,而猶有螽,何也?'孔子對曰:'丘聞之,火伏而後蟄者畢,火大火心星也蟄蟄蟲也今火猶西流,司曆過也。'季康子:'所失者,幾月也?'孔子曰:'於夏十月,火既沒矣,今火見再,失閏也。'"魯國曆法有缺,季康子捨文史卜祝而問孔子,可見孔子在天文學方面的權威性。而且孔子的答復中顯然沒有任何神秘主義的成分,與孔子的一貫風格毫無二致。剔除了宗教迷信思想,能給人類理性以有益啟示的自然規律才是孔子心目中真正的天道觀。《禮記·哀公問》載:"公曰:'敢問君子何貴乎天道也?'孔子對曰:'貴其不已,如日月東西相從而不已也,是天道。不閉其久,是天道也。無為而物成,是天道也。已成而明,是天道也。'"②如果說魯哀公口中的天道尚有幾分占星術意味的話,孔子的回答顯然已將占星術中宗教與迷信的成分排除在外。這裏,孔子從天道循環、永恆、無為、無私四個方面論證了天道的可取之處,不僅具有較高的抽象性和理論概括性,其理論指向也直接對準人道,意在從天道中抽取某些合理性原則為人道垂範立極。擺脫了對天命神學和的依賴後,孔子對天道進行的思考具有更純粹的哲學特質,孔子的天道觀才稱得上是真正的形而上學。只是他在天道這一概念的運用上帶有很大的隨意性:

子曰:"為政以德,譬如北辰,居其所而眾星共之。"(《為政》)

子曰:"大哉,堯之為君也!巍巍乎,唯天為大,唯堯則之。蕩蕩乎,民無能名焉。巍巍乎,其有成功也。煥乎,其有文章。"(《泰伯》)

子曰:"予欲無言。"子貢曰:"子如不言,則小子何述焉?"子曰:"天何言哉?四時行焉,百物生焉,天何言哉?"(《陽貨》)

更麻煩的是,孔子不僅用"天"指稱"天道",更多時候是以"天"來指稱神性特徵逐漸淡化人性特徵日益增強的"天命"(見前論述天命一節引用材料)。天、天命、天道之間概念的趨同和混用,給後人理解孔子思想造成很大的歧異和困惑。不過,如果從發生學的角度看,這種特點在任何一種思想學說乃至一個文明形態的草創階段都是難以避免的。孔子作為儒家學派的開創者,許多觀點尚來不及展開,有待於儒家後學的進一步發展和完善。

總的來看,孔子之道是對其全部思想學說的理論概括,是建立在理性基礎上的天人合一。他繼承了自周公以來對人與自然關係的思考模式,但摒棄了周公對天人關係思考中具有宗教神學色彩的功利主義考量,轉而吸取春秋以來人文主義思潮的思想成果,自覺為天人關係注

---

① 參見翟廷瑨《孔孟的天道觀和古代天文學》,《社會科學》1980年第5期。
② 這條材料雖非出自《論語》,但卻重見於《孔子家語·大婚解》,只是文字小異;且思想觀念與《論語》及其他先秦材料所見孔子言行若合符契,故具有較高的可信性。

入更具人文色彩的理性內容。這種新的天人關係強調人的理性精神能主動從天道規律中汲取智慧,引導現實生活趨於秩序化、合理化,從而促進大同社會的到來。具體而言,孔子之道分天道和人道。他的天道思想不為求真,只為求善;他希望借助遙遠天體神秘而規則的運行為人道提供價值與意義來源,為人倫提供道德與法則基礎,將天道牢牢建立在清醒的理性認知基礎之上。他的人道思想雖然是其整個思想學說思考和關注的重點,但在學理角度上說卻是對天道的自覺踐履與確證:首先,人道是他政治理想的寄托,是天道降落人間的第一站;其次,人道是他施政理念的理論構想,其中有對社會秩序重新構建的努力,也有對西周禮樂文化的堅守;第三,人道還是他認識世界和把握世界的方法,是他一以貫之的方法論。天道雖高高在上,但經過理性的認知,就能化為抽象的原則融入日常人倫,為人類倫理通往至善提供原動力。如此看來,是人的理性為天人合一提供了全部可能。《禮記·禮運》云:"故人者,其天地之德,陰陽之交,鬼神之會,五行之秀氣也。"所謂"五行之秀氣",正是指人類所擁有的理性而言。

[作者簡介] 張永祥(1976— ),男,河南許昌人。華東師範大學中文系博士研究生,主要從事先秦兩漢文學研究,已發表學術論文若干篇。

# 漢代黃老思想的
# 學術生態及其對儒學的影響

## 孫少華

　　黃老之學有本師,有弟子,有著作,具有一定的宗教性質。漢武帝之前,黃老之學是漢代實現政治統治的思想基礎與主流學術。漢武帝實行"罷黜百家,獨尊儒術"之後,儒家逐漸取代了黃老之學的地位,並且對黃老與其他諸子進行了不同程度的"儒化"。儒家從中獲得巨大表達空間的同時,也造成了儒家作品的"博雜"與"歧說"。西漢末年的儒家又對此進行了剝離與辨析。黃老自漢武帝時期一變而為三支:與神仙之學結合的黃老之學;接受儒學並在儒者中流傳的黃老之學;流入民間在隱士中傳播的黃老之學。東漢末年儒家中流傳的黃老,成為魏晉老莊之學的先聲。另外,一部分具有黃老思想的儒者,雖未積極傳播黃老學術,但其頭腦中固有的黃老思想,卻以另一種形式保存下來。

　　黃帝、老子之學是漢初主要的學術思想。漢武帝實行"罷黜百家,獨尊儒術"之後,黃老學說並未完全退出歷史舞臺,而是通過不同形式在民間與士人中傳播。諸子百家也並未完全被罷黜,而是在接受儒家學說的同時,也以本派學說解釋儒學,從而造成了儒家作品的"博雜"與"歧說"。本文主要考察黃老學說在漢武帝之後的學術生態,以及黃老思想與儒學的關係。

## 一、漢初黃老學術的流傳與性質

　　漢武帝之前的帝王,皆未暇修庠序之事。當時,《五經》未立,儒家未行。《史記·儒林列傳》記載:

　　　　漢興,然後諸儒始得修其經,講習大射鄉飲之禮。叔孫通作漢禮儀,因為太常,諸生弟子共定者,咸為選首,於是喟然歎興於學。然尚有干戈,平定四海,亦未暇遑庠序之事也。孝惠、呂后時,公卿皆武力有功之臣。孝文時頗征用,然孝文帝本好刑名之言。及至孝景,不任儒者,而竇太后又好黃老之術,故諸博士具官待問,未有進者。①

竇太后之前,漢代官方主流學術是黃老與刑名。漢景帝時期,主要施行的也是黃老之學,這一點《史記·外戚世家》說的很明白:

> 竇太后好黃帝、老子言,帝及太子諸竇不得不讀《黃帝》、《老子》,尊其術。②

可見,漢景帝所讀之書即黃老之學,且秉竇太后之意亦"尊其術"。《史記·儒林列傳》稱漢文帝"本好刑名之言",而據《史記·禮書》與應劭《風俗通義》,漢文帝少時好黃老之學:

> 孝文即位,有司議欲定儀禮,孝文好道家之學,以為繁禮飾貌,無益於治,躬化謂何耳,故罷去之。③
>
> 文帝本修黃老之言,其治尚清靜無為,以故禮樂庠序未修,民俗未能大化,苟溫飽完結,所謂治安之國也。④

《風俗通義》之"本修",說明漢文帝在藩國時就修黃老之術。

漢惠帝、呂后時期,主要的學術也是黃老。司馬遷稱:

> 孝惠皇帝、高后之時,黎民得離戰國之苦,君臣俱欲休息乎無為,故惠帝垂拱,高后女主稱制,政不出房戶,天下晏然。刑罰罕用,罪人是希。民務稼穡,衣食滋殖。⑤

此處"君臣俱欲休息乎無為,故惠帝垂拱,高后女主稱制,政不出房戶",知二人實行的是黃老無為之術。同時,漢惠帝、呂后時期的兩個主要丞相曹參、陳平,皆修黃老:

> 孝惠帝元年,除諸侯相國法,更以參為齊丞相。參之相齊,齊七十城。天下初定,悼惠王富於春秋,參盡召長老諸生,問所以安集百姓,如齊故諸儒以百數,言人人殊,參未知所定。聞膠西有蓋公,善治黃老言,使人厚幣請之。既見蓋公,蓋公為言

---

① 《史記》卷一二一《儒林列傳》,中華書局1963年版,第10冊,第3117頁。
② 《史記》卷四九《外戚世家》,第6冊,第1975頁。
③ 《史記》卷二三《禮書》,第4冊,第1160頁。
④ 應劭著、王利器校注《風俗通義》卷二《正失》,中華書局1981年版,第96頁。
⑤ 《史記》卷九《呂太后本紀》,第2冊,第412頁。

治道貴清靜而民自定,推此類具言之。參於是避正堂,舍蓋公焉。其治要用黃老術,故相齊九年,齊國安集,大稱賢相。①

　　陳丞相平少時,本好黃帝、老子之術。②

漢高祖時由於政權初建,"未暇遑庠序之事",故西漢社會主流學術的問題還未納入統治者的考慮。可以肯定的是,漢武帝實行"罷黜百家,獨尊儒術"與竇太后薨前,漢代主流思想就是黃老學術。

何為"黃老"?王充《論衡》稱:"賢之純者,黃、老是也。黃者,黃帝也;老者,老子也。黃、老之操,身中恬淡,其治無為,正身共己而陰陽自和,無心於為而物自化,無意於生而物自成。"③黃老即指黃帝、老子之學。

《史記》稱"黃帝居軒轅之丘",《史記集解》:"皇甫謐曰:'受國於有熊,居軒轅之丘,故因以為名,又以為號。'《山海經》曰:'在窮山之際,西射之南。'張晏曰:'作軒冕之服,故謂之軒轅。'"④《大清一統志》"軒轅丘"條:"在新鄭縣西北故城。《史記》'黃帝居軒轅之丘',《後漢書·郡國志》:'河南尹新鄭,黃帝之所都。'《通典》:'新鄭,祝融之墟,黃帝都於有熊,亦在此也。'"⑤而《史記·老子韓非列傳》稱:"老子者,楚苦縣厲鄉曲仁里人也。"黃帝與老子居住地一在北、一在南,二者被聯繫起來並統稱為一門學術,是北方黃帝之學與南方老子道家之學融合的結果。關於"黃老之學"的發源地,爭議較大。有的認為在秦,有的認為在楚,有的認為同時在兩地⑥。筆者認為:能將南方的老子與北方的黃帝之學糅合在一起成為一種學術,不可能是分居兩地的學者在一時一地所能為之。根據其盛行地域推測,"黃老之學"最初很可能並非成於一時一地,而是在南北兩地的民間逐漸醞釀、發展而來的。

黃帝之學的實質是什麼?據1973年湖南長沙馬王堆出土的《黃帝四經》,先秦的黃帝之學,是以治國方略為主的學問。《老子》言"道",所包含的哲理與治國也有關係,如"治大國,若烹小鮮"之類,即是。黃老之學的興起,與先秦諸侯征戰的形勢有關。從這裏說來,黃帝之學也是一種"入世"之學。

先秦黃老之學的流行與傳播區域,主要在戰爭比較激烈的韓、趙、魏三地,其次是齊、楚之境。這可以在先秦黃老學者的活動地區有所反映:

韓有申不害、韓非、張良。申不害之學"本於黃老而主刑名","學術以干韓昭侯,昭侯用為

---

① 《史記》卷五四《曹相國世家》,第6冊,第2028~2029頁。
② 《史記》卷五六《陳丞相世家》,第6冊,第2062頁。
③ 王充著、黃暉校釋《論衡·自然》,中華書局1990年版,第781頁。
④ 《史記》卷一《五帝本紀》,第1冊,第10頁。
⑤ 《大清一統志》卷一百五十,《景印文淵閣四庫全書》,第477冊,第36頁。
⑥ 知水《黃老之學源於秦楚說質疑》,《管子學刊》1989年第4期。

相",京人。京,《史記索隱》:"按《別錄》云:'京,今河南京縣。'《正義》:《括地志》云:'京縣故城,在鄭州滎陽縣東南二十里,鄭之京邑也。'"《史記》又稱:"韓非者,韓之諸公子也。喜刑名法術之學,而其歸本於黃老。……與李斯俱事荀卿。"

趙有慎到,齊有田駢、接子,楚有環淵。此見於《史記》:"慎到,趙人。田駢、接子,齊人。環淵,楚人。皆學黃老道德之術,因發明序其指意。"①

荀子在齊。黃老之學作為當時"顯學",荀子不可能毫無所知。有人認為荀子曾受到黃老之學的深刻影響②。這是有道理的。

魏有陳平。司馬遷稱陳平"少時本好黃帝、老子之術"。陳平陽武戶牖鄉人,《史記集解》:"徐廣曰:'陽武屬魏地,戶牖今為東昏縣,屬陳留。'《索隱》徐廣云:'陽武屬魏,而《地理志》屬河南郡。蓋後陽武分屬梁國耳。'徐又云:'戶牖,今為東昏縣,屬陳留,與《漢書·地理志》同。'按:是秦時戶牖鄉屬陽武,至漢以戶牖為東昏縣,隸陳留郡也。"陳平少時,當在秦時,陽武當時屬魏地。

樂瑕公、樂臣公先在趙,後在齊。此見於《史記》:"其後二十餘年,高帝過趙,問:'樂毅有後世乎?'對曰:'有樂叔。'高帝封之樂卿,號曰華成君。華成君,樂毅之孫也。而樂氏之族有樂瑕公、樂臣公,趙且為秦所滅,亡之齊高密。樂臣公善修黃帝、老子之言,顯聞於齊,稱賢師。"由"趙且為秦所滅,亡之齊高密"可知,樂氏先在趙、後在齊。

先秦黃老之學興盛的地區主要在三晉。入漢以後,黃老之學興起於齊,但其學在三晉仍有流傳。司馬遷稱:"始齊之蒯通及主父偃讀樂毅之報燕王書,未嘗不廢書而泣也。樂臣公學黃帝、老子,其本師號曰河上丈人,不知其所出。河上丈人教安期生,安期生教毛翕公,毛翕公教樂瑕公,樂瑕公教樂臣公,樂臣公教蓋公。蓋公教於齊高密、膠西,為曹相國師。"③由此可以進一步看出先秦黃老之學的傳承路綫:

趙地與齊地:河上丈人——安期生——毛翕公——樂瑕公——樂臣公——蓋公——曹參。

漢文帝、竇太后所習黃老之學,並非承自曹、陳,而是少時學於其居住之趙地。《史記》:"孝文皇帝,高祖中子也。高祖十一年春,已破陳豨軍,定代地,立為代王,都中都。"《史記正義》:"《括地志》云:'中都故城在汾州平遙縣西南十二里,秦屬太原郡也。'"④《史記》:"竇太后,

---

① 《史記》卷七四《孟子荀卿列傳》,第 7 冊,第 2347 頁。
② 米靖《論先秦道家黃老學派教化觀的特點和影響》,《內蒙古社會科學》2002 年第 6 期。
③ 《史記》卷八〇《樂毅列傳》,第 7 冊,第 2436 頁。
④ 《史記》卷一〇《孝文本紀》,第 2 冊,第 413 頁。

趙之清河觀津人也。"①太原戰國時期屬趙,而陳豨反代地時為趙相,則漢文帝學黃老,當亦在趙。

漢代黃老學者,楚人有司馬季主,趙、齊有田叔、汲黯、鄭當時等,或遊學長安,或為漢臣。《史記》記載:

> 司馬季主者,楚賢大夫,遊學長安,通《易經》,術黃帝、老子,博聞遠見。②
> 田叔者,趙陘城人也。其先,齊田氏苗裔也。叔喜劍,學黃老術於樂巨公所。叔為人刻廉自喜,喜遊諸公。趙人舉之趙相趙午,午言之趙王張敖所,趙王以為郎中。③

這個"樂巨公",前人多以為與"樂臣公"是同一人。《史記考證》卷八十即云:"按《田叔傳》'學黃老術於樂巨公所','臣'與'巨',二者必有一誤。"然秦滅趙,樂臣公亡齊,時在秦王政十一年(前236年)。樂臣公在齊教授蓋公,蓋公教授齊地黃老之學,為曹參師。田叔趙人,"學黃老術於樂巨公所"。從田叔、曹參生活時代看,田叔略晚於曹參;從師承上看,田叔之師樂巨公,亦應晚於曹參師祖樂臣公。由此推測:樂巨公在趙,為田叔師;樂臣公在齊,為蓋公師。

又《史記》記汲黯、鄭當時:

> 汲黯字長孺,濮陽人也。……遷為東海太守。黯學黃老之言,治官理民,好清靜,擇丞史而任之。
> 鄭當時者,字莊,陳人也。……鄭莊以任俠自喜,脫張羽於戹,聲聞梁楚之間。孝景時,為太子舍人。……莊好黃老之言,其慕長者如恐不見。年少官薄,然其遊知交皆其大父行,天下有名之士也。④

由汲黯遷東海太守學黃老之言,知其術學於齊地;由鄭當時"聲聞梁楚之間"分析,其傳播黃老之學主要在梁、楚之間。此時,淮南劉安藩國成為黃老之學的中心,《淮南子》則成為漢代黃老之學的主要結晶⑤。

曹參、漢文帝等人,之所以將黃老之學作為當時的治國理念與主流學術,一方面是當時國

---

① 《史記》卷四九《外戚世家》,第6冊,第1972頁。
② 《史記》卷一二七《日者列傳》,第10冊,第3221頁。
③ 《史記》卷一〇四《田叔列傳》,第9冊,第2775頁。
④ 《史記》卷一二〇《汲鄭列傳》,第10冊,第3105、3111頁。
⑤ 黃釗《淮南子——漢初黃老之治的理論總結》,《武漢大學學報》1990年第4期。

家"未暇遑庠序之事",其他學術尤其是儒學還沒有獲得適宜的發展機會;另一方面,主要還與黃老之學的性質有關。

首先,黃老之學是一種具有宗教性質、起於民間的學術。據司馬遷"樂臣公學黃帝、老子,其本師號曰河上丈人"之言,"本師",具有"宗主"的意味。皇甫謐《高士傳》記河上丈人,稱其為"道家之宗",即是對"本師"的解釋。後來,"本師"又成為釋、道兩家對其"本佛"、"教主"的稱呼。《廣弘明集》卷二十八下陳宣帝《勝天王般若懺文》:"今謹於某處建如干僧如干日勝天王般若懺,見前大眾,至心敬禮本師釋迦如來,禮般若波羅蜜。"《抱朴子·內篇》:"良本師四皓,角里先生、綺里季之徒,皆仙人也。"《雲笈七籤》:"元真曰:'予暗昧,至言不知,以何法事而同本師?'玄女曰:'中黃元君是吾本師。'"[1]這種稱呼見於《史記》、《漢書》雖僅一次,然由"本師"成為後來道家對本派教主的稱呼看,黃老之學在當時就具有宗教的性質。主要是,黃老之學有本師(河上丈人),有弟子,有著作(《黃帝四經》、《老子》以及《漢書·藝文志》著錄的《黃帝銘》、《黃帝君臣》、《雜黃帝》、《力牧》),學者對黃老之學多有尊崇之事[2]。這都是構成宗教的必備要件。有人認為黃老是東漢道教的源頭之一[3],是有道理的。但是筆者認為這種說法還過於保守,先秦的黃老之學,其宗教性質已經頗為明顯。另由漢文帝、竇太后、陳平學黃老皆於少時分析,他們對黃老之學的學習是在藩國或民間。

其次,黃老之學盛行於三晉,但在楚地的傳播也十分廣泛。馬王堆出土的《黃帝書》與《老子》等,郭店楚墓竹簡《太一生水》與《老子》(甲、乙、丙)、上海博物館藏戰國楚竹書《恆先》與《彭祖》、八角廊竹簡《文子》等,可以為證。"黃老"中的"老子"即為楚人,這就使得"黃老之學"帶有深刻的楚學印記。劉邦家族本為楚人,起於民間,對這種流行於民間的學術比較熟悉。後漢文帝、竇太后皆學黃老且來自於戰國黃老之學興盛的三晉,這又使得他們帶入宮中的黃老之學帶有一定的北方學術色彩。漢文帝、竇太后雖然貴為天子、王后,但他們思想中固有的以及潛意識認可的學術思想,一定是由其民間帶來的黃老之學,而不是戰國士人倡導的儒家或其他學說。他們將楚人固有而且廣為北方民眾所接受的學說納入國家主流學術體系,既有着濃厚的楚國情結,同時也有利於對北方六國舊地的控制。在國家草創的特殊時期,黃老之學成為西漢治理國家的主流學術,是有其政治考慮的。

由於西漢初期的黃老之學,還是以談戰國治國方略為主,故與之相關的刑名之學,亦成為當時的"顯學",著名者有賈誼、晁錯。黃老與刑名,有體用之別。尤其是從純粹的學術思想角度考慮,刑名更重實踐,黃老偏於理論。從思想體系的建構上說,漢武帝實行"罷黜百家,獨尊儒術"之前,黃老之學在西漢王朝的思想體系中具有不可替代的地位。此時的儒家學者中,很

---

[1] 《雲笈七籤》卷六十四《金丹訣》,齊魯書社1988年版,第359頁。
[2] 漢景帝與諸竇"讀《黃帝》、《老子》,尊其術"。
[3] 李申《黃老、道家即道教論》,《世界宗教研究》1999年第2期。

多人也具有黃老思想，如陸賈、賈誼，甚至包括提出"罷黜百家，獨尊儒術"的董仲舒①，皆有濃厚的黃老思想。

## 二、漢武帝之後黃老之學的變化

漢代的黃老之學，本在民間流傳，後來由於黃老學者在藩國公卿間的推動，逐漸為諸公接受，最終成為西漢前期非常重要的學術思想。這是需要一個過程的。據上文所言之田叔，"喜遊諸公"，說明黃老之學為王侯所喜好。正為此故，有的黃老學者占有很高的政治地位。《史記》記載：

> 後文帝崩，景帝立，釋之恐，稱病。欲免去，懼大誅至，欲見謝，則未知何如。用王生計，卒見謝，景帝不過也。王生者，善為黃老言，處士也。嘗召居廷中，三公九卿盡會立，王生老人，曰'吾韈解'，顧謂張廷尉：'為我結韈！'釋之跪而結之。既已，人或謂王生曰：'獨奈何廷辱張廷尉，使跪結韈？'王生曰：'吾老且賤，自度終無益於張廷尉。張廷尉方今天下名臣，吾故聊辱廷尉，使跪結韈，欲以重之。'諸公聞之，賢王生而重張廷尉。②

由此處的"嘗召居廷中，三公九卿盡會立"及"顧謂張廷尉'為我結韈'釋之跪而結之"看，王生在漢景帝處地位很高，其行為倒很像一個教主。值得注意的是，這個王生屬於"處士"，並非以黃老之言干利祿者。這裏傳遞一個新訊息：隨着漢代政權的不斷鞏固，黃老學者不再如戰國黃老學者一樣，以講授治國方略為主，而是融入了神仙之學。漢景帝時期的這個處士王生，即屬此類。

黃老之學的新變化，是其在漢武帝尊儒之後仍然得以存在與發展的重要原因。《史記·儒林列傳》記載："及竇太后崩，武安侯田蚡為丞相，絀黃老、刑名百家之言，延文學儒者數百人，而公孫弘以《春秋》白衣為天子三公，封以平津侯。天下之學士靡然鄉風矣。"這裏雖然有"絀黃老、刑名百家之言"之說，但這僅是就某種程度或範圍而言，黃老與神仙的結合，仍然使其具有了新的生命力。

這種變化，首先體現在黃帝與黃老學者身份的轉換上。漢武帝時代，由於漢武帝好神仙，

---

① 見江林昌《由"焚書坑儒"到"崇尚黃老"再到"獨尊儒術"——秦漢之際的學術思想與帝國文明》，《浙江社會科學》2007年第1期；梁宗華《論賈誼的儒學觀——兼論儒學取代黃老的內在契機》，《理論學刊》1997年第2期；李定生《董仲舒與黃老之學——儒學之創新》，《復旦學報》1995年第1期。
② 《史記》卷一〇二《張釋之馮唐列傳》，第9冊，第2756頁。

黄老之學亦逐漸與神仙相結合,不再以治國為要,轉而成為養生、長生的主要思想;那些黄老學者,也一變而為長生不死的傳奇人物。《史記·孝武本紀》:

> 少君言於上曰:"祠灶則致物,致物而丹沙可化為黄金,黄金成以為飲食器則益壽,益壽而海中蓬萊仙者可見,見之以封禪則不死,黄帝是也。臣嘗遊海上,見安期生,食臣棗,大如瓜。安期生仙者,通蓬萊中,合則見人,不合則隱。"於是天子始親祠灶,而遣方士入海求蓬萊安期生之屬,而事化丹沙諸藥齊為黄金矣。①

此處黄帝、安期生作為神仙代表出現,是與此前黄老之學的最大差異。此時的黄帝,與先秦所見資料的最大不同,是其神仙色彩的不斷增加。《史記·封禪書》稱:

> 天下名山八,而三在蠻夷,五在中國。中國華山、首山、太室、泰山、東萊,此五山黄帝之所常遊,與神會。黄帝且戰且學仙。患百姓非其道者,乃斷斬非鬼神者。百餘歲然後得與神通。②

在這裏,黄帝不僅具有修仙的場所(五山),而且具有相對完備的修仙途徑(巡遊)及"與神通"的本領。這是漢代黄帝形象的大變化。而《老子》在漢代,也逐漸成為修身養性的重要作品。處於兩漢之際的桓譚時代,還有讀《老子》論養性者:"余嘗過故陳令同二房,見其讀《老子》書,言'老子用恬淡養性,致壽數百歲。今行其道,寧能延年卻老乎?'"③

從治國理念上看,漢武帝時期的主體學術是儒學。此時黄老之學作為治國指導思想的地位顯然有所降低,但是,由於黄老學說的長期影響,已經使得這種學說深入到漢代社會的方方面面,甚至可以說早已成為指導漢人生活方式、思維方式的哲學理念。司馬遷"論大道則先黄老而後六經",著《史記》自黄帝始,都不是偶然的事情。作為史官,司馬遷體現出來的這種黄老思想,是當時漢人生活方式與思維方式的直接體現。

黄老學說由原來的政治工具轉而變為一種生活方式與思維方式之後,必然有另一種學說取而代之。這就是儒家學說與五經。

漢武帝實行"罷黜百家,獨尊儒術"的政策之後,並未如秦始皇焚書一樣徹底禁絕其他學術的發展,而是將各種學術(包括黄老學說)納入儒家思想的體系之中,對各種學說進行了不同程度的"儒化"。即如已經有所變化的黄老學說,其實本來與儒學也有千絲萬縷的聯繫。先秦與西漢的很多黄老學者,皆通儒學。如與賈誼同時的司馬季主,即通《易經》。這說明:漢

---

① 《史記》卷一二《孝武本紀》,第 2 册,第 455 頁。
② 《史記》卷二八《封禪書》,第 4 册,第 1393 頁。
③ 朱謙之《新輯本桓譚新論》,中華書局 2009 年版,第 31 頁。

武帝以後的黃老學者,大部分流為神仙之學,如李少君之流;有一部分專守黃老成為隱士或處士,如王生之流;還有一部分轉而接受儒學以干利祿,後來通《易經》者即其支裔①;最後還有一部分儒家學者,如董仲舒、劉向之流,雖然對儒術頗有推動,但其頭腦中的黃老思想不可能輕易抹去。並且,很多人後來成為黃老之學的有力推動者。例如,漢成帝永始二年,劉向上《關尹子》,稱該書"辭與《老》、《列》、《莊》異,其歸同"②。可見,劉向時代,道家之書陸續悉數而出,體現了與儒家典籍並行流傳的趨勢。

漢武帝"罷黜百家、獨尊儒術",從邏輯關係上來說,將這個概念稱之為"獨尊儒術、罷黜百家"更為合理。這裏有兩個方向的互動:

第一,用陰陽或其他思想對儒家學術進行改造。所謂"改造",就是說漢武帝接受了"儒家治國"的思想。這種"儒家思想",並非嚴格意義上的先秦儒家純粹的學術理念,而是經過董仲舒之流改造的融合陰陽、讖緯、黃老等思想的"雜儒"。這是漢代治國的思想指導。

第二,用儒家學說對其他諸子百家思想進行"改化"與"吸收"。所謂"改化",一方面將諸子著作收入秘閣,另一方面利用利祿之途與儒家思想對其他諸子進行疏引與改變,但並未真正將"諸子"完全廢除。同時,儒家學者也開始接受那些儒家作品中原來沒有的"新說",並將其吸收入儒家作品之中。

在黃老之學興盛的西漢初期,儒家雖然並未被抬高到特殊地位,但黃老之學的"無為"政策,卻為各種學術的交融提供了條件。黃老學者有通《易經》者,其他諸子也有學儒家五經之人。《漢書》卷六十四記載:"主父偃,齊國臨菑人也。學長短從橫術,晚乃學《易》、《春秋》、百家之言。遊齊諸子間,諸儒生相與排擯,不容於齊。家貧,假貸無所得,北遊燕、趙、中山,皆莫能厚,客甚困。以諸侯莫足遊者,元光元年,乃西入關見衛將軍。衛將軍數言上,上不省。資用乏,留久,諸侯賓客多厭之,乃上書闕下。"由此處稱主父偃"學長短從橫術,晚乃學《易》、《春秋》、百家之言"看,主父偃原為縱橫家,後方學《易》、《春秋》。而田蚡為相後絀百家之言,則主父偃學百家之言必在此前。然主父偃並不為儒生所接受,出現了"諸儒生相與排擯,不容於齊"的局面。這除了主父偃個性苛刻的原因,其中縱橫入儒的身份,也是其中的原因之一。

同時,儒家學者也能看到諸子百家之言。《漢書》記載:

> 武帝初即位,徵天下舉方正賢良文學材力之士,待以不次之位,四方士多上書言得失,自衒鬻者以千數,其不足采者輒報聞罷。朔初來,上書曰:"臣朔少失父母,長養兄嫂。年十三學書,三冬文史足用。十五學擊劍。十六學《詩》、《書》,誦二十二萬言。十九學孫、吳兵法,戰陣之具,鉦鼓之教,亦誦二十二萬言。凡臣朔固已誦四十

---

① 有人曾認為,《易傳》即出於稷下黃老之手。見黃寶先《〈易經〉與稷下學——兼論〈易傳〉為稷下黃老之作》,《管子學刊》1994 年第 4 期。
② 《漢魏六朝百三家集》卷七。

四萬言。又常服子路之言。臣朔年二十二,長九尺三寸,目若懸珠,齒若編貝,勇若孟賁,捷若慶忌,廉若鮑叔,信若尾生。若此,可以為天子大臣矣。臣朔昧死再拜以聞。"……客難東方朔曰:"蘇秦、張儀一當萬乘之主,而都卿相之位,澤及後世。今子大夫修先王之術,慕聖人之義,諷誦《詩》、《書》、百家之言,不可勝數,著於竹帛,脣腐齒落,服膺而不釋,好學樂道之效,明白甚矣。"①

由東方朔"十六學《詩》、《書》,誦二十二萬言。十九學孫、吳兵法,戰陣之具,鉦鼓之教,亦誦二十二萬言。凡臣朔固已誦四十四萬言"分析,當時有以"誦"為能之事。這就說明,儒家與其他諸子對雙方的文獻都比較熟悉。

以上情況說明,漢武帝實行"罷黜百家"前,大致存在兩種學術生態:其他諸子可以讀到儒書,儒家學者也能看到諸子百家之言。

這種情況至漢武帝"罷黜百家"之後發生了變化,很多諸子著作已被收入秘閣,禁止閱讀。《漢書》記載:

> (東平思王宇)後年來朝,上疏求諸子及《太史公書》,上以問大將軍王鳳,對曰:"臣聞諸侯朝聘,考文章,正法度,非禮不言。今東平王幸得來朝,不思制節謹度,以防危失,而求諸書,非朝聘之義也。諸子書或反經術,非聖人;或明鬼神,信物怪;《太史公書》有戰國縱橫權譎之謀,漢興之初謀臣奇策,天官災異,地形厄塞:皆不宜在諸侯王。不可予。不許之辭宜曰:'《五經》聖人所制,萬事靡不畢載。王審樂道,傅相皆儒者,旦夕講誦,足以正身虞意。夫小辯破義,小道不通,致遠恐泥,皆不足以留意。諸益於經術者,不愛於王。'"對奏,天子如鳳言,遂不與。②

此處言不將諸子書與《太史公書》給諸侯王,而言"《五經》聖人所制,萬事靡不畢載。王審樂道,傅相皆儒者",說明諸侯王子弟所見皆《五經》儒書,諸子書已經被收入秘閣。既然如此,原來的諸子學派手中,當然更沒有諸子類藏書;而這些諸子平常所讀之書,非儒書莫屬。

諸子著作是看不到了,漢武帝之前的儒家與其他諸子,皆能看到對方的書籍,他們"誦"書的優勢就體現出來了。諸子在著書立說的時候,因言論所需,早先"誦讀"記憶在頭腦中的各種材料就不暇甄別、不分宗派地紛至遝來,造成了其著書立說的"博雜"特徵。這也影響到儒家作品開始出現這種特徵,並且被漢人稱作"新"作。這種狀況,體現了漢代諸子百家與儒家互相吸收、逐漸融合的大趨勢③。

---

① 《漢書》卷六五《東方朔傳》,中華書局1962年版,第9冊,第2841頁。
② 《漢書》卷八〇《宣元六王傳》,第10冊,第3324～3325頁。
③ 參見拙文《西漢諸子的"尚新"傳統與"新學"淵源》,《文學評論》2012年第2期。

## 三、諸子"歧說"與儒家"疾虛妄"學風的出現

諸子百家之言被吸收入儒家學說,一方面擴大了儒家學說的表達空間,另一方面,百家之言中那些本來就與儒家或史實相左的"傳聞"、"異辭"性質的材料大量進入儒家作品,使得儒家學說增加了很多"雜說"、"虛妄"的成分。

關於儒家作品中的這些"虛妄"之辭,並不始於漢武帝時期,漢初《韓詩外傳》一類的作品中,就已經初現端倪,也有一些儒家作品對此進行了辨正。如《韓詩外傳》載"孔子見漂女":

> 孔子南遊適楚,至於阿谷之隧,有處子佩瑱而浣者。孔子曰:"彼婦人其可與言矣乎?"①

《孔叢子》則記載:

> 平原君謂子高曰:"吾聞子之先君,親見衛夫人南子,又云南遊過乎阿谷而交辭於漂女,信有之乎?"答曰:"士之相保,聞流言而不信者,何哉?以其所在行之事占之也。昔先君在衛,衛君問軍旅焉,拒而不告,色不在已,攝駕而去。衛君請見,猶不能終,何夫人之能覿乎?古者大饗,夫人與焉,於時禮儀雖廢,猶有行之者,意衛君夫人饗夫子,則夫子亦弗獲已矣。若夫阿谷之言,起於近世,殆是假其類以行其心者之為也。"②

《孔叢子》文獻資料來源較早,由此可看出儒家作品很早就已經注意到了這種"虛妄"之辭。根據上文我們的論述,這種"虛妄"之辭大量進入儒家作品,是漢武帝以後的事情。

劉向曾經著《新序》、《說苑》,其中多有與先秦儒家有關的史實。這些文獻,皆"采傳記行事",可知其中多是與儒家歷史相合的資料,與一般諸子百家之言有所不同。即使那些以"雜事"為名的文獻,也與儒家歷史相合。例如,劉向《新序·雜事》,石光瑛稱:"開宗明義,以孝為先。繼又由孝而推論仁道。傳曰,孝弟為仁之本,豈不然乎。由此觀之,編次之本意,隱則乎《論語》,非苟為已也。"③這說明劉向著書的目的,是上溯《論語》之旨,以孔子之書作為正統。這一點與先秦諸子百家之言顯然具有很大不同。

---

① 許維遹集釋《韓詩外傳》卷一,中華書局1980年版,第2頁。
② 孫少華《〈孔叢子〉校正》,待刊稿。
③ 劉向《新序》,石光瑛校釋,中華書局2001年版,第3頁。

至揚雄著書，已經直接將諸子與《太史公書》看作"怪迂"。他仿《論語》著《法言》，顯然也是提倡以孔子為"本師"的正統儒學。《漢書》記載：

> 雄見諸子各以其知舛馳，大氐詆訾聖人，即為怪迂。析辯詭辭，以撓世事，雖小辯，終破大道而或眾，使溺於所聞而不自知其非也。及太史公記六國，歷楚漢，訖麟止，不與聖人同，是非頗謬於經。故人時有問雄者，常用法應之，撰以為十三卷，象《論語》，號曰《法言》。①

"雄見諸子各以其知舛馳，大氐詆訾聖人"，說明其他諸子雖觀儒書，然多以諸子百家之言闡釋儒家典籍，從而產生了與儒家記載不同的說法，這就是揚雄所說的"小辯"。既然揚雄此處稱"終破大道而或眾"、"溺於所聞而不自知其非"、"是非頗謬於經"，一方面說明諸子自信其說而與儒家有互相爭辯的情況，另一方面也說明儒家逐漸將諸子之說視作"歧說"而加以排詆。

揚雄之後，桓譚踵武其後，撰《新論》以辨大道。桓譚《新論》稱："余為《新論》，術辨古今，亦欲興治也，何異《春秋》褒貶邪！"在劉向、揚雄提倡《論語》的基礎上，桓譚更加鮮明地提出了學術上承孔子《春秋》的思想。如果說劉向《新序》與揚雄《法言》提倡《論語》有反對諸子百家之言的意圖，桓譚《新論》提倡孔子《春秋》，則有反對《太史公書》之"不與聖人同，是非頗謬於經"的意思。

其實，揚雄、桓譚等人之舉，很大程度上既有反對諸子惑亂儒學的一面，也有反對將儒家思想進行讖緯、陰陽化改造的一面。漢武帝"獨尊儒術"時的儒學，已非先秦的"醇儒"，而是經過董仲舒陰陽學說改造的儒學。至西漢末年，讖緯學說又對儒學產生了深刻影響。從常理上說，經過對諸子百家之言進行儒化、為適應漢代社會的統治秩序對先秦儒家進行"漢化"之後的儒學，已經成為漢代社會的主流學術。在這一點上，封建統治者要求儒家學者只能遵從，而不允許有任何的悖逆或異音。但劉向、揚雄、桓譚一類的學者，還是想保守傳統儒者的學術本質。這必然會與封建帝王的政治初衷產生矛盾。其結果只有一個：不是屈從，就是噤聲，甚至被放逐。桓譚的命運能夠說明一些問題：

> 有詔會議靈台所處，帝謂譚曰："吾欲以讖決之，何如？"譚默然良久，曰："臣不讀讖。"帝問其故，譚復極言讖之非經。帝大怒曰："桓譚非聖無法，將下斬之！"

桓譚"默然良久"，說明他內心有過激烈的思想鬥爭。但他最後還是直言道出了自己的意見："臣不讀讖。"雖然他所說的屬於事實，但是由於不合劉秀意志，最終落了個被逐身死的下場。

漢代學術被迷信、政治綁架之後，學者要麼因直言而被殺，要麼噤聲而袖手旁觀。一些學

---

① 《漢書》卷八七下《揚雄傳》，第11冊，第3580頁。

者選擇了後者。這樣，黃老之學又重新被儒家學者拾起，成為他們修身養性、明哲保身的工具。揚雄常年校書天祿閣，其行為早已接近道家①。劉向家族早就有黃老之學的家學淵源②。劉歆後來在子女被殺之後的"隱忍"，也是黃老思想作用的結果。

　　桓譚之後，東漢陸續產生了一批以"疾虛妄"③相號召的學者，王充、王符、仲長統、張衡等人，即其代表。但是，由於經過西漢讖緯、陰陽等思想的影響，使這些學者形成了一個重要的學術特徵：黃老、儒家、諸子各種學術思想雜糅，帶有濃厚的漢代"博雜"風格。如王充"師事扶風班彪，好博覽而不守章句"，可知通儒學；"家貧無書，常遊洛陽市肆，閱所賣書，一見輒能誦憶，遂博通眾流百家之言"，可知其通諸子百家之言；"後歸鄉里，屏居教授"、"造《養性書》十六篇，裁節嗜欲，頤神自守"，其行近黃老之學。王符"與馬融、竇章、張衡、崔瑗等友善"、"隱居著書"，其學通儒，其行近黃老。仲長統認為"名不常存，人生易滅，優遊偃仰，可以自娛。欲卜居清曠，以樂其志"，其行近黃老；其言有"叛散《五經》，滅棄《風》、《雅》；百家雜碎，請用從火"之說，又與刑名之學相近。而刑名與黃老有着密切的學術聯繫。仲長統的學術思想，比較接近黃老、刑名。張衡之學，亦兼有儒家、黃老之痕跡。《後漢書·張衡傳》稱其"通《五經》，貫六藝"以及"常從容淡靜，不好交接俗人"之舉，說明張衡有黃老思想。可以想見，在漢代統治秩序穩定以後，主流學術的地位逐漸穩固，士人在社會上形成一種集體默契：對學術與社會瑕疵的容忍。那些不能容忍、好直言之人，一般被視作不守規矩的"狂人"。仲長統即屬此類。《後漢書》仲長統本傳記載："統性俶儻，敢直言，不矜小節，默語無常，時人或謂之狂生。"雖然如此，我們還是認為仲長統基本上選擇了黃老之學。在東漢儒家地位已經完全穩固的情況下，迫於統治集團的政治壓力，一些儒者又重新選擇了西漢初期盛行的黃老之學。在儒學占統治地位的漢代，黃老思想能夠爭取一點生存縫隙並不斷成長，既顯示了它頑強的學術生命力，同時也說明這種經過改造之後與政治發生密切關係的儒學，已經成為統治者實現國家管理的工具，最終讓傳統士人感到厭倦。

　　但是，東漢的黃老，已非漢初純粹的黃帝、老子之學。桓譚時代，神仙之學也發生了重大變化。《新論·辨惑篇》稱："天下神人有五：一曰神仙，二曰隱淪，三曰使鬼物，四曰先知，五曰鑄凝。"④可知西漢末年以後，神仙之學已經逐步方術化，其宗教性質更加明顯。它與民間流傳的黃老之學一起，與後來產生的道教逐漸合流。儒者中流行的黃老思想，後來演變為"清流"，成為魏晉老莊之學的先聲⑤。而由漢初之前"入世"的黃老一變而為魏晉"出世"的老莊之

---

① 其實是黃老之學的影響。見孫少華《揚雄投閣的文化美學與生命悲情》，《山西師大學報》2009 年第 6 期。
② 吳全蘭《劉向的黃老思想》，《廣西師範大學學報》2005 年第 1 期。
③ 《論衡·佚文》："《論衡》篇以十數，亦一言也，曰：'疾虛妄。'"
④ 朱謙之《新輯本桓譚新論》，中華書局 2009 年版，第 53 頁。
⑤ 有人認為，黃老之學向老莊的轉變，在東漢末年就已經完成了。劉曉東《漢代黃老之學到老莊之學的演變》，《山東大學學報》2002 年第 1 期。

學,政治秩序與學術規範確定以後,統治者對士人逐步實行的"鉗口"政策,是其中的主要原因。這種情況,早在漢武帝時期就已經出現了。《淮南子·精神訓》:"静耳而不以聽,鉗口而不以言。"這種"鉗口",實際上就是對諸子"好治議論"的鉗制。"腹誹"①之罪的產生,是這種政策的異化。從此,自漢代以降,"諂諛取容"成為追逐利禄之徒的集體"劣根";黄老或老莊思想,則成為潔身自好者在世俗生活中修身養性、保持人格獨立與精神自由的最後寄托。

[作者簡介] 孫少華(1972—  ),男,山東萊蕪人。文學博士,現為中國社會科學院文學研究所助理研究員。已出版專著《〈孔叢子〉研究》,曾在《文學評論》、《文學遺產》、《文史》等雜誌發表論文 30 餘篇。

---

① 《史記·平準書》:"異與客語。客語初令下有不便者,異不應,微反唇。湯奏異當九卿,見令不便,不入言而腹誹,論死。自是之後,有腹誹之法。以此而公卿大夫多諂諛取容矣。"

# 從"輔萬物之自然"到"無以人滅天"

## ——道家對人類中心觀念的反思

### 白 奚

以自我為價值中心來對待萬物,是人類自發採取的立場,人們對此深信不疑,習以為常。這種人類中心的觀念在中國早期的思想傳統中相當濃厚,並被賦予了理論的形態加以闡發。而在先秦的各家學說中,惟獨道家持有與眾不同的看法。根據老子奠定的"道"的理念,人類並不是天地萬物的中心,人與萬物是平等的。這一獨特觀念在莊子那裏被發揮到極致,莊子認為,人類中心的觀念是人類的一種偏見,這種觀念導致了人類對萬物的剝奪和奴役,導致了人類為了自己的需要而肆意毀壞事物的自然狀態和自然之性。莊子嚴厲地抨擊了人類中心觀念對萬物造成的戕害,提出了"以道觀之,物無貴賤"的思想。老莊道家的非人類中心觀念堪稱是石破天驚之論,對於當今保護自然資源、實現可持續發展的人類長遠發展目標,尤其具有非凡的傳承價值和借鑒指導意義。本文擬通過儒道兩家相關理論的對比,彰顯道家的非人類中心觀念的思想價值。

## 一、儒家的人類中心觀念:由自發到自覺

萬物都是為了人的生存而創造出來的,這是人類在面對外部世界時最容易自發產生的觀念,這種古老的觀念表現為理論的形態,就是人類中心主義。自然目的論是西方最古老的人類中心主義,這種理論認為,人"天生"就是萬物存在的目的,其最著名的代表人物亞里士多德就明確指出:"植物的存在是為了給動物提供食物,而動物的存在是為了給人提供食物——家畜為他們所用並提供食物,而大多數(即使並非全部)野生動物則為他們提供食物和其他方便,諸如衣物和各種工具。由於大自然不可能毫無目的毫無用處地創造任何事物,因此,所有的動物肯定都是大自然為了人類而創造的。"[①]這種自然目的論在近代西方仍很盛行,如法國

---

① 亞里士多德《政治學》,轉引自何懷宏主編《生態倫理——精神資源與哲學基礎》,河北大學出版社2002年版,第338頁。

動物學家居維葉(1769—1862)"情不自禁地認為,魚的存在……無非是給人提供食物。"①英國地理學家賴爾(1797—1875)認為:"大自然賦予馬、狗、牛、羊、貓和許多家畜的那些適應各種氣候的能力,明顯地是為了使它們能夠聽從我們的調遣,使它們能為我們提供服務和幫助。"②類似自然目的論的思想觀念同樣存在於古代中國,從典籍中即可以看到這樣的記載。《列子·說符》記載:

> 齊田氏祖於庭,食客千人。中坐有獻魚雁者,田氏視之,乃歎曰:"天之於民厚矣! 殖五穀,生魚鳥以為之用。"眾客和之如響。

田氏的看法代表了那個時代人們對待萬物的一般態度,因而得到了"眾客和之如響"的普遍認同。田氏認為,上天為了人的生存而創造了各種動物和植物,因而人為了自己的生存需要,有權力自由取用和支配萬物;人在心安理得地享用上天提供的各種生活必需品的同時,惟一需要做的就是感恩,感謝"天"對人的厚待。這裏的"天"亦可稱為"天地",相當於西方文化語境中的"大自然"。在中國文化的語境中,這裏的"天"亦可理解為"上天",即最高的人格神,相當於西方基督教文化語境中的"上帝",因而田氏的看法也可以看作是類似西方基督教式的神學目的論。基督教認為,世界是上帝創造的,在上帝的所有創造物中,只有人是按照上帝自己的形象創造的,因而上帝在萬物中最喜歡人類,把自然萬物都賜予人類,以此表達對人類的厚愛。無論對這裏田氏所謂的"天"做以上兩種中的何種理解,田氏代表的看法都內在地包含着這樣的一些認定:人是天地萬物的中心,萬物之所以存在是為了滿足人的需要;人是自然萬物的主人,而非其成員。

這種自發形成的人類中心的古老觀念在儒家的學說中被賦予了理論的形態,並給以具體的論證,成為儒家學說的一個重要的理論基點。

儒家的人類中心觀念,突出地表現在"人為天地之心"的命題上。

"天地之心"的提法,首見於《易·彖傳·復》:"復,其見天地之心乎。"但尚未同"人"直接聯繫起來。《禮記·禮運》第一次提出"人"是"天地之心"的觀念:"人者,天地之心也,五行之端也,食味別聲被色而生者也。""人者,天地之心"的命題,是儒家對人在宇宙間的哲學定位,標誌着儒家對人之為人的一種高度的自覺。這一命題中蘊含着的深層意義,是認定人具有不同於萬物的特質。人之所以不同於萬物,按照《禮運》的說法,在於人是"五行之秀氣",萬物皆稟五行之氣而生,惟人獨得其"秀氣",故能為"天地之心"。人獨得天地間"五行之秀氣",因而人就是"萬物之靈"。人為萬物之靈,也是中國先民由來已久的觀念,最早出

---

① 亞里士多德《政治學》,轉引自何懷宏主編《生態倫理——精神資源與哲學基礎》,河北大學出版社2002年版,第338頁。

② 同上。

現在儒家早期典籍《尚書·泰誓》中:"惟天地萬物父母,惟人萬物之靈。"人既是"萬物之靈",則為萬物中之最貴者,故孔子有"天地之性人為貴"(《孝經·聖治章》)的說法。人為"天地之心"、"萬物之靈"以及"人為貴",都是先民自我意識的精粹,後世儒者常將這幾種提法合而言之。①

以上幾種提法都突出了人在天地之間的特殊地位,強調了人貴於萬物。然而人緣何貴於萬物?人何以擁有如此特殊的地位?儒家學者對此有不同的解答。王充認為:"天地之性人為貴,貴其識知也。"(《論衡·別通》)即貴在人有知識智慧。王充的這種看法,類似於西方古典人類中心主義的"理性優越論",即認為人是惟一具有理性並因此高於其他存在物的物種。荀子則認為:"人有氣有生有知亦且有義,故最為天下貴。"(《荀子·王制》)董仲舒也認為,萬物莫貴於人,是因為"惟人獨能為仁義"(《春秋繁露·人副天數》),荀子和董仲舒認為人貴於萬物是由於惟獨人具有道德能力,這種看法後來成為了儒家的主流見解,因為在儒家看來,道德能力就是最高的知識智慧。

確認了人為"天地之心"、"萬物之靈"和"人為貴"之後,在如何對待萬物,如何處理人與萬物的關係這一問題上,儒家內部卻存在着截然不同的立場。

以荀子和董仲舒為代表的一種立場認為,萬物存在的價值就在於能夠為人類所利用。此種立場是對前揭田氏為代表的自發的人類中心觀念的延續和理論化。荀子把萬物看成是人類的財富,他說:"故天之所覆,地之所載,莫不盡其美,致其用,上以飾賢良,下以養百姓而安樂之。"(《荀子·王制》)並一再強調要"財萬物"、"材萬物"以"養人之欲,給人之求"(《荀子·禮論》)。雖然荀子也主張在取用自然資源時要有所節制:"草木榮華滋碩之時,則斧斤不入山林,不夭其生,不絕其長也。黿鼉魚鱉鰍鱣孕別之時,網罟毒藥不入澤,不夭其生,不絕其長也。"(《荀子·王制》)然而在他看來,萬物"不夭其生,不絕其長",最大限度地為人類所用,這便是萬物之"宜"了。正是基於這樣的認識,荀子提出了"人定勝天"的思想,主張對自然界"物畜而制之"。董仲舒則從神學目的論出發,闡述了天創造萬物是為了人類所用的觀點。他說:"天地之生萬物也,以養人,故其可食者以養身體,其可威者以為容服。"(《春秋繁露·服制像》)"生五穀以食之,桑麻以衣之,六畜以養之,服牛乘馬,圈豹檻虎,是其得天之靈,貴於物也。"(《漢書·董仲舒傳》)在荀子和董仲舒看來,人貴於萬物,人類的利益高於一切,因而人類為了自己的利益而自由取用自然資源,這是天經地義的事,即使是有所愛惜和保護,也只是為了人類的長遠利益。荀子、董仲舒這一派儒家在對待人與自然的關係上所持的態度,同西方從古典的自然目的論到現代人類中心主義的

---

① 歐陽修曰:"人者,萬物之靈,天地之心也。"(《歐陽修集·附錄四·記神清洞》)王陽明曰:"故曰:人者,天地之心,萬物之靈也。"(《王陽明集補編》卷五《年譜附錄一》)陸九淵曰:"天地之性人為貴,人為萬物之靈。人所以貴與靈者,只是這心。"(《朱子語類》卷一百二十四《陸氏》引)

一貫立場是一致的①。

## 二、老子的"輔萬物之自然而不敢爲"

道家的創始人老子雖然很少直接論及人應該以何種態度對待自然萬物,但根據其對道的本性的設定,根據"道法自然"的道家基本原則,萬物在"大道"面前都是平等的,人並不優於萬物。應該說老子的道論為道家在對待人與萬物的關係問題上定下了基調,根據老子確定的自然主義原則,後來莊子"以道觀之,物無貴賤"的閃光思想的出現乃是水到渠成,是老子"道法自然"原則的合乎邏輯的推展。

老子開創的道家學說以"自然"爲最高價值,對"自然"價值的推崇可以稱之為自然主義。作為道家最高範疇的"道"和最高價值的"自然"乃是二位一體,或曰一個問題的兩個方面,《老子》第二十五章的"人法地,地法天,天法道,道法自然"是對道與自然的關係最經典的概括。"道"為天和地所取法,在最高的存在"道"之上並沒有一個需要"道"來取法的更高的存在,"道"惟一需要做的事就是"法自然",即取法自然主義的原則;而"道"自身又是惟一的、絕對的、永恆的、無條件的最高本體,是最自然的存在,因而"道法自然"就是取法"道"本身之自然。如果我們暫時不考慮"人法地,地法天,天法道,道法自然"這一表述中"地"、"天"、"道"這幾個中間環節,而是把位於兩端的"人"和"自然"連接起來,就可以清晰地看到,老子在這裏其實是要表達"人法自然"的思想,即:人的行為必須追求自然的價值,遵循自然的原則。

人的行為必須遵循自然的原則,落實在人與萬物的關係上,那就是:人應該以自然的態度對待萬物,尊重萬物的自然狀態而不妄加干預。

老子雖然很少直接論述人應該以何種態度對待萬物,但卻對道與萬物的關係進行了大量的論述,而人對待萬物的態度不過是對道與萬物之關係的效法和模擬。

《老子》五十一章集中論述了道與萬物的關係:

> 道生之,德畜之,物形之,勢成之。是以萬物莫不尊道而貴德。道之尊,德之貴,

---

① 儒家在處理人與萬物的關係問題上,還有另外一種立場,那就是由孟子的"仁民而愛物"而開顯和光大的宋明儒家的立場。這種立場同樣是從人為"天地之心"、"萬物之靈"和"人為貴"的觀念出發,但並不主張人類的利益至上,而是突出強調了人對萬物需承擔道德責任,他們提出了"萬物一體"的思想,主張把人類的道德情感擴大到自然萬物。從歷史上看,這一立場應該說代表了儒家對待自然萬物的主流觀念。可見,同樣是以人類為中心,卻可以導致以人類的利益為中心和以人類的道義為中心這兩種截然不同的立場。由於後一種立場不是本文所要討論的對象,故不擬過多涉及,而是集中討論荀子和董仲舒為代表的以人類的利益為中心的一派儒家的立場。

> 夫莫之命而常自然。故道生之,德畜之;長之育之,亭之毒之,養之覆之。生而不有,
> 為而不恃,長而不宰,是謂玄德。

所謂"道生之",是說"道"創生了萬物。所謂"德畜之",是說"德"養育了萬物,這個"德"就是存在於萬物之中的"道",它是萬物存在的內在根據。所謂"物形之",是說萬物依據各自從"道"那裏所得到的本性("德")而成為獨立的存在;"道"創生萬物之後,並不離開萬物,而是存在於萬物之中,存在於萬物之中的"道"就是"德"。所謂"勢成之",是說周圍環境的作用,使得萬物生長成熟。這就是萬物生長的過程。萬物的生與長既然離不開"道"與"德"的作用,所以萬物"莫不尊道而貴德"。然而"道"之所以受萬物尊崇,"德"之所以被萬物珍貴,恰恰在於它對萬物不加任何限制和干涉,完全順其自然地任萬物自我化育、自我完成。《老子》河上公注曰:"道一不命召萬物,而常自然應之如影響",是說"道"雖然創生了萬物,但卻不對萬物發號施令,而是甘為萬物的影子和回聲,順遂萬物之自然。"夫莫之命而常自然"一句中的"命"字,馬王堆帛書甲、乙本均作"爵"。成玄英《道德經開題序訣義疏》曰:"世上尊榮必須品秩,所以非久,而道德尊貴無關爵命,故常自然。""道""德"之尊貴是內在固有的,不是外在的力量所"爵命"授予的,所以才能"常自然"。河上公的解釋,是說"道"從不對萬物發號施令,從而贏得了萬物的尊敬;成玄英的解釋,則是說"道"之尊貴不是外力附加的,因而能夠永遠根據自己的本性,以自然的態度對待萬物。這兩種說法都可以解釋得通,而以後者更為順暢。這兩種古老的解釋都隱含着老子思想中的一個深層觀念,那就是:自然的便是最尊貴的,自然是最高的價值,也是事物存在與發展的最佳狀態。"道"以自然的態度對待萬物,這就是"道法自然"。

"道"創造和成就萬物並不含有意識性,也不帶有目的性,從不將萬物據為己有而宰制之,也不希圖有所回報,所以說"生而不有,為而不恃,長而不宰"。這一章裏的"生"、"為"、"長"、"育"、"亭之毒之"(即"成之熟之")、"養之覆之",都是說明"道"對於萬物的重要性,萬物皆賴"道"而生長;"不有"、"不恃"、"不宰"都是說明"道"對萬物並沒有因此而產生占有和控制的欲望。"道"只是輔助萬物的生長,此即所謂"輔萬物之自然而不敢為"。

在《老子》的文本中,有一處是直接講人應以何種態度對待萬物,那就是第六十四章的"輔萬物之自然而不敢為",這一句的主語就是"聖人"。王弼本是這樣表述的:

> 是以聖人欲不欲,不貴難得之貨。學不學,復眾人之所過。以輔萬物之自然而
> 不敢為。

此一句,河上公本、帛書本、傅奕本皆基本相同,從文句上看,"以輔萬物之自然而不敢為"的主語顯然是承上而省略的"聖人"。在郭店戰國楚簡本《老子》中,此一句正是作"是故聖人能輔萬物之自然,而弗能為",主語明確是"聖人"。這說明最早的《老子》文本中確有"聖人"二字,在後來的《老子》文本演變中,此二字大概是為了優化文字而被省略了。這也說明老子確曾明

確地主張人應該以自然的態度對待萬物,而不能以自己的意志加之於萬物而干預萬物的自然狀態和自然發展。這條材料也印證了筆者前文所説的"人法自然"確為老子思想中本有之義,説明老子講"道"與萬物的關係最終還要落實在人與萬物的關係上,為人的行為尋求指導。

"道"以自然的態度對待萬物,在《老子》書中多有這樣的論述。如"萬物作焉而不辭,生而不有,為而不恃,功成而弗居"(今本第二章),郭店竹簡本作"萬物作而弗始也,為而弗恃也,成而弗居",帛書乙本亦作"作而弗始",簡本和帛書本是最早的本子,"作而弗始"意義也更明晰,謂"道"使萬物得以興作,但卻不加以倡導和引領,而是任由萬物之自然。又如"大道汎兮,其可左右,⋯⋯萬物歸焉而不為主"(第三十四章),"萬物歸焉"即第五十一章的"萬物莫不尊道而貴德",但大道從不以自我為中心,從不對萬物發號施令,而是讓萬物自己作主。

"道"與萬物的關係,在《老子》中有時也用"天道"、"天之道"或"天地"同萬物的關係來表達。第五章曰:"天地不仁,以萬物為芻狗。"王弼注曰:"天地任自然,無為無造,萬物自相治理,故不仁也。"蘇轍《老子解》亦曰:"天地無私,而聽萬物之自然。"天地無所偏愛,對萬物一視同仁而任其自然。第七十九章的"天道無親"亦當作如是理解。第七十七章曰:"天之道,其猶張弓與! 高者抑之,下者舉之,有餘者損之,不足者補之。天之道,損有餘而補不足。"老子之"天"是自然之天,天道之損有餘而補不足,並不帶有某種目的性,而是自然而然的、自發進行的,這是天地間的自然法則,在這一自然法則的作用下,萬物的存在會自發地達到某種相互均衡的狀態,既無有餘者亦無不足者,此即第三十二章所謂"自均"。第三十二章曰:"天地相合,以降甘露,民莫之令而自均。""莫之令"謂自發也,天地普降甘露,萬物(包括"民")皆能自發地、自然而然地、均匀地得到潤澤。

從上引《老子》的文句看,老子主張在大道面前萬物都是平等的,故而統稱"萬物",從來没有對萬物加以區別對待,自然的法則對萬物的適用程度都是一樣的。老子也從來没有去區分人與萬物,在他那裏,或曰在"道"面前,人和萬物都是等價的,人比起萬物也没有什麼特別之處,大道對待人也不會另眼相看。雖然老子並没有刻意強調這一點,但在他的論述中卻不時透露出這樣的觀念。如第三十七章曰:"道常無為而無不為,侯王若能守之,萬物將自化⋯⋯天下將自定",傅奕本"天下將自定"作"天下將自正",帛書乙本作"天地將自正",郭店竹簡本作"萬物將自定"。從行文和語氣上看,這裏的"萬物"、"天下"是包含了"人"在内的。老子的這一思想中,藴含着一個極為重要的觀念,那就是:人也是萬物之一,在大道面前人與萬物之間都是平等的。老子的這一觀念奠定了道家學派人與萬物的平等觀,莊子對人類中心觀念的反思和批評,就是基於老子這一思想之上的推展和發揮。

## 三、莊子的"以道觀之"和"無以人滅天"

萬物平等特別是人與萬物平等的觀念在老子的學説中畢竟還是以一種較為潛含的方式

存在着,並沒有進行具體的論證,而在莊子的學說中,這一可稱為非人類中心的觀念就得到了充分的發揮和論證,並據此對人類中心的觀念進行了暢快淋漓的批判。

老子的學說注重從"道"和"自然"的原則出發而對現實世界進行反思,力圖建立起合理的政治秩序和操作方式,提出從根本上解救社會危機的構想;莊子的目光則更多地投向了人的生命和精神世界,注重對人生的價值和意義的思考,對世俗人生的各種觀念誤區進行反思和批判。在莊子的這些反思和批判中,關於人與自然萬物的關係,人在天地間的位置等問題,成為莊子思考的一個重點。

莊子採取的視角是"以道觀之",即站在"道"的立場和高度來看待萬物之間的差異。在《秋水》篇關於河伯與北海若的著名寓言裏,河伯問起"惡至而倪貴賤,惡至而倪小大",即如何區分物之貴賤與小大的問題,北海若回答說:"以道觀之,物無貴賤;以物觀之,自貴而相賤。","以物觀之"乃是萬物各自的立場,萬物莫不以自我為價值判斷的中心,因而無不"自貴而相賤";而如果是"以道觀之",則萬物之間都是平等的,並無貴賤之分。北海若還認為:"萬物一齊,孰短孰長?"萬物的千差萬別本是客觀存在的事實,但從"道"的高度看,這些差別都可以忽略不計,因而"以道觀之",則萬物之間沒有差別,無所謂小大短長。顯然,莊子在這裏不僅是在談"萬物",而是包括了"人",他其實是在講"人"應該如何看待"萬物"的問題。

人如何看待萬物的問題,首先就是人如何看待自己的問題。人總是不免自命不凡,認為自己貴於萬物,這是世俗的人類自我中心立場。而在莊子看來,人在天地間實在是太渺小了,根本不值一提。《秋水》篇中莊子借北海若之口表達了這樣的看法:

> 吾在於天地之間,猶小石小木之在大山也,方存乎見少,又奚以自多!計四海之在天地之間也,不似礨空之在大澤乎?計中國之在海內,不似稊米之在大倉乎?號物之數謂之萬,人處一焉;人卒九州,穀食之所生,舟車之所通,人處一焉;此其比萬物也,不似豪末之在於馬體乎?

"號物之數謂之萬,人處一焉",莊子於此明確地表達了人是萬物中的普通一員的思想。人既是萬物之一,就沒有什麼特別之處,但是人總是高看自己而"敖倪於萬物"(《天下》),"特犯人之形而猶喜之"(《大宗師》),因自己是"人"而沾沾自喜,莊子指出:"若人之形者,萬化而未始有極也",人獲得"人之形"不過是"萬化"中偶然遇到的一個普通情況而已,並沒有什麼特別之處,不要因為碰巧成為了"人"就自認為高貴。在《大宗師》篇中,莊子講了一個寓言:

> 今大冶鑄金,金踴躍曰"我且必為鏌鋣",大冶必以為不祥之金。今一犯人之形而曰:"人耳!人耳!"夫造化者必以為不祥之人。今一以天地為大爐,以造化為大冶,惡乎往而不可哉!

這是莊子對人類自我中心觀念的辛辣諷刺,在他看來,人類的自我優越感在"造化者"眼裏是一種"不祥"的觀念,以"造化者"觀之就是"以道觀之"。

從"食物鏈"的角度看,人其實也處在食物鏈中,因而人並不比萬物更高貴,這樣的觀念普通人也可以自發地獲得。前引《列子·說符》中田氏關於"天之於民厚矣!殖五穀,生魚鳥以為之用"的感歎就遭到了一個小孩子的質疑:

> 鮑氏之子年十二,預於次,進曰:"不如君言。天地萬物與我並生,類也。類無貴賤,徒以小大智力而相制,迭相食;非相為而生之。人取可食者而食之,豈天本為人生之?且蚊蚋噆膚,虎狼食肉,非天本為蚊蚋生人、虎狼生肉者哉?"

在鮑氏之子看來,人與萬物並生於天地之間,不過是分屬不同的"類"而已,而"類無貴賤",這實際上是把人放在萬物之中來看待的,是一種萬物平等的主張。這種主張承認萬物之間有差異,但不認為萬物之間有貴賤之分。鮑氏之子基於"食物鏈"的視角,得到了一種樸素直觀的看法,對田氏的自然目的論提出了反對意見。類似這樣的樸素看法在漢代王充的《論衡》中得到了進一步的發揮論證。其《自然》篇中針對"或說以為天生五穀以食人,生絲麻以衣人"的觀點,站在道家的自然主義立場"試依道家論之",指出這種同於董仲舒的自然目的論的觀點"不合自然",得出了"夫天之不故生五穀絲麻以衣食人"的結論。這是繼承了道家的傳統觀點。其《商蟲》篇曰:

> 倮蟲三百,人為之長。由此言之,人亦蟲也。人食蟲所食,蟲亦食人所食,俱為蟲而相食物,何為怪之?設蟲有知,亦將非人曰:"女食天之所生,吾亦食之,謂我為變,不自謂為災。"凡含氣之類,所甘嗜者,口腹不異。人甘五穀,惡蟲之食;自生天地之間,惡蟲之出。設蟲能言,以此非人,亦無以詰也。

王充得出"人亦蟲也"的結論,把人還原為萬物之一。他用人與蟲互換其位元的論證方式,指出人並不比萬物優越,把自命不凡的"人"打回了原形。

莊子採取"以道觀之"的獨特視界,對"以物觀之"(實質上是"以人觀之")的世俗觀念重新進行審視和評估,他發現,人類中心的立場是一種嚴重的偏見。以往的學術界在評價莊子的學說時亦未能超越人類中心的立場,往往不屑於莊子的某些獨特議論,輕率地視之為詭辯,這是我們今天需要進行認真反思的。例如《齊物論》中的一段著名設問:

> 民濕寢則腰疾偏死,鰌然乎哉?木處則惴慄恂懼,猨猴然乎哉?三者孰知正處?民食芻豢,麋鹿食薦,蝍蛆甘帶,鴟鴉耆鼠,四者孰知正味?猨猵狙以為雌,麋與鹿交,鰌與魚遊。毛嬙麗姬,人之所美也,魚見之深入,鳥見之高飛,麋鹿見之決驟。四

者孰知天下之正色哉?

所謂"正處"、"正味"、"正色"不過是人類的標準,是人類自我中心立場的產物,殊不知人類也只是萬物之一,而非宇宙萬物的中心。宇宙萬物並無中心,亦無邊緣,如若"以道觀之",則無所謂"正處"、"正味"、"正色"。萬物皆有自己的生存方式,人類的標準只適合人類,並不適合萬物,因而沒有資格作為萬物的共同標準。如若以人的標準裁量萬物,必然會對萬物造成戕害。正如《莊子・騈拇》所言:"鳧脛雖短,續之則憂;鶴脛雖長,斷之則悲。故性長非所斷,性短非所續,無所去憂也。"這裏的"性"在《莊子》的其他篇章中亦稱為"天",即萬物與生俱來的天性,萬物只有按照各自的天性才能生存,因而人類也必須尊重萬物的天性,而不應按照人類自己的標準或為了滿足人類的需要而隨意改變乃至破壞萬物的天性,否則就是"以人助天"或"以人滅天"。《秋水》篇中有河伯和北海若關於"天"和"人"的著名對話:

> (河伯)曰:"何謂天?何謂人?"北海若曰:"牛馬四足,是謂天;落馬首,穿牛鼻,是謂人。故曰,無以人滅天,無以故滅命。"

在《馬蹄》篇中,莊子對"以人滅天"的行為進行了更為激烈的抨擊:

> 馬,蹄可以踐霜雪,毛可以禦風寒,齕草飲水,翹足而陸,此馬之真性也。雖有義臺路寢,無所用之。及至伯樂,曰:"我善治馬。"燒之,剔之,刻之,雒之,連之以羈縶,編之以皁棧,馬之死者十二三矣;饑之,渴之,馳之,驟之,整之,齊之,前有橛飾之患,而後有鞭筴之威,而馬之死者已過半矣。陶者曰:"我善治埴,圓者中規,方者中矩。"匠人曰:"我善治木,曲者中鉤,直者應繩。"夫埴木之性,豈欲中規矩鉤繩哉?

人類為了滿足自己的需要而隨意改變萬物的"天性",這對於普通人來說早已是習以為常、理所當然,莊子的這些議論,對於人類的常識和日常行為來說,無疑是一種顛覆性的見解。

莊子還認為,對於萬物來說,其各自的"天性"和自然狀態都是最合理的、最佳的,人類對此必須予以充分的瞭解、尊重和順應,如果人類試圖按照自己的標準來對待或改變之,即使是出於善意,對於萬物來說也都是致命的。《至樂》篇講述了一個寓言:

> 昔者海鳥止於魯郊,魯侯御而觴之於廟,奏九韶以為樂,具太牢以為膳。鳥乃眩視憂悲,不敢食一臠,不敢飲一杯,三日而死。此以己養養鳥也,非以鳥養養鳥也。

"以己養養鳥"即以養人的方式養鳥,這是把人類的標準濫用、強加於萬物,結果等於是加害於萬物。《應帝王》篇那個為渾沌鑿七竅的故事更加發人深思:

> 南海之帝為儵，北海之帝為忽，中央之帝為渾沌。儵與忽時相與遇於渾沌之地，渾沌待之甚善。儵與忽謀報渾沌之德，曰："人皆有七竅以視聽食息，此獨無有，嘗試鑿之。"日鑿一竅，七日而渾沌死。

儵與忽為了答謝渾沌的厚待，按照自己的模樣為渾沌鑿七竅，本是出於美意，結果卻是害死了渾沌，這同截短了鶴脛一樣，同樣是"以人滅天"。莊子用這個寓言故事再次表達了尊重萬物的自然狀態的重要性。

以上這些寓言故事，都表達了莊子關於人與萬物平等的思想和非人類中心的觀念。過去我們往往簡單地目之為詭辯，以今觀之，卻發現其中是大有深意的。莊子對人類中心觀念的批判，對於深受生態危機之害的當今人類來說，是十分難得的思想遺產。兩千多年前的古人能有如此超前的觀念和深刻的思想，莊子堪稱是古今中外第一人。

莊子通過對人類中心觀念的反思和批判，推出了"天放"這種道家式的生活態度：

> 一而不黨，命曰天放。故至德之世，其行填填，其視顛顛。當是時也，山無蹊隧，澤無舟梁；萬物群生，連屬其鄉；禽獸成群，草木遂長。是故禽獸可係羈而遊，鳥鵲之巢可攀援而窺。夫至德之世，同與禽獸居，族與萬物並。(《馬蹄》)

"一而不黨"的"一"，即是"天地與我並生，而萬物與我為一"(《齊物論》)的"一"，"以道觀之"則萬物一齊也，大道對萬物(包括人類)一視同仁，無有偏私。在莊子看來，人生於天地之間，採取"以道觀之"的立場對待萬物，"同與禽獸居，族與萬物並"，與大自然融為一體，與萬物同樂，這樣的生活就是"天放"。過着"天放"生活的社會，莊子稱之為"至德之世"，他認為人類社會曾經有過這樣美好的時期，而隨着人類中心觀念的出現和流行，這樣的美好時代便一去不復返了。莊子追憶的"至德之世"，莊子憧憬的"天放"生活，即使在今天看來，也足以令人心動不已。

## 結　　語

儒家和道家分別代表了中國古代哲人處理人與萬物關係的兩種很不相同的態度，儒家的態度可歸為人類中心論，道家的態度可歸為非人類中心論。儒家總是以"人之道"看待世界，因而以人為天地萬物的中心；道家則超越了"人之道"而以"天之道"看待世界，因而以為天地萬物無中心。儒家持有在道德面前人人平等的觀念，主張個人發展機會的平等，但儒家認定人貴於萬物，因而以生命為不等價，認為萬物的存在不過是為人類的生存提供生活資源[①]；道

---

① 持此種態度的是以荀子和董仲舒為代表的一部分儒家。

家從來不認為人貴於萬物,持人與萬物平等的主張,把人還原為萬物之普通一員。

　　道家超越了儒家以人類為中心和本位的觀念,採取了"以道觀之"的立場,這種立場由老子發其端,至莊子乃粲然大備。老子首倡自然的最高價值,主張尊重萬物的自然狀態,"輔萬物之自然而不敢為";莊子則將潛含在老子學說中的關於萬物平等的思想加以充分發揮,並落實在尊重萬物之"天性"之上,對"以人助天"、"以人滅天"的行為進行了有力的批判,提出了人類的標準並不適合於萬物的鮮明主張。道家對人類中心觀念的反思和萬物平等特別是人與萬物平等的思想,對於社會發展遇到嚴重危機的當今人類來說,是一種十分有價值的傳統思想資源,值得認真對待和深入發掘。

　　[作者簡介] 白奚(1953— ),男,生於北京,祖籍山西太谷。哲學博士,現為首都師範大學哲學系教授、博士生導師,兼任《中國哲學史》雜誌副主編。主要研究方向為先秦諸子之學及其當代價值。代表著作有《稷下學研究》等。

# 莊子的養生之道

## 陸永品

莊子曰："知天之所為,知人之所為者,至矣。知天之所為者,天而生也;知人之所為者,以其知之所知,以養其知之所不知,終其天年而不中道夭者,是知之盛也。"(《莊子·大宗師》)此可謂莊子論養生之道的總綱。下面,就談莊子養生之道的五個問題。

## 一、養生如牧羊,鞭其後者

莊子論說養生之道,如同其論說其他問題一樣,大都是用寓言故事的形式表達的。莊子說,養生如牧羊,鞭其後者,即是用羊落後於羊群而受害的生動形象作比喻,闡述養生的深邃人生哲理。其內涵極其豐富,給人們留下許多想像和填補的空間。為了闡明此種養生哲理,莊子在寓言中便虛構了田開之、威公和仲尼等人物,這是不能用歷史真實的尺度考量的。在寓言中,莊子用善養生者田開之回答威公問其養生之術的問答方式,來闡明"養生如牧羊,鞭其後者"的哲理。田開之告訴威公:"善養生者,若牧羊然,視其後者而鞭之。"威公不解其意,便問道:"何謂也?"於是莊子又連用兩則寓言來說明這個問題(見《莊子·達生》)。此種方法,叫做喻中設喻,巧比曲喻。在中國文學史上,莊子開其先河。這兩則寓言如下:

> 魯有單豹者,岩居而水飲,不與民共利。行年七十,而猶有嬰兒之色,不幸遇餓虎,餓虎殺而食之。
> 有張毅者,高門縣薄,無不走也。行年四十,而有內熱之病以死。

單豹和張毅致死的原因是:"豹養其內而虎食其外,毅養其外而病攻其內。此二子者,皆不鞭後者也。"意思是說,單豹作為隱者,深居岩穴,渴飲泉水,不與民爭利,只注重修養內德,忘卻了強身健體,儘管行年七十而尚有嬰兒之色,還是被餓虎撲殺而食之。此即所謂只養其內,"虎食其外"之患也。而以謙恭著稱的張毅呢?無論有錢的朱門大戶,或是懸掛帷簾的窮人,他都不辭辛勞地去拜望,可謂慘澹經營名利聲望了,但他卻因操勞過度,忘記內養身體,行年四十便因內熱之病致死。此即所謂只養其外,"病攻其內"之患也。總之,"此二子者",雖死因有所不同,但是皆由不懂"善養生者,若牧羊然,視其後者而鞭之"的養生之道所致。清代治莊學者劉鳳苞評論曰:"世人但知養形,而全神守氣之功,視為緩圖,此即已落人後。不鞭其後,則禍患迭生,或防患於內,而外患乘之;或防患於外,而內患乘之。單豹、張毅,其明證也。一喻兩證,軒然絕倫。"(《南華雪心編》)劉鳳苞對莊文喻中設喻、巧比曲喻的藝術手法,也給予了高度的評價。

接着莊子又用仲尼之名總結"此二子"的教訓,為世人明確指示養生之道曰:"無入而藏,無出而陽,柴立其中央。三者若得,其名必極。"清代治莊學者林雲銘詮釋道:"入而藏,有心於晦也,豹似之。出而陽,有心於顯也,毅似之。柴立,木偶無心也。中央,隨時顯晦,出無心於出,入無心於入,中亦無心於中,三者俱得,則名極而實當矣。"(《莊子因》)這與莊子所說的"夫明白入素,無為復樸,體性抱神,以遊世俗之間者"(《莊子·天地》)為同一機杼。

明代治莊學者陸西星對莊子善養生者如牧羊、鞭其後者云云,予以評論說:"喻如養生者,必須顧首顧尾,謹始慮終。世出世法,莫不如此。若徑情直行,而無戒備之意,隨風披靡,而無恬退之守,則內傷外患,在所不免。故引二子以為不鞭其後之戒。大抵養生者必知乎道,知道者必達於理,達理者必明乎權,故引孔子之言以為律令。……豈知至人之道,卷舒無定,動靜惟時,無心而立其中央。"(《南華真經副墨》)陸氏的評論,對我們研讀莊子養生如牧羊,鞭其後者的養生人生哲學,頗有啟迪作用。養生如牧羊,鞭其後者,莊子以此作比喻,如何鞭其後者,這就要世人根據自己不同的病根而治之。譬如說,關於嗜欲傷生,莊子則曰:"衽席之上,飲食之間,而不知為之戒者,過也。"(《莊子·達生》)怎樣戒之呢? 莊子曰:"將處乎不淫之度。"晉代治莊學者郭象注曰:"夫生以養存,則養生者理之極也。若乃養過其極,以養傷生,非養生之主也。"(《莊子注》)正是對莊子說"衽席之上,飲食之間,而不知為之戒者,過也"的正確解釋。所以莊子曰:"知天之所為,知人之所為者,至矣。……以其知之所知,以養其知之所不知,終其天年而不中道夭者,是知之盛也。"明代著名醫學家李時珍曰:"自心有病自心知,身病還將心自醫。心境靜時身亦靜,心生還是病生時。"說明自己最明白自己生病的根源,根治身病還是要靠自己。並且,他從心理學上說明,只要心境清靜,自信沒病,就能養生。因而要求人們不要沒病找病,無病呻吟。這的確是警世名言,應當成為世人養生的座右銘。

## 二、守氣全神,與天為一

《達生》篇,是莊子論說養生之道的重要文章。文中,莊子鄭重指出世人在養生問題上存在的一種錯誤看法。莊子曰:

> 悲夫！世之以為養形足以存生，而養形果不足以存生！

莊子認為，光靠養形並不能夠養生長壽。莊子曰："養形必先之以物，物有餘而形不養者有之矣。"即是說，雖然具備了養形的物質條件，而不通養生之道，胡吃亂補，也達不到養生的目的。

怎樣才能達到養形的目的呢？莊子曰："天地者，萬物之父母也；合則成體，散則成始。""形全精復，與天為一。""形精不虧，是謂能移。"何謂也？意思是說：天地陰陽二氣的結合，即產生萬物；二氣散離，即復歸於無物之初的渾沌境界。人作為萬物的一種，若要養生長壽，就必須神形兼養，形全精復，形精不虧，方能與自然融渾為一體，隨着自然規律的變化而變化，也才能養生長壽。即說明，養生只養形，不能達到養生目的；只有守氣全神，形全精復，為天為一，才能養生長壽而堪稱為善養生者。

什麼樣的人才堪稱善養生者呢？莊子推崇的"至人"（即善養生的得道之人），即是給世人樹立的善養生者的榜樣。此等"至人"："潛行不窒，蹈火不熱，行乎萬物之上而不慄。""至人"何以能至此呢？曰："是純氣之守也，非知巧果敢之列"。意謂"至人"之所以能長久地潛入水中行走而不窒息，腳踩在火上而不感到灼熱，登臨高險境地而不戰慄，並非是靠智巧、果敢之類有心勝物，而是他能"純氣之守"的結果。具體地說，是其能"壹其性，養其氣，合其德，以通乎萬物之所造。夫若是者，其天守全，其神無卻，物奚自入焉？"是說此等人，能專一守其天性而無雜念，養其元氣而不虧損，與自然天道融合而不失，與生成萬物的大道相通，"死生驚懼，不入胸中"，外物是無法侵害他的。清代治莊學者宣穎評論此則寓言曰："神全則遊行虛際，物莫能傷，豈特此塊然之形，少延喘息，便為養生乎！"（《南華經解》）

儘管莊子所說的這種養生哲學有些深奧玄虛，但大抵還是在闡明善養生者，必須堅持"守氣全神"、"形全精復"、"形精不虧"的養生之道。其着重點，是在強調養生，必須養神。所以劉鳳苞評論說："蓋神者人人具足，不知養之，則生而昏，死而散；知養之，則生而湛然自得，死而與化為體。此莊子惓惓欲養生者之必養神也。"（《南華雪心編》）他也是在說明，精神是人生命的支柱，喪失精神，就會喪失生命。

莊子為了引起世人對養神的足夠重視，他又從失神病生、神復病癒的視角，撰寫了一則流傳千古的寓言名篇，生動形象地說明養生必須養神的養生之道。此篇寫齊桓公在草澤打獵，"見鬼焉"，便精神疲憊困怠，病倒在床，數日不出。有個叫皇子告敖的賢士，告訴他是由於受到驚嚇，胸氣鬱滯，"不上不下，中身當心，則為病"，"公則自傷，鬼惡能傷公"！然而，桓公還是追問是否有鬼。皇子明悉桓公急於稱霸，是其造成失神落魂、胸氣鬱結而致病的原因。因此又杜撰出許多鬼怪，來治療桓公的心病。當皇子說到水有罔象、丘有莘、山有夔、野有彷徨、澤有委蛇時，桓公便興奮地問"委蛇之狀何如"？皇子便見機行事，投其所好，又杜撰委蛇之狀曰："委蛇，其大如轂，其長如轅，紫衣而朱冠。其為物也，惡聞雷車之聲，則捧其首而立。見之者殆乎霸！"顯而易見，皇子是在給桓公畫像，提示其夢想稱霸諸侯的心理狀態。當桓公聽到"見之者殆乎霸"時，他便喜笑顏開地說："此寡人之所見者也！"於是他便"正衣冠與之坐，不終日而不知病之去也"。

不難看到,此則寓言故事是告訴世人,桓公由於受到驚嚇,氣蕩神搖,才病倒在床。當其感到稱霸在望時,便精聚神復,喜笑顏開,不知不覺,病就好了。這說明"守氣全神"對養生極其重要。此其一。其二,莊子告訴世人,世上並沒有"鬼",桓公所以致病,是其心鬼自傷。這正表現了莊子不迷信鬼神的唯物思想。宣穎評論曰:"神搖則病生,神釋則病去,神之係於人也如是。桓公知養,神鬼惡能侵之!"(《南華經解》)劉鳳苞分析得更加透徹,他說:"此段借證桓公之病,以明養生之道,在守氣而全神。神虛則心志瞀亂,正氣不能作主,邪氣遂乘虛而入。無形者恍惚有形,誒詒為病,乃精魂喪失,譫語狂言,非真有鬼物憑依作祟也。"(《南華雪心編》)

但是,莊子在《刻意》篇中說,他所說的"養神之道",與五種人的"養生之道"不同。這五種人,第一種人:"刻意尚行,離世異俗,高論怨誹,為亢而已矣。此山谷之士,非世之人,枯槁赴淵者之所好也。"此種人磨礪心志,使其行為高尚;超塵拔俗,不與世人同流合污;高談闊論,抱怨懷才不遇,譏評天下無道,以表示自己清高。這是藏身岩穴、自甘寂寞之厭世者所好也。第二種人:"語仁義忠信,恭儉推讓,為修而已矣。此平世之士,教誨之人,遊居學者之所好也。"此種人以平治天下為己任,是出遊講學或居家著述的學人所好。第三種人:"語大功,立大名,禮君臣,正上下,為治而已矣;此朝廷之士,尊主強國之人,致功並兼者之所好也。"第四種人:"就藪澤,處閒曠,釣魚閑處,無為而已矣;此江湖之士,避世之人,閒暇者之所好也。"第五種人:"吹呴呼吸,吐故納新,熊經鳥申,為壽而已矣。此道(導)引之士,養形之人,彭祖壽考者之所好也。"莊子認為,他的"養神之道"與以上五種人不同,卻能"眾美從之"。針對以上五種人,他說:"若夫不刻意而高,無仁義而修,無功名而治,無江海而閑,不道(導)引而壽,無不忘也,無不有也,澹然無極而眾美從之。此天地之道,聖人之德也。"所謂"天地之道,聖人之德",即天地永恆不變的自然規律,聖人(指得道之人)的高尚道德。

怎樣才能達到這種"眾美從之"的境界呢?莊子認為具體的途徑,即是"恬淡寂寞,虛無無為"。莊子說,這正是天地的準則,道德的根本。此說似乎有些深奧玄虛,讓人無所適從。不過,莊子說世人若能如此:"則憂患不能入,邪氣不能襲";"生也天行,其死也物化;靜而與陰同德,動而與陽同波";"無天災,無物累,無人非";"光矣而不燿,信矣而不期";"其寢不夢,其覺無憂",悲樂、喜怒、好惡皆不入於胸次。總之,能"純粹而不雜,靜一而不變,惔而無為,動而以天行,此養神之道也"。莊子所謂的"恬淡寂寞,虛無無為"的"養神之道",其本質即是"純粹而不雜"、"惔而無為"、"動而以天行"。就是說,若能純粹素樸而不與世俗同流合污,淡泊自然,而順應自然變化而變化,這就是修身養神之妙道。莊子說"真人"(得道之人)正是"養神之道"的榜樣。"真人"能做到:"純素之道,惟神是守;守而勿失,與神為一。一之精通,合於天倫。野語有之曰:'眾人重利,廉士重名,賢士尚志,聖人貴精。'故素也者,謂其無所與雜也;純也者,謂其不虧其神也。能體純素,謂之真人。"所謂"與神為一",即形體與精神融為一體。"天倫",即自然規律。莊子所讚揚的"聖人"、"真人",皆為能體悟"養神之道"的得道之人。陸西星用四言詩述評曰:"聖人之德,天地之常,無乎不有,無乎不忘。虛無恬淡,寂寞無為,其德乃全,其神不虧。純素之道,守神為急,守而勿失,與一為一。一之精神,合於天倫,能體純素,謂之真人。"(《南華真經副墨》)

綜上所述,莊子所說"至人"能"純氣之守"、"聖人貴精"、"真人""能體純素"云云,都是在闡明"守氣全神,與天為一"的養神之道。人的生死,就在於能否保持精神,能則生,否則死。莊子曾明確地說:"人之生,氣之聚也。聚則為生,散則為死。"(《知北遊》)真是一語中的,道破人之生死的真諦所在。

但是,讀者應看到,莊子論說養生之道強調"養神"重於"養形",其中有兩層內涵。其一,謂人生在世,要善於養神,因為精神是人的生命支柱。莊子所謂"人之生,氣之聚也。聚則為生,散則為死"即是此理。其二,莊子謂"死生為徒","其所美者為神奇,其所惡者為臭腐。臭腐復化為神奇,神奇復化為臭腐"(《知北遊》)。他認為,其美者神奇之精神能流芳千載,因此,他強調人在養神時,應當重視道德情操的修養。即使死去,也要像老子所說"死而不亡者壽"(《老子》三十三章),把"其所美者"的高尚道德精神傳給後代。為此,莊子就給世人創作了一則寓言名篇。《養生主》篇說:老聃(老子)死,其友秦失(佚)吊之,"三號而出",沒有悲傷和沉痛的表現。秦佚弟子對其如此表現頗為不解。秦佚便告訴弟子曰:我開始與其友時,以為他是個俗人;今日他死,乃方知他並非俗人。因此,並不能用俗人之禮弔唁他。剛才,我進來弔唁老子時,看見"有老者哭之,如哭其子;少者哭之,如哭其母"。他們邊哭邊稱讚老子,這並非老子所期望。莊子認為他們此舉:"是遁天倍情,忘其所受,古者謂之遁天之刑。"是說他們這樣做,是失去天理,違背真情。古人稱之為失去天理。"刑",猶"理"(明釋憨山德清《莊子內篇注》)秦佚說,他弔唁老子,之所以"三號而出",是因為:"適來,夫子時也;適去,夫子順也。安時而處順,哀樂不能入也,古者謂是帝之懸解。"意謂老子生時,是應時而生,死時是順時而去。他安時而處順,哀樂是不能入其胸次的。古代稱此為是天帝解脫其痛苦。秦佚說,老子是道家的鼻祖,是個道德精神高尚的人,他雖死,就像"指(脂)窮於為薪,火傳也,不知其盡也"。這是以薪比喻老子的形體,以火比喻老子的高尚道德精神。薪盡火傳,是說老子的形體雖死,其高尚道德精神卻永世長存。所以,莊子非常強調養生要養精神,培養高尚的道德情操。

## 三、"心齋"與"坐忘"

"心齋"與"坐忘",是莊子論說養生之道的兩種境界,是用寓言故事的文學樣式予以表達。二者所不同者,"心齋"是用仲尼的嘴說出的;"坐忘"是用孔子弟子顏回的嘴說出的。其實,都是莊子借他人之嘴說自己要說的話。文學中的人物,都是作者的表達工具,不管正面人物或反面人物,無不如此。所以,我們研讀《莊子》時,不要被《莊子》寓言故事所虛構的歷史人物所迷惑,看不到廬山真面目。明白這個問題,才便於討論"心齋"與"坐忘"的問題。

何謂"心齋"？"心齋"與"祭祀之齋"不同。《莊子·人間世》寫，顏回告訴仲尼，他要到衛國去。衛君暴虐無道，專斷獨行，輕用其國，輕用民死，因此民死多如蕉草，國亂不治。顏回想去勸說衛君，便向仲尼辭行，並請教治理衛國之道。仲尼對顏回說，你此去有殺身之禍，為避免此禍，首先要"心齋"。顏回不解，便說：

"回之家貧，唯不飲酒不茹葷者數月矣。如此則可以為心齋乎？"曰："是祭祀之齋，非心齋也。"回曰："敢問心齋。"仲尼曰："若一志，無聽之以耳，而聽之以心；無聽之以心，而聽之以氣。聽止於耳，心止於符。氣也者，虛而待物者也。唯道集虛。虛者，心齋也。"

這裏涉及有關其他的問題，我們且不去說它，只就"心齋"而論。"心齋"者，一言以蔽之，曰："虛者，心齋也。"即只有心虛，順物忘情，方能達到"心齋"的境界。顯然，"心齋"是一種寂心斂氣、物我兩忘的修身養性的功夫。具體的途徑即是："若（汝）一志（一作'一若志'），無聽之以耳，而聽之以心；無聽之以心，而聽之以氣。"為何要這樣呢？因為"聽止於耳，心止於符。"符，合也，"言與物合"（俞樾《諸子平議》）。也就說，"聽之以耳"或"聽之以心"，都可能被假像所掩蓋或迷惑，只有"聽之以氣"——"氣也者，虛而待物者也"。"虛"者，無也。"待物"，即處理人事。此"物"，即指人而言，非事物之"物"，"厚德載物"，即為一例。"虛而待物"，就進入道境，達到物我兩忘的境地，因此至於暴人之前，也就會"入則鳴，不入則止"，不會受到傷害。"唯道集虛"，謂道體為虛，是看不見、摸不着的物初之氣，是"心齋"的境界。故曰："虛者，心齋也。"所以，仲尼曰："古之至人，先存諸己，而後存諸人。所存於己者未定，何暇至於暴人之所行。"這正是仲尼要顏回去勸說衛君之前，必須先"心齋"的原因。

劉鳳苞不愧為治莊大師，故其點評曰："氣妙於無形，獨往獨來，與太虛同體，不距（拒）不迎，與萬物俱適。道集於虛，仍還其未始有物之初，而眾美從之。將'虛'字點破'心齋'，真為透徹。"（《南華雪心編》）

何謂"坐忘"？為讓讀者看到"坐忘"的廬山真面目，還是將《莊子·大宗師》中關於"坐忘"的寓言援引如下：

顏回曰："回益矣。"仲尼曰："何謂也？"曰："回忘仁義矣。"曰："可矣，猶未也。"他日復見，曰："回益矣。"曰："何謂也？"曰："回忘禮樂矣！"曰："可矣，猶未也。"他日復見，曰："回益矣！"曰："何謂也？"曰："回坐忘矣。"仲尼蹴然曰："何謂坐忘？"顏回曰："墮肢體，黜聰明，離形去知，同於大通，此謂坐忘。"仲尼曰："同則無好也，化則無常也。而果其賢乎！丘也請從而後也。"

顯而易見，"坐忘"與"心齋"有所不同。"心齋"，是從"聽之以氣"、"虛以待物"上下工夫；"坐忘"，是在"忘"字上下工夫。是兩種不同的修身養性之境界。正如釋憨山德清詮釋"坐忘"曰："言身知俱泯，物我兩忘，浩然空洞，內外一如，曰大通。"(《莊子內篇注》)孔子曰："道不同，不相為謀。"這是他常向其弟子宣講的戒律。有趣的是，此則寓言寫孔子與顏回在津津有味地討論道家"坐忘"的養生之道。當顏回說其已經忘卻仁義禮樂，已進入"墮肢體，黜聰明，離形去知，同於大通，此謂坐忘"時，仲尼竟然稱讚顏回能與道家的大道混同一體而無偏好，順應大道變化而不滯守常理，是個了不起的賢人，並願向他學習而步其後塵。真是妙趣橫生，極具諷刺意味。不難看到，"坐忘"與"心齋"雖有所不同，但其共同點都在於物我兩忘、融入道家境界。

劉鳳苞對"坐忘"的評析，對讀者解讀"坐忘"頗有裨益。劉鳳苞曰："坐忘者，萬象俱忘，渾然無我，全是從仁義禮樂入手，有一番刻苦功夫，用在前面，漸漸融化入微，方能到此地步，否則坐禪入定，皆屬人已兩忘，於此等處，有何關涉。'墮肢體，黜聰明'，外忘其形骸，內屏其神知，即視聽言動，而守之以歸於一，化之以復其天。非別有所謂'坐忘'，空洞無物也。'同於大通'，徹上徹下，徹始徹終，皆元氣渾淪氣象，雖有形而與無形者俱化，雖無形而與有形者相通，方是坐忘本領。末以聖人讚歎作結，筆意輕鬆，彼此渾同，故無好；變化不測，故無常。一部《南華》妙境，皆當作如是觀。"(《南華雪心編》)應當指出，莊子首創"心齋"與"坐忘"的氣功，可謂是中國氣功之祖。

## 四、《養生主》說養生

《莊子·養生主》，是莊子論說養生之道的傑作，歷來膾炙人口，為世人樂道。究竟《養生主》是如何說養生的呢？但說起來，大多語焉不詳。甚至有些古代治莊學者，對《養生主》的命題，還作了錯誤的理解。諸如陸西星曰："養生主，養其所以主我生者也。其意自前《齊物論》中'真君'透下。蓋真君者，吾之真主人也。"(《南華真經副墨》)林雲銘亦曰："養生主者，言其所藉以生之主人，即《齊物論》篇所謂真君是也。"(《莊子因》)凡此等等，皆不可取。

《養生主》說養生，可以從兩方面來說明。

其一，《養生主》開篇一段文字，是從理論上闡明《養生主》的主旨及其養生途徑。莊子曰："吾生也有涯，而知也無涯。以有涯隨無涯，殆已！已而為知者，殆而已矣！為善無近名，為惡無近刑。緣督以為經，可以保身，可以全生，可以養親，可以盡年。"意謂人的生命是有限的，而知識是無限的，以有限之生命，拚命地追求無限之知識，是會危殆傷生的。做好事，不要圖名；即使做了不好的事，也不至於受到刑辱。順循天然正中之道為法則，就可以保性全生、養身盡年了。其中，"為善無近名，為惡無近刑"兩句，是善於養生的關鍵。刑戮，自然會摧殘身體，奪人性命。而名譽，亦能傷身害性。因此，莊子說："自三代以下者，天下莫不以物易其性矣！小人則以身殉利，士則以身殉名，大夫則以身殉家，聖人則以身殉天下。故此數子者，事業不同，名聲異號,其於傷性以身為殉,一也。"(《駢拇》)莊子為去世人傷性殉身之害,以養生為重,故曰:"至人無己,神人無功,聖人無名。"(《逍遙遊》)即老子所謂"生而不有、為而不恃、功成而不居"(《老子》二章)之意。莊子這裏所謂"至人"、"神人"、"聖人",皆為道家的化身,為善於養生的大師。

"緣督以為經"一句,是《養生主》全篇的總綱。"緣",順也。"督",中央也,即兩物之至虛之處。"經",常規也。意謂世人遵循天然至虛之道為法則,就不會傷身害性,就能達到養生的目的。清代治莊學者王先謙《養生主》題解曰:"順事而不滯於物,冥情而不攖於天,此莊子養生之宗主也。"(《莊子集解》)言簡意賅,闡明了《養生主》的宗旨。劉鳳苞講解得更為清晰,他說:"督之在中,原無定所,兩物相際之處謂中。中者,虛而無物之地。遊於無物之地,乃不為物之所傷,然而其際亦甚微矣。悟得此理,以至虛之用,還至虛之體,神與天遊,何至以無涯之知,相尋危殆乎?"(《南華雪心編〈養生主〉題解》)

其二,從實踐上,庖丁解牛的寓言故事即生動形象地說明《養生主》如何養生的問題。其文說,庖丁(廚師)為文惠君解牛並向其說明解牛之道。文惠君曰:"善哉!吾聞庖丁之言,得養生焉。"文惠君聽了庖丁解牛之情及其解牛之道,怎麼就能"得養生焉"了呢?這要從幾個層面來說明。一是庖丁告訴文惠君他所好之道(道家之大道)超過他解牛的技術,意謂是大道在主導他解牛。因此,他在解牛時,能目無全牛,"依乎天理"、"因其固然",批大郤、導大窾,牛的經絡骨肉連接之處,都不妨礙其下刀。能以無厚之刀刃,入牛之有間之關節,故其"恢恢乎其於遊刃必有餘地矣"。所以,他解牛十九年,其刀刃仍若新發於硎。二是庖丁解牛過程中:"手之所觸,肩之所倚,足之所履,膝之所踦,砉然向然,奏刀騞然,莫不中音,合於《桑林》之舞,乃中《經首》之會。"並未感到勞累和辛苦,好像是在參加一次古代的音樂舞蹈演出,感到無比的愉悅。三是庖丁解完牛之後,"躊躇滿志",表現閑豫安適、從容自得的樣子;又"善刀而藏之",即把刀擦乾淨收藏起來。故郭象曰:"刀可養,故知生亦可養。"(《莊子注》)所以,文惠君聽完庖丁的一席話,便說:"善哉!吾聞庖丁之言,得養生焉"。劉鳳苞評論庖丁解牛的寓言故事,闡明養生的主旨,有其很高的藝術性。他說:"庖丁一段處處摹寫好道,卻處處關會養生。其對文惠君,並無一語涉及養生,煞尾只將養生輕輕一點,便已水到渠成,山鳴谷應。尋常挑剔伎倆,無此玲瓏也。"(《南華雪心編》)

近人胡樸安把莊子與老子做比較,來論說他們不同的養生思想。他說:"養生主者,不滯物,不攖天,任自然以養生也。莊子之學與老子異者,在於生死一事。老子求長生,莊子忘死生;老子以谷神(元氣)不死為養生,莊子以任物自然為養生。養生之道,入於物而不滯,順乎天而不攖,不傷生,不畏死,視死生為一致,真養生之主也。"(《莊子章義》)

其實,莊子與老子的養生之道並沒有本質的不同。老子和莊子都主張"道法自然"、少私寡欲、守氣全神。老子期望谷神(元氣)不死,又曰:"天長地久。天地所以能長久者,以其不自生,故能長生。是以聖人後其身而身先,外其身而身存。非以其無私邪?故能成其私。"(《老子》七章)"私"者,身之謂也,非"公私"之"私"也。莊子則主張"至樂活身",認為生老病死,如同自然變化,皆不足憂,只要做到清淨無為,順應自然,便能長樂長存。見(《莊子·至樂》)顯然,老子和莊子在養生上的說法雖有所不同,實則是異曲同工,各有其妙。

## 五、忘適之適,未嘗不適

　　莊子的養生之道,其中有一個問題,就是告訴世人,為了養生而健康長壽,必須經常處於安適的精神境界。怎樣才能處於此種境界呢?莊子給人們指出一條既方便而又可行的方法和途徑。那就是,保持純樸的真性,順隨事物的自然變化而變化,就能無往而不適。莊子在談論這個問題時,他是用一則短小的寓言和比喻來闡明問題的。莊子曰:

　　　　工倕旋而蓋規矩,指與物化,而不以心稽,故其靈台一而不桎。忘足,履之適也;忘要,帶之適也;知忘是非,心之適也;不內變,不外從,事會之適也;始乎適而未嘗不適者,忘適之適也。(《達生》)

工倕,傳說為唐堯時的能工巧匠。此則寓言說,工倕用手指畫圖,能與用規和矩所畫之圖一樣。他之所以能有此等高超的藝術造詣,是由於他在畫圖時,心靈專一,用志不分而凝於神,不受拘束,不用心思考,手指能自然地順隨物象的變化而變化,就這樣,他便不知不覺地畫出出神入化的超凡圖景。
　　莊子通過工倕畫圖的寓言及其"忘足"、"忘腰"、"忘是非"、"不內變、不外從"的比喻和議論,意在告訴世人,養生也和工倕畫圖一樣,必須保持心性平靜,不存是非,不受外物的干擾和拘束,才能"忘適之適",無往而不適。這其中含有深邃的心理學養生哲理,只有反復潛心體悟,方能領會其中的真諦所在。清代治莊學者林雲銘頗能認識其中的玄妙之處。他說:"知有適,尚有所不適,惟忘適之適,能入於化,自無往而不適矣。此段養生者,忘乎物,以全其天之自然也。"(《莊子因》)
　　這裏有兩個難點,應當向讀者說明。一是"蓋規矩"的"蓋"字,古代即有兩種詮釋:或謂"蓋"為"盍"之誤,"盍"為"合"的同音假借字;或謂"蓋"者,掩過也。二是"始乎適而未嘗不適者",何謂也?唐代成玄英《莊子疏》曰:"始,本也。夫體道虛忘,本性常適,非由感物而後歡娛。則有時不適,本性常適,故無往不歡也。斯乃忘適之適,非有心適。"我們透過其"體道虛忘"的玄虛之辭,並不難明白其"本性常適,故無往而不歡"的哲理內涵。
　　世人養生,如何才能達到"忘適之適",而"未嘗不適"的境界呢?莊子便給人們明確地指出具體實踐的方法和途徑。莊子曰:"德人者,居無思,行無慮,不藏是非美惡。四海之內共利之之謂悅,共給之之謂安。"(《達生》)意謂具有高尚道德的人,居處時不思考問題,行動時不謀慮世事,心中不存是非美醜。因為,他只慶幸天下有道時,人人皆能得到給養而感到安定。由此也說明,莊子也並非是"居無思,行無慮,不藏是非美惡"之人。莊子所謂"居無思,行無慮,不藏是非美惡"云云,只是就世人如何養生而言。他是要人們在養生時,不要思考,不要謀慮,要排除是非的干擾,以免影響修身養性。那麽,怎樣能做到"居無思,行無慮,不藏是非美惡"呢?莊子曰:"且夫乘物以遊心,托不得已以養中,至矣!"(《人間世》)意思是說,世人在養生時,要順應外物的變化,自由自在地逍遙遊,寄托於大自然之中,不得已時而應之,以養中和之氣。這樣做,就達到了養生的最理想的佳境。試問此等最理想的養生境界,究竟是什麽樣的境界呢?莊子說,這就是"至美至樂"的境界。莊子說能"得至美而遊乎至樂,謂之至人"(《田子方》),所謂"至人",即得道之人。其實,莊子與其宗師老子一樣,論說問題,總是萬變不離其宗——用其道家的大道說事。莊子所謂的"至人",也就是我們心目中能夠明白養生之道的智者。

莊子認爲,"至人"不需要刻意養生,自然就能達到修身養性的目的。莊子曰:"至人之於德也,不修而物不能離焉。若天之自高,地之自厚,日月之自明,夫何修焉!"(同上)這裏所謂"德",即"德性"之謂也。莊子用此等汪洋恣肆、豪邁奔放的言辭,來形容"至人"修身養性的自然而然的功夫,似乎有點玄虚,令人摸不着頭腦。這也並不奇怪。莊子作為我國先秦時期的偉大哲學家和浪漫主義文學、寓言文學之祖,他的文章不僅汪洋恣肆,而且喻中設喻,深含哲學意蘊,因此令人頗為費解。但是,若面對社會現實,講到養生問題,莊子又給世人指出一條務實的養生方法和途徑。這就是:"天下有道,則與物皆昌;天下無道,則修德就閑。"(《天地》)意謂天下太平,就與世人同享美好生活;天下大亂,就閑居修身養性。在我國先秦時期,不僅莊子有這種思想,儒家聖人孔子也有這種思想。孔子曰:"天下有道則見,無道則隱。邦有道,貧且賤焉,恥也;邦無道,富且貴焉,恥也。"(《論語·泰伯》)

莊子論說養生之道,並不是要世人飽食終日,無所事事。不然,世人何以度日?莊子論說養生之道,意在勸導世人要注重養生問題。所以,莊子勸導世人無論學習、做事、辨別是非好惡等,都要恰到好處,適可而止,否則而"淫於度",就會以失敗而告終。這自然也達不到養生的目的。爲此,莊子曰:

> 學者,學其所不能學也;行者,行其所不能行也;辯者,辯其所不能也。知止乎其所不能知,至矣;若有不即是者,天鈞敗之。(《庚桑楚》)

莊子這番話是說:世人學習,學到其不能再學到的知識即可;前行,達到其不能再達到的地方即可;分辨事物,達到其不能再分辨的程度就停止下來,這已經達到最高的境界。假若不是這樣,而"淫於度",就會遭到自然規律的懲罰,而以失敗而告終。所謂"至矣",唐玄英曰:"元古聖人,得道之士,知與境合,故稱至。"(《莊子疏》)不難看出,莊子此段文字,與其《養生主》曰:"吾生也有涯,而知也無涯。以有涯隨無涯,殆已!已而爲知者,殆而已矣!"前後遙相呼應,真有異曲同工之妙。古代治莊學者,也很重視莊子這番高論。諸如林雲銘曰:"天下之物可以知知,則學之所不能學,行之所不能行,辯之所不能辯,惟道不可知知,故有不期然而然者。知止乎其所不能知,所謂道之極也。若有不即於是而故作,誤為僥倖於難必者,必為天鈞所棄矣!"(《莊子因》)劉鳳苞曰:"學者,行者,辯者,皆以為能知者也。知止乎其所不能知,則至道含於淵默之中,而天鈞自運。天鈞所在,渾漠無形,妄用其知巧,必且斲喪其本真,安得不敗!"(《南華雪心編》)林氏和劉氏的評論,對讀者正確解讀莊子此段文字的思想內涵、瞭解清代學者的有關見解,還是有一定參考價值的。只是他們仍從"大道"的角度說事,就難免具有玄虛神秘的色彩。

[**作者簡介**] 陸永品(1936—　),男,安徽宿縣人。1963 年畢業於復旦大學中文系,現為中國社會科學院文學研究所研究員,主要從事先秦兩漢和唐宋文學研究,著作有《老莊研究》、《莊子通釋》、《莊子詮評》(合著)、《司馬遷研究》等。

# 莊子的山水觀

## 孫以昭

人類生活在天地山水之間，山水孕育了人類的靈性，啟迪了人類的智慧；而人類在創造精神文明的同時，也把自己對山水的感悟和感情融注其間，使得山水與人類形成了一種默契。因此，在文學創作中，山水描寫就成了不可或缺的一個重要組成部分。尤其在我國，古代文學作品中描寫山水的很多，以至於後來形成了一個重要的文學流派——山水田園派，這是我國特異的文學現象。但在我國早期的散文與詩歌作品中，山水描寫大都極為簡樸，只是一種比喻，起着陪襯或引發議論的作用。莊子卻不然，他筆下的山水景物與其文章渾然天成，密不可分，並且辭趣華深，情理交融，是文章的有機組成部分，是為其闡述哲學思想服務的。

## 觀察與體悟

觀察與體悟，是思維的兩個特點，也是兩個階段，它們既有區別，也有聯繫。觀察，就是仔細察看，是一種持久的知覺過程，基本上屬於形象思維；但它又不限於知覺，常同深入的思考相聯繫，又含有邏輯思維在內。而體悟，則是體會與領悟，基本上屬於邏輯思維，但在進行邏輯思維時，還需要進一步觀察，這又脫離不了形象思維。因而觀察與體悟常是密不可分，互為因果的，往往要經過幾番周轉與反復，才能使思想不斷升華，才能準確把握事物的本質及其與相關事物的正確關係。

莊子是偉大的哲學家，也是偉大的文學家。他具有極大的智慧，也善於觀察與體悟自然與社會，善於觀察與體悟一切事物。如他觀察到輪子等圓形物體在進行圓周運動時，不停地旋轉，沒有什麼起點和終點，便將這種現象上升到理論高度，以"圓"喻道，奇妙地創造出"道樞"（"道"的"轉軸"）、"天鈞"（"天輪"）、"天倪"（"天磨"）這樣三個哲學最高範疇。這樣就用形象化的比喻來表述哲學範疇，把"道"喻成是圍繞中心旋轉的圓形的軸子、輪子和磨盤，在進行着"得其環中，以應無窮"（《莊子·齊物論》，以下只列篇名）、"始卒若環，莫得其倫"（《寓言》）的運動；也只有立足於圓環的中心，取消了起點和終點的區別，才可以取消一切對立和差別，才可以應對一切關於是非、彼此、美醜、成毀的辯論,從而充分地闡述他的相對主義認識論①。

與觀察和體悟圓周運動無異,莊子在觀察自然山水時,也表現出超凡的識見,並且注入了感情。莊子喜用"遊"字,有時也用"游"字,二字用法大體相同,有時也有區別。"遊"("游")字在《莊子》內用法不少,但用作邀遊、遊覽、逍遙、優遊、遊處、來往、交往之處較多,這裏面都含有融洽、愉悦、舒暢、貫注於某一境地的意思在內。如《田子方》中的一段話:

老聃曰:"吾遊心於物之初。"……孔子曰:"請問遊是。"老聃曰:"夫得是,至美至樂也。"

"物之初","道"也,可見遊心於"道",才是至美至樂。有時用"天遊",如《外物》:"物之有知者恃息,其不殷,非天之罪。天之穿之,日夜無降,人則顧塞其竇。胞有重閬,心有天遊。室無空虚,則婦姑勃谿;心無天遊,則六鑿相攘。大林丘山之善於人也,亦神者不勝。"有時不用"遊"字,上面的意思也包含在內。如《知北遊》中云:"聖人處物不傷物。不傷物者,物亦不能傷也。唯無所傷者,為能與人相將迎。山林與!皋壤與!使我欣欣然而樂與!"這裏指出聖人能與物相處而不傷物,說明人與物要互不傷害,你不去傷害它,它當然也不來傷害你,做到互不傷害,人才能與所有客觀事物協調往來,和諧相處,才能欣賞置身於山林原野大自然中的快樂!莊子有時還用"天和"與"和",來表達人與自然和諧協調,以及自然本身和諧協調的道理與作用。"若正汝形,一汝視,天和將至;攝汝知,一汝度,神將來舍。"(《知北遊》)"天和"是自然的和合之氣,即天地間的元氣。這裏是從養生學的角度闡述的。"至陰肅肅,至陽赫赫;肅肅出乎天,赫赫發乎地;兩者交通成和,而物生焉,或為之紀,而莫見其形。"(《外物》)這也是從養生學方面論述的,但它道出了"和"的無與倫比的作用,只有陰陽二氣交通,和合成一,才能產生萬物。"和生萬物"是我國重要的哲學思想之一。《老子》四十二章指出:"道生一,一生二,二生三,三生萬物。萬物負陰以抱陽,沖氣以為和。""和"對於人身,對於社會,對於自然,對於人同自然的關係,具有不可估量的巨大作用。人身和諧,則健康長壽,社會和諧,則穩定進步,人與自然和諧,則能長久、可持續性地發展。

莊子對人與自然的關係。即天人關係有這樣幾段重要的話:其一是"知天之所為,知人之所為者至矣","畸人者,畸於人而侔於天。"(《大宗師》)這是說人們洞察事理之極,既要瞭解人,也要瞭解天;即使是不合乎世俗的"畸人",也要齊同應合於自然。其二是,"天而不人"(《列禦寇》),這是說要取法自然,而不要取法人事。這些都是講人要瞭解自然,因順自然。其三是"天與人不相勝"(《大宗師》),"不以人入天"(《徐無鬼》),是進一步指出人不要與自然爭勝、對立,不要以人事干預自然,不要以人事毁滅自然。其四是"以天為師"(《則陽》),"法天貴真"(《漁父》),"以天為宗"(《天下》),這裏強調人要尊重自然,效法自然,以自然為宗主。

---

① 詳見拙文《莊子哲學的基本傾向及其積極因素》,載拙著《莊子散論》。

恩格斯在《自然辯證法·勞動在從猿到人轉變過程中的作用》一文中講了一大段極為深刻、發人深省的話，文長節引如下："我們不要過於陶醉於我們對自然界的勝利。對於每一次這樣的勝利，自然界都報復了我們。……因此我們必須時時記住：我們統治自然界，決不像統治者統治異族一樣，決不像站在自然界以外的人一樣，相反地，我們連同我們的肉、血和頭腦都是屬於自然界，存在於自然界的；我們對於自然界的整個統治，是在於我們比其他動物強，能夠認識和正確運用自然規律。"再來看莊子，他在兩千多年前竟然對人與自然的關係有如此深刻的認識，真是太了不起、太不可思議了！他的這種瞭解自然、順應自然，同自然調協平衡、和諧相處的思想與主張，不僅難能可貴，具有毫無置疑的超前意識，而且對於減少現時的生態危機和免除未來的災難，還具有極大的現實價值①。

## 虛構與真實

《莊子》書中出現的山山水水不算多，約有二十一處，但從名稱、地理方位、歷史傳說以及寓意等方面來看，卻頗為玄妙，有的還透露出莊子及其弟子、後學的思想理念，值得研討和玩味。

《莊子》中出現的水名約有九處，大部分是實指，"北海"、"東海"、"濠"（水名，據成玄英《莊子疏》，在淮南鍾離郡，即今安徽省鳳陽縣附近），《外物》中"清江"（即"揚子江"，"清"與黃河之濁相對而稱。從日人福永光司說）、"西江"（即"蜀江"，因蜀江從西來，故謂之西江。從成玄英說），《讓王》中"清冷之淵"（古代淵名，在河南南召縣南）；不詳所在的有《外物》中的"窾水"；虛構而有傳說根據的如《知北遊》中的"赤水"、"玄水"（《山海經》作《黑水》）；完全虛構的為"白水"。

《莊子》中出現的山名有九處，實指的有三處，為《讓王》中的"首陽之山"（首陽山，在今山西永濟縣南，即雷首山，又稱首山，傳為伯夷、叔齊餓死處），《盜跖》中的"太山"（即"泰山"），《說劍》中的"恆山"；有難明其義的《則陽》中的"蟻丘之山"（可能是小山崗之意）；另外就是帶有道境意味和寓言色彩虛實結合的"藐姑射之山"、"空同之山"、"昆侖之虛"、"畏壘之山"、"具茨之山"。

"藐姑射之山"，見於《逍遙遊》："藐姑射之山，有神人居焉，肌膚若冰雪，綽約若處子；不食五穀，吸風飲露；乘雲氣，御飛龍，而遊乎四海之外。……堯治天下之民，平海內之政，往見四子藐姑射之山，汾水之陽。""藐姑射之山"，是否實有其地，又是否在汾水之陽呢？姑射山之名，首見於《山海經·東山經·東次二經》，其中提到有姑射之山、北姑射之山、南姑射之山，位置明顯是在東方。姑射山還見於《山海經·海內北經》："列姑射在海河洲中。""列"為表示數

---

① 詳見拙文《老莊的心理狀態及其心路歷程》，載《諸子學刊》第五期。

量之詞。另外,從《海內北經》的編排順序看,也是從中土的西北依次向東推移,"海內西北陬以東者",姑射山應位於東方而偏北。那麼,莊子為什麼把"姑射山"放在汾水之南,即今山西臨汾一帶呢?主要是由於堯都平陽,即今山西臨汾,那裏關於堯之傳説不少。《水經注》卷六以為平陽為堯、舜並都之地,有堯之廟和碑。莊子為了增強作品的真實性,並以前面許由拒受堯之禪讓天下為反襯,不但藝術性地運用了空間挪移法,把位於東北沿海的姑射山置於汾水之陽,還在姑射山前面又冠以"藐"字,並且通過對"神人"的描述指出此乃神人居住之處,這就進一步空靈地道出了它的虛幻性,既挪揄了唐堯之治,也表達了逍遥無為的最高思想境界①。

空同之山,見於《在宥》:"黃帝立為天子十九年,令行天下,聞廣成子在於空同之山,故往見之。"後亦有寫作崆峒山的。關於空同山的地理位置,歷來有多種説法。唐成玄英認為在涼州北界,即今甘肅平涼。唐陸德明則稱"一曰,在梁國虞城東三十里",即今河南虞城。《山海經·海內東經》則認為應在山西臨汾一帶。據學者考證,崆峒山指的應該就是壺口山,又名雷首山。取名雷首,是因壺口瀑布水面落差為十二米左右,水勢奔放,聲大如雷鳴之首,故名。稱壺口山為同山,與瀑布之形狀有關。黃河流至壺口地段,河道驟然由寬而窄,宛如咽喉,大量水流在瀑布上方匯聚,因以"同"字形容;水流懸空而下,故以"空"字摹狀。然則,黃帝和空同山(亦即壺口山)又有何關聯呢?因《山海經·北次三經》有"軒轅之山"的記載,而黃帝又稱軒轅氏,所謂軒轅之山,即黃帝之山,表明此山與黃帝有關,留有黃帝的遺跡與傳説。其大體方位應在臨汾地區東南到晉城地區西北一帶,而與壺口山距離不是很遠。因此最初的空同山應是指壺口山。至於斷定空同山在今陝西平涼或河南虞城,則是後起的説法。這是因為黃帝陵位於陝西洛川,西距甘肅平涼很近,後來遂把黃帝拜見廣成子的空同山説成在平涼境內。而把空同山説成在今河南虞城,有可能是因為那裏處於九州的中心。另外,還有兩説解釋空同之名與其地理方位,也頗有見地。阮毓崧《莊子集解》説:"空同者,寓言在同也。"陸德明《經典釋文·莊子音義》稱"司馬(彪)云:'當北斗下山也。'《爾雅》云:'北戴斗極為空同。'"《莊子》中原多寓言;而把空同山説成是上對天體的中心北斗星,則是突出空同山的地位,把它説成是眾山的中心,大地的中心。這也表明了莊子及其後學對道家理想人物至人、神人之流廣成子的無比尊崇,連黃帝這樣一個歷史人物在廣成子面前都那般虔誠和崇敬,不正體現了"道"的無限偉大嗎?!

崑崙之丘,是先秦傳説中的神山、仙山,它在《莊子》中出現過三次,一次是《天地》:"黃帝遊乎赤水之北,登乎崑崙之丘而南望,還歸遺其玄珠。"一次是《至樂》:"支離叔與滑介叔觀於冥伯之丘,崑崙之虛,黃帝之所休。"再有一次是在《知北遊》中:"知北遊於玄水之上,登隱弅之丘,而適遭無為謂焉。……三問而無為謂不答焉,非不答也,不知答也。知不得問,反於白水之南,登狐闋之上。……以無內待問窮,若是者,外不觀乎宇宙,內不知乎大初,是以不過乎崑

---

① 藐姑射之山等五處山名的考釋,多參用賈學鴻《山在虛無縹緲間——〈莊子〉書中山名的考索》一文,載華東師範大學先秦諸子研究中心《莊子國際學術研討會會議論文》,但其中有的也是筆者自己的看法。

侖,不遊乎太虛。"這裏的"昆侖之丘",兩次見於《山海經》之《西次三經》和《大荒西經》,《海內西經》"丘"作"虛"。"虛",通"墟",大丘之意。另外,"赤水"、"玄水"亦見於《海內西經》和《大荒西經》,而內容寫得尤其玄妙,清宣穎《南華經解》解釋《天地》篇中"黃帝遊乎赤水之北,登乎昆侖丘而南望,還歸遺其玄珠"之寓言說:"赤色,南方明色,其北則玄境也。……南望者,明察之方。已過玄境,不能久守,而復望明處,則玄珠亡也。玄珠二字喻道,妙絕。"宣穎之解,很是深刻。他道出這段寓言的象徵意義:北方是昆侖道境所在,進入昆侖就得道;南方則指人世塵俗。另外,南與北還有明暗之分,南方明而北方暗,而象徵"道"的"玄珠"只能留存於幽冥之境北方,而還歸南方,就只能離失"道"了。令人驚異的是,《莊子》書中不但描述了作為道境的昆侖丘的神秘性,還能借助色彩和明暗度加以勾畫和點染,真是匪夷所思,神來之筆!

畏壘之山,見於《庚桑楚》:"老聃之役,有庚桑楚者,偏得老聃之道,以北居畏壘之山。"畏壘之山,是莊子後學有意虛構出來的。雖然古代有些學者曲為之說,把它說成實有其山,如成玄英說它在魯國,陸德明引李頤說,認為在魯,又云在梁。清宣穎更是根據唐開元間王褒所獻托名庚桑子所著的《洞靈真經》稱畏壘山即"羽山",在今江蘇境內。這些說法俱都牽強附會,不足徵信。

《庚桑楚》為《莊子》書中雜篇之首,表面雜亂,實則主要闡述養生之道,尤其是多處描述老子,寫其弟子庚桑楚和再傳弟子南榮趎,可說是解老、釋老之作。"畏壘"之名可從《老子》及本篇(《庚桑楚》)中得到印證。《老子》二十章云:"唯與之阿(呵),相去幾何?善與之惡,相去幾何?人之所畏,不可不畏。……我獨泊兮其未兆,如嬰兒之未孩(咳),儽儽兮若無所歸。"這裏指出了"人之所畏,不可不畏",而本篇所述庚桑楚在畏壘山一住三年,使得那裏連年豐收,當地居民主張把他當神一樣供奉,"尸而祝之,社而稷之",神靈是被人們敬畏的,庚桑楚亦將成為"人之所畏"的對象。而庚桑楚得知後,不但不以為喜,反而深為畏懼,認為這樣做將把自己當做賢人,成了供人瞻仰的北斗星人物,感到不合於老聃的教誨,"今以畏壘之細民而竊竊焉欲俎豆於賢人之間,我豈杓之人邪!吾是以不釋於老聃之言。"這就點出了"人之所畏,不可不畏"中的"畏"字。因而,庚桑楚很自然地想到老子所說的"我獨泊兮其未兆,如嬰兒之未孩,儽儽兮若無所歸","儽儽"為疲憊之義,就是說聖人恬靜無為,如同不知咳笑的嬰兒,身心倦怠,順任自然,好像行無所歸一樣。這與本篇後面論述的老子所論"衛生之徑"以嬰兒為喻,強調純任天性,自然無為一樣。於是就順理成章地歸結到"儽"字上。尤妙的是,作者不用"儽"字,而選用與"儽"字形體相近而意義更加深遠、更加切合書中實際的"壘"字。壘為星名,《史記·天官書》:"其南有眾星,曰羽林天軍,軍西為壘,或曰鉞。"星辰高懸天空,受人瞻仰,把"畏"與"壘"這兩方面意思整合聯繫在一起,於是合成了"畏壘"一詞,表達的是畏懼高位,要回歸自然,清靜無為之意,這與庚桑楚到此山後的經歷以及老子的教誨,都吻合無間,真乃匠心獨運,精心設計,高明之至!

具茨之山,見於《徐無鬼》:"黃帝將見大隗乎具茨之山,方明為御,昌寓驂乘,張若謵朋前馬,昆閽滑稽後車;至於襄城之野,七聖皆迷,無所問塗。"具茨山,實有其地,位於河南滎陽密縣界,在今新密市附近,亦名泰隗山。成玄英《莊子疏》、陸德明《經典釋文·莊子音義》均作如是說。大隗,古之至人、神人一流,成《疏》釋為"大道廣大而隗然空寂"之義。茨,指用蘆葦、蒿草苫蓋的屋頂。具茨之山,意指大隗居於草屋之中,過着回歸自然的生活。然則又怎麼把具茨山與黃帝聯繫起來的呢?這與有關黃帝的神話傳說有關。《山海經·大荒西經》:"有軒轅之國。江山之南棲為吉。不壽者乃八百歲。"傳說的軒轅國當在長江之南,山即窮山。《海外西經》:"軒轅之國在此窮山之際,其不壽者八百歲。"窮山,具體地域不可考,應在長江南岸。袁珂先生《山海經校注》於"窮山"下注:"郭璞云:'其國在山南邊也。《大荒經》曰:岷山之南。'"郝懿行曰:"《大荒西經》說軒轅之國江山之南,此云岷山者,以大江出岷山故也。"《史記·封禪書》又有黃帝在荊山下"鼎湖升天"之說,楚文化區的黃帝傳說是把軒轅之國說成位於長江以南及巫山一帶,而大隗山位於河南鄭州附近,黃帝從南楚前往具茨山見大隗,襄城是必經之道,否則不會在那裏迷路。

由上所述,可見《莊子》書中對於山水的描述是虛中有實,實中有虛,虛實相結合的,它充分調動了智慧,將神話傳說、歷史地理予以融合溝通,使得山水之所在成了理想道境的象徵、哲學理念的載體,具有極大的微妙警策的藝術魅力。

## 文學與哲學

早期先秦兩漢著作中的山水描述是游離於詩文主旨之外的,是為了引發下文而進行的單純而簡略的描述,即所謂比興手法,目的在於引發下文,因此它的作用不很重要,並且本身也缺乏文學性。如《詩·小雅·節南山》首段開頭一句"節彼南山,維石巖巖",和第二段開頭二句"節彼南山,有實其猗",就是以巍峨高峻的終南山起興,來諷刺周幽王時之太師尹氏雖位勢大,卻聽政不公,以至天下喪亂,他卻仍無覺察,不思悔改。西漢董仲舒在《春秋繁露》十六卷中寫了一篇《山川頌》,顧名思義應為寫山水之專文,必有可觀,其實不然,文章不但短小,而且不是寫山水而是寫人,是以山水比喻人,他把山說成"似夫仁人志士",把水說成"似有德者",這就不夠深刻,沒有道出人與自然的關係,而是只停留在以山水喻人的層面。但孔子關於山水的幾句話,卻頗有可觀:"知者樂水,仁者樂山。知者動,仁者靜。知者樂,仁者壽。"(《論語·雍也》)這裏雖然也是就近取譬,以山之厚重安固、水之周流無滯這兩種特性來形容說明仁者、智者的德性,而且又說明了仁者好靜與知者好動同山水之特性又有聯繫,另外還指出這種山靜與水動的特性,與人的壽數與快樂也有關聯,這就道出了自然與人性有關,含有自然與人即天人關係有共通冥合的意思在內,值得重視與研究,不可輕視之。

《莊子》則雖然是哲學著作,它的山水描述是為闡發哲理服務的,但由於它具有天下獨步的文筆,善於用文學寫哲學,並且將浪漫主義與現實主義很好地結合起來,因而它筆下主要是用概括性的語言對山川景物進行描述,使之具有怪誕奔放、瑰瑋諔詭之妙,占盡大自然主要特徵"雄"、"奇"、"秀"三字中的前兩個方面,從而產生一種雄渾壯闊、神奇博大、激動人心的藝術效果,表現出豪邁不群的壯美。

如《秋水》中的一段描述:

> 秋水時至,百川灌河,涇流之大,兩涘渚崖之間,不辯牛馬。於是焉河伯欣然自喜,以天下之美為盡在己。順流而東行,至於北海,東面而視,不見水端,於是焉河伯始旋其面目,望洋向若而歎曰:"野語有之曰:'聞道百以為莫己若者。'我之謂也。"……北海若曰:"……今爾出於崖涘,觀於大海,乃知爾醜,爾將可與語大理矣。天下之水,莫大於海,萬川歸之,不知何時止而不盈,尾閭泄之,不知何時已而不虛;春秋不變,水旱不知,此其過江河之流,不可為量數。而吾未嘗以此自多者,自以比形於天地而受氣於陰陽,吾在天地之間,猶小石小木之在大山也,方存乎見少,又奚以自多!計四海之在天地之間也,不似礨空之在大澤乎?計中國之在海內,不似稊米之在大倉乎?號物之數謂之萬,人處一焉;人卒九州,穀食之所生,舟車之所通,人處一焉;此其比萬物也,不似豪末之在於馬體乎?"

這裏先寫黃河,後寫北海在秋天的水勢,寫得浩瀚博大,無窮無涘,但作者意非在此,而是借此以闡發認識論。文中以河伯喻有為的"小知",以北海若喻無為的"大知",而以河伯見北海若自愧引發下文北海若關於萬物齊一思想的闡發。從文學方面看,這是浪漫主義與現實主義的結合;而從美學角度看,則是讚揚了"大美",亦即無限之美,而揶揄了小美,亦即有限之美,並且把審美主體的感受與審美對象的磅礴氣勢,巧妙地融合在一起。又如《外物》篇寫任國之公子做了一個特大的釣鉤,用五十頭犍牛做餌物,蹲在會稽山上,投竿於東海,天天在釣魚,忽而大魚來食餌,牽動巨鉤沉下水去,"鶩揚而奮鬐,白波若山,海水震盪,聲侔鬼神,憚赫千里",這樣的描述,真是想像奇特,渲染壯偉,表現了作者對無涘海域中雄奇場面的讚歎仰慕之情,寫景抒情融為一體,使得《莊子》的浪漫主義手法有了具體的載體和一定的現實性,突現了莊子散文的藝術魅力。但是其主旨卻並非在於寫釣大魚,而是用以喻經理世事者當志於大成,這就使文章意味更為深長了。

《莊子》中的山川景物描述也並非一概出之於簡略和概括,其中有些描述也頗為深細而傳神,是莊子散文中浪漫主義和現實主義相結合的典型範例,如《齊物論》中對"風"的描寫:

> 夫大塊噫氣,其名為風。是唯無作,作則萬竅怒呺。而獨不聞之翏翏乎?山林之畏佳,大木百圍之竅穴,似鼻,似口,似耳,似枅,似圈,似臼,似窪者,似污者;激者,謞者,叱者,吸者,叫者,譹者,宎者,咬者。前者唱于,而隨者唱喁。泠風則小和,飄風則大和,厲風濟,則眾竅為虛。而獨不見之調調之刁刁乎?

這裏莊子不但一連寫出了風的八種聲響和孔竅的八類形狀,以人和物的形狀形容山的洞穴和木的孔竅,用人和物的聲響來摹狀風聲,而且還寫出了風的和鳴。這些奇特的想像也都根植於他對自然景物特徵深刻細緻的觀察。這種深細的描寫,形象的誇張,恰似神來之筆,將風的各種聲響和山木孔竅的各種形狀,描摹得具體而微,令人歆羡不已,而其主旨卻在於闡發哲理,警譬社會。這裏酣暢形容自然界風木的"不齊"之狀,是由此而逐步引申過渡到下文"知"與"言"的不齊,從而既委婉又尖銳地表達了自己對"百家"發表看法所持的不贊成意見,充分表現了莊子高超的創作技巧和浪漫主義與現實主義相結合的神奇力量。楊慎在《莊子解》中說:"莊子地籟一段,筆端能畫風,捲卷而坐,猶翏翏之在耳⋯⋯莊子畫風之祖。"陸西星在《南華經副墨》中也說:"看他文字奇處,寫出風木形聲,千古擒文,罕有如其妙者。"從文學藝術而言,他們的評述頗有眼力,然而就哲學思想而論,他們還迷於常徑,未能抉出莊子寫作的主旨。

《莊子》中的山川景物描述雖然都有其深層的思想主旨在內,但其中也有抒發感情的特色,有些地方還寫得感情深沉細膩,韻味雋永深長。如"君其涉於江而浮於海,望之而不見其崖,愈往而不知所窮,送君者皆自崖而反,君自此遠矣!"(《山木》)這簡直就是一幅白描式的生動的送別遠行圖,在自然景物中寓寄無限慨歎,且抒情濃烈,融情於景,情景交融。又如"舊國舊都,望之暢然;雖使丘陵草木之緡,入之者什九,猶之暢然。況見見聞聞者也,以十仞之臺縣(懸)於眾間者也。"《則陽》這裏言簡意賅,對於自然景物頗富抒情色彩。再如"山林與! 皋壤與! 使我欣欣然而樂與! 樂未畢也,哀又繼之,哀樂之來,吾不能禦,其去弗能止。悲夫! 世人直為物逆旅耳!"(《知北遊》)則感情充沛,充分表達了莊子及其後學對於山林原野的無限依戀與崇仰之情以及對人生的不盡感慨。

這些典型而又極富藝術感情感染力的山水描述,對後世文學的發展發生了重大的影響,同時也反映莊子及其後學已經有了明確的山水意識。這種山水意識的產生,豐富了莊子散文浪漫主義和現實主義相結合的表現手法,大大加強了它的文學性,也使得哲學思想文學化。

《莊子》中有些地方則使山水描述與闡發哲理融為一體。"水之性,不雜則清,莫動則平,鬱閉而不流,亦不能清;天德之象也。"(《刻意》)水性如此,自然現象如此,而社會又何嘗不如此呢?"天地雖大,其化均也;萬物雖多,其治一也;人卒雖眾,其主君也。君原於德而成於天,故曰,玄古之君天下,無為也,天德而已矣。"(《天地》)這裏寫天地萬物的演化運作,本於自然,人君應順應天地萬物自然無為的規律行事。"夫千里之遠,不足以舉其大;千仞之高,不足以極其深。"(《秋水》)這裏從山川景物中認識到任何事物都有相對性,具有一定的辯證法因素。這些閃現於山水意識中的智慧之光,不時地在《莊子》中出現,使得莊子的哲學思想形象化、生動化,充分表現了莊子用文學寫哲學的特點和高超的技法。

《莊子》中有的山水描述,還用來闡發順應自然的政治思想。"故至德之世,其行填填,其視顛顛。當是時也,山無蹊隧,澤無舟梁;萬物群生,連屬其鄉;禽獸成群,草木遂長。是故禽獸可係羈而遊,鳥鵲之巢可攀援而窺。"(《馬蹄》)這是由抨擊政治權力造成的災害,描繪自然放任生活的適性,進而構想的人類至德之世,這實際上是理想化了的原始社會,雖有倒退論的消極因素,但也表達了對現實社會的厭惡之情,揭露了統治者的黑暗統治,流露出擺脫禮教束縛的強烈願望,同時也充分展現了莊子及其後學的山水觀對表達哲學思想時的獨特作用。

總括以上所論,可以得出下面幾點看法:

1. 莊子及其後學對自然山水有很深入的觀察與體悟,已經認識到人與自然要和諧相處,人要順應自然而不應該破壞與毀滅自然,而這種順應自然,不與自然爭勝、對立的天人合一思想,具有超前意識和現實意義。

2. 《莊子》中的山水描述,充分反映了"寓真於誕,寓實於玄"(劉熙載《藝概·文概》)的藝術特點,它把對自然山水和現實社會的感情寓寄在汪洋恣肆、風謫雲詭的描述當中,使得抽象的感情具體化,既富於浪漫色彩,又具有一定的現實性,從而把浪漫主義和現實主義很完美地融合在一起。

3. 莊子及其後學對自然山水的觀察與體悟,及其虛實結合手法的巧妙運用,無疑對後世山水文學的興起與發展有着很大的影響與啟迪作用,說《莊子》是山水文學之源,莊子是山水文學的鼻祖,是決不過分的。

[作者簡介] 孫以昭(1938—    ),男,安徽壽縣人。1961年復旦大學歷史系畢業,安徽大學中文系教授。從事跨學科大文化研究,發表論文80餘篇,主要著作有《三合齋論叢》、《莊子散論》(合著)等。

# 論莊子應世思想中的
# "我"與"他人"

（臺灣）江美華

    每一個人是獨立的個體，然而無論是就空間或時間而言，人並非孤獨的生存於世間。每個人皆生活於群體之中，與家人、社會上其他的人共同生活於一定的場域、環境之中。亞里士多德於《政治學》、《倫理學》中皆言人在本性上是政治的①，個人的存在與他人有倫理、社會、政治等關係，從社會性而言，每個人是行為主體，面對他人，亦是互為主體（intersubjectivity）的主體②。陳福濱說明社會中人我的關係言：

    "存有"就是生命，生命絕對不能是孤獨的存有；在面對自我的基礎上，還有我和他我的互動，我們因着對自我存在價值的肯定，同時也肯定了他我存在價值，而之所以肯定了他我的存在價值之原因，是他我和我具有相同的結構，而為另一個我。馬

---

① 見《倫理學》卷 1,1097b10。中文譯本參考苗力田、徐開來譯之《亞里士多德倫理學》，臺北知書房 2001 年版，第 36 頁。又《政治學》第一書，亦見相同的說法，見 The Basic Works of Aristotle, Politica, Book I, chapter2, 1253a1, Translated by Benjamin Jowett, Edited by Richard McKeon, New York: Random House, 1941。又亞里士多德所言之政治，同時有社會意涵。J. H. Mead(1863—1931)於 *Mind, Self and Society* 亦指出，人是有理性的存在，因為他是社會的存在。中文譯文見《心靈、自我與社會》，上海譯文出版社 2005 年版，第 375 頁。

② Intersubjectivity 為胡塞爾現象學名詞，或譯為互為主體際性、交互主體性、主體間性等。汪文聖《自然與精神間的衝突或協調？——胡塞爾現象學主體際構成力量的探源》譯為"主體際"，文中對此一詞的說明清楚，茲錄於後："對於胡塞爾現象中主體際(Intersubjektivität)的討論向來是現象學裡的熱門與重要課題，事實上 Thomas Seebohm 早在 1983 年即在其 *The Other in the Field of Consciousness* 一文中對之有着深入的詮釋，這裡的基本理解即參照該文。又本文不以'互為主體'，而以'主體際'譯 Intersubjektivität，乃鑒於胡塞爾對於此概念的使用，不只是表示我與他我的互相承認彼此的主體性格，更在要求由彼此理解而建立客觀性，這具體表現在社群的建立上面。"見《揭諦》14 期，註 1,2008 年 2 月。

丁·布伯(Martin Buber)說:"你(Thou)與我相遇,而我步入與你的直接關係中。因此關係即指被選擇與選擇,以及受動與施動的合一(suffer, and action in one)。"又說:"一切真實的人生都是相遇(meeting)。"這就是所謂的"互為主體際性(intersubjectivity)"①。

"我"(英文 I、self,法文 je、moi)與"他人"(the other, autrui, l'autre)是倫理學、政治學、社會學或心理學的議題,本文所稱之"我",非心理學所稱之"本我"(id)或"自我"(ego),而是作為一個人類的個體,整體的存在。本文所稱"他人",亦可做"他者"②,意指相對於"我"之存在的其他的人,每一個"他人"亦是整體的存在、獨立的個體。即每一個人,無論"我"或"他人"皆有其獨立與完整性③。

人有語言及溝通能力,人具備智慧、能力因應自然與人世,發展出家庭、社會、國家等組織,形成文化、開創文明。"我"與"他人"共處人間世,在一定的時空下共同生活,凡家庭、社會、國家、人文、自然等因素皆可能影響每個人。人與人之間的相處尤其是人生大事,若生於亂世,人際互動更是艱辛,惴惴小心,戰戰兢兢亦未必能避禍全身。莊子處於戰國群雄爭霸,諸侯征戰不止之世,生民塗炭,民生多艱,人無所逃於天地之間,面對人世社會,提出"道未始有封"、"為是不用而寓諸庸"、"自化"等主張,莊子的處世觀,不囿於相對性、主觀性、排他性④,以自化自在的方式安頓生命,關懷世界。

《莊子》書中"我"一詞使用次數甚多(202次)⑤,除了"我"一詞,"吾"字出現次數更多(419次),用以表示第一人稱,書中亦有同一句中"我"與"吾"二字並見之例,如《齊物論》有"今者吾喪我,汝知之乎"⑥,《大宗師》有"彼近吾死而我不聽,我則悍矣,彼何罪焉"、"吾思夫使我至此極者而弗得也",《秋水》亦見"既已知吾知之而問我"等。"吾"與"我"交錯使用,亦見於其他經典中⑦,皆為第一人稱代詞,"吾"為主語者多,"我"多為賓語,如《論語·陽貨》言"如有用我者,吾其為東周乎"亦同。

---

① 見《孔子的"仁"與基督的"愛"》,《哲學論集》第38集,2005年7月,第38～39頁。
② the other, the Orher 或譯為"異己",李有成於《他者》一書中言早期以"異己"譯 the Orher,後從俗採"他者"一詞,好處是"經過了一番陌生化的過程,我們得以重新認識他者這樣的一個角色……並且進一步釐清與界定自我和他者之間的關係",見《自序》,臺北允晨文化2012年版,第5頁。
③ 本文於"我"不作"主體我"與"客體我"之分;於"他者"一詞亦不討論同質或異質的他者或拉岡所稱之大寫他者(Autre)與小寫他者(autre)。
④ 見沈清松老師《對比、外推與交談·莊子的道論》,臺北五南2002年版,第426頁。
⑤ 依據中研院"漢籍電子文獻"瀚典全文檢索系統(http://hanji.sinica.edu.tw/)《莊子》計算。
⑥ 見郭慶藩《莊子集釋》,臺北河洛1974年版,第45頁。本文凡引《莊子》語句皆出自河洛書局郭慶藩本。
⑦ 茲舉數例如後,如《春秋左傳》莊公十四年"傅瑕曰:'苟舍我,吾請納君。'"、《戰國策·齊·鄒忌脩八尺有餘》"吾妻之美我者,私我也"、《荀子·王制》"傷吾民甚,則吾民之惡我必甚矣"。

本文以"我"作第一人稱,是行為或說話主體,不完全對應《莊子》書中之"我"或"吾"①。"忘我"、"喪我"則是不強調主體之"我",超越個人與世界的共存、相對關係,由超越而自由。《荀子·解蔽》言"莊子蔽於天而不知人"②,可理解為莊子深知自然之道而於人治之事不足,是以荀子了解莊子,但不同意莊子的主張,稱"不知人",正指出莊子獨特的應世觀。本文以莊子的我與他人為題,討論莊子思想中的應世方式與抉擇的觀點,探析莊子關懷人世與主體自由的可能。

## 一、人世不可離——"我"與必要的"他人"

人是社會的動物,人類的生活方式是群聚而居,離群而去或遁走隱逸非人生常態。群體共同生活亦必然發展出組織、結構、國家、政府等。群居的目的原是以眾人的力量維持安全、便利的生活,進一步尋求安樂富足。亞里士多德指出政治學的目的是幸福,是一切行為所能達到的一切善的頂點③,孔子則期待人人各得其宜的"老者安之,朋友信之,少者懷之"的生活④,或讚美曾點的"冠者五六人,童子六七人,浴乎沂,風乎舞雩,詠而歸"⑤,人人富足自在的境界。老子則以小國寡民為人生理想之境,"甘其食,美其服,安其居,樂其俗,鄰國相望,雞犬之聲相聞,民至老死,不相往來"⑥,可謂簡單富足的生活樣態。至於《禮記·禮運》所嚮往的"大同"之境,稱"人不獨親其親,不獨子其子,使老有所終,壯有所用,幼有所長,矜、寡、孤、獨、廢、疾者皆有所養,男有分,女有歸"⑦,則是社會、國家的理想,社會中的每一個人無一不受團體的照顧與幫助,即我為人人,人人也為我。

---

① 陳靜於《"吾喪我"——〈莊子·齊物論〉解讀》一文中指出吾、我在一般語境下都是第一人稱代名詞,例如在《論語》、《老子》、《孟子》、《莊子》中是"吾"與"我"混用。但區分"吾"與"我"的不同含義,是解讀《莊子·齊物論》的關鍵,"我"是具體地展現為形態的和情態的存在,而"吾"不是形態的,亦非情態的,"吾"是自由自在的,見《哲學研究》2001年第5期。此是從《齊物論》分析二字的意涵,甚有見地,唯不適用《莊子》全書。另洪嘉琳《論〈莊子〉之自我觀——以"吾喪我"為探討中心》稱吾與我是兩種自我之層次,即喪我之吾與未喪我之吾,非分指兩種對等的主體或自我。此可備為一說。見《哲學與文化》34卷5期,2007年5月,第157~174頁。
② 見《荀子集解》,臺北世界書局2000年版,第362頁。
③ 《亞里士多德倫理學》1195a15,第30頁。
④ 見《論語·公冶長》,《四書章句集註》,第111頁。本文所引《四書》語句,皆採用朱熹《四書章句集註》本,臺北大安2009年版。
⑤ 見《論語·先進》,第179頁。
⑥ 見王弼注嚴復評點《評點老子道德經》,臺北廣文書局1975年版,第41頁。
⑦ 見《禮記·禮運》,孫希旦撰《禮記集解》,臺北文史哲1990年版,第582頁。

每一個"我"是團體的一分子,團體相對於我有更多的"他人","我"不可避免需面對與他人相處的問題,面對人際關係。每個人與他人因為身份、性別相互關係的不同,而有男女之別、長幼之差,以及親疏遠近的區分。又團體中必有權力與權威結構,是以每個人亦是置身於權力不對等的環境之中,因為身份地位的不同,而有位階高下的差異,以及權力強弱的區別,因此人與人的關係不是單純的"我"與"他人"的關係,而是尚有尊卑貴賤上下強弱的差別。不同的人擁有的資源、權力、力量皆不同,社會各種階層中的弱勢者則是相對無力與無助的一方。在專制時代、亂世之中,弱勢的個人有時更是權力與權威肆虐的對象。

生處亂世,莊子的態度是不離人世①,人間世是每個人生存的時空,人有情有欲,喜怒哀懼愛惡欲人皆有之②,人又有是非、成心,《齊物論》所描繪的人間一景如下:

> 與接為構,日以心鬥。縵者、窖者、密者。小恐惴惴,大恐縵縵。其發若機栝,其司是非之謂也。

與人相處,是非機心處處可見,人或算計得失利害,或嫉害傾軋,或言語毀傷,或欺詐鬥狠,為達目的不擇手段,強勢者有施展揮舞的力量,相對的弱者則受欺壓,即使不爭亦避禍不易。莊子言人間存活非易事,僅得苟免而已,何其深痛。《人間世》且借孔子云:

> 方今之時,僅免刑焉。福輕乎羽,莫之知載;禍重乎地,莫之知避。

刑罰的來源是掌握權力的一方,亦即來自國家或是擁有權位者,當刑法酷深,臣民無力抗禦,只能承受。遇國家爭戰之時,小民動靜不由己,任官差遣。王夫之於《莊子解》注解《人間世》一篇,深刻的指出除了國家與刑罰的力量,甚至以善之名亦可以為害百姓:

> 人間世無不可遊也,而入之也難。既生於其間,則雖亂世暴君,不能逃也。亂世者,善惡相軋之積。惡之軋善也方酷,而善復挾其有用之材,以軋惡而取其名。名之所在,即刑之所懸矣。③

"惡"是暴力加害的一方,王船山更深刻地指出,以善之名亦可能是施暴的一方。誠如《齊物

---

① 有關莊子思想是入世或出世之說,學者見解不一,茲略而不錄。本文不以入世出世立論,着重在實踐上莊子面對人生情境的態度與方法。
② 《禮記·禮運》云:"何謂人情?喜、怒、哀、懼、愛、惡、欲,七者弗學而能。何謂人義?父慈、子孝、兄良、弟弟、夫義、婦聽、長惠、幼順、君仁、臣忠,十者謂之人義。"見孫希旦撰《禮記集解》,第606~607頁。
③ 見王夫之《莊子解》,臺北河洛1978年版,第34頁。

論》言:"自我觀之,仁義之端,是非之塗,樊然殽亂,吾惡能知其辯!"然而無論是善或惡,害人者擁有力量,運用手段權勢以達目的。莊子面對殘酷人世,身為一介書生,勢單力薄,無力抗衡,居處不易,但仍然選擇人世安居,莊子言:"有人之形,故群於人。"(《德充符》)此說明人類生活社會性的特質,與孔子所言"鳥獸不可與同群,吾非斯人之徒與而誰與"意思相近①,雖然人間處處是險境,終不選擇逃遁離群。

"群於人"是生存方式,對於人世中各種人際相互關係,莊子主張謹守做人必須遵循的基本原則,如父子之親及君臣之道。既生而為人,寄身人間,此兩項倫常之德,有其必要,一是基於生命感情的根源,一是人世生存環境不可擺脫的現實,《人間世》曰:

> 天下有大戒二:其一,命也;其一,義也。子之愛親,命也,不可解於心;臣之事君,義也,無適而非君也,無所逃於天地之間。是之謂大戒。是以夫事其親者,不擇地而安之,孝之至也;夫事其君者,不擇事而安之,忠之盛也;自事其心者,哀樂不易施乎前,知其不可奈何而安之若命,德之至也。為人臣子者,固有所不得已。

"子之愛親",是人性與天性。凡人皆有父母,生命源自父母,父母愛護子女無微不至,自然情感深刻。父母於子女有生養之恩,子女愛親亦是自然親情流露,為人子者,盡心奉事父母,是人與生俱來的本分,莊子稱之為"命",人生無論任何情境,皆不可怠忽孝親天職,沒有任何理由可以不愛父母。事奉父母是人生重要的責任,倘若個人性命不存,何以養親?《養生主》言"為善無近名,為惡無近刑。緣督以為經,可以保身,可以全生,可以養親,可以盡年",莊子重視自我的生命,人生在世,慎言慎行,"養親"是念茲在茲的目的,苟活於亂世艱難不已,此所以不可奈何。

對莊子而言,稱之為"命"者,即是與生所俱有,命定之事是天職,是客觀存在的事實,《大宗師》言"死生,命也,其有夜旦之常,天也","命"亦與"性"相同,非人為可改易者,《秋水》言"無以人滅天,無以故滅命"②,既是命定,則人應順應自然,安之若命。《達生》亦有"長於水而安於水,性也;不知吾所以然而然,命也"之說,言"長於水而安於水,性也",指因環境外在條件,自然而然形成的特質,成形有其條件因素,非不知所以;至於"不知吾所以然而然",是指存在的事實,自然而成,非由人力或外力而為,但亦非來自於有力量的位格之天或自然。莊子之"命"不具宗教意涵③,面對自然而然的客觀事實,莊子的態度是"無以人滅天,無以故滅命",順

---

① 見《論語·微子》,第258頁。
② 《天運》亦見"性不可易,命不可變"之句,見《莊子集釋》,第532頁。
③ 劉笑敢亦指出莊子之安命與宿命論不同,不強調命運不可抗拒。見《莊子哲學及其演變》第五章第一節《安命論》,中國社會科學出版社1993年版。

應而已①。以"命"言子之愛親,除了順應之外,"愛親"之"愛"字強調父母子女情感天性的積極意義②。"不擇地而安之"則強調生存環境非個人所能左右,處之而安之,不逃避不自陷危殆,方能盡人子孝親之責,達"孝之至也"。

至於君臣之義,則是面對生活於群體之中的現實,"我"既是社會、國家的一分子,無法自外於團體,必有應承擔的責任及義務。天下雖大,何處無君? 是以莊子言"臣之事君,義也,無適而非君也"。"義"者,宜也,既然國家的法令規定非"我"所能決定,莊子對於君臣上下關係,認定為人生之必須,無需抗逃,承當委任之事,被動的"不擇事而安之",如此已可美其名曰"忠",且是"忠之盛也"。《人間世》郭象注:

> 與人群者,不得離人。然人間之變故,世世異宜,唯無心而不自用者,為能隨變所適而不荷其累也。

此可說明"不擇事而安之,忠之盛也。自事其心者,哀樂不易施乎前"之義。承擔義務與責任,是"不可奈何",然而以"安之若命"的態度應對,放下個人情緒,為所應為,即使遭遇毀傷刑苦,亦無法擰絞我心,不生哀樂之感。

莊子言君臣關係稱"臣之事君,義也"、"不擇事而安之"、"自事其心者",清楚說明"我"的單向態度,君臣是上下不對等的關係,"我"處於臣下之位,對國君並不期待,此與儒家孔子、孟子於君臣關係有所期待不同。《論語・八佾》記孔子與魯定公的對話,於君臣關係言:

> 定公問:"君使臣,臣事君,如之何?"孔子對曰:"君使臣以禮,臣事君以忠。"

臣事君以忠的條件是國君使臣以禮,言"使"意指君臣上下權力不對等,但國君態度必須合於"禮","禮"是對國君的約束,對臣下而言,國君並非絕對服從的對象,君臣之間不是絕對的上下關係。另孟子於君臣關係則言"君臣有義"③、"仁之於父子也,義之於君臣也"④,君臣之間

---

① 王叔岷言"命者,自然者也。尚巧故則毀自然之命矣",見《莊子校詮》下冊《秋水》,臺灣中研院歷史語言研究所1994年二版,第613頁。
② 《至樂》篇中有一段莊子與髑髏的對話,夜半,髑髏見於莊子夢中曰:"死,无君於上,无臣於下;亦无四時之事,從然以天地為春秋,雖南面王樂,不能過也。"莊子言若使復生,"為子骨肉肌膚,反子父母妻子閭里知識,子欲之乎?"髑髏應曰:"吾安能棄南面王樂而復為人間之勞乎!"見《莊子集釋》,第619頁。此故事寓意人死之後無父母家人君臣之事,視親情為累,且死勝於生,與莊子外死生,齊死生不同。郭象則以為乃"生時安生,死時安死"之意。
③ 見《孟子・滕文公上》:"使契為司徒,教以人倫,父子有親,君臣有義,夫婦有別,長幼有序,朋友有信",《四書章句集註》,第519頁。
④ 見《盡心下》,《四書章句集註》,第406頁。

必須有合宜的相互關係,若君上待臣下無禮,孟子甚至言"臣視君如寇讎"。①

莊子與孟子言君臣關係皆使用"義"字,但莊子為單向的"事君之義",孟子則為雙向的"君臣有義",二者不同。從莊子的事君之道對照孔子、孟子的君臣觀,可知莊子對政治現實的理解,對於握有權力的一方不存理想與期待②,此所以莊子於名利權位堅辭不受,如《秋水》載楚王使人請莊子出仕,莊子言無意做廟堂神龜,"寧其生而曳尾於塗中。"③人一旦陷於名利權位之境,爭鬥不可免,爭權奪利,腥風血雨,常人身亡其中而不自見自省,保全性命是幸運,《德充符》言:

> 申徒嘉曰:"自狀其過以不當亡者眾,不狀其過以不當存者寡。知不可奈何而安之若命,唯有德者能之。遊於羿之彀中。中央者,中地也;然而不中者,命也。"

亂世自全不易,於世局"抗無力,逃無所,避無方"④,安之若命實屬不可奈何之事。

## 二、應世而不傷——"他人"存在而忘"我"

對每一個人而言,沒有人是孤島,在一定時間空間範圍與人共同存在,世界先"我"而存在,"他人"的意義亦先"我"而在,他人的面貌多樣,有各種尊卑關係的他者、親疏近的他者、識與不識的他者。我以外的人對我而言是"他人",對他人而言,"我"亦是"他人"。沙特(Jean-Paul Sartre,1905—1980)稱:"在他人存在問題的起源中,有一個基本的先決條件:他人,其實就是別人,即不是我自己的那個自我;因此在這裏,我們把否定當作他人之存在的構成性結

---

① 見《離婁下》"君之視臣如手足,則臣視君如腹心。君之視臣如犬馬,則臣視君如國人。君之視臣如土芥,則臣視君如寇讎",《四書章句集註》,第406頁。
② 《莊子》書中尚有論君臣的文字,與《德充符》觀點未必一致,如《天地》言:"以道觀言而天下之君正,以道觀分而君臣之義明,以道觀能而天下之官治,以道汎觀而萬物之應備。故通於天地者,德也;行於萬物者,道也。"見《莊子集釋》,第404頁。是以道而論,非人生現實。另有關莊子政治觀的研究,已有多篇相關論述,其中馬耘《論莊子哲學中"政治"之意義與地位》一文,於莊子的政治觀分析清楚,提出莊子"自我安頓"之特殊處置方式,非對某種積極之政治理念之企求,詮釋觀點值得參閱,見《止善》第7期,2009年12月,第169~184頁。
③ 《莊子》書中相關寓言多見,論莊子思想者多言及相關記載,此從略。
④ 見劉光義老師《莊學中的禪趣·序》,臺灣商務1988年版。

構。……他人，是不是我和我所不是的人。"①相對於每一個主體，主體以外的人都是他人，形形色色的他人，亦即形形色色的我。我與他人有面對面的關係，庫里（Charles Horton Cooley, 1864—1929）亦有"鏡中的自我"（the looking-glass self）一詞，並言"人們彼此都是一面鏡子，映照着對方"②，所謂的"我"、"我的"或"我自己"，是個人的，但不獨立於與他人共同生活的事實，"我"的意識，內含相應對你或他或他們的意識③，盧文格（Jane Loevinger, 1918—2008）說明"我"與"他人"的關係，指出"沒有相應的你的意識，我自己（myself）也就沒有意義。而且，在大多數的情況下，一個人的自我感覺是由他想像他在別人眼中的形象來決定"④。"我"非超然於萬事萬物之外，"我"受"他人"的影響，"我"與"他人"有相似而互動的關係。作為人，"我"對自我生命的期待、如何生存於世間如何與"他人"共處、如何思考"他者"，是每一個人都會面對的問題。

莊子的應世觀，於《莊子》書中內外雜各篇皆有，論莊子思想者多言及，如胡適言莊子的學說，"只是一個'出世主義'。他雖與世俗處，卻'獨與天地精神往來，……上與造物者遊而下與外死生無終始者為友'。"⑤劉光義師則言莊子無出世思想⑥，詮釋觀點不同，實莊子始終不忘人間世。本文於此僅擇要論莊子的應世態度。

莊子於《德充符》有生而為人但無人之情一段重要論述：

有人之形，無人之情。有人之形，故群於人。無人之情，故是非不得於身。眇乎

---

① 沙特論"我"與"他人"的關係有否定意義，並與虛無聯結，本文僅取"我"與"他人"相對且相似性。此段中文譯文採用陳宣良譯本，《存在與虛無》，北京三聯書店 1987 年版，第 308 頁。Sartre "*L'être et le néant*", p. 275, Paris: Gallimard, édition 1943, ouvrage reproduit 1990. 原文為"A l'origine du problème d'autrui, il y a une présupposition fondamentale : autrui, en effet, c'est l'autre, c'est-à-dire le moi qui n'est pas moi; nous saisissons donc ici une négation comme structure constitutive de l'être-autrui.... Autrui, c'est celui qui n'est pas moi et que je suis pas."
② 見 *Human Nature and the Social Order*，第 184 頁，原文為"Each to each a looking-glass / Reflects the other that doth pass", Transaction Publishers, 6th printing 2006. 此段中譯語出包凡一、王湲譯《人類本性與社會秩序》，臺北桂冠 1992 年版，第 135 頁。
③ 意取 *Human Nature and the Social Order* 第五章，第 184、182 頁，原文"What we call 'me,' 'mine,' or 'myself' is, then, not something separate from the general life, ...", 及"There is no sense of 'I,' as in pride or shame, without its correlative sense of you, or he, or they"，中譯本見於《人類本性與社會秩序》，第 134~135 頁。
④ 語見 Jane Loevinger 之 *Ego Development: Conceptions and Theories* 的中譯本，李維譯《自我的發展：概念與理論》，臺北桂冠 1995 年版，第 259 頁。
⑤ 見《中國古代哲學史》，臺灣商務印書館 1979 年，第 110 頁。
⑥ 見劉光義老師《莊子處世的內外觀》第二章《本論》，臺灣學生書局 1980 年版。

小哉,所以屬於人也! 謷乎大哉,獨成其天!

成玄英《疏》以"體道虛忘,無是非之情慮"釋"無人之情"①,人因"人之情"而渺小,《德充符》言"人之情",如同《盜跖》中有"今吾告子以人之情,目欲視色,耳欲聽聲,口欲察味,志氣欲盈"之語。又《莊子》書中亦見"人情"一詞,於《駢拇》有"彼正正者,不失其性命之情。……意仁義其非人情乎! 彼仁人何其多憂也"等語,"人情"、"人之情"二者語意不同,王志楣言"人之情"為"現象的、經驗的,乃'形色名聲'",而"人情"則是"本真的、屬於道之有情、人應有之情"②,人與人之間,莊子主張與人往來應無"人之情",去除私心始是相互對待合宜的方式。言"群於人",則宜外化順人,內心保存自己本然之道心③。

又莊子強調去除相對價值觀以與人相處,《齊物論》言:

> 夫道未始有封,言未始有常,為是而有畛也,請言其畛:有左,有右,有倫,有義,有分,有辯,有競,有爭,此之謂八德。六合之外,聖人存而不論;六合之內,聖人論而不議。……故分也者,有不分也。

莊子以為面對相對而異的立場,解決的方法是不強調差異與藩籬,如《人間世》曰"戒之,慎之,正女身也哉! 形莫若就,心莫若和",《天下》亦稱"不譴是非與世俗處"。人心唯危,人心各自有認識之理與價值判斷,人人不同,計較不一,因而衍生各自不同的意見、主張、限制、堅持,各是其是,甚而堅守各自的立場,排斥他人的觀點,人我因而對立、傾軋。與人相接不與人爭,不顯一己的聰明才智、自顯優於他人、不特立獨行,忘我去成心,則能與人相安而處。《外物》云"唯至人乃能遊於世而不僻,順人而不失己","順人"是平和的條件,如《徐無鬼》稱"無以巧勝人,無以謀勝人,無以戰勝人",不與人爭勝,避免嫉妒,"順人"則"我"對於"他人"不構成威脅,不自陷險境,可平順無事。"順人"之外,尤不可爭勝,《天運》有所謂"兼忘天下易,使天下兼忘我難",當利益衝突,優勢及得利居多之一方,眾人皆知,無異自顯特異,自陷危殆。面對人世,應而不傷,乃可自全。《應帝王》有"勝物而不傷"一段:

> 無為名尸,無為謀府;無為事任,無為知主。體盡無窮,而遊無朕;盡其所受乎天,而無見得,亦虛而已。至人之用心若鏡,不將不迎,應而不藏,故能勝物而不傷。④

---

① 見《莊子集釋》,第 219 頁。
② 見《莊子生命情調的哲學詮釋》,第 53 頁,臺北里仁書局 2008 年版。
③ 《知北遊》"古之人,外化而內不化,今之人,內化而外不化。與物化者,一不化者也。"見《莊子集釋》第 765 頁。
④ 錢穆《莊子纂箋》引陸長庚言"勝字平讀,任萬感而不傷本體",見第 66 頁;王叔岷《莊子校詮》釋"勝任"義,並指"任萬感"應為"任萬化",言之成理。

表面似是"勝",實是於物無傷而能"勝任"為物。對莊子而言,不自顯才智、安於寂寥是自全性命的方式,《知北遊》亦言"聖人處物不傷物。不傷物者,物亦不能傷也。唯無所傷者,為能與人相將迎"。外表與物遷移,但內在自我保持不受外在影響。莊子強調應世"不失己",《外物》言"唯至人乃能遊於世而不僻,順人而不失己。彼教不學,承意不彼",當我以自己的方式應世,不剝奪侵害他人,"我"可以自由而理性的行動,不干預"他人"的事,亦不受侵擾,"我"才是自由自在的。"用心若鏡"一語,指如實反映所見,無論是我或他人,不遮蔽扭曲,不模糊隱藏,明心若鏡,不迷不欺,始能清楚自見而近道。

與人和而不同是應世的方式,對於政治,則莊子是積極遠避。面對政治,莊子或言支離其德,或以無用為用,或是形殘全性於亂世,凡此皆是出於莊子對權力的認識。時代艱難,權勢的力量無所不在,握有權力的"他人"是加害者,"紛擾的政舉屢屢置民於死地"①,此於《莊子》書中多見。人事之困難與逼迫,最嚴重者來自於擁有權位的"他人",亦來自於嚴苛的法令規章,《莊子》反對以政治理念或政策侵擾百姓,《應帝王》有一段論及制度言:

> 肩吾見狂接輿。狂接輿曰:"日中始何以語女?"肩吾曰:"告我君人者,以己出經式義度,人孰敢不聽而化諸!"狂接輿曰:"是欺德也;其於治天下也,猶涉海鑿河而使蚊負山也。夫聖人之治也,治外乎?正而後行,確乎能其事者而已矣。且鳥高飛以避矰弋之害,鼷鼠深穴乎神丘之下以避熏鑿之患,而曾二蟲之無知!"②

莊子以為創制律法無益,其且傷人,庶民避害無方,易遭刑戮。然而即使政治險惡,莊子仍從艱苦現實中尋覓出路,《養生主》中的庖丁解牛,即是一例。庖丁自言:

> 臣之所好者道也,進乎技矣。……方今之時,臣以神遇而不以目視,官知止而神欲行。依乎天理,批大郤,導大窾,因其固然。技經肯綮之未嘗,而況大軱乎!……彼節者有間,而刀刃者無厚;以無厚入有間,恢恢乎其於遊刃必有餘地矣。

此以解牛喻認識道的過程,經多年磨練,改變觀點,終有非凡技藝。即使技藝神妙,仍是以無厚之刀,入於關節細縫之間,始能"神遇而不以目視,官知止而神欲行"以成事。人生行於人世間,壓縮自我,無傷而後始得自在。

徐復觀論莊子政治觀言:

---

① 見陳鼓應《老莊新論》,第188頁。
② "告我君人者,以己出經式義度,人孰敢不聽而化諸"一段,錢穆本斷句與郭慶藩本同。但王叔岷作"告我君人者,以己出經式義,度人孰敢不聽而化諸"(《莊子校詮》第278頁),注言陳碧虛《闕誤》引張君房本"度人"作"庶民"。郭本及王本斷句不同,各有所據,然意旨相同。

> 莊子對政治的態度，不是根本否定它，乃是繼承老子無為之旨，在積極方面，要成就每一個人的個性；……莊子所要成就的，乃是向內展開的，向道與德上昇的個性；這在他，便稱之為"安其性命之情"。能安其性命之情，亦即是使人能從政治壓迫中解放出來以得到自由。①

莊子的政治觀點，最好的政治無寧是一個不干預生民的國家，政府存而不擾民，不可得之，唯有以順人不傷、無厚入有間的方式應世。

## 三、超越而回顧——自在的"我"及"他人"

先秦諸子中儒家最重視道德實踐，《史記·太史公自序》論六家要旨，稱儒家的特色是重視人倫，司馬遷言：

> 其序君臣、父子之禮，列夫婦、長幼之別，不可易也。②

《太史公自序》言及四倫，典籍中最早且明確指出儒家五倫者為孟子，語曰："父子有親、君臣有義、夫婦有別、長幼有序、朋友有信。"③說明五倫關係所指，以及"親"、"義"、"別"、"序"、"信"等道德要求。另外《禮記》有十倫之說，見於《祭統》：

> 夫祭有十倫焉。見事鬼神之道焉，見君臣之義焉，見父子之倫焉，見貴賤之等焉，見親疏之殺焉，見爵賞之施焉，見夫婦之別焉，見政事之均焉，見長幼之序焉，見上下之際焉，此之謂十倫。④

"十倫"是擴大人倫相關之事理而言，儒家重視祭祀之禮，為五禮之首，禮儀節文的設置，符合宗法社會的親疏遠近尊卑上下之別，期待以符合人情、遵守差異的方式維持社會的和諧與秩

---

① 見《中國人性史論——先秦篇》，臺灣商務印書館1993年版，第409頁。另錢穆《莊子纂箋·大宗師》題解引釋德清之語云"內聖之學，此為極則"，臺北三民書局1974年版，第47頁。
② 見瀧川資言《史記會注考證》，卷一三〇，臺北中新書局1977年版，第1333頁。
③ 見《孟子·滕文公上》，《四書集註》，第361頁。
④ 見《禮記集解》，第1243頁。

序。法家則不強調人與人之間的情感及人倫關係①。儒法兩家的主張,莊子必不陌生,但《德充符》言人存在於世間不可忘卻不可逃離的責任為"子之愛親"與"臣之事君"二項,是人倫中"不可奈何"之事。由莊子言與不言的差異可見其意,人倫關係僅擇"愛親"與"事君"二者,必須"安之若命",其餘的人倫關係不在必須實踐的範圍之內,則莊子在人倫關係中有所選擇、有所不選,此選與不選即自由意志的表達。

"選擇"是自由意志,是倫理學或政治學上討論道德與否的重要因素,即個人的行為是由自己決定。亞里士多德於《倫理學》言:

> 願望是有目的的,而達到目的則依靠策劃和選擇,那麼與此相關的行為就要靠選擇,並且是志願的。各種德性的實現活動,也就是與此相關的。……我們力所能及的事,可以做也可以不做。在我們能說是的地方,也能說不。②

無論是行動或言說,說與不說,行動與否,皆是選擇的結果,選擇行為的意義是自由。莊子面對人生情境,言父子之親與君臣之義,為"知其不可奈何而安之若命"者,此兩種基本的人倫關係為人生所不可免。至於我與其他人的關係,"相忘於江湖"寓言可以說明,《大宗師》云:

> 泉涸,魚相與處於陸,相呴以濕,相濡以沫,不如相忘於江湖。與其譽堯而非桀也,不如兩忘而化其道。夫大塊載我以形,勞我以生,佚我以老,息我以死。故善吾生者,乃所以善吾死也。③

魚的理想生存環境是江湖或大海,處於陸上則是絕境。"相與處於陸"喻客觀艱辛的環境,是生命終止前的景象。"相呴以濕,相濡以沫"的行動,說明即使瀕臨死亡,仍相互關切,是絕望之中的至情至義,亦是至性之彰顯。然而莊子言"不如",以之比於"相忘於江湖",後者是更適合的生存情境。魚作為存有之物,存活於江湖大海的環境,魚可各自悠游,可以相互接近,亦可以遠離,而終不離江海。"我"有自由可以不與他人產生關係或連繫,個人有自由意志,可以免於依附、依賴他人。魚在共同的時空之中任意而游,可近可遠,於魚是更自在的生命境界。同樣身為魚,是對共同生命的認同感,江湖大海是魚所當歸屬之處,魚存活於湖海之中,湖海

---

① 《史記·太史公自序》言"法家不別親疏,不殊貴賤,一斷於法,則親親尊尊之恩絕矣",卷一三〇,第1333頁。

② 《亞里士多德倫理學》1113b5-9,第80頁。另外同一卷1139a24-27亦寫道:"倫理德行既然是種選擇性的品格,而選擇是一種經過策劃的慾望,這樣看來,如若選擇是一種真誠的選擇,那麼理性和慾望都應該是正確的。"第150頁。

③ 見《莊子集釋》,第242頁。又此寓言《天運》亦載,見《莊子集釋》,第522頁。

容納魚,大則容眾,環境寬廣,則生命各自自由自在。

《大宗師》言"魚相忘乎江湖,人相忘乎道術",自適的環境即可超越而自在,莊子亦言"與其譽堯而非桀,不如兩忘而閉其所譽"(《外物》)、"與其譽堯而非桀也,不如兩忘而化其道"(《大宗師》),則是超越人我之分,超越是非、得失、價值等,對莊子而言,人無需強調高尚的情操,人世亦無需堯舜。

言"忘"是莊子的實踐功夫,忘則不受人世間人、事、物的羈絆,精神可自困境中脫困而出。莊子洞悉價值或相對觀點的意義,《秋水》借北海若角色曰:

> 以道觀之,物無貴賤;以物觀之,自貴而相賤;以俗觀之,貴賤不在己。以差觀之,因其所大而大之,則萬物莫不大;因其所小而小之,則萬物莫不小。……知東西之相反而不可以相無,則功分定矣。以趣觀之,因其所然而然之,則萬物莫不然;因其所非而非之,則萬物莫不非;知堯桀之自然而相非,則趣操覩矣。

指"東西之不可相無",言"東西"則無主體客體之分,無高下之別,意即相對之必要,相對而不可相無,皆為存在之必要。不可以相無,有此故有彼,反之亦然。由相對體悟自然之理,泯然不分,得道為一。與人往來相處之道,亦如是。

"我"與"他人"並存,同在於天地之間,同為萬物之一,分或不分皆為人心的認知。"忘"是超越的方法工夫,超出相對、對立、差異等觀點,由體認"分"而知悟"不可相無",進而同化於"道"。陳鼓應言超越偏執的我,所謂"己",乃是功與名所捆住的自己,超世俗價值所左右的自己,則"至人所通向的大我,非生理我,非家庭我,亦非社會我,乃是宇宙"①,《齊物論》有所謂"天地與我並生,而萬物與我為一",人可以由形下生命向上提升至於道,"喪我"不譴是非,以至於"和之以天倪"、"忘年忘義"。《大宗師》言:

> 故其好之也一,其弗好之也一。其一也一,其不一也一。其一與天為徒,其一不與人為徒。天與人不相勝也,是之為真人。

稱"一"則無分別,雖有"東西"之異,有"不一"之實,超越現存事實,去除既有定見,則可不受限於既有立場的觀點,如《齊物論》言"以指喻指之非指,不若以非指喻指之非指也",亦如《德充符》所稱"自其異者視之,肝膽楚越也;自其同者視之,萬物皆一也",天地 指,萬物一馬,不是客觀的自然現象,是心理精神價值的認定。觀看的心理態度不同,可形成新的認知結果,無成見分別心,而臻至化境,如《大宗師》言"造適不及笑,獻笑不及排,安排而去化,乃入於寥天一",道的境界,由忘"我"與"他人"、忘"我"而趨向於道,而後能"原天地之美而達萬物之理"。

---

① 見《老莊新論》,臺北五南 2006 年版,第 148 頁。

莊子對人生境遇上的選擇,除了父子之親、君臣之義是必須踐行的倫理關係,莊子以"不勝"、"相忘"取代對他人的關懷行動,則我與他人之間的關係是自在自由的。此是莊子面對人世特別之處,正視此世是人與人共生的環境,悟透人性與人世,重視個人內在真實的感受,選擇超越,生命得以自由。人世之不可愛是人間常態,但莊子不封閉排斥、不恐懼人世,不尋求遠遁逃離的方法,亦不介入政治,而是由個人精神超越,自由而悟道。《逍遙遊》大鵬高飛後回視人間,無不生動,言"野馬也,塵埃也,生物之以息相吹也。天之蒼蒼,其正色邪? 其遠而無所至極邪? 其視下也,亦若是則已矣",高遠的距離可以綜觀全局,人間世一旦自高處回視,是非得失遠離,置身事外,不再身陷其中,則人間種種,可以以全知視角理解,省思自我與他人,客觀分析人性,更可以觀看妙化,自然之美。大鵬是有待摶扶搖而上,精神超越則可以無待而高飛。人世不能脫離,可以超越,則即使大寒大熱焦土亦無傷。

唐君毅論莊子言:

> 第一義之道,當自其人生政治文化思想中求瞭解。……莊子之所求,初即不外求其心,在此等行盡如馳之念慮中超拔。而莊子之道者,其初亦即望有此超拔,而解此心之桎梏,以自求出路,解此心之倒懸,以安立地上之道也。①

解人間倒懸是《莊子》書中重點之一,此亦可說明莊子言忘,重在人我之間忘我,除去我執,於他人則實未忘也。現代西方倫理學家列維納斯(Emmanuel Levinas, 1906—1995)的倫理學強調"他人"的重要性,他人是我不可逃避的責任②,以此省思儒、道、墨諸子之學,則凡救弊之學,皆是以關懷他者為出發點。《天下》篇言莊"以天下為沉濁,不可與莊語,以巵言為曼衍,以重言為真,以寓言為廣",《莊子》之書為了表達思想,於形式及內容皆力求變化,重視閱讀效果、閱讀心理與感受,雖然文字傳道有其局限與不足,但作為傳達思想的工具,仍是較完備的方式。凡書寫的對象是自我亦是他人,我與他人皆是閱讀者,亦是交談的對象③,寓志抒情是書寫的傳統,以書寫闡明思想、人生哲學,未嘗不是生處亂世而拒絕絕望的一種方式④,亦可視之為關懷他人。

---

① 見《中國哲學原論——導論篇》,臺灣學生書局 1986 年版,第 126 頁。
② 列維納斯主張人為他人而存在,如《倫理與無限》(*Ethique et Infini*)中言"與他人的關連就是責任"(Le lien avec autrui ne se noue que comme responsabilité),見 *Ethique et infini*, p. 93, éd. Le Livre de poche, 1982。
③ 此採取書寫的四項要素而言,即作者、文本、讀者、世界。
④ 王德威於《"有情"的歷史》一文論中國文學抒情傳統,文末寫及沈從文的史觀,結語言"而沈從文的發現到今天有其意義:'抒情'不是別的,就是一種'有情'的歷史,是文學,就是詩",見《現代抒情傳統四論》第 83 頁,臺大出版社,2011 年。本文擴大解釋"有情"的範圍。

## 結　語

　　面對人間,《大宗師》說明莊子的生命態度是"其為物,無不將也,無不迎也,無不毀也,無不成也,其名為攖寧。"莊子以開濶態度應世,不遠離家庭人群,不勉強不造作,自然而然,此即陳于廷言"莊子拯世,非忘世。其為書,求入世,非求出世也"①,所謂"其為書,求入世,非求出世也",是文字救世積極的意義。《莊子》一書多非直接刻畫世間慘狀,以寓言寫人間疾苦,思考生命,從痛苦的人生中尋求上升的力量,擺脫人世煎熬。"我"與"他人"共存於天地間,忘"我"與"他人"之別、忘"我",則超越而自在。卡爾維諾(Italo Calvino, 1923—1985)稱其所理解的文字的用途是"對事物的恆久追逐,也是對於變化無窮之事物的恆久調適"②,是以採取不一樣的角度,以不同的邏輯和認識方式來看待世界③,亦言"追尋的目標通常是在'另一個'或'不同的'領域,可能在地平線上的遠方;或者在垂直線上的極深或極高處"④,此可說明莊子從高遠的角度看待世界,眾人生存的處境沉重,以新的認知實踐生命,引領認識人性、自我與他人。

　　艾柯(Umberto Eco, 1932—　)於《悠遊小說林》中有段意義深遠而看似清靜淡雅的話,文曰:

> 你到林中散步,如果不是迫於擺脫野狼或惡魔的糾纏,非得趕快離開,
> 那麼,緩步流連是很美的,
> 欣賞陽光在林葉間跳躍,投影在沼澤地上,
> 察看灌木叢下生長的青苔、蘑菇和植物。

---

① 見錢穆《莊子纂箋‧人間世》篇解引,第27頁。陳于廷,明萬曆二十三年進士。生卒年不詳。
② 見吳潛誠校譯《給下一輪太平盛世的備忘錄‧輕》,臺北時報1996年版,第44頁,第20頁。英文本 *Six Memos for the Next Millennium*, p. 26, New York: Vintage International, 1993。原句為"words as a perpetual pursuit of things, as a perpetual adjustment to their infinite variety"。
③ 見《給下一輪太平盛世的備忘錄‧輕》,第20頁。英文本第7頁,"I mean that I have to change my approach, look at the world from a different perspective, with a different logic and with fresh methods of cognition and verification."
④ 見《給下一輪太平盛世的備忘錄‧輕》,第45頁。此段原是論民間文學。英文本第27頁,"Usually the object sought is in 'another' or 'different' realm that may be situated far away horizontally, or else at a great vertical depth or height."

　　　　緩步流連並不是浪費時間……①

　　莊子身處野狼、惡魔之中，不擺脱或快速離開，選擇身處其中流連而超越，如艾柯所言"人生是殘酷的,對你對我都是,因此故我在這裏"②,此是作者以對話方式表示對閱讀者的用心。《莊子》一書,以文字書寫傳達了對期許相忘於江湖的"他人"的責任與關懷。

　　莊子言天地大美,對人世倫理義務有所選擇,顯示對情感與客觀世界的立場。選擇是自由,選擇而實踐,超越人我而重新觀看人世間與天地之美,一如蝴蝶栩栩、魚樂優游,江河大海皆盡美矣。

　　[作者簡介] 江美華(1957—　),女,臺灣新竹市人。現任教於臺灣東華大學中國語文學系,主要從事儒學及莊子研究。

---

① 見 *Six Walks in the Fictional Woods*, p. 50, Harvard University, 1998。中文譯本《悠遊小説林》,黄寤蘭譯,臺北時報 2000 年版。此段引文中文版特别置於《目次》前,原句見是書第三部分《漫步林中》,中譯本,第 69 頁。

② 原文"But since life is cruel, for you and for me, here I am",見 *Six Walks in the Fictional Woods*,第 140 頁。見中譯本《悠遊小説林》,第 197 頁。

# 《莊子》中的宋人形象考說

## 賈學鴻

任何一部著作的產生,都無法脫離它賴以存在的地域土壤。而任何地域文化,既有歷史上形成的傳統,又有現實社會作用的諸多因素。莊子是戰國時期宋人,《莊子》一書出現許多與宋地相關的人物和事象。莊子本人對宋人的態度、對宋文化的評價,成為以往學術界關注的重點。學者多從《莊子》作者對宋文化所持的觀點入手進行辨析。但是,《莊子》與宋文化的關聯是多方面的,如果不僅僅局限於對宋文化的價值評判,而是從歷史背景、生活原型、取材角度等層面進行全方位審視,無疑會更深入地揭示《莊子》與宋文化的種種內在糾葛。

本文將由《莊子》書中的宋人形象入手,從歷史和現實兩個維度進行挖掘,考察該書與宋文化的淵源。由於《莊子》寓言具有象徵性,有時故意閃爍其詞,使表達的內容亦虛亦實。因此,有必要對書中宋國人物的許多細節進行歷史還原、分類和辨析。

## 一、《逍遙遊》中愚鈍的宋人

《莊子》首篇《逍遙遊》兩次提到宋國居民。第一次是在敘述藐姑射神人不肯以天下為事之後道出:"宋人資章甫而適諸越,越人斷髮文身,無所用之。"這裏是以宋人到越地販賣禮帽而無法售出一事為例,說明有用、無用要看對象。《莊子》運用的宋人事例,反映出宋文化的重要特徵,即對禮儀的崇尚和重視。章甫,指的是禮帽,《禮記》多次提到它。《郊特牲》稱:"委貌,周道也。章甫,殷道也。毋追,夏后氏之道也。"夏、商、周三代的禮帽各有自己的名稱,殷人的禮帽稱為章甫。《玉藻》稱:"縞冠玄武,子姓之冠也。"殷商子姓,宋人作為殷商後裔亦是子姓。這個族群的禮帽是白色的,帽帶黑色。武,指冠上的結帶。宋人常見的禮帽稱為章甫,是白色禮帽,黑色結帶。《明堂位》列舉夏、商、周三代的色彩崇尚,其中提到"殷之大白"、"殷白牡"。殷人旗幟白色,祭祀用白毛牲畜。殷人尚白,它的禮帽也以白為本色。《儒行》篇寫道:

> 魯哀公問於孔子曰:"夫子之服,其儒服與?"孔子對曰:"丘少居魯,衣逢掖之長。

长居宋，冠章甫之冠。丘聞之也，君子之學也博，其服也鄉。丘不知儒服。"

孔子是殷商血統，並且在宋國居住過。他在宋國所戴的帽子就是章甫，這對孔子來說是入鄉隨俗，也是返本復始。以上是《禮記》有關章甫的相關記載，可見宋地男士的這種禮帽在儒家那裏是很受重視的。《逍遥遊》篇是把宋人的章甫與越人的斷髮文身相對比，前者代表的是文明開化，後者體現的是原始樸野。至於宋人資章甫以適越，則顯得不合地宜，長途販運賠本，帶有幾分滑稽。但從另一方面也可以看出，宋人不擅長經商，缺少經濟謀劃，思維較刻板，缺少變通。

《逍遥遊》還講述了宋人的如下故事：

宋人有善為不龜手之藥者，世世以洴澼絖為事。客聞之，請買其方百金。聚族而謀曰："我世世為洴澼絖，不過數金。今一朝而鬻技百金，請與之。"客得之，以說吳王。越有難，吳王使之將，冬與越人水戰，大敗越人，裂地而封之。

這個故事由莊子之口講出，用以說明惠子對"用"的僵化理解。宋人擁有製造防止皮膚皸裂之藥的秘方，掌握先進的醫療技術。但是，這個家族沒有經濟頭腦，把專利低價出售，還自以為很划算。買到這一"專利"的人對它加以充分利用，竟贏得榮華富貴。故事中的宋人安守本分，但缺少變通，趨於保守，結果在交易中吃了大虧。

《逍遥遊》中先後兩次講述宋人的故事，用以闡述無為逍遥的理念。他講述宋人的故事看似漫不經心，信手拈來，卻在一定程度上反映出宋地的民性習俗，具有歷史的真實性，《史記·貨殖列傳》寫道：

夫自鴻溝以東，芒、碭，屬巨野，此梁、宋也。陶、睢陽，亦一都會也。昔堯作（遊）[於]成陽，舜漁於雷澤，湯止於亳。其俗猶有先王遺風，重厚多君子。好稼穡，雖無山川之饒，能惡衣食，致其畜藏。

《史記·貨殖列傳》對全國各主要地區的物產、經濟、民風、習俗均有概括性的敍述，其中對宋地持肯定態度。那裏的居民安於農耕，吃苦耐勞，性情淳樸。對於這些美好的因素，司馬遷把它們歸結為先王遺風。《逍遥遊》篇到越地出售禮帽的宋人和掌握不龜手藥秘方的宋人家族成員，都屬於忠厚樸實的君子之類，體現出宋地民性習俗的特點。

《管子·水地》篇以水性論民性，對於多處地域的水性和民性均有不同程度的貶抑，指出其缺陷，唯獨對宋地持充分肯定的態度，文中寫道：

宋之水輕勁而清，故其民間易而好正。是以聖人之化也，其解在水。故水一則民心正,水清則民心易。人心正則欲不污,民心易則行無邪。①

這裏對宋地的水以"輕勁而清"加以概括,指出它的清澈和暢通,並且按照這種水性來解說宋地的民性,認為宋人用心簡易,行為中正,堪為道德楷模,是聖人教化的結果。《水地》篇所持理論並不科學,但是,它對宋地民性所作的概括,卻具有現實根據,反映出那個時代先民對宋地民性比較一致的看法。

從《管子·水地》到《史記·貨殖列傳》,都對宋地民性習俗予以充分的肯定。《莊子·逍遙遊》先後兩次講述宋人故事,對宋人帶有調侃的意味。但是,這種揶揄是善意的,並且對於調侃對象帶有幾分同情,不能以此斷定他對宋文化的疏離和排斥。

## 二、得道、求道的宋人

《莊子》書中的宋地先民,有的作為體悟道性的達人或是問道者的形象出現,往往充當的是正面角色。

先看作為體悟道性者出現的宋人,這類人物有公文軒、正考父。

### 公 文 軒

《養生主》寫道:

> 公文軒見右師而驚曰:"是何人也,惡乎介也。天與?其人與?"曰:"天也,非人也。天之生是使獨也,人之貌有與也。是以知其天也,非人也。"

成玄英疏:"姓公文,名軒,宋人也。右師,官名也。介,刖也。"②成玄英判定公文軒是宋人,其依據在於他的提問對象是右師。春秋時期的諸侯國,唯有宋國設左師、右師之官。右師是宋國朝廷的高官,但此時這位右師只有一隻腳,屬於刑餘之人。介,指足或獨足,這種用法在《莊子·庚桑楚》可以見到。"夫函車之獸,介而離山,則不免於罔罟之患。"這裏的介,指單獨、獨自。"介者拸畫,非外譽。"這裏的介者,指獨腳之人。獨腳之人捨棄修飾,不再介意自身的形貌。《養生主》中這位右師是一位遭遇刖刑的獨腳之人,公文軒把這種狀況說成是上天的安排。因為在他看來,人的形貌都是上天賦予的,而遭受刖刑絕不是人的主觀意願,應是有所不得已,不得已而為即是上天的安排。在與右師談話時,公文軒閉口不談刖刑之事,實際是在嘲

---

① 姜濤《管子新注》,齊魯書社 2006 年版,第 315 頁。
② 郭慶藩《莊子集釋》,中華書局 2004 年版,第 125 頁。

諷右師爲了官職而不知珍愛生命，不懂得養生之道。《養生主》篇公文軒出自宋國，是《莊子》書中一位得道的達人，他參透禍福，抱着笑看人生的態度看待右師這一高級官職，是莊子予以充分肯定的正面形象。

## 正 考 父

《莊子》書中作爲體悟道性角色出現的宋人還有正考父，《列禦寇》篇寫道：

> 正考父一命而傴，再命而僂，三命而俯，循牆而走，孰敢不軌。如而夫者，一命而呂鉅，再命而於車上儛，三命而名諸父，孰協唐許！

這裏提到的正考父是孔子的十代先祖，《釋文》說他是"宋湣公之玄孫，弗父何之曾孫"，也是宋國的先賢。關於正考父的具體業績，《左傳》昭公七年的記載得更爲具體，魯國的孟僖子說道：

> 吾聞將有達者曰孔丘，聖人之後也。其祖弗父何以有宋而授厲公。及正考父，佐戴、武、宣，三命茲益共。故其鼎銘云："一命而僂，再命而傴，三命而俯，循牆而走。亦莫余敢侮。饘於是，鬻於是，以餬余口。"其共也如是。

孟僖子是魯國大臣，出使楚國其間不能相禮，返回之後深感恥辱，令其兩個兒子拜孔子爲師，以上所錄話語是孟僖子臨終所言。

正考父輔佐宋國戴、武、宣三世之君，是宋國名臣。據《史記·宋微子世家》的記載，宋戴公繼位於周宣王二十九年（前799年），宋宣公卒於周平王四十二年（前729年），宋國戴、武、宣三世都處在西周後期到春秋前期階段，正考父是兩周之際的宋國名臣。《莊子·列禦寇》有關正考父的敍述，摘自他的鼎銘。關於鼎銘的作用和體式，《禮記·祭統》有具體的說明：

> 夫鼎有銘，銘者自名也，自名以稱揚其先祖之美，而明著之後世者也。……銘者，論譔其先祖之德善、功烈、勳勞、慶賞、聲名，列於天下，而酌之祭器，自成其名焉，以祀其先祖者也。

鼎銘是後代子孫爲紀念已逝的先祖而作，把頌揚先祖功德的文字刻於鼎上，在祭祀時進行展示，是祭器之屬。鼎銘"稱美而不稱惡"，以表達孝子賢孫的心意。《左傳》昭公七年所記載的正考父鼎銘，出自正考父之手。《莊子·列禦寇》的敍述則是選取這份鼎銘的片段。

關於鼎銘的具體樣式，《禮記·祭統》所載衛國孔悝的鼎銘提供了範本：

> 六月丁亥，公假於大廟。……公曰："叔舅，予女銘，若纂乃考服！"悝拜稽首曰：

"對揚以辟之,勤大命。"施於烝彝鼎。

鼎銘通常是在君主的指令下而作,首先敍述它的由來緣起,其中包括君主的賜名及臣下的回應,這種回應包括言語和動作。最後交代鼎銘的製作。《左傳》昭公七年所錄的正考父鼎銘,出示的是正考父對君主賜命所作的回應。自"一命而僂"至"循牆而走",敍述正考父接受賜命後的動作。自"亦莫余敢侮"至"以餬余口",是正考父對君主賜命所作的言語回應。至於《莊子·列禦寇》對正考父所作的敍述,全是取自銘文對正考父動作所作的記載。

正考父在接受君主的賜命時,所做出的動作回應顯得極其謙恭。傴、僂、俯,都是屈身下拜之象,先是屈背,隨後屈腰,再後伏身近地,屈身的強度越來越大,以此表達對君主的感謝。至於"循牆而走","循牆,避道中央。急趨曰走,示恭敬。"①正考父在接受君主賜命過程中,動作回應顯得極其謙恭。《列禦寇》篇作者對正考父的退避謙讓之象很欣賞,把它作為一種美德加以稱揚。並且認為,面對正考父這樣的謙恭舉措,還有誰敢圖謀不軌?從而充分肯定此種做法所產生的良好效應。文中還把正考父的謙恭與驕傲自大之人作了對比。"如而夫"者,郭象注:"而夫,謂凡夫也。"成玄英疏:"而夫,鄙夫也。"②郭注、成疏大意得之,但不夠確切。《說文》:"而,須也,象形。"段玉裁注:"須也象形,引申假借之為語詞。或在發端,或在句中,或在句末;或可釋為然,或可釋為如,或可釋為汝,或釋為能者,古音能與而同,假而能。"③而夫,謂能夫,指自矜其能的傲慢之人。呂鉅,郭嵩燾稱:"《方言》:'奘,呂,長也。東齊曰奘,宋魯曰呂。'《說文》:'鉅,大剛也。'亦通作巨,大也。呂鉅,謂自高大,當為矜張之意。"④"一命而呂鉅",指自持其能的人受到第一次賜命即矜持張揚。"再命而車上儛",得到第二次賜命則登車起舞,儛,同舞字。"三命而名諸父",諸父,指叔伯,謂得到第三次賜命則對叔伯直呼其名。這是把自持其能的倨傲之人與正考父的謙恭之態作對比,最後反問"孰協唐許"。唐,指唐堯。許,指許由。唐堯向許由禪讓天下,許由拒絕不受,雙方都是謙讓之人。言外之意,自持其能者如此倨傲,誰還能像唐堯、許由那樣相互謙讓,言其所造成的惡劣後果。

正考父是孔子的遠祖,也是宋國的先賢,《列禦寇》篇對於他的謙恭美德予以充分肯定,把他作為入道的達人看待,體現出對宋國歷史傳統的認可,對宋文化的肯定。

《莊子》把公文軒、正考父塑造成得道之人,而問道者形象應是商大宰蕩。

## 商　大　宰　蕩

《天運》篇有如下寓言:

---

① 楊伯峻《春秋左傳注》,中華書局 2000 年版,第 1295 頁。
② 郭慶藩《莊子集釋》,第 1056 頁。
③ 段玉裁《說文解字注》,浙江古籍出版社 1999 年版,第 454 頁。
④ 郭慶藩《莊子集釋》,第 1055 頁。

> 商大宰蕩問仁於莊子。莊子曰："虎狼,仁也。"曰："何謂也?"莊子曰："父子相親,何為不仁?"曰："請問至仁?"莊子曰："至仁無親。"大宰曰："蕩聞之,無親則不愛,不愛則不孝。謂至仁不孝,可乎?"莊子曰："不然。夫至仁尚矣,孝固不足以言之。此非過孝之言也,不及孝之言也。……"

這篇寓言的對話雙方分別是商大宰和莊子,商,這裏指的是宋國。春秋時期宋國確實有大宰這個官職,《左傳》幾次提及。成公十五年,"向帶為大宰,魚府為少宰。"大宰、少宰,《周禮·天官》又稱大宰、小宰。襄公十七年,"宋皇國父為大宰。"但是,自襄公十七年之後,史書再無宋國大宰之官的相關記載。《左傳》哀公二十六年提到宋國的主要官職,有右師、左師、大司馬、司徒、司城、大司寇,最後稱"因大尹以達",即派大尹向上述官員傳達君主的旨意,大尹是國君身邊的近臣。清梁玉繩《左傳補釋》引《周氏附論》云:"或曰:太宰自襄十七年後不復見《傳》,疑省太宰而設之。"① 這是推測大尹即原來的大宰,職務相同,名稱相異。這種推測是有道理的。《左傳》襄公十七年記載:"宋皇國父為大宰,為平公築臺,妨於農牧。"皇國父作為太宰,負責為宋平公築臺觀以供遊樂,直接為國君服務。《左傳》哀公二十六年記載:宋景公的指令"因大尹以達。"但是,"大尹常不告,而以其欲稱君命以令,國人惡之。"這位大尹往往把自己的意見假稱君主指令向朝臣傳達,引起朝臣憤慨,宋景公死後,這位大尹逃亡到楚國。從上述記載可以證明,宋國春秋時期的大宰,後來稱為大尹,是君主的近臣,傳達君主的命令,直接為國君服務。莊子生活的戰國中期,宋國已經沒有大宰這個官職,早已更名為大尹。《天運》篇所敘述的大宰蕩與莊子的對話,其中的大宰指宋國的大尹。

戰國時期的宋國確實繼續設置大尹這個官職。《戰國策·宋衛策》有如下記載:

> 謂大尹曰:"君日長矣,自知政則無公事。尹不如令楚賀君之孝,則君不奪太后之事矣,則公常用宋矣。"②

當時宋國國君年紀小,由太后垂簾聽政,實際權力則由大尹掌握,隨着國君年齡增長,大尹感到自己的權力即將失去。有人向他建議,請楚國派使者稱頌宋君孝順,這樣,太后就能繼續垂簾聽政,大尹還是實權人物。《韓非子·說林》也有這個故事,開頭作"白圭謂宋令尹",令尹,當指大尹。白圭,歷史上實有其人,《漢書·古今人表》把他列在孟子和魏惠王之間,和孟子、莊子基本上屬於同一時段的人物。白圭與宋國大尹有交往,《天運》篇莊子與宋大宰的對話,其中的大宰有《宋衛策》大尹的影子。《天運》篇的大宰向莊子問仁與孝的關係。《宋衛策》中的大尹,則有人向他提出以稱頌國君孝順的方式耍弄權術,兩者都涉及孝和仁。據此推測,這

---

① 楊伯峻《春秋左傳注》,中華書局 2000 年版,第 1727 頁。
② 劉向集錄、范祥雍箋證《戰國策箋證》,上海古籍出版社 2006 年版,第 1824 頁。

位宋國大尹的傳說流播較廣,《天運》篇的作者以此為背景,創造了這篇寓言。文中假托莊子的話語,透漏出這方面的信息:

> 夫至仁尚矣,孝固不足以言之。此非過孝之言也,不及孝之言也。……夫德遺堯舜而不為也,利澤施於萬世天下莫知也,豈直大息而言仁孝乎哉!夫孝悌仁義,忠信貞廉,此皆自勉以役其德也,不足多也。故曰:至貴,國爵並焉;至願,名譽並焉。是以道不渝。

在現實生活中,有人向宋國的大尹建議,設計褒揚宋國君主的孝順,以此保住大尹的權力。在這則寓言中,莊子則以無心而純任自然的理念看待大尹所提出的仁和孝,認為那不過是自我奴役,不足稱道。真正的仁和孝完全是超功利的,最後達到"兼忘天下",並"使天下兼忘我"。文內對貴、願作出界定,其中的"並",指摒棄。真正的貴、願是把它們摒棄,以此類推,真正的孝是忘親忘愛,完全出自無意識。言外之意,把孝與名聲地位綁在一起,根本不值得一提。這篇寓言具有較強的針對性,當是與宋國大尹的傳說相關,是戰國中期宋國朝廷政治的曲折反映。

## 三、《列禦寇》中殘暴的宋王

《莊子》書中的宋人,還有的作為負面角色出現,同樣可以從宋國的歷史故事中找到他的生成根據。

《列禦寇》篇有如下寓言:

> 人有見宋王者,錫車十乘,以其十乘驕穉莊子。莊子曰:"河上有家貧恃緯蕭而食者,其子沒於淵,得千金之珠。其父謂其子曰:'取石來鍛之!夫千金之珠,必在九重之淵而驪龍頷下,子能得珠者,必遭其睡也。使驪龍而寤,子尚奚微之有哉!'今宋國之深,非直九重之淵也;宋王之猛,非直驪龍也。子能得車者,必遭其睡也。使宋王而寤,子為齏粉夫!"

這篇寓言假托莊子之口,把宋國君主說得非常兇猛殘暴。對此,成玄英疏:"宋襄王時,有庸瑣之人遊宋,妄說宋王,錫車十乘,用此驕炫。"[①]成玄英釋宋王為宋襄王,可是,宋國歷史上沒有宋襄王,只有宋襄公。而宋襄公又是以崇尚仁義著稱,甚至戰爭中還恪守"君子不重傷,不禽

---

① 郭慶藩《莊子集釋》,第1060頁。

二毛"的準則,在歷史上成為笑柄,具體記載見於《左傳》僖公二十二年。顯然,寓言中提到的那位殘暴的宋國君主,指的不是宋襄公。那位君主在寓言中三次以宋王稱之,宋國君主稱為王者只有一位,那就是它的亡國之君偃,亦稱宋康王。《戰國策·宋衛策》有如下記載:

> 宋康王之時,有雀生鸇於城之陬。使史占之,曰:"小而生鉅,必霸天下。"康王大喜,於是滅滕伐薛,取淮北之地,乃愈自信。欲霸之亟成,故射天笞地,斬社稷而焚滅之,曰威服天下(地)鬼神。罵國老諫曰(者),為無顏之冠以示勇,剖傴(者)之背,鍥朝涉之脛,而國人大駭。齊聞而伐之,民散,城不守。王乃逃倪侯之館,遂得而死。①

宋康王名偃,是宋國的末代之君、亡國之君。他的殘暴行徑令人髮指,許多典籍都有記載。賈誼《新書·春秋》、劉向《新序·雜事五》、《史記·宋微子世家》,所述宋康王的惡行與《戰國策·宋衛策》的記載可以相互印證。宋國君稱王者只有宋康王,並且是一位典型的暴君。《莊子·列禦寇》稱:"宋王之猛,非直驪龍也。……使宋王而寤,子為齏粉夫!"這裏所作的描述,正是宋康王殘暴之行的真實寫照。宋康王稱王三十年而國滅,時當公元前286年。這篇寓言假托莊子之口敘述宋王的殘暴,莊子和宋康王所處時段大體一致,寓言的角色設置具有歷史的客觀性,寓言當是出自莊子後學之手。

《莊子·列禦寇》篇還有如下寓言:

> 宋人有曹商者,為宋王使秦。其往也,得車數乘;王說之,益車百乘。反於宋,見莊子曰:"夫處窮閭厄巷,困窘織履,槁項黃馘者,商之所短也。一悟萬乘之主而從車百乘者,商之所長也。"
>
> 莊子曰:"秦王有病召醫,破癰潰痤者得車一乘,舐痔者得車五乘。所治愈下,得車愈多。子豈治痔邪,何得車之多也?子行矣。"

這則寓言對於宋、秦兩國國君均以王稱之。秦國君主稱王始於惠文(前337年—前311年在位)。宋君偃稱王是在公元前316年,依此推斷,這篇寓言是以宋康王時期的秦、宋交往為背景。成玄英疏:"姓曹,名商,宋人也。為宋偃王使秦,應對得所。"②這個結論是可信的。

宋、秦兩國的外交活動,在戰國時期變得頻繁起來,春秋階段兩國之間的直接交往極其罕見。戰國階段的宋國,相當長一段時間是秦國的保護對象,仰仗於秦國而生存。《戰國策·魏策二》:"五國伐秦,無功而還。其後齊欲伐宋,而秦禁之。"五國伐秦指成皋之役,時當秦昭王

---

① 劉向集錄、范祥雍箋證《戰國策箋證》,第1828頁。
② 郭慶藩《莊子集釋》,第1049頁。

十年(前 299 年),正是宋康王在位期間。《戰國策·韓策三》:"韓人攻宋,秦王大怒曰:'吾愛爾,與新城、陽晉同也。韓珉與我交而攻我甚所愛,何也?'"對於韓珉攻宋,鮑彪注:"今從《史》,定為此(釐王)十年。"① 韓釐王十年(前 286 年),宋國滅亡。韓珉率齊國軍隊攻宋,秦昭王在開始階段加以制止,後來聽從蘇秦的勸説才作罷。直到宋國滅亡那年,秦王仍然把宋國作為自己的保護對象。由此而來,宋國使者前往秦國,必然要卑顏甘辭以取悦於對方。這則寓言以宋、秦之間的不平等交往為背景,寓言作者對於宋國的這種狀況深感恥辱,對於沒有氣節人格的外交使者予以辛辣的諷刺。

## 四、率性崇真的宋元君

宋元君是《莊子》寓言反復出現的角色,分别見於《田子方》、《徐無鬼》和《外物》,其中《外物》篇的寓言最有傳奇色彩:

> 宋元君夜半而夢人被髮闚阿門,曰:"予自宰路之淵,予為清江使河伯之所,漁者余且得予。"元君覺,使人占之,曰:"此神龜也。"君曰:"漁者有余且乎?"左右曰:"有。"君曰:"令余且會朝。"明日,余且朝。君曰:"漁何得?"對曰:"且之網得白龜焉,其圓五尺。"君曰:"獻若之龜。"龜至,君再欲殺之,再欲活之,心疑,卜之。曰:"殺龜以卜吉。"乃刳龜,七十二鑽而無遺筴。

關於宋元君,《釋文》曰:"宋元君,李云:元公也。案:元公名佐,平公之子。"② 這是釋宋元君為宋元公,合乎歷史實際。《莊子》對各國君主的稱謂,遵循着既定的規則,稱一國之主為君,還見於《養生主》篇,其中的文惠君,指的是梁惠王。以此類推,宋元君,指的是宋元公。

宋元公,歷史上實有其人,名佐,宋平公之子。魯昭公十一年(前 531 年)繼位,卒於魯昭公二十五年(前 517 年),在位十五年。宋元公一生最有傳奇色彩的故事,是他去世前不久的一場夢,《左傳》昭公二十五年作了記載:

> 十一月,宋元公將為公故如晉。夢大子欒即位於廟,己與平公服而相之。旦,召六卿。公曰:"寡人不佞,不能事父兄,以為二三子憂,寡人之罪也。若以群子之靈,護保首領以歿,唯是楄柎所以藉幹者,請無及先君。"仲幾對曰:"君若以社稷之故,私降昵宴,群臣弗敢知。若夫宋國之法,死生之度,群臣以死守之,弗敢失隊。臣之失

---

① 劉向集録、范祥雍箋證《戰國策箋證》,第 1596 頁。
② 郭慶藩《莊子集釋》,第 933 頁。

职,常刑不赦。臣不忍其死,君命祇辱。"

宋公遂行,己亥,卒於曲棘。

以上所録兩個夢都是宋元公睡眠中出現的事象,兩個夢都與生死相關。《莊子·外物》的宋元君之夢都是虚擬的,是當時流行的傳説。宋都商丘,北面距黄河較近。神龜作為清江使者前往河伯之所,宋國是必經之地,因此宋元公成為故事中的重要角色。至於《左傳》所記載的宋元公之夢,則是實有其事,確實是他的夢象。他要前往晉國,為放逐在外的魯昭公求情,希望借助晉國的力量使他返回魯國。可是,出發前他卻做了不祥之夢:自己及亡父身穿朝服,輔佐在廟中即位的太子,是預示自己即將辭世,因此他對身後之事作了安排。登上征途不久,宋元君就在半路死去。從時間上看,似乎宋元君先有夢龜之事,到了臨終前才有太子即位之夢。從實際情況看,因為宋元君臨終前覺得夢象很奇異,所以,人們把他視為多夢之君。到了後來,又虚擬出神龜入夢的傳説。

《莊子·田子方》記載宋元君如下傳説:

宋元君將畫圖,眾史皆至,受揖而立;舐筆和墨,在外者半。有一史後至,儃儃然不趨,受揖不立,因之舍。公使人視之,則解衣般礴,臝。君曰:"可矣,是真畫者也。"

後至的畫師是故事的主角,也是作者贊美的對象。他不受利益驅動,不拘禮節,純任天性。"解衣盤礴,臝"。他在住處把脱下的衣服雜亂堆放,赤身裸體。盤礴,雜亂堆放之象。畫師是位放浪形骸之人,宋元君則對他極其欣賞,認為他才是真正的畫師①。因為作畫需要真性情,矯飾偽裝作不出好畫,這則寓言把宋元君寫成欣賞放浪形骸者的曠達之君。現實生活中的宋元君,確任有崇尚真情的一面,《左傳》昭公二十五年記載:

宋公享昭子,賦《新宫》,昭子賦《車轄》。明日宴,飲酒,樂。宋公使昭子右坐,語相泣也。樂祁佐,退而告人曰:"今兹君與叔孫其皆死乎!吾聞之,'哀樂而樂哀,皆喪心也。'心之精爽,是謂魂魄。魂魄去之,何以能久!"

昭子,指魯國的叔孫婼,他是為季平子到宋國迎親,所娶的是宋元公的女兒。宋元公和昭子在第一天的宴會上各自賦詩言志,合乎禮儀的規定。第二天宴會則出現了不合禮儀的場面:"宋公使昭子右坐,語相泣也。"關於右坐,楊伯峻先生作了如下解釋:

---

① 賈學鴻《莊子》"旁礴萬物以為一"理念及其文學顯現,《山東師範大學學報》(人文社會科學版),2006 年第 2 期,第 36 頁。

依古代宴禮設坐，宋公作於阼階上，面向西；昭子則坐於西階，面向南。如此，相隔較遠，不便交談，故杜云"改禮坐"，使昭子移坐於東階，坐於宋公之右，同向西。此本臨時偶然之舉動，不可以禮論之。①

古代飲酒聚會，參與人員的座位是固定的，不能隨意改變。《詩經·小雅·賓之初筵》就把"舍其坐遷"視作違禮之行而加以批判，也就是後來所說的亂座，要受到嚴厲懲罰。宋元公作為一國之君，卻在飲酒高興之際請魯國來賓變換座位，和自己並排而坐，以便於交談。不僅如此，他又樂極生悲，交談過程中兩人還相向而泣。這兩種舉動都違背禮儀的規定，參加宴會的宋國大臣樂祁在事後進行非議，站在維護禮儀的立場指出上述行為是不祥之兆。從這件事可以看出，宋元公是性情中人，即使是招待諸侯國客人，他也不拘禮教，袒露自己的胸懷，並且或樂或哀，任其自然。《田子方》篇把宋元君塑造成放浪形骸畫師的知音，和歷史上宋元公的流露真情不無關聯。

《徐無鬼》篇的寓言也提到宋元君：

郢人堊慢其鼻端，若蠅翼，使匠石斲之。匠石運斤成風，聽而斲之，盡堊而鼻不傷，郢人立不失容。宋元君聞之，召匠石曰："嘗試為寡人為之。"匠石曰："臣則能斲之，雖然，臣之質死久矣。"

這則寓言假托莊子之口說出，設置了匠石與宋元君對話的情節。匠石是楚地工匠，《莊子·人間世》又有"匠石之齊"的記載。匠石從楚國前往齊國，宋國是路經之地，通常楚人赴齊，走的都是這條路。寓言所設置的宋元君與匠石對話的情節，可以和《人間世》的"匠石之齊"記載相銜接。宋楚兩國地域相鄰，從春秋到戰國，兩國人員往來比較頻繁。《左傳》昭公二十二年記載，宋國發生內亂，主要叛亂人員逃亡到楚國，並且為楚方所接納，這正是宋元公在位期間發生的事。

宋元公作為宋國的君主，在位期間並沒有什麼建樹，反倒因為"無信而多私"導致內亂，見於《左傳》昭公二十年至二十二年的記載。宋元公不是明君，但是，他在晚年袒露真情的舉止及臨終前的夢象，卻是比較罕見，引人關注，《左傳》對此作了具體的敘述。《莊子》中和宋元公相關的寓言，其背景主要依據這位君主晚年的表現，把他寫成神龜入夢之人、欣賞畫師的放浪形骸之人。宋元公晚年的表現，無論是對魯國昭子接待的不拘禮數，還是夢見太子即繼位之後對自己葬禮所作的安排，都不合乎禮的規定，但卻是真性情的流露，他令魯國客人易座是率性而為，他囑咐大臣在自己死後薄葬，"唯是楄柎所以藉幹"，意謂棺中墊屍體的木板足以容身而已，以此進行自我貶損。這些做法遭到持傳統觀念的朝臣的非議和反對，卻合乎道家崇尚自然的理念。正因為如此，這位政績平平的宋國君主，在《莊子》寓言中反覆作為正面角色出現。

---

① 楊伯峻《春秋左傳注》，第1456頁。

## 結　語

　　對於作為殷商後裔的宋人，在春秋戰國時期，社會上主要有兩種態度，一種以《管子·水地》篇為代表，認為宋人秉承先王之風，民風質樸、思維簡易。漢代的司馬遷比較認同這一看法。另一種態度以《左傳》為代表，認為宋人凝滯保守，不知變通。《左傳》宣公二十四年，楚國的申舟曾提出"鄭昭宋聾"的說法。昭即眼明，聾即耳不聰。也就是說，宋人刻板固陋，原則性強，但缺少與時俱進的靈變能力，與善於審時忖勢、通曉世情的鄭人相比，顯得愚鈍不敏。這種觀念在先秦典籍中比較普遍，《戰國策》、《孟子》、《荀子》、《韓非子》、《呂氏春秋》等著作中都有類似的記述。

　　桑梓之情，人皆有之。莊周本人是宋人，《莊子》書中不少材料取自宋地。《莊子》一書對宋人的看法，表現出多元特徵。對宋地簡易、質樸的平民，書中只是善意地調侃；對於得道的宋人，如公文軒、正考父等，給予含蓄地褒揚；對君主中政績平平，然而卻能率性任情的宋元君，書中津津樂道，認同感溢於言表；而對殘暴的宋王、勢力淺薄的使者曹商，則是猛烈地抨擊、辛辣地嘲諷。由此看出，《莊子》對宋人的評價，與社會上流行的觀念相比，顯得複雜深刻且有針對性，體現出《莊》書獨特的觀察視角和辯證因素。

　　作為文學作品，《莊子》書中的宋人形象，是作者根據戰國時期宋地的歷史文化背景，對現實社會中真實的歷史人物、事件、民風，進行改造加工的結果，故事亦真亦幻，撲朔迷離，從而彰顯出《莊子》瑰奇恣肆的文章風采。但是，《莊子》不是世情小說，更不是志怪之書，而是以闡釋道論為目的的哲學著作。書中的人物以寓言形式鋪列開來，巧妙而又簡單的莊子之道便蘊涵其間。然而，由於《莊子》所論之道具有普遍性、包容性，因此書中的種種觀點，從整體上看，又常常互相抵牾，如《逍遙遊》中宋人的"有用"、"無用"觀，既然"無用"是"大用"，那麼"資章甫而適諸越"又有何妨？既然當官害身，那麼"裂地而封"又有何樂？既然反對禮教的約束，那麼正考父的謙恭又因何被如此稱道？諸如此類，各種悖論在書中頻頻出現。不過，奇妙的是，在具體的語言環境中，每一種觀點又都是自然流出、順理成章，猶如天均運轉、卮言漫衍。正如清代學者林雲銘在《莊子因·莊子雜說》中所說："莊子學問是和盤打算法，其議論亦用和盤打算法。……莊子當以觀貝法讀之，正視之似白，側視之似紫，睨視之似綠，究竟俱非本色。才有所見，便以為得其真，無有是處。"①這也是一部《莊子》千百年來令人把玩不絕的原因。

　　[作者簡介] 賈學鴻(1969—　　)，女，河北涿州人。文學博士，現為揚州大學新聞與傳媒學院副教授。主要研究方向為先秦兩漢文學與文化，已發表相關論文20餘篇。此論文係國家人文社會科學基金青年項目《〈莊子〉名物考辨與其意蘊的文學闡釋》(08ZCW021)的階段性成果。

---

① 林雲銘《莊子因》，光緒庚辰孟冬重刊白雲精舍本。

# 《莊子》中的豫東方言與民俗

## 劉洪生

《莊子》一書,辭趣華深,敍事說理都極富策略,所謂"寓言十九,重言十七,卮言日出,和以天倪"(《寓言》),所謂"以謬悠之說,荒唐之言,無端崖之辭,時恣縱而不儻,不以觭見之也"(《天下》)。除此而外,諸子中莊子的學說最具大眾性和平民意識,又"以天下為沉濁,不可與莊語",故常用方言俚語面對廣大的受眾來闡明其玄深的道理,如:"齊諧者,志怪者也。諧之言曰……"(《逍遙遊》)"野語有之曰:'眾人重利,廉士重名,賢士尚志,聖人貴精。'"(《刻意》)因而,從方言角度注《莊子》,由來已久。《天運》:"蘇者取而爨之而已。"陸德明《經典釋文》釋"蘇者"引李頤注云:"蘇,草也,取草者得以炊也。案,《方言》云:江淮南楚之間謂之蘇。《史記》云:樵蘇後爨。注云:蘇,取草也。"[1]《人間世》:"迷陽迷陽,無傷吾行! 吾行卻曲,無傷吾足!"郭象注:"迷陽,猶亡陽也。亡陽任獨,不蕩於外,則吾行全矣。天下皆全其吾,則凡稱吾者莫不皆全也。"成玄英疏:"迷,亡也。陽,明也,動也。陸通勸尼父,令其晦迹韜光,宜放獨任之無為,忘遣應物之明智,既而止於分內,無傷吾全生之行也。"陸德明釋"迷陽"引司馬彪注云:"迷陽,伏陽也,言詐狂。"均沒有對"迷陽"一詞作出令人滿意的解釋。而從方言民俗角度,卻能夠對其作出較為合理的解釋:"《莊子》楚狂之歌,所謂'迷陽',人皆不曉,胡明仲云:荊楚有草,叢生修條,四時發穎,春夏之交花亦繁麗。條之腴者,大如戶壁,剝而食之,其味甘美,野人呼為迷陽。其膚多刺,故曰:無傷吾行,無傷吾足。"[2]"謂棘刺也。生於山野,踐之傷足至今吾楚與夫遇之,猶呼迷陽。"[3]《方言》卷三:"凡草木刺人,北燕、朝鮮之間謂之茦。"郭璞為之作注云:"《爾雅》曰:茦,刺也,或謂之壯。今淮南人亦呼壯,傷也。《山海經》謂刺為傷也。"[4]此種現象,誠如揚雄所論:"舊書雅記故俗語,不失其方,而後人不知。"[5]

---

[1] 郭慶藩《莊子集釋》,北京中華書局1961年版,第512頁。
[2] 王應麟著、孫通海校點《困學紀聞》,遼寧教育出版社1998年版,第231頁。
[3] 王先謙《莊子集解》,《諸子集成》本,北京中華書局1954年版,第30頁。
[4] 錢繹撰集《方言箋疏》,上海古籍出版社1984年版,第196頁。
[5] 同上,第52頁。

筆者所見，《莊子》一書產生的年代雖距今已十分久遠，但仍有不少詞語活用在豫東一帶的方言民俗中；對這一現象進行關注，不僅可以更生動、更合理、更準確地解讀經典文本，而且可以幫助解決一些學術的紛爭，至少也可以提供一些間接性的證據，譬如，《莊子》與宋文化的關係問題，莊周故里問題等。在這種良願下，也是在先賢們的啟發下，筆者於《莊子》書中輯得與豫東方言民俗相關的條目十數則，在此一陳陋見，以就教於方家。

1. "宋人有善為不龜手之藥者。"(《逍遙遊》)

郭象注："其藥能令手不拘坼，故常漂絮於水中也。"成玄英疏："宋人隆冬涉水，漂絮以作牽離，手指生瘡，拘坼有同龜背。故世世相承，家傳此藥，令其手不拘坼，常得漂絮水中，保斯事業，永無虧替。"句中的"龜"字，陸德明《經典釋文》音義注："愧悲反。徐(邈)：舉倫反。李(軌)：居危反。向(秀)云：拘坼也。司馬(彪)云：文坼如龜文也。又云：如龜攣縮也。"這些注家均將"龜"釋作"烏龜"的"龜"。

而俞樾的訓詁考證則認為："《釋文》引司馬(彪)云：'文坼如龜文也。又云：如龜攣縮也。'義皆未安。向(秀)云如拘坼也。郭(象)注亦云能令手不拘坼。然則'龜'字宜即讀如'拘'。蓋'龜'有'丘'音。《後漢書・西域傳》'龜茲'讀曰'丘茲'是也。古'丘'音與'區'同，故亦得讀如'拘'矣。'拘'，拘攣也；不'龜'者，不'拘攣'也。'龜文'之說雖非，'拘攣'之說則是，但不必以'如龜'為說耳。"①這樣，俞樾在音義兩方面都否定了郭象等對此處"龜"字的解釋，並提出了新的認識。

繼而李楨訓曰："龜手，《釋文》云徐(邈)：舉倫反。蓋以'龜'為'皸'之假借。按，'龜'、'皸'雙聲。《眾經音義》卷十一：皸，居云、去云二反。《通俗文》：手足坼裂曰'皸'，經文或作'龜坼'……是玄應以'龜'、'皸'音義互通。《集韻》十八'諄'：'皸，區倫切，皴也。'《漢書・趙充國傳》：'將軍士寒，手足皸瘃。'文穎曰：'皸，坼裂也；瘃，寒創也。'《唐書・李甘傳》：'凍膚皸瘃。'不龜手，猶言不皸手耳。"

筆者認為，俞樾、李楨對《莊子》此處"龜"字的訓詁和考證雄辯地解決了該字在解讀問題上的爭端與歧義，糾正了郭象、陸德明等舊注的一些誤識，且"皸"、"皴"通假。通常情況下，寒冷的天氣環境，加之以冷水的浸蝕，極易造成人的皮膚粗糙和皴裂。今豫東方言中仍習慣將皮膚的凍傷叫做"皴"，如："手皴了"，"腳凍皴了"，"臉皴"等。《莊子》寓言中，對極易造成皮膚皴裂的條件，描寫是非常準確的。第一，水的浸蝕。先交待"宋人有不龜手之藥者"，緊接着就敘述"世世以洴澼絖為事"，這種藥的神奇之處是，可以讓人持久地將皮膚浸泡在水中而不受侵蝕。第二，天氣寒冷。寓言故事中，"客"百金鬻得"不龜手"方技後，將吳軍"冬與越人水戰。大敗越人。裂地而封之"。對於這個宋人家族，一年四季中，春、夏、乃至秋季不停地為人在水中漂絮，似乎沒什麼可怕的，而在寒冷的冬季，仍能靠一種藥"洴澼絖"而"不龜手"，足見這種藥的神奇。寓言的巧妙就在於，這個家族似乎沒有人思考過這種藥還可以用作別途而創造出更大

---

① 郭慶藩《莊子集釋》，第37頁。

的價值,"能不龜手,一也;或以封,或不免於洴澼絖,則所用之異也。"通過這樣的結論,莊子批判了惠施在大用與小用、無用與有用問題上的庸常之見,就如同那個可笑的宋人家族一樣。

2."寡人醜乎,卒授之國。"(《德充符》)

朱桂曜《莊子內篇證補》訓"醜"與"恥"同聲通用,引證甚多。《管子·牧民篇》"四曰恥",賈誼《新書·俗激篇》"恥"作"醜"。又《新書·俗激篇》"然席於無廉醜",《階級篇》"廉醜禮節以治君子",譚本"醜"並作"恥"。《勸學篇》"醜聖道之忘乎己","醜"亦即"恥"。《呂氏春秋·不侵篇》"秦昭王聞之而欲醜之以辭,以勸公孫宏",注:"醜或作恥,恥辱也。"《新序》"以雪先生之醜",盧文弨曰:"以醜字代恥字。"《墨子·親士篇》"皆於其國抑而大醜也",又"越王勾踐遇吳王之醜",蘇時學云:"醜猶恥也。"《國策·秦五》"此四士者皆有垢醜大誹",注:"垢辱醜恥。"《淮南·說林訓》"莫不醜於色",注:"醜猶怒,一曰愧也。"《呂氏春秋·首時篇》"有不忘羑里之醜",注:"不忘其醜恥也。"《節喪篇》"今無此之危,無此之醜",注:"醜,恥也。"《慎人篇》"蓋君子之無所醜也若此乎",注:"醜猶恥也。"《恃君篇》"以醜後世人主之不知其臣者也",注:"醜,愧也。"《用眾篇》"無醜無能無惡不知"。《長利篇》"自此觀之,陳無宇之可醜亦重矣"。又《說苑·至公篇》"乃眾醜我"。朱氏判定在這些文獻中"醜並即恥也"。①

這裏為朱氏關於這一問題提供的另一證據是,今豫東一帶方言俚語,仍將那些不光彩、不體面,甚至是丟人、羞恥而無地自容的事或現象,稱作"醜"、"醜氣"、"很醜氣"等。《漢語方言大詞典》:"[醜氣]〈形〉丟醜;難看。中原官話。河南。林層信《紅管家》:'要是為這鬧蹬了,咋辦哩,到那時後悔來不及,多~!'豫劇《王二嫂開店》:"侯支書:(盯着劉七背影)哼,好哇!(拿起豬尾巴)哎呀,你看這多~。"又"[醜]②〈形〉差。(一) 江淮官話。江蘇鹽城[tsʻɤ⁵³]七歲了還要人抱,~啊? 江蘇東臺[tsʻɤ²¹³]怕~。(二)粵語。廣東廣州[tʃʻeu³⁵]唔知~不知差。廣東陽江[tʃʻeu²¹]無識~。"②

此外,關於"醜"的這一意義,在今本《莊子》一書中,還有多處,《秋水》:"今爾出於崖涘,觀於大海,乃知爾醜。"《至樂》:"將子有不善之行,愧遺父母之醜,而為此乎?"《則陽》:"華子聞而醜之曰:善言伐齊者,亂人也;善言勿伐者,亦亂人也;謂伐之與不伐亂人也者,又亂人也。"《則陽》:"惠以歡為驁,終身之醜,中民之行進焉耳。"

3."適見㹠子食於其母者。"(《德充符》)

句中的"㹠子",陸德明《經典釋文》:"本又作'豚',徒門反。"③林希逸本直接將"㹠"寫為"豚"。近現代學者一併因襲了這種舊注。張默生:"㹠"同"豚"。④ 曹礎基:"㹠,通豚,小豬。"⑤

---

① 嚴靈峰《無求備齋莊子集成初編》,臺北藝文出版社 1972 年版,第二十六冊,第 146~147 頁。
② 許寶華、宮田一郎主編《漢語方言大詞典》,北京中華書局 1999 年版,第一卷,第 965 頁。
③ 郭慶藩《莊子集釋》,第 210 頁。
④ 張默生《莊子新釋》,齊魯書社 1993 年版,第 182 頁。
⑤ 曹礎基《莊子箋注》,北京中華書局 1982 年版,第 81 頁。

陳鼓應:"豘即豚。"①《辭源》《辭海》的解釋,均是如此,並引《莊子》文為證。

但筆者認為,如果從方言角度解釋《莊子》這句話的"豘",寓言故事更生動,也更合理。今豫東民間的所謂"豘"或"豘子",是指一個月左右的母豬仔,而這個範圍下的雄性豬仔,則稱作"伢子",而成年未騸、專用作配種的公豬則稱作"角豬子"。而又稱母羊為"水羊",公羊為"臊胡";稱母貓為"女貓",稱公貓為"男貓";公牛稱"㸶牛",母牛稱"牸牛";公驢稱"叫驢",母驢稱"草驢"等②,有着豐富而隱秘的區域文化內涵:含蓄敦厚的道德因素,詼諧巧妙的審美取向等。《漢語方言大詞典》:"豘 tún,豘豬〈名〉母豬。吳語。安徽銅陵[tən˩˩tɕɤ⁵⁵]。"③這樣看來,舊注將《莊子》此處的"豘",簡單地釋為"豚",忽略了小豬的性別問題。這樣影響到了寓言故事的性別相似值的比對,從而失去了元典的深刻隱喻意義和嚴密的邏輯。寓言故事講,魯哀公向孔子訴說,衛國的哀駘它相貌醜陋,"惡駭天下",而自己在此人面前,竟然相形見拙,"卒授之國。無幾何,去寡人而行。寡人卹焉若有亡也,若無與樂是國也。"魯哀公詢問孔子:"是何人者也?"孔子為啟發魯哀公,講了自己曾使於楚國時的一次經歷,"適見豘子食於其死母者,少焉眴若皆棄之而走。不見己焉爾,不得類焉爾。所愛其母者,非愛其形也,愛使其形者也。"意思是說:小母豬可憐而無知地食其死母之奶,一會兒又驚懼地跑掉了,因為它們感覺到沒有了以前母親那種親切溫暖的注視,也意識到了它們之間不再相類。真正的關愛,不僅僅是外在的形式,而是心靈的感應和精神的呼應。其隱喻意義就是告訴魯哀公,理解、認同、信任和尊重是需要真誠的;正是魯哀公表面上的"授之國",讓那個看似"惡駭天下"的得道者哀駘它不屑地離開了他。故而,成玄英疏云:"(此)以況哀公素無才能,非是己類,故(哀駘它)捨棄而去。"④寓言認為豘子(小母豬)與其母僅具外在的形似,而一旦沒有了母愛與親情(其母死),這種形似是徒具形式而沒有意義,這正如魯哀公,僅僅知道向哀駘它"授之國",而自己素無才能,又缺乏道德修養的魅力,賢明之士自然會離他而去。可見,維繫寓言本體和喻體能夠成立的關鍵,是豘子(小母豬)與其母所具有的外在形似,忽略了豘子特指小母豬這一方言意義,無法領悟先哲經典巧妙的邏輯安排是何等地準確無誤,甚至會在校對本字時出現錯誤,認為"'豘'本又作'豚'"。

4. "或編曲,或鼓琴,相和而歌。"(《大宗師》)

句中的"曲"有兩種解釋:

(1) 曲,薄席　成玄英疏:"曲,薄也。或編薄織簾,或鼓琴歌詠。"陸德明《釋文》引李頤注云:"曲,蠶薄。"王闓運:"編曲,以槁葬也。"馬敘倫:"曲為苗省,蠶薄也。"《方言》:"薄,宋衛陳

---

① 陳鼓應《莊子今注今譯》,北京中華書局 1983 年版,第 158 頁。
② 龐可慧《睢縣方言志》,當代中國出版社 2004 年版,第 105～106 頁。
③ 許寶華、宮田一郎主編《漢語方言大詞典》,第二卷,第 2792 頁。
④ 郭慶藩《莊子集釋》,第 210 頁。

楚江淮之間謂之苗或謂之麹。"①

如果作此解,筆者認為,還可以補充以下幾條證據。《說文》:"薄,林薄也。一曰蠶薄,從艸,博聲。"《史記·絳侯周勃世家》:"(周)勃以織薄曲為生,常為人吹簫給喪事。"②《方言箋疏》:"索隱引韋昭云:北方謂薄為曲。又引許慎《淮南子注》云:曲,葦薄也。《豳風·七月》篇傳云:豫畜葭葦可以為曲薄之製。書傳雖未明言,大約如簀第之簀,故《史記·范睢傳》索隱云:簀,謂葦荻之薄也。蓋編葦為之,故字從草,亦如席之可舒可卷。苗薄之或為蓬薄,猶簀。宋楚之間或謂之蓬苗得名也。"③《莊子·達生》:"有張毅者,高門縣薄,無不走也。"成玄英疏云:"高門,富貴之家也;縣薄,垂簾也。"

今豫東民間將用高粱秆、蘆葦等材料編織的工具,叫做"薄";而將那種沒有棺材成殮,僅用薄或席片卷裏而葬的形式,叫做"軟埋"。儒家禮教卻認為,"厚其生而薄其死,是敬其有知,而慢其無知也,是姦人之道而倍叛之心也",所以,"天子棺槨七重,諸侯五重,大夫三重,士再重"(《荀子·論禮》),是非常注重喪制和喪禮的。所以,在本則《莊子》寓言中,"子桑戶死,未葬。孔子聞之,使子貢往侍事焉",當子貢看到子桑戶的朋友在那裏"或編曲,或鼓琴,相和而歌",就不解地詰問:"敢問臨屍而歌,禮乎?"如此的簡葬,甚至以死為樂,是儒者無論如何不能理解的。成玄英疏也說:"曾無戚容,所謂相忘以生,方外之至也。"④殊不知這正是莊子哲學的"剽剝儒墨"之處。

(2)曲,歌曲 陳景元、陸西星等將此處的"曲"解作"歌曲"、"琴曲"。宣穎云:"曲,編次歌曲。舊云織薄,非也。"⑤于鬯《莊子校書》認為:"此'曲'為'歌曲'之'曲',下文云'或鼓琴相和而歌',則其義甚明。而陸《釋》引李(頤)乃云'曲,蠶薄',據'曲'字本義說之,當因一'編'字不可屬歌曲耳。然今人依村歌正曰'編',或稱村歌曰'里編',殆即本此'編曲',知俗語亦有來自矣。"《莊子》這句話中的"編"字,作"杜撰"、"編造"、"創作"解。《漢語方言大詞典》:"[編派]〈動〉也作'編排'。東北官話、北京官話、中原官話、江淮官話。1981年第9期《電影創作》:'你上回編戲,把我好一通~。鬧得街坊四鄰都指着我脊樑說我是戲裏的某某人。'"⑥故而,筆者認為于鬯先生對此處《莊子》"曲"的釋解是頗有道理的,但是又說"今人依村歌正曰'編',或稱村歌曰'里編',殆即本此'編曲',知俗語亦有來自矣",這就未必然了,是《莊子》的文本影響了方言俗語,還是最初方言俗語影響了《莊子》,這是不太好判定的,但無可否認的是,于鬯認識到了《莊子》與方言民俗的關係,是值得肯定的。

---

① 崔大華《莊子歧解》,中州古籍出版社1988年版,第257~258頁。
② 王利器《史記注譯》,三秦出版社1988年版,第二冊,第1549頁。
③ 錢繹撰集《方言箋疏》,上冊,第341頁。
④ 郭慶藩《莊子集釋》,第266頁。
⑤ 陳鼓應《莊子今注今譯》,第195頁。
⑥ 許寶華、宮田一郎主編《漢語方言大詞典》,第四卷,第6378頁。

今豫東民間正是將那種隨口而吟、隨即杜撰歌詞的清唱、小調,叫做"編曲"或"編支曲"、"編個曲"等。另外,在寓言故事的前文,已交待"子桑戶、孟子反、子琴張三人相與友曰:'孰能相與於無相與,相為於無相為? 孰能登天遊霧,撓挑無極;相忘以生,無所終窮?'三人相視而笑,莫逆於心,遂相與為友。"也就是說三人已達到超脫生死、遊方之外的至人、神人、聖人的境界。因此,當其中之一的子桑戶死時,兩位"相忘以生,方外之至"的莫逆之友安排其喪事,又何必在乎棺槨之藏、蠶薄之藏或別的什麼呢?《漁父》云:"處喪以哀,無問其禮,……法天貴真,不拘於俗。"《列禦寇》言:"莊子將死,弟子欲厚葬之。莊子曰:'吾以天地為棺槨,以日月為連璧,星辰為珠璣,萬物為齎送。吾葬具豈不備邪? 何以加此!'弟子曰:'吾恐烏鳶之食夫子也。'莊子曰:'在上為烏鳶食,在下為螻蟻食,奪彼與此,何其偏也。'"正是此處最好的注解和明證。

因此,將以上兩種解釋比較,筆者陋見,此處的"曲"釋作"歌曲挽詞"較為妥貼,借證方勇先生的論斷:"今細審文義,前人如李氏謂'曲'為'蠶薄',成玄英謂'編曲'為'編薄織簾',皆與下'鼓琴'、'相和而歌'等文句不相協,實不如依于鬯訓為'歌曲'之'曲'為長。"①

5. "汝又何帛以治天下感予之心為?"(《應帝王》)

這句話中"帛"字,是《莊子》一書歧義最多的一個字,陳鼓應先生說:"字書所無。"②因而,古今注者有各種不同訓解。陸德明《釋文》:"徐(軌)音'藝',又魚例反。司馬(彪)云:法也。一本作'寱',牛世反。崔(譔)本作'為'。"俞樾云:"帛,未詳何字,以諸說參考之,疑帛乃臬字之誤,故有魚例反之音;而司馬訓法,亦即臬之義也。然字雖是臬,而義則非臬,當讀為寱。寱,本從臬聲,古文以聲為主,故或止作臬也。一本作寱者,破叚字而為正字耳。《一切經音義》引《通俗文》曰:夢語謂之寱。無名人蓋謂天根所問皆夢語也,故曰:汝又何帛以治天下感予之心為?"郭慶藩亦認為:"《一切經音義·四分律》卷三十二引《三蒼》云:寱,牛歲反,譀言也。譀言即與夢語無異。"③錢澄之:"古文'為'字作'𠃑',以此而訛。"王闓運:"古'為'字,從二爪相對,下從'帛',象之足也。"洪頤煊:"帛即《說文》'帣'字之譌。"孫詒讓:"帛即'叚'字。古金文'叚'字或為'叀',隸變作'帛'。何叚,猶'何藉'。"

筆者認為,關於此處的"帛"字,之所以出現眾多疑義,恐怕主要是由於元典的古抄本寫法不規範所致。之所以寫法不規範,可能就是因為這是作者自創的一個不規範的漢字。最起碼,從語法關係看,將其釋作"為"字,是明顯失當的,因為"汝又何帛以治天下感予之心為"一句,句末已有一個"為"字與句中"何"字相結合,構成一個穩定的表反詰的句式,再多出一個"為"字就文義不通了。因而,筆者認為,此處的"帛",一定是一個有實際意義的詞,緊跟"何"字之後,構成定語中心詞,如"何物"、"何事"、"何地"、"何國"等。因而,它很可能是一個圖畫

---

① 方勇《莊子學史》,人民出版社 2008 年版,第三冊,第 247 頁。
② 陳鼓應《莊子今注今譯》,第 216 頁。
③ 郭慶藩《莊子集釋》,第 294 頁。

的象形文字,即:男性生殖器,略同於罵人時的粗話"屌"或"鳥"。《漢語方言大詞典》:"[鳥]diǎo ①〈名〉男性生殖器,屌。常用來罵人。如果用在某一事物之前,就表示對這一事物的蔑視。(一)冀魯方言。山東[tiau]。《水滸》第四回:'你這個~大漢……俺須不怕你。'(二)膠遼官話。山東臨朐。1935年《臨朐續志》:'俗謂屓把曰~,俗作屌。'(三)中原官話。江蘇徐州[naiə³⁵]。(四)江淮官話。江蘇南京[liəu²¹²]。(五)官話。元楊暹《西遊記》五本十九出:'我盜了老子金丹,……我怕甚剛刀剁下我~來?'(六)吳語。江蘇蘇州[tsiau⁵³]。浙江鎮海、新昌。(七)閩語。廣東揭陽[tsiau⁵³]。《宦門子弟錯立身》第十二出:'(旦)鸚鵡回言,這~敢來應口。'錢南楊校注:'~,南音讀屌,用意雙關。鳥指鸚鵡,屌指男陰,詈辭。'"①

寓言故事中,"無名人"是作者所肯定的一位得道者,這個虛構的人名本身隱喻着"唯道集虛"、"本無"的含義;而"天根"則是儒、墨思想的代表者,名字本身隱喻世俗之根為名韁利鎖所牽掛,是莊子所批駁的對象。故事寫到:"天根遊於殷陽,至蓼水之上,適遭無名人而問焉。"當天根"請問為天下"時,無名人當即訓斥:"去!汝鄙人也,何問之不豫也!"緊接着陳說自己方外之遊的快樂:"予方將與造物者為人,厭,則又乘夫莽眇之鳥,以出六極之外,而遊無何有之鄉,以處壙埌之野。"最後責問:"汝又何帠以治天下感予之心為?"則是對一個俗不可耐而又缺乏自知之明者的痛罵,以嬉笑怒罵予以嘲弄和反詰,甚至羞辱他是"屌",表達十二分的不憚煩之情。成玄英疏解這句話云:"汝是鄙陋之人,宜其速去。所問之旨,甚不悅我心。"對原著旨意的把握還是準確的。筆者這裏將話題扯得稍遠一些,當然也是為拙見另尋依據:古今都有學者以語言的雅或俗、隱或露、曲或直作為標準,判定《莊子》各篇的真與偽、高與下、優與劣,如:董懋策的《莊子翼評點》批評《盜跖》"文醜劣太甚矣!太史公聖於文者也,不應不能辨識。豈史遷所見者已亡,而後人又妄托之,遂流傳於世耶!"②清人姚鼐的《古今偽書考》將《盜跖》列其間,並說:"此則直斥漫罵,便無意味。而文辭俚淺,令人厭觀,此其所以為偽也。"這種認識,極有可能使我們對《莊子》的閱讀走上歧路,而失之子羽,因為莊子學說的基準正是"以天下為沉濁,不可與莊語",言"道"的方式也是不拘常態的。

6. "季徹局局然笑曰。"(《天地》)

句中的"局局",成玄英疏云:"俯身而笑。"陸德明《釋文》:"其玉反。一云:大笑之貌。"甚至有人解釋為"彎腰大笑。"③而曹礎基先生的解釋是:"笑的狀聲詞,相當於'格格'。"④依筆者之見,後一種解釋於文意較為優長。理由之一就是,《說文解字》:"局,促也。從口在尺下……象形。"

再者,根據元典,故事描寫一個叫蔣閭葂的人拜見季徹,炫耀說當魯君向他請教時,他用

---

① 許寶華、宮田一郎主編《漢語方言大詞典》,第一卷,第1349頁。
② 郎擎霄《莊子學案》,天津市古籍書店1990年版,第31頁。
③ 安繼民、高秀昌《智慧之門——莊子》,中州古籍出版社2008年版,第143頁。
④ 曹礎基《莊子箋注》,第174頁。

儒家學說教導了魯君："必服恭儉,拔出公忠之屬而無阿私,民孰敢不輯!"而作為得道真人的季徹聽後,對原本頗為自負的蔣閭葂"局局然笑",並譏諷他說:"若夫子之言,於帝王之德,猶螳螂之怒臂以當車軼,則必不勝任矣!"最後,在這種"大道"的激發下,蔣閭葂"覤覤然驚"。一個"局局然笑",一個"覤覤然驚",一個繪聲,一個繪色,行文極有層次、且對應工巧。

此外,今豫東一帶口語仍有"格格地笑着說"、"哏哏地笑着說"或"笑得格格的"、"笑得哏哏的"等表達,用同《莊子》書中此處的描寫,如果有異,或許僅是口語表達音轉的區別而已。

7. "子貢卑陬失色,頊頊然不自得,行三十里而後愈。"(《天地》)

成玄英疏:"卑陬,慚怍之貌。"陸德明釋其音義云:"陬,走侯反。徐(軌):側留反。李(頤)云:卑陬,愧懼貌。一云:顏色不自得也。"① 章太炎《莊子解故》:"卑陬,即趯蹙。《說文》:'趯',從卑聲。故'卑'得借為'趯',即'趣'之借,'趣'、'蹙'聲義近。"

筆者認為,句中的"卑陬"就是方言的"枯揪"一詞。漢語中 b、d、g 與 p、t、k 這兩組作為輔音的聲母常具有對應的轉換關係,而且在各地方言中都有大量的不規範的音轉讀破現象,致使方言中多有一些有音無字的字詞,這也是方言研究的一大難點。今豫東一帶仍用其形容因愧疚、沮喪等原因而尷尬,不自然的表情和神態,俗稱"枯揪臉"或"枯揪着臉"。秦崇海先生的《商丘方言研究》:"□揪 ku⁴²chu[k'u⁴² tʂu]皺折。"②《中國民間方言》:"枯 kū[湘語]① 緊皺。周立波《山鄉巨變》上·13:'只要聽到這個稀奇古怪的名詞,他就枯起眉毛來,表示非常的厭惡。'② 也見於西南四川話。"③《漢語方言大詞典》:"[枯揪]〈形〉不平展。晉語。河南汲縣[cʰkʻu³⁵ tʂʻu]紙叫他弄~了。/布~了。"又"[枯縮]中原官話。河南沈丘。①〈形〉(衣服或布等)皺折。②〈形〉(事情)不理想。"④

寓言中,漢陰灌園丈人譏諷子貢這位孔子的高徒,是"博學以擬聖,於于以蓋眾,獨弦哀歌以賣名聲於天下",並批評他說:"而身之不能治,而何暇治天下乎!"最後斥責道:"子往矣,無乏吾事。"遭到搶白後,子貢"卑陬失色,頊頊然不自得,行三十里而後愈",其弟子猶不解地問他:"向之人何為者邪?夫子何故見之變容失色,終日不自反邪?"寓言通過這一系列的生動描寫,揭穿了子貢這樣的俗儒,狐假虎威地"以夫子為天下一人"(《天地》),實則虛假偽善的品行,表達莊周對當時儒、墨等"好知以亂天下"(《胠篋》)的反向思考,故司馬遷說莊周"詆訿孔子之徒","剽剝儒墨"(《史記·老子韓非列傳》)。

因而,在原作中,"卑陬"主要是突出描寫當時子貢的面部表情,而不僅僅指其慚愧之情,這極有可能就是由方言"枯揪"的書面表達而存在的音轉現象,章太炎將之釋為"趯蹙"也是很獨到的。柳宗元《罵屍蟲文》云:"卑陬拳縮兮,宅體險微。"其中的"卑陬"就不能釋為"慚愧"、

---

① 郭慶藩《莊子集釋》,第436頁。
② 秦崇海《商丘方言研究》,中國文史出版社2003年版,第136頁。
③ 段開璉《中國民間方言詞典》,南海出版公司1994年版,第303頁。
④ 許寶華、宮田一郎主編《漢語方言大詞典》,第三卷,第3823頁。

"愧疚",而應該是方言詞"枯搐"的引申義:"蜷縮。"

8."口不能言,有數存焉於其間。"(《天道》)

"數"字,成玄英疏:"術也。"陸德明《釋文》引李頤注云:"色注反,術也。"盧文弨曰:"案前後俱作色主反,此'注'字疑誤。"①筆者認為,盧文弨的案語是失當的。"數"字在《莊子》一書中多次出現,《經典釋文》的注音在此前後均為"色主反",而偏對此處的"數"字作"色注反",並釋為"術",是有道理的。本句中的"數",不作動詞用,不作"色主反";而是表示數量:度數、分寸等,即作"色注反"。今豫東甚至中國大部分地方仍用"心中有數"形容那種可會於心,而不便言於口的微妙現象或狀態,就是一個顯見的例證。另外,《老子》第二十七章有"善行無轍迹,善言無瑕謫,善數不用籌策",用同《莊子》此文義。

在元典的寓言中,面對齊桓公的質問和威脅,輪扁講出了一種高深的技境和道境:"斫輪徐則甘而不固,疾則苦而不入,不徐不疾,得之於手而應於心,口不能言,有數存乎其間。臣不能以喻臣之子,臣之子亦不能受之於臣,是以行年七十而老斫輪。"闡明固守真理是愚蠢的,沒有永恆的法則可循,就如同"芻狗之未陳"與"及其已陳"一樣(《天運》),所謂的價值只是時態的存在而已。因而,元典"口不能言,有數存焉於其間"中的"數",是表數量的,斫輪時舞動工具的次數、力度等的變化,勉強可以引申為"術"。

9."且彼方跐黃泉而登大皇。"(《秋水》)

句中的"跐",成玄英疏:"踰,亦極也。"陸德明釋:"音此。郭(象)時紫反,又側買反。《廣雅》云:踏也,蹈也,履也。司馬(彪)云:蹍也。"②《廣韻》:"雌氏切,上紙清。又側氏切。支部。踐踏,晉左思《吳都賦》:雖有雄虺之九首,將抗足而跐之。呂向注:跐,踏也。"③

然而就筆者所見,豫東方言"跐"並不完全同義於"踩"、"踏"、"蹈"等字。雖同作為足部動作,"跐"與"踩"、"踏"、"蹈"有相通的詞義交叉部分,但也存在細微的內涵與外延的不同,什麼情形下用"跐"或"踩"、"踏"、"蹈",在方言表達中是區分得很清楚的。比如,"跐"沒有"踩"、"踏"、"蹈"等詞的安穩、平衡、穩定的含義,而是突出描寫一种趨勢,即腳掌着力,甚至踮起腳尖,借助一個支點使身體移動脫離,向上攀登或向下過渡,強調的正是儘量伸展肢體向上樟或向下觸,俗語如:"跐着牆爬上屋頂"、"跐着梯子下來"等。《漢語方言大詞典》:"[跐] cǐ ⑤〈動〉蹬踩接腳。(一)冀魯官話。山東壽光[tʂ'ɪ⁵⁵]~着梯子上天;~着鼻子上臉:比喻得寸進尺。(二)中原官話。山東曲阜。清桂馥《劄樸·鄉音正字》:'接腳曰~。'"又"[跐腳] ①〈名〉往高處爬時蹬腳的地方。(一)冀魯官話。山東壽光[tʂ'ɪ⁵⁵⁻²¹³ tsyəy°]爬墙拿板凳兒當~。"④

---

① 郭慶藩《莊子集釋》,第491頁。
② 同上,第602頁。
③ 李格非主編《漢語大字典》,湖北辭書出版社、四川辭書出版社1996年版,第1674頁。
④ 許寶華、宮田一郎主編《漢語方言大詞典》,第五卷,第6542~6543頁。

原文中,"且彼方跐黄泉而蹬大皇",是説莊子的學説就如同"跐着黄泉而蹬上太空一樣高妙玄遠而不可企及",所以接下來才又説是:"無南無北,爽然四解,淪於不測;無東無西,始於玄冥,反於大通。"因此,如果僅僅將該字詮釋爲"踩"、"踏"、"蹈"等詞,而忽略其方言色彩,於文意是有所損傷的。

10. "吾處身也,若橛株枸。"(《達生》)

句中"橛",陸德明《經典釋文》引李頤注云:"豎也,豎若株枸也。"①

筆者認爲,這種解釋是簡單化的。這裏的"橛",就是名詞"橛子",即木樁,語法關係是定語後置的倒裝句式,即句中"株枸"是定語,修飾"橛";"若橛株枸",即"像一株枸木橛子",語句本身就包含了"豎立"、"站立"的意思,因而《經典釋文》引李頤的注文是有誤的。

此外,今豫東一帶,仍俗稱一個人站着不動的樣子爲"像個橛子"、"像楔一個橛子"等。

林希逸即將此處的"橛"釋爲"木樁"。郭嵩燾云:"厥(橛)者,斷木爲杙也。"②都是較爲可取的。

11. "公反,誒詒爲病,數日不出。"(《達生》)

"誒詒",成玄英疏云:"是懈怠之容,亦是煩悶之貌。既見鬼,憂惶而歸,遂成病患,所以不出。"③陳鼓應先生先列舉多家解釋云:"各家説法不一。司馬彪説:懈倦貌。李頤説:失魂魄。林雲銘説:應作譫語、囈語解。胡文英説:神魂不寧而誑語。馬敍倫説:誒詒借爲譺佁。"之後"按語"云:"誒詒,從言旁,似有驚嚇失神而囈語之意。"④《漢語大詞典》釋"詒tái"爲"懈倦貌",並徵引《莊子》此處文爲例。⑤

筆者認爲,如果從方言角度解釋此處"各家説法不一"的"誒詒"一詞,別有意趣。今豫東方言有"膈疬"一詞,略同於"膩味"、"膈應"、"膈臆"等詞的含義,形容對某人或某事疑心多慮、左右不定而又揮之不去、不能釋懷的感受,心神不寧,噁心彆扭,膩味不爽,俗語有所謂:"膈應成病了"、"犯膈應"、"犯膈應病"、"膈膈應應"等之説。《説文解字》:"誒,可惡之辭。從言,矣聲。一曰'誒然'。《春秋傳》曰:'誒誒處處'。"《漢語方言大詞典》:"[詒]yí②〈動〉欺騙。(一)中原官話。河南汝南。《方言》第三:'膠、譎、謬,詐也。'晉郭璞注:'汝南人呼欺……亦曰~。'(二)贛語。湖南耒陽[tai⁴¹]~人。"⑥

原作中,寓言的開頭敍述:"桓公田於澤,管仲禦,見鬼焉。公撫管仲之手曰:'仲父何見?'對曰:'臣無所見。'"接着就説:"公反,誒詒爲病,數日不出。"之後,在齊士皇子告敖的勸導下,

---

① 郭慶藩《莊子集釋》,第640頁。

② 同上,第641頁。

③ 同上,第651頁。

④ 陳鼓應《莊子今注今譯》,第482頁。

⑤ 羅竹風主編《漢語大詞典》,漢語大詞典出版社1993年版,第十一卷,第132頁。

⑥ 許寶華、宫田一郎主編《漢語方言大詞典》,第二卷,第2946頁。

"桓公辴然而笑曰：'此寡人之所見者也。'於是正衣冠與之坐，不終日而不知病之去也。"顯然，整個故事中，"誒詒為病"，是描寫齊桓公這個野心家一心想稱霸，又唯恐別人看出來的陰暗心理，以及害怕世人譏笑卻又於心不甘的複雜感受。當然，寓言的喻意是講心志的明快、精神的愉悅對養生的重要意義。具體到元典中，由於齊桓公在田獵中暴露了某種不合法度的政治野心，又害怕禦者管仲識破，因而撫其手曰："仲父何見？"管仲畢竟是一位老辣的智者，故意說"臣無所見"，致使齊桓公"誒詒為病"。文中所謂"鬼"是有所指的，那就是齊桓公的政治野心。很明顯，正是不便明說而鬱悶的心理糾結使齊桓公得了一場"心病"。因而，歷代注家均注意到了此處"誒詒"一詞在精神方面的原因，也是不錯的。

12. "正晝為盜，日中穴阫。"（《庚桑楚》）

"阫"，陸德明《釋文》："普回反，向（秀）注：音裴，云：阫，牆也，"郭慶藩認為："阫與牆同。《淮南子·齊俗篇》：鑿牆而遁之。高誘注曰：牆，屋後牆也。"甚至，《辭源》也將"阫"直接釋為"牆"，並引《莊子》此文為證。

筆者認為，以上舊注對《莊子》這句話中的"阫"字，注音為是，而釋義卻非。"阫"當與"坯"通假。《漢語方言大詞典》："坯 pí：③〈名〉土磚。冀魯官話。河北青縣1931年《青縣志》：'瓴甋曰墼，音激，轉讀如匹，俗作～。'"又："[坯窩窩]〈名〉用土坯砌的簡易房屋。官話。1982年第1期《新苑》：'寬闊的院裏，紅房綠樹鮮豔奪目，遠非他過去那三間～可比。'"又："[坯窩窩房]〈名〉用土坯蓋的簡陋的房子。官話。秦兆陽《幸福》：'他也有家，借的人家一小間～。'"①豫東一帶，"坯"僅僅是指與磚類似的砌牆材料，與磚的區別是不經過燒製而已。其製作過程是，先選擇純淤土，經過反覆摔砸後，調和成又稠又黏的泥巴，有時為了增強泥巴的凝聚力，還會在和泥時摻進一些麥糠或碎草之類的東西；之後，將一個長方形的模子（俗稱"坯模子"）放在平地上，再將泥巴在模子中砸實；取下模子，一塊坯就算製成。曬乾後，碼起來，壘牆時一塊一塊向上砌，與磚同用，所以有"磚牆"與"土坯牆"之分。因而，舊注將"阫"直接釋作"牆"，是不確切的。《淮南子·精神》有："夫造化既以我為阫矣，將無所違之矣。"

原文中，"正晝為盜，日中穴阫"，是說在一個為追逐私利而不顧任何廉恥的社會環境下，就會有人"大白天公然鑿挖別人家的土坯牆，入室為盜"，極言儒家崇尚功名利祿所帶來的負面效應。

13. "橫說之則以《詩》、《書》、《禮》、《樂》，縱說之則以《金板》、《六弢》。"（《徐無鬼》）

成玄英疏云："《詩》、《書》、《禮》、《樂》，六經。《金板》、《六弢》，《周書》篇名，或言秘讖也。……橫，遠也；縱，近也。（魏）武侯好武而惡文，故以兵法為縱，六經為橫也。"②

筆者拙見，成疏"橫"為"遠"、"縱"為"近"，並說"武侯好武而惡文，故以兵法為縱，六經為橫也"，是值得商榷的。這裏"橫"、"縱"皆非實指，而只是加強說話語氣和效果的虛擬表達，意

---

① 許寶華、宮田一郎主編《漢語方言大詞典》，第三卷，第3082頁。
② 郭慶藩《莊子集釋》，第821頁。

義等同於"左説以……右説以……"、"好説以……歹説以……"、"這樣説以……那樣説以……"等句式,這種表達技巧仍普遍見於今豫東方言口語中。

寓言中,魏武侯宰臣女商驚詫於徐無鬼輕而易舉地就以隻言片語讓自己的主子"大悦而笑",並委屈萬分地申述自己以前費盡心機的遊説卻不見成效,"先生獨何以説吾君乎?吾所以説吾君者,横説之則以《詩》、《書》、《禮》、《樂》,從説之則以《金板》、《六弢》,奉事而大有功者不可為數,而吾未嘗啟齒。今先生何以説吾君?使吾君説若此乎?"事實上,這位宰臣不明白,正是他那套"奉事而大有功"的世俗功利之學,才使其君"未嘗啟齒",而徐無鬼不過講了一番"相狗"、"相馬"的"超軼絶塵"之言而已,二者之間不是説的技巧問題,而是價值原則的問題。而在單方面的價值取向下,是沒有本質區別的,也就是説:"横説之"與"縱説之"、"《詩》、《書》、《禮》、《樂》"與"《金板》、《六弢》"是沒有本質區別的,對於遊説對象均沒有湊效,因而,也無所謂"遠"或"近"之分,都只是代表莊子所批判的儒、墨功利之學。在徐無鬼看來,女商之所以説其主失敗,是因為他始終被一種功利性的東西蒙蔽着,是一個"以不惑解惑,復於不惑"的"糊塗蟲"。①

14. "予少而自遊於六合之内,予適有瞀病。"(《徐無鬼》)

句中的"瞀病",成玄英疏曰:"瞀病,謂風眩冒亂也。"②後世注者遂多據此而解。林希逸:"目昏之病。"宣穎:"瞀,音茂,目眩也。"曹礎基:"瞀,眼花。頭目昏眩的病症。"③

筆者認為,這樣將此處的"瞀病"理解為一種實際性的生理性疾病,是不大妥帖的。這裏的"瞀病"應該就是今我國大部分地區常用的口頭語"毛病",此處指一個人見識淺,看法片面錯誤等,即思想觀念方面的問題,而非生理方面的實際病變,所以,成玄英對本句又疏云:"而有眩病,未能體真。"對"今予病少痊"一句,又疏云:"痊,除也。虛妄之病,久已痊除,任染而遊心物外。"即又將這種"瞀病"釋作"虛妄之病"。《漢語方言大詞典》:"[瞀病]〈名〉缺點。吴語。江蘇蘇州[moʳ¹³biŋ¹³]。《吴下方言考》:'今吴中性有所偏則曰~,俗作毛非。"④

原文中,"黄帝將見大隗乎具茨之山",成疏:"大隗,大道廣大而隗然空寂也。……黄帝聖人,久冥至理,方欲寄尋玄道,故托迹具茨。"可見,從根本上説,整個故事就是一個虛無縹緲的哲理寓言而已,因而,不宜指涉具體的名物或概念。當黄帝一行陷於迷途,適遇牧馬童子,問:"若知具茨之山乎?""若知大隗之所存乎?"得到肯定回答後,黄帝"請問為天下",小童就教導他説:"夫為天下者,亦若此而已矣,又奚事焉!予少而自遊於六合之内,予適有瞀病,有長者教予曰:'若乘日之車而遊於襄城之野。'今予病少痊,予又且復遊於六合之外。夫為天下亦若此而已。予又奚事焉!"寓言中,童子將自己有"瞀病"的原因,歸於"少而自遊於六合之内"(方

---

① 曹礎基《莊子箋注》,第362頁。
② 郭慶藩《莊子集釋》,第832頁。
③ 曹礎基《莊子箋注》,第368頁。
④ 許寶華、宫田一郎主編《漢語方言大詞典》,第五卷,第6971頁。

內之遊）；而後來病痊的原因，是在長者的教諭下，"乘日之車而遊於襄城之野"、"遊於六合之外"（方外之遊）。可見，這種"瞀病"的癥結所在，並不在身體和生理方面，而是在精神和心理方面。因而，筆者認為，對於此處"瞀病"一詞的解釋，崔大華先生的《莊子歧解》的第一種釋文是較為準確的："喻遊至道之境而未能有悟。"①

15. "稱譽詐偽以敗惡人，謂之慝。"（《漁父》）

《漢語方言大詞典》："敗 bài①〈動〉背後說人壞話；誹謗。（一）贛語。湖北蒲圻[Pai²²]那是假個，是人家～他個。"又："[敗乎]〈動〉② 說人壞話。中原官話。山東郯城[Pɛ⁴¹ xu°]他就好～。"②今豫東方言有"敗壞"或"敗禍"等詞語，是指用虛假的稱讚和美譽，使別人失敗或有惡名聲；或是表面上虛假地讚揚而暗地裏陷害別人，秦崇海先生的《商丘方言研究》："敗壞 bai³¹ huai[pai³¹ xuai]進讒言，說人壞話。如：他到處敗壞人。也稱編排人或糟踐人。"③。《中國民間方言》："[編派]biānpai[官話·北方]① 誇大或捏造別人的缺點或過失。劉真《春大姐》三：'倒是那些吃了閑草閑料沒事幹、專想編派着罵人的老封建死腦筋，實在該有人管教管教了！'／曹雪芹《紅樓夢》第十九回：（黛玉）按着寶玉笑道：'我把你這個爛了嘴的！我就知道你是編派我呢。'② 也作'編排'。西戎、馬烽《呂梁英雄傳》第十九回：李有光說：'你再編排人，小心老子毀了你！'"④總之，這個詞是指一種極其邪惡、詭詐、陰暗的陷害人的手段。因而，筆者認為，《莊子》此處的"敗惡人"正是上述方言之意。原文又說"謂之慝"。《爾雅》："慝，言隱匿其情以飾非。"《周禮·環人》"察軍慝"，注："慝，陰奸也。"《尚書·畢命》云"旌別淑慝，表厥宅里"，將"淑"與"慝"對舉，知道"淑"是美好、溫和、賢明等含義，就能夠通過比對反求得"慝"之意。《管子·君臣下》云："如此，則國平而民無慝矣。"《國語·晉語八》云："蠱之慝，穀之飛實生之。"《左傳》莊公二十五年云："唯正月之朔，慝未作。"

成玄英對本句疏云："與己親者，雖惡而譽；與己疏者，雖善而毀。以斯詐偽，好敗傷人，可謂奸慝之人也。"將"敗惡"釋為"敗傷"不能說有誤，而將"稱譽詐偽"解作"與己親者，雖惡而譽；與己疏者，雖善而毀"，則是不當的。甚至將該句話解釋為"稱譽奸詐虛偽的人而又敗壞自己所憎惡的人的名聲"⑤，更是不妥。因為這句話中的"以"，是表結果的介詞，使句子成分構成條件複句的關係，即"用虛假的讚美這種方式而敗壞人"，而不是表並列的連詞，使句子構成選擇性的判斷句式，像成疏或曹礎基先生的解釋那樣。

---

① 崔大華《莊子歧解》，第663頁。
② 許寶華、宮田一郎主編《漢語方言大詞典》，第三卷，第3375頁。
③ 秦崇海《商丘方言研究》，第139頁。
④ 段開璉《中國民間方言詞典》，第36頁。
⑤ 曹礎基《莊子箋注》，第473頁。

## 結　語

　　今河南省商丘市歷史悠久,文化燦爛,名人薈萃,是中華文明的發祥地之一。據史書記載,約在西元前24世紀,黄帝的曾孫姬夋最初居於今商丘市睢陽區高辛。顓頊崩,高辛立,是為帝嚳(五帝之一),建都於亳(在今商丘市南郊)。帝嚳的兒子契(即閼伯)佐禹治水有功,封於商,是商人的祖先,《詩經·商頌》云:"天命玄鳥,降而生商。"周滅商,封殷紂王兄微子啟於古都,國號宋,傳三十二世。西漢時,爲梁國。隋唐時又稱睢陽郡或宋州。後唐時又稱歸德府。兩宋稱應天府,後升爲南京。元代再稱爲歸德府,明清繼之。這裏,自古重視文化教育,戰國時期的宋國,都城有"國學",地方有"庠"、"序"。因而,在這片廣袤富庶的土地上,在優越的自然環境和良好的人文環境下,形成了具有濃鬱地方特色的宋文化:務求真理,玄遠深邃,注重思辨,擅長理性的邏輯推理。晚周的老子、列子、孔子、墨子、莊子、惠施、宋榮子等思想家均與此地有着密切的關係。西漢和北宋時期,此地又兩度成為舉世矚目的經濟、政治和文化中心。自然,勤勞智慧的人民也創造了這裏豐富生動的語言文化。

　　語言不僅代表了歷史文明,而且展現着當代文明,並預示着未來文明的走向。正如崔大華先生所論"語言是文化中最具有表徵性和穩定性的因素"[1]。中原文化是華夏文明的最重要的源頭,中原官話則是這一文化的重要載體。至少在晚周時期,就形成了以洛陽話為中心的"通語"即"雅言",中古時期的"汴梁話"既是河南方言的代表,又是漢民族共同語的基礎。《河南省志·方言志》將河南分成六個方言片[2]:鄭汴片、洛嵩片、蔡汝片、信潢片、陝靈片、安沁片,而將商丘市(下轄梁園區、睢陽區、永城市、夏邑縣、虞城縣、柘城縣、寧陵縣、睢縣、民權縣)歸入鄭汴方言片。方言學家認為,古文獻的方言資料首推揚雄的《方言》,"所載實際上包括周末和秦漢的方言資料","書中地名,如宋衛韓周都是沿用周代舊名,韓趙魏分說或並提指三家分晉以前或以後也沒有交代清楚,所以從地域上看也不限於漢代的方言。"[3]揚雄的《方言》有:宋謂、宋語、齊宋之間謂、宋楚之間謂、宋魏之間謂、陶汝潁梁宋之間謂、宋魯之間謂、晉宋衛魯之間謂、宋魯陳衛之間謂、宋魏之間謂、秦晉宋魏之間謂、宋衛邠陶之間曰、宋衛兗豫之內曰、宋衛荆吳之間曰、宋衛汝潁之間曰、陳宋之間曰、宋衛南楚曰、周鄭宋沛之間曰、宋楚之間謂、江淮南楚之間謂曰、宋衛之間曰、陳魏宋楚之間謂、宋南楚之間謂、陳楚宋魏之間謂、宋魏陳楚江淮之間謂、宋魯曰、宋趙陳魏之間謂、齊楚宋衛荆陳之間謂、魏齊宋楚之間謂、梁宋之間謂等等眾多劃分,均有對宋國方言的收錄,充分說明揚雄對宋國方言的重視以及該地區方言的影

---

[1] 崔大華《莊學研究》,人民出版社1992年版,第29頁。
[2] 邵文傑總纂《河南省志》第十一卷《方言志》,河南人民出版社1995年版。
[3] 袁家驊《漢語方言概要》,語文出版社2001年版,第18頁。

響;晉代時郭璞為《方言》作注,徵引《莊子》二十餘處①,錢繹撰集《方言箋疏》徵引《莊子》多達五十七處,涉及內、外、雜各篇,則又表明《莊子》一書對漢民族共同語的形成和漢語詞彙的影響之巨。

因此,鑒於《方言》對方言圈的劃分和歸類,本文所指"豫東方言"的"豫東",不是"大致包括商丘市、開封市、周口市及所轄縣市"②的狹義行政概念,而是一個較為寬泛的區域文化概念,所指範圍大約是以今河南省商丘市為中心的豫魯蘇皖交界的地區,大約也就是春秋戰國時期的宋國或西漢時梁國的疆界。這也是本文有必要交代的一些問題。

本文所舉出的十幾處《莊子》文中的方言含義,在今天的使用範圍上可能遠不止豫東地區,甚至遠在東北或閩粵方言俗語中也都這麼用,這麼說。但這並不足以對本文構成反證,恰說明曆作為中原官話重要組成部分的豫東方言,在華夏文明中的地位、價值及其廣泛的影響和傳播。

豫東方言的聲母、韻母同普通話的聲母、韻母多數相同,也有一定的對應規律。但在詞彙方面仍有不少外地人不易充分理解的口語詞彙,甚至有一定數量的有音(當然是非標準音的土音)無字現象。這種現象也存在於我們閱讀和詮釋《莊子》的過程中,因此,本論題有待進一步識別和深入探討。正如章太炎《正名雜義》所論:"有通俗之言,有科學之言,此學說與常語不能不分之由。……有農牧之言,有士大夫之言,此文言與鄙語不能不分之由。天下士大夫少而農牧多,故農牧所言,言之粉底也。……以般若義廣,而智慧不足以盡之,然又無詞以攝代,為是比譯其義,而箸其音。何者,超於物質之詞,高文典策冊則愈完,遞下而詞遞缺,卻則兩義捉矣。故教者不以鄙語易文言,譯者不以文言易學說,非好為詰詘也,苟取徑便而殽真意,寧無徑便也。"③

[作者簡介] 劉洪生(1964— ),男,河南省柘城縣人。現為商丘師範學院文學院教授,主要從事中國古代文學研究,專著有《唐代題壁詩》、《宋代題壁詩詞》、《20世紀莊學研究史稿》等,已發表學術論文數十篇。

---

① 錢繹撰集《方言箋疏》,第52頁。
② 龐可慧"豫東方言的語法特點",《商丘師範學院學報哲社版》2005年第3期。
③ 孫軍《章太炎〈新方言〉研究》,華東師範大學出版社2006年版,第300頁。

# 宋人對《莊子·養生主》首段的探究

[韓國] 姜聲調

## 一、緒　言

宋代是一個儒學全盛的時代。此一儒學,指的是有別於傳統儒學的新儒學(理學)。宋儒各立"學統"①,闡明儒經義理,服務經世致用,並以此為本帶動變革思潮。其主導人物有周敦頤、張載、程頤、程顥、王安石、蘇軾等大家,他們立基於儒家學說,融合道、佛二家學說,重建學術思想的理論與方法,企圖尋找一股拯救國家社會的非常手段。王安石與蘇軾大力推進思想會通,為此王安石倡導"新學",屬於官學;蘇軾倡導"蜀學",屬於私學。影響所及,使宋代莊子學走進儒、道、佛三家合流而會通的道路,呈現注重以義理詮釋《莊子》的新風氣。據此,宋人詮釋《莊子·養生主》首段文字,充分體現重在闡發《莊子》義理的時代精神。代表注家及其著作,如陳景元《莊子注》、王雱《南華真經新傳》、呂惠卿《莊子義》、陳祥道《莊子注》、林自《莊子注》、趙以夫《莊子內篇注》、林希逸《南華真經口義》、羅勉道《南華真經循本》、劉辰翁《莊子南華真經點校》與褚伯秀《南華真經義海纂微》等。根據諸家注解,大抵以法郭象《注》、成玄英《疏》兩大系統,略仿更新而發揮,注重大義而闡發,提出了各自的一些獨特看法。

本論文以宋人詮釋《莊子·養生主》首段文字為研究對象,盡全力去搜集資料,探析研究,分為三大部分:《養生主》篇的名義、宋人對《莊子·養生主》首段的詮釋、宋人的評價,將相關

---

① 清全祖望在《宋元學案·序錄》說:"慶曆之際,學統四起,齊、魯則有士建中、劉顏夾輔泰山而興;浙東則有明州楊、杜五子、永嘉之儒志、經行二子,浙西則有杭之阮存仁,皆與安定湖學相應;閩中又有章望之、黃晞,亦古靈一輩人也;關中之申、侯二子,實開橫渠之先;蜀有宇文止止,實開范正獻公之先。篳路藍縷,用啟山林,皆序錄者所不當遺。"見黃宗羲著、全祖望等補修《宋元學案》卷六《士劉諸儒學案》,北京中華書局1982年版。

問題作一綜合性的探討,並給予其在莊學史上的適當評價。

## 二、《養生主》篇的名義

所謂"養生主",應該如何解釋,何人解釋得當? 雖諸家把"養生主"一詞看作"養生之主",然對此一篇名義有若干歧解,大約可歸納為三種觀點:"養生之主旨"、"養生之主宰"、"養生之精神"等。茲分述該三種觀點,並作進一步發揮。

### (一)"養生主"釋為"養生之主旨"

王雱《南華真經新傳》說:"夫齊物者必無我,無我者必無生,無生所以為養生之主,而生之所以存,此莊子作《養生主》之篇,而次之於《齊物》也。"① 羅勉道《南華真經循本》說:"此篇言養生之主。先言養生者當順其生;後言雖云養生,實視死生為一。"② 又說:"前二節言養生,後一節言死生如一。視死生如一,乃所以養生也。學道者當以此為養生之主。"③

王、羅二氏所言,即"無我者必無生,無生所以為養生之主"與"視死生如一,乃所以養生也"(學道者當以此為養生之主),均在說明篇名意涵。"無我者必無生"、"死生如一"均無對待,乃屬於"養生之主旨"。因此,"養生主"一詞可看作"養生之主",釋為"養護生命之主旨"。

### (二)"養生主"釋為"養生之主宰"

陳祥道《莊子注》說:"善養生者,內我以為主,外物以為賓,不以有涯隨無涯,斯免危殆。"④ 陳景元《莊子注》說:"主,真君也。"⑤ 又說:"天與則深不可識,人為則勞而多弊,故生理之主要在善養。……可以保身、全生、養親、盡年,此所生之主也。"⑥ 林希逸《南華真經口義》說:"主,猶禪家所謂主人公也,養其主此生者,道家所謂丹基也,先言逍遙之樂,次言無是無非,到此乃是做自己工夫也,此三篇似有次第,以下卻不盡然。"⑦

所謂"內我以為主"、"主,真君也"、"主,猶禪家所謂主人公也"等語,均在提示該篇名義。"主"、"真君"、"主人公"等解釋,皆可總括為"主宰"一義。因此,"養生主"一詞可看作"養生之

---

① 見《無求備齋莊子集成初編》,第 6 冊,臺北藝文印書館 1973 年版,第 73 頁。
② 見《無求備齋莊子集成續編》,第 2 冊,臺北藝文印書館 1974 年版,第 115 頁。
③ 同上,第 127 頁。
④ 見正統《道藏》本,第 25 冊,新文豐出版公司 1977 年版,第 647~648 頁。
⑤ 崔大華《莊子歧解》,中州古籍出版社 1988 年版,第 110 頁。
⑥ 見正統《道藏》本,第 25 冊,第 647~648 頁。
⑦ 見《無求備齋莊子集成初編》,第 7 冊,第 123 頁。

主",釋為"養護生命之主宰"。

### (三)"養生主"釋為"養生之精神"

褚伯秀《南華真經義海纂微》說:"達養形之理者勿傷,得養神之道者無為,形者生之所托,神則為生之主,虛無之道,是所以養其神者也。世人徒知養生,而不知養其生之主,養愈至而生愈失……庶乎養生之旨矣。"① 鄭景望《蒙齋筆談》說:"凡人之生,不過出入二途。讀莊周《達生》一篇,使人意蕭然。真若能遺其形者,出所以接物也,入所以養己也。……則有心於出入者,均不免於有累,不若忘其形而養其神,忘形則能遺生,養神則外物不能幹。"又說:"夫然則不獨善其生而已,雖死可也。"②

褚、鄭二氏所言,即"達養形之理者勿傷,得養神之道者無為,形者生之所托,神則為生之主,虛無之道,是所以養其神者也"與"不若忘其形而養其神,忘形則能遺生,養神則外物不能幹"二語一脈相承地指出篇名意涵。從"神則為生之主"、"忘其形而養其神"等解釋看來,皆把"主"字當"神"字為解。因此,"養生主"一詞可看作"養生之主",釋為"養護生命之精神"。

綜上所釋可知,《養生主》篇名的意涵無論釋為"養生之主旨"也好,說為"養生之主宰"也好,說為"養生之精神"也罷,其關注的焦點均在於"主"一字上。而"主"字雖有"主旨"、"主宰"、"精神"等解釋,其中"精神"最為適切而合理。所謂"精神"等於《養生主》篇首段"可以保身,可以全生,可以養親,可以盡年"中的"養親"之"親",故"養親"當釋為"養護精神"。除此之外,《養生主》篇文本之間可以參照,第四段"澤雉十步一啄,……神雖王,不善也"文中"神雖王,不善也"句與第五段"指窮於為薪,火傳也,不知其盡也"文中"指窮於為薪,火傳也"句可印證,兩者只有直、間接論證指點而已,實則所指"精神"可明矣。今人有承襲褚、鄭二氏之說而加以發揮者,如黃錦鋐師說:"'養生主',人的形體是賓,精神才是主。形體有盡,而精神無窮,所以'養生主'是養我們的精神,不是養護形體。"③ 又如陳鼓應說:"《養生主》篇,主旨在說護養生之主——精神,提示養神的方法莫過於順任自然。外篇《達生》篇,通篇發揮養神之理。"④ 可見宋人對於《養生主》篇名詮釋的影響。

## 三、宋人對《莊子·養生主》首段的詮釋

在《莊子》一書中,《養生主》篇是行文脈絡貫串、辭章結構嚴密、體裁形式完備的文字,也

---

① 見正統《道藏》本,第 25 冊,第 660 頁。
② 見《古今圖書集成·莊子部·雜錄》外編第 591 冊,鼎文書局 1977 年版,第 39 頁之 2。
③ 黃錦鋐《新譯莊子讀本》,三民書局 1983 年版,第 78 頁。
④ 陳鼓應《莊子今注今譯》,臺北商務印書館 1991 年版,第 103 頁。

是語言句句生動、說理層層深入、境界步步提升的篇章,可說是一通篇完整體系的"據題抒論體"。該篇則以其主體"養生主"為切入點持着一有機的關係,結構嚴謹,論述印證,大約可歸納為起、承、轉、合等四段落,如自"吾生也有涯"至"可以盡年"為"起";自"庖丁為文惠君解牛"至"得養生焉"為"承";自"公文軒見右師而驚曰"至"神雖王,不善也"為"轉";自"老聃死"至"不知其盡也"為"合"。

首段可分為二,先論"求知"的問題,《莊子·養生主》說:

> 吾生也有涯,而知也無涯。以有涯隨無涯,殆已;已而為知者,殆而已矣!①

此處先從認知的角度談起人類如何去"求知"的問題,後接着談到對待兩忘的"無為"修養及其"自然"境界的問題。接着,從"求知"入手談及"知止",指出其談論重點不在於"生命"與"知識"的問題上,而在於"知"與"不知"、"求知"與"知止"的意蘊上。對於知識的追求,不願知止,沒完沒了,不免陷於危殆。由此,莊周提出人類各自"所求之知"及"求知"的態度,並提醒如何能"知止"而不為。而當其能"知止"而不為,則何危殆之有?宋人對該一段如何去詮釋呢?其實,宋人的詮釋呈現出了新的面貌,承襲郭象《注》、成玄英《疏》的傳統,反映宋學彰顯大義、疑經改經的風氣,顯示一新學術思想融合的精神,從而產生了相當廣泛而深遠的影響。

宋人注《莊子·養生主》,可分為宋人法郭象《注》、法成玄英《疏》兩大系統。宋人法郭象《注》系統而發揮的,可分為着眼於"內外在"、"主客觀"兩方面的。先探論其着眼於"內外在"方面的,如陳景元說:

> 壽夭者生之有涯,博通者知之無涯。天與則深不可識,人為則勞而多弊,故生理之主要在善養。而乃貴名逐利,不知休息,重增其偽,以益其生卒,至於危殆而已。(《莊子注》)②

陳景元《莊子注》,無疑是法郭象《注》而發揮的。他認為"生之有涯"、"知之無涯",屬於外在性質,強求"人為"則"勞而多弊"。雖然如此,人們仍擬以"重增其偽","不知休息",因而難免陷於精勞神疲而危殆的局面,故勸人求其本質而"知止"。即人類思考必須轉化為內在性質,推求"天與",則"深不可識"。像陳氏一樣着眼於"內外在"問題的,如陳祥道《莊子注》說:"善養生者,內我以為主,外物以為賓,不以有涯隨無涯,斯免危殆。"③他認為內在生命是主,外在事物是客,"不以有涯隨無涯",知止歸本,各安其位,可免乎危殆之境。在認知問題上,他從

---

① 見郭慶藩《莊子集釋》,華正書局1991年版,第115頁。
② 見《南華真經義海纂微》,正統《道藏》,第253冊,臺北新文豐出版公司1977年版,第648頁。
③ 同上,第647~648頁。

"求知"及於"知止",以無限隨有限,由本質而求,兩全其美。又林自《莊子注》說:"有形者陰陽不能續,無形者歷數不能窮,故以有涯之生隨無涯之知,殆已。"①依他看來,外在生命不能續,而內在生命卻無窮,若以內在生命求外在知識,不能免於陷入危殆。又趙以夫《莊子內篇注》說:"人從少至壯,從壯至老,從老至死,此生之有涯。經緯萬事,亙古今而常存,此知之無涯。人惟昧於真知,而終身役役,以為知危矣。生者盡而知亦盡,其形化其心與之然,可不謂大哀乎!"②趙氏說到"生之有涯"(即少壯老死),"知之無涯"(即萬事常存),不得相隨。而人們不求其本,卻務求知末,生隨知(形化心),外內與之然,"終身役役",不願知止,同歸於盡。

以上諸家,都是從"內外在"着眼,來探討人類生命與事物知識,思考人類如何使處於外在轉化為內在或內在轉化為外在的生命、知識,並行不悖,互補相成,讓生命免於危殆。

有關着眼於"主客觀"方面的詮釋,如王雱《南華真經新傳》說:

> 生者天之委和也,天地之委和於人,素定其分,而不過其極,故曰吾生也有涯。
> 役於富貴,悅於榮寵,思慮交萌,而妄情無限,故曰智也無涯。③

王雱認為生命是"不過其極"的,智慧是"妄情無限"的,因而"思慮交萌",不顧死活,汲汲強求,有限之生隨無限之智,"則生之所以不存矣"。繼之則只有死路一條可走,豈不悲哉!像王氏一樣着眼於"主客觀"問題的,如呂惠卿《莊子義》說:"生隨形而有盡,知逐物而無窮,以生隨知,則有殆而已。已而繼之,以知卒於殆而已矣。"④呂氏發揮莊周所涉及的認識、修養與自然境界方面的觀點,步步深入,層層提升,似乎符合於莊子本義。又劉辰翁《莊子南華真經點校》說:"莊子言《養生主》第一義主於知,人生惟多知求勝,最大患如火銷膏,他外物之好不及此,唯莊子能言之,二十二篇屢致此意焉。絕學無憂,為之反覆三四詰,常恐負之。"⑤劉氏認為"養生"問題始於"知",人類有"多知求勝"的意願,但"外物之好不及此",故倡絕學而歸真。又如褚伯秀《南華真經義海纂微》說:"……又次以養生主至命之要,所以脩身也。故首論無以有涯隨無涯,則生任其自生而無夭閼之患,知復乎無知而歸混冥之極,切身之害既除,何危殆之有?"⑥褚氏說到"《養生主》至命之要,所以脩身也",主觀生命有限,而客觀事物無限,必須主客轉化,"則生任其自生","知復乎無知",人類乃可免乎"危殆"而保命。所以他才有"切身之害既除,何危殆之有"之類提問式的肯定。

---

① 見《南華真經義海纂微》,正統《道藏》,第253冊,臺北新文豐出版公司1977年版,第647頁。
② 同上,第648頁。
③ 見《無求備齋莊子集成初編》,第6冊,第74頁。
④ 同上,第5冊,第39頁。
⑤ 見《無求備齋莊子集成續編》,第1冊,第73頁。
⑥ 見《南華真經義海纂微》,正統《道藏》本,第253冊,第649頁。

如上所述，吕、劉、褚諸位選擇以提醒或勸告人類的方式，説到知止而不爲，"至命之要，所以脩身"，"爲之反覆"，主客轉化，怎樣才能有效地養生。劉氏特以引用《道德經》二十章"絕學無憂"語作一旁證，爲以其注解加强客觀合理的性質。此則算是一種"以老解莊"的例子。以上注解，一律從"主客觀"問題着眼來探討人類生命與事物知識，説出了只有讓主觀轉化爲客觀或客觀轉化爲主觀的生命、知識，復歸於真，乃能使形身免於"最大患"的局面。

宋人法成玄英《疏》而發揮的，有林希逸《南華真經口義》、羅勉道《南華真經循本》等。以上兩家，對《莊子·養生主》的注解，重點在於闡明該書篇章的字句及其義理，更好地體現出其承前啟後的面貌，同時提出了各自的一些獨特看法。如林希逸《南華真經口義》説：

> 涯，際也。人之生也各有涯際，言有盡處也。知，思也，心思卻無窮盡。以有盡之身而隨無盡之思，紛紛擾擾，何時而止？殆已者，言其可畏也。已，語助也。以下已字粘上已字，與前《齊物》篇同。於其危殆之中又且用心思算，自以爲知爲能，吾見其終於危殆而已矣。再以殆字申言之，所以警後世者深矣。此之所謂殆，即《書》之所謂"惟危"也。已而爲知者，猶人言明明而知，故故而作也。①

林氏以爲人生有盡處，知識卻無窮，因而"以有盡之身而隨無盡之思"，"紛紛擾擾"，不知休止，"其終於危殆而已"。下一句解説爲"已而爲知者，猶人言明明而知，故故而作也"，違背莊子思想，據"殆而已"一語證實之。像他一樣法成玄英《疏》系統的，還有羅勉道，可惜他對該一段篇文未作注解。

《莊子·養生主》首段接着論"爲"與"無爲"的問題：

> 爲善無近名，爲惡無近刑，緣督以爲經。可以保身，可以全生，可以養親，可以盡年。②

"爲"、"無"與"親"三字屬於核心概念，必須予以釐清。"爲"、"無"兩字，在老莊學術思想中有時單用或合用，即"爲"字單用等於"有爲"，表示"有作爲"、"有所作爲"之意；"無"、"爲"兩字合用等於"無爲"，表示"無作爲"、"無所作爲"（無人爲之爲——一切遵循客觀規律的行爲）之意。後兩者往往複合成詞，以專門術語爲用，是一種最高修養的哲學概念。"親"字則同於《齊物論》中"百骸、九竅、六藏，賅而存焉，吾誰與爲親"的"親"，當以"精神"爲解③。莊子認爲"無爲

---

① 見《無求備齋莊子集成初編》，第 7 册，第 123～124 頁。
② 見郭慶藩《莊子集釋》，第 115 頁。
③ 此則黄錦鋐師在《新譯莊子讀本》一書中注釋《養生主》該條文説："近人疑'親'是《齊物論》中'百骸、九竅、六藏，賅而存焉，吾誰與爲親'的'親'。據此，'養親'當作'養精神'解。"

善惡"，"自然為法"，何有名刑之累？信能如是，則其可以保身全性，養護精神，享盡天年。即人類從超脫一切相對待認識到"無為"修養，與自然化合為一，能以順應自然中道作為不變的規律，才可以保全身形天性、養護自然精神，享盡其天賦壽命。針對上面引述該原文，宋人持着"無為"或"有為"的觀點，並給它作了一認真深入的注解工作。先舉宋人持着"無為"的觀點作注解者為例，如陳景元《莊子注》說：

> 夫自全之善，理無近名，謂守樸少變，漢陰丈人之徒是也；自損之惡，理無近刑，謂沉溺嗜好，公孫朝穆之徒是也。無為善，無為惡，由正以為常者，聖人之中道。可以保身、全生、養親、盡年，此所生之主也。①

據此，人們可以"知止"而"無為善"，就"理無近求知名"；"無為惡"，就"理無近刑"。即無為"善惡"，結果無近於"名刑"。而其修養"由正以為常者"，善於養護生命，可謂"此所生之主也"。陳氏舉以"漢陰丈人之徒"、"公孫朝穆之徒"等比喻，具體應用到闡釋《莊子》義理過程中，也反映出了道教人物的一些思想傾向。特別，他對於"為善無近名，為惡無近刑"兩句立論於"無為"，應以"為"釋為"無為"，便是一種新的發明。當時注解者如同陳氏所持"無為"觀點的確實不少，如王雱《南華真經新傳》說："善養生者，內冥其極，而任其自然，忘善與惡，則所以遠於刑名矣。……緣督以為經，所謂道中庸也。夫至人之養生，……故不役物則可以保身，不喪真則可以全生，不擇地則可以事親，不害性則可以盡年，此皆存諸己而已。"②王氏認為"善養生者，內冥其極，而任其自然，忘善與惡，則所以遠於刑名"，乃能使"生所以全"。王氏在"善惡"問題上立論於"無為"，"忘善與惡"猶如"無為善與惡"，持着兩忘的看法。最後，他把"緣督以為經"解釋為"所謂道中庸"、"可以養親"解釋為"可以事親"，便是儒家的口氣。又呂惠卿《莊子義》說："天下皆知美之為美，斯惡已；皆知善之為善，斯不善已。善惡皆生於知，其相去何若？唯上不為仁義之操以近名，下不為淫僻之行以近刑。善惡兩遺，而緣於不得已以為常，是乃剗心去知而止乎不知之道也。"③關於"善惡"對待與"無為"修養問題，呂氏在做解釋時各有引用《道德經》第二章、《莊子·駢拇》語，用以說明《莊子》具有客觀性，並達到加強說服力的功效。誠然，其徵引老莊之文，使用以老解莊、以莊解莊的方法，是為了旁證闡釋《莊子》。而呂氏在"善惡"問題上立論於"無為"，持着"兩遺"的看法，並做出了解釋，即"善惡皆生於知，其相去何若"的自問，而自答為當其"善惡兩遺"，乃順着不得已為其法門，可明矣。又林自說："唯順性命之情，而不損不加於萬物，混同而無毀無譽，則刑名之所不能及也。"④林氏解說為外在生命不能

---

① 見《南華真經義海纂微》，正統《道藏》本，第253冊，第648頁。
② 見《無求備齋莊子集成初編》，第6冊，第74~75頁。
③ 同上，第5冊，第39頁。
④ 林自《莊子注》，見《南華真經義海纂微》，正統《道藏》本，第253冊，第647頁。

續,而內在生命卻無窮,因而最好以內在生命求外在知識,否則其未免乎陷於危殆。而順着"性命之情",不把善惡兩性或損或加於萬物,"混同而無毀無譽,則刑名之所不能及也"。林自在"善惡"問題上,是立論於"無為",並持"不損不加"的看法,以解說《莊子》。又趙以夫《莊子內篇注》說:"……伯夷死名,盗跖死利,雖所死不同,殘生傷性均也。惡固不可為,善亦不必為,為則有心矣。但當緣督以為經,督,中也。……率性之謂道,緣督為經之義也。奇經八脈,中脈為督。"①趙氏在"善惡"問題上立論於"無為",說到"惡固不可為,善亦不必為,為則有心矣"。"有為"則有心,"無為"則無心。他把"無為"看作無心修養,其未發感情,而感於事物,"一出乎性之自然",乃落實於形諸外之中道。其解說《莊子》有時旁引本書或他書證之,如《莊子·駢拇》、《中庸》章句之語。又褚伯秀《南華真經義海纂微》說:"則因天下之善而善之,因天下之惡而惡之,雖為非為也,又何有近名、近刑之累哉!……天地無心,寒暑自運,物自生成,物自肅殺,時當然耳,恩怨無與焉。……按此二句即《道德經》建德若偷之義,……或引上不敢為仁義之操、下不敢為淫僻之行,則是不為而不近名、刑也。……夫為善惡而近名刑,不為善惡而無名刑,皆理之當然。……督字訓中,乃喜怒哀樂之未發,非特善惡兩間之中也。……郭氏以中釋督而不明,所以後得虛齋引證切當……非精於養生,罕能究此。故衣背當中之縫,亦謂之督,見《禮記》深衣注。"②褚氏也在"善惡"問題上立論於"無為",持"不為善惡"的觀點,進而對此一觀點引用《莊子》、《道德經》、《禮記》等本校或旁引佐證之。又羅勉道說:"近,附近之近。緣,順也。督,中也,衣背縫之中曰裻,亦取此義。為善者必有名稱,為惡者必有刑罰,善養生者釋知而善惡兩忘。……但膠吾之中以為常。老氏所謂中者,抱一守中之中,非謂夾善惡中間也。朱子《書皇極辯後》非之,未必是其本指。"③與上述諸家一樣,羅氏在"善惡"問題上立論於"無為",持"善惡兩忘"的觀點,並引用《道德經》作證注解。

以上眾家提到"無為"的觀點,持着"忘善與惡"、"善惡兩遺"、"不損不加"、"離乎有生"、"不可(必)為"、"不為善惡"、"善惡兩忘"等看法,並對該篇語作一解釋。其中,王氏所言"忘善與惡"一句明顯源於郭象"忘善惡而居中"句而來④,應為略仿其《注》一例之證。"緣督以為經"解釋為"所謂道中庸"、"可以養親"解釋為"可以事親",便是儒家的口氣。而呂氏把"善惡"對待與"無為"修養問題作一解釋時分別引用《道德經》第二章、《莊子·駢拇》"唯上不為仁義之操以近名,下不為淫僻之行以近刑"語⑤,用以說明《莊子》具有客觀性,並達到加強說服力的功

---

① 林自《莊子注》,見《南華真經義海纂微》,正統《道藏》本,第253冊,第648頁。
② 見正統《道藏》本,第253冊,第649~650頁。
③ 羅勉道《南華真經循本》,見《無求備齋莊子集成續編》,第2冊,第116頁。
④ 唐代成玄英在《南華真經注疏》中也持"善惡兩忘"的見解,如:"夫善惡兩忘,刑名雙遣,故能順一中之道,處真常之德,虛夷任物,與世推遷。養生之妙,在乎茲矣。"見《無求備齋莊子集成初編》,第3冊,第145頁。
⑤ 《莊子》說:"夫適人之適而不自適其適,雖盗跖與伯夷,是同為淫僻也。余愧乎道德,是以上不敢為仁義之操,而下不敢為淫僻之行也。"見郭慶藩《莊子集釋》,第327頁。

效。趙氏解說《莊子》有時旁引或本校證之,如《駢拇》篇語"伯夷死名,盜跖死利,雖所死不同,殘生傷性均也"①;有時因儒家之旨以推莊周之義,如《中庸》之語"率性之謂道,緣督為經之義也"②。褚氏採用以老解莊、以莊解莊、以經為莊的方式作注解,藉以老子,如曰"按此二句即《道德經》建德若偷之義";以莊解莊,如引述《駢拇》篇"上不敢為仁義之操、下不敢為淫僻之行"語;對注《莊》文字即"郭氏以中釋督而不明,所以後得虛齋引證切當,……非精於養生,罕能究此。故衣背當中之縫,亦謂之督,見《禮記·深衣》注"的校定等。此與羅勉道的注解略同,相參互校為證,頗有可取之處。

宋人持"有為"的觀點作注解者,如陳祥道《莊子注》說:

> 從心而動,不違自然所好,當身之娛非所去也,故不為名所勸。從性而遊,不逆萬物所好,身後之名非所取也,故不為刑所及。緣督而應,不得已而起,以是為常,而不為已甚,則在我無忤於物,在彼無害於我,故可以保身而養親,全生而盡午也。《易》曰:"善不積不足以成名,惡不積不足以滅身。"則為善未嘗不近名,為惡未嘗不近刑,而莊子言此者,蓋莊子所謂善非離道也,志其券內而已。所謂惡非犯義也,特異於善而已。老子謂南榮趎其中津津乎猶有惡也。所謂惡者如此,則所謂善者可知矣。③

陳氏舉以《易經·繫辭下》中的命題說到"為善未嘗不近名,為惡未嘗不近刑"。所謂"為善未嘗不近名"等於"為善近名";"為惡未嘗不近刑"等於"為惡近刑"。他以世俗人情的話語解釋《莊子》,還說到"老子謂南榮趎其中津津乎猶有惡也",亦不合莊子之義。陳氏在"善惡"問題上基於"為",持着"有為"的觀點以注解《莊子》。無疑可說是一種"旁引曲正"、"連類引伸"④之例。相較之下,陳祥道與林希逸、劉辰翁的《莊子》注解之間有明顯的差異,卻持着"有為"的看法,如林希逸《南華真經口義》說:"此數句正是其養生之學,莊子所以自受用者。為善無近名者,謂若以為善,又無近名之事可稱;為惡無近刑者,謂若以為惡,又無近刑之事可指。此即《駢拇》篇所謂上不敢為仁義之操,下不敢為淫僻之行也。督者,迫也,……緣,順也。經,常也。順迫而後起之意,以為常也。如此則可以保身,可以全其生生之理,可以孝養其父母,可

---

① 此則《莊子》一書說:"伯夷死名於首陽之下,盜跖死利於東陵之上,二人者,所死不同,其於殘生傷性均也。"見郭慶藩《莊子集釋》,第 323 頁。
② 此則《中庸》天命章說:"天命之謂性,率性之謂道,修道之謂教。"見朱熹《點校四書章句集注》,臺北長安出版社 1990 年版,第 17 頁。
③ 見《南華真經義海纂微》,正統《道藏》本,第 253 冊,第 647~648 頁。
④ 見《四庫全書總目提要·經部·四書類》卷三十五《論語全解》條,《欽定四庫全書總目提要》,第 1 冊,臺北藝文印書館 1989 年版,第 724 頁。

以盡其天年。即《孟子》所謂'壽夭不貳,修身以俟之'也。孟子自心性上說來,便如此端莊,此書卻就自然上說,便如此快活。其言雖異,其所以教人之意則同也。晦庵以督訓中,又看近名近刑兩句,語脈未盡,乃曰:若畏名之累已而不敢盡其為學之力,則稍入於惡矣。為惡無近刑,是欲擇其不至於犯刑者而竊為之,至於刑禍之所在,巧其途以避之,遂以為莊子乃無忌憚之中。若以莊子語脈及《駢拇》篇參考之,意實不然。督雖可訓中,然不若訓迫,乃就其本書證之,尤為之當也。"①他在"善惡"問題上立論於"為","為"即"有為",持"有為"的觀點,並解說成善惡皆作,又無近名刑。又劉辰翁《莊子南華真經點校》說:"善與惡為對,莊子本意只在上句,然欲每事在中間行,又少那一邊不得,人生安得不為善?……獨在無惡無善上行,所謂督也。衣之背縫曰督,脈之循脊曰督,皆中間也。名與刑皆不染著,又何嘗見惡字面?而謂其取惡之小者而切為之,冤哉!其未知立言之意,又何足以語養生本趣?惡字亦當一邊,中間大有田地在,故可以養身長生,吾言不妄。"②就像林希逸注解一樣,在"善惡"問題上立論於"有為",《莊子》原文解釋為"善與惡為對","又少那一邊不得"。意即善惡皆為,"然欲每事在中間行"。

林氏把"為善"以下數句評斷為"正是其養生之學,莊子所以自受用者",屬於評點性質的文字。他認為善惡皆作,又無近名刑。上句的確無疑,下句則似乎不合莊周之義。要注意的是林氏在注解《養生主》篇時與儒學參雜為一,如曰"即孟子所謂壽夭不貳,修身以俟之也。孟子自心性上說來……"云云。朱熹《書皇極辯後》主張《養生主》的督可訓為中,林希逸不表贊同,其評點為"若以莊子語脈及《駢拇》篇參考之,意實不然。督雖可訓中,然不若訓迫,乃就其本書證之,尤為之當也"。如此,他嘗試作一評點《莊子》有關前人注解之語,可說是頗有參考價值。而劉氏認為"莊子本意只在上句","其未知立言之意",說道"人生安得不為善"?注解到處是評點,有時斷定,有時提問,自意為是,歪曲過分。劉氏認為林希逸強詞奪理,故反問"何足以語養生本趣"?讓人更擔憂的是"養身長生,吾言不妄"語,莊子主張"養生",其旨意不在於"長生",而在於"盡年"(享盡天年,即快活到死)。顯然,劉辰翁從道教的角度來解讀《莊子》,實不一定合乎莊子之義。

綜上所述,宋人詮釋《莊子·養生主》皆顯示出了新風氣,大抵以郭、成二氏注疏傳統為基礎,進而其詮釋走向闡發義理、懷疑舊注的趨勢,充分體現學術思想融合的時代特色,對宋代莊子學的發展作出了一定的貢獻。宋人注解《莊子·養生主》篇首段文字,第一小段文著眼於"內外在"、"主客觀"方面,第二、三小段文則持"無為"、"有為"觀點,提供了一些獨特見解與嶄新視角。

---

① 見《無求備齋莊子集成初編》,第 7 冊,第 123~126 頁。
② 見《無求備齋莊子集成續編》,第 1 冊,第 74~75 頁。

## 四、關於宋人詮釋《莊子·養生主》首段的評價

宋人對《莊子·養生主》首段文字的詮釋,第一小段文從"內外在"、"主客觀"的角度發揮所謂存有認知問題,第二、三小段文則從"無為"、"有為"與"自然之道"的觀點闡釋所謂修養及境界問題,體現出莊周所說的可以保全身性、養護精神而盡年的道理。在這一過程中,諸注家承襲前人的傳統注疏,反映重義理、疑舊注的風氣,體現學術會通的時代特色,從而這一詮釋精神更加顯示出來。關於宋人詮釋《莊子·養生主》的評價,大體可歸納為正、負兩方面:正面的評價是承先啟後、思想會通、提升擴展、風格一新等方面;負面的評價是冒稱大義、忽略斷句、篇章結構等方面。

就正面評價而言,其大略分述則如下:

其一,是承先啟後的方面。宋人詮釋《莊子·養生主》首段上承晉郭象《注》、唐成玄英《疏》,下接明清注解《莊子》的眾家,略仿前人走向不拘於章句傳注,疑古改造,推陳出新,務於闡發義理的哲學化作出了貢獻。當然,其詮釋各自造出名堂來,由字句訓釋者而言,如有"江南李氏書庫本"、"江南古藏本"、"徐鉉、葛湍校"《莊子》(陳景元《莊子闕誤》末所附《覽村南華真經名氏》))①、張潛夫補注《莊子》十卷(《宋史·藝文志》著録,已佚)②、陳景元《莊子闕誤》等;由辭章訓釋者而言,如有林希逸《南華真經口義》、羅勉道《南華真經循本》等;由文本訓釋者而言,如有陳景元《莊子注》、王雱《南華真經新傳》、吕惠卿《莊子義》、陳祥道《莊子注》、林自《莊子注》、趙以夫《莊子內篇注》、褚伯秀《南華真經義海纂微》、劉辰翁《莊子南華真經點校》等。

其二,是思想會通的方面。宋代新儒學影響所及,使莊子學朝着學術思想會通的方向發展,即其思想在建構體系時融合儒、道、佛三家的理論層次與思維方法。宋人詮釋《莊子·養生主》首段,大抵以莊解莊、以老解莊、以道解莊、以儒解莊、以佛解莊的方式闡發《莊子》義理。即以莊解莊之例,如吕惠卿《莊子義》、趙以夫《莊子內篇注》、林希逸《南華真經口義》、褚伯秀《南華真經義海纂微》分別引述《莊子·駢拇》篇"伯夷死名,盜跖死利,雖所死不同,殘生傷性均也"、"上不為仁義之操,下不為淫僻之行"、"以下已字粘上已字,與前《齊物》篇同"與《逍遙遊》篇"貌則人耳,固以超崑崙而友大庭,故依隱玩世,倡狂而妄行,蔚然之鬚、偉然之軀,視之猶芥宿草而委枯株也"等語;以老解莊之例,如吕惠卿《莊子義》、褚伯秀《南華真經義海纂微》、羅勉道《南華真經循本》、劉辰翁《莊子南華真經點校》分別引述《道德經》"天下皆知美之為美,斯惡已;皆知善之為善,斯不善已"、"按此二句即《道德經》建德若偷之義"、"老氏所謂中者,抱

---

① 見《無求備齋莊子集成初編》,第 5 冊。
② 見《宋史》卷二○五《藝文》四《道家類》,臺北鼎義書局 1980 年版,第 5178 頁。

一守中之中"、"絕學無憂,為之反覆"等語;以道解莊之例,如陳景元《莊子注》、陳祥道《莊子注》分別引述"漢陰丈人之徒"、"公孫朝穆之徒"等道教人物,以及"老子謂南榮趎其中津津乎猶有惡也"語;以儒解莊之例,如王雱《南華真經新傳》、陳祥道《莊子注》、趙以夫《莊子內篇注》、林希逸《南華真經口義》、褚伯秀《南華真經義海纂微》分別引述"緣督以為經,所謂道中庸也"("率性之謂道,緣督為經之義也")、"不擇地則可以事親"("可以保身而養親"、"可以孝養其父母")、"《易》曰:善不積不足以成名,惡不積不足以滅身"、"即孟子所謂壽夭不貳,修身以俟之也。孟子自心性上說來,便如此端莊,此書卻就自然上說,便如此快活"等語。以佛解莊之例,如林希逸即以"禪宗所謂主人公"來注《養生主》的"主"字。由此可見,各家參雜作一旁證,能使其注解加強客觀、合理化作出了不少貢獻。

其三,是提升擴展的方面。宋人好議論、重思辨,從而使其思想義理提升層次(到"內外在"、"主客觀")、擴展思維(到"無為"、"有為"),充分體現了重在闡發《莊子》義理的特徵。先舉提升層次之例,從"內外在"層面看,如陳祥道《莊子注》說:"善養生者,內我以為主,外物以為賓,不以有涯隨無涯,斯免危殆。"從"主客觀"角度看,如劉辰翁《莊子南華真經點校》說:"人生惟多知求勝,最大患如火銷膏,他外物之好不及此,唯莊子能言之,三十二篇屢致此意焉。"再舉擴展思維之例,從"無為"觀點看,如陳景元《莊子注》說:"無為善,無為惡,由正以為常者,聖人之中道。"從"有為"觀點看,如劉辰翁《莊子南華真經點校》說:"善與惡為對,莊子本意只在上句,……惡字亦當一邊,中間大有田地在,故可以養身長生,吾言不妄。"此則宋人闡發《莊子》義理在更高的理論層次與思維方法上開啟了像大有天地似的發揮空間。

其四,是風格一新的方面。宋人詮釋《莊子·養生主》首段不停留於傳承前人注疏傳統,其卻略仿舊注敢於開啟更新之路,打造出全然一新的風格。首當其位的是王雱,《四庫全書總目提要·子部·道家類》卷一百四十六《南華真經新傳》條說"是書體例略仿郭象之《注》,而更約其詞,標舉大義,不屑屑詮釋文句。"①王雱"不屑屑詮釋文句","標舉大義",大放異彩,嘗試作一新風格的注解,故往往能得莊周之微旨。他之後放出光彩的人選,恐是南宋劉辰翁,其在《莊子南華真經點校》中說:"說善與惡為對,莊子本意只在上句,然欲每事在中間行,又少那一邊不得,人生安得不為善?……名與刑皆不染著,又何嘗見惡字面?……其未知立言之意,又何足以語養生本趣?惡字亦當一邊,中間大有田地在,故可以養身長生,吾言不妄。"他有時下直接判斷說:"說善與惡為對,莊子本意只在上句"、"惡字亦當一邊,中間大有田地在,故可以養身長生,吾言不妄",有時又採取間接提問:"然欲每事在中間行,又少那一邊不得,人生安得不為善"、"名與刑皆不染著,又何嘗見惡字面"、"其未知立言之意,又何足以語養生本趣"。此

---

① 見《四庫全書總目提要·子部·道家類》卷一百四十六《南華真經新傳》條,《欽定四庫全書總目提要》,第4冊,第2878頁。

則與傳統注解風格不同之處，大致都採用了評點的形式，從而開拓了《莊子》評點的新領域。①

宋人詮釋《莊子·養生主》首段具有一定的正面意義，與此同時還具有一些負面的意義，可作龜鑒。

其一，是冒稱大義的方面。宋代新儒學的影響下，當時文人學者主要走思想融合之路，就推動《莊子》詮釋，重舉大義，乃走進注重闡發義理之路。此一風氣流行於當世，主導思想，牽引趨勢，偏重於義理作訓釋辭章的方法。如陳祥道《莊子注》說："《易》曰：'善不積不足以成名，惡不積不足以滅身。'……而莊子言此者，蓋莊子所謂善非離道也，志其券內而已"、"老子謂南榮趎其中津津乎猶有惡也"等語，無疑可說是一種"旁引曲正"、"連類引伸"之例，均不符莊周本意。又如劉辰翁《莊子南華真經點校》說："說善與惡為對，莊子本意只在上句，……惡字亦當一邊，中間大有田地在，故可以養身長生，吾言不妄。"就有不顧前後義理層次之嫌，也不合莊周之義。

其二，是忽略斷句的方面。宋人詮釋《莊子·養生主》首段常忽略斷句，盲目順從古本舊注，從來未有嘗試重新作一斷句，精力全消耗於闡發義理上，未能疑古而重新斷句。如清江有誥《莊子韻讀》說："為善無近名，為惡無近刑，緣督以為經。可以保身，可以全生，可以養親，可以盡年。"以下注明押韻情形說"真、耕通韻"②。

其三，是篇章結構的方面。《莊子·養生主》首段文字是全篇的宗旨，相當於四段構成"據題抒論體"的"起"，提示該篇所要論述的方法與其主旨，此一段發端與後文則"泛論"、"事證"的關係相呼應。如清屈復《南華通》說："夫此篇文勢，原以善無近名、惡無近刑、緣督為經三句平提，而下分應之。庖丁一段講緣督為經也；右師一段講惡無近刑也；澤雉一段講善無近名也。"③

---

① 此則方勇在《莊子學史》一書中說："劉辰翁的這種評點形式，其最大的特點就在於無須借助傳統的訓詁、考據等手法，而僅以隨手評點的方法，運用生動活潑、富於情感的語言，即往往能把自己對文本的獨特理解有效地傳達給讀者，使讀者體悟到《莊子》所蘊藏着的真意，感悟到《莊子》散文所具有的非同一般的藝術魅力。"見方勇《莊子學史》，第二冊，人民出版社2008年版，第184頁。

② 見《無求備齋莊子集成續編》，第36冊，第2頁。此則姜聲調《〈莊子·養生主〉篇綜論》一文中說："從斷句上說，相關文字的詮釋牽涉敘述內容、義理、段落、押韻等方面，必經綜合考量後才能確定應如何詮釋。……我們透過斷句的線索，可以發現此處文字由三個小段落為構成，可分三種義理層次。此外，文句的用韻也成為提示斷句的另一種線索：第二小段到第三小段韻腳，即前者是'名'、'刑'、'經'三字，屬於古耕韻，完全一致；後者則是'身'、'親'、'年'三字，屬於古真韻，'生'一字屬於古耕韻，真、耕通韻，算是押韻工整。由於第三段韻腳'名'、'刑'、'經'相同，應以'為善無近名，為惡無近刑，緣督以為經'三句作一斷句為節，斷續相生，合情合理。"見《慶祝黃錦鋐教授九秩嵩壽論文集》，臺北洪葉文化有限公司2011年版，第499頁。

③ 見屈復撰、李元春評《南華通》，《無求備齋莊子集成初編》，第21冊，第96頁。

## 五、结　　语

　　以上綜述宋人對《莊子·養生主》首段文字的詮釋，大致法郭象《注》、成玄英《疏》兩大系統，略仿前人舊注而出新意，進而納入宋學大義為重、疑古更新的風氣，反映儒、道、佛三家思想會通的精神，從而使注重《莊子》義理的詮釋踏入一新風格的階段，對後世產生了相當廣泛而深遠的影響。而關於該篇首段的詮釋，第一小段文從"內外在"、"主客觀"的角度發揮所謂存有認知問題，第二、三小段文則從"無為"、"有為"與"自然之道"的觀點闡釋所謂修養及其境界問題，體現出莊周所提可以保全身性、養護精神而盡年的道理。由此，我們可以給宋人對《莊子·養生主》首段詮釋下一評價，大體可歸納為正、負兩方面：正面的評價有承先啟後、思想會通、提升擴展、風格一新等；負面的評價有冒稱大義、忽略斷句、篇章結構等。

　　總之，我認為宋人對《莊子·養生主》首段的詮釋有正、負兩方面的意義，正面的意義要發揚光大，負面的意義要作為龜鑒，而從傳統與發展相整合的角度進一步推敲斟酌，則大有發揮創新的空間。

[作者簡介] 姜聲調(1966—　)，男，韓國全羅南道人。現任職於韓國圓光大學校教育大學院，臺灣師範大學文學博士。致力於老子、莊子以及蘇軾學術思想的研究。專著有《〈莊子〉內七篇之宇宙觀研究》、《蘇軾的莊子學》、《實用中國語語法》，並有關於老莊、蘇軾的論文及注釋學論文等數篇。

# 《莊子》政治批判的現代意義

## 涂光社

歷代的自然科學、社會科學成果總在隨後的實踐中不斷被驗證、被揚棄、被更新。二十世紀以來,新的觀念、理論視角,新的政治理念和學說不斷出現,國學研究中某些以往被忽略的問題在新的時代背景下也會引起關注,從中獲得重要啟示甚至極有價值的發現,莊子對政治的批判就屬於這樣一個問題。

莊學歷來被認為是"出世"的哲學。其實莊周及其後學並非沒有社會政治方面的思考。與其他諸子比較,莊子揭露和抨擊了為政者的倒行逆施,他鄙棄那些汲汲功名利祿的士人,指出當時欲有所作為的一切政治舉措都無益於社會民生。他對社會發展前景的展望確實悲觀,與那個時代治世的權謀相當疏離,言其"出世"不無理由。然而,悲觀不等於絕望;若徹底地"出世"又何必批判政治,何必著書立說傳之門徒和世人呢?

先秦諸子哲學基本都屬社會哲學,唯"道法自然"、"萬物並作,吾以觀復"的老子和"法天貴真"的莊子,其思考中兼有較多自然哲學的元素。莊子論政,不從己及其所處階層、族群、家國的生存狀態和地位、利害、恩怨出發,不拘泥於君國時政和具體施政方略舉措的得失成敗,而是立足於"自然大化"——人類(乃至一切生命體)生存演化之正途和法則,去檢討歷史進程中政治的失誤,探究、揭示其所以然,並瞻望前景、提出警示。儘管同屬論政,莊子的政治理念、批判對象、審視問題的視角和深度,不僅有別於先秦諸子,而且迥異於大多古今中外學者。這也許就是當代莊子學說價值發現的門徑所在。

莊子審視社會政治,目光所及,從初入文明的遠古到萬年之後人類的命運;雖不言時政,卻不限於一國、一地、一族;不將社會政治敗壞的歷史罪責全都歸諸桀、紂那樣的昏暴君主和濫權誤國者,不為尊者(諸如品格、初衷無可非議,但所行之政不無"人為"之嫌的黃帝、堯、舜、孔子,儘管莊子對他們的敬佩常溢於言表)諱;也從人們自身(包括莊子自己)普遍存在的弱點(可能"喪己於物,失性於俗")去探究"異化"的原委:其宏博的視野、敏銳深邃的洞察力、高度理性的學術態度,以及政治批判的徹底性無論古今都難有人企及。

《莊子》首篇《逍遙遊》中,惠施批評莊子說:"今子之言,大而無當,眾所同棄也。"應該說是有充分理由的。

尚"大"是老莊學說的特點，也是莊子立論上的一種自覺。《徐無鬼》中有"尚大不惑"的著名論斷，是其認知和思考事物現象的立足點和基本取向。莊子政論之"大"至少是從遠古洪荒到遙遠未來(且不說其無人可及的時空觀念和自然大化的生命意識)之歷史眼光的宏大；"無當"之"當"即針對性，莊子所論不針對某一國家、某一時期社會事件和政治舉措的得失成敗，既無作帝王師的欲求，不出謀劃策提供施政方略或是以干君上的手段和言辯技巧，也無助於解決具體的社會問題和民眾迫在眉睫的生計：故言"大而無當"。"眾"首先指那些欲有所作為於政治者，特別是冀望得到任用以施展才智抱負的士人；當然，也包括一般民眾：對他們來說莊子學說既無實用性又難於理解。因此當其時，莊子學說不遭"眾所同棄"才是咄咄怪事。對此，莊子本人並不隱晦，也並不怎麼在乎。

言說被"眾所同棄"，這在歷史長河中對社會政治有何功用？ 又有何當代價值呢？ 莊子的政治思考中，家、國的觀念，社會等級和私有觀念都被淡化或消解。其批判鋒芒究竟指向哪裏？ 他是在抨擊怎樣的社會政治以及哪些人物呢？

## 一、"無為"是其政治理想

"無為"是上古有過、而莊子之時尚能追尋的人與自然、人與人親和共生的社會生態。面對日益背離自然的現實趨勢，莊子只探究其所以然、抨擊"人為"之治，警示令人憂懼的歷史發展前景，而未先驗地提出社會政治回歸正途的模式和階段性。"無為"，是指順適自然和自然而然的治理，其批判鋒芒首先指向破壞自然天成社會關係的"人為"。《莊子》內篇《應帝王》篇是論政的。末尾的寓言說：

> 南海之帝為儵，北海之帝為忽，中央之帝為渾沌。儵與忽時相遇於渾沌之地，渾沌待之甚善。儵與忽謀報渾沌之德，曰："人皆有七竅以視聽食息，此獨無有，嘗試鑿之。"日鑿一竅，七日而渾沌死。

"渾沌"為名，況喻上古社會的渾樸天成。"渾沌"的生命在於天真未鑿，儵與忽儘管出於善意，但因主觀的錯誤判斷和世俗"常識"作祟，以七竅強加於渾沌，是破壞自然的"人為"，結果走向了他們意願的反面，戕害了渾沌的生命。

《至樂》篇有個故事："海鳥止於魯郊，魯侯御而觴之於廟，奏《九韶》以為樂，具太牢以為膳。鳥乃眩視憂悲，不敢食一臠，不敢飲一杯，三日而死。此以己養養鳥也，非以鳥養養鳥也。"儘管魯侯珍寵這不期而至的海鳥，無論接待地點、演奏音樂、奉獻飲食都用崇奉祭祀祖先神明的最高規格，可是結果不適應這一切，驚恐不安的海鳥卻只活了三天。魯侯按照主觀設想，以自己熟悉的最佳禮遇供養之，反而讓適應原生自然環境的海鳥送了命。該篇隨後說，演奏世上最美的樂曲,會令鳥獸和魚逃避;反之,若沒入魚活命所必需的水中,人就會溺死。這是嘲諷"君人者"治事行政難免有其個性帶來的缺陷,舉措也常出於主觀臆想,如果背離了人和事物的天性,即使有好的初衷並且盡力而為,也會事與願違,遭受挫敗。作者以此提醒欲與政事的士人:一切作為都須考慮是否有違客觀規律和人的天性,而後再決定取捨行止。

《馬蹄》篇說,馬靠天生的蹄毛奔跑和禦寒,自在生活,這是馬的"真性"。伯樂按駕馭的要求對馬作種種整治、束縛、訓練,"馬之死過半矣";陶工按"規""矩"以泥制陶器;木匠依"鉤""繩"做木器。都說伯樂善治馬、陶工善治泥、木匠善治木。然而,如同號稱善治天下者所犯的過錯一樣,他們都傷害了被"治"者的"真性"(天成之本性)。篇中接著描繪了原始人類"同與禽獸居,族與萬物並"和諧共生的情狀:淳樸的"至德之世","民有常性(本然、恆常的天性)","織而衣,耕而食"自有"同德",故無君子小人之分、知巧愚拙之別,天性無不純素厚樸。"善治天下"的"聖人"以違背人真性的仁義禮樂施治,導致人與人之間的不信任和分化,於是純樸本性受損,偽飾成風,放縱聲色,好智爭利。而莊子嚮往的則是上古"赫胥氏之時,民居不知所為,行不知所之,含哺而熙,鼓腹而遊"那樣樸拙和諧的生活狀態。

老子表述過"小國寡民,雞犬之聲相聞,老死不相往來"的社會理想,他嚮往"日出而作,日入而憩"無紛亂、傾軋、憂患,也無苛政干擾的農耕生活。而《莊子·山木》中,市南宜僚勸導魯侯時便描述了令人憧憬的自然渾樸的原始社會圖景:

> 南越有邑焉,名為建德之國。其民愚而樸,少私而寡欲;知作而不知藏,與而不求其報;不知義之所適,不知禮之所將,倡狂妄行,乃蹈乎大方;其生可樂,其死可葬。吾願君去國捐俗,與道相輔而行。

"建德之國"比老子"小國寡民"的社會圖景更清晰,完全是對現實社會的一種參照。"其民愚而樸,少私而寡欲":"愚而樸"則無《天地》篇所謂"知巧"與"機心";"少私"是原始社會群居生活生產資料共有的意識,"寡欲"則"欲"皆出於生命自然和基本的需求,不放縱。"知作而不知藏":既是由於勞作收穫有限無多餘可藏,更是"少私寡欲"的體現——不知所藏物的歸屬、無占有欲,表明無私有觀念,因此也就無私有制度存在的可能。"與而不求其報":表明原始群體人與人之間的協作互助友愛屬於本分和自然常態,無所謂施惠也就不會求回報。"不知義之所適,不知禮之所將":禮義規範在這種天成的和諧共生中無所用場。"倡狂妄行,乃蹈乎大方":指行為毋須知性導向,人們率性而為都能夠順適自然,徜徉於大道。"其生可樂,其死可葬",是說人們生死皆樂得其所。

對"建德之國"的描述,確切地介紹了與原始社會生產力和生產關係相適應的社會心理、意識形態和所有制。按照馬克思主義的歷史觀,人類最初的社會叫"原始共產主義",生產力低下,沒有階級的分化的剝削壓迫,未形成私有制;人們共同應對威脅生存、繁衍的困難和危機,形成自然和諧的社會關係。兩千多年前的莊子顯然也意識到:原始社會低下的生產力,自然而然地抑制了人們欲求的放縱,有利於生成和維繫人類渾樸自然和美的天性與社會關係。

莊子的政治思想絕不可以消極沒落和倒退視之！他提供現實社會的參照系,以促成一種根本性反思：生産力發展、物質財富的增加會不會使人們放縱物欲,破壞與自然的和諧？人類的"異化"是否越演越烈？無論是一貫被崇奉的政治信條、已爲人們習慣了的律令、準則、規範,還是士人想當然或短視的"拯民濟世"方略(更無須説那些唯"君人者"之命是聽的欺騙性宣傳和蠱惑人心的目標、口號),它們的導向能够與人類生存發展、自我完善的理想境界相一致嗎？

莊子雖不十分熱衷卻也未抛棄黄老"無爲而無不爲"的治國理念,他對道家理想社會的人文政治圖景有清晰的描述。從漢代文景之治與唐代貞觀之治的政績看,包括《莊子》在内的道家學説(尤其是主張清静無爲、輕賦薄斂,讓人民休養生息的黄老思想)在中國政治史上的成就和貢獻是不宜忽略和低估的。

違逆自然則必損傷人類的天性,破壞原本適宜的生存環境！有一種認識和判斷頗與一些近代理論家相近：在人類發展進程中會出現某種"異化"。

《繕性》篇説："古之人在混芒之中,與一世而得澹漠焉。當是時也,陰陽和静,鬼神不擾,四時得節,萬物不傷,群生不夭,人雖有知,無所用之,此之謂至一。當是時也,莫之爲而常自然。逮德又下衰,及燧人、伏羲始爲天下,是故順而不一。"而以後神農、黄帝、唐、虞的治理,都"德又下衰"不斷。篇中深刻揭露和猛烈抨擊了社會自步入"文明"以來愈演愈烈的"人爲"之治。《駢拇》篇稱："自三代以下者,天下莫不以物易其性矣。小人以身殉利,士則以身殉名,大夫以身殉家,聖人以身殉天下。故此數子者,事業不同,名聲異號,其於傷性以身爲殉,一也。"以爲自夏、商、周以來政治"殘生傷性"、"殘生損性",戕害人的生命和天性,禁錮、壓抑人的身心,給人帶來太多的紛擾和損傷。屢言"去其桎梏"、"解其倒懸",就是要人們卸脱世俗名利和政治倫常是非的精神枷鎖,從如同倒懸一般的苦痛中解放出來。

《庚桑楚》開篇,庚桑楚對弟子所説的堯、舜以"尊賢授能,先善與利"的治理提出質疑,認爲這是"將妄鑿垣牆而殖蓬蒿也;簡髮而櫛,數米而炊"的本末顛倒的徒勞,不足以濟世。名利欲的驅動形成一種誤導,臣民的心理和思想行爲只會異化："舉賢則民相軋,任知則民相盗";"民之於利甚勤,子有殺父,臣有殺君;正晝爲盗,日中穴阫";作者於是作出悲觀預言："大亂之本,必生於堯、舜之間,其末存乎千世之後。千世之後其必有人與人相食者也！"

不是歷史上圍城和饑饉造成的"析骨爲炊,易子而食",也不是抗戰後期松山之戰中頑抗的日軍以陣亡者的屍骸果腹。這裏"人吃人"社會的警示,對於人類終極的政治前景而言,有着更爲深遠的意義："人爲"之治助長人性異化,人與人之間原本親和互助共生(甚至"同與禽獸居,族與萬物並")的關係最終發生質變,相互争鬥、傾軋、敵視乃至相互殘殺。人類社會走向大亂和毁滅,或許與人們放縱自身"於利甚勤"、物欲横流有關！

黄帝是《史記》所載第一位君臨天下的聖王。《莊子》中黄帝時代雖大體葆有上古無爲而治的傳承,也顯現了"人為"的端倪。如前所述《天地》的寓言說黃帝遊赤水之北、昆侖之丘,歸途中多方尋覓丟失的"玄珠"(喻大道),暗喻他一度棄置"無為"之治,醒悟後欲重返正道。他派遣有能為的從臣搜求不得,最後靠無形迹的"象罔"(喻無為)才"索得玄珠"。《徐無鬼》中"黃帝將見大隗乎具茨之山,方明為御,昌宇驂乘,張若、謵朋前馬,昆閽、滑稽後車。至於襄城之野,七聖皆迷",不得不"問途"牧馬小童。黃帝訪求的大道,輔佐他的"七聖皆迷",表明諸賢能所專擅皆背離自然,不能導向。而牧馬小童卻"知大隗(大道)之所存"。相告云:"為天下"與牧馬的道理一樣,去掉違背天性的東西即可。牧馬者去其"害馬者","為天下"也要純任自然,無為而治。

## 二、莊子批判了什麼樣的人

對暴戾昏庸和窮兵黷武的執政者,以及那些利慾熏心、無操持廉恥、趨炎附勢、為虎作倀的人臣謀士進行揭露和抨擊,這在子書和一般政論中不足奇。莊子的檢討還針對受尊崇的聖賢以及包括他自己在內的一切人,此為其政論卓絕之處。唯其如此,才能探究人類社會發展中"異化"的諸多因素和根本原因。

《胠篋》篇說:"將為胠篋、探囊、發匱之盜而守備,則必攝緘縢,固扃鐍,此世俗之所謂知也。然巨盜至,則負匱、揭篋、擔囊而趨,唯恐緘縢扃鐍之不固也。然則鄉之所謂知者,不乃為大盜積者也?"又以田成子取代姜齊為諸侯的史事敷演,指出世俗所謂"知"常為盜所用,聖人所謂"仁義"為竊國的諸侯所用。刑罰只懲辦無權勢的小偷,最大的盜竊犯——那些權重位高者卻受"聖知之法"的保護。如其所說:"竊鉤者誅,竊國者為諸侯;諸侯之門,而仁義存焉!"

《則陽》篇說,老聃的弟子柏矩遊於齊,看見被刑戮者被抛屍於市,認為是統治者"立榮辱"、"聚財貨"造成人民的名利之爭,並指出:

> 古之君人者,以得為在民,以失為在己;以正為在民,以枉為在己。故一形有失其形者,退而自責。今則不然,匿為物而過不識,大為難而罪不敢,重為任而罰不勝,遠其塗而誅不至。民知力竭,則以偽繼之。日出多偽,士民安取不偽。夫力不足則偽,知不足則欺,財不足則盜。盜竊之行,於誰責而可乎?

是謂上古無為的君主把成功歸於人民,把過失歸於自己;一旦人們出現錯誤,君主會引咎自責。如今的君主卻不然,隱藏事物的真相而責難不瞭解情況的人,增大實施難度而歸罪畏難的人,加重負擔而責罰不能勝任的人,規定遙不可及的目標而懲處達不到的人:責罰負擔過重無法勝任以致"不識"、"不敢"、"不勝"、"不至"的士民。此為對為政者貪功諉過的嚴厲批判。揭示正是"今之君人者"戕害自然,才使驅使人民走向"偽"、"欺"、"盜"。中國歷史上確有不少貪天之功以為己有和推卸罪責的統治者,他們甚至讓無法為自己辯白的事物(比如天象、災異)來為自己行政的罪過承擔責任。

莊子的批判矛頭指向"君人者"有為之"私"。《秋水》篇中,北海若直言只有好的君主和神明才是"無私"於"德"、"福"的:"嚴乎若國之有君,其無私德;繇繇乎若祭有社,其無私福。"對那些欺世盜名、利慾熏心、趨炎附勢、干求利祿的士人進行深刻的揭露和辛辣的諷刺。《列禦寇》篇"舐痔得車"的故事尖刻譏諷了那些侍候君主者的卑劣齷齪:你們做了比舐痔瘡還低下的骯髒事,還有臉炫耀所得賞賜嗎?"重淵驪頷之珠"的寓言即是對干求利祿者的棒喝:

> 人有見宋王者,錫車十乘,以其十乘驕稚莊子。莊子曰:"河上有家貧恃緯蕭而食者,其子沒於淵,得千金之珠。其父謂其子曰:'取石來鍛之!夫千金之珠,必在九重之淵而驪龍頷下。子能得珠者,必遭其睡也。使驪龍而寤,子尚奚微之有哉!'今宋國之深,非直九重之淵也;宋王之猛,非直驪龍也。子能得車者,必遭其睡也。使宋王而寤,子為齏粉夫。"

《徐無鬼》篇以"豕虱與豕俱焦",諷刺倚仗勢要寄生偷安的士人:"濡濡者,豕虱是也,擇疏鬣長毛,自以為廣宮大囿,奎蹄曲隈,乳間股腳,自以為安室利處,不知屠者之一旦鼓臂布草操煙火,而已與豕俱焦也。"他們最終難逃與其依附的權勢集團、寄生環境一起毀滅的命運。

《逍遙遊》篇,堯"平海內之政"以後"往見四子藐姑射之山",居然"窅然喪其天下焉"。表明人所膜拜的聖王政治其實離理想境界相距甚遠,聖治尚且如此,何況其餘! 前面"為渾沌鑿七竅"的儵、忽,就很像是黃帝、堯、舜等聖王,其背離天性的作為會造成與良好願望背道而馳的結果。另外,不盲目崇拜"聖"王也從一個側面宣示:社會進步不能完全依賴政治"超人",哪怕是真正的聖賢。

《逍遙遊》中推出一類最高境界的人:"至人無己,神人無功,聖人無名。"其中"無己"是一個自我修為、精神境界不斷提升、走向物我一如(主客體無差別、通道為一)的過程,是將自己不符(包括超過)生命維繫和健康需要的欲求抑止、摒棄和完全清除才能達至的精神境界。"無己"不分階層、地位和社群、族類,是所有人的達道之徑,也是"無功"、"無名"的基石。

標舉"至人"、"神人"、"聖人",則表明常人有局限,尚未達到三"無"境界。《齊物論》推崇南郭子綦"吾喪我"的境界是就"道"的體認和"物""我"關係而言的,一己對外部世界的感受和體察認知總會受主客觀限制、難免局限偏頗,"成心"不可"師"。"吾喪我"是化解、取消自我意識固有的偏狹、局限,達於與"物"相融為一的"忘我"之境。

《大宗師》篇,有"忘生死"的"三人相與為友",子桑戶死,孟子反、子琴張"臨屍而歌"。子貢以為於禮有違,孔子卻指出:"彼(這三人)遊方之外者也,而丘遊方之內者也。外內不相及,而丘使女往弔之,丘則陋矣!""方內"即六合之內的塵世,其中廣大的人眾幾乎皆未達到三"無"!

書中的批判有時也針對莊周自己。《山木》篇有個著名的寓言:莊周雖在"螳螂捕蟬,異鵲在後"的啟示下"捐彈反走",終因之前有獵取異鵲的欲望和行為不免遭到虞人的懷疑、追逐和辱罵。隨後"三日不庭",省悟到自己"遊於栗林而忘真"的錯誤。他通過深刻反思得出教訓:一心謀求眼前利益,以為獵物唾手可、得忘乎所以之時,也許正是忘卻本性、身處險境之時,自己可能也是一個被獵取的對象,正被殺手覬覦而不自知!在莊周覬覦異鵲"蹇裳躩步,執彈而留之"的一刻,有違本"真"的欲求主宰了自己,顯然未達"無己"。因利忘身具有普遍性:虞人對莊周"逐而誶之"、莊周對異鵲"執彈而留之"、異鵲覬覦螳螂,人和動物的天性中普遍有控馭和占有弱勢對象、易受"利"誘惑的弱點!人欲過分膨脹、名利和"食"、"色"的誘惑都可能使人發生有違自然天性的變異。

《天地》篇有個寓言否定提高工作效率的"機事",唯恐因此促生"機心",助長非分欲求的膨脹而讓人走上與自然相悖逆的歧途:

> 子貢南遊於楚,反於晉,過漢陰,見一丈人方將為圃畦,鑿隧而入於井,抱甕而出灌,搰搰然用力甚多而見功寡。子貢曰:"有械於此,一日浸百畦,用力甚寡而見功多,夫子不欲乎?"……為圃者忿然作色而笑曰:"吾聞之吾師,有機械者必有機事,有機事者必有機心。機心存於胸中則純白不備;純白不備則神生不定;神生不定者,道之所不載也。吾非不知,羞而不為也。"

"純白不備"是指純樸渾全的天性有所缺失,"機心"與通於自然之道的"純白"心境背離。子貢認識到,抱甕丈人這樣的"德全"者,其"心"必有所"忘":"功利機巧,必忘夫人之心。"回到魯國,孔子就此教導子貢說:"識其一,不知其二;治其內而不治其外,夫明白太素,無為復樸,體性抱神,以遊世俗之間。""識其一,不知其二;治其內而不治其外"是內心專一地體認渾全之"道"而不旁騖,不被有違自然天性、非我的因素左右和干擾。"明白太素,無為復樸"是對復歸自然的"純白"的詮釋,"體性抱神"指對天性的體悟和精神的守持。告訴人們應該摒除"機心"、"機事",效法抱甕丈人恪守單純渾樸自然本真的生存方式。

從弓弩擊發裝置機栝,以及能夠大幅度提高效率的器械引申出的"機"是機巧之機,由於是人為製作而非自然天成之物,所以故事中"機械"、"機事"、"機心"被"全德"之士鄙棄。《大宗師》篇中的許由和《天道》篇中的莊子,都曾讚歎其師"覆載天地刻雕眾形而不為巧";老子對士成綺的批評中描述了那些士人口稱仁義,心懷智巧的情態:"動而持,發也機,察而審,知巧而睹於泰"——將有(為利欲驅使的)行動而故作矜持,一旦行動就像離弩之箭迅疾,顯示出精明強幹的智巧並自鳴得意。這是強調"機"與"知巧"並非出自天性和本真。

運用高效能機械怎麼會形成有違自然的"機心"呢?這個問題非但不應迴避,而且很有意義、值得深思。抱甕丈人和他的老師真是那麼保守冥頑不可理喻嗎?

"用力少而見功多"似乎是物質生產中人們天經地義的追求。"機械"運用代表技術進步、生產效率提高,從而工作更省力、創造財富更多。人類發展史上,技術進步帶來的物質產品豐裕曾經被看作是社會進步的必要條件和重要標誌。然而寓言中的"機械",卻被明知其有高效率的"全德之人"擱置不用,並提出警示:"機械"、"機事"、"機心"會導致人們"功利機巧"上的欲求膨脹而失卻天真!

這分明是對人類異化原委的一種揭示。無論當代和未來,只求技術進步帶來的"用力少而見功多"會不會造成某些負面影響呢?除了要警惕"機心"惡性發展(功利欲過分膨脹,即《庚桑楚》所謂"民之於利甚勤")有可能誤導精神追求、危害人際關係之外,無節制地利用"機械"、"機事"會不會破壞人與自然的和諧呢?近代"產業革命"以來,技術進步確實使物質生產力大大提高,隨之而來也有物俗泛濫、奢侈浪費、信仰缺失,以及環境污染、自然資源匱乏、物種加速消亡;武器越來越先進,狩獵和殺人的效率也不斷和大幅度提高。

老莊的政治批判是以上古原始天成的社會作為參照的。較之老子積極的"無為而無不為",莊子出世和回歸自我的傾向明顯,雖對社會理想的描述有本於老子,卻有更多效法自然、守持天性的內向性精神求索。

莊子的"法天貴真"可謂對老子"道法自然"著名命題的闡發。"自然"的法則和特點就是"無為"。即自在、本然,自然而然;是不受人為干擾,而不羼雜人們的主觀意識與作為。《莊子》中,"天"幾乎是"自然"的同義語。《秋水》篇說:"牛馬四足,是謂天;落馬首,穿牛鼻,是謂人。故曰:無以人滅天,無以故滅命,無以得殉名。謹守而勿失,是謂反其真。""反其真"即回到"天"的狀況,足見"真"與"天"有同一性。莊子認為,在文明進程中"人為"使人異化,尤其是世俗的人汲汲於名利權勢的"日以心鬥",從而背離了"真"性。

莊子勸誡士人從"殉名"、"殉利"、"殉天下"的自我異化中解脫出來。他以"無用"求"大用",鄙薄勢要恩寵,在困厄中作逍遙自得的精神遊履。這看似是一種精神勝利法,卻須知生當其時,莊子已超前地認識到政治違背自然、禍害人生的弊端,也意識到根絕這些弊端、實現政治理想的時代遙不可及。他主張放棄改造世俗社會政治的努力,確有某種明哲保身意圖,這也正是《莊子》雖批判政治、失敬先聖,不得入官學正統,卻能見容於歷代君上勢要的主要原因。應該承認,莊周自己做到了全身遠害,此後其思想更在若干民族精英身上發揮了積極作用,使他們得以在政治以外的領域,尤其是藝術創造和學術方面實現其生命的價值。《莊子》為生世坎坷、懷才不遇、飽受摧折者的心靈提供了避風港灣,為那些難為世容的先知先覺者們指示了一條自存自全的途徑,使其擁有屬於自己的精神家園和智慧創造的廣闊天地。當然,今人重新開掘這筆理論遺產的時候,是不會止步於"精神勝利"的。

## 三、"尊生"、"養生"之道:熱愛生命
### ——造物者的偉大創造

莊子心目中的理想社會,是"陰陽和靜,鬼神不擾,四時得節,萬物不傷,群生不夭,莫之為

而常自然"(《繕性》),他珍愛一切鮮活的生命,認為它們都是造物者的偉大創造,《莊子》書中就有着獨特的"尊生"、"養生"之道。內篇《養生主》篇講的就是對生命精神的營衛。其"養生"論人多熟知,下面的評介對"尊生"說略有側重。《讓王》篇云:

> 大王亶父居邠,狄人攻之。事之以皮帛而不受,事之以犬馬而不受,事之以珠玉而不受,狄人之所求者土地也。大王亶父曰:"與人之兄居而殺其弟,與人之父居而殺其子,吾不忍也。子皆勉居矣!為吾臣與為狄臣奚以異!且吾聞之,不以所用養害所養。"因杖策而去之。民相連而從之,遂成國於岐山之下。大王亶父,可謂能尊生矣。能尊生者,雖貴富不以養身,雖貧賤不以利累形。今世之人居高官尊顯爵者,皆重失之,見利輕忘其身,豈不惑哉!

古公亶父沒有"普天之下,莫非王土;率土之濱,莫非王臣"的觀念,不把土地臣民視為一己私屬。面對狄人的掠奪侵犯,唯獨考慮如何有利"民(包括狄族子民)"之"生(生養)",也即尊愛包括其他部族在內一切人的生命,為此回避爭鬥殺戮,寧願放棄統屬固有的土地和人民。

"為吾臣與為狄臣奚以異"出自仁德為懷、處弱厚生的周部族首領亶父之口,依然是驚世駭俗的:無論作誰的臣民都一樣,唯"德"是從(只看是否有利於人們的生存發展來決定去留);不存在對國家人民是否背棄的問題,不能作是否忠誠的道德判斷!此事《呂氏春秋·開春論·審為》亦載之。《史記·周本紀》中亶父也說:"殺人父子而君之,予不忍為。"

《齊物論》篇,堯因要去討伐三個小國而不悅,但在舜的解說中找到"十日並出,萬物並照"與其和諧共存的理由。《則陽》篇,戴晉人用"蝸角觸蠻"的寓言成功勸阻魏瑩,使他放棄了對田侯牟的討伐,避免了一場荼毒生靈的殺伐。戰國時期殺伐不斷,《莊子》全書言不及當時的征戰,也許是明哲保身"與世俗處"的需要,不過從這幾則寓言看,其"尊生"反戰的傾向還是非常鮮明的。

《大宗師》篇說:"大塊載我以形,勞我以生,佚我以老,息我以死。"人雖不免生之勞碌,卻有自然安頓生命的老與死這樣的閒逸和休息階段。篇中寓言人物子祀說,"曲僂發背,上有五管,頤隱於齊,肩高於頂,句贅指天"的子輿是造物者的傑作。面對將死的子來,子犁首先讚歎:"偉哉造化!"以為即使死後變為鼠肝、蟲臂也無妨,都是自然大化的安排。

無論《在宥》、《德充符》中修身千二百歲的廣成子,還是天生畸形卻道德完美的人(兀者王駘、申徒嘉、叔山無趾,"惡人"哀駘它、闉跂支離無脣、甕盎大癭都"德全而形殘",享有崇高威望),抑或《人間世》中"挫針治繲足以糊口",因殘疾得免服役並得到救濟的支離疏,都得到肯定和推崇。造物者創造的所有生命,無論是知足常樂的鷦鷯、偃鼠,還是因擁有自由,甘於十步一啄、百步一飲的澤雉,它們的選擇都合乎天理,應當得到尊重和保全。

從自然大化上說,生死的循環不過是不同生命體(生命形式)的轉換:包括莊周化蝶,活人變成髑髏;以及"種有幾"章中,由低級到高級逐步演化和周而復始循環的種種生命體……莊子在《大宗師》篇,以"大冶鑄金"比喻"造化者"(自然大化)的生命創造,指出"金"若跳起來要求必定鑄成"鏌鋣"(寶劍名),"造化者必以為不祥之金"!"今一以天地為大爐,以造化為大冶,惡乎往而不可哉!"所謂"化",是指自然演化,無論生前死後如何"化"來,又轉"化"為何種生命形態,都是造物者(自然)的安排和偉大創造;智慧的人類應該也只能順適自然大化;理性地對待人生歷程的階段性(即有"勞"、有"佚(逸)"、有"息"),以合規律的"養生"、"達生"、"衛生"謀求得享"天年(應得的、自然所賦予的年壽)"——完整而充分地享受自然賦予的智慧生命。

這樣的生命觀對政治觀念和社會理想的影響顯然在皈依自然的傾向方面。

《則陽》篇,子牢以耕禾喻為政治民,介紹了長梧地方官的體會:為政治民與田間耕耘一樣,不能鹵莽草率,都須體察物性、精心而為,不同的投入則有不同的收穫和相應的回報。莊子將這個道理引申到修養心性,指出違背自然和事物天性的胡作非為則必發病患。一方面強調無論修身養形還是務農、為政,"治"道通同;暗諷為政者常因任性粗疏、倒行逆施違忤自然至使社會弊端層出、百病叢生。

"無為"以能守持人的渾樸天性為表徵。然而生命體有各各不一的個別性,維護人的天性也包含對個性的尊重。《天地》篇中,將閶莬與季徹討論應不應舉拔任用無阿私的"公忠之屬"。季徹說到聖人之治,有一段關於"獨志"的議論:

> 大聖之治天下也,搖盪民心,使之成教易俗,舉滅其賊心而皆進其獨志,若性之自為,而民不知其所由然。

此處"獨志"指民眾各自獨有獨成的心志。"大聖之治天下"的"成教易俗"是為除滅"賊心"(有為、縱欲、非我之心),成全人各不同、卻都得到自由和充分發展的心志。是謂這樣"治天下"如同順遂天性般的自然而然,在民眾不知其所然中,成就了無為的大治。因為"獨志"針對"民"而言,所以這段話有特別的理論價值:莊子推崇的無為之治也有尊重個人天性和精神自由的內涵。

《在宥》篇"為天子十九年,令行天下"的黃帝向廣成子問"至道之精",說為施惠於民,"吾取天地之精,以佐五穀,以養民人;吾又欲官陰陽,以遂群生。"顯露出"有為"的自得。廣成子明確告訴他,其所"取"所"官"破壞了天地萬物生靈的自然運行:"自而(你)治天下,雲氣不待族而雨,草木不待黃而落,日月之光益以荒(日月一天比一天暗淡無光)矣,而佞人之心翦翦者(機巧之心那樣狹隘),又奚足以語至道!"在"黃帝退,捐天下,築特室,席白茅,閒居三月"後再次求教時,就只問"治身如何可以長久"了。於是得到廣成子首肯,說了"抱神以靜,形將自正。必靜必清,無勞女形,無搖女精,乃可以長生。目無所見,耳無所聞,心無所知,女神將守形,形乃長生","守其一以處其和","故修身千二百歲矣,吾形未嘗衰"的秘訣。黃帝則謙居下風受教,"再拜稽首"。強調治天下當以治身始,且與治身同理:珍愛生命,一切當順其自然、全其天性。

　　莊子窺測生命奧秘、探究自然大化；倡導理性對待生死，積極營衛生命精神以得享"天年"。身處艱危的生存環境，既以疏離現實政治明哲保身，更以超越世俗觀念、自由的精神遊履享受天賦的智慧人生。顯示出他對生命的摯愛。

　　前文所引的寓言說黃帝曾靠"象罔"找回"玄珠"，這裏又說他接受廣成子教誨，明白了以順適自然的養生為"至道之精"。莊子出於對現實政治的失望，多"出世"之說，從未提出過改良政治的具體方略舉措。熱愛生命的莊子確實對政治仍有一種期待。也許，當其尊生、養生之道得到普遍認同，尤其是在被真正奉為政治宗旨的時候，理想的"無為"之治也就有望得到恢復、維護和不斷在更高的層次重建。又隱約顯示出莊子對人生和人類未來某種達觀的預期。

　　"關愛每一個人的生命！"如今已見諸一些政要之口。莊子有知，當何等欣然！

## 四、另一些有獨到之境的觀念、意識

　　莊子政論顯露的一些觀念、意識不乏卓絕處。他追求的自由是超越塵俗自主的精神"遊履"；其平等意識不僅表現於對待不同階層、不同族群的態度上，也表現為對人與物（特別是其他種屬生命體）關係的一種理解。他所擁有的平等意識、所鼓吹的"遊心"與現代人要求的平等、自由不同，這在莊子是先覺的一種觀念態度和自我內在的精神追求，在近現代則是普遍認同的人應有的社會權利。

　　莊子的思想理念畢竟產生於中國的文化土壤，有鮮明的民族特色：馬克思主義認為，人有別於一切"自在"之物是因其"自為"的存在，其本性就是通過社會實踐而獲得"自由"（對必然的把握）。以何種方式求取"自由"是文化精神的核心。西方人側重向外探求，以發現和改造客觀世界來滿足自我的需要作為達到自由的途徑；中國人側重向內探求，以"自足"的方式——即認識自我、克制自我，改造和完善自我以適應外部世界（包括自然與社會）為獲取自由的手段。中國文化偏於柔性。"儒"，可訓柔，或濡（濡染），長於以濡染、化感、訓誨的方式協調和提升群體間（包括相互間以及上下之間）的和諧關係和思想層次。儒最早是一種職業，持操宗教祭祀，從事文獻記錄傳存和教育工作，與文化的承傳原本關係密切。儒學經孔孟等大儒的整理闡發，倡導忠孝仁愛禮義的教化，後來居於傳統文化的核心地位順理成章。"克己"、"節中"、"德服"、"來遠人"、"不患寡而患不均"、"思齊"、"內省"、"三省吾身"……其向內探求和柔性的特徵明顯（相比之下法家則偏於剛性，尤其顯現於嚴刑峻法和集權專制的強制性）。莊子學說對"人為"之治的批判固然嚴峻，但其"無為"的要旨有別於老子"無不為"的治理，所指依然是回歸自然的向內探求。"逍遙遊"所況喻的是精神桎梏的卸除，是擺脫世俗倫常、功利欲求和固陋思想方法束縛自由自在的精神遊履。莊子反復強調的是在精神活動中主宰自己、解放自己,以"遊心"超越凡俗;其平等、自由不是個人社會權利的訴求,更不會訴諸暴力對現行政治形成抗爭和挑戰,威脅權勢擁有者的既得利益。他的"遊心"至道如前所說,也是雖有先覺又認識到無法實現政治理想的情況下,一種自我修為、"明哲保身"的選擇。

在莊子心目中,人與人之間、人與物之間的關係是相當平等的。無論是濮水垂釣、猜意鵷鶵,還是舐痔得車的寓言,乃至以天子、諸侯、庶人三劍說趙文王的故事,其中的莊子都具有毫無奴性("臣屬"性)的獨立人格。更不用說備受他推崇的"真人"、"至人"、"聖人"、"神人"了。

中國的文化土壤很難滋育征服自然的狂妄。莊子曾着重申述過"齊萬物"(以無差別看待萬物以及諸種矛盾、論争)的言論,他稱許"聖人處物而不傷物,不傷物者,物亦不能傷也。唯無所傷者,為能與人相將迎"、"物物而不物於物"、"不傲倪於萬物"(見《知北遊》、《山木》、《天下》諸篇);《列禦寇》中寫莊子臨死反對弟子厚葬自己,弟子擔心烏鳶把他的遺體吃掉,莊子說,不給烏鳶吃而只給螻蟻吃豈非偏心? 其無偏竟如此寬泛! 他常常從不同側面流露出一種對自然物等量齊觀、人與物之間相互尊重的平等意識。

《莊子》展示了"物""我"多層面的辯證關係和莊子的主體意識。"物"相對於"我",大可以指宇宙萬物、整個有形的外部世界,義近可通於"道"的自然;小可指"勢物"之世俗乃至某個具體的事物。莊子說:"天地與我並生,而萬物與我為一"(《齊物論》),"號物之數謂之萬,人處一焉"(《秋水》),又說"夫子,物之尤也"(《徐無鬼》)。"物""我"既是同一的,又相互對應。人固然是萬物中的一員,又有別於其他的"物",卓傑的人超然於其他"物"(包括世俗的人)之上。"我"與"物"(包括主客、內外、天人等方面)的對應關係也從"心"("神")與"物"的對應中顯示出來。莊子既推崇"萬物無足鐃心"的虛靜(《天道》),又贊許"吾喪我"(《齊物論》)和"虛而待物"的"心齋"(《人間世》);既標舉"至人無己"(《逍遙遊》)的精神境界,又批評"喪己於物"(《繕性》),表彰孫叔敖拒斥"非我"之得失對自我的干犯(《田子方》),以"獨與天地精神往來"傲倪萬物(《天下》)。

在莊子意識中,人們的社會地位無關緊要。個人能達到的精神品位不可限止,超越凡俗、精神上獲得充分自由的人(如得道之士和關尹、老聃及莊子本人)能"與造物者遊","遊於物之初","獨與天地精神往來"(見《大宗師》、《田子方》、《天下》等篇)。品位差別是精神境界的懸隔而非社會等級的區分,體現出一種有特殊文化意義的人本思想。

《莊子》中有門人學子對師長教導的聆聽和恭敬侍奉,也有形體有殘貌頗不揚但精神品格超凡的人,他們具有強大感召力,廣有追隨、膜拜的民眾。莊子承認和重視不同的人在精神品位和思想境界上的差別,力求超越凡俗和偏狹;然而他卻漠視社會上的等級貴賤和長幼尊卑。莊子不以門第高低、權勢大小、財貨多寡區別人格。他筆下所贊許、所推崇的高人多無爵禄;《讓王》和《逍遙遊》等篇寫許由等安貧樂道不肯為利禄(乃至君臨天下)扭曲自己天性;卞隨、瞀光、伯夷、叔齊寧死也不與君主政治同流合污。給聖王和名賢以教誨和啟迪的甚至是社會地位卑微的普通民眾,譬如庖廚、工匠、為圃者、漁夫、牧童、津人……《盜跖》篇中,子張甚至說:"勢為天子,未必貴也;窮為匹夫,未必賤也。貴賤之分,在行美惡。"《史記》和《莊子》都有莊周拒絕入楚為相的故事,《莊子·秋水》中對惠施有"猜意鵷鶵"的譏諷;即使皆非信史,也是莊子蔑視權勢鄙棄政治志趣的表述;甘於如同澤雉"十步一啄,百步一飲"、龜"曳尾塗中"(見《養生主》、《秋水》)那樣雖說艱辛卻擁有自由的生活。《山木》篇云:

> 莊子衣大布而補之,正緳係履而過魏王。魏王曰:"何先生之憊邪?"莊子曰:"貧也,非憊也。士有道德不能行,憊也;衣弊履穿,貧也,非憊也。此所謂非遭時也。王獨不見夫騰猿乎?其得柟梓豫章也,攬蔓其枝而王長其間,雖羿、逢蒙不能眄睨也。及其得柘棘枳枸之間也,危行側視,振動悼慄。此筋骨非有加急而不柔也,處勢不便,未足以逞其能也。今處昏上亂相之間,而欲無憊,奚可得邪?此比干之見剖心徵也夫!"

"貧",是物質(基本生活資料)的匱乏;"憊",指生命精神的困頓,對於士而言則是"有道德不能行"。莊子"不憊"基於不仕君上,有能行"道德"的精神強勢,"王長"屬於自己的生存空間;自知若"處昏上亂相之間"則"欲無憊"而不可得,比干剖心的悲劇就是前車之鑒。

當時的中國,處於中央集權統一大帝國走向最終形成的階段,是封建強權政治的上升時期。以軍事力量作後盾的王霸權勢控馭一切,戰爭和強權的暴力氾濫,個人的生命和意志顯得極其脆弱。依附權勢以求施展才幹抱負是士人的普遍選擇,極端漠視社會等級的莊子在這方面也只能說是一個另類。

再說說莊子理想人格的獨立性及其自我意識。

在先秦時代精神的影響下,諸子大都不乏某種獨立人格,如老子、孔子、顏回、孟子、墨子……《論語》中涉及人格的名言不少,如"歲寒然後知松柏之後凋也"(《子路》);"見賢思齊焉,見不賢而內自省"(《里仁》);"道不同不相為謀","君子憂道不憂貧"(《衛靈公》);"仁者不憂,智者不惑,勇者不懼"(《子罕》);"仁者必有勇,勇者不必有仁"(《憲問》)等。孟子則有"捨生取義"說(《告子上》);"我善養吾浩然之氣"、"至大至剛,配義與道,充塞於天地之間"的"浩然之氣"(《公孫丑上》);"富貴不能淫,貧賤不能移,威武不能屈:此之謂大丈夫"(《滕文公下》)。由於多採取入世的追求功利的態度,諸子大都認為存在着或者有可能創設正當合理的政治、倫理信條和社會規範,應該遵從、維護或者重建之;故其人格與政治理想和倫理規範相聯繫。莊子迥然不同,他批判時代政治,否認以"人為"重建合理社會規範的可能性,其理想人格是以維護和張揚天性、超越社會政治和世俗關係為特點的。

莊子特立獨行,傲岸塵俗,不受陳俗偏頗所束縛,發現並維護個體生命欲求的價值;認為達於理想境界的人只聽命於自然的生成演化,他們的精神視野自由博大——從亙古元始宇宙洪荒以至於無窮無盡的未來。這對於古代士人精神境界中自由元素的彌補和獨立人格品位的提升有無可替代的重要作用。中國自古有強調社會共性和群體利益的傳統,在華夏民族文化的和樂中,他那張揚個性的"另類"旋律常在對立、映襯的一面,成為不可或缺的補充。

對獨立人格的推崇首先表現在對個性和獨創精神的肯定方面：

在《莊子》書中，"性"即使是天成的，仍由於主客觀因素的差異而各各不同。《天地》篇的"形體保神，各有儀則，謂之性"，已經帶有肯定和維護個性的意蘊。《駢拇》篇指出，駢拇枝指在人來說不是普遍的，更不是共同的，故有"出乎性""侈於德"之別！鳧脛之短與鶴脛之長也是天生的差異。《秋水》篇云："梁麗可以沖城，而不可以窒穴，言殊器也；騏驥驊騮，一日而馳千里，捕鼠不如狸狌，言殊技也；鴟鵂夜撮蚤，察毫末，晝出瞋目而不見丘山，言殊性也。故曰，蓋師是而無非，師治而無亂乎？是未明天地之理，萬物之情者也。"謂萬物的器用、技能和自然稟性各不相同，若不加區別地互相師法會造成混亂。此處的天性有殊，儘管是針對不同事物而言，仍對個性有所肯定。肯定異中之同和同中之異的思維取向，有助於理解自由與平等的共存性和互補性。

《天下》是全書的最後一篇，有對春秋戰國學術流派的概說。言及諸子的思想品格、精神境界和學術造詣時，其"獨"全為褒義。比如說墨子"獨能任"，說關尹、老聃"澹然獨與神明居"，"人皆取先，己獨取後，曰受天下之垢；人皆取實，己獨取虛，無藏也故有餘；其行身也，徐而不費，無為也而笑巧；人皆求福，己獨曲全，曰苟免於咎"。說莊周"獨與天地精神往來而不敖倪於萬物，不譴是非，以與世俗處"。他們的"獨"中有個體生命悟道之後的無比自豪。"獨與神明居"是至人真人的境界，與大智大慧相守相通，自非常人能及，其取捨與常人相反，是品格情趣、生命價值判斷不同所致。"獨取全"之"全"是精神自由之保全，也是智慧生命的保全，所以在險惡的生存環境中才可以"苟免於咎"！莊周達於"獨與天地精神往來"的至境，依然要"不譴是非，與世俗處"！他們有獨到的懷抱和精神視野，有至高無上的交往對象，顯現出與塵俗懸隔的品格和思想境界。但他們畢竟是人，不是神，並非真的不食人間煙火，所展示的只是一種超凡之人的品格和個性。

"獨與天地精神往來"一語對"獨"的推崇，有着橫絕時空的無比自豪，體現出一種對個體生命智慧極至價值的確認和自信。他們的精神活動、視野、心境無所羈縛和限制，能夠跨越和穿透身觀時空。

莊子屢言一"己"與"自我"也值得注意。人類原始思維的若干起點都是從自身開始的，意識到自我相對獨立於外部世界以及主客體的對應關係，可以說是思維能力的一次躍升。而莊子的"無己"、"喪我"更可謂是在新層面上的再躍升：是走出"師心"和我執的偏狹，乃至於是物我兩忘，回歸和融入自然。

《齊物論》篇"天地與我而並生，而萬物與我為一"一語，既表明了主體與客觀世界的分際，也有一種獨立的智慧生命與天地萬物並存的自豪。其"非彼無我，非我無所取"是意義深刻的論斷："我"是相對於"彼"（"我"以外的人和事物）的存在。沒有與"彼"的區別、參照、對應和聯繫，就不存在"我"；沒有"我"與的比照，"彼"的短長、特點無從發現。倘若"我"泛指天地靈慧所鍾的人，"彼"也有一種唯"我"能見之、能用之的幸運。

莊子的自然論是與自我意識之覺醒、個體生命價值的發現相聯繫的。對人個體而言，"自然"有無擾於外物和他人、無染於世俗的意義。"自"常與他物(乃至宇宙萬物)、他人(彼、誰、乃至世俗社會)相對應。

莊子認為事物是"與時俱化"(《山木》)的。《在宥》篇寓言中,鴻蒙曾說:"汝徒處無為,而物自化。……無問其名,無窺其情,物固自生。""無為"是對"物"的自然狀態和運作的不加干擾,"物"能夠依自然之法則生成、演化。其實事物的"自化"往往無從干擾,也未必是人的智慧所能詮釋的,故《則陽》篇說:"自殉殊面,有所正者,有所差。……雞鳴狗吠,是人之所知,雖有大知,不能以言讀其所自化,又不能以意其所將為。"《秋水》篇云:"何為乎?何不為乎?夫固將自化。"這"自化"指自身的自然變化。當然,自主的思想行為也可能陷入偏頗謬誤,因此其後有云"且夫知不知論極妙之言,而自適一時之利者,是非埳井之蛙與","自適一時之利"就是偏狹、短視的行為。

諸子中,楊朱被認為是"拔一毛而利天下不為"(孟子語)的極端利己主義者,莊子曾遭所謂消極避世、惟求自全的批評。二者都以"為我"受到責難。近代鼓吹取法西學變革圖強的嚴復儘管也不無微辭,終究以為是時代使然,對這種"為我"傾向的產生有較深刻的理解:"莊子即不為楊朱,而其學說則真楊氏之之為我者也。……是故極莊之道,則聖人生天行,死物化,去知與故,循天之理,於以無天災,無物累,無人非,無鬼責而已。至於儒、墨所謂仁義,則指為不安性命之情,而為桀、跖嚆矢者矣。孔曰殺身成仁,孟曰捨生取義,則為其道所薄而以為殉名。非不仁義也,以仁義之不及於道德而使天下大絃也。是故楊之為道,雖極於為我,而不可訾以為私。彼蓋親見人心之償驕,而民於利之勤,雖以千年之禮法,祇以長偽而益亂,則莫若清靜無為,翛往侗來,使萬物自炊也。"(嚴復《莊子評點·庚桑楚》總評)

春秋戰國,士階層崛起,人的個體意識覺醒。士人的自信心和自主意識越來越強,不經意間"吾"、"我"頻頻出現於他們的著述,也有對特立獨行品格的推崇。《老子》十六章有"致虛極,守靜篤,萬物並作,吾以觀復";二十章說:"眾人皆有餘,我獨若遺。我愚人之心也哉!沌沌兮。俗人昭昭,我獨昏昏。俗人察察,我獨悶悶。忽兮若晦,寂兮似無所止。眾人皆有以,而我獨頑且鄙。我獨異於人,而貴食母。"《孟子》中說:"我善養吾浩然之氣。"(《公孫丑上》)屈原《漁父》曰:"舉世混濁而我獨清,眾人皆醉而我獨醒。"並有"懷情抱質兮,獨無匹兮"的悲慨。老子在極至的虛靜中獨自觀照萬物運作,以一己渾樸無為的精神境界、意趣追求迥異世俗而自得。孟子"養氣"也是個人品格和精神意志的提升和充實。

老子的"無為"是為了"無不為",仍有求"治"的社會功利在其中;"吾以觀復"的吾所觀察思考的是宇宙萬物運作的規律,期望以此指導人們的思想行為以全政治、軍事活動。"我善養吾浩然之氣","我"和"吾"同時用上了,孟子的"氣"與道義相偕,即與社會道德、政治理想和人際關係的規範相聯繫,還有"窮則獨善其身"的名言。《禮記·禮器》、《中庸》、《大學》中屢言"君子慎其獨"強調情操的恪守,與孟子的"獨善"相通,都可以說是為實現其政治理想所作的道德自我約束和精神準備。《管子》、《荀子》、《韓非子》之論重法術和勢治欲為帝王師不必說,縱橫遊說之士的推銷自我以干勢要也是為了施展才智抱負,博取富貴功名。屈原抒發的也是忠而被謗、報國無門而不被理解的怨尤。

莊子雖力主張揚天性，也有放達不拘、與世俗格格不入的個性，但其論僅止於讓個性順遂自然發展，最後融和於自然、消解於自然。其着眼點不是爭取一種社會權利，要求寬容個性並給予充分發展空間。正如他倡導"遊心"，追求精神自由一樣，這不過是內在的自我情感、思維活動和精神境界中的求索，而非對外在的、社會權利的訴求。在其思想影響下，士人精神層面的探求也曾在一定範圍外化於行止，顯現出一種與世俗禮法規範相抗衡的藝術化人生態度。

即令有精神求索的內傾性，放達不拘者的範圍也有限，其反對個性被世俗觀念、社會政治壓抑、扭曲和摧殘的觀念本身，依然可以視為一種社會權利要求的先聲，只不過在中國，這悠遠的呼喚一直沒能引起廣泛回響和真正改造觀念、爭取權利的震盪。

## 五、評騭眾論公允、包容，闡述思考精警、開放

春秋戰國百家爭鳴，學術極富思辨精神，奠定了傳統思想文化的基石。《莊子》中對各家評說精切平允，顯示出敏銳的學術眼光和博大胸懷。

《天下》篇概略評介了諸子學說的得失，指出爭鳴和言辯中的弊端：

> 天下之治方術者多矣，皆以其有為不可加矣。……天下大亂，賢聖不明，道德不一，天下多一察焉以自好。……猶百家眾技也，皆有所長，時有所用。雖然，不該不遍，一曲之士。判天地之美，析萬物之理，察古人之全，寡能備於天地之美，稱神明之容。是故內聖外王之道，闇而不明，鬱而不發，天下之人各為其所欲焉以自為方。悲夫，百家往而不反，必不合矣！後世之學者，不幸不見天地之純，古人之大體，道術將為天下裂。

莊周的哲學思考儘管充分自信卻不唯我獨尊，批判一些學派囿於門戶之見的同時，又強調"百家眾技"、"皆有所長，時有所用"，顯示出公允和相容並包的氣度，這在諸子競相詆排"異端"、論辯駁難成風的戰國尤其難能可貴。以為各家"不該不遍"，也即沒有任何一種學說能稱"全"稱"備"，涵蓋"道術"，是從一種特殊的角度對老子所謂"道可道，非常道；名可名，非常名"所作的演繹。

《天下》篇隨後詳切地評介了墨翟、禽滑釐、宋鈃、尹文、彭蒙、田駢、慎到、關尹、老聃、莊周以及惠施、桓團、公孫龍諸子的理論建樹與思想特點，也指出一些論說和辯言的不足或偏頗、悖謬處。

從《寓言》、《天下》的介紹可知，莊子為展示自己的理論思考，創用了與眾不同的方式："寓言十九，重十七，卮言日出，和以天倪。"欲以"寓言"為主的開放性陳述來保持其先進性，以利

後學接受和進一步拓展深化其論說。

之所以"寓言十九",是因寓言的寓意有客觀事理的一般性,為讀者留有超越特定事例(寓言故事)進行聯想和進一步思考的空間,故莊子強調"彼其充實不可已矣"!"卮言"是不系統、不受固有主旨和門戶之見束縛的言論。"卮言日出,和以天倪"指不斷吸納整合各家日新月異的理論建樹中合理、先進的因素,以求達至與萬物事理不斷實現自然和諧一樣的境界。"重言十七"是借說話有分量的先賢之口表述自己的思想和學術主張。不過莊子也聲明,"無以先人"(沒有能給人啟迪的言說——沒有領先於一般人的思想見解)的"陳人"是不足取的。

《天道》"輪扁斫輪"的寓言中輪扁公然對桓公說,已死聖人的著述是"古人之糟粕"無可取法。《外物》篇的一則寓言對某些儒者言必稱《詩》、《禮》的偽善和貪婪作了深刻的揭露和辛辣的譏諷:

> 儒以《詩》、《禮》發塚。大儒臚傳曰:"東方作矣,事之何若?"小儒曰:"未解裙襦,口中有珠。""《詩》固有之曰:'青青之麥,生於陵陂。生不佈施,死何含珠!'接其鬢,壓其顪,儒(而)以金椎控其頤,徐別其頰,無傷口中珠。"

以法先聖崇禮義作幌子的"大儒"曲解《詩》、《禮》,為發塚破棺行竊尋找依據,實則在辱毀其宗祖;寓言似乎也有這樣的意思:《詩》、《禮》之類的古代經典何嘗不"陳",宗旨未必皆能"與時俱進"、用於正途。《田子方》有"魯國實少儒士"的故事,明謂假冒斯文徒有其表者眾。不過"儒者冠圜冠者知天時,履句履者知地形,緩佩玦者事至而斷"以及"獨有一丈夫,儒服而立乎公門。公即召而問以國事,千轉萬變而不窮"表明,莊子對真正有思想有學識有作為的儒者還是敬重的。不過作偽風行,能發現真知而不被假相迷惑、真才並不容易。在莊子心目中,孔子與戰國儒者不可同日而語,與其中那些欺世盜名者更有天淵之別。

曾有人認為《盜跖》篇讚揚了揭竿而起的造反者,對搖唇鼓舌企圖說服盜跖的孔子極盡譏嘲。盜跖怒斥孔子為"巧偽人",以其言說偽謬,極盡威嚇、貶侮、奚落之能事;最後孔子"再拜趨走,出門上車,執轡三失,目芒然無見,色若死灰,據軾低頭,不能出氣"的逃離狼狽之至。該篇確實不無"戲說"孔子的意味,譏諷孔子規勸盜跖的不切實際。然而作意無論如何不會是肯定一個"橫行天下,侵暴諸侯,穴室樞戶,驅人牛馬,取人婦女,貪得忘親,不顧父母兄弟,不祭先祖"、"萬民苦之"甚至"膾人肝而餔之"的大盜。即使寫了盜跖口若懸河旁徵博引,綜論其天下興敗名利得失的歷史教訓和死生之道,欲突顯的也是那個時代言辯中是非判斷的相對性。孔子和盜跖都振振有辭、口若懸河,卻相互背道而馳,不過是上演了一場言辯遊說之士的表演,其所謂(通於古今政治倫常之)"知"與(滔滔不絕的巧善之)"辯"無真理性可言!盜跖何止作了"造反有理"的辯言?歷史上一些博取權勢的"君人者"往往就是形形色色的"盜跖"。

無論是竊國者、奴役草民和屠戮對手的勢要豪強,還是嘯聚山林的盜賊、"暴民",一旦擁有權勢(特別是以暴力攫取君權),總要去論證去宣揚其掌握和行使權力的正當性,既在傳統政治信條中尋找依據;也會編造新的理由,提出合乎自己需要的邏輯和"原則規律"。有強勢和暴力為後盾,功名利祿為誘餌,這方面的理論家和學說應時而生。總會有歪曲或掩蓋事實為權勢在握的"尊"者"隱惡揚善"的歷史撰著和為他們統馭、擄掠、屠戮臣民辯解的"大道理"面世,使其過去和現在的作為都顯得"天經地義",甚至此後被人們奉為思想行為準則。

面對此類學說"教化"和引導的充斥,芸芸眾生又能如何?

《庚桑楚》篇說:君人者"舉賢則民相軋,任知則民相盜";"民之於利甚勤,子有殺父,臣有殺君;正晝為盜,日中穴阫";《則陽》篇中柏矩也認為,統治者"立榮辱"、"聚財貨",從而造成民眾的名利之爭。民眾為事關生存的切身利害所驅使,被統治者強勢的律令規範、宣教(更毋須說歪曲事實、片面宣傳的蠱惑、仇恨情緒的煽動、矛盾的制造和激化)誤導,難免"相軋"、"相盜",甚至會成為按統治者指使施暴而引以為榮的人。

莊子言說方式合乎其理論需要。"寓言"利於觸類旁通可"充實不已",而"重言"和"卮言日出",則利於理論的更新和相容整合各家所長。

老莊的自然是本然與自然而然。"法天貴真"將自然哲學的法則推衍於社會哲學。莊子審視了遠古以至當時的社會政治,從包括人類在內的萬物生命"大化"的角度揭示背離自然的失誤。他深知再現和重建未被"人為"破壞前淳樸親和的社會圖景邈不可及,因而表達了對歷史發展前景的深刻憂慮。出於對政治的失望,他規勸士人超脫塵俗回歸自然。雖未先驗地去設定未來的社會關係、政治進程與施政方略,依然以"法天貴真"展示出包括政治在內的永恆指向和期待:在對道的體悟中不斷糾正違逆、彌補缺失,在順適自然過程中不斷達成"和以天倪"。

莊子畢竟悲天憫人,著述中不斷發出"悲乎"和"不亦悲乎"的慨歎。他呼喚迷失的士人找回自我,找回並呵護被損傷的自然天性,卸脫世俗觀念對心靈的桎梏與扭曲,從而引導其人生去就,讓他們自主地在世俗政治之外廣闊領域的精神遊履中享受智慧人生、實現生命價值。

莊子政治批判的矛頭,指向先聖時賢某些有違自然的主觀性作為,也指向常人普遍存在的一些弱點;強調利欲的惡性滋長蔓延會導致人類的異化。也許他以為,人們普遍意識到異化的原因和嚴重後果之時,社會就有了最終免於毀滅的保證,有了自我拯救、不斷自我完善的可能性和光明前景。對生存發展自然欲求的突破或悖逆是人類歷史演進中必須永遠警惕、防止和不斷摒除的東西!強調皈依自然、珍愛一切生命體,這些正是其政治批判以致整個學說永恆價值的所在。

我們不能苛求先秦的莊子洞察一切、預見一切,系統地闡述先進、完備的政治理念,提供可付諸實踐的政治方略。其體察生命現象、俯瞰和展望歷史的巨集博視角,睿智的感悟、切中肯綮"吉光片羽"式的論說,即使在當代依然極具啟示性。

[作者簡介] 涂光社(1942— ),男,湖北黃陂人。現為中國文心雕龍學會副會長、中國古代文學理論學會常務理事、博士生導師。著作有《文心十論》、《勢與中國藝術》、《原創在氣》、《中國古代範疇發生論》、《莊子範疇心解》等10多部。

# 《莊子》研究創新芻議

## 王鍾陵

以我的看法,《莊子》一書是中國傳統典籍(翻譯過來的印度佛經不在其內)中最難讀的一部書,雖然關於《莊子》一書,無論是字句訓釋,還是義理的研究,都已有了漫長的歷史,其相關著作亦已汗牛充棟,但《莊子》一書仍然存在着字句與義理上的解讀困難,並且在二十一世紀的今天,《莊子》研究也該有一種新的思路。有鑒於此,本文對《莊子》研究的創新略陳鄙見。

## 一、讀解《莊子》文本的困難

一個詞百檢不得其解,像是一個莫名的怪石橫在道前。一個普普通通的字,放在一句、一段話中竟令人不可捉摸,語言的魔方竟如此變幻。段落與段落之間的峰迴路轉,給人以身入廬山之中不識廬山真面目之感。虛字的用法變化無窮,像倏起的雲霧一樣空蒙,同一個字在一段話中往往突然間轉換了語義。篇與篇之間的溝壑縱橫,使人難以識別每一個山巒特有的崢嶸。前修先賢們的注釋,堆積如山,相互間的見仁見智,對於後人卻似構造了一個巨大的迷宮,字句的歧解就像一個進去就出不來的令人眼花繚亂的蛛網。

## 二、今人的錯誤

由於《莊子》書極為重要卻又難於讀懂,因此不少學人以至非常出名的學者在寫作《莊子》的文章時,往往存在着嚴重的理解上的錯誤,比如李澤厚對於"物化"一詞就根本不懂,卻據此談論道家美學思想。《莊子》研究的這種現狀,對於整個中國文化研究的深入,不能說不構成了嚴重的障礙。

由於《莊子》讀解的困難,所以古今注家的錯誤很多,這種錯誤可以歸為幾種類型:一是概念解釋不對,二是就字面敷衍作解,全句不知所云,三是對《莊子》原文的解說,句與句之間時常缺乏聯繫甚或相互矛盾,四是所釋與莊子思想不符甚至大相違背,五是乾脆繞過許多難點。

## 三、義理研究的一個例子:王夫子解《莊》

　　王夫之是中國古代著名的學者和傑出的思想家,他的學術成就與水準在古人中是相當突出的,其《莊子解》一書,可以讓我們看到他是如何對《莊子》作義理研究的。
　　王夫之的理論發揮,一是基本上不作字句注釋,《莊子解》中的夾注乃是其子王敔所作;二是有時脫離文本作發揮,三是靜態的孤立的,並不對《莊》書作整體把握,亦不尋求其縱向發展的脈絡。好的是莊子寫的,而差的則是後學之僞托。以雜纂視外雜篇,由此對於每一篇往往不作全面把握,忽視以至否定了《莊》書的整體性,對於《莊》書的思維表達方式顯然缺乏理解。

## 四、文本訓釋的一個例子:古今對"莫若以明"的注解

　　在略述了王夫之對《莊子》的義理研究後,我們再舉例說明一下《莊子》字句解釋上存在的問題:
　　《齊物論》中"莫若以明"這一句的詮釋紛紜,但歷來均不得其解。郭象注云:"今欲是儒墨之所非而非儒墨之所是者,乃欲明無是無非也。欲明無是無非,則莫若還以儒墨反覆相明。反覆相明,則所是者非是而所非者非非矣。非非則無非,非是則無是。"①張默生承郭象此注,將這幾句譯爲:"若想糾正這種錯誤,反轉來是他們的所非而非他們之所是,使其歸於無是無非,則莫如用'以明'的方法,使以此明彼,以彼明此,則必恍然於已往各自的障蔽,而此障蔽也就不解而自解了。"②張默生沒有看到郭注顯然存在着兩個錯誤:第一,將上句"欲"字的主語看成是莊子本人,然而"乃欲明無是無非"本身就介入到是非之中了,既然"無是無非者"爲"儒墨之所非",則"明無是無非"便是非"儒墨之所非"也,而"無是無非"之論不正又是一種"是"。儒墨本已相互是非,而莊子又以其所是而對其總而非之,是非爭論的漩渦不是就更爲擴大了嗎?這顯然不符合《莊》文本意。第二,郭象認爲"反覆相明",就可以"所是者非是而所非者非非矣。非非則無非,非是則無是",這顯然不符合下文"是亦一無窮,非亦一無窮"之意,並且所謂反覆相明,實質即是以智明智,這亦不符合本內篇對於是非無正的申述。郭嵩燾說:"莫若

---

① 見郭慶藩《莊子集釋》,中華書局 1961 年版,第 1 册,第 63 頁。
② 張默生《莊子新釋》,齊魯書社 1993 年版,第 106 頁。

以明者,還以彼是之所明,互取以相證也。郭注誤。"①陸欽承此說,譯"莫若以明"句為"不如以此明彼,以彼明此,互相明照"②,郭嵩燾摒棄了郭象的相非意轉而取相證義,但還是沒有脫離郭象以智明智的錯誤詮釋。

另外的一種解釋則是以"本然"釋"明",但各人的色彩往往不同。王先謙曰:"莫若以明者,言莫若即以本然之明照之。"③張耿光承用此釋④。但問題在於《莊》書中沒有本然之明的概念,《莊》書中雖一再講到本性、天性,但不知其然而安之方得謂之本性,這不僅同"明"的概念不相干,而且還是拒絕"明"這一概念的(將"神明"一詞分拆為"神"和"明"兩個概念,是《天下》篇中才有的)。本性者,本能是也,明而為之則非本能也。《應帝王》篇述齧缺之問於王倪,四問而四不知,齧缺因躍而大喜。四問而四不知,方謂得道也。何來本然之明?

還有一個看法便是以《老子》"復命曰常,知常曰明"⑤釋之,呂惠卿說:"明者,復命知常之驗也。"⑥鍾泰、曹礎基承此說⑦。老學滲入《莊》書是從《外篇》開始的,在《內篇》中引《老》釋莊,根據不足。並且,《齊物論》中沒有談到返其本性的問題。至於陸長庚所說:"明者,明乎本然之未始有是非,而後是非可泯也。"⑧仍然是以明止明,在《莊》書中,世界的本然狀態只能體認之,而不能以智明之。而林希逸之所謂"明者,天理也"的說明,就更是以其時代意識來加以詮釋了。

在古今注釋中,似惟王夫之略得此句真意:"夫其所以的然爭辨於是非者,自謂明也。斤斤然持而以之,而豈真明也哉?明與知相似,故昧者以知為明。明猶日也,知猶燈也。日無所不照,而無待於煬。燈則或煬之,或熄之,照止一室,而燭遠則昏,然而亦未嘗不自謂明也。故儒墨皆曰吾以明也。持其一曲之明,以是其所已知,而非其所未知,道惡乎而不隱耶?"⑨這兒明確地將此句中的"明"字解釋為"一曲之明",如斯,則與上文"道惡乎隱"等句在深層意蘊上更為相通。但王夫之此釋的缺陷在於將原文意在提出一種解決辦法的思路,解釋成是敍述性的語言,忽視了"莫若以明"與上文之間有着一種轉折關係。由此,王敔承其意注"莫若以明"

---

① 見郭慶藩《莊子集釋》,第 1 冊,第 63 頁。
② 陸欽《莊子通義》,吉林人民出版社 1994 年版,第 40 頁。
③ 王先謙《莊子集解》,中華書局 1987 年版,第 15 頁。此書與劉武《莊子集解內篇補正》合編為一書,但頁碼各自排列。引者按。
④ 見張耿光《莊子全譯》,貴州人民出版社 1991 年版,第 27、30 頁。
⑤ 見樓宇烈校釋《王弼集校釋》,中華書局 1980 年版,上冊,第 36 頁。
⑥ 呂惠卿《壬辰重改證呂太尉經進莊子全解》,金大定十二年刊本。
⑦ 見鍾泰《莊子發微》,上海古籍出版社 1988 年版,第 38 頁;曹礎基《莊子淺注》,中華書局 1982 年版,第 22 頁。
⑧ 陸西星《南華真經副墨》卷一,明萬曆六年李齋芳刊本。
⑨ 王夫之《莊子解》,中華書局 1964 年版,第 16 頁。

一句時，便產生了顯見的錯誤："浮明而以之，乃自謂以明，愈明而愈隱矣"①，他將"莫若以明"解釋為"自謂以明"，顯然背離了原文。陳鼓應譯此句為："以空明的心境去觀照事物本然的情形。"②這同王夫之父子對於"明"字的看法正好相反。陳鼓應的錯誤在於：在《莊》書中，事物本然的情形不是"以空明的心境"可以"觀照"得到的，《莊》書內外篇中，凡寫及體認事物的本然情形，都是要使心智昏暗才行的，對於"明"的肯定是直到《雜篇》中才有的事。

我的意見在上文已經說過："莫若以明"之"明"為小智小明，亦即王夫之所謂"一曲之明"，但王夫之的這一意見，應納入到此句是表達語意轉折的思路中而加以理解。"以"字不是如王夫之父子的評、注那樣看作是介詞，而是應釋為動詞"止"之義。如是，則全句暢然，且與《莊》書的整體思想相符合。

## 五、應該如何讀解《莊子》：繼承與革新乾嘉傳統

第一，準確地讀懂《莊子》，爭取掃清所有難點。第二，深入地理解《莊子》。所謂深入理解有三個方面的要求：(1) 對《莊子》各篇作出整體把握。(2) 將《莊子》一書當作一個學派的文集來把握，從中梳理出莊子學派在與當時其他各種學派的衝突、融匯中發展的歷史，也就是要將《莊子》各篇之間的縱向的發展關係清理出來。(3) 對於《莊子》的文風應從其思維特點來說明其淵源。

我們需要繼承乾嘉傳統，也還需要革新乾嘉傳統。這就是說，不僅理論的闡發是建立在訓詁考證的基礎上的，而且訓詁考證的進行，也是和理論的分析相伴隨、相融合的。理論的宏觀的把握，既體現在打通《莊子》各篇作融匯理解上，更體現在仔細辨別各篇之間的異同承轉關係而將一本《莊子》作為一個學派思想的邏輯展開來看待，因此這樣的一種講解方法乃是以流貫性、整體性、邏輯性為其靈魂的。當注釋章句這類古代讀書方法被破除了其拘守字句及曲說、穿鑿以求通的弊病，而以宏觀性、理論性對之進行改造後，我們就可以在盡可能逼近文本原意的基礎上來進行理論闡釋的工作。這樣的理論闡釋可以避免鑿空發揮、隨意引申、見小失大、錯中求新。這樣做是艱難的、卻可以較多地避免錯誤。這樣做，需要處理極為大量的微觀問題，然而惟有這樣一步一個腳印的務實，才可以使理論的大廈根柢堅牢。

從思路上說要抓住三點：

1. 一個新的思路：探究《莊子》一書的深層思維特徵及運作規律

莊子是在一個新的時代中保留了神話思維的特點，因此，只有既看到《莊子》與神話思維

---

① 王夫之《莊子解》，中華書局1964年版，第16頁。
② 陳鼓應《莊子今注今譯》，中華書局1983年版，第54頁。

和原始意識的聯結,又能將它們之間的區別辨析清楚,並與從詩性時代向散文時代過渡這樣一個大的背景聯繫起來,我們才能對《莊子》一書的思維、表達方式以及與此相關聯的文風和語言特點有深入的認識。從整個《莊》學史上說,這是一個未曾被提出的研究課題。然而依我的看法,只有沿着這一思路前進,《莊》學研究才能有實質性的、深層次的、整體性的突破。更進一步說,只有獲得了這樣一種突破,我們才能明白我們民族的思維是如何經由像《莊子》一書所代表的那種思維階段而前進的,亦即是明白詩性時代是如何過渡到散文時代的。

並且,還值得說的是,從詩性時代向散文時代過渡,這是全人類都經歷過的一個漫長的思維歷程,然而,這一歷程,就我孤陋的見聞而言,只有在《莊子》一書中體現得最為清晰、最為典型,因此從《莊子》中將這一歷程較為細緻地發掘出來,將對於人類思維史的認識,對於人類的精神生成發展史的認識,具有極大的意義。

2. 整體性、邏輯性要求:發掘《莊子》一書的內在進程

儒家是現實的,道家是虛靈的。從虛靈走向現實的動力乃在治世,亦即使其學說具有種實用性。實用是中國各派學說都繞不過去的一個問題。不實用的理論在這個國度裏沒有存身的可能。從虛靈走向現實的第一步是用虛靈來包容現實,這便是《外篇》的發展方向;第二步乃是用現實來化解虛靈,這便是《雜篇》中所顯示的發展方向。一旦虛靈在相當程度上為現實所化解了,則儒、道便有了調和的可能。如果說在其第一步用虛靈來包容現實中,道家思想以其闊大的視野及其渾融社會、自然的理論框架而具有相當的優勢,從而在論點上的變化不會太大;那麼當其第二步用現實來化解虛靈時,則道家思想原有的優勢就不太派用場,從而勢必導致理論觀點向着現實的方向產生較多的變化,《雜篇》由此顯出了它所代表的乃是一個莊子學派理論特色的消解期。

3. 從《莊》系文風的變化上深入下去

從藝術上說,《逍遙遊》和《齊物論》無疑是《內篇》中最為優秀的作品,從這兩篇中我們可以體認出莊子的代表文風來。莊子的代表性文風至少有三點:一是等列動、植物與人而又融入哲思,二是精瑩渾厚的寓言和比喻,三是一種大的氣勢與筆力。《莊子》的意象思維是被限制在一個大的意義的框架之中的。這個大的框架便是《莊子》各篇的說理部分。正是這種理論闡發的大框架,使得《莊子》各篇都各自存在着一個總的語境,一種整體性的語境。莊子乃在一個新思維——哲學思維的水準上,容納、採用了原始思維的一些特點;並將根源悠久的原始意識的材料,點化到具有新時代的哲思之中。

從藝術上說,《外篇》可分為兩種:《駢拇》、《馬蹄》、《胠篋》、《刻意》、《繕性》五篇為一組,頗具後世能文者之文風特徵。其他各篇則仍具《莊》系文章的特徵。《在宥》、《天運》、《秋水》三篇為其傑出者。然而,與《內篇》相比,則均不如也。從發展系列上說,第一組文章產生的時間應晚於第二組,但還應考慮到風格的沿承性、時代的交錯性、個人才力愛好的差異性,因此不宜對之作出絕對的劃分。

與理論特色消解同步的是,《莊》系文風的瓦解。有趣的是,在《雜篇》所標誌的這一發展

時期,還產生了對《莊》系表達方式作出總結的《寓言》篇,而這正是此種表達方式已快走到歷史盡頭的標誌。此後,敍事性因素的發展,產生了獨立的故事式篇章;邏輯因素的發展,使得《莊》文不再難以把握,以至最終產生出擺脱了場景式框架的較爲純粹的説理文章。

上面兩脈發展最終導致了《天下》篇的出現。《天下》篇的出現既是莊子學派在思想上喪失了進取勇氣,而在文風上又不再具有自我特色的一個綜合反映。

我相信,只要我們繼承並革新乾嘉傳統,抓住上述三項思路,就能夠開創《莊子》全新的局面,當然,具體做起來無疑是極爲艱難的,然而,任何學術的進步不經歷艱難都是不可能取得的。

[作者簡介] 王鍾陵(1943—　),男,現爲蘇州大學文學院教授、博導。主要從事唐前文學與文學批評以及二十世紀中西文學與文論的研究,共發表論文一百七十餘篇,著有《中國中古詩歌史》、《中國前期文化——心理研究》、《文學史新方法論》、《神話與時空觀》等。

# 嵇康莊學析論

(臺灣)蔡忠道

嵇康在魏晉玄學史上的地位日益受到重視,然而,嵇康莊學的內涵卻一直缺乏全面的闡發。本文是筆者魏晉莊學研究的第二篇,承繼王弼莊學的論述,開展嵇康莊學的研究。在生命價值的追索方面,嵇康以莊子為師,追求生命的自適自由;此外,他雖然鄙夷世俗榮華的外求,更尊重不同才性的充足實踐,兼具超越性與人間性。在養生思想方面,嵇康承繼《莊子》養生思想形神兼養,以養神為主的觀念,並提出兩點補充:受道教影響,強調服食養生的重要性;自身音樂的素養,主張音樂對於養生,尤其是養神的輔助效果。

## 前　　言

魏晉玄學在竹林時期的發展,在近來的研究中受到相當的矚目,研究關注的焦點從個別思想家的深入研析闡發,到竹林學的全面開展,這對長期以來重王弼、郭象,而輕忽阮籍、嵇康的竹林玄學現象,有相當的導正作用①。然而,這並不表示針對玄學家的個別研究已經不必關注,相反的,在證成竹林學的過程中,不斷深化、全面爬梳竹林時期的思想家、議題,更是不可或缺的一環。

在魏晉莊學方面,黃錦鋐首先注意到魏晉莊學,並有長文介紹。他指出,莊學肇始於西漢,大盛於魏晉,他將魏晉莊學分為四期:先驅期,以何晏、王弼為代表;開創期,以阮籍、嵇康為代表;注述期,以向、郭注莊為主;實踐期,則是以陶淵明為代表。該文對於魏晉莊學做了宏

---

① 最顯著的例子是成功大學江建俊教授籌劃主辦三屆竹林玄學的相關研討會,並出版三冊論文集:《竹林名士的詩情與智慧》,臺北里仁書局2008年版、《竹林學的形成與域外流播》,臺北里仁書局2010年版、《竹林風致之反思與視域拓延》,臺北里仁書局2011年版。

觀而深刻的分析①。後來,黃錦鋐專文論述阮籍及其《達莊論》,其他各家則闕而不論②,後續研究者論述魏晉莊學也多集中在阮籍、郭象等人的思想,對於嵇康的關注較少。嵇康在玄學史有相當的地位,然其莊學內涵並沒有得到全面而深刻的闡發。熊鐵基《中國莊學史》、方勇《莊子學史》都提及嵇康,限於書寫篇幅,沒有深入開展;曾春海《嵇康》、謝大寧《歷史的嵇康與玄學的嵇康》等關於嵇康的專書對這個問題也沒有較全面的論述。單篇論文,諸如趙薇《逍遙游與師心使氣——論阮籍、嵇康對莊子思想的繼承與實踐》、劉園紅《嵇康對莊子精神的傳承》、馬曉樂《阮籍、嵇康與魏晉莊學》、王采《從老莊到嵇康——道家音樂思想發展新探》、王運生《莊子思想的發揚者——嵇康》等,都關注嵇康莊學,提出觀點,然或流於概論,或關注面向單一。本文希望在前人嵇康及其莊學研究的基礎上,論述嵇康的莊學內涵及其在魏晉莊學史上的重要意義。

## 一、生命價值的追索

嵇康自述生命的追尋,特別標舉老莊的啟發與引領:"老子、莊周,吾之師也","又讀《莊》、《老》,重增其放。故使榮進之心日頹,任實之情轉篤。"③嵇康受到老莊,尤其是《莊子》的啟發,對於生命的外求逐漸失去興趣,轉而尋求生命的真實④。據筆者初步檢視,嵇康現存的文獻中,至少有十八則引述《莊子》的詩文(見本文附錄),引述《莊子》篇章三十四次,涵括內、外、雜篇;內容方面,或運用《莊子》的典故,或直接以《莊子》篇名入詩,或引用《莊子》的觀念,可見嵇康熟悉《莊子》的文獻,景仰他的思想。

嵇康一生寫了兩封絕交書,朋友絕交,是人生大事,公開絕交,可見其慎重。《與呂長悌絕交書》主要在陳述自己識人不明,並指斥呂巽出爾反爾、包藏禍心。在《與山巨源絕交書》中,嵇康透過拒絕山濤的舉薦,表達自己對當代虛偽名教的批判,也指出自己的價值追求。嵇康曰:

> 夫人之相知,貴識其天性,因而濟之。禹不逼伯成子高,全其節也。仲尼不假蓋於子夏,護其短也。近諸葛孔明不逼元直以入蜀,華子魚不強幼安以卿相。此可謂

---

① 參見黃錦鋐《魏晉之莊學》,收於氏著《莊子及其文學》,臺北東大圖書公司1984年版,第147~191頁。
② 參見黃錦鋐《阮籍》,收於氏著《晚學齋文集》,臺北東大圖書公司1994年版,第269~291頁。
③ 見嵇康《與山巨源絕交書》。本文所引嵇康詩文,皆據戴明揚《嵇康集校注》,臺北河洛出版社1978年版。後再引述,僅標出篇名。
④ 嵇康曰:"猗與莊老,棲遲永年。實惟龍化,蕩志浩然。"(《四言詩》十一首之四)也顯示了嵇康以老莊思想為依歸。

能相始終,真相知也。(《與山巨源絕交書》)

嵇康強調人與人之交往,貴在相互瞭解與體貼,而所謂的瞭解,是相互欣賞其本有的才性,在出處進退之際,充分體諒,而成就彼此。例如,諸葛亮不逼迫徐庶入蜀,華歆也不勉強管寧當卿相。因此,山濤推薦嵇康的舉措,是不瞭解他"傲世不羈"(《晉書·向秀傳》)的個性,難怪嵇康覺得極不恰當,而寫信與他公開絕交①。嵇康進一步指出:

> 性有所不堪,真不可強。……老子、莊周,吾之師也,親居賤職;柳下惠、東方朔,達人也,安乎卑位,吾豈敢短之哉!又仲尼兼愛,不羞執鞭;子文無欲卿相,而三登令尹,是乃君子思濟物之意也。所謂達能兼善而不渝,窮則自得而無悶。以此觀之,故堯舜之君世,許由之巖棲,子房之佐漢,接輿之行歌,其揆一也。仰瞻數君,可謂能遂其志者也。故君子百行,殊塗而同致,循性而動,各附所安。……杰氣所托,不可奪也。(《與山巨源絕交書》)

嵇康認為,君子以經世濟民為務,固然值得肯定;若能窮而自得,只要能遂成其志,也同樣具有價值。因此,許由隱居洗耳、張良輔佐劉邦,應該並列等觀②。而嵇康以老、莊為師,更彰顯自己的心志在於個體的自得自足,而不是安上治民。這樣的志向,承老莊思想,必須一生持守,至死不悔③。嵇康屢屢在其詩歌中明白表達:

> 目送歸鴻,手揮五弦。俯仰自得,遊心太玄。(《贈兄秀才入軍》第十四首)
> 琴詩自樂,遠遊可珍。含道獨往,棄智遺身。寂乎無累,何求於人?長寄靈丘,怡志養神。(《贈兄秀才入軍》第十七首)

---

① 嵇康寫給山濤的絕交書,主要是表明自己無意仕宦的心意,不過,細讀其文,嵇康把不能也不願當官的理由:甚不可二、必不堪者七,以嬉笑怒罵的口氣寫出,讀者可以強烈感受到字裏行間對現實政治的批判與嘲弄,因此,這封信也可以解讀為嵇康對司馬政權的嘲諷與批判。參見莊萬壽《嵇康研究及年譜》,臺灣學生書局1990年版,第119頁;以及拙著《時代的悲歌——讀嵇康的兩封絕交書》,語文教育通訊第17期,1999年,第12~20頁。
② 《莊子·至樂》:"名止於實,義設於適,是之謂條達而福持。"見郭慶藩《莊子集釋》,臺北頂淵文化2001年版,第622頁。《莊子》以為,人與人之間的合宜的行為,在於讓人覺得安適、自適自足,這樣才是人際通達,常保福善的原則。
③ 嵇康總結一生,教誨子女之言曰:"人無志,非人也。但君子用心,所欲準行,自當量其善者,必擬議而後動。若志之所之,則口與心誓。守死無貳,恥躬不逮,期於必濟。……若夫申胥之長吟,夷叔之全潔,展寄之執信,蘇武之守節,可謂固矣。故以無心守之,安而體之,若自然也,乃是守志之盛也。"(《家誡》)強調職守其志,一生不離。

> 澤雉雖饑,不願園林,安能服御,勞形苦心。身貴名賤,榮辱何在? 貴得肆志,縱心無悔。(《贈兄秀才入軍》第十八首)
>
> 抗心希古,任其所尚。托好老莊,賤物貴身。志在守樸,養素全真。(《憂憤詩》)

嵇康的自得適足、肆志無累、遊心太玄,都是能放下外在聲名榮利的追求,不被執溺的心智、華麗的事物牽引,而是依循老莊思想,持守生命的真樸。這樣的追求,一方面超越世俗的鄙陋①,一方面又能避免相對價值的囿限,而實踐一種超越世俗,又不背離世俗的的價值追求。嵇康透過宏達先生的形象表現這樣的理想人格:

> 若先生者,文明在中,見素抱樸,內不愧心,外不負俗,交不為利,仕不謀祿。鑒乎古今,滌情蕩欲。夫如是,呂梁可以遊,湯谷可以浴;方將觀大鵬於南溟,又何憂於人間之委屈。(《卜疑》)

宏達先生一方面不憂患於人間的曲折變故,不為利祿而交友仕進;一方面也能做到對己無愧、不負世俗。就如同《莊子·天下》所強調的"獨與天地精神相往來"的超越性,以及"不遣是非,而與世俗處"的人間性,嵇康的適志自得,顯然承自《莊子》。

再者,嵇康特別標舉"自然",以"自然"為其追求的職志。他說:

> 多謝世間人,夙駕咸馳驅。沖靜得自然,榮華何足為!(《述志詩》)
> 智慧用有為:法令滋章寇生,自然相召不停。大人玄寂無聲,鎮之以靜自正。(《六言詩》十首之三)
> 飄颻戲玄圃,黃老路相逢。授我自然道,曠若發童蒙。(《遊仙詩》)
> 流詠太素,俯讚玄虛。疇剋英賢,與爾剖符。(《四言詩》十一首之十一)
> 朱紫雖玄黃,太素貴無色。淵淡體至道,色化同消息。(《五言詩》三首之二)

嵇康的自然觀根源於道家,依循大道,以虛靜為主,透過心靈的修持,超越世俗榮華的追逐。嵇康又曰:

---

① 嵇康自述其志曰:"斥鷃擅蒿林,仰笑神鳳飛。坎井蜥蛙宅,神虯安所規?""悠悠非我儔,圭步應俗宜。殊類難徧周,鄙議紛流離。轗軻丁悔悋,雅志不得施。"(《述志詩》)"流俗難寤,逐物不還。至人遠鑒,歸之自然。萬物為一,四海同宅。與彼共之,予何所惜。生若浮寄,暫見忽終。世故紛紜,棄之八戎。澤雉雖饑,不願園林,安能服御,勞形苦心。身貴名賤,榮辱何在? 貴得肆志,縱心無悔。"(《四言十八首贈兄秀才入軍》第十八首)嵇康運用《莊子》的典故,以斥鷃、井蛙比喻自以為是、目光如豆的世俗,以澤雉比喻追求心靈自由的自己,透由是俗的對顯,標舉自己超越世俗的志向。

> 潛龍育神軀,濯鱗戲蘭池。延頸慕大庭,寢足俟皇羲。慶雲未垂景,盤桓朝陽
> 陂。悠悠非我儔,圭步應俗宜。殊類難徧周,鄙議紛流離。轗軻丁悔吝,雅志不得
> 施。耕耨感甯越,馬席激張儀,逝將離群侶,杖策追洪崖。焦鵬振六翮,羅者安所羈?
> 浮游太清中,更求新相知。比翼翔雲漢,飲露湌瓊枝。多念世間人,凤駕咸驅馳。沖
> 靜得自然,榮華何足為?(《述志詩》第一首)

嵇康以不甘於凡俗的潛龍、焦鵬等意象自況,並自述其超拔的雅志——對沖靜自然境界的追求。此所謂"自然",是自然的境界,非自然界客觀義自然,或者依賴他者的他然,而是萬物自己如此、在其自己的境界。這樣的境界,嵇康強調其超越世俗①,並將這樣的超越境界與神仙思想混用。然而,嵇康一方面承莊子論境界的自然,一方面承襲漢人氣化宇宙論的觀念,以元氣論萬物的生成變化的根源,認為人的性命得之於氣化②。嵇康就從氣化的本然說生命的自然,其內涵包括壽命的長短、生理的本能、才性的智愚清濁等,只要未經過後天之人為造作、智巧計慮,都是性命的自然③。因此,嵇康的"自然",在莊子境界義與氣化生命的自然中滑轉,兼具超越性與人間性。

## 二、養 生 思 想

人多重養生,中國養生思想的系統化闡發首見《莊子·養生主》。《養生主》篇以養神為主,而不廢養形。蓋當時認為人的生命有形、神兩個部分,兩者兼具,生命才能存在。生命的實際運作,精神的力量遠大過形體,蓋形體有時而盡,精神可以永久流傳,因此,論養生皆以神為主,然而,形體不存,精神罔附,形體的養護仍是必要。嵇康是魏晉最熱衷討論養生思想的玄學家,嵇氏曰:

> 夫服藥求汗,或有弗獲;而愧情一集,渙然流離。終朝未餐,則囂然思食;而曾子
> 銜哀七日不飢。夜分而坐,則低迷思寢;內懷殷憂,則達旦不瞑。勁刷理鬢,醇醴發
> 顏,僅乃得之;壯士之怒,赫然殊觀,植髮衝冠。由此言之,精神之於形骸,猶國之有

---

① 《贈兄秀才入軍》曰:"流俗難悟,逐物不還。至人遠鑒,歸之自然。萬物為一,四海同宅。與彼共之,予何所惜。生若浮寄,暫見忽終,世故紛紜,棄之八戎。"也表達類似的意思。
② 《太師箴》:"浩浩太素,陽曜陰凝,二儀陶化,人倫肇興。"《明膽論》:"夫元氣陶鑠,眾生稟焉。賦受有多少,故才性有昏明。"嵇康都是以氣化宇宙論說明萬物的化生、人的才性殊異的現象。
③ 參見戴璉璋《返無全有與因有明無》,收於氏著《玄智、玄理與文化發展》,臺北中研院文哲所2002年版,第136~137頁。

君也。神躁於中,而形喪於外;猶君昏於上,國亂於下也。(《養生論》)

嵇康對於生命的認知,仍是"形恃神以立,神須形以存"(《養生論》),形神兩端,兩者相互依恃而成生命。然而,精神的力量大於形體,精神是形體的主宰,因此,嵇康的養生思想重視養神,不廢養形。嵇康曰:

> 善養生者,則不然矣。清虛靜泰,少私寡欲。知名位之傷德,故忽而不營;非欲而彊禁也。識厚味之害性,故棄而弗顧;非貪而後抑也。外物以累心不存,神氣以醇白獨著。曠然無憂患,寂然無思慮。又守之以一,養之以和。和理日濟,同乎大順。然後蒸以靈芝,潤以醴泉,晞以朝陽,綏以五絃。無為自得,體妙心玄。忘歡而後樂足,遺生而後身存。若此以往,恕可與羨門比壽,王喬争年。何為其無有哉?(《養生論》)

《莊子》養生思想以養神為主。內篇《養生主》強調養神,外篇《達生》等論養生則雖強調養神,也不廢養形。蓋形神相須,不可偏廢,而神為形主,理當以神為主。嵇康《養生論》也是承繼《莊子》形神兼養而以神為主的觀念,在養神的部分,強調虛靜的修養;在養形部分,則重視服食養生,嵇康指出,形神兼濟就能成就百、千歲的長壽,神仙也是可以期待的。嵇康的養生實踐注重養神,養神的要領在於清虛、無為,從內心擺脫外在名聞利養的追求、聲色的誘惑,以及人事的糾葛、知識的成見,讓心靈在寂靜中體證大道,這些都與《莊子》的思想一致[1]。

然而,嵇康養生思想也有補充《莊子》思想之處。首先,嵇康養生論中的養形之說,不僅是作為養神思想的補充,而是有完整的理論。嵇康曰:

> 凡所食之氣,蒸性染身,莫不相應。豈惟蒸之使重,而無使輕;害之使闇,而無使明;薰之使黃,而無使堅;芬之使香,而無使延哉?故神農曰:上藥養命,中藥養性者,誠知性命之理,因輔養以通也。(《養生論》)

嵇康從氣化的觀點出發,認為食物與人的形體都是氣的一體變化,因此,食物可以影響形體,

---

[1] 嵇康曰:"吾頃學養生之術,方外榮華,去滋味,游心於寂寞,以無為為貴。"(《與山巨源絕交書》)"昔蒙父兄祚,少得離負荷。因疏遂成嬾,寢迹北山阿。但願養性命,終已靡有他。"(《答二郭》三首之二)養生思想對嵇康而言,不只是理論,也是生活實踐,在某些生命的階段中,甚至是生命的主軸。嵇康也指出,養生有五難:"名利不滅,此一難也;喜怒不除,此二難也;聲色不去,此三難也;滋味不絕,此四難也;神慮轉發,此五難也。"(《答難養生論》)養生的五難包括生理感官欲望的無盡追逐,喜怒的無以節制,以及心慮的虛浮渙散。

不好的食物會害命,好的食物則可以養生。最好的食物就是上藥,包括靈芝等上等藥材以及丹藥,對於延年益壽極有幫助①。嵇康養形的思想顯然受到道教的影響。道教認為人與自然萬物都根源於宇宙元一之氣,人的物性結構與自然界的物性結構有類比的相似性,服食天地之間長存之物可以調理體質,甚至長生不死②。嵇康承此,提出上藥養命、神仙可求的養生觀念。再者,嵇康強調音樂養生的功效,音樂可以讓身心安適,避免躁動妄念。嵇康指出:

> 余少好音聲,長而習之。以為物有盛衰,而此無變;滋味有厭,而此不勌。可以導養神氣,宣和情志,處窮獨而不悶者,莫近於音聲也。(《琴論》)

這是嵇康在音樂方面長期實踐的經驗,親切有味。嵇康音樂造詣甚高,臨刑前的一曲廣陵散震動古今。他對音樂的看法,《聲無哀樂論》強調音樂的客觀性,音樂是時間的藝術,曲調的和諧是其本質,至於音樂引發人們哀樂的情緒,則沒有必然的對應關係。然而,音樂的諧和曲調卻可以導養神氣,對養生有一定的功效。

# 三、理 想 社 會

## (一) 世 俗 奸 險

嵇康生於魏晉之世,政局動盪,殺戮頻繁,他又是曹氏姻親,難以自免於事外。嵇康親見鬥爭殺伐,對時代有很深的憂患,他說:

> 季世陵遲,繼體承資,憑尊恃勢,不友不師,宰割天下,以奉其私。故君位益侈,臣路生心,竭智謀國,不吝灰沉,賞罰雖存,莫勸莫禁。若乃驕盈肆志,阻兵擅權,矜威縱虐,禍崇丘山,刑本懲暴,今以脅賢,昔為天下,今為一身,下疾其上,君猜其臣,喪亂弘多,國乃隕顛。故殷辛不道,首綴素旗;……秦皇荼毒,禍流四海。是以亡國繼踵,古今相承。醜彼權滅,而襲其亡徵。初安若山,後敗如崩。臨刃振鋒,悔何所增?(《太師箴》)

嵇康以"末世"概括當代③。君主宰割天下,奉一己之私;驕橫跋扈,威虐臣民,是最大的災禍。

---

① 嵇康舉體指出延年益壽的食物:"流泉甘醴,瓊蕊玉英,金丹石菌,紫芝黃精,皆眾靈含英,獨發奇生,貞香難歇,和氣充盈,澡雪五臟,疏徹開明,吮之者體輕。"(《答難養生論》)
② 關於嵇康養生論與道教的關係,可參考李豐楙《嵇康養生思想之研究》,《靜宜學報》第 2 期,1979 年;曾春海《竹林的典範——嵇康》,臺北輔仁大學出版社 1994 年版,第 115~132 頁。
③ 嵇康的另一首詩作:"撫心悼季世,遙念大道逼。"(《五言詩》第二首)也是以"季世"稱當代。

而君臣相互猜忌,雙方為了爭權奪利,不惜賠上自己的生命,造成賞罰難行。這樣君不君、臣不臣的現實景象,既是人際關係的崩解,也是國家傾覆的前奏。嵇康批評當代政治現實,也誠心呼吁主政的君臣能記取歷史教訓,懸崖勒馬,免得後悔莫及。證諸魏晉的歷史,篡弑更迭,魏建國四十五年(220—265年)滅亡,共五個帝王,每個帝王平均在位時間不到十年。西晉武帝司馬炎在位二十五年(265—290年)而卒,子司馬衷即位,是為惠帝,惠帝在位十六年(290—306年),期間,有賈后干政(291年)、八王之亂(300年),宮廷不安、宗室殺伐,更甚前朝。惠帝卒,其弟司馬熾即位,是為懷帝,懷帝在位僅五年(307—311年),永嘉五年(311年),劉曜等攻陷洛陽,俘晉懷帝。建興元年(313年),秦王司馬業即皇位於長安,是為晉愍帝,建興四年(316年)十一月,劉曜攻陷長安,俘晉愍帝,西晉亡。西晉自武帝司馬炎立國至愍帝司馬被俘,只有五十一年(265—316年),四個帝王在位的時間則快速遞減,內外情勢交迫,政情極不穩定。由此可知,嵇康對當代的觀察與呼吁是深具歷史洞見與深度的。

在這樣的時代,士人的處境是危疑不安的,嵇康對此有深刻的體會,他說:

> 雙鸞匿景曜,戢翼太山崖,抗首漱朝露,晞陽振羽儀,長鳴戲雲中,時下息蘭池,自謂絕塵埃,終始永不虧。何意世多艱,虞人來我維,雲網塞四區,高羅正參差,奮迅勢不便,六翮無所施,隱姿就長纓,卒為時所羈。……吉凶雖在人,世路多險巇,安得反初服,抱玉寶六奇,逍遙遊太清,攜手長相隨。(《贈兄秀才公穆入軍》第一首)①

嵇康感嘆自己生不逢時,身值亂世,僅能免禍。而世俗的網羅無所不在、世路艱險難行,鸞鳳被網羅所羈,似乎已經不可避免。人與人之間,在名位的爭奪中,要弄權術巧智。魏晉名士輩出,都是智識傑出的人才,在嵇康的眼中,卻是這幅景象:

> 時俗移易,好貴慕名。臧文不讓位於柳季,公孫不歸美於董生;賈誼一當於明主,絳灌作色而揚聲,況今千龍並馳,萬驥俱征;紛紜交競,逝若流星。(《卜疑》)②

---

① 其他類似心境的詩作,如"良辰不我期,當年值紛華。坎壈趣世教,常恐嬰網羅"(《答二郭》第二首)、"詳觀凌世務,屯險多憂虞。施報更相市,大道匿不舒。夷路值枳棘,安步將焉如?權智相傾奪,名位不可居。"(《答二郭》第三首)
② 《卜疑》寫有位宏達先生,本是遵行"忠信、篤敬"的原則處世,以無心無我的心境自處,是一位兼通儒道的人。然而,處在大道既隱的時代,現實生活讓他失望,又超脫無門,心裏感到惶惑不安,轉而求助於太史貞父問卜。在寫作形式上模擬《楚辭・卜居》。文中的宏達先生,就是嵇康的自我寫照。莊萬壽先生推定此篇作品寫於高貴鄉公正元二年(公元255年),嵇康三十二歲,當年發生毋丘儉事變。參見氏著《嵇康研究及年譜》,臺灣學生書局1990年版,第153~156頁。

士人追逐名利而形成惡性競爭，甚至彼此猜忌，使得人才隕落，勢若流星。嵇氏曰：

> 殊類難徧周，鄙議紛流離，轗軻丁悔吝，雅志不得施，耕耨感寧越，馬席激張儀，逝將離群侶，杖策追洪崖，焦鵬振六翮，羅者安所羈？浮游太清中，更求新相知。（《述志詩》第一首）

嵇康深覺自己與世俗不同調，並且難以調和；自己的行徑違俗離群，又遭來許多非議。他一心"願與知己遇，舒憤啟幽微"①。嵇康一生的朋友無多，即使朋友也不見得了解他，例如"交重情親"（《郭遐叔贈》）的郭遐周兄弟，卻以"所貴身名存，功烈在書簡"（《郭遐周贈》）期勉嵇康，嵇康只得以"功名何足殉，乃欲列簡書"（《答二郭》第三首）表明自己鄙棄名利的胸懷。山濤舉康為官，嵇康寫絕交書明志；阮籍與嵇康性情相近，一見如故，往來卻不多；比較能相契與相近的，是呂安與向秀，然而，呂安與嵇康被殺，向秀也被迫表明依附政治的態度②。因此，嵇康身處這樣的時代，有強烈的孤獨感③。這樣的孤獨感驅使嵇康探索超越世俗的可能進境。

### （二）超 越 進 境

既然人間知音難覓，嵇康思索超越之道，他說：

> 懍懍趨世教，常恐嬰網羅；羲農邈以遠，撫膺獨咨嗟。朔戒貴尚容，漁父好揚波；雖逸亦以難，非余心所嘉。豈若翔區外，餐瓊漱朝霞？遺物棄鄙累，逍遙遊太和。結友集靈丘，彈琴登清歌。（《答二郭》第二首）

嵇康在世俗網羅之外，提出了漁父的容身自保之道、早漱朝霞晚餐瓊玉的神仙生活。嵇氏曰：

---

① 《述志詩》第二首。又如《酒會詩》："樂哉苑中遊，周覽無窮已。……臨川獻清酤，微歌發皓齒，素琴揮雅操，清聲隨風起。斯會豈不樂？恨無束野子，酒中念幽人，守故彌終始，但當體七弦，寄心在知己。"在眾人歡樂的聚會，在美酒佳餚、絲竹歌聲的陪伴中，嵇康仍然表現出對知己強烈的渴望與思念。
② 參見拙著《魏晉處世思想之研究》，臺北文津出版社 2007 年版，第 243～254 頁。
③ 此所謂"孤獨感"是一種生命感受，近人 Philp Koch 將"孤獨"界定為："與別人無交涉（disengagement）的意識狀態。"Koch 強調，真正的孤獨並不在於實際生活層面有沒有與別人"打交道"，而在於意識的層面有沒有與別人"打交道"。因此，孤獨是一種開放的意識狀態——可以是快樂的，也可以是不快樂的。由於不涉入他人，也不受他人制約。參 Philp Koch 著、梁永安譯《孤獨》，臺北立緒文化事業 1997 年版，第 63～80 頁。袁濟喜則以"凶險世態中的悲涼孤寂"形容阮籍、嵇康的孤獨感受，參氏著《人海孤舟——漢魏六朝士的孤獨意識》，河南人民出版社 1995 年版，第 85～96 頁。

　　　　大道既隱,巧智滋繁;世俗膠加,人情萬端。利之所在,若鳥之逐鷖,富為積蠹,貴為聚怨,動者多累,靜者鮮患。爾乃思丘中之隱士,樂川上之執竿也。於是遠念長想,超然自失。(《卜疑》)

當人間充斥著為名利爭奪的算計,嵇康便對丘壑川上的隱士興起嚮往之情。嵇氏卜居河內山陽多年,與好友呂安、向秀過著鍛鐵灌園、嘯傲山林的生活。然而,容身避禍的漁父並非嵇康的最佳抉擇。嵇康主張神仙必有,也嚮往仙人的長生與逍遙,只是神仙"特受異氣,稟之自然,非積學所能致也"(《養生論》)。

在現實中難以安頓身心的嵇康,轉而隱居而不安,求仙亦不得,遂有理想社會的寄託。

理想社會是基於世俗的不堪,嵇康批判現實對生命的扭曲,提出嚮往的遠古社會以為企求的境界。因此,理想社會的提出包括批判、超越與追尋:批判現實、超越當世、追尋理想。嵇氏曰:

　　　　二人功德齊均,不以天下私親,高尚簡樸慈順,寧濟四海蒸民。(《六言詩·惟上古堯舜》)
　　　　萬國穆親無事,賢愚各得其志,晏然逸豫內忘,佳哉爾時可喜。(《六言詩·唐虞世道治》)

嵇康以堯、舜時代為理想社會的代表,其表現出至公的精神與簡樸的社會風尚,因此,人才各得其所,人人都能欣樂自在地立足於社會①。嵇康以"至德之世"名之,他說:

　　　　洪荒之世,大樸未虧,君無文於上,民無競於下,物全理順,莫不自得,飽則安寢,饑則求食,怡然鼓腹,不知為至德之世也。若此,則安知仁義之端,禮律之文?及至人不存,大道陵遲,乃始作文墨,以傳其意;區別群物,使有類族;造立仁義,以嬰其心;制為名分,以檢其外;勸學講文,以神其教。故六經紛錯,百家繁熾,開榮利之塗,故奔騖而不覺。……是以困而後學,學以致榮,計而後習,好而習成,有似自然,故令吾子謂之自然耳。推其原也,六經以抑引為主,人性以從欲為歡。抑引則違其願,從欲則得自然。然則自然之得,不由抑引之六經;全性之本,不須犯情之禮律。固知仁義務於理偽,非養真之要術;廉讓生於爭奪,非自然之所出也。(《難自然好學論》)

---

① 嵇康曰:"唐虞世道治:萬國穆親無事,賢愚各自得志,晏然逸豫內忘,佳哉爾時可憙。"《六言詩》十首之二)也是強調聖人治世,能讓賢愚各得其志。

"至德之世"語出《莊子》①。《莊子》認為,至德之世的實踐基礎在於人民有共同的真常之性,循此本性,則能渾然一體而不偏私,任乎自然,自在自適。因此,至德之世的百姓內心自足,無求於外,萬物比鄰而居,得其常性而欣欣向榮,人與萬物之間也能和諧共遊。這樣和諧的理想社會,已超越了世俗的分別與禮教的束縛。再者,至德之世不標舉賢能,是為了避免產生爭端與虛偽,在位者如"標枝"般無為,人民就如野鹿般純樸自得。嵇氏認為,在至德之世,世界由至人統治,無任何外在的禮法約制,人人過著簡單樸實的生活,安然自適,莫不自得。後世制禮教、設刑賞,創造紛繁的人文世界,卻造成人與人之間的機心巧智、爭奪殺戮,原來和樂無爭的世界毀蕩無存②。究其因,乃是六經壓抑人的本性,禮律扭曲人的情志。值得注意的是,《莊子》的至德之世,人們在質樸單純中,更能表現親愛忠信的行為;也就是說,至德之世雖然超越世俗與禮教,並未否定道德。嵇康是否一味否定名教,批判禮法呢? 這要從其"越名教而任自然"的觀念加以理解。嵇氏曰:

>夫稱君子者,心無措乎是非,而行不違乎道者也。何以言之? 夫氣靜神虛者,心不存乎矜尚;體亮心達者,情不繫於所欲。矜尚不存乎心,故能越名教而任自然;情不繫於所欲,故能審貴賤而通物情。物情順通,故大道無違;越名任心,故是非無措也。是故言君子,則以無措為主,以通物為美;言小人,則以匿情為非,以違道為闕。(《釋私論》)

---

① 《莊子·馬蹄》:"吾意善治天下者不然。彼民有常性,織而衣,耕而食,是謂同德;一而不黨,命曰天放。至德之世,其行填填,其視顛顛。當是時也,山無蹊隧,澤無舟梁;萬物群生,連屬其鄉;禽獸成群,草木遂長。是故禽獸可係羈而遊,烏鵲之巢可攀援而闚。夫至德之世,同與禽獸居,族與萬物並,惡乎知君子小人哉! 同乎無知,其德不離;同乎無欲,是謂素樸;素樸而民得性矣。"《天地》:"至德之世,不尚賢,不使能;上如標枝,民如野鹿;端正而不知以為義,相愛而不知以為仁,實而不知以為忠,當而不知以為信,蠢動而相使,不以為賜。是故行而無迹,事而無傳。"見郭慶藩《莊子集釋》,第334~336頁。

② 《與山巨源絕交書》:"人倫有禮,朝廷有法。自惟至熟,有必不堪者七,甚不可者二。……人間多事,堆案盈机,不相酬答,則犯教傷義,欲自勉強,則不能久,四不堪也。不喜弔喪,而人道以此為重,已為未建恕者所怨,至欲見中傷者,雖瞿然自責,然性不可化,欲降心順俗,則詭故不情,亦終不能獲無咎無譽,如此,五不堪也。……又每非湯武而薄周孔,在人間不止此事,會顯世教所不容,此甚不可一也。"《太師箴》:"下逮德衰,大道沉淪,智惠日用,漸私其親,懼物乖離,擘義畫仁,利巧愈競,繁禮屢陳,刑教爭施,夭性喪真。季世陵遲,繼體承資,憑尊恃勢,不友不師,宰割天下,以奉其私。故君位益侈,臣路生心,竭智謀國,不吝灰沉,賞罰雖存,莫勸莫禁。若乃驕盈肆志,阻兵擅權,矜威虐眾,禍崇丘山,刑本懲暴,今以脅賢,昔為天下,今為一身。下疾其上,君猜其臣,喪亂弘多,國乃隕顛。"人間的禮法教化既已變為虛偽,就與至性衝突,也是文化的墮落,因此,嵇康要高呼"非湯武而薄周孔",對禮教大加撻伐。此外,嵇康對禮教虛偽的批判,着墨在君主自利的心態,君王以國家力量成就個人的威權,壯大自己的力量,則會導致君臣關係的緊張;禮教為政治服務,造成不問是非,沒有原則,更使禮教快速的沉淪。

嵇康主張"越名教而任自然",也就是"越名任心",主要是在"心"上作虛靜工夫,使得"心無措乎是非"、"不存乎矜尚",心虛靜無執,才能不受師心、情欲的牽引而陷入一偏,在順任自然之道中通達物情,與道無違。嵇氏總結君子的典範曰:

> 言無苟諱而行無苟隱。不以愛之而苟善,不以惡之而苟非。心無所矜而情無所繫,體清神正而是非允當。忠感明天子而信篤乎萬民,寄胸懷於八荒,垂坦蕩以永日。斯非賢人君子高行之美異乎者。(《釋私論》)

賢人君子"達乎大道之情,動以自然"(同上),無措於是非又行不違道,既任心又能無邪,既能顯情又能無措。因而能公坦淑亮,不苟不匿,言行動靜皆任自然而合於至公。

因此,"越名教而任自然"並不是非毀名教,而是超越名教,在名教世界中追求一種身心自在。嵇康闡釋:

> 君子之行賢也,不察於有度而後行也;任心無窮,不議於善而後正也;顯情無措,不論於是而後為也。是故傲然忘賢,而賢與度會;忽然任心,而心與善遇;儻然無措,而事與是俱也。(《釋私論》)

君子的處世,超越虛偽的名教,不以名教是非縈懷,才能真正表現合於自然的名教,而這種合於自然的名教,是嵇康所肯定者①。因此,嵇康"越名教而任自然"的目的,正是希望造就一位擁有真正的品格,道德仁義皆出於自然之情的君子。

## 結　語

嵇康是竹林玄學的代表人物之一,竹林玄學在魏晉玄學史上重要性之一,就是莊學的嶄露頭角。因此,竹林玄學家對莊子思想的繼承與發展,是魏晉玄學重要的論題,也是研究、評論竹林玄學重要的議題。

歸納本文之論述,嵇康對於莊子的繼承是基於思想的自覺以及生命的實踐。在生命價值的追尋方面,強調生命真實自我的充足展現,也就是嵇康一直強調的"意足"、"守志",並歸結於道家的自然與莊子的自適。養生思想方面,嵇康承繼《莊子》養生以養神為主,而不廢養形,

---

① 嵇康曰:"若先生者,文明在中,見素抱朴。內不愧心,外不負俗。交不為利,仕不謀祿。鑒乎古今,滌情蕩欲。夫如是,呂梁可以遊,陽谷可以浴;方將觀大鵬於南溟,又何憂於人間之委屈!"(《卜疑》)心胸開闊,依止於道的"先生",不論是人際的交往,或者仕宦的歷程,生活都坦然而自在。

並吸收道教服食養生,以及音樂導神養氣的思想,補充道家養生思想的論述。在理想社會的追尋方面,嵇康批判當時世俗之污濁,而以老、莊,尤其是《莊子》的至德之世為藍本,建構其理想社會。此外,嵇康提出"越名教而任自然",批判虛偽的名教,回歸生命的自然。值得注意的是,嵇康雖然非毀名教,卻又超越名教,在名教中獲得身心的自在。

嵇康的詩文中,引述《莊子》超過三十次,內容涵括《莊子》內、外、雜篇,而以內篇為主,可見嵇康對《莊子》思想的熟稔,他繼承和補充了《莊子》追求自我、養生護命、超越世俗的思想,進而追尋一個理想的世界。

**附錄:嵇康詩文引述《莊子》一覽表**

| 編號 | 嵇 康 詩 文 | 引述《莊子》篇目 | 內容說明 |
|---|---|---|---|
| 1 | 目送歸鴻,手揮五弦。俯仰自得,遊心太玄。嘉彼釣叟,得魚忘筌。郢人逝矣,誰可盡言?(《四言十八首贈兄秀才入軍》第十四首) | 《外物》《徐无鬼》 | 典故運用 |
| 2 | 流俗難悟,逐物不還。至人遠鑒,歸之自然。萬物為一,四海同宅。與彼共之,予何所惜。生若浮寄,暫見忽終。世故紛紜,棄之八戎。澤雉雖飢,不願園林,安能服御,勞形苦心。身貴名賤,榮辱何在?貴得肆志,縱心無悔。(《四言十八首贈兄秀才入軍》第十八首) | 《天下》《齊物論》《養生主》 | 典故運用 思想承繼 |
| 3 | 斥鷃擅蒿林,笑迎神鳳飛。坎井蝌蛙宅,神龜安所歸?恨自用身拙,任意多永思。遠實與世殊,義譽非所希。往事既已繆,來者猶可追。何為人世間,自令心不夷。……晨登箕山嶺,日夕不知飢。玄居養營魄,千載長自綏。(《述志詩》) | 《天下》《齊物論》《養生主》 | 典故運用 |
| 4 | 古人有言,善莫盡名。(《幽憤詩》) | 《養生主》 | 典故運用 |
| 5 | 絕智棄學,遊心於玄默。過而復悔,當不自得。(《重作六言詩十首代秋胡歌詩十首》) | 《大宗師》 | 典故運用 思想承繼 |
| 6 | 詳觀凌世務,屯險多憂慮。報施更相市,大道匿不舒。……權智相傾奪,名位不可居。鸞鳳避罦羅,遠托崑崙墟。莊周悼靈龜,越搜畏王輿。至人存諸己,隱樸樂玄虛。功名何足殉,乃欲列簡書?(《答二郭》三首之三) | 《秋水》《讓王》《人間世》 | 典故運用 思想承繼 |
| 7 | 含哀還舊廬,感切傷心肝。良時遘吾子,談慰臭如蘭。……郢人忽以逝,匠石寢不言。澤雉窮野草,靈龜樂泥蟠。榮名穢人身,高位多災患。未若捐外累,肆志養浩然。(《與阮德如》) | 《徐无鬼》《秋水》《養生主》 | 典故運用 |
| 8 | 郢人審匠石,鍾子識伯牙。真人不屢存,高唱誰當和。(《五言詩》三首之一) | 《徐无鬼》《大宗師》 | 典故運用 |

續　表

| 編號 | 嵇康詩文 | 引述《莊子》篇目 | 內容說明 |
|---|---|---|---|
| 9 | 郢人既沒,誰為吾質?(《卜疑》) | 《徐无鬼》 | 典故運用 |
| 10 | 猗與莊老,棲遲永年。實惟龍化,蕩志浩然。(《四言詩》十一首之四) | 《天運》 | 典故運用 |
| 11 | 不可自見好章甫,強越人以文冕也;已嗜臭腐,食鴛雛以死鼠也。(《與山巨源絕交書》) | 《逍遙遊》《秋水》 | |
| 12 | 以六藝為蕪穢,以仁義為臭腐。(《難自然好學論》) | 《秋水》 | 典故運用 |
| 13 | 是以機心不存,泊然純素,從容縱肆,遺忘好惡。以天道為一指,不識品物之細故也。(《卜疑》) | 《齊物論》 | 典故運用 思想承繼 |
| 14 | 羽化華岳,超由清霄。雲蓋習習,六龍飄飄。左配椒桂,右綴蘭苕。凌陽讚路,王子奉軺。婉孌名山,真人是要。齊物養生,與道逍遙。(《四言詩》十一首之十) | 《逍遙遊》《齊物論》 | 典故運用 |
| 15 | 彼我為一,不爭不讓;遊心皓素,忽然坐忘。(《卜疑》) | 《大宗師》 | 典故運用 思想承繼 |
| 16 | 若先生者,文明在中,見素抱朴。內不愧心,外不負俗。交不為利,是不謀祿。鑑乎古今,滌情蕩欲。夫如是,呂梁可以遊,陽谷可以浴;方將觀大鵬於南溟,又何憂於人間之委屈!(《卜疑》) | 《達生》《逍遙遊》 | 典故運用 思想承繼 |
| 17 | 凡事之在外能危害者,此未足以盡其數也,安在守一和而可以盡乎?夫專靜寡欲,莫過單豹,行年七十,而有童孺之色,可謂柔和之用矣。而一旦為虎所食,豈非恃內而忽外邪?若謂豹相正當給虎,雖智不免,則"寡欲"何益?而云"養生可得",若單豹以未盡善而致災,則輔生之道,不止乎一和。苟和未足以保生,則外物之為患者,吾未知其所濟矣。(《難宅無吉凶攝生論》) | 《達生》 | 典故運用 思想承繼 |
| 18 | 爰初冥昧,不慮不營。欲以物開,患以事成。宗長歸仁,自然之情。故君道自然,必託賢明。芒芒在昔,罔或不寧。華胥既往,紹以皇羲。默靜無文,大朴未虧。萬物熙熙,不夭不離。降及唐虞,猶篤其緒。體資易簡,應天順矩。絺褐其裳,土木其宇。物或失性,懼若在予。疇咨熙載,終禪舜禹。夫統之者勞,仰之者逸。至人重身,棄而不恤。故子州稱疾,石戶乘桴;許由鞠躬,辭長九州。先王仁愛,愍世憂時;哀萬物之將蹙,然後莅之。(《太師箴》) | 《馬蹄》(赫胥)《胠篋》(伏羲)《讓王》(子州、石戶)《逍遙遊》(許由) | 運用典故 思想承繼 |

[作者簡介] 蔡忠道(1965— ),男,臺灣雲林人。高雄師範大學國文研究所博士,現為臺灣嘉義大學中國文學系教授兼主任,著有《魏晉處世思想之研究》、《王弼莊學析論》等。

# 《列子釋文》考辨

## 劉佩德

《列子》音釋絕少，殷敬順《列子釋文》為存世的首部對《列子》作音釋的著作①。書至宋時已亡，由陳景元於天台山中獲唐徐靈府抄本，惜已殘缺。後經其補遺，而成《釋文》全帙。今通行之《列子釋文》，即為陳景元補遺之作。《列子釋文》自元明之時既已為人混入張湛注中，單行本有明正統《道藏》本及陳春《湖海樓叢書》本②，兩者均稱善本。然以兩本相校，再輔以宋本《列子》，則湖海樓本《釋文》勝於《道藏》本《釋文》。

## 一、《列子釋文》版本考察

《列子釋文》二卷，題唐殷敬順撰、宋陳景元補遺，兩《唐書》以下正史類藝文志均未著錄。晁公武《郡齋讀書志》始見著錄，題唐當塗縣丞殷敬順撰③。此後，陳振孫《直齋書錄解題》及焦竑《國史經籍志》均有著錄。究其緣由，當始於陳景元所撰序。其言曰：

> 僕自總角好讀是書（按：指《列子》），患無音義解所聞惑。及長，游天台山桐柏，於司馬徽水帳之下，獲爛書兩卷，標題隱約，乃《列子釋文》，紙墨敗壞，不任展玩，急手抄錄。其脫落蠹碎，堤滅棧損，十已四五矣。而紙末題"唐當塗縣丞殷敬順纂、衡岳默希子書"，遂草寫藏於巾衍。後於潛山覽有唐道士徐靈府手寫《列子》，洎盧重元

---

① 《宋史·藝文志》著錄《列子音義》一卷，題張湛撰。今存宋本《列子》，張湛注絕少音義。抑或當時有單獨一音義流傳，已不得而知。
② 任人椿《燕禧堂五種》中亦收錄有單行本《列子釋文》。然與此兩本相較，多與《道藏》本相合，故可知其所刻據《道藏》本而來，故本文不再討論。
③ 瞿本《郡齋讀書志》卷十一道家類著錄《列子釋文》一卷，當為二卷之誤。孫猛《郡齋讀書志校正》有相關討論，可參考。

注,就於藏室翻景德年中國子監印本,參有校無,會得帖異。比得國子監印本經並注,脫誤長乙,共一百六十字,集成訛謬同異一卷,附於《釋文》之後。已而補亡拾遺,復其舊目。

據陳景元所言,其游天台山偶得《列子釋文》,當時已敗壞不堪,由標題可辨認為殷敬順《列子釋文》,便急手抄錄,僅得十之六七,卷尾題"唐當塗縣丞殷敬順撰、衡岳默希子書"。後經多方比對,於其中廣搜博考,補殷敬順所不足,最終"復其舊目"。若其所言不虛,則此本即為《列子釋文》之祖本。由序可知,陳景元曾參校各本得《訛謬同異》一卷,共一百六十字附於《釋文》後。今傳世本《列子釋文》均未見,既然其序中明言獨成一卷,并附《釋文》之後,可知起初陳景元並未將自己所作與殷敬順原本相混。後世學人為便於閱覽,便將陳景元《訛謬同異》混入殷敬順《釋文》當中,最終成今天所見的二卷本《列子釋文》。晁公武及陳振孫均著錄《列子釋文》二卷,疑其所見本當為陳景元所補遺之本。

據陳景元序中所載,唐代道士默希子(按:指徐靈府,默希子為其號)曾抄寫一遍,可知殷敬順《釋文》成書之後亦有流傳。又,唐人段成式《酉陽雜俎》引殷敬順《釋文》言"驅與摳同,眾人分曹,手藏物,探取之",今本《釋文》未見,當為佚文。由此可見,殷敬順《釋文》成書之後流傳範圍之廣。《列子釋文》自陳景元補遺之後,世所通行者即為此本。宋元兩朝所纂《道藏》抑或收錄此書,惜無文獻記載,其書亦不存,無從得知。明正統《道藏》收錄此書,分上下兩卷,題"唐當塗縣丞殷敬順撰、宋碧虛子陳景元補遺"。明代《道藏》是在前代基礎上編纂而成,其編纂體例必定對前代《道藏》有所吸收。

《道藏》之前,所見《列子釋文》多混入《列子》中,與張湛注文相混排列,不可辨別。據陳景元所說,至少在其整理補遺之前,《列子釋文》仍是單本通行,未混入張湛注中。元刻本《列子》,今所見甚少,據現有資料來看,也仍未與注相混。《列子》以明人所刻居多,據明人的刊刻情況,《釋文》已混入張湛注中。如元刊元明遞修《纂圖互注六子》本《沖虛至德真經》。正統間,重修《道藏》,將《列子釋文》單獨收入,題《沖虛至德真經釋文》。之後,清人所刻《列子》,多推崇顧春世德堂刊本,亦多有覆刻者,如光緒間浙江書局刊本。然自黃丕烈發現宋本《列子》後,世德堂本《列子》地位亦發生動搖。清代校勘家、藏書家多以宋本《列子》校世德堂本,其較有名者如管禮耕、顧廣圻、顧之逵等。宋本《列子》只有張湛注文,因此,清人所校各本均據宋本而剔除與注相混之《釋文》。嘉慶間藏書家陳春輯《湖海樓叢書》收《列子》,並附《列子釋文》二卷,由著名藏書家、校勘家汪繼培校訂,成《列子參訂》八卷,《列子釋文》二卷。據汪繼培序稱,其所錄《釋文》二卷,係從《道藏》中錄出,與宋本《列子》相互參照,而成《列子釋文》二卷。以正統《道藏》本《釋文》與湖海樓本《釋文》相較,多有不合之處,可知汪繼培對《道藏》本《釋文》亦詳加校勘,改定《道藏》本謬誤。清人顧廣圻有抄本《列子釋文》二卷,顧氏為清代著名藏書家、校勘家,其所抄《釋文》據戈宙襄跋稱,亦自《道藏》而來。參校各本,顧氏亦未加詳校,只是原文照錄,且其中缺文甚多,戈宙襄跋語中已指出,且對原文有校勘補充,此不贅述,可參看。

綜上所論，《列子釋文》祖本即為陳景元所見之殘本。現今通行本，為其補遺後之本，已非殷敬順原本。元明以來，《釋文》多混入張湛注文中，各本均有不同，亦可作為參考。單行本以《道藏》本及湖海樓本為佳。兩者相較，又以湖海樓本較為精審，可稱善本。

## 二、《道藏》本《釋文》與湖海樓本《釋文》之比較

世所傳通行本《列子釋文》，以正統《道藏》本《釋文》及湖海樓本《釋文》為佳。現以湖海樓本為底本，校以《道藏》本，再參閱宋本《列子》，可發現《道藏》本與湖海樓本《列子釋文》有如下不同之處：

第一，兩本有數處位置相反者。"往復"與"而復"（《天瑞》），"黛"至"亡"與"廣樂"至"眩"（《黃帝》），"春蚕"至"之股"與"能裂"至"犀兕"（《仲尼》），"至伏羲神農時其國人猶數千丈"與"僬僥國"（《湯問》），"趣走"與"不去"（《楊朱》），"自以為不知己者居海上"與"食菱"至"今死而弗死"（《說符》），這六處《道藏》均與湖海樓本順序相反。核以宋本《列子》，可知《道藏》本誤，當以湖海樓本為是。

第二，字誤之處甚多。"名之彌正切，與諮同"（《天瑞》），《道藏》本"諮"作"詔"，《廣韻》：諮，彌正切，去勁，明。據此義，湖海樓本為是，當作"諮"。"大較音角"（《天瑞》），《道藏》本"大"作"本"，宋本《列子》亦作"大"。"夏革音棘，字子棘，為湯大夫。"（《湯問》），《道藏》本"湯"作"陽"，誤，應從湖海樓本為是。"菌芝其隕切，崔譔云：糞上生芝也，朝生暮死。簡文云：欻生之芝。"（《湯問》），《廣韻》：菌，渠殞切。"其"與"渠"同屬十二羣部，"隕"與"殞"同屬貞部。因此，二字反切屬同一音系，可通用。《道藏》本"隕"作"陰"，"陰"屬侵部，與"隕"韻不同，不能通用，《道藏》本誤，以湖海樓本為是。《道藏》本無"之"字，陸德明《經典釋文》釋"朝菌"引此句，作"欻生之芝"，則以湖海樓本為是。

由此看來，湖海樓本確實經過詳細校勘，其文獻價值在某些方面要高於《道藏》本。但《道藏》本也並非無價值，如"冈文兩切"，《道藏》本作"罔"，宋本亦作"罔"。《廣韻》：罔，文兩切。岡，古郎切。可知《道藏》本為是，湖海樓本音切正確，而本字誤。"互應於證切"，《道藏》本"互"作"不"，宋本亦作"不"。據文義，應以宋本為是，湖海樓本誤。"旨趣音趣"，《道藏》本"旨"，湖海樓本作"者"，宋本作"旨"，據文義，當作"旨"。由這幾個例子可以看出，《道藏》本雖在校勘方面有諸多錯誤，但某些用字方面仍可補充湖海樓本錯誤之處。

儘管《道藏》本與湖海樓本《列子釋文》兩相對照可互為補充，但仍存在訛誤之處。如，"讚曰音歎"（《天瑞》），《道藏》本與湖海樓本同，宋本"讚"下張湛注曰："當作歎"。《廣韻》：讚，則旰切。歎，他旦切。《說文》段玉裁注：歎，他案切，十四部。儘管兩字韻母同屬寒韻，但聲母"則"屬精部反切上字，"他"屬透部反切上字，並非同一系統，不能視為同一個字。《道藏》本及

湖海樓本失攷，應以宋本為是。"密遭本作造，七到切"(《仲尼》)，《道藏》本作"速"，湖海樓本作"遭"，宋本作"造"。《說文》：造，就也。遭，遇也。《列子》原文為："子產日夜以為戚，密□鄧析而謀之。"據文義，當為"造"，宋本是。"眠眠上聲"(《力命》)，《道藏》本作"眂"，湖海樓本與宋本均作"眠"。張湛注曰：莫典，當為"眠"字音切。"眂"，《類篇》：視貌，《玉篇》：古文視字，《正字通》：眂同視，《說文》：眂，亦古文視。當從宋本作"眠"為是。宋本《列子》與後兩者相較，更近古貌，且從文義判斷，更為恰當。故，當《道藏》本與湖海樓本出現相舛之處，則以宋本相校，即可辨出正誤。

通過對《道藏》本與湖海樓本校勘可以看出，湖海樓本《列子釋文》校勘精於《道藏》本《列子釋文》，但《道藏》本也可補湖海樓本不足之處。兩者相舛之處，再核以宋本，則真偽立定。由此看來，各本均有所長，互相參照，方能還古書以真面貌。

## 小　　結

《列子釋文》是專門注釋《列子》文句的音韻學著作，間或論及書中典故。對於先秦古籍，讀音的問題至關重要。唐陸德明作《經典釋文》，未及《列子》。作為先秦道家著作之一，無音釋作為輔助性閱讀材料，實為可惜。殷敬順首開其端，為《列子》僻字僻語作注，實為《列子》研究史上的一大幸事。就現有資料而論，張湛是為《列子》作注之第一人，而其注中則絕少音釋，只以闡明義理為主。殷敬順《列子釋文》問世，遂成為後世研讀《列子》者必讀之書籍。無論在子學發展史，抑或音韻、文字等研究方面，都有其不可忽視的作用。惜其書未能完整保存，幸經陳景元之手而流傳於世。雖經其補遺增改，但也不失為《列子》研究的重要著作。或許是為了閱讀方便，元明之時，《列子釋文》已被刻入《列子》之中，與張湛注文相混，以至於後人不辨真偽，全認作張湛注文。然自黃丕烈購得宋本《列子》之後，世人始知張湛注中絕少音釋，張湛注中所無者為《列子釋文》，并不斷有學者將其詳加校勘。

據現有資料來看，《列子釋文》最早的單刻本為明正統《道藏》本。因其傳世甚少，且無其他資料可以參校，世人多以此本為善本。後陳春輯《湖海樓叢書》，並請汪繼培校勘，汪氏始以《道藏》本為底本，並參校宋本，成二卷本《列子釋文》。可以說，湖海樓本是現存《列子釋文》中校刊最為精審之本。其間雖有任大椿《燕禧堂五種》本《列子釋文》，但其所據仍為《道藏》本，並未加以詳細校勘，亦不足以稱為佳本。至於隨張湛注文所刻《釋文》，基於不同版本之校勘，其間亦有差異，本文限於篇幅，不能一一詳加論述，學者亦可通過校勘而辯其差異。

還有一點需要特別指出，《列子釋文》並非只針對《列子》本文，亦兼及張湛注語。以《列子釋文》與《列子》相對比，自可一目了然。由於今本《釋文》為陳景元補遺整理之作，殷敬順音釋是否兼及張注，則無從得之。

雖然湖海樓本《列子釋文》與《道藏》本《列子釋文》相比較為精審，但湖海樓本《釋文》並非無一點錯誤,而《道藏》正可補湖海樓本不足,宋本又可補兩者不足。其他各家刻本,又可補宋本不足。由此看來,所謂精審,只是相對而言,並非絕對,這是研究《列子釋文》一書的學者所應當注意之處,不可偏執於一隅。

[**作者簡介**] 劉佩德(1980— ),男,河北邢臺人。現為華東師範大學中文系博士研究生,主要研究方向為先秦子學,已發表相關論文若干篇。

# 再談名家學派思想的基本特徵

## 許抗生

我曾經在20世紀70年代末和80年代初,撰寫了一本《先秦名家研究》的小冊子,並於1986年由湖南人民出版社出版。在這本書中,我對名家學派思想的基本特徵,曾作了一些研討,之後我就沒有再對名家思想作過較多的研究。時至今日,我感到對名家學派思想的基本特徵,還應再作些分析,以就教於方家。

在學術界,人們一般好把先秦的名家學派說成是研究名實關係的一個學派。如《哲學大辭典》就是這樣定義名家的,該辭典在名家詞條下說:"名家,先秦時期辯論名實問題而著稱的一個學派。"這樣來定義名家,已為一般人所接受,但這樣的定義並沒有把握住名家學派思想的本質,區別不了名家學派不同於其他學派的思想特質。這是因為有關名實關係問題的辯論,不僅是名家一家,還有墨家、儒家乃至黃老道家與法家等皆參與其間,所以僅以辯論名實問題來定義名家自然是不行的。正由於當時許多學派都研究過名實問題,都有自己的名實理論,以此胡適先生就武斷地作出了所謂"沒有什麼名家"的結論(見胡適《中國哲學史大綱》)。其實名家學派的基本特徵,並不在於它"以辯論名實問題而著稱",譬如大家公認的名家大師惠施,從現有的史料來看,他就沒有討論過有關名實關係的問題,所以名家學派的思想基本特徵,並不在討論名實問題這一點上。

那麼,人們為什麼會把名家定義為辯論名實問題的呢?這很可能是受了《漢書·藝文志》的影響。《漢書·藝文志》說:"名家者流,蓋出於禮官,古者名位不同,禮亦異數,孔子曰:必也正名乎,名不正則言不順,言不順則事不成。此其所長也。及訐者為之,則苟鉤鈲析亂而已。"由此可見,《漢書·藝文志》就是把正名思想(即循名責實)當作名家的根本思想的,至於那些訐者,即指喜歡吹毛求疵,攻難別人的,只是鉤鈲析亂(即指支離破碎、繁瑣論證分析,弄亂了名稱概念的那些人),可見這些人並不是名家正宗。對於《藝文志》的這一說法,馮友蘭先生認為,這是從儒家立場上對名家的理解,並不是名家的本來意思。馮先生說:"劉向、劉歆所說的'正名'是孔丘的'復禮'的方法……屬於儒家思想。"(《中國哲學史新編》,第2冊,第143頁)而名家所要求的正名實學說,就是要通過"鉤鈲析亂",得出"不合人情"(不合常識)的結論。例如公孫龍就是用自己的《名實論》學說,論證了"白馬非馬"和"離堅白"的怪論悖論①。而公孫龍之所以能成爲名家大師,並不在於他的《名實論》,而是因其"白馬非馬"說而著稱於世。如果沒有"白馬非馬"的思想,也就不是名家的"龍"(名家公孫龍)了。那麼名家學派的基本特徵究竟是什麼呢?在這個問題上,還是司馬談的《論六家要指》講得比較準確:

> 名家苛察繳繞,使人不得反其意,專決於名而失人情,故曰使人儉而善失真。若夫控名責實,參伍不失,此不可不察也。

什麼是"苛察繳繞"呢?"苛察",指對名詞概念作苛刻的過細的分析考察,"繳繞",纏繞。"苛察繳繞",即指纏繞着名詞概念,作過分細緻的繁瑣論證。"專決於名"是指什麼呢?名是指概念名稱,"專決於名",就是指專門從抽象的概念與名稱的分析中下結論,而脫離了實際。由此可見,名家學派的基本特徵,就是專門從事過細的、繁瑣的概念名詞分析,進而得出不合常識的奇談怪論。所以司馬談說它是"專決於名而失人情",並把先秦時期的這樣一類辯者稱爲"名家"。司馬談同時還指出,如果他們能"控名責實"(循名責實),"參伍不失",那麼是"不可不察"的。可見,名家的基本特徵並不是研討名實問題,而在於他們"專決於名而失人情,故曰使人儉而善失真"。在這裏亦可見,劉向、劉歆的名家定義,並不符合司馬談的原來思想。

確實,從現存的名家史料來看,名家的另一位大師惠施並沒有討論過名實問題,而他之所以能稱之爲名家,就是因爲他的思想"專決於名而失人情"。如果說當時的公孫龍,是以"不合人情"的"白馬非馬"而著稱,那麼惠施則是以"失人情"的"合同異"的奇辭怪論而揚名天下。所以《荀子·非十二子》中說:"不法先王,不是禮義,而好治怪說,玩琦辭,甚察而不惠,辯而無用,多事而寡功,不可以爲治綱紀;然而其持之有故,其言之成理,足以欺惑愚衆,是惠施、鄧析也。"《不苟篇》則說:"山淵平,天地比,齊秦襲,入乎耳,出乎口,鉤有須,卵有毛,是說之難持者也,而惠施、鄧析能精之。"可見惠施、鄧析之所以被列入名家,就在於他們"治怪說,玩琦辭",如山淵平、天地比、齊秦襲等這些奇談怪論,違背了人們常識的見解,是"專決於名而失人情"的。惠施等辯者的這些命題,在《莊子·天下篇》有較詳細的記載。至於鄧析的思想,由於史料缺乏,我們已很難弄清他在這方面的思想。但《呂氏春秋》說他是"設無窮之詞,操兩可之說",即所謂"以非爲是,以是爲非,是非無度,而可與不可日變"(《呂氏春秋·離謂》)的辯論來務難當時的子產。這顯然是帶有相對主義的不合常情的思想。因此把鄧析列於名家,或稱之爲名家的先驅人物,確實是有道理的。

綜上所述,可見名家學派並不是以研討名實問題而著稱,而是以"專決於名而失人情"爲基本思想特徵的。因此有關名家的學問,即所謂的"名學"(儒家有儒學、墨家有墨學、道家有

---

① 關於公孫龍如何以名實學說論證"白馬非馬"、"離堅白"的思想,可參閱拙作《先秦名家研究》,湖南人民出版社1986年版。

道學,名家也應有名學),也就不是專門研究名實問題的邏輯學。正如馮友蘭先生所說,名家研究的是整個天地萬物,是一種哲學世界觀的學問(如公孫龍有"離堅白"、"物莫非指"之說,惠施有歷物十事之說等)。至於近代以來人們好用"名學"來稱謂邏輯學,這大概是就先秦各思想流派皆討論了名實問題而言的。所以我們不能把指稱名家學說的名學,與近代人們稱謂中國古代邏輯學的名學,兩者混為一談。為了不使混亂,我建議把近代指稱邏輯學的名學,可改稱為"名理學"為好。名理學可以指名實學說,也可以指人們運用概念進行思維的形式或規律的,這就是我們通常所說的形式邏輯學了。其實我國最早的一部邏輯學譯著就是取名為《名理探》的。

基於以上的認識,再來檢討我那本《先秦名家研究》的小冊子,至少有兩個欠缺的地方:一是當初我也把我國古代的邏輯學思想,討論名實關係問題的思想稱作為"名學",這樣的命名是不確切的,應當把"名學"這一名稱還給名家學派,而把我國古代的邏輯學稱之為"名理學"為好。二是我當時既然已經主張名家學派的基本特徵在於"專決於名,而失人情",那麼我就不應當把名家劃分為三類,即第一類,即研究了名實理論,又有"苛察繳繞"、"專決於名而人情"的特點,以公孫龍為代表;第二類,不研究名實問題,只表現為"滯於析辭而亂大體",以惠施與鄧析為代表;第三類,專門討論名實問題,而不帶有"專決於名而失人情"性質的,當時我以尹文為代表。其實這第三類根本就不能屬於名家學派,而且也找不出這樣的代表人物。從現有史料來看,尹文很難找出他有名實關係方面的思想,而且現存的《尹文子》是一部偽書,帶有道家思想色彩,崇尚以道治理天下,認為儒、墨、名、法等家是不能治好社會的,並把自己列於名家之外。由此可見,尹文究竟為什麼會被《藝文志》列於名家,還得再作研討,尹文究竟屬於哪個學派也得繼續研究。

[作者簡介] 許抗生(1937— ),男,江蘇武進人。現為北京大學哲學系教授、博士生導師。著作主要有《帛書老子注譯與研究》、《老子與道家》、《中國的法家》、《先秦名家研究》、《老子與中國的佛道思想簡論》、《魏晉南北朝哲學思想研究概論》等。

# 荀子人性論重詁

## 耿振東

荀子說："性者,本始材樸也。"(《荀子·禮論》)"生之所以然者謂之性。性之和所生,精合感應,不事而自然謂之性。"(《荀子·正名》)"凡性者,天之就也,不可學,不可事。……不可學、不可事而在人者,謂之性。"(《荀子·性惡》)後代學者對這一"性"概念的解釋,或過於簡陋,或於詞句釋義莫衷一是。

胡適在《中國哲學史大綱·荀子》第二章"論性"一節中說："依這幾條界說看來,性只是天生成的。"①胡氏強調性的"天生"特質,抓住了荀子言性的根本。郭沫若在《十批判書》"荀子的批判"一節中說："性究竟是什麼呢?是天生就有的本質,不是人力所能教得出來的,也不是人工所能造得出來的。"②除了強調"性"的"天生"特質,郭氏還特別否定了帶有人為因素的、任何後天得來的東西隸屬於"性"的可能。但僅做如此解釋,還遠不能揭示"性"的內涵。王先謙《荀子集解》引郝懿行說："樸者,素也。言性本質素,禮乃加之文飾,所謂'素以為絢'也。"③按《說文》："素,白緻繒也。"郝氏之意似在說明,"性"就像白色的絲帛一樣,等待着各種色彩的禮的塗染。徐復觀《中國人性論史》第八章第三節中卻說：《荀子》此處之所謂本始材樸,乃指前面所引的'目辨白黑……'等官能之原始作用及能力而言,才樸即是指的是未經人力修為之能力。"④楊倞《荀子注》說："精合,謂若耳目之精靈與見聞之物合也。"馬積高在《荀學源流》第三章第二節卻又論之曰："精合……言男女陰陽之精氣相感應,自然形成人之性。"⑤

以上諸方面的情況,反映了看似簡單的"性"概念在闡釋方面的困難。筆者閱讀《荀子》,對其人性學說偶有所得。其中,除了對"性"概念加以闡發,還包括化性起偽等其他方面。整理如下,求教於方家。

---

① 胡適《中國哲學史大綱》,河北教育出版社 2002 年版,第 232 頁。
② 郭沫若《十批判書》,東方出版社 1996 年版,第 202 頁。
③ 王先謙《荀子集解》,中華書局 1988 年版,第 366 頁。
④ 徐復觀《中國人性論史》,華東師範大學出版社 2005 年版,第 141 頁。
⑤ 馬積高《荀學源流》,上海古籍出版社 2000 年版,第 54 頁。

荀子說:"今人之性,目可以見,耳可以聽。夫可以見之明不離目,可以聽之聰不離耳,目明而耳聰,不可學明矣。……今人之性,饑而欲飽,寒而欲暖,勞而欲休,此人之情性也。……若夫目好色,耳好聲,口好味,心好利,骨體膚理好愉佚,是皆生於人之情性者也;感而自然,不待事而後生之者也。……凡人之性者,堯、舜之與桀、跖,其性一也;君子之與小人,其性一也。"(《荀子·性惡》)"性者,天之就也;情者,性之質也;欲者,情之應也。"(《荀子·正名》)參本文第一段,荀子已從天生、自然的角度對人性作了簡單界定。此處又指出,人之性好利、好安逸,直接表現為貪性與惰性,人之性具有終生依附性和不可改變性。終生依附性,是指人之性就像好色離不開眼睛、好聲離不開耳朵一樣,人存則性存,人亡則性亡。不可改變性,是指人的這種"天生"特質不會中途改變,包括堯、舜、君子這些不停學習、不停修養的人,也不會在人生某一階段改變貪性與惰性的本質。無論什麼時候,他們都和桀、跖、小人一樣,有着相同的性。一言之,性永恆不變,中途可丟失、可改變者,便不是性。此外,荀子還指出,性可以用其他的稱呼來代替,這就是情和欲。所謂的人之情,人之欲,其實就是人之性。"人情甚不美,……嗜欲得而信衰於友"(《荀子·性惡》),皆指性而言。所以,性、情、欲三者異名而同實。

基於以上分析可以看出,荀子是站在生的基礎上透視人性。只是在人之生的意義上,人性才會有上述表現。荀子談性,是以生言性。

何謂以生言性? 我們先來看生字的內涵。張自烈《正字通》說:"生,凡事所從來曰生。"循此,生字具有事物源頭、事物內在規定性之意。《說文》曰:"生,進也。象草木生出土上。"循此,生字具有事物生長、發展之意。由之,我們說的以生言性具有以下兩個意思:一、性是事物生而就有的東西,性依附於物而存在。這種實然的存在規定着物之為物的種種表現。其中,一物為求生所進行的種種活動是一物之性的基礎。二、作為生而具有的性,它不是靜態地存在,它的物之內在規定的特性促使着物不停地生長、發展。最終,使物的各種特徵表現得更強烈、更明顯。荀子對人性的分析正是這樣。

然而,這種僅從生字上立說來談性的方式,似乎沒有突出組成性字的心字之意。性由心、生兩部分組成,先民這一造字的事實,決定了如果僅從生字上談性,可能會導致對性字理解上的某種偏頗。誠然,"生,古性字,書傳往往互用。"(徐灝《說文解字注箋》)人首先必須活着才有性可言,以生言性自有它的歷史根據和充分理由。但既然是在生字基礎上另造一性字,性字當然會有生字所不能明確指向,或不能容納的新的內涵。

《說文》曰:"心,人心。"先民造"心",原只為"人心"而設,這與今天我們所理解的心字不同。因為依現在的理解,我們可以稱人心為心,亦可以稱動物之心為心。從《詩經》所用心字來看,它在當時有三種含義。一、指人的生理之心,如《邶風·柏舟》:"我心匪石,不可轉也。我心匪席,不可卷也。"二、指人的情感之心,如《小雅·杕杜》:"日月陽止,女心傷悲。"三、指人的思想之心,如《小雅·巧言》:"他人有心,予忖度之。"心字所具有的上述內涵,決定了如果在心的意義上言性,可能會出現對於人性的新的理解,也就是說,它會特別強調人的生理之心、情感之心、思想之心所具有的內在規定性、生長和發展等特性。這樣一種對於人性的新的理解，荀子是否注意到了呢？

荀子說："凡可知，人之性也。"①"可知"的主體是心，說心"可知"，當然也就承認"可知"之心屬於人之性。這說明，荀子也在心的意義上言性。曾有學者對荀子性概念的意義結構作分析，指出：荀子對性的認識是分層級的。性的最基本意義是"人性天然，是指人生而具有的本能"。此外，性概念還有次一級的意義，它們是情、欲和知、能②。關於情、欲，上文已論，它們不過是"生之所以然"的性的不同說法③。此處值得注意的是，他把知看為性中應有之意，同樣指出了荀子在心的意義上言性的事實。

荀子以生言性，又以心言性，這使我們對人性內涵的理解更加豐富。但生之性與心之性實在是兩種不同的性。它們最大的區別在於，生之性是確定的，而心之性是不確定的。

荀子說："形具而神生。"人是自然的產物，先有形體後有精神。作為人的形體統帥的，就是心，"心者，形之君。"(《荀子·解蔽》)作為"形之君"的心具有"治五官"的功能，即心管治人的耳、目、鼻、口、形。由此看來，"可知"之性的心與生之性的五官存在着支配與被支配的關係，即心屬"出令"，是支配一方，五官屬"受令"，是被支配一方(《荀子·解蔽》)。理論上看，五官受心的制約，而實際情形卻頗為複雜。

荀子舉例說，現在的人好利，好聲色，有疾惡，有耳目之欲，由此常導致"爭奪"、"殘賊"和"淫亂"，最終"犯分亂理而歸於暴"(《荀子·性惡》)。面對這樣的生之性，作為"可以知"且"治五官"的心，它卻發揮不了應有的管治功能。因為在荀子看來，心雖然"可知"，雖然有"可以知之質"(《荀子·性惡》)，但"可知"、"可以知"並不是已知，它只是一種知的潛在性和可能性，因而也就不具有"治五官"的現實性。要想使心達到真正的知，必須"虛一而靜"，做一番"治心"功夫，達到"大清明"的境界(《荀子·解蔽》)。前面提到的心"治五官"，也只是在"心居中虛"的前提下才能生效。因此，心的功能的發揮是有條件的，並不是任何情況下都能實現心"出令"、五官"受令"這一實際功效。而要使心知，必須"治心"，這在荀子的學說體系中屬於"偽"的範疇，它不是性論討論的內容。所以，僅僅具有潛在性和可能性的心，既然無法實現現實的知，它一旦"出令"，就有可能出現"所可中理"與"所可失理"兩種情況。"可"，可釋為"擇"，即"心為之擇"的"擇"(《荀子·正名》)。如果心之所擇合於治亂之道，即"中理"，"受令"的自然之性當然不會"傷於治"；如果心之所擇悖於治亂之道，即"失理"，自然之性一定是"犯分亂理而歸於暴"。所以，心雖為"形之君"，並不具有合於治亂的決定性意義。由於"可以知"之性存在很大的戒然性，心之性與生之性便不可等量齊觀。根據荀子對性的認識與界定，他只能是把具有確定性的、體現生命本能的生之性作為人性的根本，具有不確定性的心之性只好排除

---

① 《荀子·解蔽》。原文為"凡以知"，據梁啟雄《荀子簡釋》改，中華書局1983年版，第304頁。
② 張豈之主編《中國思想學說史·先秦卷》上，廣西師範大學出版社2007年版，第358~360頁。
③ 亦可參考徐復觀《中國人性論史》，第142~143頁。

在外。

荀子既以生之性作為人性的根本,則他對人性的價值評判自然建立在生之性的基礎上。生之性導致"犯分亂理",所以生之性便為惡,人性也就無善可言。

在荀子之前,有孟子的性善說。孟子認為,"人之所以異於禽獸者幾希"(《孟子·離婁下》),這"幾希"之物就是"君子所性,仁義禮智根於心"(《孟子·盡心上》)。孟子顯然是站在心的角度談性,且認為心之善性是人性的根本。為了捍衛自己的學說,荀子不得不批判孟子的性善說。

荀子說,孟子之所以言性善,首先,是因為他沒有辨清性和偽的區分。按荀子的解釋,"偽者,文理隆盛也。"(《荀子·禮論》)它是人在後天的學習中得來的東西。所謂性,指的是"目可以見,耳可以聽"、生而好利、生而疾惡這些不學而能的、不可改易的自然本能,本能的性的自然發展只能是趨向於惡。孟子所認為的符合善的禮義之性,並非生而有之。這種"可學而能,可事而成之在人者"(《荀子·性惡》),不能稱之性,它是偽,即人為。其次,孟子"今人之性善,將皆失喪其性故也"(《荀子·性惡》)的說法是錯誤的。按孟子之言,人之性本來是善的,之所以有惡,是因為他們喪失了本來的善性所致。荀子辯駁說,人之性是不會中途丟失的,如果性可以"離其樸,離其資,必失而喪之",則談不上是真正的性。如果孟子的性善說正確,性就應該"不離其樸而美之,不離其資而利之",就像是"明不離目"、"聰不離耳"。而現實卻相反,人們表現出的"禮義"、"孝"道,其實都是"悖於情性"的舉動,它們是性之外的東西。再次,荀子認為孟子沒有辨清善與惡的區分。所謂善,是"正理平治";所謂惡,是"偏險悖亂"。如果人之性固善,即符合"正理平治",那麼"聖王""惡用"?"禮義""惡用"?"雖有聖王禮義,將曷加於正理平治?"只是因為人性本惡,所以才"立君上之勢以臨之,明禮義以化之",最終達到"使天下皆出於治,合於善"的目的。最後,荀子批判孟子性善之論是"無辨合符驗,坐而言之,起而不可設,張而不可施行"的"過甚"之言(《荀子·性惡》)。

有學者指出,荀子言性,是"以在經驗中可以直接把握得到的一層"[①]來立論。這種"直接把握得到的一層",據筆者理解,具有外現性、客觀性、持久性三個特徵。而孟子言性,是就"此心自身直接之呈露"[②]來立論。這種"此心自身直接之呈露",筆者以為,具有內顯性、主觀性、瞬間性三個特徵。孟子說:"人皆有不忍人之心。……今人乍見孺子將入於井,皆有怵惕惻隱之心,非所以內交於孺子之父母也,非所以要譽於鄉黨朋友也,非惡其聲而然也。"(《孟子·公孫丑上》)"乍見",說明"不忍人之心",即孟子說的善心,有其發生的特定情境。在此情境下,內心作一閃念的波動。但它能否成為持續的援救行動,能否成為永恆的、確定性的、讓人"在經驗中可以直接把握得到的一層",卻是一個未知。就像荀子認為心"可以知"並不等於心已知,從而否認以心知談性一樣,他當然也不會認可孟子這種未知的、潛在的性善之說。

---

① 徐復觀《中國人性論史》,第142頁。
② 同上,第105頁。

人之性既惡,就需要尋一條路途把它導向善的方向,以此達到"正理平治"。為此,荀子提出了化性說。

如前所述,荀子把具有確定性的、體現生命本能的生之性作為人性的根本,那麼,化性的對象當然要對準生之性。"心者,形之君"(《荀子·解蔽》),形即具有生之性的五官。既然心與五官之間是"出令"與"受令"的關係,它決定了施化的主體是心,受化的對象是五官,也就是生之性。所以,所謂的化性,是心對生之性加以施化。心雖作為施化的主體,但心並不具有已知的特性,也就是說,它的知並不一定符合"正理平治"。這樣一種現實,決定了心的"出令"會出現"中理"與"失理"兩種情況。因而,要想將人之性導向善的路途,最終達到正理平治,並不是僅僅依靠個人的心知所能完成的。這也就決定了,具有"可知"特性的心一方面是對生之性加以施化的主體,另一方面又像生之性一樣是待化的對象。於是,荀子的"化性"就包含着先後兩方面的工作,先是化心之不確定性,接下來化生之惡性。先談化心之不確定性。

化心之不確定性,就是消除心的"所可失理"的現象,使之完全地"所可中理"。這就要求心"知道","道"即是禮,即是正理平治。荀子說:"心不可以不知道。心不知道,則不可道而可非道。"(《荀子·解蔽》)怎樣才能化心,使心由不確定性的知"道"達到確定性的知"道"呢?荀子認為,首先要為心確立"道"這個方向和標準,使之化有所據。其次,立足於"道"這個方向和標準排除雜念、精力專一地去認識、體會。只有心圍繞着"道"去活動,才能最終"虛一而靜"(《荀子·解蔽》)①。心"虛一而靜",則能知"道",心知道,則心化矣。

不過,荀子所謂的"道",源自聖人或聖王,心求道也就不能單純建立在"可以知"的心性的自化之上,它還要依靠外在的師法的力量,因為"無師,吾安知禮之為是也。……不是師法而好自用,譬之是猶以盲辨色,以聾辨聲也。"(《荀子·勸學》)所以,最終的心化要靠自化和師化兩方面的努力。

再談化生之惡性。首先,化生之惡性是得"道"之心對耳、目、鼻、口、形五官加以施化,其施化的內容是上面所談的化心之"道"。化心之"道"是禮,以此化性,也就是以禮化性。荀子說:"禮起於何也?曰:人生而有欲,欲而不得,則不能無求;求而無度量分界,則不能不爭;爭則亂,亂則窮。先王惡其亂也,故制禮義以分之,以養人之欲,給人之求,使欲必不窮於物,物必不屈於欲,兩者相持而長,是禮之所起也。故禮者,養也。"(《荀子·禮論》)禮之起是針對"人生而有欲"的惡性,以禮化性是為了避免人之惡性因"爭則亂,亂則窮"所帶來的"偏險悖亂"。具體而言,就是在承認生之性:"欲雖不可盡"的前提下,使之"可以近盡",在認可"欲雖不可去"的矛盾中,使之"求可節",即欲求適當(《荀子·正名》)。因而,化生之惡性的實質,是對生之惡性按照禮的標準以養、以節,"使欲必不窮於物,物必不屈於欲,兩者相持而長"。禮的這一功能的實現,既是惡性得以受化的實現,又是"正理平治"的善的實現。

---

① 徐復觀說:"荀子固然以心為虛壹而靜,故能知道;但他卻以心必先憑藉道而始能虛壹而靜。所以他說'未得道而求道者謂之虛壹而靜'。"徐復觀《中國人性論史》,第149頁。

與化心之性需要自化和師化兩方面的努力一樣，化生之惡性除了依靠得"道"之心對自身生之性的施化，還需借助"君上之勢"的強迫力量。荀子說："古者聖人以人之性惡，以爲偏險而不正，悖亂而不治，故爲之立君上之勢以臨之，明禮義以化之，起法正以治之，重刑罰以禁之，使天下皆出於治，合於善也。是聖王之治而禮義之化也。"（《荀子·性惡》）

有學者認爲，荀子的化性是化生之惡性，這種觀點並不全面。荀子說："心居中虛以治五官。"（《荀子·天論》）如果不是聖人爲心確立"道"這個善的方向和標準，使之化有所據，不是心圍繞着"道"去活動，"虛一而靜"，即通過心化使其由"可知"變爲已知，心就永遠處於"所可中理"與"所可失理"兩者之間。如果沒有心化的先行條件，心就認識不到自身的生之惡性，當然就不會對自身五官的生之惡性加以施化。而僅僅是五官被動接受"君上之勢"的強制力，卻缺乏心對自身惡性的認識和施化，就會導致雖有言行之善卻不是發自內心，最終出現內外不一、其善者僞詐的現象，這樣一種結局必然爲荀子所否定。因而，荀子化性的兩個內容，不僅先後有序、缺一不可，且就其中任何一個內容而言，自化都是基礎、前提，因爲它是外化（即師化與"君上之勢"的強迫力量）成功的唯一通道。

化性以後的生之性、心之性，是否由惡性變爲了善性、由不確定性變爲了確定性了呢？從理論上講，心之性經過自化和師化，確實將由不確定性變爲確定性，即由"所可中理"與"所可失理"兩者並存進入一種時時"中理"的"道心之微"的境界。對於生之性來說，由於它的不可改易性，永遠都是惡的。其所表現出的符合"正理平治"的善的外在特徵，只是說明在心的主導下，並在"君上之勢"強迫力量的束縛下，進入了循規蹈矩的狀態。禮的功能是"養人之欲，給人之求"，是在承認人的惡性基礎上的養和節。進一步說，禮所具有的分和群的社會功能，改變的只是人的生存方式，它並不打算、也沒有能力改變人性惡的現實。荀子說："凡人之性者，堯、舜與桀、跖，其性一也；君子之與小人，其性一也。"（《荀子·性惡》）正是這個意思。

化性的另一種表述方式是起僞。起僞，是興起人的後天努力而有所作爲，它最終以禮的形式出現。起僞的關鍵是在承認生之惡性、心之知性的前提下使性僞相合。在荀子看來，"無性則僞之無所加，無僞則性不能自美。"（《荀子·禮論》）沒有人的惡性，禮就無的放矢；沒有人的知性，禮也就不會被聖人製造出來。沒有僞，沒有來自人的後天努力而取得的禮，人的惡性將永遠處於"爭則亂，亂則窮"之中，其知性也將因存在"所可中理"與"所可失理"兩種可能，無補於"偏險悖亂"的現實。所以，只有性僞合，才能"天下治"。而作爲性僞合的關鍵，也即起僞的關鍵，就是後天的學習。

荀子認爲，學習要"始乎誦經，終乎讀禮"（《勸學》）；要"以聖王爲師，案以聖王之制爲法，法其法以求其統類，以務象效其人"（《荀子·解蔽》）；要用心專注"並一而不二"；要循序漸積，"蹞步而不休"、"累土而不輟"（《荀子·修身》）；要隆師親友，"求賢師而事之，擇良友而友之"（《荀子·性惡》）。同時，還要將其付諸實踐，它是學習的最後階段，即"學至於行之而止矣"（《荀子·儒效》）。一旦將所學"行之"，則會進入"明"的境界，"明之"則"爲聖人"（《荀子·儒效》）。由此可以看出，荀子所強調的學，實質上是化性理論的具體化。

由於人的積習不同、個性有異，學習當然要因人而異，如"血氣剛強，則柔之以調和；知慮漸深，則一之以易良；勇毅猛戾，則輔之以道順"等。此外，荀子還注意到環境對學習的影響。他說："可以為堯、禹，可以為桀、跖，可以為工匠，可以為農賈，在執注錯習俗之所積耳。"(《荀子·榮辱》)儘管荀子認為，"塗之人"皆有"可以知之質，可以能之具"，因而"塗之人可以為禹"，但學習是一個艱苦複雜的過程，"可以為禹"並不意味着人人最終成為禹，即"可以而不可使"(《荀子·性惡》)。且一個人學習的深淺不同，實踐的程度有異，加之個人才情與學習環境的制約，最終可能出現在學習的道路上距離聖人遠近不等的現象，如或為小人，或為士，或為君子。不過荀子堅信，學習雖不可使人人為聖，但它可以提升社會地位，增長智慧，擺脫貧困，從各方面改變一個人，"我欲賤而貴，愚而智，貧而富，可乎？曰：其唯學乎。"(《荀子·儒效》)

但是，我們必須明確，荀子說的學習，是指眾人的學習，聖人不在其內。因為禮由聖人制定，聖人是不會像眾人一樣去學習他自己制定的東西的。但聖人卻又必須首先是一個"學習"的人，否則禮義無從而生。在這裏，僅僅是聖人之學異於眾人之學而已。那麼，聖人之學究竟是一個什麼樣子呢？實際上，聖人之學是一個"積思慮、習偽故，以生禮義"的過程(《荀子·性惡》)。在禮未出現之前，眾人對現實麻木無知，善惡不分。這樣一種心之性，決定了眾人必須等待禮加以施化才有識善辨惡的可能。而聖人的心之性，在一開始就明顯超出眾人。雖說此時還未能達到聖人後期(即學成之後的聖人)那種"不欺"(《荀子·非相》)、"至辨"、"至明"(《荀子·正論》)、"上察於天，下錯於地"(《荀子·王制》)的"積善而全盡"(《荀子·儒效》)的境界，但此時的他，對於人之性惡所導致的"偏險悖亂"卻有着清醒的認識。他看到這一現實不利於眾人的生存，於是就想辦法改變它。經過長期的觀察、實踐、積累，也就是荀子所說的聖人"異而過眾"的偽，禮就在聖人手中誕生了[①]。

在荀子的人性學說中，被他拿來做例證的有各種各樣的人。這些人雖在生之性上相同，但在心之性上卻表現出差異，這種差異正是聖人遠遠高於他人之處。荀子經常按學習的程度把人分為若干等級，如"好法而行，士也；篤志而體，君子也；齊明而不竭，聖人也。"(《荀子·修身》)"彼學者，行之，曰士也；敦慕焉，君子也；知之，聖人也。"(《荀子·儒效》)"向是而務，士也；類是而幾，君子也；知之，聖人也。"(《荀子·解蔽》)"有聖人之知者，有士君子之知者，有小人之知者，有役夫之知者。"(《荀子·性惡》)每一次劃分，都將聖人置於難以企及的高度。荀子又把人分為俗人、俗儒、雅儒、大儒，且說："彼大儒者……仲尼、子弓是也。"連孔子這樣好學的大儒都吝以聖人相稱，其他人於聖人就更是無緣了。荀子說："聖可積而致，然而皆不可積。"(《荀子·性惡》)其原因，正是聖人異於常人的心之性所致。這樣一種理論，造成了聖人始終可望而不可即的形單影隻的局面。

由於荀子持性惡說，他必須在惡之外尋找一個合理的善的來源，才能建構起"正理平治"的理性世界。他提出的聖人制禮的理論，把善的發生完全交給異於常人的、世間僅有的聖人

---

[①] 可參考李晨陽《荀子哲學中"善"之起源一解》，《中國哲學史》，2007年第四期。

的心性，這就意味着荀子要以力量極其微弱的善去訓化存在廣大勢力的惡。善、惡對比懸殊，預示了善在惡面前可能軟弱無力。為了使善戰勝惡，就必須在以聖人之禮化眾人之性的同時，加強暴力工具的建設，以強有力的法治作為禮的功能實現的最終保證。這是荀子完整的以禮化性理論，也是荀子推出隆禮重法政治主張的根本原因。

　　在古人的思想觀念中，人由天所生，人的一切莫不由天所命。《周書·召誥》說："今天其命哲。"，"'命哲'，乃是天命的新內容，此一觀念，為從道德上將人與天連在一起的萌芽。"[①]孔子說："天生德於予。"（《論語·述而》）《中庸》說："天命之謂性，率性之謂道。"孟子說："仁義禮智"，"我固有之也"。（《孟子·告子上》）根據孟子"莫之為而為者，天也；莫之致而至者，命也"（《孟子·萬章上》）的理論，可知孟子亦是將道德與天命相連。到了荀子，這一德、命相連的理論被徹底推翻，因為荀子將道德的基礎最終建築在了人的知性之上。這在道德起源論上無疑前進了一步。但由於道德的起源只是集中在世間僅有的聖人身上，不具有廣大的現實存在性，這便使在天命與道德相連基礎上的道德之內於眾，轉向了知性與道德相連基礎上的道德之內於一（即聖人）。其結果是，"聖人雖無天之名卻有主宰之實，反而跌向了法家的專制。"[②]

　　[作者簡介] 耿振東（1973—    ），男，山東淄博人。文學博士，現為山西省社会科学院文学所副所長、副研究員，主要從事先秦兩漢子學研究，已發表相關論文數十篇。

---

① 徐復觀《中國人性論史》，第21頁。
② 張炳尉《荀子"性惡"說重詁》，《孔子研究》，2011年第一期。

# "可以而不可使"

## ——以《荀子·性惡》為中心的詮釋

### 東方朔

## 一、引　言

　　在某種意義上,荀子思想是以"性惡論"作為其重要標識的,至於此一看法在理論上是否合理那是另一回事①。而在閱讀《性惡》篇時,荀子所謂"人之性惡,其善者偽也"一句,更如同一部交響曲的主部主題一樣,反復奏響。的確,在理論上,人之性既然為惡,則為善何以可能?此為學者常常追問之事,但荀子卻也的的然宣稱"塗之人可以為禹",此中似尚可分解,此其一也;其二,在學者的理解中,惡既屬於內在的人性,善之偽似乎純成了外在的形塑,不過,荀子也曾確確然表明"無性則偽之無所加,無偽則性不能自美"(《禮論》),似乎"性"與"偽"之間並不是簡單的內外關係,而有其複雜的內在關聯②。要言之,荀子的"性惡論"一方面認為人生而有感官耳目之欲,好利而惡害,若順是而無度量分界則必為惡;另一方面,荀子又斷言人皆可以為禹舜,而同在《性惡》篇,荀子在面對"聖可積而致,然而皆不可積,何也?"的"自難"時,荀子卻給出了"可以而不可使"的回答,這種回答似乎通過直接訴諸理論的可能性與現實的可行性之間的辨證對問題進行了回答。

　　話雖這麼說,若執諸荀子思想的脈絡系統,此"可以而不可使"一句所蘊涵的理論問題實可有很大的解釋空間。學者在研究荀子思想時,雖對此已有闡發,但或格於文義,或限於《性惡》篇之文本等,而對其間所可能包含的"意義剩餘"不免有所遺漏,本文試圖就此作一疏解。

---

① 唐君毅先生便認為:"謂荀子之思想中心在性惡,最為悖理。"唐君毅《中國哲學原論·導論篇》,東方人文學會 1974 年修訂版,第 111 頁。
② 參閱拙著《合理性之尋求——荀子思想論集》,臺大出版中心 2011 年版,第 410 頁。

## 二、質具與知能

荀子"可以而不可使"一說在《性惡》篇中是以"自難"的形式提出的：

曰："聖可積而致，然而皆不可積，何也？"
曰："可以而不可使也。"

此處"聖可積而致"是一個普遍判斷，在沒有預設任何條件的情況下，此句大意約等同於"塗之人可以為禹"，而"可以"與"不可使"皆是尚待解釋的概念，人們或問："有什麽條件使聖可積而致？又是什麽原因使聖不可積、不可使？"更為重要的是，正如劉殿爵(D. C. Lau)教授早年所批評的那樣，荀子所謂的"可"乃是一個語義含糊、模棱兩可的概念，它既可以表示"可能的"(possible)，也可以表示(道德上)"可允許的"(morally permissible)①，為此我們有必要梳理荀子的相關解說。在此句前一段，荀子亦以"自難"的形式解答何以"塗之人可以為禹"的問題，荀子云：

"塗之人可以為禹。"曷謂也？
曰：凡禹之所以為禹者，以其為仁義法正也。然則仁義法正有可知可能之理。然而塗之人也，皆有可以知仁義法正之質，皆有可以能仁義法正之具，然則其可以為禹明矣。今以仁義法正為固無可知可能之理邪？然則唯禹不知仁義法正，不能仁義法正也。將使塗之人固無可以知仁義法正之質，而固無可以能仁義法正之具邪？然則塗之人也，且內不可以知父子之義，外不可以知君臣之正。不然。今塗之人者，皆內可以知父子之義，外可以知君臣之正，然則其可以知之質，可以能之具，其在塗之人明矣。今使塗之人者，以其可以知之質，可以能之具，本夫仁義之可知之理，可能之具，然則其可以為禹明矣。今使塗之人伏術為學，專心一志，思索熟察，加日縣久，積善而不息，則通於神明，參於天矣。故聖人者，人之所積而致也。

此段之中心意思即是"塗之人可以為禹"，而荀子的論證策略卻包含了幾個方面。依荀子，聖

---

① D. C. Lau, "Theories of Human Nature in Mencius and Xunzi", *Virtue, Nature, and Moral Agency in the Xunzi*, ed by T. C. Kline Ⅲ and Philip J. Ivanhoe, Indianapolis/Cambridge: Hackett Publishing Company, Inc. 2000, p. 201, p. 216. (Originally published in *Bulletin of the School of Oriental and African Studies*(BOAS) 15[1953]: 541–65)

人之所以為聖人,原因在於"其為仁義法正","為"者,行也,謂其能實行或實踐仁義法正。無疑,此"實行"或"實踐"是以"知"為前提的,亦即塗之人若要成為聖人,即必須"能為"、"能知"仁義法正,此處"能知"是內含在"能為"之中的。但是,若要"能為"仁義法正,在理論上就必須先解決"認識何以可能"的問題,而此一問題又涉及兩個方面:人本身(認識主體)有能知之性,對象事物有可知之理①。在《解蔽》篇荀子已明言"人生而有知,……心生而有知",又謂"凡以知,人之性也;可以知,物之理也"②。以此觀念,荀子認為,作為對象事物的仁義法正有"可知可能之理",而作為認識主體的人又"皆有可以知仁義法正之質,皆有可以能仁義法正之具",依李滌生,此處"質"謂本質,指人的聰明;"具"謂才具③,故而結論是塗之人行其所知之仁義法正,日加懸久,便可成為聖人。此處所謂的"知(之質)"、"能(之具)"其實就是《正名》篇中"所以知之在人者,謂之知"、"所以能之在人者,謂之能"的"知"、"能",它是先天具之於人、不待後天學習而有的能力④。

荀子接著又用假設的反證法來進一步證明"塗之人可以為禹"的結論,荀子假定:1. 若仁義法正本無可知可能之理,那麼,即便禹也不能知仁義法正,不能行仁義法正;2. 若塗之人本無可以知仁義法正之質,可以能仁義法正之具,那麼,他們在家則不知父子之義,在國則不知君臣之正。然而事實與此相反:1. 禹之所以為禹,表明其事實上能知、能行仁義法正,仁義法正也有可知可能之理(行文中省略了此一點);2. 而塗之人在家知父子之義,在國知君臣之正,表明塗之人先天具有知之質、能之具,故結論是:人人皆有其能知、能行仁義法正之質、具。既然人人有可知、可能之質、具,本之於仁義法正的可知可能之理,有以求知(伏術為學),有以實行(積善不息),那麼,人皆可以為禹、"聖人者,人之所積而致"便可得而證明。

大體上可以說荀子的上述說明還是比較順暢的,前一節對"認識何以可能"的論述,在先秦儒家中獨具風采;後一節的類推雖不免遭人詰難,但總體而言還有格有套。不過通觀其思想之系統,學者依然會追問,荀子既然主張"人之性惡",今又謂人有"知之質、能之具"而可以為仁義法正,即此"知之質、能之具"是不是屬之於性? 若是,則這種意義上的性又究竟是善還是惡? 如果此"知之質、能之具"不是人性本有之能力,即荀子便不能說明其來源於何處;如果是人性本有之能力,似乎就不能說人性是惡的⑤。

---

① 參閱拙文《心知與心慮——兼論荀子的道德主體與人的概念》,載臺灣《政治大學哲學學報》第 27 期,2012 年 1 月,第 35～74 頁。
② 此處荀子一方面說"心生而有知",另一方面又說"凡以知,人之性",即知是屬心還是屬性? 尚待疏解,筆者已撰另文加以處理,此處不贅。
③ 李滌生《荀子集釋》,臺灣學生書局 1994 年版,第 553 頁。北大注釋本《荀子新注》謂"質"為才具;"具"為條件(北京中華書局 1979 年版,第 399 頁)。以"條件"釋"具"易使人聯想到外在的一面,總覺隔了一層。
④ 明乎此,我們便不難理解何以荀子強調"真積力久"、"學不可以已"、"知之,聖人也"所包含的意義。
⑤ 參閱勞思光《新編中國哲學史》(一),三民書局 1984 年版,第 335 頁。

对於类似的问题，学者已有各种不同的解说，要言之，荀子"人之性恶"的说法仅仅只是把其特定意义上的"性"看作是其有关"人"的学说中的一个方面的内容而已。此一说法不仅意味着"性恶"说只是荀子"人"的学说的一部分，而且我们还将进一步指出，荀子所谓"恶"的"性"并不是其人性论的全部内容，而只是其人性论中的一部分内容。即便是这一部分内容，如果它果真要成其为"恶"的话，也必须具备"顺是"的条件。假如我们局限在《性恶》篇来瞭解，那么，荀子有关"人之性恶"之"性"，说的只是人性中的"情欲"部分，包括人的天生的生理感官的欲望和人的心理的欲望以及各种嫉恨憎恶的情绪反应等。但在《性恶》篇中，荀子论人之性除了上述所说的"情性"、"情欲"之外，还论及其他有关"人性"方面的内容，而这些内容却不在他所述说的"恶"的范围之内，如上述所言的"知之质，能之具"即是[1]。

但此处的问题是，荀子所云的这种"质"和"具"究竟是属"心"还是属"性"？此一问题在学者之间有不同的看法。有的学者认为，在《性恶》篇的脉络中，再加上将荀子言性分成狭义和广义两种不同的分法，那么，我们大体可以将荀子此处所讲的"质"和"具"归之於广义的"性"的范畴之中[2]。不过，无论是陈大齐先生还是李涤生先生皆持相反的意见，他们认为，荀子此处所讲的"质"和"具"虽是人生而有的、先天本然的，但它们是出於心而不出於性[3]；"性"与"知"各为独立的心理作用，并不相互涵摄，故性中不能有知虑[4]。若依此理解，即荀子此处所说的"质"与"具"当不属於"性"而属於"心"。如是，则虽然我们可以承认，荀子所说的"人之性恶"之"性"说的是人性中的"情欲"部分，但我们却不能遂下断语，将"质"和"具"也归之於"性"，至少在理论上，应作进一步的说明。

平心而论，陈大齐和李涤生将荀子在《性恶》篇中所说的"质"和"具"划归到"心"而不是"性"的范畴中去，有其充分的分析和相当的理由，尤其是陈氏通过对荀子心理论的分析，对性、情、虑、伪、事、行、知、能等概念进行了认真的梳理，认为性、知、能三者构成了荀子心理作用的三个成分，类似於当今心理学所说的情、知、意，其看法相对来说较为客观。不过，我们也应当看到，在荀子那里，"心"乃常常作为一切心理作用的总称来使用的，心不仅指认知、思虑，而且有时正如陈氏所指出的那样，也指情本身，如言"心至愉而志无所诎"（《正论》），此处"心"大体可作"情"解；又如"故人之情……心好利"（《王霸》），心之"好"被列为"情"的一个部分，此即"心"当指"情性"而言。我们已经知道，荀子言"质"和"具"是指人先天的能知、能行的能力和才具，就其言"能知"而言，它的确隶属於"心"，但此心常常有非常广义的理解，涉及人生而

---

[1] 参阅廖名春《荀子人性论的再考察》，长春《吉林大学社会科学学报》，1992年第6期。
[2] 鲍国顺《儒学研究集》，复文图书出版社2002年版，第145页。鲍氏通过对《性恶》篇的分析，将荀子所说的"各种生而具有的性的成分"划分为三大类，亦即情欲、知、能。
[3] 李涤生《荀子集释》，第553页。
[4] 陈大齐《荀子学说》，中华文化出版事业社1956年版，第47页。陈氏对荀子心理作用的分类分成性、知、能三个部分，参见《荀子学说》，第33~46页。

有的情性的東西,而這些東西有時可作為"心"來理解,有時又可以作為廣義的"性"來理解,因而,在這一點上,兩者常常不免有交叉重疊之處;而且荀子自己也常將"心之知"當作"人之性"來瞭解,如在《解蔽》篇中,荀子即云:"凡以知,人之性;可以知,物之理也。"楊倞注云:"以知人之性推之,則可知物理也。"楊注對"知"與"性"的關係詮解不力。梁啟雄則謂:"'以'當為'可','可知'猶'能知'。'能知'是人的本能,故曰'可知,人之性也。'"①李滌生同樣取"凡以知"作"凡可以知",謂"人之性為'能知',物之理為'所知'。蓋人有能知之性,物有可知之理也。"②由此而觀,當有些學者將荀子所言的"質"與"具"瞭解為廣義的"性"時,似乎並非只是毫無根據的主張,對此,我們不妨作如此相應的理解;同時,這也意味着,荀子《性惡》篇中所謂的"人之性惡"的"性"只是其更為廣泛或廣義的人性理論中的一個部分,而不是全部③。

## 三、"可以而不可使"

荀子主張"塗之人可以為禹",此一論說意謂聖人與普通人具有相同的質具知能。類似的說法在《荀子》書中多有表述,如在《榮辱》篇中荀子就曾明確指出:

材性知能,君子小人一也;好榮惡辱,好利惡害,是君子小人之所同也。
故孰察小人之知能,足以知其有餘,可以為君子之所為也。
凡人有所一同:饑而欲食,寒而欲暖,勞而欲息,好利而惡害,是人之所生而有也,是無待而然者也,是禹桀之所同也。目辨白黑美惡,耳辨聲音清濁,口辨酸鹹甘苦,鼻辨芬芳腥臊,骨體膚理辨寒暑疾養,是又人之所常生而有也,是無待而然者也,是禹桀之所同也。

上述說法表明,禹和桀、君子和小人在材性知能以及各種感官能力和自然欲望上並沒有什麼差別,此處"材性知能"云云,大體上等同於"質具知能"。但是,荀子在強調君子小人之所同的同時,亦常常明示君子小人之所異,如同在《性惡》篇荀子即云:"有聖人之知者,有士君子之知者,有小人之知者,有役夫之知者。"此處分別聖人、君子、小人、役夫之知,並非是從人先天所具有的材性知能上說,而是從其後天學習習染而有的結果來說,故荀子一方面云:"堯舜者,非生而具者也,夫起於變故,成乎修為,待盡而後備者也。"(《榮辱》)另一方面又云:"大人雖有性質美而心辯知,必將求賢師而事之,擇良友而友之。得賢師而事之,則所聞者堯舜禹湯之道

---

① 梁啟雄《荀子簡釋》,北京中華書局 1983 年版,第 304 頁。
② 李滌生《荀子集釋》,第 498 頁。
③ 閱拙著《荀子精讀》,復旦大學出版社 2011 年版,第 60～61 頁。

也;得良友而友之,則所見者忠信敬讓之行也。"相反,"今與不善人處,則所聞者欺誣詐偽也,所見者汙漫淫邪貪利之行也,身且加於刑戮而不自知者,靡使然也。"(《性惡》)然而,問題在於,依荀子,既然小人之知能,足於知其有餘,可以為君子之所為,暫且擱置其他原因不論,則小人何以不為君子之所為? 此即引入"可以不可使"的說法,荀子云:

曰:"聖可積而致,然而皆不可積,何也?"

曰:可以而不可使也。故小人可以為君子,而不肯為君子;君子可以為小人,而不肯為小人。小人君子者,未嘗不可以相為也,然而不相為者,可以而不可使也。故塗之人可以為禹,則然;塗之人能為禹,則未必然也。雖不能為禹,無害可以為禹。足可以遍行天下,然而未嘗有遍行天下者也。夫工匠農賈,未嘗不可以相為事也,然而未嘗能相為事也。用此觀之,然則可以為,未必能也;雖不能,無害可以為。然則能不能之與可不可,其不同遠矣,其不可以相為明矣。(《性惡》)

在上述句式中,人們的直觀感受是,"可以而不可使"是對自難問句中的"可積"和"皆不可積"的對應性回答。其直接的意思是說,理論上人人可積而成聖,而現實上人人皆不可積而成聖,這顯然是一矛盾的判斷,其中問題的關鍵在於荀子對"可"字的含糊用法,前引劉殿爵教授對荀子的責難也被倪德衛教授所提及[1],而 John Knoblock 教授便直接將"可積而致"之"可"翻譯成"possible",將"皆不可積"之"可"翻譯成"can"[2],而後者之"can"或"can not"在字義上卻頗為含糊,它既可以指謂主觀上的"能"或"不能",也可以指謂客觀上的"能"或"不能",而客觀上的"不能"已然包含了不被允許的意味。但無論如何,就實看來,荀子此處"皆不可積"所表達的意思是"現實上人人皆不能積",此即荀子在後面何以會說"能不能之與可不可,其不同遠矣"的真正原因。

然而,問題並未就此得以解決,蓋理論上人人皆可積而成聖與現實上人人皆不能積而成聖之間尚需一套理論上的鋪陳方能使兩者條貫起來,亦即為什麼不能? 何種不能? 對此,荀子的回答是"可以而不可使",楊倞注云:"可以為而不可使為,以其性惡。"楊倞增一"為"字,與下文"小人可以為君子"云云相應,可謂端的,但綴之於"性惡"卻在文義上與此說相扞格,故塚

---

[1] David S. Nivison, *The Ways of Confucianism*, Chicago and La Salle, Illinois: Open Court, 1996, p. 204, p. 208. 西方學者翻譯"可"字各有不同,如倪德衛為"possible",B. Van Norden 和 T. C. Kline Ⅲ 為"approval",而 A. Stalnaker 教授似乎更傾向於"assent",參閱 A. Stalnaker, *Overcoming Our Evil*, Washington D. C.: Georgetown University Press, 2006, p. 73, p. 137。

[2] John Knoblock, *Xunzi: A Translation and Study of the Complete Works*, Vol Ⅲ. Stanford: Stanford University Press, 1994, p. 159.

田虎直謂"此注不通"①。李滌生則謂:"'可以',就理言,亦即就先天條件言。'不可使',就意志言,亦即就後天人為言。"意即人人皆有可以積學為聖的先天條件,而不肯者不可強使積學也②。就"不可使"代之於"不肯"而言,此釋原為荀子所含之意,蓋荀子亦謂小人可以為君子而不肯為君子,故云"可以而不可使"。"不肯"指的是意志的自願品格,故不可強使之。基本上,李氏所注較恰當地解釋了塗之人可以為禹而未必然為禹、雖不能卻又無害可以為禹,以及工匠農賈可以相為事而未嘗能相為事的例子,相比之下,"足可以遍行天下"的說法,由於荀子繼言"未嘗有遍行天下",以致此一基於經驗觀察的比喻有可能變成一"險語",形成與"足可以遍行天下"的完全對反,乃至可能直接使"塗之人可以為禹"也招致否定③。

平心而論,荀子此說雖不甚嚴格,然其意卻未嘗不明。不過,如若進一步追問,荀子此處所說的"不肯"依然可以是一個有待解釋的概念,尤其當荀子將"不可使"解釋指向為"不肯為"時,雖語詞上只有"不可"與"不肯"一字之轉換,但在意思上卻產生了一個極大的滑轉,蓋塗之人若要成為君子或聖人,即便具備先天的材性知能和主觀上的"肯"的意願,也可能還會有某些客觀上的不允許,如挾泰山以超北海,非不肯也,實不能也,此固是極端之事例,不足以此苛難荀子,然此一現象本亦由荀子言"可"字之多義所包含。實際上,荀子本人也意識到此類問題,前引荀子謂材性知能、好榮惡辱、好利惡害為君子小人之所同,而造成他們之間的"別",除了所謂的"不肯"外,荀子又云"其所以求之之道則異"(《榮辱》),雖然荀子所答之重心在"求之之道",且就"求之"二字視之,似乎依然保留着個人的主觀選擇的意向因素,但其仍難避免有模糊影響之憂,我們不禁要問,此道為何? 依荀子,"小人也者,疾為誕而欲人之信己也,疾為詐而欲人之親己也,禽獸之行而欲人之善己也;慮之難知也,行之難安也,持之難立也,成則必不得其所好,必遇其所惡焉。故君子者,信矣,而亦欲人之信己也;忠矣,而亦欲人之親己也;修正治辨矣,而亦欲人之善己也;慮之易知也,行之易安也,持之易立也,成則必得其所好,必不遇其所惡焉。"(《榮辱》)荀子從君子與小人之間的忠、信、修正治辨以及慮之、行之、持之、成之之對比中,似乎將此道歸結為注錯習俗,"可以為堯禹,可以為桀跖,可以為工匠,可以為農

---

① 參閱王天海《荀子校釋》,上海古籍出版社 2005 年版,第 955 頁。
② 李滌生《荀子集釋》,第 554 頁。
③ 有關"足可以遍行天下"一句,在解釋和翻譯上存在歧義,今提供學者的相關觀點以供參考。J. Knoblock 把它翻譯成"walking across the width of the whole world",而 B. Watson 即把它譯為"to every corner of the earth"(參閱 B. Watson, *Hsun Tzu: Basic Writings*. New York: Columbia University Press, 1963, pp. 167 - 168)。依莊錦章的看法,荀子的此一類比在 Knoblock 的譯文中指的是一種經驗的可能性,雖未嘗有人足遍行天下,但它在經驗上是可以做到的,相反,Watson 的譯文卻指向經驗上的不可能。故莊錦章教授主張 Knoblock 的譯法,因此一譯法"意味着荀子一方面否認了孟子人皆可以為堯舜的主張,另一方面又從未否認每個人有成為堯舜的潛能。"當然,莊氏也認為,在荀子那裏,潛能與實能之間存在邏輯的鴻溝。參閱 Kim-chong Chong, *Early Confucian Ethics — Concepts and Arguments*, Chicago and La Salle, Illinois: Open Court, 2007, p. 71。

賈,在埶注錯習俗之所積耳。"(《荣辱》)此處"可以為"云云如果聯繫到上文所謂小人"不知其(意即君子)與己無以異"的"材性知能"而言,把它理解為一種"禹桀之所同"的潛在能力顯然是恰當的。不過,在上述的文脈中,荀子明顯不在強調此種"可以為"的潛能,而重在"注錯習俗"對這種潛能的"扭曲",故而此處"可以為堯禹,可以為桀跖"云云在意義上似乎滑轉為一種"關於可能性的模態概念",顯示"可以為"在此注錯習俗中所指涉的可能性①,故荀子又云:"君子注錯之當,而小人注錯之過也。……譬之越人安越,楚人安楚,君子安雅。是非知能材性然也,是注錯習俗之節異也。"(《榮辱》)楊倞謂"注錯"與"措置義同",又云"習俗,謂所習風俗。節,限制之也。"楊注端的。王先謙則訓"節異"為"適異",李滌生認為非是,"節"非虛詞,乃引禮文王世子"其有不安節",注"節"為"居處故事",進而引申為"生活舊方式",故"注錯習俗之節異"意為"後天的措置習染的生活方式不同"②,王天海所注大體與李注相似③。如是,荀子之意思便轉而成為:君子小人在先天條件上是一樣的,之所以有的人成為堯舜,有的人成為桀跖,原因在於其後天所處、所習的生活方式上的不同所致。類似的表述在《荀子》書中多有體現,今僅舉一例:

> 人積耨耕而為農夫,積斲削而為工匠,積反貨而為商賈,積禮義而為君子。工匠之子,莫不繼事,而都國之民安習其服,居楚而楚,居越而越,居夏而夏,是非天性也,積靡使然也。(《儒效》)

"積"謂積累;"靡",楊倞注"順也。順其積習,故能然。"鍾泰、梁啟雄、李滌生皆主"靡"為"摩";王天海謂"靡"有習染、影響之義,故"積靡使然","猶言逐漸習染使之而然。"④此處所當注意的是,無論是習染影響、生活方式皆是後天的因素,再加上居楚而楚、居越而越的言說,荀子之意似乎要向人們表明,之所以有的人成為君子,有的人成為小人,除了有內在的主觀因素外,還有外在的客觀環境;並且,相對於人的先天的材性知能而言,後天的習染積累、摩蕩塑造具有某種決定性的影響。

假如我們的追問即此而止,似乎荀子的相關觀念也沒有什麼特異之處,蓋強調後天環境對人的影響在孔子、孟子那裏在在可見,不煩贅引。可是,如果我們細心揣摩荀子的相關論述,尤其是其對後天環境的強調,卻不免會產生一種與荀子"可以為"之宣說多少有些相反的看法,此亦非捕風捉影的閒議,至少荀子的相關言說隱約地包含着這一點。前引荀子謂君子

---

① 參閱馮耀明"荀子人性論新詮:附《榮辱》篇23字之糾謬",載臺灣《政治大學哲學學報》第十四期,2005年7月,第190~191頁。本文兼采馮耀明與鄧小虎的觀點。
② 李滌生《荀子集釋》,第64頁。
③ 王天海《荀子校釋》,第140頁。
④ 同上,第332頁。

小人之别在於"君子注錯之當,小人注錯之過",幾乎所有注家皆偏於解說"注錯"之義,這是有道理的,而所謂風俗習慣、生活方式,說到底就是一個人生存的後天環境;但各注家對"注錯"之"當"或"過"的問題卻鮮少解釋,大凡只謂"合於禮義"①,更多的則是對此忽略不論。依筆者的看法,此處恐尚有"剩義"存在。簡言之,將注錯之"當"或"過"瞭解為合不合禮義的確是其中的一層意思,此一層意思偏於強調"可以為"的個人選擇,亦即個人選擇是否恰"當",還是個人選擇出現差"過"? 但注錯習俗之"當"或"過"在荀子的思想系統中似還有另一層意思,此即是習俗環境本身之"當"或"過"的意思,在此一層意思中,人所面對的習俗環境似乎並沒有選擇的空間。依理,人固可以選擇以創造新的風俗和環境,但從荀子文本的語境中,他顯然在意或強調此已成的後天環境的良莠、好壞對人(或為君子或為小人)的制約和影響,故有"越人安越,楚人安楚,君子安雅"之說。據此,我們可以進一步推斷說,在荀子,"注錯習俗"本身的"當"或"過"已然超越了個人選擇的範圍,在特殊的、世衰道喪的"注錯之過"環境中,小人欲成君子,"可以為"之"肯"已遠退於次要的位置,"不可使"之"不能"意義為之突顯,在此種情況下,小人欲成君子,似更有待在位者或君子之馴化啟導②,此一觀念同時亦為荀子強調"天地生君子,君子理天地"(《王制》)作了某種理論上的預設和鋪墊。荀子又云:

> 湯武存,則天下從而治,桀紂存,則天下從而亂。如是者,豈非人之情,固可與如此,可與如彼也哉!(《榮辱》)

此段意思清楚,各注本亦無原則爭議,所言人之情可如此、可如彼,乃謂端視教化而定。可是,如果我們不是橫生枝節,故造煩難,我們似乎就還應鼓起勇氣追問,對於具體的個人而言,生於湯武之世還是生於桀紂之世,已然純係乎個人的運氣,且此或安榮或危辱的習俗環境對於個人而言又是無法選擇的,卻會對個人成君子或成小人產生莫大影響。雖人之情可如此可如彼,但在湯武或在桀紂,其結果卻可能遠若天壤。甚至在此語境中,荀子所聲言的君子小人"可以相為"的作用已隱而不彰,反而習染環境對人起了某種決定性的作用。此類問難是否出於對文本的過度詮釋而純粹妄加於荀子呢? 看來似乎並不完全如此。荀子又云:

> 人之生固小人,又以遇亂世,得亂俗,是以小重小也,以亂得亂也。(《榮辱》)

---

① 如李滌生《荀子集釋》,第64頁。北大《荀子新注》釋為"舉止得當"。北京中華書局1979年版,第43頁;John Knoblock 將"當"譯為"devising plans that are suitable to the occasion",將"過"譯為"transgressing what is appropriate",大意與北大本相似,但強調了場合,參閱 *Xunzi: A Translation and Study of the Complete Works*, Vol I. Stanford: Stanford University Press, 1988, p. 191。
② 荀子有此一觀念本不奇怪,夫子亦謂:"君子之德風,小人之德草,草上之風必偃。"(《論語·顏淵》)

此處"生"作"性"解,指其好榮惡辱、好利惡害之情性①,意即人生來就具有小人之性,又遇混亂之世,習混亂之俗,故而小上加小,亂上加亂。荀子給出"遇"與"得"二字,意謂人是被"拋入"此世的,世道良莠之"遇不遇,得不得",對於個人而言固然是既與的(given)、無法選擇的,但此一堅硬的、存有論的事實同時也意味着,人的後天修為在作出反思之前就早已被此"先有"的既與世道、風俗(或危或辱,或亂或治)所籠罩、所占領②。試設想,對於已經陷入亂世俗之中的人而言,禮義之道、先王之音固不可得而聞,而眼前世界,蔽障重重,滿坑滿谷,貪欲橫流。人欲依其"可以"之"肯"顧自超拔,又豈可易得? 荀子所謂"以小重小,以亂得亂"不正是在此特定的習俗環境中民情下自沉埋之描述麼? 正因為如此,荀子指出環境的作用,而云:

> 蓬生麻中,不扶而直;白沙在涅,與之俱黑。蘭槐之根是為芷,其漸之滫,君子不近,庶人不服。其質非不美也,所漸者然也。故君子居必擇鄉,遊必就士,所以防邪辟而近中正也。(《勸學》)
> 習俗移志,安久移質。(《儒效》)

此云蓬草生於麻中,不用扶持自然長得挺直,白沙與污泥混在一起,自然和污泥一樣污黑,其原因正是環境所漸之故,而此後天的環境對人成為君子的影響具有"不扶而直"(即環境即教化)的作用,同樣,對於人成為小人的影響也是決定性的,所謂"人雖有性質美而心辯知",若缺卻賢師、良友(謂君子也)之啟導,依然不能"優入聖域",而只能隨順環境一滾而滾。故云白沙質性雖美,然陷於污泥,只能一污而污,豈有他哉。由此荀子教人"居必擇鄉,遊必就士"。我們暫且撇開"就士"不論,如前所云,就具體的個人而言,其所居環境究竟是堯舜之鄉還是桀紂之鄉,似乎並非是個人主觀上的"擇不擇"的問題,而是被拋入的恰巧的"遇不遇"的問題,假如碰巧所遇為鶯歌燕舞、和諧美善之世,此自是幸莫大焉;若命途乖舛,所遇為淫污衰喪、邪說暴行有作之鄉,則"可以為"的空間又究竟有多大③? 在極端情況下,阿倫特(Hannah Arendt)對有關"惡的平庸性"的思考及其對康得"善良意志"之詰難,或許有助於推進我們對此一問題的深入思考④。若再聯繫到荀子"習俗移志,安久移質"的言說,此習染環境的力量似乎使人相信足於銷蝕"小人君子可以相為"的言說,而"不能相為"倒好像成了唯一的現實⑤。

---

① 李滌生《荀子集釋》,第66頁;王天海《荀子校釋》,第145頁。
② 此一相關理路,伽達默爾已有言說,參閱氏著《真理與方法》,洪漢鼎譯,上海譯文出版社1999年版,第355頁。
③ 依荀子,在這種情況下,聖王和君子的作用乃具有決定性的,此後一節將會作出論述。
④ 學者可參閱阿倫特等著、孫傳釗譯《耶路撒冷的艾希曼——倫理的現代困境》,吉林人民出版社2003年版。
⑤ 從荀子強調"人習其事而固"(《君道》)、"人積耨耕而為農夫,積斲削而為工匠,積反貨而為商賈,積禮義而為君子。工匠之子,莫不繼事,而都國之民,安習其服"(《儒效》)等言說中,我們多少可以體會出其中的意味。

## 四、"君　　子"

　　然而，這樣一種理論上的蠡測本身就充滿了挑戰和興味。說其是"挑戰"，此即意味着，若後天環境對君子小人之可以相為果真具有決定性的作用，即荀子"人皆可以為禹舜"之宣稱就可能淪為一種戲論，這既不能說服荀子，連我們自己也很難說服；說其是"興味"，此即意味着，如果人人皆可以在衰喪沉淪的環境中輕其所"肯"即可成為君子，那麼，教化的重要性固然很難看出，關鍵是，荀子對君子的器重及其特殊的角色、功能定位又無法得以安頓。

　　細參荀子之文本，基本上荀子正是從上述兩個方面來下手處理的。

　　先說君子之與習俗環境。荀子之所以強調環境因素對人的影響，不僅基於理論的思考，而且也與經驗的觀察密切相關，更與他藉此設置以高揚君子之作用密切相關。我們知道，荀子所處的時代乃是一個以聲色貨利、暴力戰爭露其精彩的時代，此自毋需贅言，所謂"聖王沒，天下亂，奸言起"（《正論》），一方面，"君上蔽而無睹，賢人距而不受"，"知者不得慮，能者不得治，賢者不得使"（《堯問》）；另一方面，即是百家異說之間，或是或非，盈盈而無定準，"老身長子，不知惡也。"（《儒效》）浸淫搖盪之下，趨炎附勢者有之，徒騁巧辯者有之，是非之道不明，倫理道德崩塌，禮義教化夷蕩。正是在這樣一種環境和背景下，荀子認為："人之生固小人，無師無法則唯利之見耳。人之生固小人，又以遇亂世，得亂俗，是以小重小也，以亂得亂也。君子非得埶以臨之，則無由得開內焉。"（《榮辱》）此處最值得注意的是最後一句，楊倞注云："開小人之心而內善道也。"久保愛謂："內，音納。"①所言端的。問題是，何以在同樣的環境中，眾人之成德向善要等待君子來開導啟迪，而君子何以獨獨不受此環境之影響？此一問題又可以分為兩面，一是荀子對君子（包括聖人）的特殊瞭解，可屬於另一理論問題，今暫且不表②；一是荀子的確認為，在某種特定的歷史條件下，小人若要依其自身的"肯"的意願成為君子，是很難靠得住的，在此一意義下，雖說"塗之人可以為禹"，但此處的"可"只具有抽象的意義，或只是關於可能性的模態概念，其實際意義當由君子之開闢啟迪來完成。

　　然而，這樣一種解釋是否有誤解或污枉荀子之嫌呢？荀子的確清楚地宣稱"人皆可以為禹舜"，此處暗含有人人在先天能力上的平等；然而，正如學者所知，荀子思想還有另一突出的

---

① 參閱王天海《荀子校釋》，第145頁。
② 參閱拙著《合理性之尋求》，第175～206頁。莊錦章教授則提供了一個更為簡潔的回答，雖然君子和塗之人同樣具備"知"與"行"仁義法正之理的認知和工具性能力，但是前者願意學，而後者不願意。參閱 Kim-chong Chong, *Early Confucian Ethics — Concepts and Arguments*, Chicago and La Salle, Illinois: Open Court, 2007, pp. 71-72。

特點,那就是嚴守君子生民(小人)、智愚貴賤的等級之分①,所謂"先王案為之制禮義以分之,使有貴賤之等,長幼之差,知愚能不能之分,皆使人載其事,而各得其宜。"(《榮辱》)荀子類似的言說在《禮論》、《富國》、《王制》等篇章中在在可見②。在前此的論述中,我們似側重於說明在某種特定的環境中,小人"肯"其為君子並不可靠,必有待君子或聖王之啟導,但此一脈絡似乎並不構成"人皆可以為禹舜"的反題的"強判斷"(strong claim)。今荀子直接宣稱君子與生民百姓之間不僅在貴賤、貧富、輕重上存在分別,而且在智慧、能不能等先天能力方面似乎也存在着不平等,此一言說對荀子"可以而不可使"、尤其是對其"材性知能,君子小人一也"的說法構成了一個不小的威脅③。從原委之瞭解上看,荀子有此一主張,實可從歷史與理論兩方面作出解釋。就歷史而言,荀子之時,國強君威之勢漸成,風氣趨於貴君而賤民,荀子乃就時勢而主尊君,此固環境使然④;就理論而言,荀子之此一觀念亦可上接於孔子,蓋孔子亦曾云"民可使由之,不可使知之"(《論語·泰伯》),又云"天下有道,則庶人不議",又云"唯上智與下愚不移"(《陽貨》),又云"生而知之者上也,學而知之者次之,困而學之又次也,困而不學,民斯為下矣"(《季氏》)。而荀子在《正名》篇中則云:"夫民易一以道,而不可與共故。"楊倞注曰:"故,事也。言聖人謹守名器,以道一民,不與之共事,共則民以他事亂之。故老子曰'國之利器,不可以示人'也。"此段原在說制名乃聖王明君之事,不可與生民共。楊倞就文本脈絡出此解,可供一說,但其對何以不可以示人則未作詳釋。郝懿行則云:"故,謂所以然也。夫民愚而難曉,故但可偕之大道,而不可與共明其所以然,所謂'民可使由之,不可使知之'。"相比之下,郝說更彌⑤。尚需指出的是,在上述脈絡中,所謂"不可與共故"之"不可"乃是"不能"之義,或更準確地說是"不易"之意,蓋其前提條件乃是"民愚而難曉"也,謂其"愚",則有"不能"之意;謂其"難",則有"不易"之意。今案之於荀子文本,所謂生民百姓愚而難曉之意,在《天論》篇言"君子以為文,而百姓以為神"、《禮論》篇言"其在君子,以為人道也;其在百姓,以為事鬼也"中鑿鑿可尋⑥。理論上,生民既愚而難曉,則必須等待聖王和君子,猶如大海航行靠舵手,萬物生長

---

① 此處所言之"君子"涵義較為廣泛,亦即既意指有位者、有品性者,亦意指地位、品性兼而有之者。
② 荀子重禮,主禮之目的在養,而手段則在"別",故云:"禮者,貴賤有等,長幼有差,貧富輕重皆有稱者也。"(《富國》,又見《禮論》)
③ 荀子此說之真實意思當非謂百姓在先天知能上不能成為聖王或君子,主要用意在顯發君子之作用。
④ 荀子尊君,就其所言"君"之規定言,主要是理想意義之"君",非現實中之君主,故與法家相區別。
⑤ 李滌生《荀子集釋》采郝懿行之說,第521頁,而王天海《荀子校釋》不與,第907~908頁。
⑥ 秦家懿曾云:"荀子認為受過教育的君子與普通的人的分別,在於前者能運用道德理性,而後者則只篤信命運吉凶。在商代宗教背景中,包括在王室宗廟中的占卜、舞蹈求雨等活動的對照下,我們在荀子的學說中發現一個分化過程的開始:上層階級日漸遺棄這些宗教活動,而一般平民百姓卻仍然相信天人感應與吉凶等事,這是成為精英分子的傳統的儒學與基層的民間宗教分離的開始。"參閱秦家懿、孔漢思著《中國宗教與基督教》,北京三聯書店1990年版,第61頁。秦家懿的觀點富有啟發,可供參考。我們想指出的是,在荀子時代,上層階級(如君子)是否已經遺棄宗教活動,又是如何遺棄的,容或都有可商量處。

靠太陽,此亦理有固然也,故荀子云:

> 君子以德,小人以力;力者,德之役也。百姓之力,待之("之",謂君子也。引者注)而後功;百姓之群,待之而後和;百姓之財,待之而後聚;百姓之埶,待之而後安;百姓之壽,待之而後長。……故曰:"天地生之,聖人成之。"此之謂也。(《富國》)

生民百姓之勢力、社群、財富、生活環境和人生壽命,包括材性知能,為天地所生,不過若要藉此"肯"其為君子,成其為大人,卻似乎離不開聖王和君子之開示與照拂。只是,在上述脈絡中,我們已經看不到個人"肯不肯"的選擇權,剩下的似乎只是被動的接受權,亦即只能等待和接受聖人的成全①。有時候,在荀子筆下,對聖王和君子之師法所起作用之描述,實不免讓人心情躍如與砰然,蓋其點化之功,猶如電光火石,倏然而動,歘然而化,如荀子云:"人無師無法,則其心正其口腹也。今使人生而未嘗睹芻豢稻粱也,惟菽藿糟糠之為睹,則以至足為在此也,俄而粲然有秉芻豢稻粱而至者,則瞜然視之曰:此何怪也?彼臭之而嗛於鼻,嘗之而甘於口,食之而安於體,則莫不棄此而取彼矣。"(《榮辱》)若理論上可以如此說,則待荀子言"兩貴之不能相事,兩賤之不能相使,是天數也"(《王制》)時,我們可以推知,荀子對生民百姓之地位、貴賤、知能等不能同於聖王君子,實在其思想中已另有定見,而此一定見乃指向現實中的"不可能"、"不允許"②。荀子云:

> 埶位齊,而欲惡同,物不能澹則必爭;爭則必亂,亂則窮矣。分均則不偏,埶齊則不壹,眾齊則不使。(《王制》)

"埶",同勢,謂勢位;"澹",楊倞注:"澹,讀為贍。既無等級,則皆不知紀極,故物不能足也。"不能足則爭,爭則亂,亂則窮。若人人分位平等,無貴賤之別,國家當然不可治理;同樣,官吏勢位沒有差等,意志行動就不能一致,眾人身份沒有差等,就誰也不能役使誰。審如是,荀子認為,必須設立君子與百姓之不平等,且這種不平等不限於後天的,而且如前所言,似乎還包括先天的,君子智而敦慕,百姓愚而難曉;而對於生民百姓而言,便只能等待聖王君子之陽光雨露,否則,既逆於"天數",即群居和一之社會秩序便無由達成。至此,荀子乃轉而極言君子角

---

① 牟宗三先生在其《荀子與名家》一書中,將荀子思想的特點概括為"天生人成",其涵義固然廣泛,但上述所言亦當是其中另一涵義,"人成"者,謂聖人成之也。
② 為避免誤解,此處所謂的"不平等"乃就社會制度之現實安排必當有"惟齊非齊"之格局而言,而非他意。實則荀子尤主張於不平等中暗寓平等,所謂"雖庶人之子孫也,積文學身行,能屬於禮義,則歸之卿相士大夫。"(《王制》)此兩者之間並沒有矛盾。

色、地位之重要,荀子云:

> 無土則人不安居,無人則土不守,無道法則人不至,無君子則道不舉。故土之與人也,道之與法也者,國家之本作也。君子也者,道法之摠要也,不可少頃曠也。(《致士》)
>
> 天地者,生之始也;禮義者,治之始也;君子者,禮義之始也;為之,貫之,積重之,致好之者,君子之始也。故天地生君子,君子理天地;君子者,天地之參也,萬物之摠也,民之父母也。無君子,則天地不理,禮義無統,上無君師,下無父子,夫是之謂至亂。(《王制》)

依楊倞:"始,猶本也。言禮義本於君子也。"此句猶言君子是生禮義(之道)之本①,故云天地生君子,君子生禮義(之道),以禮義治天地萬物,天地萬物才有條理秩序。所以,君子是與天地相參共成化育的,是萬物之總領,人民之父母。無君子,則自然世界失其秩序,人文世界失其統領,而社會人群呈其至亂亦理有固然,勢所必至者。

話說至此,人們不免或問,何以在孟子力主"民貴君輕"、民為主體的背景下,荀子卻一反常態,大唱貴君賤民之論? 或許,從更為廣闊的文化背景看,此間原因我們不妨把它看作是對戰國中後期,隨着傳統的宗法等級制度的土崩瓦解,諸子平等意識之興起(如孟子的"民貴君輕說",墨子的"兼愛說"等)的一種反撥。果如是,我們即可理解荀子何以特別重視社會等級之劃分,特別重視君子優於眾人的觀念②。一方面,荀子要在抽象的理論意義上宣稱"人皆可以為禹舜",這是其苦心構築教化哲學不能不預設的最低的理論底線;另一方面,荀子又要在觀念上對抗戰國中後期興起的眾人平等的"早期啟蒙"意識,故表現在此一主題上,荀子在嚴守君子與百姓等級之別外,面對孟子"人皆可以為堯舜"、"有為者亦若是"這一稍顯輕巧的斷言,荀子以其"可以而不可使"的討論,使此一主題變得更為複雜。至少他通過對"工匠農賈,未嘗不可以相為事也,然而未嘗能相為事也"(《性惡》)的觀察,認為不同的人群具有不同的"性格構造"(different make-ups)③,故而,荀子主題突出、目標明確地主張君子與

---

① 荀子在《性惡》篇亦有類似的說法,而謂"禮義者,是聖人之所生也。"此處,君子與聖人就其皆為創設禮義之道之人而言,其義大體相同。
② 尤銳在"荀子對春秋思想傳統的重新詮釋"一文中,非常敏銳地指出荀子所以措意於春秋時期作為"等級制度秩序"(hierarchic order)的禮的重要意義,該文所涵攝的諸多主題頗具啟發,參閱臺灣《政治大學哲學學報》第十一期,2003 年 12 月,第 137~183 頁。
③ 參閱 Kim-chong Chong, *Early Confucian Ethics — Concepts and Arguments*, Chicago and La Salle, Illinois: Open Court, 2007, p. 72, p. 73。

眾人的不同①,認為貧富貴賤、君子百姓之間的等級秩序具有與天地同理,與萬世同久的性質。君子是董理天地之人,生民只有接受君子之"董理",才可避免做"方外之民",故云:"君者,民之源也。源清則流清,源濁則流濁。"(《君道》)依荀子,聖王和君子都是先覺者,都負有覺後覺的莫大責任,從這個意義上看,君子不僅可以是世俗權力意義上的領導者,同時也是哲學意義上的王。他們地位既合天地之理,所謂"天地生君子";他們的責任便是為天下立法,為生民立命,所謂"君子理天地"。或許在荀子眼裏,生民百姓只需要行義守禮,而不必知禮義之由來及其道理,他們只需接受禮義之道,而非詢問、選擇禮義之道。君子所創造的禮義之道,本質上就如同醫生為病人開出的處方一樣,當事人其實不必知其所以然,只管照章辦事罷了。或許因着這一觀察問題之角度,有學者認為,孟子雖評楊、墨甚厲,然而在荀子看來,正是孟子"民為貴,社稷次之,君為輕"的思想偏離了"貴賤有等"的先王之制,對百姓"濫於同情",故荀子批評孟子以及鄒魯之儒僅至"俗儒"之境,因為他們繆學雜舉,"不知法後王而一制度,不知隆禮義而殺詩書,其衣冠行偽已同於世俗矣,然而不知惡;其言議談說已無異於墨子矣,然而明不能別。"(《儒效》)②的確,眾生平等、民貴君輕是善好的價值,然而,若着眼於"分均則不偏,執齊則不壹,眾齊則不使",那麼,在荀子看來,這些價值卻因其違逆"天數"而成了哲學的天敵,先王之制的天敵,也成了達成社會秩序、開繼萬世太平的天敵,故當在其所清掃的"奸言邪說"之列:若人人都是君子、聖王③——原則上是允許的,但事實上卻很難被允許——天下反倒沒有秩序④。

---

① 我們曾言,荀子在《天論》篇強調指出區分"君子以為文,百姓以為神"的意義,這一意義在此一脈絡下更可鮮明荀子的政治哲學意識。所需注意的是,我們大多數學者只注意到荀子強調等級的表面意義,而未及深究荀子對堅持先王之道中所內涵的等級制度的用心:在荀子之心目中已隱約蘊含着:若無等級,果真讓諸子包括墨子或孟子的人性論說句含的平等思想一任發展,則社會之亂象將無所底止。而且,事實就是,若"分均"、"勢齊"、"眾齊"變成現實,社會便根本無法治理。
② 參閱王慶光"論晚周'因性法治'說的興起及荀子'化性為善'說的回應",載《新原道》第一輯,第150頁。不過,此處必須指出的是,孟子思想提供給人可解釋的空間很大,雖然孟子"人皆可以為堯舜"配合其"民貴君輕"的觀念可以為平等意識開啟一隙之門,但孟子其實也在某種意義上承認君子或聖人與眾人之間存在很大差別,故在他的思想中,"先得我心之同然者"是聖人,而不是普通百姓;而一句"勞心者治人,勞力者治於人"(《孟子·滕文公上》),更可見其沒有政治上之平等觀念。當然,若細究之,其間仍有道德與政治的關係問題。
③ 在此意義上的君子、聖王不僅僅是從權力意義上界定,而且也從德性意義上界定,具有即聖即王的含義。
④ 2009年,筆者在臺大高研院作"無君子則天地不理"的報告時,曾提出相關的看法,當時有些學者對我的這種觀點持有異議。幾年過去了,至少到目前為止,我似乎沒有打算改變相關看法的主意。同時,我還想指出,宋代張載提出的"為天地立心,為生民立命,為往聖繼絕學,為萬世開太平"在理緒上正乃脫胎於荀子。

## 五、"積學"與"心之所可"

假如上述疏解還有一定的根據,則當我們討論"可以而不可使"此一命題時,我們所面對的荀子似乎始終有兩副不同的面孔,亦即現實世界中的荀子與理論世界中的荀子。就前者而言,如前所述,荀子對"可以"先作一理論上的懸設,然後將"不可使"之義解釋為"不肯",再將"不肯"滑轉為現實中的"不能使"、"不允許",此一思路與荀子後效論和合理主義的心靈若合符節,若放在具體的歷史文化的脈絡中考察,荀子的此一思路毋寧說是平實而可理解的。但在此一過程中,由於荀子的用語措辭遺留有甚大的想像空間,不免導致人們對其"人皆可以為禹舜"的宣稱一時產生信念上的搖動。

然而,當我們的視角由現實轉向理論的領域,我們便發現,荀子對"可以"之"肯"不僅給予了極大的注意,而且其詮解之理論力度和深度亦給人以深刻的印象。如果說,現實世界中的荀子對"不可使"之瞭解,乃不得不使其注意一論說在存在世界中的實踐的"可行性"(practicability)的話,那麼,我們有理由認為,理論世界中的荀子對小人君子"可以"相為的論證,乃必使其全力於注意一論說在理論之普遍性方面所具有的"可欲性"(desirability)。我們不妨認為,"可行性"與"可欲性"之間的交疊與緊張,正是荀子"可以而不可使"此一命題所以呈其如此引人入勝的原委所在。

G. E. M. Anscombe 曾經認為,假如人們把某事物認作是可欲的,那麼,我們可以徑直地認為,被需要的某事物的特徵,就是需要者對其在某方面的可欲①。我們暫且撇開事物、欲望、價值等複雜的關係不論,孟子即有所謂"可欲之謂善"一說(《盡心下》)。"可欲"包含着人的自由,故有云"求則得之"、"求在我者";同時,某事物之所以為可欲,對需要者而言,其所以能"可"之,必含有普遍必然性之判斷;最後,就某事物之為可欲的對象來說,我們亦可以說"可欲"之所以為"可",主要不是由於"滿足"②,而是主要基於"需要和評價",這種"需要和評價"是以反思為基礎的,此點類似於 Harry Gordon Frankfurt 所謂的人的"第二序欲望"③。"需要和評價"包含"滿足",故它可以為人"可其所欲"提供動力保障;但"需要和評價"不等於"滿足",因為它的最後奠基是理性的認知、評估與決斷。人若隨順其第一序之自然欲望,不經反思與

---

① Cf. G. E. M. Anscombe, *Intention*, Cambridge, MA: Harvard University Press, 2000.
② D. S. Nivison 認為,在荀子看來,善之所以為善,在於它使人滿足(the good is good because it is satisfying)。參閱 David S. Nivison *The Way of Confucianism: Investigations in Chinese Philosophy*. Chicago and La Salle, Illinois, Open Court Publishing Company, 1996, p. 87.
③ Harry G. Frankfurt, "Freedom of the Will and the Concept of a Person", In *Journal of Philosophy* LXVIII, 1(January 1971): pp. 5 - 6.

評價(用荀子的話來說即無度量分界)順而求之,其結果是合於"犯分亂理",與善果無關。故我欲求某物,蓋緣某物能給我滿足,從而認定某物即為善,此在邏輯上並不成立,蓋對某物的欲望並不構成該物為善的充分條件。由此而觀,"可欲"之"可"不是出於個人主觀的好惡,甚至也與個人的欲望的心理事實沒有關聯。可欲之所可的對象出於理性的反思和評價。

就荀子而言,聖人或成聖乃是其所欲的目標和對象,蓋聖人乃至善之象徵,而所謂"善",在荀子之字典裏,"正理平治"至少是其重要的涵義之一,而聖人恰恰體現了"盡善挾治"(《儒效》)、全德備道的品質,荀子云:

> 天下者,至重也,非至強莫之能任;至大也,非至辨莫之能分;至眾也,非至明莫之能和。此三至者,非聖人莫之能盡。故非聖人莫之能王。聖人備道全美者也,是縣天下之權稱也。(《正論》)

荀子相關之說明甚多,不待一一列舉。問題在於,"所欲"並不等於"可欲"。若所欲之聖是可欲的,則必須滿足所有人皆具有成聖所需要的先天條件,此點荀子乃鑿鑿言之。但如前所云,荀子間或也會流露百姓愚而難曉之意,此處之"愚"應當是一種弱解釋,不應是先天知能上的純粹無知。體察荀子之文本,此"愚"之實際意義當是"陋",蓋荀子認定人皆可為堯禹、為桀跖、為工匠、為農賈,並認為"為堯禹則常安榮,為桀跖則常危辱;為堯禹則常愉佚,為工匠農賈則常煩勞;然而人力為此,而寡為彼,何也?曰:陋也。"(《榮辱》)對此,楊倞注云:"言人不為彼堯、禹而為此桀、跖,由於性之固陋也。"若將"愚"歸之於"性",即此"愚"並屬於先天的、生而有的屬性,依此理解,其結果固將顛覆"人皆可以為堯禹"的斷言,而聖之"可欲"也必將喪失其普遍必然性的基礎,這對於拳拳致力於教化百姓的荀子而言,不啻是自討繁難,故楊注難通。鍾泰則謂:"案《修身篇》曰'少見曰陋',後文以陋與塞、與'愚'並言,正少見謂,蓋言不學也。楊注以陋屬性,非是。"①鍾說端的。"少見"、"淺陋"是結果的描述詞,其原因則是"不積"禮義、"不學"禮義,故荀子於下文云:"堯禹者,非生而具者也,夫起於變故,成乎修為,待盡而後備者也。"楊注:"變故,患難事故也。"疑非是。塚田虎則云:"故者,……謂性之故也。……言為堯禹者,乃非其性異也,起於變化性之所以惡,而成乎修飾之,待性之惡盡,而後德義具備者也。"依此理解,則我們可以說,聖人與百姓在成聖的先天條件上本無不同,差別只在於前者願意"積"禮義和"學"禮義而後者不願意,且不可強使,故人之所以可以為聖,端在其積學和化性起偽的工夫②。

---

① 見李滌生《荀子集釋》,第66頁;王天海《荀子校釋》,第142頁;北大本《荀子新注》謂"見識淺陋",第45頁。
② 《性惡》篇云:"今使塗之人伏術為學,專心一志,思索孰察,加日縣久,積善而不息,則通於神明,參於天地矣。故聖人者,人之所積而致矣。"《儒效》篇云:"塗之人百姓,積善而全盡,謂之聖人。彼求之而後得,為之而後成,積之而後高,盡之而後聖,故聖人也者,人之所積也。"類似說法甚多。

荀子有關"積學"和"化性起偽"的工夫，學者已多有討論，限於篇幅，本文無意再做鋪陳。尚需指出的是，荀子言學有三個突出的特點，其一，"學"是改變人們身份等級和愚而無知的快捷的唯一途徑，荀子云："我欲賤而貴，愚而智，貧而富，可乎？曰：其唯學乎。彼學者，行之，曰士也；敦慕焉，君子也；知之，聖人也。上為聖人，下為士、君子，孰禁我哉！鄉也混然塗之人也，俄而並乎堯禹，豈不賤而貴矣哉！鄉也效門室之辨，混然曾不能決也，俄而原仁義，分是非，圓回天下於掌上，而辯黑白，豈不愚而知矣哉！鄉也胥靡之人，俄而治天下之大器舉在此，豈不貧而富矣哉！"(《儒效》)對應於貴賤、愚智、貧富，荀子連用三個"俄而"以見"學"之功效，在儒學史上，尚無有出其右者。其二，"學"不僅是一種理論指導和"知"的工夫實踐，而且還是一種制度安排，荀子云："雖王公士大夫之子孫也，不能屬於禮義，則歸之庶人。雖庶人之子孫也，積文學，正身行，能屬於禮義，則歸之卿相士大夫。"(《王制》)此處，"屬"謂學而歸；"為"謂學以增進①。其三，"學"還是人禽之別的一個重要標準，荀子云："學惡乎始？惡乎終？曰：其數則始乎誦經，終乎讀禮；其義則始乎為士，終乎為聖人。真積力久則入。學至乎沒而後止也。故學數有終，若其義則不可須臾舍也。為之人也，舍之禽獸也。"(《勸學》)當年孟子言人禽之別在人有"四端"，荀子代之於人有義、辨、群、分；今荀子又言禮義之學為人禽之界端，"學不可以已"，即便是聖人也應學之不斷，"堯學於君疇，舜學於務成昭，禹學於西王國。"(《大略篇》)至是而直將學之所以為人翻出新面貌。上述言"學"之三義，通乎道德與政治，亦為荀子言"所欲"所以為"可欲"之重要途徑，無疑也。

固然，荀子言"可以而不可使"，在語氣上似輕於"可以"，而重在"不可使"。然而，無論荀子是看重環境之因素，還是主意於聖王或君子之作用，"可以"始終是一條不可和不得搖動的底線。"聖可積而致"之"可"除了前此所說的種種因素之外，荀子還有另一種說法，此即是"心之所可"②。有關"心"的特點與作用，學者討論甚多，今不贅；而對荀子"心之所可"的瞭解，筆者也已撰文作了初步的探討。尚需說明的是，荀子言"心之所可"乃是西方學者頗為熱衷的一個話題，D. S. Nivison、Bryan W. Van Norden、T. C. Kline Ⅲ、David B. Wong、Janghee Lee、Aaron. Stalnaker 等人皆對此有重要的闡發③。基本上，對荀子"心之所可"的討論，乃主要圍

---

① 蕭公權對荀子此說評之曰："陳義甚高，於理甚當，於不平之中暗寓平等，上承孔子以德致位之理想，下開秦漢布衣卿相之風氣。以視孟子世祿之主張，則荀子於此更能解脫封建天下之影響而趨向於維新。"參閱氏著《中國政治思想史》(一)，遼寧教育出版社 1998 年版，第 102 頁。

② 必須說明，為聖"可以而不可使"還涉及有關人的構成的諸多方面，就荀子言，有心、性、情、偽以及義、辨、群、分，且《性惡》篇荀子又給出多種論證如"苟無之中必求於外"等，限於篇幅，我們不能在此一一加以討論。

③ 筆者在《心知與心慮——兼論荀子的道德主體與人的概念》(載臺北《國立政治大學哲學學報》第 27 期，2012 年 1 月，第 35~74 頁)一文中有部分相關介紹，為避免重複，本文不準備再作敘述，敬請讀者原諒。

繞着《正名》篇的一段論說而展開的。荀子云：

> 凡語治而待去欲者，無以道欲而困於有欲者也。凡語治而待寡欲者，無以節欲而困於多欲者也……欲不待可得，而求者從所可。欲不待可得，所受乎天也；求者從所可，所受乎心也。天性有欲，心為之節制（依胡適，此後九字，今本闕。今據日本學者久保愛所據宋本及韓本增）……故欲過之而動不及，心止之也。心之所可中理，則欲雖多，奚傷於治？欲不及而動過之，心使之也。心之所可失理，則欲雖寡，奚止於亂？故治亂在於心之所可，亡於情之所欲。
>
> 人之所欲生甚矣，人之惡死甚矣；然而人有從生成死者，非不欲生而欲死也，不可以生而可以死也。

胡適將"心之所可"一句看作是荀子思想的特色，可謂中肯與端的[1]。細分析之，就"可"而言，似重在意志之肯斷；就"心"而言，似重在認知之作用，Janghee Lee 教授則對此有更全面的分析，他認為，在荀子那裏，"心的等級結構允許情與欲、意與知在心的統一體之中共存，然而，那些出於天性自然的貪得無厭的欲望，卻必須待心之所可後活動。"[2]而 A. Stalnaker 教授則認為："荀子用'可'字依次既表達'可能性'（possibility），也表達'許可'（assent），正如在《正名》篇中所說的，'欲不待可得，而求者從所可'。此一雙重意義有助於他表達這類判斷的力量：所可——'我們所許可的'與'我們認為可能的'，具有完全相同的意思表達。"[3]的確，在荀子看來，對於塗之人而言，為禹的先天條件既已具備，雖在特殊的社會環境下難免於下自沉埋的可能，但若借助積學工夫、君子之啟導以及"心之所可"的發動，理論上，為禹、成聖本身的可欲的普遍性依然可以確立，蓋對成聖的心理結構而言，在荀子的思想世界中，"可"與"欲"是一對最為關鍵的概念，"欲"是性，"可"為心，"可"因"知"而出現，"可"與"不可"因"知"而造成。如是，即"心"便控制了行為，而"欲"不論如何強烈似乎也不可能轉化成行為，所謂"天性有欲，心為之節制"。由此而觀，小人之"不肯"為君子、為聖人，更多的是為欲望所主宰以及意志力的缺乏所致，而君子"不肯"為小人，即將"心之所可"所包含的理性、意志和價值評價作了進一步交融。Van Norden（萬百安）甚至認為，荀子明顯否認孟子《告子·上》"魚，我所欲也"章的主張，而他正是通過刻劃人之所"欲"與人之所"可"之間的區別來實現的，"相反，孟子已經宣稱，人必定求其所甚之欲（a human must seek that which she desires the most），而荀子則斷言，人

---

[1] 胡適《中國哲學史大綱》卷上，北京商務印書館 1987 年，第 322 頁。

[2] Janghee Lee, *Xunzi and Early Chinese Naturalism*, Albany: State University of New York Press, 2005, p. 49.

[3] Aaron Stalnaker, Overcoming Our Evil, Washington, D. C.: Georgetown University Press, 2006, pp. 73 - 74.

的行爲是被決定的,此決定者不是其所欲,而是其所可。"①暫且撇開孟子的問題不論,至少在荀子,一個人的行爲的"可"與"不可"必基於心之"知慮"和"辨識",並在此基礎上作出意志決斷,依荀子,這種"心之所可"可以在欲望與行爲完全相反的情況下發動行爲,實現與欲望背道而馳的心知的目標,此一最極端的例子就是人有捨身就死之決斷。荀子通過此一事例向我們透露出,"心之所可"包含着知、情、意綜合而有的深沉的力量,並藉此而撐起其"人皆可以爲禹舜"的教化哲學的根基。

## 六、簡短的結語

本文所討論的中心主題是荀子"可以而不可使"的主張,雖在文本根據上以《性惡》篇爲中心,然而,其所旁及的範圍卻涉及《榮辱》、《儒效》、《王制》、《解蔽》、《正名》等,頗有名不副實之意味。然而,一旦想起經典之思想系統,猶如常山之蛇,擊其首則尾應,擊其尾則首應的特徵,內心也便多少爲之釋然。基本上,與孟子一樣,荀子在理論的普遍性上明確宣稱"人皆可以爲禹舜",但多少與孟子有些不同的是,荀子似乎以更爲冷峻和現實的目光來打量世界,故而,一方面,他對"可以"給予理性的普遍性的基礎,同時也賦予"心之所可"以深沉的力量;另一方面,他對"不可使"又置諸於客觀的現實世界中加以理解,注意到理論之"可欲性"在實際世界中可能遭遇到的諸多曲折以及人的"意志無力"問題,給人呈現出一幅合理性主義的心靈圖像。無疑的,其間也包含許多有待發覆的問題,文中間或有所提及,但系統之瞭解,當俟諸另文。

[作者簡介] 東方朔(1963— ),原名林宏星,江西尋烏縣人。哲學博士,現爲復旦大學哲學系教授、博導。曾任哈佛大學、臺灣中央研究院中國文哲研究所、香港中文大學、臺灣大學訪問學者;臺灣國立政治大學哲學系客座教授。著有《劉蕺山哲學研究》、《劉宗周評傳》、《從橫渠、明道到陽明》等。此外在美國、日本、港臺和大陸等學術雜誌上發表論文數十篇。

---

① Bryan W. Van Norden "Mengzi and Xunzi: Two Views of Human Agency", in *Virtue, Nature, and Moral Agency in the Xunzi*, ed by T. C. Kline III and Philip J. Ivanhoe, Indianapolis: Hackett Publishing Company, Inc. 2000, p118. 有關荀子與孟子對"心"與"欲"之間關係看法,Van Norden 的觀點似乎也爲 Janghee Lee 教授認可,此間理緒複雜,可以進一步討論,筆者已撰文另作處理,此處不贅。參閱 Janghee Lee, *Xunzi and Early Chinese Naturalism*, Albany: State University of New York Press, 2005, pp. 50–51。

# 國粹學派與墨學

## ——以章太炎、劉師培為中心

### 張永春

20世紀初,以章太炎、劉師培、黃節、鄧實等人為代表的晚清國粹學派①,基於"保種、愛國、存學"的獨特認識,倡導"保存國粹"和古學復興,以改變歐化日熾而舊學懸隔的局面②。他們不僅孜孜以復興中國文化為己任③,而且鮮明地提出了以先秦諸子學說為重心,以中國固有文化為主體,積極整合西方文化,發展民族新文化的"循古開新"之軌轍,從而推動了包括墨學在內的諸子學在20世紀初的復興。侯外廬評價章太炎對諸子學的貢獻,特別強調其以"近代的眼光"即平等的態度看待先秦諸子:"太炎對於諸子學術研究,……第一步打開了被中古傳襲所封閉的神秘壁堡,第二步拆散了被中古偶像所崇拜着的奧堂,第三步根據他自己的判斷能力,重建了一個近人眼光之下所看見的古代思維世界。"④陳鍾凡亦指陳劉師培"嘗取老、莊、

---

① 20世紀初倡導國粹者約有三類,一為張之洞為首的高官顯貴,一為梁啟超為代表的立憲派,一為章太炎等反滿革命派,而可納入"國粹派"者,唯有後者。鄭師渠先生認為,所謂晚清國粹派,當具三要素:(一)有相對穩定的以保存國粹為共同旨趣的團體與刊物,因而得以形成了自己獨具特色的國粹理論。(二)晚清國粹派思潮所以能產生廣泛的影響,原因在於它是其時民主革命思潮的一部分。具體說,國粹派的國粹論直接助益於排滿革命論,因而體現了時代的精神。這也決定了國粹派當具有排滿革命派的品格。(三)有在自己國粹思想的指導下研究國學的實踐,換言之,即是他們保存國粹的理論和實踐,具有推動中國傳統學術變革的意義。參閱鄭師渠《晚清國粹派:文化思想研究》,北京師範大學出版社1997年版,第7頁。
② 《擬設國粹學堂啟》談及當時學界時說:"今後生小子,入學肄業,輒束書不觀,日惟鶩於功名利祿之途,鹵莽滅裂,淺嘗輒止。致士風日趨於淺陋,毋有好古博學,通今知時,而務為特立有用之學者。"載《國粹學報》,第3年第1號,1907年。
③ 如章太炎即以保存國粹自許:"上天以國粹付余。自炳麟之初生,迄於今茲,三十有六,鳳鳥不至,河不出圖,惟余亦不任宅其位。聚素王素臣之迹是踐,豈直抱殘守缺而已?又將官其財物,恢明而光大之。懷未得遂,累於仇國。惟金火相革欷,則猶有繼述者;至於支那閎碩壯美之學,而遂斬其統緒。國故民紀,絕於余手,是則余之罪也。"章太炎《癸卯獄中自記》,《太炎文錄初編》卷一,載《章太炎全集》(四),上海人民出版社1985年版,第144頁。
④ 侯外廬《中國近代啟蒙思想史》,人民出版社1993年版,第186頁。

荀、董之書讎正僞脫,獨創新解,按文次列《老子斠補》二卷,《莊子斠補》一卷,《荀子斠補》四卷,《墨子拾補》二卷,……計所發正凡通,均王、洪、俞、孫之所未詮。蓋先生每論定一說,必旁推交通,百思莫能或易,乃著簡畢精審有如此!"①侯、陳二人一從義理、一從考證的角度闡述了以章太炎、劉師培為代表的國粹學派在晚清墨學發展中的作用。就思想史意義而言,國粹學派公開夷孔子於諸子之列,闡揚先秦諸子學說,實開墨學由異端而正統、由邊緣而中心的演進之途;就學術方法而言,國粹學派諸人雖上承古文經學傳統,然更遵循顧炎武以降考據與義理相結合的治學軌轍,胸懷經世之志,援引西方學理闡發墨家思想,"憑藉新學以商量舊知",開啟比較中西的學術現代轉型之途②。故從更為廣闊的視野考察,國粹學派的墨學研究,與同時代梁啟超的墨學研究及稍晚胡適的墨學研究一樣,乃20世紀初墨學現代轉型的重要組成部分,亦為中國傳統思想學術走向現代的重要表徵③。

# 一、從夷六藝於古史到古學復興

從學術淵源上講,國粹學派董理先秦諸子,自與古文經學以子證經而旁及諸子的學術演進邏輯相關。此點在章太炎身上表現得尤為明顯。章氏自述:"少時治經,謹守樸學,所疏通證明者,在文字器數之間;雖嘗博觀諸子,略識微言,亦隨順舊義耳。……既出獄,東走日本……旁覽彼土所譯希臘、德意志哲人之書,時有概述。……端居深觀而釋《齊物》,乃與瑜伽、華嚴相會。……次及荀卿、墨翟,莫不抽其微言,以為仲尼之功,賢於堯舜,其玄遠終不敢望老莊矣。"④章太炎就學詁經學舍、師從俞樾時,受其影響,始關注墨子救世精神⑤。1892年

---

① 陳錘凡《劉先生行述》,載《劉師培全集》,第一冊,中共中央黨校出版社1997年版,第14頁。
② 梁啟超說:"應用正統派之研究法,而廓大其內容,延辟其新徑,實炳麟一大成功也。"於章太炎學術承襲乾嘉而又超越乾嘉的成就言之甚明,這實際上也道明了國粹學派所表徵出的古文經學與民國現代學術間的密切關聯。見《清代學術概論》,東方文化出版社1996年版,第86~87頁。
③ 章太炎弟子錢玄同認為,劉師培和章太炎、康有為、梁啟超、嚴復、王國維等十二人,乃晚清中國傳統學術轉折時期的重要人物,"雖趨向有殊,持論有異,有壹志於學術研究者,亦有懷抱經世之志願而兼從事於政治之活動者。然皆能發舒心得,故創獲極多。此黎明運動在當時之學術界,如雷雨作而百果草木皆甲坼,方面廣博,波瀾壯闊,沾溉來學,實無窮極。"見錢玄同《劉申叔先生遺書序》,載《劉師培全集》,第一冊,第27頁。
④ 章太炎《自述學術次第》,載朱維錚、姜義華編注《章太炎選集》,上海人民出版社1981年版,第587~590頁。
⑤ 嘉道以降,今、古文家的思想學術雖存差異,但重視子書的經世價值則異曲同工。俞樾就極為推崇墨家的救世精神,說墨子"達於天人之理,熟於事物之情,又深察春秋、戰國百餘年間時勢之變,欲補弊扶偏,以復之於古。鄭重其意,反復其言,以冀世主之一聽。雖若有稍詭於正者,而實千古之有心人也。"見孫詒讓著、孫啟治點校《墨子閒詁·俞序》,北京中華書局2001年版,第1頁。

前後所作《膏蘭室劄記》，皆以樸學方法考釋文字，"凡正一義，必昭晰音義，稽其事實，下以己意，發正冰釋。"其中有關於《墨子》的考釋，"都三十九條。孫詒讓《墨子閒詁》，成於1893年，增訂於1907年，是時《劄記》先成，可補孫書之不足，惜未之見也。"①然此時治墨，並未超出古文經學的藩籬。1897年章太炎撰《興浙會章程》，論及"學問之道"，盛讚管、墨之學，依舊承襲前賢儒學中心觀，主張以荀學持衡諸子，"子以管、墨為最要。至荀子則入聖域，固仲尼後一人。持衡諸子，舍蘭陵其誰哉？"②其真正推崇墨學，是在從事反滿革命之後的20世紀初年，即國粹學派興起之際。

以時代思潮演變的角度看，20世紀初國粹學派倡導包括墨學在內的諸子學，與其對民族救亡的獨特思考，對中國傳統文化的新認識，對儒、子關係的新看法息息相關。即，通過研究國學，挖掘以先秦諸子為重心的國粹，熔鑄國魂，從而達致"保種、愛國、存學"之目的。

"國粹二字，於古無征"③。這一流行於20世紀初的新名詞，乃舶自東瀛。黃節於此言之甚確："國粹，日本之名辭也。吾國言之，其名辭已非國粹也。"④國粹派眾人所言之"國學"，乃指中國學術文化之總稱；所謂"國粹"，即國學所包含之精華："國學者何？一國所有之學也。有地而人生其上，因以成國焉。有其國者有其學。學也者，則其一國之學以為國用，而自治其一國者也。"⑤在國粹學派看來，國學乃立國之本：

> 夫國學者，國家所以成立之源泉者。吾聞處競爭之世，徒恃國學固不足以立國矣，而吾未聞國學不興而國能自立者也。吾聞有國亡而國學不亡者矣，而吾未聞國學先亡而國仍立者也。故今日國學之無人興起，即將影響於國家之存滅。⑥

顯而易見，這種文化救亡的路徑與其對民族危機與文化危機的一致性且視文化危機為更根本的危機這一看法有關。顧炎武的"亡國"與"亡天下"之辨常現諸國粹派諸人的言論，亦成為他們倡行國學的重要動因⑦。他們認為，一個國家要立身於世界民族之林，除了武力，更重要的

---

① 沈延國《膏蘭室劄記·校點後記》，載《章太炎全集》（一），上海人民出版社1982年版，第304頁。
② 《興浙會章程》，原載《經世報》，第2、3冊，見朱維錚、姜義華箋注《章太炎選集》，第17頁。
③ 沈宗疇編《國學粹編》第1期，"本社簡章"，1905年版。
④ 黃節《國粹學社發起辭》，《政藝通報》，1904年第1號。
⑤ 鄧實《國學講習記》，《國粹學報》，第2年第7號，1906年。
⑥ 同上。
⑦ 自秦以來，作為文化集合體的中國，視文化存亡為民族興衰的根本，因而具有超越地域的天下意識。明清之際顧炎武於《日知錄·正始》中更將之表達得淋漓盡致："有亡國有亡天下，亡國與亡天下奚辨？曰：易姓改號，謂之亡國。仁義充塞，而至於率獸食人，人將相食，謂之亡天下。"因此，中國傳統士人一直有傳承文化以存種的自覺意識。到近代，這種基於文化的天下意識更是與世界眼光交相作用，成為時人應對西方侵略的傳統資源之一，故常有"國可亡，天下不可亡"之議。

是賴以自立的民族"元氣",即各國固有的"文化"①。一旦中國文化淪亡,則中國將不僅亡國,還將亡天下:"學亡則亡國,國亡則亡族。"②因之故,他們強調文化救國乃民族救亡之根本,寄望於復興中國文化以保國、保種。應指出的是,國粹派眾人提倡國粹,並非一意守舊,更無"我族文化中心論"的意圖③。

揆諸國粹派所言國學、國粹之內容,實以先秦諸子之學為主④,具體而言,有兩方面觀念規範了國粹學派關於"國粹"的界定:夷六藝於古史,以及君學與國學的劃分。

先說前者。1906年7月15日,在東京留學生召開的歡迎會上,章太炎說提倡國粹的原因是要"用國粹激勵種姓,增進愛國的熱腸",其內容不是要人遵信孔教,只是要人愛惜漢種的歷史。這個歷史,是就廣義說可分為三項:"一是語言文字,二是典章制度,三是人物事蹟。"⑤

章太炎論學,承襲古文經學及同鄉先賢章學誠"六經皆史"觀⑥,從歷史着眼,考鏡源流,以此挖掘國粹之內容。其看待儒學,看待孔子,看待諸子,均以此為出發點。如侯外廬即認為章太炎諸子學研究中最有價值的部分,"在於他能考究源流"⑦。正是緣於"六經皆史"的認識,章太炎等國粹派眾人超越康有為等維新派,公開以平等的態度夷孔子於諸子之列,表彰先秦諸子的思想與救世精神。

依"六經皆史"之說,國粹學派反對"孔子作經"及"托古改制"的今文學觀點,強調孔子作為史家,有刪定六經之功。劉師培認為,孔子之前,六經已具,所謂六藝之學,"即孔門所編訂教科書也。孔子之前,已有《六經》,然皆未修之本也;自孔子刪《詩》、《書》,定《禮》、《樂》,贊

---

① 章太炎《送印度缽羅罕、保什二君序》,《民報》第13號。
② 《國粹學報序》,《國粹學報》,第1年第1號,1905年。
③ 汪榮祖先生認為,章太炎的文化觀實基於"文化多元論",強調每一種文化都具有特殊性格,不必也不應與別種文化同化。在文化交流中,各文化既然都有特性,自應站在平等的地位。此點在其《齊物論釋》中有充分的說明。其晚年目睹全盤西化的潮流,更加強調文化特性的保存,認為要保存一國文化的特性,歷史、語言與風俗的延續,尤為關鍵。見汪榮祖《章太炎散論》,北京中華書局2008年版,第116頁。
④ 雖然有論者以鄧實等人為例,認為國粹派"要遵儒學為國學",劉師培、黃節等人也利用《國粹學派》,不遺餘力地宣傳儒學,故其首要任務是宣傳儒學。但仔細考察,國粹學派所言之國學,應以先秦諸子學說為主。其中辨析,可參閱羅檢秋《近代諸子學與文化思潮》,中國社會科學出版社1998年版,第220~226頁。本文此處所重者,在於國粹學派獨重先秦諸子的思想學術因緣及時代因素。
⑤ 章太炎《東京留學生歡迎會演說辭》,載湯志均編《章太炎政論選集》上冊,北京中華書局1977年版,第276頁。
⑥ 章氏在《經的大意》中說:"百年前有個章學誠,說'六經皆史',意見就說六經都是歷史。這句話,真是撥雲霧見青天!"載《章太炎學術史論集》,中國社會科學出版社1997年版,第26頁。
⑦ 侯外廬《中國近代啟蒙思想史》,人民出版社1993年版,第181頁。章氏十分強調研究諸子學要從經史入手,其批評時人諸子學研究忽視經史之弊云:"其間頗有說老莊,理墨辨者,大抵口耳剽竊,不得其本。蓋昔人之治諸子,皆先明群經史傳,而後為之。今即異是,皮之不存,毛將附焉?"見《〈制言〉發刊宣言》,載《章太炎全集》(五),上海古籍出版社1985年版,第159頁。

《周易》,修《春秋》,而未修之《六經》易為孔門編訂之《六經》。"①章太炎對孔子的評價繼承了古文經學家的看法,一方面肯定孔子作為歷史學家整理六經、保存古代史事的貢獻,"孔氏之教,本以歷史為宗。孔氏者,當沙汰其干祿致用之術,惟取前王成迹可疑惑懷者流連弗替。《春秋》而上,則有六經,固孔氏之歷史學也;《春秋》而下,則有《史記》、《漢書》,以致歷代書志紀傳,亦孔氏歷史之學也。"②《春秋》的價值與《史記》、《漢書》相同。對於孔子熱心教育、不信鬼神而專講修身治國等人間事務,章太炎也給予肯定:"有商訂歷史之孔子,則刪定六經是也;有從事教育之孔子,則《論語》、《孝經》是也。""孔氏之功則有矣,變祀祥神怪之說而務人事,變疇人世官之學而及平民,此其功亦冠絕千古。"③但另一方面又認為孔子的學說理論並不高明,並認為"六藝者,道、墨所周聞,……時老、墨諸公不降志於刪定六藝,而孔氏擅其威"④。

更進一步,國粹學派從學術源流上申述孔子為諸子之一,與其他諸子同源而異流。章太炎引《漢書·藝文志》之說,明確指出"古之學者,多出王官":

> 《史記》稱老聃為"柱下史",《莊子》稱老聃為"征藏史",道家固出於史官矣。孔子問禮於老聃,卒刪定六藝,而儒家亦自此萌芽。墨家先有史佚,為成王師,其後墨翟亦受學於史角。陰陽家者,其所掌為文史星曆之事,則《左氏》所載瞽史之徒能知天道者是也。其他雖無征驗,而大抵出於王官。

故在章氏看來,周秦諸子"推迹古初,承受師法,各為獨立,無援引攀附之事。雖同在一家者,猶且矜己自貴,不相通融。"儒家與其他諸子並無高下之分,諸子相爭乃當時之常態⑤。鄧實則將老、孔、墨並列,作為諸子學的重要組成部分。他認為老子、孔子、墨子有密切的傳承關係,"老、孔、墨三家皆起於春秋之季,而同導源於周之史官,巍然為神州學術三人宗主,顧老學為九流之祖。"⑥

---

① 劉師培《國學發微》,載鄔國義、吳修藝編校《劉師培史學論著選集》,上海古籍出版社2006年版,第123頁。
② 章太炎《答鐵錚》,載《民報》,第14號。
③ 章太炎《論諸子學》,載朱維錚、姜義華編注《章太炎選集》,第361~362頁。
④ 章太炎《訂孔》,見《訄書》修訂本,載《章太炎全集》(三),上海人民出版社1984年版,第134頁。應指出的是,辛亥前章氏孔子觀變化較大,此點在《訄書》版本的內容變化可以明顯反映出來,《訄書》初刻本(1900年版)以《尊荀》篇居首,以《獨聖》篇作殿。章氏尚未公開揭出反對儒學及其鼻祖孔子的旗幟。《客帝》要求尊孔子為虛君,《尊荀》將荀子的"法後王"解釋為"法《春秋》",其他許多篇還襲用了今文經學家的觀點,如以孔子為"素王"等。而修訂後的《訄書》,是章太炎首次從正面批評和斥責孔子和孔學,對孔子與孔學的獨尊地位發起了凌厲的攻勢。修訂本刪去了有明顯尊孔印記的《尊荀》、《獨聖》,而以《訂孔》為中國學術史論的第一篇。
⑤ 章太炎《論諸子學》,載朱維錚、姜義華編注《章太炎選集》,第359、355頁。
⑥ 鄧實《國學微論》,載《國粹學報》,第1年第2期,1905年。

與章太炎的看法相類，劉師培亦強調儒家不過九流之一，"孔學之在當時不過列九流中儒家之一"①，並撰《古學出於史官論》、《補古學出於史官論》予以闡述，說"《漢書·藝文志》敘列九流，謂道家出於史官，吾謂九流學術皆原於史，匪謹道德一家。"②他反對獨尊儒術，在《周秦學術史序》、《中國民約精義》等著作中，平列儒家與先秦諸子，肯定非儒學派的學術地位。但與章太炎突出儒學與諸子之異以批孔不同，劉師培更注重申述儒子相通之處，以調和儒子關係，說孔子兼明九流術數諸學："孔子問《禮》於老聃，則孔子兼明道家之學；作《易》以明陰陽，則孔子不廢陰陽家之學；言殊途同歸，則孔子兼明雜家之學；言審法度，則孔子兼明法家之學；韓昌黎言孔墨兼用，則孔子兼明墨家之學。"而且孔門後學亦多與九流相通："田子方受業於子夏，子方之後，流為莊周，而孔學雜於道家；禽滑釐為子夏弟子，治墨家言，而孔學雜於墨家。……由是言之，孔門學術大而能博，豈儒術一家所能盡哉！"他還特別強調孔墨皆以濟世為歸，有相似之處："孔墨者，悲天憫人之學也。"③劉師培有關儒子之間、孔墨之間相互影響而非完全對立的看法，為後人平視儒墨提供了重要的視角，具有相當的學術和思想解放意義。但正如有的學人所指出的那樣，"由於他過分強調儒家對非儒家的相容性，否認事實上的學派差別，從而又容易導致走向推崇孔學的老路上。"④這種思想學術上的雙重性並非劉師培所獨有，乃晚清學人中所常見，實新舊過渡時代學術轉型過程中的必然現象。

　　晚清以降，西學東浸，國勢日窘，國人出於救世之需而肯定包括墨學在內的諸子學的價值已成常態，然將孔子及其儒學與諸子並列而評其優劣短長，則始於國粹學派。此前康梁、譚嗣同、黃遵憲等維新派自不待言，同為古文經學家的孫詒讓雖董理《墨子》，斤斤有救世之意，亦無法走出儒學中心觀的樊籬。即便同屬國粹學派陣營的鄧實、黃節、馬敘倫等人，也沒有完全放棄儒尊子卑的固有思維；可以批判假孔學，但不能對真孔學品頭論足。從這一角度看，章太炎、劉師培以平等的學術眼光看待孔子與墨子，對孔子與儒家之短進行尖銳的批評⑤，實具振聾發聵之思想解放意義和近代學術的科學精神，其作用不可低估。故鄭師渠先生說章、劉二氏在諸子學方面的巨大成就是"在理論與實踐的統一上，有力地突出了一種新觀念，即將儒學與諸子學同視為科學的認知對象的近代學術意識，具有開風氣之先的

---

① 劉師培《論孔教與中國政治無涉》，載《劉師培全集》，第 27 頁。
② 劉師培《古學出於史官論》，載鄔國義、吳修藝編校《劉師培史學論著選集》，第 11 頁。
③ 劉師培《國學發微》，載鄔國義、吳修藝編校《劉師培史學論著選集》，第 123～124 頁。
④ 李孝遷《劉師培與近代諸子學研究》，載《福建論壇(人文社會科學版)》，2001 年第 4 期。
⑤ 章太炎的《論諸子學》、《訂孔》諸篇主要從道德評價的角度批評孔子，說"孔教最大的污點，是使人不脫富貴利祿的思想"。而劉師培則更注意孔門學說本身的缺陷，其《孔子真論》(載《國粹學報》第 2 年第 5 期)中總結了孔子學說的四大弊端："信人事並信天事"；"重文科而不重實科"；"有持論無駁詰"；"執己見而排異說"。但他依然認為，孔學雖有缺陷，"然以周秦諸子較之，則固未有出孔子之右者矣"。

意義"①。

　　前引章太炎的演說,國粹學派倡導保存國粹的目的在於"用國粹激勵種性,增進愛國的熱腸",即推行反對清朝統治的民主革命,以拯救民族危亡。他們既然以復興中國文化自許,自然痛感於傳統文化的衰敗。在他們看來,傳統文化的凋敝,其中一個重要因素乃是秦漢以降儒學獨尊,不僅禁錮了國人的思想,而且為君主專制張目。其為禍之烈,即在於扼殺思想,禁錮人心,使中國學術文化的進步失去了內在的活力。很顯然,這一認識當溯源於清代經學家普遍流行的"秦漢後的儒學非真儒學"觀念。清儒治學,以推本原始為目的,以還原儒家經典原意、追尋真孔子為主要內容。揆諸國粹學派的孔學觀,鄧實、黃節、馬敘倫等人重在批評歷代君主借孔子行思想專制,近乎"真孔"論,與清儒包括康有為、孫詒讓等人一脈相承;而章太炎、劉師培則批評作為先秦學派的儒家學說自身的弊端,矛頭直指孔子本人,思想認識上已遠超清儒②。應指出的是,國粹派眾人雖在孔學觀上趨向有異,但在所批判之傳統主要指秦漢後儒學獨尊下的傳統文化,所欲發揚光大之傳統主要指先秦未被玷污之傳統文化(主要指先秦諸子)這一點上則無二致。此點從鄧實關於"君學"與"國學"的區分及國粹派大肆張揚的"古學復興"主張可見一斑。

　　依國粹派之見,中國學術文化的演進可分為兩個階段:秦以前,進化之時代;秦以後,退化之時代。周秦之際,乃中國學術的黃金時期,周室衰微,官失其守而諸子蜂起,"名家、法家、道家、墨家、農家、縱橫家者流,波湧雲興,後先接踵,均不肯就儒家之範圍,而有自成一子之思想。展誦遺書,往往新理新法,為近代歐美大儒所精思力究而得之者,周秦諸子早已及之,其進也若是。"然自秦以後,"凡為帝王者私其國之心日益堅,而把持之術日益密,專制之毒日益深。"③倡導古學復興的鄧實則將周秦之際諸子百家爭鳴的學術繁榮局面與西學相提並論:"考吾國當周秦之際,實為學術極盛之時代,百家諸子,爭以其術自鳴。如墨荀之名學,管商之法學,老莊之神學,……皆卓然自成一家言,可與西土哲儒並駕齊驅者也。"秦漢以降,中國學術卻日見衰微,"學之衰也,自漢武帝之罷黜百家乎。夫漢武用董仲舒之言,尊儒術而表彰六經,則亦已矣。""自是以後,諸子之學,遂絕於中國。"④正是出於對春秋戰國時期學術繁榮的讚美、對秦以降學術衰敗的痛惜,國粹學派提出了獨具特色的看法:"無用者君學也,而非國學。"⑤即

---

① 鄭師渠《晚清國粹派:文化思想研究》,第197頁。正是基於這種平等的學術意識和對孔子學說長短優劣的客觀看法,故當五四時期新文化運動中否定孔子之風盛行時,章、劉二人又起而為孔子辯護,以糾時偏,被新派學人視為守舊,則在所難免。
② 鄭師渠《晚清國粹派:文化思想研究》,第124頁。
③ 雲窩《教育通論》,載張枬、王忍之編《辛亥革命前十年間時論選集》,第　卷下冊,北京三聯書店1977年版,第554頁。
④ 鄧實《古學復興論》,載《國粹學報》,第1年第9期,1905年。
⑤ 鄧實《國學無用辨》,載《國粹學報》,第3年第5期,1907年。

秦漢後衰敗的傳統文化是"君學"而非"國學",中國之衰敗,並非"國學"無用,而是"君學"阻礙了"國學"的發展。劉師培說,人笑國學無用,"而不知國之不強,在於無學,而不在於有學。"①因此,救弊之法當在回歸"國學",從先秦諸子學說中尋找國粹,復興古學,恢復和光大中國文化。章太炎就明確談到,國粹學報社既以存亡繼絕為宗,當重先秦諸子之學,"蓋學問以語言為本質,故音韻訓詁其管龠也;以真理為歸宿,故周、秦諸子其堂奧也。"②

應指出的是,國粹學派倡導的"古學復興"並非盲目復古,而是循以古開新之軌轍,直接效仿歐洲的文藝復興。鄧實在回顧了歐洲文藝復興的巨大成就後指出:"15世紀,為歐洲古學復興之世,而20世紀,則為亞洲古學復興之世。"而他所言之"古學",實指包括孔學在內的先秦諸子學,"古學雖微,實吾國粹,孔子之學固國學,而諸子之學亦國學也",這是因為諸子思想與西學有相合之處,"其所含之義理,與西人心理、倫理、名學、社會、歷史、政法,一切聲光化電之學,無所不包,任舉一端,而皆有冥合之處,互觀參考,而所得良多。故治西學者,無不兼治諸子之學。"③以先秦諸子比附西學,雖不免晚清以來流行的"古已有之"思維的附會之弊,但國粹派諸人以西學為參照,一方面批判秦漢以後的儒學獨尊和專制主義對中國文化的摧殘,一方面高舉"古學復興"的大旗,闡揚先秦諸子學說,就思想解放的意義上看,已遠遠超越了儒學中心主義的藩籬。

眾所周知,國粹學派乃反滿革命陣營中的流派之一,其獨特的文化主張均與救亡圖存的現實需求息息相關。國粹派詩人金一在《國民新靈魂》一文中,以文學化的筆調描繪出"孔子司爐、墨子司炭,老子司機,黃帝視其成",共同打造新國魂的場景,形象地闡述了以國學發掘國粹,以國粹鑄造國魂,以國魂救亡的基本思路④。在國粹派諸人眼中,墨家摩頂放踵以利天下的任俠精神是熔鑄國魂的重要內容,因而極力推崇墨家的獻身精神,辛亥革命時期俠士之風甚為流行,與此不無關係。如前引金一之文就明確宣稱:"共和主義、革命主義、流血主義、暗殺主義,非有遊俠主義不能擔負之。吾欲以此鑄吾國民之魂。"並且將古代俠士重諾輕死的個人行為引申為救國救亡:"重然諾輕生死,一言不合拔劍而起,一發不中屠腹以謝,俠之相也;友難傷而國難忿,財權輕而國權重,俠之概也。"覺佛於《墨翟之學說》也強調:"發明社會學,養成一種俠義敢死,摩頂放踵以利同胞之精神之熱力者誰乎?亦墨子也。處民氣奄奄,屈伏於專制政體之下,馴如犬羊,毫無反抗力,則不可無墨子;處樂利主義深中於多數人之腦筋,利己心重,公德漸消磨,則亦不可無墨子。"⑤《民報》創刊號同時刊登黃帝、墨子和盧梭的畫像

---

① 劉師培《擬設國粹學堂啟》,《國粹學報》,第3年第1期,1907年。
② 章太炎《致國粹學報社書》,載《國粹學報》,第5年第10期,1909年。
③ 鄧實《古學復興論》,載《國粹學報》,第1年第9期,1905年。
④ 壯游(金一)《國民新靈魂》,原載《江蘇》,第5期,見《辛亥革命前十年時論選集》,第一卷下冊,第572～573頁。
⑤ 覺佛《墨翟之學說》,原載《覺民》,第7期,見《辛亥革命前十年時論選集》,第一卷下冊,第865～866頁。

表明，國粹學派對墨子的推崇，與反滿革命志士前赴後繼、獻身以救國的追求有關。

相比當時的革命志士，章太炎等人更多從學術的角度客觀看待墨家學說的優劣長短。章氏極為推崇墨家勇於救世的犧牲精神，認為"墨子之學誠有不逮孔、老者，其道德則非孔、老所敢窺視也。"①章太炎認為孟子攻墨之詞，"詆其兼愛，而謂之無父，則末流之啁言，有以取譏於君子，顧非其本也。……夫墨家宗祀嚴父，以孝視天下，孰曰無父？……雖然，以短喪言，則禹與大公皆有咎，奚獨墨翟？以蔽罪於兼愛，謂之無父，君子重言之。"②在群己關係的闡述中，章太炎更引墨家兼愛尚同之說，為自己的"合群明分"論張目③。他引申荀子"人何以能群？曰分；分何以能行？曰義"之語，闡述自己對社會應有的群己關係的理解："荀子曰：萬物同宇而異體。以異體故必自親親始，以同宇故必以仁民愛物終。惟其群而有分，故有墨子兼愛、上同之善，而畛域有截矣。"④即承認人我、群己間既存在利益的差異，群體利益須以個人利益為基礎；但同時又必須借"兼愛"、"尚同"的精神使個人利益與群體利益間保持合理的限度，個體的利益須以群體的存在為前提，以達到合群的目的。這實際上是對墨家利人利己精神的發揮。在總體的學術評價上，章太炎認為墨家不如儒、道，但肯定墨家的非命說，"為墨家所獨勝。儒家道家，皆言有命。"至於墨家的宗教觀念及非樂主張，章太炎不以為然，認為是其走向衰落的內在原因：

> 夫儒家不信鬼神，而言有命，墨家尊信鬼神，而言無命，此似自相刺繆者。不知墨子之非命，正以成立宗教。彼之尊天佑鬼者，謂其能福善禍淫耳。若言有命，則天鬼為無權矣。卒之盜跖壽終，伯夷餓夭，墨子之說，其不應者甚多，此其宗教所以不能傳久也。又凡建立宗教者，必以音樂莊嚴之具感觸人心，使之不厭，而墨子貴儉非樂，故其教不能逾二百歲（秦、漢已無墨者）。⑤

秦漢後墨家的衰落有着複雜的社會政治和文化原因，並非章氏所言之單純，但其所言之缺陷，確實是墨家學說的內在不足。

---

① 章太炎《論諸子學》，載朱維錚、姜義華編注《章太炎選集》，第 375 頁。
② 章太炎《訄書·儒墨第二》，載《章太炎全集》(三)，第 8～9 頁。
③ "合群明分"論乃章氏在社會進化觀上的重要見解，他一方面接受了斯賓塞的社會達爾文主義，但又不滿其單純倡導弱肉強食、為帝國主義侵略辯護的傾向，故從中國備受侵略、面臨"兼弱攻昧"的殘酷現實計和明確群己關係的考慮，提出了自己對於群己關係的見解。參閱鄭師渠《晚清國粹派——文化思想研究》，第 83～91 頁。
④ 章太炎《菌說》，載湯志均編《章太炎政論選集》上冊，第 139 頁。
⑤ 章太炎《論諸子學》，載朱維錚、姜義華編注《章太炎選集》，第 375 頁。

## 二、憑藉新學以商量舊知

　　胡適曾如是述及章太炎在清末民初諸子學上的重要地位:"宋儒注重貫通,漢學家注重校勘訓詁。但是宋儒不明校勘訓詁之學(朱子稍知之,但不甚精),故流於空疏,流於臆說。清代的漢學家,最精校勘訓詁,但多不肯做貫通的工夫,故流於支離破碎。校勘訓詁的工夫,到了孫詒讓的《墨子閒詁》,可謂最完備了(此書尚多缺點,此所云最完備,乃比較之辭耳)。但終不能貫穿全書,述墨學的大旨。到章太炎方才於校勘訓詁的諸子學之外,別出一種有條理系統的諸子學。"①胡適述學,尤重文章結構的"系統"和"方法",正是基於這一獨特的眼光,他敏銳地意識到章太炎的諸子學研究已走出清學僅長於局部的專深研究(考據之學)而缺乏系統眼光和義理貫通的藩籬。後來侯外廬稱許章太炎"有系統地嘗試研究學術史",或許就是受胡適評語的啟發。1910年章氏名作《國故論衡》出版後,《國粹學報》登載廣告予以推介,其中即有"闡周秦諸子之微言"之語②。可見,在時人及後人眼中,注重諸子學術的思想闡述,確為以章氏為首的國粹學派諸子學研究的重要特色和貢獻之所在,亦為其承襲清學又發展清學的重要體現。章氏更以傳承諸子義理之學自許:"吾死以後,中夏文化亦亡矣","經史小學傳者有人,光昌之期庶幾可待。文章各有造詣,無待傳薪,惟示之格律,免入歧途可矣。惟諸子哲理,恐將成廣陵散矣。"③

　　章太炎、劉師培等人偏重諸子學說的思想闡述,自與其對清代學術的整體認識相關。章太炎曾評說清儒治學之短長:"不以經術明治亂,故短於風議;不以陰陽斷人事,故長於求是。"④雖從學術與政治關係遠近立說,然於清學短於思想闡述言之甚明。他進而批評清儒治諸子"惟有訓詁,未有明其義理者"⑤。劉師培在20世紀初年指陳前人諸子學研究的不足時也有類似的認識:"近世巨儒稍稍治諸子書,大抵甄明詁故,掇拾叢殘,乃諸子之考證學而非諸子

---

① 見胡適《中國哲學史大綱》(卷上)第1篇導言,載姜義華主編《胡適學術文集·中國哲學史》(上),中華書局1991年版,第27頁。
② 《〈國故論衡〉出版廣告》,載《國粹學報》,第6年第4期,1910年。此則廣告以清代名家如章學誠、王引之、段玉裁、陳澧等人陪襯章太炎,以"敘書契之原流,啟聲音之秘奧,闡周秦諸子之微言,述魏晉以來文體之蕃變"概括《國故論衡》的特色與內容,以強調是書乃集大成之作。
③ 見湯志均編《章太炎年譜長編》,上冊,北京中華書局1979年版,第474頁。
④ 章太炎《清儒》,見《訄書》,《章太炎全集》(三),第158頁。
⑤ 章太炎《致國粹學報社書》,湯志均編《章太炎政論選集》,第497頁。

之義理學也。"①章太炎還從治學方法上說治經重在考迹異同,乃客觀之學,而治子則重在義理的闡發,乃主觀之學:

> 說經之學,所謂疏證,惟是考其典章制度與其事蹟而已。其是非且勿論也。欲考索者,則不得不博覽傳記,而漢世太常諸生,唯守一家之說,不知今之經典,古之官書,其用在考迹異同,而不在尋求義理。故孔子刪定六經,與太史公、班孟堅輩,初無高下,其書既為記事之書,其學惟為客觀之學,黨同妒真,則客觀之學,必不能就。……若諸子則不然。彼所學者,主觀之學,要在尋求義理,不在考迹異同。既立一宗,則必自堅其說,一切載籍,可以供我之用,非束書不觀也。雖異己者,亦必睹其籍,知其義趣,惟往復辯論,不稍假借而已。②

1923年11月,章太炎在介入章士釗與胡適有關《墨經》的爭論時,再一次談到治經與治子的區別:"按校勘訓詁,以治經治諸子,特最初門徑然也。經多陳事實,諸子多明義理(此就大略言之,經中《周易》亦明義理,諸子中管、荀亦陳事實,然諸子專言事實,不及義理者絕少)。治此二部書者,自校勘訓詁而後,即不得不各有其主。"③其所揭示的諸子之學側重義理,思想學說自成體系,與偏重典章事蹟的經學有別的觀點,實不易之論。故治經與治子,校勘訓詁之後,應各有所依,即便精審如孫詒讓之《墨子閒詁》,在章太炎看來,亦不過"最初門徑",實則反映了章氏治諸子重義理的取向。

嘉道以降,雖有不少士人從救世的角度闡述包括墨家在內的諸子義理之學,如譚嗣同的《仁學》對墨家思想的簡略評述,曹耀湘《墨子箋》附論墨家思想,黃遵憲從溝通西學的角度談"西學墨源",但均零散而不成系統,彼時治墨成就,依然是以《墨子閒詁》為代表的考據之作,只是墨學走向現代的基礎。真正意義上的現代墨學,是在西學參照下通過比較中西的路徑對

---

① 劉師培《周末學術史序》,載鄔國義、吳修藝編校《劉師培史學論著選集》,第59頁。其實,對於清儒治諸子短於義理乃時人共識,如梁啟超即指陳闡釋諸子義理之學乃後人繼承並超越清儒的主要途徑:"晚清先秦諸子學之復活,實為思想解放一大關鍵。此種結果,原為乾嘉學派學者所不及料。然非經諸君下一番極乾燥極麻煩的校勘工夫,則如《墨子》、《管子》一類書,並文句亦不能索解,遑論其中所含義理,所以清儒這部分工作已經做得差不多了,以後進一步研究諸家學術內容求出我國文化淵源流別之所出所演,發揮其精旨,而批評其長短得失,便是我們後輩的責任。"見氏著《中國近三百年學術史》,東方出版社1996年版,第304~305頁。
② 章太炎《諸子學略說》(1906年9月),湯志均編《章太炎政論選集》,第286~287頁。
③ 章太炎《與章行嚴論墨學第二書》,《華國月刊》,第1卷第4期,1923年12月。章、胡有關治經與治子之別的爭論,實則反映了二人在國學研究方法上的根本差異,因指涉問題較多,待專文論述。

墨家思想深入而系統的闡述①。雖然孫詒讓也曾循鄒伯奇、陳澧"以歐西新理比附中國舊學"之路徑,用近代西方科學知識研究《墨子》,開近代墨學研究比較中西之軌轍,但因西學所知有限,故創獲不多。《墨子閒詁》成書後,他寄贈梁啟超,自己也"間用近譯西書,復事審校",頗有心得,並鼓勵梁啟超"賡續陳、鄒兩先生之緒論,宣究其說,以餉學子"②。故以此視之,20 世紀初章太炎、劉師培等國粹派眾人引入西方社會科學及方法研究《墨子》,既是晚清墨學的發展趨向,也是其走向現代學術形態的標誌。關於此點,同為現代墨學奠基者的梁啟超在談及章氏傳承清學又非清學所限的學術資源時,就特別強調西學的影響,他既指出"少受學於俞樾",以及"中年以後究心佛典"對章氏學術道路的作用,但更強調"既亡命日本,涉獵西籍,以新知附益舊學,日益閎肆。……應用正統派之研究法,而廓大其內容,延闢其新徑,實炳麟一大成功也"。③ 孫寶瑄亦稱許章太炎"以新理言舊學,精矣"!④

　　細察國粹派以西學為參照系闡述墨家思想的學術自覺,自與他們對西學的迎納及較為瞭解中西學術的優劣長短有關。國粹派在接觸西學的過程中,相當清醒地意識到中國傳統學術遜於西學就在於缺乏西方近代的"學理",即以"培根主實驗,笛卡爾主窮理"為代表的科學精神。"中國科學不興,故哲學與工藝無進步"⑤。他們一再強調,講習國學與研求新學,並非互不包容:"真新學者,未有不能與國學相契合者也。"同時,"今之言國學者,不可不兼求新識。"他們也反對晚清流行的中體西用之論,主張以平等的態度對待中西學術:"主張體用、主輔說者,而彼或未能深抉中西學術之藩,其所言適足供世人非驢非馬之觀,而毫無足以饜兩方之意。"⑥因是之故,以西方學理研治中國古學,乃國粹學派學術研究的自覺追求。早在求學詁經學舍期間,章太炎即嘗試以西理證中學。其撰於 1892 年的《膏蘭室劄記》就已引英人雷俠兒(今譯賴爾)之《地學淺釋》、英國天文學家侯夫勒(今譯赫舍爾)之《談天》等西籍以證《管子》,引美國傳教士韋廉臣之《格物探源》以釋《淮南子》⑦。他自己後來也說:"自從甲午以後,略看東西各國的書籍,才有學理收拾起來。"⑧1896 年 7 月,章氏致函譚獻,論及引西學治諸子

---

① 鄭師渠先生在談及西學之於國粹派的影響時說:"章太炎以樸學立根基,以玄學致廣大,特別是中年以後,究心佛典,廣涉西籍,以新知附舊學,日益閎肆。其精義卓識,多發乾嘉諸老所未發。""劉師培不僅承家學優勢,且博覽中西群籍,好學深思。這使得他同樣得以超越揚州學派,多發新想。"參閱氏著《晚清國粹派——文化思想研究》,第 49 頁。是書第三章《國粹派的新學知識系統》於此有詳細的闡述。
② 孫詒讓《答梁卓如啟超論〈墨子〉書》,載張憲文編《孫詒讓遺文輯存》(溫州文史資料第五輯),浙江人民出版社 1989 年版,第 88 頁。
③ 梁啟超《清代學術概論》,第 86 頁。
④ 孫寶瑄《忘山廬日記》,上海古籍出版社 1983 年版,第 566 頁。
⑤ 劉師培《孔學真論》,載《國粹學報》,第 2 年第 5 期。
⑥ 《國學講習會序》,載《民報》,第 7 號,1906 年。
⑦ 章太炎《膏蘭室劄記》卷三,載《章太炎全集》(一)。
⑧ 章太炎《東京留學生歡迎會演說辭》,載湯志均編《章太炎政論選集》上冊,第 269 頁。

事:"麟前論《管子》《淮南》諸篇,近引西書,旁傅諸子,未審大楚人士以儈父目之否?頃覽嚴周《天下》篇,得惠施辯論,既題以歷物之意,歷實訓算,傅以西學,正如閉門造車,不得合徹。分曹疏政,得十許條,較前說為簡明確鑿矣。"①

與章太炎相似,國粹學派的另一位健將劉師培亦廣泛吸收西學知識研治諸子之學。在他看來,"周末諸子之學派,多與西儒學術相符"。比如墨家等學派,就包含有大量西方近代的科技知識:"東周以降,儒家者流,雖侈言格物,然即物窮理之實功,茫乎未之聞也。墨家則不然,學求實用,於名、數、力之學,咸略引其端。《墨子》而外,若《莊子》之明化學、數學,《關尹子》之明電學,《亢倉子》之明氣學,《孫子》之明數學,或片語僅存,或粹言湮沒,然足證百家諸子,咸重實科。"②但他以西釋中的範圍並不限於科技範疇,還涉及諸子學術的人文社科方面。比如,他把儒家歸為哲理學派中的天演一派,認為"儒家立說,雖斥強權,然物擇天競之理,窺之甚明";並說《論語》"歲寒然後知松柏之後凋也"一句即"天擇物競之精理",惟其語焉未詳,不能像達爾文那樣自成一家③。因此,以西學闡述諸子思想,以中學比附西學乃劉師培研究諸子學和其他古學的基本軌轍,此點在《周末學術史序》中表現得尤為明顯。是書乃劉氏計劃中《周末學術史》的寫作提綱,代表其諸子學研究的主要內容和特色。概括而言,具有兩個明顯的特點:其一,以西方知識分類體系條理諸子思想,注重義理的闡述。從體例上說,一改以黃宗羲《明儒學案》為代表的傳統學案體的學術史體例,而以學為中心,嘗試新型學術史的寫作。即如其所言:"採集諸家之言,依類排列,較前儒學案之例,稍有別矣(學案之體,以人為主;茲書之體,擬以學為主,義主分析)。"④很顯然,他是不滿於清儒治諸子只有考據而少義理的弊端。在寫作形式上,《周末學術史序》完全拋棄中國傳統的知識分類,按照西方知識體系分別闡述諸子思想,計有心理學、倫理學、論理學、社會學、宗教學、政法學等十六類。故以學術著述形式看,表徵着中國現代學術轉型的重要趨向,其意義不可低估⑤。黎錦熙在20世紀30年代為《劉申叔遺書》作序時曾回憶說,年輕時讀書,於古代典籍"每苦漫漶,又精涉新籍,謂學宜成科,思分別鈔系",後讀《國粹學報》,方知"劉君已先我而為之矣,所謂《周末學術史序》也,用是大樂,逐篇手鈔,鐫骨簪為圈點,以上等印油施之行間。"他還強調,三十年餘後的今天,"返觀

---

① 轉引自姚奠中、董國炎《章太炎學術年譜》,山西古籍出版社1996年版,第44頁。
② 劉師培《周末學術史序·理科學史序》,載鄔國義、吳修藝編校《劉師培史學論著選集》,第84~85頁。
③ 劉師培《周末學術史序·哲理學史序》,載鄔國義、吳修藝編校《劉師培史學論著選集》,第88頁。
④ 劉師培《周末學術史序》,載鄔國義、吳修藝編校《劉師培史學論著選集》,第58頁。
⑤ 傅斯年談到中國學術由舊而新的轉折時曾說到其中的差異:"中國學術,以學為單位者至少,以人為單位者轉多,前者謂之科學,後者謂之家學;家學者,所以學人,非所以學學也。"見氏著《中國學術思想界之基本誤謬》,載《新青年》,第4卷第4號,1918年4月。依此標準,劉師培以學科為標準評議諸子學術的撰述體例,正是摒棄"以人為單位"之"家學"而轉向"以學為單位"之"科學",表徵中國學術由傳統形態到現代形態的轉變。雖然此前皮錫瑞《經學歷史》、章太炎《訄書》及梁啟超的相關學術史著作也曾嘗試以學科為主線撰寫學術史,但完全以西方知識體系條理中國傳統學術,則自劉師培始。

茲篇,其分科舉證,容有可商,雖然固'不廢江河萬古流'矣。"①由此可見此書在現代學術史上之地位。其二,援引西書,以歐西新理與諸子思想相比附,闡述諸子學說。據李帆先生統計,《周末學術史序》徵引西書包括斯賓塞《社會學原理》、甄克思《社會通詮》等十部,並引用了柏拉圖、笛卡爾、康得、達爾文、赫胥黎、邊沁等西方思想家的學說②。在20世紀初年,如劉師培這樣完全以西方社會科學知識為參照闡述諸子思想實屬罕見。

正是基於西方社會科學理論的框架,使得劉師培能從全新的學術角度系統闡述諸子學說並比較各家優劣長短。這其間,儒墨學說的比較乃重要內容。劉師培從倫理學、政法學、理科學等方面論述二者之短長。從倫理規範看,儒家"以社會國家之倫理,皆由家族而推,由親及疏,由近及遠,重私恩而輕公誼,蓋乃宗法制度之遺則也",而墨家則"倡兼愛之說,以集矢於儒書。揆其意旨,欲人人兼愛交利,愛人尤己,爭競不生。儒家斥之以為失親疏之別,未為當也"③。在政法學方面,劉師培認為,"儒家以德禮為本,以政刑為末,視法律為至清。其立說之初,非不欲破階級之制度,為囿於名分尊卑之說,特欲使為君者與臣民一體耳。……夫人君既操統治之權,無法律以為之限,而徒欲責其愛民,是猶授刃與盜而欲其不殺人也,有是理哉? 故儒家所言政法,不圓滿之政法學也。墨家不重階級,以眾生平等為歸,以為生民有欲無主則亂,由里長、鄉長、國君以上同於天子。而為天子者又當公好惡,以達下情,復慮天子不能踐其言也,由是倡敬天明鬼之說以儆惕其心。是墨子者以君權為有限者也,較之儒家其說進矣。"④此處以西方近代平等觀批評儒家,彰顯了劉氏對墨家思想的贊許。至於理科學方面,儒家則明顯不如墨家,"孔子以道為本,以藝為末,故儒家雖有格物之空言,無格物之實效,而孟荀二家亦重心理而輕物理",明顯具有"重文科而不重實科"的弊端,而墨家則不然,學求實用,"於名、數、質、力之學,咸略引其端。"⑤雖然並不能據此說劉氏貶儒崇墨,但其於西學關照下以平等眼光客觀評述儒墨短長的做法則較前人前進了一大步。

應指出的是,劉師培這種援西學以釋諸子的做法帶有鮮明的比附痕跡。如以荀子名學與西方傳統邏輯相比附:"近世泰西諸儒,倡明名學,析為二派:一曰歸納,一曰演繹。荀子著書,殆明斯意。歸納者,即荀子所謂'大共'也,故立名以為界;演繹者,即荀子所謂'大別'也,故立名以為標。"⑥在談到墨家"兼愛"、"節用"諸說時,即以之與佛教、基督教和古希臘學派相

---

① 黎錦熙《劉申叔遺書序》,載《劉師培全集》第一冊,第27頁。
② 李帆《劉師培與中西學術:以其中西交融之學和學術史研究為核心》,北京師範大學出版社2003年版,第84頁。
③ 劉師培《周末學術史序·倫理學史序》,載鄔國義、吳修藝編校《劉師培史學論著選集》,第62頁。
④ 劉師培《周末學術史序·政法學史序》,載鄔國義、吳修藝編校《劉師培史學論著選集》,第72~73頁。
⑤ 劉師培《周末學術史序·理科學史序》,載鄔國義、吳修藝編校《劉師培史學論著選集》,第84~85頁。
⑥ 劉師培《周末學術史序·論理學史序》,載鄔國義、吳修藝編校《劉師培史學論著選集》,第63~64頁。

比擬:"吾觀西人當希臘羅馬時,有斯多葛學派以格致為修身之本,以尚任果重犯難設然諾教人,與《墨子》首列《修身》諸篇,而復列《經上下》各篇者同一精義,而墨子弟子,亦流為任俠,尤與斯多葛同。至佛教眾生平等之說,耶教愛人如己之言,亦墨翟、宋銒之流亞也。"①此類基於中西相通之認識而比附中西的情況在國粹派諸人中極為普遍,比如黃節引用古籍中"夫禮,立君必詢民"等來論證西方政治制度不過是中國的"失古之禮"②;馬敘倫以《泰誓》中"天視自我民視"、"天聽自我民聽"以及《左傳》中的有關記載,推演出民權思想中國古已有之③;鄧實更是徹底認為"諸子之書,其所含義理,於西人心理、倫理、名學、社會、歷史、政法、一切聲化光電之學,無所不包"④,此即梁啟超所批評的"好依傍"之弊端⑤。對此,章太炎有着清醒的認識,他在《某君與某論樸學報書》一文中說:

> 中西學術本無通塗,適有會合,亦莊周所謂射者非前期而中。今乃遠引泰西以證經說,寧異宋人之以禪學說經耶! 夫驗實則西長而中短,談理則佛是而孔非。九流諸子自名其家,無妨隨義抑揚,以意取捨。若以疏證《六經》之作,而強相比附,以為調人,則只形其穿鑿耳。稽古之道,略如寫真,修短黑白,期於肖形而止。使立者倚,則失矣,使倚者立,亦未得也。⑥

所謂"遠引泰西以證經說",並非明指劉師培⑦,但"強相比傅,以為調人,則只形其穿鑿耳"之語,明顯針對劉師培等人比附中西的做法。與國粹派眾人偏重於中西之同的類比思維而強調中西相通以為古學復興張目稍異,同樣主張融通中西的章太炎更清醒意識到中西兩種

---

① 劉師培《國學發微》,載鄔國義、吳修藝編校《劉師培史學論著選集》,第126頁。
② 黃節《黃史·禮俗書第二》,《國粹學報》,1905年第9期。
③ 馬敘倫《嘯天廬政學通義》,《國粹學報》,1905年第12期。
④ 鄧實《復興古學論》,《國粹學報》,1905年第9期。
⑤ 梁啟超20世紀20年代反思晚清學術的比附之風時說:"中國思想之痼疾,確在'好依傍'與'名實相混'。若援佛入儒也,若好造偽書也,皆原本於此等精神。以清儒論,顏元幾於墨矣,則必自謂出孔子;戴震全屬西洋思想,而必自謂出孔子;康有為之大同,空前創獲,而必自謂出孔子。……此病根不除,則思想終無獨立自由之望。"見氏著《清代學術概論》,第80頁。
⑥ 章太炎《某君與某輪樸學保書》(後收入《太炎文錄初編》更名為《與人論樸學報書》),載《國粹學報》第23期,1906年12月。
⑦ 湯志均先生認為此語主要針對康有為,如考諸當時革命與保皇論戰的背景,斯言不差。參閱氏著《近代經學與政治》,北京中華書局1989年版,第321頁。但如果考慮此信的訴說對象及內容,當與國粹學派古學研究中比較中西的軌轍相關,故此語還應指向當時流行的中西比附之風。

文化系統的差別,故在比較中西時有更嚴格的自律①。事實上,劉師培後來也意識到自己援西釋中的比附之弊,撰文批評惟西是從的學風:"惟今之人,不尚有舊,復介於大國,惟強是從,是以校理舊文,亦必比勘西籍,義與彼合,學雖拙而亦優,道與彼歧,誼雖長而亦短。故理財策進,始崇管子之書;格物說興,乃尚墨家之學。……飾殊途同歸之詞,作弋譽梯榮之助,學術衰替,職此之由。"②1908年後,其甚少以中附西之詞,自與這種反省有關。

1909年9月,章太炎發表《致國粹學報社書》,專門談及采域外哲學、邏輯學治《墨子》而撰寫《原名》之梗概:

> 前見皋文、仲容所說《墨經》,俱有未了。鄒特夫曾以形學、力學比傅,誠多精義,然《墨經》本為名家之說,意不在明算也。向時無知因明者,亦無有求法相者,歐洲論理學復未流入,其專以形學、力學說《墨經》,宜也。今則舊籍已多刊印,新譯亦時時間出,而學者不能以是校理《墨經》,觀其同異。蓋信新譯者不覽周秦諸子,讀因明者亦以文義艱深置之,而《墨經》艱深,又與因明相若,因無有參會者。僕於此事,差有一長,不以深言比附,惟取真相契當之文為之證解,其異者亦明著之,如宗因喻之次第,彼此互異。大故、小故,相當於歐人之大前提、小前提,不當於尼夜耶派之大詞、小詞,皆稽合文義,不以單詞強證。又《荀子·正名篇》,亦與《墨經》互有短長,言名相則荀優,立辯論則墨當,故以二家參會,成《原名》一篇,當不讓魯勝也。③

《原名》乃20世紀初以墨家邏輯同印度因明學、西方傳統邏輯相發明的比較之作,雖在比

---

① 章太炎曾以莊子"萬物齊一"之理強調任何文化均有其特殊性和獨特價值,中國文化與西方文化,既有相通處,也存在差異,以其中一方統攝一切,都有違齊物、平等之義。他曾談及說:"嚴復既譯名學,道出上海,敷坐講演,好以《論》、《孟》諸書,證其成說。沈曾植笑之曰,嚴復所言四書題鏡之流,何以往聽者之不知類邪?嚴復又譯《社會通詮》,雖名通詮,實乃遠西一往之論,於此土歷史貫習,固有隔閡,而多引以裁斷事情。是故知別相而不知總相者,沈曾植也;知總相而不知別相者,嚴復也。"(《菿漢微言》)在他看來,沈曾植乃"守舊章者",只知中西文化的差異(別相);嚴復乃"順進化者",而只知中西文化的相通(總相)。其實二人均未明齊物眇義。這一有關中西文化關係的獨特看法,既不同於晚清盛行一時的"西學中源"或"古已有之"思維,也與基於進化論的一元文化觀有別,所以才對國粹派眾人比附中西的做法提出批評。
② 劉師培《國粹學報三周年祝辭》,載《國粹學報》第38期,1908年2月。
③ 章太炎《致國粹學報社書》,載《國粹學報》,1905年第10期,1909年11月。

較方法的運用上晚於梁啟超的《墨子之論理學》①,但精審過之,代表了此期比較研究的最高水準,故梁啟超說:"章太炎《國故論衡》中有《原名》、《明見》諸篇始引西方名學及心理學解《墨經》,其精絕處往往驚心動魄。"②

其實,早在1906年撰寫的《論諸子學》一文中,章太炎即比較論述了墨家、因明學及歐洲邏輯學論式的優劣長短,只不過詳盡的比較研究是在《原名》篇中。緣於古代中國論辯與邏輯間的密切聯繫,章太炎稱墨家邏輯為"名學"或"辯學",並界定"辯"之含義:"所謂辯者,將以成吾之旨,而使他人不能破,非泛以唇舌雄者也。治經訓者必通六書,步天官者必知九數,為墨道者必取名理。"③他認為先秦儒、道、墨、法諸家雖都談名辯之說,但更重視墨、荀之說,而對名家評價不高,認為其術流為詭辯:"自惠施、公孫龍,名家之傑,務在求勝,其言不能無放紛,尹文尤短。察之儒墨,墨有《經》上下,儒有孫卿《正名》,皆不為造次辯論,務窮其柢。魯勝有言:'取辯乎一物,而原極天下之污隆,名之至也。'墨翟、孫卿近之矣。"④

在認識論方面,章太炎以佛學、荀子《正名》篇與《墨經》相比照,闡述了"名"之所成。他認為,"名之成,始於受,中於想,終於思",即分為受、想、思三個階段,即從感性認識到理性認識的發展過程⑤。為說明此點,他舉了墨家、荀子、佛家觀點予以說明。如《墨經》曰:"知而不以五路,說在久。"說曰:"智者若瘧病之於瘧也。智以目見,而目以火見,而火不見,惟以五路知。久,不當以目見,若以火。"此謂瘧不自知,病瘧者知之;火不自見,用火者見之。是受想之始也,受想不能無五路。"及其形謝,識籠其象而思能造作。見無待於天官,天官之用亦若火矣。"章氏把此看法用於自己所談之"受"、"想"、"思"三個階段,並以佛理九緣說進一步闡釋:

五路者,若浮屠所謂九緣:一曰空緣,二曰明緣,三曰根緣,四曰境緣,五曰作意緣,六曰染淨依,八曰根本依,九曰種子依。……目之見,必有空、明、根、境與智。耳不資明,鼻舌身不資空,獨目為具五路。既見物已,雖日百旬,其像在,於是取之,謂

---

① 梁氏之前,清儒涉及墨家邏輯的有傅山、曹耀湘、孫詒讓諸人,但或因對西學所知不多或偏重考據,故少創獲。傅山《墨子·大取篇釋》所論雖有與近代邏輯相合處,但論述不多;曹耀湘《墨子箋·經說下·附記》中談及《墨辨》保存有古代名家學說,但未能一一指明,遑論闡述;而孫詒讓雖意識到墨家思想有與因明、歐西邏輯相合處,可比較發明,但在注《墨經》及《大取》、《小取》篇時甚少涉及邏輯層面。真正意義上的墨家邏輯思想闡釋之作,當始於梁啟超援引西方邏輯闡述墨家辯學的《墨子之論理學》。
② 梁啟超《中國近三百年學術史》,第285頁。
③ 章太炎《墨子大取釋義序》,載《章太炎全集》(五),第143頁。
④ 章太炎著、陳平原導讀《國故論衡·原名》,上海古籍出版社2003年版,第118頁,此處所引章氏言論,除特別注明外,均自《原名》篇。
⑤ 在《論諸子學》中,章氏以佛家術語解釋了名之形成的程式:"大抵起心分位,必更五級。其一曰:作意,此能警心令起。二曰:觸,此能令根(即五官)、境、識三,和合為一。三曰受,此能領納順違俱非境相。四曰想,此能取境分齊。五曰思,此能取境本因。"見朱維錚、姜義華編注《章太炎選集》,第390頁。

之獨影。獨影者,知身不緣耳,知形不緣目,故曰不當。不當者,不直也,是故賴名。

通過以佛釋墨,章太炎將墨家關於人類認識從感性認識("惟以五路知")到理性認識("知不以五路","思能造作")的發展及相互作用表達得極為清晰。在闡述墨家認識論的其他觀點時,亦循此軌轍。如舉《瑜伽師地論》十六說與《墨子·經上》"名、達、類、私",及《荀子》"別名"、"共名"之論相釋,論立名之種類;以因明學"現量"、"比量"、"聲量"說與《墨子·經上》"知、聞、說、親;名、實、合、為"及《經說上》"知。傳受之,聞也;方不㢓,說也。身觀焉,親也。所以謂,名也。所謂,實也。名實耦,合也。志行,為也"等語相發明,論述立名之種種途徑。

在荀、墨名學的比較上,章太炎認為,"言名相則荀優,立辯論則墨當。"並說,到墨家時方具備因明學邏輯的形式:"荀子惟論制名,不及因明之術,要待《墨子》(筆者注:此處當指後期墨家的邏輯作品)而後明之。"①因是之故,他重點比較研究了墨家邏輯與因明學及歐洲邏輯學三家推理模式的異同。其言曰:"辯說之道,先是其旨,次明其柢,取譬相成,物故可形,因明所謂宗、因、喻也。印度之辯,初宗,次因,次喻。大秦之辯,初喻體(近人譯為大前提),次因(近人譯為小前提),此宗。其為三支比量一也。《墨經》以因為故,其立量次第,初因,次喻體,次宗,悉異印度、大秦。"在他看來,印度引明、西方邏輯和墨家邏輯在推論格式上都由宗、因、喻三部分組成,所謂"其為三支比量一矣。"但三種論證過程的次序有異,章氏舉佛典常用之例予以說明,如因明學的推理次序是:聲是無常(宗),所作性故(因),凡所作者,皆是無常(喻),喻如瓶。而西方三段論的順序是:凡所作者皆無常(喻體,即大前提),聲是所作(因,即小前提),故聲無常(宗,即結論)。墨家邏輯則為:聲是所作(因,即小前提),凡所作者皆無常(喻體,即大前提),故聲無常(宗,即結論)。在這三種推理形式中,章太炎認為因明學較佳:"大秦與墨子者,其立量皆先喻體,後宗。先喻體者,無所容喻依,斯其短於因明。"所謂"喻依",即"同喻"、"異喻",乃推理中進一步對"喻體"嚴格限制的內容,以避免偷換概念、主次顛倒的錯誤。此種論斷自與章氏對佛學的推崇及誤解《墨經》有關。如他以西方三段論形式解釋《墨經》中著名的邏輯範疇"故":

《經》曰:"故,所得而後成也。"說曰:"故:小故有之不必然,無之必不然,體也,若有端。大故有之必無然,若見之成見也。"夫分於兼之謂體,無序而最前之謂端,特舉為體,分二為節之謂見。

在他看來,"大故"、"小故"即西方邏輯中的"大前提"、"小前提"。然而據孫詒讓考證,"大故有之必無然"一句當作"大故,有之必然,無之必無然",即相當於"必要條件"和"充分條件"(或充要條件),與西方三段論中的"大前提"、"小前提"並不完全一致。譚戒甫即指陳:"章謂

---

① 章太炎《論諸子學》,見朱維錚、姜義華編注《章太炎選集》,第393頁。

墨經立量,以因為故,當在別條,似非本條所論及。至謂小故即因,大故即喻體,尤非。"①

雖然章氏以"大故"、"小故"之說與因明學三支式相比較不免牽強附會之處,但他着重從墨家關於論式的一般理論描述上與西方邏輯和因明邏輯相比較的做法具有重要的意義。通過比較,揭示了墨家邏輯與西方邏輯、因明邏輯的共同性和一致性,也探討了三者各自的特點與區別,為後來者循此軌轍作進一步研究指明了方向。

## 三、進步與保守之間

國粹學派倡導保存國粹的出發點最初不在研究而在保存,以養成國民的愛國心,故強調抱殘守缺,政治或文化關懷明顯高於學術追求。但此種情形很快發生轉變。許多論者注意到,約以1908年為界,國粹學派的思想發生了重大轉折,前期思想趨激進,政治色彩鮮明;後期思想趨保守,偏於純學術研究。比如從第五年始,《國粹學報》刊載的政論性社說明顯減少,而作為近代學術標誌的學術論文明顯增多,這至少從某種程度上表明了國粹學派思想、政治退潮而學術凸顯的趨向。此點在他們最具特色的諸子學研究方面表現得尤為典型。

錢玄同曾以1908年為界,將劉師培的學術研究分為前後兩期,"前期以實事求是為鵠,近於戴學;後期以篤信古義為鵠,近於惠學。前期趨於革新,後期趨於循舊。"即前期思想趨新,注重諸子義理的闡述;後期守舊,偏重考據。1908年後,劉師培主要以乾嘉樸學方法考辨諸子,如其《老子斠補》、《莊子斠補》、《荀子斠補》、《墨子拾補》等,多為文字校勘之作,若單以學術標準衡量,均具有較高的學術價值②。其中如《墨子拾補》,即對孫詒讓《墨子閒詁》多有補充訂正。試舉一例:《墨子·所染》"子墨子言見染絲者而歎曰"一語,孫詒讓說"言"字疑衍,劉師培遍引《群書治要》、《後漢書》、《太平御覽》、《呂氏春秋》諸書指出,"言"字確為羨文③。此類訂正,在劉氏考證文字中處處可見,但其思想價值已遠不如《周末學術史序》等諸子義理闡述之作,也不能代表其諸子學研究的主要成就。這一學術旨趣的重大轉變,後人認為與其投靠端方,政治上變節有一定關係④。

---

① 譚戒甫《墨辨發微》,北京中華書局1964年版,第77頁。
② 錢玄同評價說:"劉君校釋群書之著作,前後兩期皆有之,而後期占人多數。兩期所用之方法全同,皆賡續盧抱經先生之《群書拾補》、王石臞先生之《讀書雜誌》、俞曲園先生之《諸子平議》、孫籀膏先生之《劄逡》,匡舊訓之違失,正傳寫之舛偽。覃思精研,期得至當,故書雅記之疑滯。得劉君之校釋,發正益多矣。"錢玄同《〈劉申叔先生遺書〉序》,載《劉師培全集》,第一冊,第29頁。
③ 《墨子拾補》,載《劉師培全集》,第二冊,第2頁。
④ 李孝遷《劉師培與近代諸子學研究》,載《福建論壇(人文社會科學版)》,2001年第4期;羅檢秋《近代諸子學與文化思潮》,中國社會科學出版社1998年版,第170頁。

與劉師培學術風格從義理闡述轉向校勘訓詁不同，辛亥革命前後章太炎在諸子學研究上的最大變化主要體現在對孔子、儒學及先秦諸子的重新評價上。這一時期，章氏修訂《訄書》，更名為《檢論》，且在《菿漢微言》、《菿漢昌言》及眾多演講中抬高孔子及儒學的地位。雖然其依舊堅持"夷六經於古史"的觀點並認為孔子的主要貢獻在於"制歷史、布文籍、振學術、平階級而已"，以此否定康有為的孔教主張，但他本人也一改此前的批孔立場，轉而明確推崇孔儒。最典型的表現是1922年6月致書柳詒徵，對自己當年訂孔表示懺悔，說自己"妄疑聖哲"，"乃數十年前狂妄逆詐之論"，"章氏叢書"中已經刊落，"不意淺者猶陳其芻狗"，"足下痛下砭碥，是吾心也，感謝感謝"。還特別說明："鄙人少年本治樸學，亦唯專信古文經典，與長素輩為道背馳。其後深惡長素孔教之說，遂至激而詆孔。中年以後，古文經典篤信如故，至詆孔則絕口不談"，只是"前聲以放，駟不及舌，後雖刊落，反為淺人所取"，追悔莫及①。此類做法，與五四時期盛行的批孔運動形成鮮明對比，其被趨新人物視為倒退與保守，則在所難免②。

　　細究其因，政治因素之外，國粹學派對學術研究中"求是與致用"關係的看法當為重要原因。國粹學派作為當時反滿革命陣營中的一支，鼓吹種族革命，但畢竟以學術立基，且承乾嘉樸學實事求是之傳統，故革命之餘不忘學術。章太炎治學重稽古，主求是，即所謂"字字徵實，不蹈空言，語語心得，不因成說"③，反對在學術研究中夾雜個人好惡或以學術緣飾政治，如他所言："稽古之道，略如寫真，修短黑白，期於肖形而止。使妍者媸，則失矣；使媸者妍，亦未得也。"並批評《國粹學報》的學術宗旨曰："抑自周孔以逮今茲，載祀數千，政俗迭變，凡諸法式，豈可施於晚近？故說經者所以存古，非以是適今也"④。獨尊"實事求是"而有意識地淡化致用的色彩。此話雖主要針對以康有為為代表的今文學"以經術緣飾政論"之流弊，但"實事求是"實乃章氏一生治學宗旨。1906年，針對王鶴鳴"儒術在致用，故古文不如今文，朱陸不如顏李"的觀點，章太炎不予認同："僕謂學者將以實事求是，有用與否，固不暇計。""學者在辨名實、知情偽，雖致用不足高，雖無用不足卑。"⑤三年後，章氏又強調："學在求是，不以致用；用在親民，不以干祿。"⑥受此影響，劉師培亦反思自身以前的學術，認為是"率意之作"，批評學術致用的做法："執古御今，乃策士縱橫之習。若夫誦詩聞政，讀史論兵，以《雅》、《頌》致升平，以經術飾

---

① 《章太炎先生致柳教授書》，載《史地學報》，第1卷第4期，1922年。
② 章氏曾經的學生魯迅即直陳章太炎已由"原來拉車前進的好身手"，轉為"拉車屁股向後了"。見《趨時與復古》，載《魯迅全集》第5卷，人民出版社1985年版，第536頁。雖然"五四"前後章太炎及其弟子在民國學界影響巨大，但在時人看來，其思想已明顯落伍，與社會思想主流已格格不入。
③ 章太炎《再與人論國學書》，載《章太炎全集》（四），第355頁。
④ 章太炎《與人論樸學報書》，載《章太炎全集》（四），第153頁。
⑤ 章太炎《與王鶴鳴書》，載《章太炎全集》（四），第151頁。
⑥ 章太炎《與鐘君論學書》，載《文史》第2輯，北京中華書局1963年版，第279頁。

吏治,名為用世之良規,實則干時之捷徑,雖僉人所足道,亦君子所羞稱。"①其1908年後不再專注於諸子思想的挖掘而偏向文字考證,與這一認識不無關係。

求是與致用,政治與學術,乃晚清以來中國知識分子所面臨的兩難命題,亦是學術思想界訴訟不休的問題。面對西方文化的洶湧之勢,變革傳統,尋求政學分途,是20世紀初眾多學人的自覺;但另一方面,社會弊端叢生、外侮日甚的現實又需要他們"鐵肩擔道義,妙手繡文章"。因是之故,近世知識分子,無論是章太炎這樣新舊過渡的晚清士人,還是胡適這樣的新派知識分子,均搖擺於政學之間,取捨兩難。但晚清學術、思想的"粗率淺薄"(梁啟超語)使得像章太炎、劉師培這樣傳承古文經學實事求是學術傳統的國粹派,意識到晚清"以經術緣飾政論"學風之弊,轉而強調求是和學術獨立,追求突破傳統及新型學術的建立,既表徵了乾嘉樸學與現代學術的密切關聯,也代表了世紀之交晚清學術發展的趨向,為中國現代學術的確立奠定了基礎。章太炎"五四"前後對早年批孔表示懺悔,並非緣於康有為式的崇孔,而是不滿於新文化派混淆思想與學術、激烈批孔的非學術做法。其早年"訛孔",乃偏重孔子學說之短;晚年崇儒,乃突出孔子對中國文化的貢獻,但終其一生,平視孔子與周秦諸子、客觀看待諸家學說之短長的態度一以貫之。以此視之,時人心目中國粹學派由"進步"而"保守"形象的轉換,是非對錯,不可一概而論。具體到包括墨學在內的諸子學研究而言,國粹派堅持"六經皆史"觀,夷孔子於諸子之列,評述各家短長,從而突破了諸子學附屬於經學的傳統格局,由附屬而蔚為大觀。同時,他們在"復興古學"、研究國粹的追求中,借助西方社會科學的理論與方法,闡發諸子義理之學,雖不乏牽強附會之處,但卻推動了中國傳統學術的現代轉型。侯外廬氏稱許章太炎"對於諸子學術研究,堪稱近代科學整理的導師"②,即從此處着眼。20世紀30年代,郭湛波也從傳承與發展的角度論及章太炎在近代諸子學復興中的關鍵作用:

> 由尊孔讀經而到考證經學史學,由考證經學史學而到考證諸子,由考證諸子之書而到研究諸子學說思想,由秦漢以前諸子學說思想之起,而推翻孔孟學說思想之獨尊,這不是一個矛盾的辯證的發展。章氏即由考證學到諸子學之重要人物,集清代考證之大成,開近代研究諸子學之先河,這就是章氏在近五十年中國思想史上之貢獻。③

因是之故,新文化運動中批判儒學、推崇包括墨家在內的諸子思想,與國粹派俗化孔子、夷孔子於諸子之列的做法有不可割裂的聯繫。而且,國粹派結合考證與義理、比較中西的治學,亦開創了民國時期墨學研究的基本軌轍,可說是開後來國故研究之先河。"五四"時期,傅

---

① 劉師培《〈國粹學報〉三周年祝辭》,載《國粹學報》第38期,1908年2月。
② 侯外廬《中國近代啟蒙思想史》,第186頁。
③ 郭湛波《近五十年中國思想史》,山東人民出版社1997年版,第57頁。

斯年等趨新人士雖將章太炎與康有爲並列,目爲落伍之人,然不廢其俗化孔子之功:"章先生現在雖然尊崇孔子,當年破除孔子的力量,非常之大。""中國人的思想到了這個時期,已經把孔子即真理一條信條動搖了。"①作爲新文化運動主將的胡適也承認自己在治學上於章氏多有承繼,他在《中國哲學史大綱》自序中明言:"對於近人,我最感謝章太炎先生。"即從章太炎處所接受的諸子平等的觀念,而這正是《中國哲學史大綱》賴以立論的基礎之一。

[作者簡介] 張永春(1968——　　),湖南南縣人。歷史學博士,現爲廣州暨南大學歷史系講師。研究領域爲近代中國的思想與學術,近來主要從事"近代墨學與中國傳統學術的現代轉型"的專題研究,已發表相關論文若干篇。

---

① 傅斯年《清代學問的幾種門徑書》,載《新潮》,第1卷第4號,1919年4月。

# 《商君書》明刻本考述

## 張 覺

為了給治《商君書》者提供一些可靠的研究綫索與材料,根據我長期研究、整理此書的心得,今特作《〈商君書〉明刻本考述》一文。

## 一、嘉靖刻本及嘉靖點評本

此類刻本主要有兩種:一為范欽天一閣所編《范氏奇書》本,一為天啟丙寅(1626年)馮愫校刊的馮覲嘉靖年間點評本。這兩種本子的共同之處是:保留了較多的耐人尋味的符號"○"。這種"○"大概有兩種涵義:一是表示闕文,二是表示被删除的衍文。這兩種本子的不同之處有二:一、范本的"○"較多,馮本的"○"較少。這除了范本中的有些"○"可能被馮氏當作衍文符號删除外,還在於范本中的有些"○"在馮本中都有文字,而馮本中的這些文字很可能源自嘉靖時流行的《商子》刻本。二、范本無注釋,而馮本有注釋。馮本的注釋,也可能源自嘉靖時流行的《商子》刻本(詳下文)。

現在我們將這兩種本子分别介紹如下。

### 天一閣《范氏奇書》本

范欽天一閣所編的叢書《范氏奇書》刊於嘉靖年間,其中收有《商子》五卷。該本在卷首"商子卷第一"後題:"四明范欽訂",故不難識别。

該本現在已不多見,國家圖書館藏有 部(索書號為10108)。1919年上海涵芬樓將此《商子》收入《四部叢刊》而加以影印,所以其流布甚廣。但是,該影印本並不能完全反映原本的面貌。例如:原本末行"商子卷第五終"一行字,在影印本中就見不到了。

### 觀玅齋所刊馮覲點評本

天啟丙寅(1626年)武林馮氏觀玅齋校刊的馮覲嘉靖年間點評本,如今已不多見。國家圖書館、上海圖書館等均有收藏,但各有得失。國家圖書館藏本(索書號為18586)有封面,封面上有字三行,依次為:"馮晉叔先生評點","商子","觀鈔齋藏板"。上海圖書館藏本(索書號為516351)則無此封面,其所載"附錄"與"商子目錄"的裝訂次序也與國家圖書館藏本不同。《慎法》篇"任法而治矣",上海圖書館藏本之"治"字壞缺,國家圖書館藏本則未壞缺。上海圖書館藏本之末有《讀〈商子〉後叙》,國家圖書館藏本則無此後叙。現將該書簡介於下。

該書首載馮覲《點評〈商子〉序》,每半葉5行,每行11字,其文如下:

> 文之傑者,必傑人。章句之儒死於語下,出言亦囁嚅而無敢作之氣,規規然於語之內、語之外。古之傑文者不因文,不因事,造心而事成,事成而文變。胷中羅有人物者,落紙便成人物;胷中具有山河者,下筆即作山河。商君量秦,兼秦以威。夫秦,未聞學有奇字也。其書讐王而敵霸,與管氏垺,篇曰《農戰》,曰《去强》,曰《說民》等二十六,而亡其二。首與先王難者,曰《更法》,曰《墾令》,曰《算地》,阡陌之本圖也。故其文,廣如疇,延如塍,折如經,曲如股,亘如壟,墳如丘,疊如阪,深如溝,通如洫,截如畍,意披丘甸之中,數事竭精,印如黍米跡。心造事乎?文造心乎?傑於文者,無如商君鞅!然尚有說,商君能憖先王於即世之後,數易世之後,未有能憖夫商君者,身戮而法不敝,商君亦矯而傑者。夫其法,能令秦二世亡,亦能令秦二世帝,矯哉!商君數世之後,未有廢夫商君者,商君之書何可廢不讀也?余讀商君書,其屯者闢之,斷者連之,漏者兌之,閼者導之,有堅硬而不可加之錘者置之,有偏闕零角而不可方圓規者復置之,有砂礫蒙稙不共良苗宜其新者又置之,以貽夫世之種秋。夫商君者,若以其《詩》、《書》、慧辨而任譽焉是鼠,夫商君者矣!雖有《詩》、《書》,鄉一束、家一員焉是蛆螣蚼蠋,夫商君者矣!損其學而日淫焉是虱,夫商君者矣!余何足為傑人規?時嘉靖己未重九日,小海道人馮覲書於聯桂堂①。

次為《附錄》,載司馬遷之《商君傳》,其後有評語兩條,其文如下:

> 董份曰:"衛鞅非說以帝王之道。蓋先以迂闊久遠之事使秦王之心厭,以益堅其用伯之志,見伯之效速耳。"
> 楊慎曰:"敘商鞅變法,備載廷臣論難,與趙武靈王變胡服事同一書法。"

次為《商子目錄》。

次為《商子》之正文、注釋與點評,每半葉9行,每行20字,白口。在每卷第一行"商子卷第×"下均有如下兩行字:

---

① 此後有正方形陽文印章"馮覲之印"與正方形陰文印章"廉訪使者"。

秦商君公孫鞅著　明錢塘馮覲晋叔點評

曾孫馮玉鳳／懌仝校閱

　　值得注意的是，該書正文有句讀，天頭或篇題之下有少許批語，蓋即馮覲之"點評"。但是，其正文中還有不少注釋，不知注者為誰。根據我的研究，認為這些注釋應該源自嘉靖時流行的《商子》刻本，而非出自馮覲之手。因為在馮本刊行前，陳深於萬曆辛卯(1591年)刊行了《諸子品節》。《品節》雖然只節錄了《墾令》等13篇文字，卻也載有類似的注釋。《品節》刻於馮本之前，所以這些注釋顯然不會出自馮本。

　　那麼，這些注釋是否會出自陳深之手呢？也不是。

　　首先，這些注釋常常會被陳深復述，因而不像陳深所為。如《墾令》："廢逆旅，則姦偽、躁心、私交、疑農之民不行，逆旅之民無以食，即必農。"《品節》之正文中有小字注："逆旅者，傳舍也。無傳舍，民無所寄食，則歸而農矣。"而在其上欄又有批注："民無所托食，則歸而務農。"這兩條注文明顯重複，而其批注又明顯是在申述文中之注釋，顯然非一人所為。在我看來，其批注應出自陳深之手，而正文之注釋應該取自其翻刻時的底本。再如其《徠民》"而使新民作本"下有注："新民，三晉之民來歸者也。"而在此後僅隔三行的"新民給芻食"邊上又有旁注："新民，三晉來歸之民。"如果是一人注書，絕不會在同一頁中作如此重複的注釋，所以這兩條注文顯然不出於一人之手。其前面的文中注應該是原本之注釋，而旁注應該出自陳深之手。

　　其次，馮本之文中注顯然不出自《品節》，而應該出自嘉靖時流行的《商子》刻本，因為比勘二者之注釋可以清楚地看到，其注釋大體相同而互有多寡、短長、正誤，並無相承之迹。如《墾令》"令送糧無取僦，無得反庸"之注釋，馮本作："取僦，載之取雇。反庸，攬私載而歸也。如此，則徃來價也，遲久，農事廢弛矣。僦，雇載也，賃也。"《品節》作："取僦，取雇載之價也。反庸，攬私載而歸也。如此，則徃來遲久，農事廢弛矣。僦，雇載也，賃也。"《品節》之注文似乎經過改寫，而馮本之注文顯然不出自《品節》。再看其《筭地》中的正文與注釋，《品節》在"勝敵草不荒"之"草"卜注"衍字"，而馮本之正文作"勝敵草木不荒"，並在"木"下注"木字衍"。兩者相校，《品節》顯然有刪削不當之弊，而馮本之正文與注釋顯然較為完好地保留了原本的面貌而優於《品節》，所以它不可能出自《品節》。

　　總之，這些正文中的注釋既不能說是馮覲所為，也不能說是陳深所為，而應該都來源於嘉靖時流行的《商君書》刻本，其真正的注釋者現在已難以考見。

　　馮本之書末有《讀〈商子〉後叙》，行草，每半葉6行，每行12字左右，其文如下：

　　　　予退耘藥圃，曝先世遺書，快丹鉛滿篋。隨展一編，乃幼而授之予祖小海翁所評阡陌書也。公子鞅志富強，開阡陌，愚民以農，一民以戰，不出兵農二者。茀井制之兵農，有地水相函之義；阡陌之兵農，有食力互奪之形，名曰本農耳。秦，固以兵威天下者。故秦之帝,帝以商君;秦之亡,不亡以商君,而亡於背商君之法。兵器銷而秦亡,兆失所威也。雖然,後世未有能去阡陌者,未有能去兵者。井制之九一,民環為食,農養農也;後世之畿兵、府兵、衛兵、營兵,皆數農民而養一戰民,即商之法,抑官,抑商,抑惰民,抑費民,抑愛子,抑餘子,抑居游,抑酒估,抑而歸之農,實抑而歸之兵也。歸之兵,自不淂不多取農;多取農,則阡陌便。九一而取二焉,已見二也;阡陌而取多焉,未見多也。阡陌之不復而井田也,勢也。余祖莘耕之餘,為此疆彼界之畫,授之余父。及余,亦未克竟其志。今也止以占晴量雨之實,而寄黍藝之思扵余之子若孫,不能無望焉。授之兒愫,粲之梨,明繼志也。余將操夷吾七尺,施以佐公子山林、藪澤、流水,老居谿谷道邑之箕花畦稻陂,寧有兩乎?余以問之老農者,問之老圃。天啟丙寅春王正月馮贄撰

值得指出的是,高亨在《商君書注譯·商君書的古本》中說:"明馮覲《評校》本(刊於嘉靖年間)。"①這實是未見原書而造成的誤說,不可信從。我們只能說,"馮覲點評於嘉靖己未(1559年)",而不能說"校刊於嘉靖年間"。

## 二、緜眇閣《先秦諸子合編》本

萬曆三十年(1602年)緜眇閣刊刻了《先秦諸子合編》,收子書十六種,其中有《商子》五卷。

關於《先秦諸子合編》本,高亨在《商君書注譯·商君書的古本》中說:"明馮夢楨本(即緜眇閣本,在馮氏所編《先秦諸子合編》中,刊於萬曆年間)。"②高亨之文作"馮夢楨",實是錯誤的。這種錯誤也發生在其他一些書籍中,如翁連溪編校的《中國古籍善本總目·子部·總類》著錄《先秦諸子合編》時,也誤為"明馮夢楨編"③。其實,正確的寫法應該是"馮夢禎"。《明史》中沒有"馮夢楨"之名而只有"馮夢禎"④,《人民日報》(海外版)2006年6月23日第15版(《中華文物》專版第190期)還刊有明代朱簡(約1570—1631年)所刻的"馮夢禎印"⑤,皆可證高氏之誤。

至於高亨說"馮氏所編",也不符合事實。從馮夢禎的序言(見下所錄)及《先秦諸子合編》中的按語來看,該書當由李茹更所編校,馮夢禎其實只寫了個序言而並沒有從事實際的編輯

---

① 高亨《商君書注譯》,中華書局1974年版,第4頁。
② 同上。
③ 《中國古籍善本總目》,翁連溪編校,綫裝書局2005年版,782頁。
④ 《明史》卷九十九、卷二百四十二、卷二百八十八有"馮夢禎"之名,中華書局1974年版,第2487、6291、7391頁。
⑤ 《人民日報》(海外版)所載之"馮夢禎印":

校刊工作。細考該書,其中《晏子》、《孔叢子》、《鶡子》、《關尹子》、《文子》、《亢倉子》、《慎子》均載録余有丁"丁丑夏日"之按語①,《亢倉子》一書之按語署"丁丑夏日潛菴子余有丁志",《慎子》一書之按語署"萬曆丁丑夏日余有丁志"。此外,《晏子》、《鶡子》、《商子》有李茹更的按語。李茹更在《晏子》的按語中說:"余文敏取《内篇》分為上下卷,《外篇》重而別出者附注各章之下,不合經術者附於篇末,不為無見。今仍宋本刻之,明舊式也。不妨兩存。"②他在《鶡子》一書的按語中還署明"萬曆壬寅孟秋上弦"。再結合馮夢禎的序言可知,《先秦諸子合編》實由李茹更編校於萬曆壬寅(即萬曆三十年,1602年)七月,他在編輯時曾參考了潛菴子余有丁(字文敏)編於萬曆丁丑(即萬曆五年,1577年)夏日的《子彙》,他編好後又請馮夢禎寫了個序言。清代瞿鏞《鐵琴銅劍樓藏書目録》卷十在著録《晏子春秋》明刊本時說:"此明李氏緜眇閣刻本。"其所謂"李氏",當指李茹更;而緜眇閣,當即李茹更的室名。因此,緜眇閣本為李茹更所編輯校刊當無疑義。

國家圖書館藏有緜眇閣校刊的《先秦諸子合編》(索書號為02528)。該書原為雙鑑樓藏本,書首有馮夢禎的序言,每半葉5行,每行10字,行書,其文如下:

《莊》、《荀》、《管》、《韓》、《吕覽》最著,若晏嬰、孔叢、關尹、鶡冠、商鞅、墨翟、鬼谷之倫,其文詞不無少遜,故讀之者少,其書刻亦散出,州郡學者罕得遍讀。囊監刻《子彙》,文多節略,於是吴中《合編》出焉。書十六種,出《漢·志》者十二,出《隋、唐、宋·志》者四,歷歲千百數,經亂離妄庸者各以意見增損,故瑶瑨雜糅,未可致詰,合而存之是也。嘗論之,自七雄分争,天下奇衺之士竝以術顯諸矦,固自述以見志,即盡屬偏頗,純白未備,然卒不外名法道德為藩籬,要之不盡詭於大道,令得遊孔氏之堂聆取材之訓,得明主而為之輔,則諸子者皆卿材也。百卋之後,夫誰以異端斥之——謂為大道之蠹邪?則余所重慨於諸子者也。況乎經殘教弛之日,政衰刑亂之餘,得士如晏嬰、商鞅者,善任之,揣其機宜,時其張弛,則以懲奢淫而飾禮教,振積衰而為富强,不必遠慕殷、周之盛,天下國家亦可均已。余故謂諸子之言皆所以載道,惜乎後人弗能知也!諸子之術皆足以致治,惜乎後人弗能用也!讀《合編》者尚其有經卋之思哉?萬曆壬寅八月望後

緜眇閣的《先秦諸子合編》刻板,後來為施全昌所得,施全昌於天啓改元(1621年)以此板重印,俞樾《諸子平議》卷二十之《商子平議》便稱此本為"施氏《先秦諸子》本"。高亨在《商君

---

① 與《子彙》之按語相校,可知其按語全部出自《子彙》,但《子彙》中的按語不題"余有丁",除了《晏子》、《鶡子》、《文子》、《慎子》題"丁丑夏日潛菴子志",《孔叢子》、《關尹子》、《亢倉子》只題"丁丑夏日志"。

② 余有丁在《子彙》中的《晏子》前有按語云:"今取《内篇》分為上下卷,《外篇》重而別出者附注各章之下,不合經術者附於篇末,而仍列之儒家,丁丑夏日潛菴子志。"

書注譯·商君書的古本》中説:"施氏本(在施氏《先秦諸子》中,施氏為何如人,刊於何時,均未詳。)(俞)"①其實,只要看一下施全昌的重印本,高亨的問題就迎刃而解了:施氏為施全昌,俞樾所謂的"施氏《先秦諸子》本"即緜眇閣本之重印本,刊於萬曆三十年(1602年)而重印於天啟元年(1621年)。

上海圖書館藏有施全昌重印的緜眇閣本《先秦諸子合編》(索書號為 T280407-14)。該書之首無馮夢禎的序言而載有施全昌的《諸子合編引》,其文由楊之佳以行書書寫,後半部分對我們瞭解該書之詳情很有裨益,故不妨錄於此。其文曰:"是編詳載於《文心雕龍》,子合十六,名曰'先秦',向梓於鹿城緜眇閣,先達馮太史為之叙。余得之二十年,不與買人市,故不多行。友人欲索其書,愧無以應。兹公諸同好,互校讐之,不敢秘為私藏云耳。嗟乎!祖龍烈焰,其為焚後之殘書有幾? 而乃以'秦'名也。其亦火傳於不盡與? 天啟之改元婁水後學施全昌浔全父謹識。"

此引言之後即為《先秦諸子合編總目》及《晏子》等十六種子書。從《先秦諸子合編總目》之葉開始為楷體,其版心下皆有"緜眇閣"三字,其文與國家圖書館所藏的《先秦諸子合編》相同,由此亦足證施氏之《先秦諸子合編》本即緜眇閣刻板之重印本。上海圖書館藏本與國家圖書館藏本之不同處,只在於前者裝訂成 8 冊,有施全昌之引言而無馮夢禎之序言;後者裝訂成 16 冊,有馮夢禎之序言而無施全昌之引言,而其壞缺處多於前者,《商子》之壞缺尤甚,但也有前者壞缺而後者不壞缺的,如《開塞》之"今世之所謂義者"之"謂"字,卷三末行之"商子卷三",前者壞缺而後者完好不缺。因此,校勘時宜同時取資而不宜只取一本。

上海圖書館藏本第六冊(國家圖書館藏本在第十冊和第十一冊)為《商子》。《商子》之首為《商子總目》,其第一行題"商子一部五卷二十六篇"。《商子總目》後有《商子評語》三條:其一為《黄氏日抄》之文,其二為楊用修《丹鉛總錄》之文,其三為李茹更之按語。第三條甚有學術價值,現錄於此以供讀者參考。其文如下:

> 李茹更曰:"《商子》文甚沉奥,定是戰國文字,黄氏謂'煩碎不可句',政由訛舛多爾;至謂'真偽不可知',大抵真偽無常,期於有合,商子以後為法家言者非一人,或潤色為之耳。故商子之書,不必盡出於商子。即不盡出於商子,亦不害為《商子》也。"

《商子評語》後即為《商子》正文,每半葉 10 行,每行 20 字。

緜眇閣本《商子》是現存《商君書》版本中頗為別致的一種版本。它與衆本不同的地方主要有如下幾處:

(一)《墾令》之"無外交,則國安不殆。民不賤農,則勉農而不偷",他本多作"無外交,則勉農而不偷。民不賤農,則國安不殆",馮本、嚴本作"無外交,則國勉農而不偷,民不賤農,則

---

① 見高亨《商君書注譯》,第 5 頁。

國安不殆"。這種情況表明,縣眇閣本很可能保留了古本面貌,而別本則有錯簡,馮本、嚴本多出的上一個"國"字,可能就是"國安不殆"錯簡後未刪削乾淨所致。

(二) 篇題"禦盜第二十一",他本皆無"禦盜"二字。《晉書·刑法志》云:"悝撰次諸國法,著《法經》。以為王者之政,莫急於盜賊,故其律始於《盜》、《賊》;盜賊須劾捕,故著《網》、《捕》二篇。其輕狡、越城、博戲、借假不廉、淫侈、踰制,以為《雜律》一篇;又以《具律》具其加減。是故所著六篇而已,然皆罪名之制也。商君受之以相秦。"據此,則縣眇閣本很可能保留了古本面貌。

(三)《外內》"奚謂輕治?其農貧而商富——故其食賤者錢重,食賤則農貧,錢重則商富;末事不禁,則技巧之人利而游食者衆之謂也",他本多作"奚謂輕治?其農貧而商富,技巧之人利,而游食者衆之謂也",並在篇末注云:"'商富'下一本有'故其食賤者錢重,食賤則農貧,錢重則商富;末事不禁,則技巧'云。"嚴本同縣眇閣本而加注云:"元本、秦本無'故其食賤者'云云二十二字,范本附注篇末。"

(四) 縣眇閣本在《禁使》"今夫騶虞以相監,不可,事合而利異者也"下注云:"下缺二十八字。"而他本大多只有十六個闕文符號,或索性將闕文符號刪去了。

上述種種表明,縣眇閣本應該源自與當時各本所不同的另一種版本。或者說,它代表了另一種版本系統。所以,縣眇閣本具有較高的校勘價值。

## 三、其他明代全刻本

據我所校,以為上述三種刻本的校勘價值較高。但是,明代一些叢書中的刻本如今也被視為善本,所以也不能棄之不顧。這類刻本主要有三種:一是《漢魏叢書》本,二是《二十子》本,三是《合諸名家批點諸子全書》本。這三種本子屬於同一系統而與上述三種本子有較大的差別。但其內部也有差異,其中,當以《漢魏叢書》本最為近古,而《合諸名家批點諸子全書》本最為獨特。今分別介紹如下。

### 程榮《漢魏叢書》本

程榮萬曆時校刊的《漢魏叢書》,首有萬曆壬辰(1592年)蜡月東海屠隆的《漢魏叢書序》,可見其刻於萬曆二十年(1592年)以後。

其中《商子》五卷,無序跋,每半葉9行,每行20字。其正文與范本相近,即保留了較多的"○"。

該本在每卷第一行"商子卷第×"下均有如下兩行字:"秦　衛人公孫鞅著"[1],"明　新安

---

[1] 卷一、卷二之"鞅"作"鞅",卷四作"衛人　秦公孫鞅著"。

程　榮校"。因此,該本甚易識別。

上海涵芬樓在乙丑年(1925年)八月影印了《漢魏叢書》,也可利用。但間有壞字,如《慎法》"民倍主位"之"主",《定分》"諸官吏及民有問法令之所謂也"之"官",均有缺損,故不如原本之佳。

此外,吉林大學出版社1992年縮印過《漢魏叢書》,也可利用。

## 吳勉學《二十子》本

明萬曆時吳勉學刻《二十子全書》,其中有《商子》五卷,無序跋,每半葉9行,每行18字。該本在每卷第一行"商(商)子卷第×"下均題:"新安吳勉學校",故甚易識別。這種本子習稱"《二十子》本"或"吳勉學本"。其正文不但删去了各本之"○",而且也無所考訂,所以校勘價值不大。

吳勉學的刻板後來為黃之寀所得,黃氏以自己的名義印行《二十子》,人們遂稱之為"黃之寀本"。其實,它不過是"吳勉學本"的重印本,因而並沒有什麼校勘價值。

## 《合諸名家批點諸子全書》本

天啟年間武林刊行《合諸名家批點諸子全書》,其中有朝爽閣所刻《商子》二卷,甚為獨特。其與衆不同之處主要有兩點:一是改衆本之五卷為二卷;二是附有楊慎的評語與顧起元的注釋。

該書如今已不多見,國家圖書館、上海圖書館等有收藏。上海圖書館除了藏有《合諸名家批點諸子全書》之叢書本(索書號為 T01972-91),還藏有這種刻本的單行本(索書號為455156),而後者還被錄入了光碟,只能在電腦上閱覽,由此也可看到這種版本被珍視的程度。但該單行本沒有封面,所以其版本信息令人不可捉摸。至於《合諸名家批點諸子全書》中的《商子》,則有完整的封面,其上有字三行,依次為:"楊升菴顧鄰初二先生評釋"、"商子"、"朝爽閣藏板"。有了這一封面,其內容便一目了然了。

該書首載吕胤衳《〈商子〉序》,行草,每半葉5行,每行11字左右,其文如下:

秦公孫鞅者,激烈豪偉士也。初嘗以帝道干孝公;不入,復以王道進;又不入,於是說之以霸道而淂之其所注。自《更法》以迄《定分》凡二十六篇,偲偲然以農戰、開塞、弱民、嚴令為務,豈即干主之餘技矣乎?而非也。鞅蓋揣當时之民染秦之習,農貧而商富,技巧之人利而遊食者衆,且皆猜如獰狼,悍若烋虎,桀傲不可使矣。我猶是標仁揚義而治之,何異把勺水而沃燎原,抱塊土而塞河決也。於是立生今變古之說以堅主心,申輕賞重罰之令以新國是。隘四民必出之途,使其苦之而欲逃;寬農家非望之澤,使其甘之而欲赴。雖幾於襮霸哉,然實本於事王之術。故其《墾令》也,有耕鑿之遺風;《農戰》也,淂寓兵之餘教;後文墨,希結繩之上治;斥遊說,杜橫議之亂習;擬戰,則具孫、吳之紀律;擬守,則步墨翟之徽繩;制爵,悉倣於《周官》;明分,取衷於《虞典》。至若挽民習,則曰"求利為失禮之法,求名為失性之常";論王道,則曰"以賞禁,以刑勸;求過不求善,藉刑以去刑";論富國,則曰"有土者不可以言貧,有民者不可以言弱";論教令,則曰"明賞之猶至於無賞,明刑之猶至於無刑,明教之猶至於無教"。種種設術,不置民於熙皞之世不止。且其文,汪洋蔓衍,不以組鍊為工;精悍質直,不以雕琢為餙;真先秦之文傑也。世乃以刑名家目之,蓋緣子長"天資刻薄"之一評,而商君之月旦遂終古不易矣。說者謂其術不無過刻,請以子産,鄭之良大夫也,其為政則曰:"寬則濟之以猛。"秦猶非濟猛之秋耶?昔武王克商,遷頑民於洛邑。以武之聖不能格,則梗化之民不可以常法治也明矣,則商君之行事未可盡非矣。第紿魏將印,刑公子虔,其人誠無足取,然執是而槩其生平,恐又非所論於豪傑之士也。許劭評魏武曰:"治世之能臣,亂世之奸雄。"使商君生唐、虞之際,安知不為皐、夔、伊、呂之良弼也耶?俛業同,非譽在世;才諝同,值遇在时。秉千秋之鑑者,不可不為士慨也。少陵贈李青莲有云:"世人皆欲殺,吾意獨憐才。"予知愛商君之才而已矣。问水亭长吕胤礽书①

　　序文之後為《商子目錄》及《商子》正文,每半葉 9 行,每行 18 字,白口。本書分為二卷,自《更法第一》至《靳令第十三》為卷上,自《脩權第十四》至《定分第二十六》為卷下。其正文在"商子卷上"後題有如下兩行字:"秦　衛人公孫鞅著","明　仁和朱蔚然訂"。在"商子卷下"後題有如下兩行字:"秦　衛人公孫鞅著","明　仁和朱錫綸訂"。要說明的是,在國家圖書館所藏的《合諸名家批點諸子全書》本(索書號為 05746)《商子》中,"朱蔚然訂"、"朱錫綸訂"之"訂"字均作"校"。由此可見,該書雖然錄有楊慎的評語與顧起元的注釋,但實為朱氏所校刊。高亨在《商君書注譯·商君書的古本》中說:"明朱蔚然本(在某氏所編《合諸名家批點諸子全書》中,楊慎評,顧起元釋,朱蔚然訂,刊於天啟年間)。"②只說"朱蔚然訂"而埋沒了朱錫綸的校訂之功,顯然是不妥當的。

## 四、明代諸子百家選本

　　明代一些節選諸子百家之文的選本,也選有《商子》之文。這些評選本實際上是作為一種普通的文學讀本問世的,更由於是節選本,所以一般來說,在古籍考校方面就沒有什麼價值了。但是,由於這些本子刊刻較早,所以現在往往被視為善本;更由於現存《商君書》古本甚

---

① 此後有正方形陽文印章"吕胤礽印"與正方形陰文印章"白榆"。
② 見高亨《商君書注譯》,第 4 頁。

少,所以它們在《商君書》的研究方面還是有一定的參考價值。下面介紹三種選本,它們應該源自嘉靖時的通行本,而與上述程本之類屬於不同的版本系統。

### 陳深《諸子品節》本

明代吴興陳深(字子淵)所刻之《諸子品節》,書前有陳深所撰之《諸子品節序》,該序末所署的時間因印本的不同而有差異。上海圖書館所藏之本(索書號為 13468)題"萬曆庚寅孟夏日",復旦大學圖書館所藏之本(索書號:善(1874))題"萬曆辛卯孟春日"。蓋此書初版於萬曆庚寅(1590年),而在萬曆辛卯(1591年)重印時又將日期剜改過。

該書卷十四節錄了《墾令》、《農戰》、《去强》、《筭地》、《開塞》、《錯法》、《脩權》、《來民》、《賞刑》、《畫策》、《外內》、《君臣》、《禁使》13 篇中的文字,總題為《商君開塞耕戰書》,並視之為"內品"。其節錄的正文,有任意割裂之弊,故價值不大。其文中、天頭有評語、注釋,可稍加采撫。值得重視的是其文中的雙行小字注,因為這種注釋文字很可能源自嘉靖時流行的《商君書》刻本(詳上文)。

齊魯書社 1995 年將《諸子品節》收入《四庫全書存目叢書》第 122 冊影印出版,所以此書現在容易見到。可惜的是,其影印時所選的底本是辛卯以後的重印本,而該重印本又因版角有磨損而致使多處字迹不清,讀者使用時還得尋覓精印本加以補足。

### 文震孟《諸子彙函》本

文震孟天啟乙丑(1625 年)叅訂校刊的《諸子彙函》,托名歸有光蒐輯,但早已有人認為此書並非出自歸有光之手。

該書卷七節錄了《商子》中的《墾令》、《農戰》、《算地》、《開塞》、《來民》。在書名《商子》題下有小字注,其文如下:"姓公孫,名鞅,衛庶孽也。使秦,因景監以仕孝公,富彊其國,封於、商。著書二十九篇,名《商子》。太史公謂其刻薄少恩,又讀《開塞》書,謂與其行事相類,卒受惡名,信不誣也。"

此後為《商子》原文與評注。其文中之小字注與《諸子品節》相同而又有誤字,蓋出於《諸子品節》或源自嘉靖時流行的《商君書》舊注(詳上文),故未足珍貴。其所錄每篇《商子》之文除了在正文天頭輯有各家評語外,篇末輯有每篇之總評,值得參考。

齊魯書社 1995 年將《諸子彙函》收入《四庫全書存目叢書》第 126 冊影印出版,所以此書現在容易見到。

### 陳仁錫《諸子奇賞》本

好生館天啟丙寅(1626 年)所刊的《諸子奇賞前集》卷三十六、卷三十七為《商子》之文。《商子》中除了第十六、第二十一兩篇因有目無文而未被該書採錄,現存的 24 篇文章皆被收入(僅《靳令》有所刪削),這在明代諸子百家選本中是比較難得的一種。

上海圖書館藏有完整的《諸子奇賞》(包括《前集》和《後集》,索書號為 850407－12)。其《諸子奇賞前集》首載陳仁錫(字明卿)丙寅(1626 年)所寫的《諸子奇賞前集叙》,其中有些文字值得參考,現摘錄於此:"學莫要乎六經,人才莫急乎經濟,文章莫貴乎雄渾博大,何以有諸子之刻?蓋欲返之於六經也。以六經收諸子,不若以諸子返六經。強其所厭,不若用其所喜。夫諸子,多救時之人也。然六經,治未病;諸子,治已病。六經,治百世之病;諸子,治一時之病。六經,藥物悉備,而不預裁一方,病夫自取焉。諸子,方太具,藥太猛,乃治已也奇,治人也拙;治一國也奇,治一世也拙。奇以方,拙亦以方。後之習諸子者,幾無疾而呻吟,類無方而操藥,又近於入虎狼之窟,採烏喙之毒,奚取焉?人皆曰:'子,才也;子,識也;子,膽也。'其寔不知子。……天之刑商,不在耕戰,而在告訐;其刑韓,不在名法,而在以《説難》干富貴也,貪醫也,然言與法不可泯矣。……丙寅孟夏,古吴陳仁錫書,黄河舟中。"

　　《諸子奇賞前集》卷三十六首葉載有楊用修的《商子》評語。次葉首行題"諸子奇賞卷之三十六至卷之三十七目次",第二行為書名"商子",第三、第四行為小字題注,其文云:"公孫鞅,衛庶孽也。去衛入秦,因景監為主,以仕孝公,立威於棄灰,行信於徙木,刑公子虔,給衛將卬,天資刻薄人也。孝公没,卒以車裂,身被其禍。開墾耕戰諸書,沉奥煩瑣,有類《管子》,故談富強之術者,必曰管、商。"第五行以下為卷三十六、卷三十七所載之《商子》篇目,但有顛倒缺漏,與正文不甚相符。

　　其次即為正文,每半葉 9 行,每行 20 字。其正文天頭還有簡略的評注。正文之首行題"諸子奇賞卷之三十六",第二行題"古吴陳仁錫明卿父評選",卷三十六共收録《更法》至《兵守》12 篇。卷三十七之首行題"諸子奇賞卷之三十七",第二行題"古吴陳仁錫明卿父選評",該卷共收録《靳令》至《定分》12 篇。

[作者簡介] 張覺(1949—   ),男,江蘇太倉人。先後畢業於南京大學、復旦大學,現任上海財經大學人文學院教授、博導、中文系主任。主要著作有《韓非子導讀》、《吴越春秋全譯》、《荀子譯注》、《潛夫論全譯》、《〈孟子〉句式變換釋例》、《商君書校注》、《韓非子譯注》、《商君書導讀》、《韓非子:帝王的法術》、《韓非子校疏析論》等,發表學術論文二百餘篇。

# 《韓非子》的"辯證法"和"邏輯學"析評

## 楊俊光

論者頗有認為《韓非子》中"辯證法"和"邏輯學"思想如何如何豐富，甚至認為它在這兩個方面有如何如何大的貢獻，從而把其作者韓非當作了辯證法家和"邏輯學家"的。

下面，我們就來看看這些說法究竟是否屬實①。

## 一、是"辯證法"，還是形而上學？

所謂"豐富的辯證法思想"，所舉出的不外以下數端。
(1) 關於"發展變化"

> 凡理者，方圓、短長、粗靡、堅脆之分也，故理定而後可得道也。故定理有存亡，有死生，有盛衰。夫物之一存一亡，乍死乍生，初盛而後衰者，不可謂常。唯夫與天地之剖判也具生，至天地之消散也不死不衰者謂常。而常者，無攸易，無定理。無定理，非在於常所，是以不可道也。聖人觀其玄虛，用其周行，強字之曰"道"，然而可論。故曰："道之可道，非常道也。"(《解老》)

論者以為，這就是在主張"一切具體事物都是變化無常的"，又以同篇的"道……不得不化，故無常操"，為其主張"道"也只是"相對的""常"，而"從道的具體表現來看，道又是變化無常的"之證，從而以為《韓》書主張"發展變化的絕對性"。此外，還以《韓》書的"發展變化的社會歷

---

① 學界主《韓》書有辯證法和邏輯思想者甚多。本文只從有關著述中引錄被當作這種說法根據的《韓》文以為討論的對象，因旨不在考察《韓》書研究之歷史進程，故不以研究論著的時間先後為序，而以論述較詳盡及時間較近者為主而輔以其他。凡引及研究者的有關評論文字，亦不問其為創說抑述其前人成說，故亦不明注出處。

觀"為其"肯定發展變化的前進性"之證。

主張變化、發展、運動,確是辯證法思想的主要特徵。恩格斯就說過,在他的《反杜林論》一書中,"辯證法被看作關於一切運動的最普遍的規律的科學"①。但是,《韓》書的上述原文實在並無論者所理解的意思。

第一,《韓》書並未主張"具體事物都是變化無常的"。《韓》文說的不是"物……不可謂常",而是"物之……者"不可謂常。這種"名詞性中心語+'之'+定語+者"的結構,其作用即在"幫助定語後置","使中心語和定語之間,表面上具有分母分子的關係(又有云:"是整體和部分的關係"——第640頁),翻譯時可在中心語後邊加'裏頭',或讓這定語回到中心語前邊"②;即:"物裏頭那些有存有亡、忽生忽死、先盛後衰的(或"那些……先盛後衰的物"),不能叫做'常'。"段氏所舉《韓非子》本書的兩個例子:"人之救火死者(楊按:原文二字作"者死"),比死敵之賞。"(《內儲說上》)"因救火而死的人,按照為抗敵而死的賞賜。"③"人之(楊按:原文無"之"字,唯無關文旨)塗其體,被濡衣而走火者,左三千人,右三千人。"(《內儲說上》)"身上弄得污濁(楊按:應是用某種防火的東西塗在身上的意思)、披着濕衣奔向火中的人,左有三千人,右有三千人"④也都是一樣的意思。所說的"人",既不是所有的"人",也不是所有"死者",而只是"人"的一部分和"死者"的一部分——救火而死的人與"塗其體……走火"的人。回到本題,所說的"物",同樣不是所有的"物",而是"物"的一部分——"一存一亡,……初盛而後衰"的"物"。這就意味着:"物"的另一部分,是並非"不可謂常"的。於此,書中也正有很好的證據:"臣之所聞曰:'臣事君,子事父,妻事夫。三者順則天下治,三者逆則天下亂。'此天下之常道也,明王賢臣而弗易也。"(《忠孝》)"法禁變易,號令數下者,可亡也。"(《亡徵》)相對於"道"來說,君臣、父子、夫妻間的關係,以及國之"法禁",應該都是"具體事物"了,但又被確認為不能"易"的"常道",或是"變易"會使國家滅"亡"的不能"變易"之物!

至於哪些要變、哪些不能變,或同一事物而何時要變、何時不能變,《韓》書倒是另有一種說辭:"變與不變,聖人不聽,正治而已。然則古之無變,常之毋易,在常古之可與不可。"(《南面》)這個決定"變與不變"的所謂"正治",所謂"可與不可",就明顯地具有主觀隨意性了。於此可見,20世紀在一個較長期間辯證法之淪為野心家"變戲法"的道具,也是"評法",即向法家韓非學習的結果了。

第二,"道……不得不化,故無常操"亦不當如彼所解。"化",當如《荀子·正名》之意:"狀變而實無別而為異者,謂之化;有化而無別,謂之一實。"即僅有外貌變化而實質未變。正是因此,《韓》書接下來就不是"故無常"而說"故無常操"。意思是:並非整個的"道"即"道"之為

---

① 于光遠等編譯《自然辯證法》,人民出版社1984年版,第158頁。
② 段德森編著《實用古漢語虛詞詳解》,山西人民出版社1986年版,第49頁。
③ 同上。
④ 同上,第640~641頁。

"道""无常",而只是"道"之一方面——"道"之"操""无常"。"操"是什么?《说文》:"操,把持也。"段注:"把者,握也。"此为"操"之本义:操持。引申之,则为掌握、控制、管理。《韩》书即不乏其用例:"术者,……操生杀之柄,课群臣之能者也。"(《定法》)"操官兵,推公法,而求索奸人。"(《五蠹》)又引申为操纵、运用,如:"衣三属之甲,操十二石之弩。"(《荀子·议兵》)"无常操",说的就是"道"掌握、控制、管理、操纵、运用所及没有固定的范围、不受限制的意思,亦即如其紧接下文所说的可以包括"死生……万智……万事……天……地……"等。这也正是"道"之所以为绝对之所在,怎么可以认为因此而使"道"成了"相对"?

再说"凡理者……然而可论"整个一段文字的主旨,亦不在论"变",是以"不可谓常"一语撇开了"变"而来论"常"。原文接着即以"唯……谓'常'"限定其所论的范围,其后"而常者……"以下所说就都是所谓的"常"了。此文①本在解《老子》的"道之可道,非常道也"一语。在《老子》,"道"也只是"常":"有物混成,先天地生,寂兮寥兮,独立而不改,周行而不殆,可以为天(下)〔地〕②母。"(《老子》二十五章)它是独立地存在着,永远也不会改变的。因此,《老》之"非常道也"亦一样地在撇开"可道"之"道"而只认可"不可道"之"常道",即所谓"吾不知其名,故强字之曰道,强为之名曰大。"(同上)把它叫做"道",叫做"大",只是不知道它真正的名而勉强叫着的意思。《韩》书所说、所追求的"道",亦是"常道",上文已经引及的"明王贤臣而弗易"的"常道"即可为证。还有,《八经》篇两两对比地否定"无常之国"而肯定"有道之国","常"就是"道","道"就是"常"(《饰邪》篇"先王以道为常"),亦甚为明白。此外,"语曰:'家有常业,虽饥不饿;国有常法,虽危不亡。'夫舍常法而从私意,则臣下饰于智能;臣下饰于智能,则法禁不立矣。是妄意之道行,治国之道废也。"(《饰邪》)此之"常业"、"常法"(即"治国之道")以及《主道》篇的"习常"皆在肯定"常",而"行无常议"(《显学》)、"上贤任智无常"、"废常上贤"(《忠孝》),又都是所否定的。

至于《韩》书又有什么"易常"(《南面》)、"智者无常事"、"圣人无常行"(《喻老》)、"不法常可"(《五蠹》)、"治民无常"(《心度》),那完全是出于其临时需要,还是在"变戏法"了。

第三,《韩》书的社会历史观,只是说到了"发展变化",至于"发展变化的前进性"即所谓越变越好,却是全书无有之义。看《五蠹》篇说历史变化的两段文字已经说到的,就其"构木为巢"、"钻燧取火"并非古已有之,"决渎"治水、"征伐"暴虐亦是使社会前进而言,确可认为是今(后)胜于古(前)。但是,就其"上古"、"中古"无"暴乱"而"近古"则有之,已经不能说今胜于古。还有,"古者……不事力而养足,人民少而财有馀,故民不争。""今……人民众而货财寡,事力劳而供养薄,故民争,虽倍赏累罚而不免于乱。"更是在说物质生活、道德情操两方面都是今不如古了。书中又有:"古人亟于德,中世逐于智,当今争于力。(此意又见《五蠹》篇,文字亦仅有微异)。……古者人寡而相亲,物多而轻利易让,故有揖让而传天下者。"(《八说》)也是

---

① 文中还有一些不合逻辑或文理之处,已详于《韩非子宇宙观"是唯物主义"说辨证》,此不赘。
② 据古棣《老子校诂》说校改,吉林人民出版社1998年版,第61页。

一樣的意思。更有專就"當今"而言的:"今天下無一伯夷,而奸人不絕世。"(《守道》)"猾民愈眾,奸邪滿側。"(《揚權》)"……無能之士在廷,而愚污之吏處官矣。""是當塗者之徒屬,非愚而不知患者,必污而不避奸者也。"(《孤憤》)"當今之世,大臣貪重,細民安亂,甚於秦、楚之俗,而人主無悼王、孝公之聽,……此世所以亂無霸王也。"(《和氏》)則是每況愈下了。

原《五蠹》篇說歷史變化的目的,僅在證"今有美堯、舜、湯、武、禹之道於當今之世者,必為新聖笑矣"一語,即反對實行"堯、舜……之道"亦即同篇再次說到的"仁義用於古不用於今",反對實行"仁義"之道。它是以人之變壞為"根據"而宣揚"不養恩愛之心而增威嚴之勢"(《六反》)、"嚴刑重罰"(《奸劫弒臣》)的政策:"古者黔首悗密(勤勉、質樸),故可以虛名取也。……今民儇詗(機靈、奸詐)……上必且勸之以賞,然後可進;又且畏之以罰,然後不敢退。"(《忠孝》)"法與時轉則治,治與世宜則有功。故民樸而禁之以名則治,世知維之以刑則從。"(《心度》)"故罰薄不為慈,誅嚴不為戾,稱俗而行也。故事因於世,而備適於事。"(《五蠹》)甚至以嚴刑重罰為不足而還要運用"藏之於胸中,以偶眾端而潛御群臣"的、"不欲見"即見不得人的骯髒不堪的"術"(《定法》)。即此而論,《韓》書也就必然要認為人連同使人發生變化的社會都是越變越壞,而絕不可能認為越變越好即所謂"肯定發展變化的前進性"的。至於他有時確也舉出可以認為是今勝於古的實例,則或者亦只能從它的臨時的、"變戲法"的需要來解釋了。

於上可見,這種關於"發展變化"的主張,就絕不是辯證法而正好是形而上學。

(2) 關於"矛盾對立"

> 上下一日百戰。(《揚權》)
> 是智法之士與當塗之人,不可兩存之仇也。(《孤憤》)
> 夫冰炭不同器而久,寒暑不兼時而至,雜反之學不兩立而治。(《顯學》)

論者以為,這些就都是在"強調對面之間的鬥爭性",是"強調矛盾的對立"這種"法家辯證法思想的理論特色"之例證。

說以上這些都在"強調……鬥爭性",說這些也就是《韓》書矛盾觀的"特色",極是。這樣的說教,在《韓》書可以說是俯拾即是,實在還可以代為舉出幾則有代表性的言論:

> 君臣之利異,故人臣莫忠,故臣利立而主利滅。(《內儲說下六微》)
> 臣之所不弒其君者,黨與不具也。(《揚權》)

這是說的君臣之間的"矛盾對立"。

> 且萬乘之主,千乘之君,后妃、夫人、適子為太子者,或有欲其君之蚤死者。何以知其然?夫妻者,非有骨肉之恩也,愛則親,不愛則疏。語曰:"其母好者其子抱。"然

則其為之反也,其母惡者其子釋。丈夫年五十而好色未解也,婦人年三十而美色衰矣。以衰美之婦人事好色之丈夫,則身見疏賤,而子疑不為後,此后妃、夫人之所以冀其君之死者也。唯母為后而子為主,則令無不行,禁無不止,男女之樂不減於先君,而擅萬乘不疑,此鴆毒扼昧之所以用也。(《備內》)

這是說的君臣兼夫妻、父子之間的"矛盾對立"。

　　古者蒼頡之作書也,自環者謂之私,背私謂之公,公私之相背也,乃蒼頡固已知之矣。今以為同利者,不察之患也。(《五蠹》)

這是說的"公"私之間的"矛盾對立"。

但是,所有這些都正好不是什麼辯證法而是後世"鬥爭哲學"濫觴的形而上學。馬克思認為:"兩個矛盾方面的共存、鬥爭以及融合成一個新範疇,就是辯證運動的實質。"①恩格斯說:"辯證法是關於普遍聯繫的科學。主要規律……兩極對立的相互滲透和它們達到極端時的相互轉化。"②又稱"辯證法"的一個"規律"為"對立的相互滲透的規律"③。這就是說,辯證法理解的"兩個矛盾方面",不僅有"鬥爭"而還有"共存",更有"融合"的關係,因此,其主要規律也就表述為"對立的相互滲透",而不是"相互滲透"的"對立",其重點落在"相互滲透"亦即"融合"、"聯繫"而不在"對立"、"鬥爭"上面。

《韓》書也說到了矛盾的"統一",論者亦有所舉陳,並皆正確地認識到:"韓非雖然承認對立面的統一性,但在他看來,對立面之間所表現的協調和平衡,只是有條件的、暫時的,而其鬥爭則是絕對的。","矛盾的各個方面之間的聯繫與統一,並非韓非思想中關注的主要內容。作為法家思想的代表人物,與其法治思想相聯繫,韓非強調的是矛盾的各方面之間的對立、排斥和否定。"但是,由於皆信從"矛盾的同一性……是有條件的……矛盾的鬥爭性是無條件的"(《矛盾論》),而還是認為這種"強調""對立"的觀點是"辯證法"。有的論者甚至還說:"由於時代的特點,韓非是較多地重視對立的鬥爭,但他對矛盾雙方的相互依存,即對矛盾的同一性並非完全否認。","韓非並非只講矛盾鬥爭而不講同一。"即認為也講這種"同一性"是"辯證法"的有力證據。其實,我們只要"在同一關係下"或"使用同一個標準",即"都是在特定矛盾存在着的情況下來研究同一性與鬥爭性這兩種矛盾性質有沒有需要另外的條件的異同……同一性就是與鬥爭性一樣不再需要另外的條件了。反過來說,如果認為同一性以矛盾的存在為條件因而是有條件的,那麼鬥爭性也同樣需要有依存於一定條件才發生的矛盾,即以有條件而

---

① 《哲學的貧困》,《馬克思恩格斯全集》,第4卷,第146頁。
② 于光遠等編譯《自然辯證法》,第3頁。
③ 同上,第75頁。

存在的矛盾爲條件,也同樣是有條件的了。"①因而同一性"有條件"、鬥争性"無條件"之說就是根本不能成立的。在馬克思、恩格斯著作中,也完全找不到此"有條件"、"無條件"的字樣或意思。相反,對於"對立",既不乏不加限制的"不可分離"、"相互聯繫"、"互相滲透"、"匯合"、"融化"、"融合"等意思;又雖有"只是在非常有限的領域内才具有絶對的意義",卻更有不加限制的"相對的"、"只有相對的意義"、"一切都是相對的"等;還有"包含着對立……是矛盾,也就是矛盾統一"、"對立,只存在於……依存……之中"、"依存,只存在於……對立中"等,不一而足。②

後世的這個"有條件"、"無條件"的論斷,是那個曾經長期冒充馬克思主義辯證法而迷惑了很多人並造成了空前惡果的,實際上既不是馬克思主義,也不是辯證法,而倒是不折不扣的形而上學的"鬥争哲學"的重要內容。《韓》書的矛盾觀,也一樣的是爲它的政治主張即實行所謂"法"、"術"、"勢"服務的。這已是一般論者所認識到了的。至於它也說"統一",其實仍是出於同一目的。即如論者所舉陳者:"君操其名,臣效其形,形名參同,上下和調也。"(《揚權》)"君有道,則臣盡力而奸不生。"(《難一》)"君明而嚴,則群臣忠。"(《難四》)其所謂"君……",作爲"和調"、"盡力"、"忠"的條件,無非就是按它的"法"、"術"、"勢"行事的意思。就是說,如果不按它之所說行事,就只有對立而没有統一了。說穿了,還是在"變戲法"。這一點,或爲論者所忽略了。

(3) 關於"對立面的轉化"

> 人有禍,則心畏恐;心畏恐,則行端直;行端直,則思慮熟;思慮熟,則得事理。行端直,則無禍害;無禍害,則盡天年。得事理,則必成功。盡天年,則全而壽。必成功,則富與貴。全壽富貴之謂福。而福本於有禍。故曰:"禍兮福之所倚。"以成其功也。
>
> 人有福,則富貴至;富貴至,則衣食美;衣食美,則驕心生;驕心生,則行邪僻而動棄理。行邪僻,則身死夭;動棄理,則無成功。夫内有死夭之難而外無成功之名者,大禍也。而禍本生於有福。故曰:"福兮禍之所伏。"(《解老》)

論者以爲,這是"異常精闢地論述了禍與福轉化的條件和過程"。此說亦有可商。以爲《韓》文在論"禍與福轉化"的"過程"雖是,但實則並没有論到什麼"轉化的條件"。所謂"禍與福轉化的條件",應該是遇禍或福以後"因禍(福)得福(禍)"的條件,即發生從禍(福)到福(禍)轉化的條件;這個條件當然不能就是禍或福本身。觀《韓》文文意則是:有了禍,不再需要什麼條件而即發生"畏恐……端直……("無禍害……盡天年")……思慮……得事理("必成

---

① 說詳拙文(未刊)《同一性"有條件"、鬥争性"無條件"說辨析》。
② 馬、恩原文,詳見《同一性"有條件"、鬥争性"無條件"說辨析》。

功")……之福",總結性的"福本於有禍"一語同樣並未提到"有禍"以外需要什麼條件。"人有福……"云云,也是一樣。

具體地說,論者以為"轉化的條件"是"'得事理'或'動棄理'"或"謹慎端正和驕傲邪辟"。但是,"得事理"、"動棄理"、"謹慎端正"("行端直")、"驕傲邪辟"(驕心生……行邪辟)雖分別地是"必成功"、"無成功"、"思慮熟"、"身死夭"的條件,而此四者卻僅僅是由"福"和"禍"本身產生,並不需要其他條件,譬如說,作威作福(一意孤行)或總結經驗(改弦更張)等。就是說,有了禍(福)就能轉化為福(禍),轉化完全是無條件的。有論者還從《韓》文所用字眼提出了證明,認為一連"許多'則'字就指禍福互相轉化的條件"。實亦不然。"則"字,雖可以是其所在為條件複句(或其緊縮句)之標誌,即其前、後分別表示事情的條件和結果,於是,"心畏恐"、"行端直"、"思慮熟"、"得事理"等,就都依次成了其緊接後文的條件。但即使這樣,推到源頭上,"心畏恐"和"富貴至"的條件"人有禍"和"人有福",卻只是文字形式上的,在內容上則不是與"禍""福"同時存在的"條件",而只是"禍""福"自身。所以,仍然沒有說到什麼條件,就是說"禍"一定會轉化為"福",反之亦然。這樣,就很容成為宣揚相對主義的根據。就是這同一位論者,雖在說《韓》書的"則"字表示"條件"的同時,也說到"《老子》講對立面的互相轉化而沒有講互相轉化的條件",而在說《老子》的篇章卻舉出了以為是講"轉化"的"曲則全,枉則直,窪則盈,敝則新,少則得,多則惑"五個"則"字句,亦可見此"則"字完全不可作為有"條件"之證。

不僅如此,《韓》書還有主張矛盾不能轉化的,上已舉出的"臣事君,子事父,妻事夫"的所謂"常道"(《忠孝》),即為其例。此外,還有也是比喻君臣之間絕對統治服從關係的什麼"冠雖穿弊,必戴於頭;履雖五采,必踐之於地"(《外儲說左下》)等等,例多不贅。因此,其關於"轉化"的思想,就決不是辯證法而是形而上學。

同樣值得注意的還有,《韓》書亦講到轉化的條件,論者已經舉出的即有:"人臣太貴,必易主位。""千乘之君無備,必有百乘之臣在其側,以徙其民而傾其國;萬乘之君無備,必有千乘之家在其側,以徙其威而傾其國。""群臣之太富,君主之敗也。"(《愛臣》)"賞罰者,邦之利器也,在君則制臣,在臣則勝君。"(《喻老》)就是說,"人臣"的"太貴"、"太富",篡奪了"賞罰"二柄,君之"無備","賞罰"失控,是轉化的條件。但是,所有這些,既不能否定其還主張不能轉化或轉化不需條件,因而不能認為它的講轉化是辯證法,而只能認為是形而上學。

《韓》說之既講轉化不必條件,亦講不能轉化,又講一定條件的轉化,個中原因,確在論者已經言及的,是用它的"哲學直接為其法治路綫服務"。主張君臣之間的絕對的統治服從關係不能改變,是為了宣揚它的君權專制的政治制度。說禍福之間的無條件轉化,則在把它作為"重刑少賞"(《飭令》)的根據:一方面在肯定、宣揚恐怖主義統治的功效,所謂"警眾心"(《八經》)、"使民畏之"(《五蠹》)等;另一方面則在貶抑、否定民眾應有的福利,提倡"相忍以饑寒,相強以勞苦",反對"相憐以衣食,相惠以佚樂",以維持其所謂"法之為道,前苦而長利;仁之為道,偷樂而後窮"的謊言,以實施其"用法之相忍,而棄仁人之相憐"(《六反》)即對民眾的殘酷剝削和壓迫,制造秦王朝出現過的"貧民常衣牛馬之衣,而食犬彘之食"(《漢書·食貨志》載董仲舒語)、"赭衣塞路,囹圄成市"(《漢書·刑法志》)的局面。一言以蔽之,都是出於"變戲法"的需要。至於也說到了的那些條件——"人臣""太貴"、君主"無備"等,則更是直接地在論證對臣下實施高壓和耍弄權術的必要了。

亦有論者據《亡徵》篇:"亡徵者,非曰必亡,言其可亡也。……木之折也必通蠹,牆之壞也必通隙。然木雖蠹,無疾風不折;牆雖隙,無大雨不壞。萬乘之主,有能服術行法以為亡徵之君風雨者,其兼天下不難矣。"而謂:"實質上是把鬥爭看做矛盾轉化的根本條件。這在春秋戰國時期的辯證法思想中是很有特色的。"這還是上了以同一性"有條件"、鬥爭性"無條件"為"辯論法"的當。按其解釋,這個所謂"鬥爭"指的是"外力作用",即使"樹折牆倒"的"疾風大雨",亦即使有"亡徵"之國"必亡"的"能服術行法"的另一國,則已經是明白無疑的形而上學的外因論了。辯證法所說的轉化的條件,只是前引恩格斯所說的"兩極對立……達到極端",亦稱在發展的"一定點上"①,而並無什麼"外力作用"和"鬥爭"。"辯證運動的實質"則是上引馬克思說的"兩個矛盾方面的共存、鬥爭以及融合成一個新範疇","鬥爭"亦並無與"共存"、"融合"相比的特殊作用。

(4) 其他

論者舉出的以為是《韓非子》"辯證法"思想的材料,還涉及"聯繫"、"質和量"、"內容和形式、本質和現象、部分與整體、特殊與一般、現實性與可能性等等";有論者認為是所謂"已接觸到許多辯證法範疇"、"對某些辯證法範疇的自發認識"②。這裏,亦略一述之。

關於"內容和形式",論者舉出"禮者,所以貌情也"(《解老》)云云,而以為:"在韓非看來,一個事物的'內'與'外'即內容和形式應該是統一的,形式本來應該為內容服務。"但是,同一位論者又舉出"夫君子取情而去貌,好質而惡飾"(同上)等而曰:"韓非由於看到某些事物中形式與內容的矛盾,……又使他陷入了否認形式作用的形而上學片面性。"可見,其歸結已經不是辯證法而是形而上學。同時,這也是出於政治的需要。對此,同一位論者也已經有所道及:是為了反對所謂"辯說文辭之言"(《外儲說左上》)。但是,還可以略作補充:是為了統制思想以推行它的極權統治。具體說來,就是用它狹隘的"用"和"功"(《亡徵》、《八經》)即內容為標準而視"為學"、"好辯"為國家之"亡徵"(《亡徵》);於是,就要求"息文學"(《八說》,《詭使》則稱為"二心私學"),"無用之辯不留朝"(《八經》),甚至還要"去其身而息其端",即殺人除根,以實現其"無書簡之文,以法為教;無先王之語,以吏為師"(《五蠹》)的目標。

關於"本質和現象",論者既云"韓非已自發地認識到本質與現象的對立統一關係",又云"韓非特別注意與本質背道而馳的假象,並要求人們……善於識別假象。"同樣已經不免片面,而歸結為形而上學。所謂"善於識別假象",又正是在政治上無端懷疑"人臣莫忠"(《內儲說下

---

① 于光遠等編譯《自然辯證法》,第 65 頁。
② "辯證法範疇"一語實有不確,應該說"對一些哲學範疇之間辯證關係的認識"。

六微》)、皆欲"弒其君"(《揚權》)、"徙其民而傾其國"(《愛臣》),甚至"后妃、夫人……太子……有欲其君之蚤死者"(《備內》),並得出"天下無一伯夷"(《守道》)、"奸邪滿側"(《揚權》)等否定一切的結論,以為其實施高壓、峻法、陰謀的形式上的根據。

關於"全局和局部",論者舉出"人臣之爭事而亡其國者"等於"自殺",以及田嬰門客諫止在其封邑薛地築城之語:"君長有齊,奚以薛為?君失齊,雖隆薛城至於天,猶無益也。"(《說林下》)而以為:"韓非已認識到全局包含局部,沒有全局便沒有局部的道理。他認為,個體若不維持集體的生存或生存條件,便談不上自身的生存。"這裏,重點無疑是落在"全局"上面。或因此而又舉出:"挾夫相為則責望,自為則事行。""心調於用者,皆挾自為心也。故人行事施予,以利之為心,則越人易和;以害之為心,則父子離且怨。"(《外儲說左上》)以為:"韓非還認識到局部構成全局、沒有局部便沒有全局的道理。他認為成全局部利益可以贏得總體利益。"就是說,並不片面強調"全局"。但是,原文"相為"、"自為"的主體如"人"和"越人"、"父"與"子"等之間,完全不是"全局和局部"的關係,而只是對等的兩個不同主體,或可稱為"局部"與"局部"的關係。所以,"韓非還認識到"云云,是沒有根據的。這樣,對於這一對哲學範疇的關係,《韓》書的認識又不免片面,陷於形而上學。在政治上,這種片面強調"全局"的觀點,又是為它的所謂"去私心行公義"(《飾邪》)張目的。"去私心行公義",也就是以"人主"、"國"、"法"、"上"即君為"公"亦即"全局",而以"家"、"人臣"、"匹夫"即臣下為"私"(語見《飾邪》、《有度》、《孤憤》、《詭使》、《八說》、《八經》等篇)亦即"局部",既是"以我之大私為天下之大公"(黃宗羲《明夷待訪錄·原君》)。又把"安身利家"打成"私心"(《飾邪》),以"私者,所以亂法"(《詭使》)、"公私之相背"(《五蠹》),而要"去私"(《有度》)、"立法令……以廢私"(《詭使》),而欲達到"賢者之為人臣,北面委質,無有二心。……故有口不以私言,有目不以私視,而上盡制之"(《有度》)。即把自己全部身心交給君主,連說話、察看都只能為了君主,亦即對臣民的絕對統治。

關於"特殊性和普通性",論者舉出"道者,萬物之所然也"、"理者,成物之文也"、"道者……萬理之所稽也"、"萬物各異理,而道盡稽萬物之理"(《解老》),以為分別是"韓非認為,道是萬物所共有的普遍規律……理是萬物的特殊規律"、"作為特殊規律的理包含着普遍規律道……普遍規律道寓於特殊規律之中"之證。亦頗有可議。如果撇開解"道"為本體之說,"道"和"理"是可以解作規律。但是,即使"理"是具體事物的規律,作為"萬物之所稽(即合)"、"盡稽萬物之理"的"道"也只是總的規律。就是說,也只有總、分之別而並無什麼"普遍"和"特殊"。至於"寓於"等的辯證關係,更是原文絕無之義。再說《韓》書之談"道",也只是為了在政治上從"道無雙"、"道不同於萬物"等純形式地推出"明君貴獨道之容"、"君不同於群臣"、"要在中央"、"聖人執要"(《揚權》)等,即牽強附會、生拉硬拽地把它作為專制統治、一大套付人民和臣下實施高壓和陰謀主張的表面依據。普遍和特殊的辯證關係,又豈是《韓》書所在意。

關於"可能性與現實性",論者舉出《亡徵》篇的"可亡"、"必亡"(文已見前引)而謂:"韓非認為,'可'(可能性)不等於'必'(必然性、現實性),'可'可以轉化為'必',但必須有適當的條件"。這是把"現實性"與"必然性"或者同時也把"可能性"與"偶然性"相等同了。其實,這兩對範疇之間雖有聯繫,但並不等同。《中國大百科全書·哲學》謂:"可能性與現實性,反映事物或現象出現之前的發展趨勢與出現之後的既成現實之間的相互聯繫的一對哲學範疇。"、"必然性是指現實中由本質因素決定的確定不移的聯繫和唯一可能的趨勢;偶然性是指現實中由非本質的、互相交錯的因素決定的以多種可能狀態存在的聯繫。"涇渭分明,不容混同。

關於"質和量",論者舉出:"有形之類,大必起於小;行久之物,族必起於少。故曰:'天下之難事必作於易,天下之大事必作於細。'"(《喻老》)認為:"韓非也看到事物具有質和量的對立統一,事物的發展有其由量變到質變的過程。"這裏,就是按論者所說,原文其實也只有"由小到大,由少到多,由難到易",而並無"質和量"、"量變到質變"等。特別需要指出的是,原文所謂"是以欲制物者於其細也。故曰:'圖難於其易也,為大於其細也。'"在政治上,也不是什麼"變法進取的理論根據",而是為它的權術統治的一條準則——先下手為強張目的。如原文又說:"凡奸者,行久而成積,積成而力多,力多而能殺,故明主蚤絕之。"(《外儲說右上》)

關於"聯繫",論者舉例並云:"韓非全面論析'法''術''勢'三者的聯繫,強調三者的統一,形成了一套系統而又完備的法治理論,使法家的法治思想得到了全面發展。……同時也表明了法家代表人物在激烈的社會變革和政治鬥爭中,對社會事物之間的聯繫有了相當深刻的認識。從而也極大地豐富了我國古代辯證法思想的內容。"其實,辯證法所說的"聯繫"是"普遍聯繫"。恩格斯說:"辯證法是關於普遍聯繫的科學。"[1]普遍聯繫就是:"聯繫不是個別事物之間暫時的、特殊的關係,而是一切事物、現象和過程所共有的客觀的、普遍的本性。"(《中國大百科全書·哲學》)同時,黑格爾說過:"假如一個人能看出當前即顯而易見的差別,譬如,能區別一枝筆與一頭駱駝,我們不會說這人有了不起的聰明。同樣,另一方面,一個人能比較兩個近似的東西,如橡樹和槐樹,或寺院與教堂,而知其相似,我們也不能說他有很高的比較能力。我們所要求的,是要能看出異中之同和同中之異。"[2]識別"異""同"是如此,識別"聯繫"亦當如此。《韓》書之看出"皆帝王之具"(《定法》)即同樣是帝王實行統治所必需的"法"、"術"、"勢"之間的聯繫,實在沒有什麼"相當深刻"可言,甚至並不比梁惠王對孟子"殺人以梃與刃,有以異乎?"之問的"無以異也"(《孟子·梁惠王上》),即知道木棒和刀子都可以殺人這一共同點(聯繫)更加高明。至今無人以梁惠王之答孟子語為辯證法,《韓》書"法"、"術"、"勢""聯繫"之說,又何"辯證法"之有?

"人們遠在知道什麼是辯證法以前,就已經辯證思考了"[3],"兩極相通"這個"深入人們意

---

[1] 于光遠等編譯《自然辯證法》,第3頁。

[2] 黑格爾《小邏輯》,商務印書館1980年版,第259頁。

[3] 恩格斯《反杜林論》,《馬克思恩格斯全集》,第20卷,第155頁。

識的辯證法"命題,就是一個"古老命題"①。這是因為:"辯證法的規律是自然界的實在的發展規律","頭腦的辯證法只是現實世界(自然界和歷史)的運動形式的再現。"②(或者說,"辯證法本來是人類的全部認識所固有的。"③)這種"自然過程的辯證性質"在不同的歷史時期還不同程度地會"以不可抗拒的力量迫使人們不得不承認它"④。即使在古代農業社會,如果一個人連事物的最簡單的聯繫(植物、水、陽光、蟲害)、變化(種子與果實)、同異以及整體部分的關係等都一無所知,或對這些完全可以從經驗中獲得的知識故意否認,那他是不可能生存的。對於反對辯證法而主張形而上學的思想家來說,也是如此。

因此,凡是蓄意反對辯證法的,亦都採取了表面或有限地認可而在實質上加以歪曲的辦法。最明顯的例子是董仲舒。他主張:"道之大原出於天,天不變,道亦不變";"古之天下亦今之天下,今之天下亦古之天下";"道者萬世亡弊,弊者道之失也。"(《漢書·董仲舒傳》載董《對策》語;《春秋繁露·楚莊王》稱"奉天而法古")但在表面上還承認矛盾,只是加以歪曲,認為其兩方面不能轉化,一方面永遠處在支配地位,另一方面永遠只能服從它。這樣的矛盾,也就不是辯證法的而是形而上學的矛盾了。如他說:"物莫無合,而合各有陰陽。……君臣父子夫婦之義,皆取諸陰陽之道。君為陽,臣為陰;父為陽,子為陰;夫為陽,妻為陰。"(《春秋繁露·基義》)、"丈夫雖賤,皆為陽;婦人雖貴,皆為陰。陰之中亦相為陰,陽之中亦相為陽。諸在上者皆為其下陽,諸在下者各為其上陰。"(同上,《陽尊陰卑》),在社會政治領域,亦不是絕對地否定變而只是給以嚴格限定,不許越出"道"所容許的範圍,即只有形式的、枝節的變,而不許有實質的、根本的變。如有云:"今所謂新王必改制者,非改其道,非變其理。……故必徙居處、更稱號、改正朔、易服色者,無他焉,不敢不順天志而明自顯也。若其大綱人倫道理政治教化習俗文義,盡如故,亦何改哉。"(同上,《楚莊王》)

《韓》書亦然。對於自然、社會的辯證性質,除了有選擇地承認其中符合它的政治需要的部分以外,就是加以歪曲:限定了"發展變化"的範圍,把"矛盾對立"絕對化,把"對立面的轉化"或則直接否定,或則說成無條件的,如此等等。

## 二、是"邏輯學",還是詭辯?

所謂"韓非……在邏輯學上……的歷史貢獻",甚至是"流芳百世"的"重要的貢獻",舉出的大致有如下諸證。

---

① 恩格斯《自然辯證法》,第52頁。
② 同上,第76、65頁。
③ 《列寧全集》,第55卷,第308頁。
④ 恩格斯《自然辯證法》,第47頁。

(1) 關於"邏輯規律"

> 客曰:"人有鬻矛與盾者,譽其盾之堅,'物莫能陷也',俄而又譽其矛曰:'吾矛之利,物無不陷也。'人應之曰:'以子之矛,陷子之盾,何如?'其人弗能應也。"以為不可陷之盾,與無不陷之矛,為名不可兩立也。夫賢之為道不可禁,而勢之為道也無不禁,以不可禁之賢與無不禁之勢,此矛盾之說也。夫賢勢之不相容亦明矣(《難勢》;其中論"矛盾"部分,又見《難一》篇,文僅有小異;唯其所用以證明的是"堯、舜之不可兩譽")。①

這是論者特别强調的一條,所謂"流芳百世……的貢獻",主要就是指的這個"'矛盾之說'對邏輯規律的創見"。同時,這也是還值得加以討論的僅有的一條。具體説來,論者或則認為這是"對形式邏輯的矛盾律作出了精闢、科學的闡述",或則籠統地稱之為"矛盾律的提出和運用"。

這裏,就有一系列的問題。

第一,《韓》書以為"為名不可兩立"或"不可同世而立"(《難一》)的"不可陷之盾"與"無不陷之矛",作為思維形式,只是兩個概念。因為客觀世界中並無與之相應的事物,所以還是虛假的概念,即主觀的虛構,是没有外延的,即在客觀世界中並無相應於它們的一類事物。再者,它們也没有上位概念。因此,它們之間也既説不上有還是没有什麼關係,更説不上是否有矛盾關係。如果説有矛盾,那也只是"字面上的、臆造出來的矛盾"②。而且,矛盾律在概念方面的要求,只是不能同時用兩個互相矛盾的概念去表示同一個對象,而這裏涉及的卻是兩個對象。

第二,有論者認為《韓》書的兩個概念也就是"兩個判斷"即原文兩個句子"吾盾之堅,物莫能陷也"(據《難一》篇)與"吾矛之利,於物無不陷也"的"緊縮式",或者就更直接地據這兩個判斷為說。這當然也不錯。但是,矛盾律在判斷方面的要求只是對同一個對象不能作出自相矛盾的兩個判斷(即兩個判斷應該具有相同的主詞),而這裏涉及的又是兩個對象(即兩個判斷的主詞不同);至於兩個判斷皆是虛假的而説不上其間有什麼關係,與上述作為兩個概念的情

---

① 這一段妙文,半個多世紀以來不斷有論者舉以為《韓》書"辯證法"思想的材料,從 20 世紀 50 年代的"具有了一些初步的辯證思維的萌芽",到 80 年代的"的確包含着較豐富的樸素辯證法思想",直到 21 世紀初的以此作為"法家辯證法思想的理論特色"。其原因,當然還是上了鬥爭性是"絕對的"甚至矛盾就是"對立"、"鬥爭"這種假辯證法的當,即所謂"這種'矛盾之說'中強調矛盾的雙方的排斥和對立是十分明顯的。"邏輯矛盾與辯證矛盾的區别,應該是十分明白的。認為《韓》文在說邏輯,還值得一辨,如果以為說的是辯證法,就已經不值得為之浪費筆墨了。同時,也是為了避免重複,故在前文有關"辯證法"的部分未於論列。

② 語見列寧《論工人政黨對宗教的態度》,《列寧選集》,第 2 卷,第 379 頁。

況完全一樣。

第三，於是而又有這兩個不同主詞的判斷"蘊涵着"或可據以"推出"其他之說，甚至是輾轉推演出了"吾盾能阻擋吾矛"、"吾盾不能阻擋吾矛"或"吾矛能刺破吾盾"、"吾矛不能刺破吾盾"這樣兩對相互矛盾的判斷。但是，這已經不是《韓》書的原文，而是論者的分析所得。而且，其分析、推演所根據的仍然是那兩個既分指着不同的對象更是虛假不實的判斷。不管是用"混合關係三段論"或"根據反對稱關係的性質"所作的推演，如果其前提不是真實的判斷，得出的結論當然是無效的。

第四，邏輯學是從真假值的角度來研究思維的邏輯形式及其規律的，但從《韓》書的文字表述看，並不是從這一角度，也不是就着思維的形式及其規律說的。它完全不像《墨經》關於判斷的表述："或謂之牛，或謂之非牛，是爭（彼）〔仮〕①也。是不俱當。不俱當，必或不當。"（《經說上》）亦不如《公孫龍子》關於概念的表述："其名正則唯乎其彼此焉。謂彼而彼不唯乎彼，則彼謂不行；謂此而（行）〔此〕不唯乎此，則此謂不行。……故彼彼當乎彼，則唯乎彼，其謂行彼；此此當乎此，則唯乎此，其谓行此。"（《名實論》）②不僅如此，《韓》文所指甚至連其為矛盾律或排中律即是矛盾關係或反對關係都含糊不清，因而使今天的論者還就此而發生爭論，充其量也只能認為是反對關係蘊涵着矛盾關係云云③。又不像《墨經》之還另行清楚明白地表述了排中律："（攸）〔仮〕④不可兩不可也。"以資區別。與之相較，《韓》書其實只是舉了一個例子，而且是虛構的例子而已。即便是舉了一個真實的例子，也只是說到了經驗的事實，而並非概括的、公式化的、學理的表述：既沒有"提出"，更沒有"闡述"也不一定就是在有意識地"運用"什麼規律。就"邏輯規律是客觀事物在人的主觀意識中的反映"、"人的實踐活動必須億萬次地使人的意識去重複各種不同的邏輯的式，以便這些式能夠獲得公理的意義"⑤看，如果時間再提前幾百年，這樣做充其量亦只有為使"邏輯的式""能夠獲得公理的意義"而"重複"的"億萬次"的"實踐活動"中的一次的作用。但是，到了韓非的時代，即在《墨經》與《公孫龍子》已經作出了規律性、學理性的表述以後，就連這樣的作用都並不具有了。

第五，就是這樣一個虛構的例子，在《韓》書又是用來論證它的所謂"賢勢之不相容"與

---

① 校說詳見拙著《〈墨經〉研究》，南京大學出版社2002年版，第534～535、544頁。

② 說詳拙著《惠施公孫龍評傳》，南京大學出版社1992年版，第220～223頁。

③ 有論者認為："韓非在分析、論述這一'矛盾之說'時，可以看出，他已經相當明確地意識到在'不可陷之盾'與'無不陷之矛'這兩個斷定之間，並不具有必然一真的邏輯關係，而只是斷定了'不可同世而立'或'為名不可兩立'的不能同真必有一假的邏輯關係。"其實，"不可同世而立"、"不可兩立"，都就是不可並存、不可同時存在的意思；而"不可同時存在"雖然確實"只是斷定了……不能同真必有一假"，但對於是否"必有一真"只是未予斷定，而實在並未斷定或"意識到""不具有必然一真"，更談不到什麼"明確地意識到"了。

④ 說詳《〈墨經〉研究》，第534～535、544頁。

⑤ 《列寧全集》，第55卷，第154、160頁。

"堯、舜之不可兩譽"(《難一》)的,這就成了反邏輯的詭辯——無類比附。矛和盾之間明明白白地具有對立(矛盾或反對)的關係,但是堯和舜或賢和勢的關係就完全不同,即並不對立而是相輔相成的,因而完全不可爲比。這一點,漢代的王符已經明白指出:"夫堯舜之相於,人也,非戈(應作"矛")與伐(應作"盾")也。其道同仁,不相害也。"(《潛夫論·釋難》)並據而批評"韓子"爲"不知難而不知類"(同上)。但是,當代的論者卻有因高度評價所謂的"矛盾律"而連同其所欲證明的"賢勢之不相容"、"堯、舜之不可兩譽"亦或多或少地加以肯定,甚至有認爲:"韓非在故事二(指《難一》篇所說)中,運用形式邏輯的方法,指出了由於'堯之明察'而天下治與由於'舜之德化'而天下治兩個結論之間的矛盾,爲矛盾律的運用提供了範例,爲論說文的寫作提供了經驗,在邏輯思想發展史上也是一大貢獻。"簡直不可思議。不過,《韓》書在這個問題上還是頗有前後不一的表現。一則曰:"夫一匡天下,九合諸侯,美之大者也,非專君之力也,又非專臣之力也。……凡五霸所以能成功名於天下者,必君臣俱有力焉。"(《難二》)因此,賢"臣"(舜)而又聖"君"(堯)實在也就並無矛盾。再則曰:"今曰'堯、舜得勢而治……'吾非以……爲不然也"①;"無慶賞之勸,刑罰之威,釋勢委法,堯、舜……不能治三家。"(《難勢》)意思就正是:有賢還要有勢,因而賢、勢是可以相容的;相反,即使有了堯、舜之賢,沒有勢倒是不能治的。這不能不說又是出於主觀的需要而在"變戲法"了。

最後,論者還以"形式邏輯的矛盾律的譯名和哲學上的'矛盾'用語都來自《韓非子》一書"爲其"貢獻",亦有可辨。一方面,這只是採用譯名的偶同,不必涉及實質性的意義。今天通行的據《尚書·皋陶謨》"知人則哲"一語而即在"智慧"意義上以"哲"字對譯西方稱爲的"愛智"之學,我們不以《皋陶謨》語爲哲學,又怎能以《韓》書云云爲"邏輯學"？另一方面,這個譯名實又並非"善名"(《荀子·正名》語):既與它所指稱的邏輯規律的實在內容不合,又與"排中律"之有"排"除義者傾向不相一致,因而早就有人認爲應該稱爲"毋矛盾律";更與辯證法所說的現實矛盾使用同一名詞,就成了《公孫龍子》所說的沒有做到"唯乎其彼此"而是"謂彼(此)而彼(此)不唯乎彼(此)",容易與"辯證矛盾"相混淆而是不"正"、"不行"之名。因此,於邏輯規律即不宜稱爲"矛盾律";根據其實在內容,或可稱爲"不兩可律"(排中律則稱爲"不兩不可律"),以與歷史上從鄧析開始的"兩可之說"相連貫,或可給以現代漢語釋名——"不同真律"(排中律則稱爲"不同假律")。這樣,就都遠優於現行"矛盾"、"排中"兩名。至於"矛盾"一名,就可以專用於"辯證矛盾",其根據則是早於《韓》書很久即已客觀存在的矛和盾②,以及其間實有的對立統一關係,而不再是《韓》書的什麼"不可陷之盾"和"無不陷之矛",取意亦

---

① 此文從陳奇猷本"據《藏》本、張本、趙本、《迂評》本、淩本補",又"曰"原作"日",亦依陳校。
② 如《尚書·牧誓》(周武王伐紂時的誓師之辭)即有"比爾干(即"盾"),立爾矛",可見早在殷周之際,已經有了"矛"和"盾"。又如《詩經·秦風》亦有"龍盾之合"(《小戎》篇,朱熹注:"畫龍於盾,合而載也,以爲車上之衛。")、"修我戈矛"、"修我矛戟"(《無衣》篇)。《秦風》諸篇,今天學界一般認爲是秦之襄公、穆公、康公年間即西元前8至7世紀的作品,亦遠早於《韓》書。

正與之有異。
(2) 關於"論辯言"

  明主之國，令者，言最貴者也；法者，事最適者也。言無二貴，法不兩適，故言行而不軌於法令者必禁。若其無法令而可以接詐、應變、生利、揣事者，上必采其言而責其實。言當，則有大利；不當，則有重罪。是以愚者畏罪而不敢言，智者無以訟。此所以無辯之故也。亂世則不然：主有令，而民以文學非之；官府有法，而民以私行矯之。人主顧漸其法令而尊學者之智行，此世之所以多文學也。……是以亂世之聽言也，以難知為察，以博文為辯；其觀行也，以離群為賢，以犯上為抗。人主者說辯察之言，尊賢抗之行，……是以儒服、帶劍者眾，而耕戰之士寡；堅白、無厚之詞章，而憲令之法息。故曰："上不明，則辯生焉。"（《問辯》）

  這一大段論者多認為是韓非"關於辯說"、"辯言"的主張（或稱"'辯說'思想"、"辯說觀"），明明白白地說到了"明主之國……無辯"、"亂世則……多文學……辯生焉"以及認為"堅白、無厚之詞章"就會使他的命根子"憲令之法息"，無疑是在反對百家爭鳴，反對辯說而主張統制思想。這當然不是什麼"邏輯學"的研究或什麼"邏輯思想"、"邏輯學說"，更完全不是什麼"貢獻"。

  雖然，論者亦都極其正確地指出："由於韓非把邏輯和政治緊緊綁在一塊，使邏輯附屬於法術，反過來又造成了他邏輯思想的局限性。他把辯說同法術絕對對立起來，認為要實行法術，就必須止辯黜智。他接受了先秦名辯學的某些成果，又拼命反對辯說，反對名家辯者。這就使得他不可能自覺地把邏輯學當作一門科學去研究，不可能認真研究和學習前人總結出的優秀成果，將邏輯學向前大大推進一步。""韓非……過分強調'功用'準則，把各家的辯論視做是不合乎國家治理和推行法令之'功用'的辯論，並不適當地主張一律加以禁絕，這又是不現實，而且是反邏輯的。尤其是他將辯說同法術完全對立起來，並不確當地抨擊名辯思想，把名、墨的辯說不加分析地斥為'積辯累辭，離理失術'，這顯然是錯誤的。"說它是"反邏輯的"、"錯誤的"，誠然。因此，問題也就不僅止於"邏輯思想的局限性"、"不可能自覺地……去研究"和"將邏輯學向前大大推進"，或"沒有真正從邏輯論證的角度去理解'辯'的由來、性質和意義"了。韓非的"辯說觀"，實在是一種反對並企圖用暴力禁止邏輯研究的"反邏輯的"、"錯誤的"主張，對邏輯學的正常發展是一種嚴重的阻礙和破壞。邏輯學，無論中西，都是在學人間激烈爭辯的過程中，因爭辯的需要而運用各種論辯方法和技巧，並加以總結、概括和系統化而誕生和發展起來的。百家爭鳴，是產生邏輯學這種思維理論的思維實踐，沒有這種爭鳴的思維實踐，作為思維理論的邏輯學既不可能產生，更不可能發展。秦吞六國，用韓非的理論來統制思想，百家爭鳴、名辯思潮也就銷聲匿迹了，即為明證。

  而且，《韓》書之對於用暴力禁止辯說、禁止邏輯研究主張的論證，用的還正是反邏輯的詭辯——它常常強加給別人的一種好走極端的"兩末之議",如:一、把"國富"、"兵強"需要農民和士兵一意,一步一步地偷換成了除農民士兵兩類人外全都無用(語見《八說》),以及不僅無用而且有害(語見《顯學》);二、對於所謂"儒服、帶劍者眾,而耕戰之士寡",更是惡意地誇張成了什麼"百人事智而一人用力"(《五蠹》)等等(說詳另文《"動作者歸之於功,為勇者盡之於軍"》)。

順便還要說一說,《難言》篇的一大段文字:"言順比滑澤,洋洋纚纚然,則見以為華而不實;……時稱詩書,道法往古,則見以為誦。"共計舉出十二種辯言,都以"則見以為×"作結,竟被不下於三四種專著當作是韓非所"列舉"的"辯言中的種種弊病",則顯與其原意不合。據原書,"言順比……"之前即開篇就有"臣非非難言也,所以難言者"二語,"見以為誦"後又總結以"此臣非所以難言而重患也"一語。由此可知,原文實是韓非在向君主訴說進言的難處:無論怎樣說,即種種方式(亦即十二種言辭),都會受到曲解和誣蔑。"見以為"的意思就是"被以為";這個"見"字,是助動詞,用在動詞("以為")前面即表被動,是古代漢語常用的被動表示法。因此,所說就完全不是言辭的十二種弊病,而是十二種言辭被曲解、誣蔑的委屈,亦即自己不被理解的委屈。緊接着的"故度量雖正,未必聽也;義理雖全,未必用也。大王若以此不信,則小者以為毀訾誹謗,大者患禍災害死亡及其身。"以及更後的"故曰:以至智說至聖,未必至而見受,伊尹說湯是也;以智說愚必不聽,文王說紂是也。"還有篇末的"然則雖賢聖不能逃死亡避戮辱者,何也? 則愚者難說也,故君子難言也。且至言忤於身而倒於心,非賢聖莫能聽,願大王熟察之也。"都可為明證。再者,這十二種言辭,在韓非看來,不僅不是弊病,而且還正是他自己的得意之作。《說難》篇開宗明義的兩句話:"凡說之難:非吾知之有以說之之難也,又非吾辯之能明吾意之難也,又非吾敢橫失而能盡之難也。凡說之難:在知所說之心,可以吾說當之。"即可為證。它的意思是:進說的困難,完全不在自己("吾")方面的才智不足、辯術欠缺與不敢盡情表達(即暢所欲言)等。這裏,我們看到的,幾乎已經是一種若論辯說則"當今之世,舍我其誰"(《孟子·公孫丑下》語)的自負。同時,亦又一次展現了韓非的只準州官放火,不許百姓點燈式的霸氣:別家、別人的辯說都在嚴禁之例,只有他自己可辯,還可以"馳騁無所顧忌"(陳奇猷釋"橫失"即"橫佚"語)地辯!

(3) 關於"刑名邏輯"

"刑名邏輯",論者間又稱"刑名法術的邏輯"、"邏輯在刑名法術上的應用"或"實踐邏輯"、"具有實質內容的具體邏輯"、"政治倫理的邏輯"、"歷史的邏輯"、"實質的邏輯"、"應用的邏輯",大致都不外是這樣的意思:"韓非子……雖然缺乏系統性的邏輯科學理論,可是在他的論著中卻運用了非常深刻的思維規律和非常豐富的思維形式。"除了被作為重點的"矛盾之說"即所謂"運用了……思維規律"以外,主要的大致還有如下數端:

其一,論者舉出"循名而責實"(《定法》)、"形名參同"(《主道》,又《揚權》二見;《難二》篇有"以刑名參之")等,以為"韓非在刑名法術思想中的名實觀""是堅持了唯物主義的名實觀","從法術的角度深化了唯物主義名實觀"。但是,有論者已經同時正確地指出:"韓非不是抽象地討論名和實關係,而是把名實納入法術的範圍,從社會政治、倫理、人事方面討論形名參同,把形名參同看做是判斷是非的原則,是明主駕馭臣下的要術。"這就完全可以知道,其所謂"形名參同"實在只是政治學的論題。名實關係,本來就不是形式邏輯學的內容,如果是"抽象地討論"的話,也只是哲學認識論的內容,充其量亦只是邏輯學的哲學基礎。邏輯學只"研究思維形式的規律,它不研究存在方面的規律,也不研究認識方面的規律"(《中國大百科全書·哲學》,第535頁),就是說,邏輯學不研究哲學方面的問題。韓書所有的既然"不是抽象地討論",就連哲學都不是了。

其二,論者又舉出"審名以定位,明分以辯類"(《揚權》),以為"是說對名加以審察和分類","在邏輯上說,就是對概念下定義揭示概念的內涵和對概念分類揭示概念外延的問題。"對此,同一位論者已經在說:"韓非沒有從邏輯上提出理論,也沒有作出下定義和劃分分類等邏輯方法的界說。但他廣泛結合實際對名進行廣泛審察和分類。例如什麼是法,什麼是術,韓非從'法'的特徵、範圍、作用揭示了'法'的概念內涵,從'術'的內容、作用和表現形態上揭示了'術'的概念內涵。至於對'辯類'中的分類法,韓非著作中應用得更為廣泛,其著作篇名就有《二柄》、《三守》、《五蠹》、《六反》、《八說》、《八經》、《十過》等篇。在《安危》篇中還分有'七術六道',在《內儲·說上》篇中有'七術六微'等等具體分類的例證。這些分類法,有的是對現實情況用概括分類的方法,有的是用完全列舉方法分類。"

但是,對概念下定義和進行分類,是任何科學都有的事,並不是邏輯學的特有內容。論者舉出的韓書所為下定義和進行分類的概念,如"法"、"術"、"柄"、"守"、"蠹"、"反"、"說"、"經"、"過"、"道"、"微"等,都不是邏輯學的術語,因而所下定義也就不是邏輯學的,而只是政治學的定義①。而且,具體地為一個一個概念下定義或進行分類,主要地又是屬於思想內容方面的事情,因而也正是具體科學如政治學的任務,不是邏輯學的任務。形式邏輯所研究的是從實際思維中抽出來的思維形式,一般地並不涉及思維的內容。所以,就概念的定義或分類來說,形式邏輯的任務只是從形式方面去研究它的共同特徵、種類和規則等問題。在戰國諸子中,只有論者所已經承認《韓》書所"沒有……提出"、"沒有作出"的那些內容,如《公孫龍子·白馬論》明顯地不是在研究生物學而是作為邏輯學例子的"白馬者,馬與白也,(馬)〔白〕與(白)②馬也"這樣的屬("馬")加種差("白")的定義③;《墨經》的"名,達、類、私"及其說"物,達也,有實必

---

① 還有論者舉出"形"、"名"、"重人"、"義"等,亦同。
② 據譚戒甫說校改。
③ 《白馬論》無異是一篇邏輯的"概念論",幾乎涉及了"概念論"的所有基本問題,對於概念的兩個邏輯特徵——內涵與外延、外延間的包含關係和排斥關係、內涵外延的反比關係以及由它派生的兩種明確概念的邏輯方法(限定和概括),都有所論列,實為公孫龍邏輯思想的精粹所在。說詳《惠施公孫龍評傳》,第218~219頁。

待(文多)〔之名〕①也命之。馬,類也,若實也者必以是名也命之。臧,私也,是名也止於是實也。"這樣的分類,以及《荀子·正名》對於概念的作用、形成、分類及其社會性諸問題,都作出了更加全面分析的"所為有名"、"所緣以同異"、"制名之樞要",特別是"共名""別名"及其相對性與"約定俗成"的思想等,才是真正的邏輯學。

其三,論者又舉出"無參驗而必之者,愚也;弗能必而據之者,誣也。故明據先王,必定堯、舜者,非愚則誣也"(《顯學》),以為"二難推理"之例。更特別舉出所謂的"連珠體"推理:或僅以《儲說》六篇"每一條'經'和相應的'說'結合為一個論式"共三十三則為例,或則還以"人有禍,則心畏恐;心畏恐,則行端直;行端直,則思慮熟;思慮熟,則得事理"(《解老》)等亦為"連珠"之例。所有這些,亦有可商。

對於"二難推理",論者已經同時在說:"但他並沒有一定的形式,只是不自覺地運用許多矛盾對立的辯難,基本精神則和一般的二難體相符。"對於三十三則"連珠"第一、二則的原文:

> 觀聽不參則誠不聞,聽有門戶則臣壅塞。其說在侏儒之夢見灶,哀公之稱"莫眾而迷"。故齊人見河伯,與惠子之言"亡其半"也。其患在豎牛之餓叔孫,而江乙之說荊俗也。嗣公欲治不知,故使有敵,是以明主推積鐵之類,而察一市之患。(《內儲說上七術》)

> 愛多者則法不立,威寡者則下侵上。是以刑罰不必則禁令不行。其說在董子之行石邑,與子產之教遊吉也。故仲尼說隕霜,而殷法刑棄灰;將行去樂池,而公孫鞅重輕罪。是以麗水之金不守,而積澤之火不救。成歡乙太仁弱齊國,卜皮以慈惠亡魏王。管仲知之,故斷死人;嗣公知之,故買胥靡。(同上)

論者的分析亦只是說到了:"每則論式均有'經'和'說'兩個部分。大體包括四個步驟:(1) 列出論旨,相當於論題,如'眾端參觀'、'必罰明威'……(2) 對論題進行解析,從正面或反面引申出一個判斷(多表現為假言判斷),如'觀聽不參則誠不聞,聽有門戶則臣壅塞';'愛多者則法不立,威寡者則下侵上。'(3) 列舉大量歷史事件或故事,證明引申出的判斷是成立的,如'其說在侏儒之夢見灶,哀公之稱,莫眾而迷……';'其說在董子之行石邑,與子產之教遊吉也……'。(4) 最後證明論題是正確的。""如珠的結緋(當作"排"),前後句或段之間其有推論關係的辯說形式。"而同時皆不得不又謂:"韓非內外《儲說》六篇的論式,也有與此不盡相同者,但論旨、解析、例證三個部分一般總是有的。","韓非的連珠並沒有固定的格式。"可見,這些所謂"推理"都"沒有一定的形式"或"格式","二難推理"只是"不自覺地……基本精神和一般的二難體相符","連珠"亦只有"經"、"說"兩部分或"一般總"有"論旨、解析、例證"三個部分。甚至只是文字上"前後……有推論關係"而已。

---

① 據孫詒讓引"或謂"說校改。

但是，"邏輯"之作為一種"學"，卻正是要研究《韓》書所沒有的"形式"，而且還是它的"規律"或"系統理論"。《中國大百科全書》釋"邏輯"為"一門以推理形式為主要研究對象的科學"，"邏輯作為一門科學，不僅研究個別的正確推理形式，而且還研究各種正確推理形式之間的關係和提出關於正確推理形式的系統理論"。又釋"形式邏輯"為"研究演繹推理及其規律的科學，包括對於詞項和命題形式的邏輯性質的研究。它提供檢驗有效的推理和非有效的推理的標準"。據此而言，《韓》書的"二難推理"和"連珠"等，都不是"邏輯學"。所謂"二難推理"，論者亦說"只是不自覺地運用"。說"不自覺"，當然是對的。但是，"運用"或稱"應用"（包括前文也提到過的所謂對邏輯"分類法"的"應用"），不就是理論，不就是邏輯之"學"；即使是自覺的運用（應用）也是一樣。如古希臘的几何學，就是自覺地運用極其嚴格的邏輯演繹方法整理當時已經積累起來的几何知識的科學，但不被認為是邏輯學，因而也就沒有什麼几何邏輯之稱。何況只是什麼"不自覺"的運用？再說運用和應用，本來就是一種自覺的行為，"不自覺"即自發的就不能稱為"運用"和"應用"。《現代漢語詞典》釋"運用"為："根據事物的特性加以利用"，要"根據事物的特性"，當然就是自覺的了。"自發"則是不知道自己在根據什麼、利用什麼，只是客觀上與之符合而已。邏輯學闡述的思維形式和規律，與工藝方法等具有完全不同的性質。一種工藝方法的運用，只能在它被發明之後，在懂得了它之後才能運用，因而只能是自覺的。邏輯學的規律，本來就客觀地存在着，而且是人們在長期實踐中經過了億萬次的重複才固定下來和逐漸被人們發現的。正像"人們還在知道什麼是辯證法以前，就已經辯證地思考了"一樣，人們遠在知道什麼是邏輯學以前，也已經開始邏輯地思考和表述了。邏輯之對於人們思維和表達的作用，不以人們是否發現了它為條件，而且還帶有強制性。人們要進行思維和表達，就必須使用和遵循一些最基本的思維形式和規律，不這樣則思維即不能反映現實、思考不會有正確的結果，也不能表達和交流思想，人也就無法生存。魯勝說得好："孟子非墨子，其辯言正辭則與墨同。荀卿、莊周等（按：當然也包括韓非）皆非毀名家，而不能易其論也。"（《晉書·隱逸傳》）就是說，反對墨子和名家的人也還是要遵循其所反對者運用的邏輯規律。所以，一個人（如韓非）在合邏輯地思考和表述，就完全不必意味着他在應用甚至研究邏輯學。至於到了現代才出現的"應用邏輯學"（如"法律邏輯學"、"經濟邏輯學"等）之所謂"應用"，既非"不自覺"的應用，也完全不僅僅是哪怕自覺的應用，而是在研究一般的或特定的專業範圍內的思考、表述、活動中應該遵守、運用的邏輯規律和方法以及運用的特點和規律，研究的還是邏輯而不是各該方面的科學。

至於《儲說》六篇中的所謂"連珠"，則與邏輯學風馬牛不相及。按古人的理解："連珠者，蓋謂辭句連續，互相發明，若珠之結排也。"（《藝文類聚》卷五十七引（梁）沈約說）在文章中，不論是句子或語段，本來就都是前後連貫的，不然還成什麼文章，因而此說並無特異性。又有："韓非書中有連語，先列其目而後著其解，謂之'連珠'。"（《升庵外集》卷五十三）亦不過是一種文體而已。至於"人有禍，則心畏恐；心畏恐……"那種類型的，則連文體都夠不上，只是一種修辭手法——"用前一句的結尾來做後一句的起頭，使鄰接的句子頭尾蟬聯而有上遞下接趣味的一種措辭法。"稱為"頂真",亦稱"聯珠格"①。

問題還不僅是沒有邏輯學,而且還頗有反邏輯的詭辯。就論者所舉出的所謂"推理"而言,除了那"人有禍,則心畏恐……"已在上文指出是把對立面之間的轉化歪曲成無條件的以外,還有可議者二。

第一,所謂"無參驗而必之者……"的二難推理,看其緊接前文有曰:"故孔、墨之後,儒分為八,墨離為三,取捨相反不同,而皆自謂真孔、墨,孔、墨不可復生,將誰使定世之學乎?孔子、墨子俱道堯、舜,而取捨不同,皆自謂真堯、舜,堯、舜不復生,將誰使定儒、墨之誠乎?殷、周七百餘歲,虞、夏二千餘歲,而不能定儒、墨之真;今乃欲審堯、舜之道於三千歲之前,意者其不可必乎!"這就是認為:歷史上的孔、墨、堯、舜既"不可復生",即無法"定儒、墨之真"、"審堯、舜之道"。至於那所謂的不可"必",不可"據",換一個說法就是:"且先王之賦頌,鐘鼎之銘,皆播吾之迹,華山之博也。"(《外儲說左上》)意為記載着"先王"治績的"賦頌"、"鐘鼎",都如其下文所說的趙主父為偽造自己"常遊於此"而使人在播吾山上刻大腳印、秦昭襄王為偽造"嘗與天神博於此"而令人在華山上刻的大棋局一樣,是虛假不實的。在思想上,這是對先王的治績以及治國方略全部否定的歷史虛無主義。在認識論上,則是完全否定了間接知識。在邏輯上,"無參驗……愚也"這個大前提就是不真實的。同時,既認為歷史經驗不可"必"其真而據之,又怎能"必"其假而否定、反對。其實,就是這個二難推理,完全可以得出另一個結論:"故不據先王,必反堯、舜者,非愚則誣也。"還要指出的是,《韓》書在邏輯上又並不一貫。《忠孝》篇有曰:"堯、舜、湯、武或反君臣之義,亂後世之教者也。堯為人君而君其臣,舜為人臣而臣其君,湯、武為人臣而弒其主、刑其尸,而天下譽之,此天下所以至今不治也。"這是對堯、舜、湯、武的事蹟,不僅"必"其真,而且是"必"其惡而據以否定之了!《飾邪》篇有曰:"昔者舜使吏決鴻水,先令有功而舜殺之;禹朝諸侯之君會稽之上,防風之君後至而禹斬之。以此觀之,先令者殺,後令者斬,則古者先貴如令矣。"更是對舜、禹之事蹟"必"其真而"據"之了。《外儲說右上》引子路用自己俸祿所得的糧食熬成稀飯送給服勞役的民工們吃而孔子"使子貢往覆其飯,擊毀其器"之事,並責子路的話:"夫禮,天子愛天下,諸侯愛境內,大夫愛官職,士愛其家,過其所愛曰侵。今魯君有民而子擅愛之,是子侵也,不亦誣乎!"以為它"蚤絕其奸萌"、"蚤禁於未形……而害不得生"(文繁,不具錄)的主張之根據,也是一樣。

第二,在《儲說》三十三則"連珠"的一則中間,作為"經"文"證明"的歷史事件或故事即有可議者三處。"董子之行石邑"中的"嬰兒、癡聾、狂悖之人""牛馬犬彘""無有"掉下峭壁、"殷法刑棄灰"中的孔子語"棄灰於街必掩人,掩人,人必怒,怒則鬥,鬥必三族相殘",皆不合常情的過甚之詞;謂孔子贊成"刑棄灰於街者",以為"可",以為"知治之道",即主張"重刑",更只能是惡意的捏造。在"將行去樂池"中,一個為中山相樂池帶領一百輛車出使車隊的門客為車隊"中道而亂"作的辯解,竟說到了要對隊伍中的"善者我能以為卿相"、"不善者我得以斬其首"

---

① 陳望道《修辭學發凡》,上海教育出版社1976年版,第216、217頁。

這樣的"操其利害之柄以制之"的權力。就是說：以門客的身份而要以"卿相"的職位賞人，對於造成車隊混亂的人而竟要殺戮；不知又是哪一家的邏輯。凡此之類，全書多有；已略見於其他拙文，此不贅述。

可見，所謂"刑名邏輯"，只有"刑名"即如漢人所說的"刑名之學"（《史記·商君列傳》謂商鞅所"好"）、"刑名"（《史記·老子韓非列傳》謂申不害"學"之所"主"，《史記·張叔列傳》索隱、《漢書·元帝紀》顏注引劉向《別錄》謂"申子學"之"號"；又《荀子·不苟》楊倞注引劉向《別錄》謂鄧析所"好"）、"刑名法術之學"（《史記·老子韓非列傳》謂韓非所"喜"），而並沒有什麼"邏輯學"。

至於把"刑名"誤認為"邏輯"的原因，則可以從"刑名邏輯"這一名稱中窺見。按漢語語法，像這樣的定語（"刑名"）與其中心語（"邏輯"）之間不加"的"字而緊密地結合成的短語，表示的應是事物的屬性或名稱。就是說，此之所謂"邏輯"是以其講"刑名"為特徵的，是講"刑名"的邏輯。這或者就是把"刑名"混同於中國古代邏輯學多講論的所謂"形名"（與"形"亦即"實"對比着講"名"）了。"形名"與"刑名"，由於"形""刑"曾經通用，因此古籍頗多混用。到了現代，人們引用古籍還頗多任意改易，甚至有同一位論者在同一本論著中，引用同一種古籍的同一句話而"形""刑"兩用的。如：《公孫龍子形名發微》引《國策》"夫刑名之家，皆曰白馬非馬也"（第107頁；未改"刑"字），又引則改"刑"為"形"（前言，第1頁）；引《孔叢子》"公孫龍好刑名，以白馬為非馬"（第106頁；文字有删節、校改，未改"刑"字），又引則改"刑"為"形"（第164頁）。其實，"形"之與"刑"，本來是兩個字。據《說文》釋"形"字云："象也。"段注："象，當作像；謂像似可見者也。"又釋"荆"字云："罰罪也。"段注："按：此刑罰正字也。今字改用刑。"① 前者"形狀"、"形體"、"實體"義，後則為"懲治"、"刑罰"、"殺戮"義；界限分明。雖後世兩字曾經通用，但漢人仍皆以前字僅指與"法"有關之義；上舉司馬遷②、劉向之例即是。特別值得注意的是，還有《韓》書本身的用法。全書六個"刑名"："同合刑名"（《主道》；同時言及"法式"、"誅"、"賊"等）；"……審合刑名；刑名者……"（《二柄》；同時言及"禁奸"、"賞"、"罰"等）；"周合刑名"（《揚權》；同時言及"治"、"法刑"等）；"以刑名參之……以刑名收臣"（《難二》；同時言及"賞功"、"度量"、"法"、"誅"等）；說的就都是"刑罰"、"法律"這一方面的事。還有三個"形名"："形名參同"（《主道》，同時言及"知"、"智"、"慮"等；又二見於《揚權》篇，同時言及的亦是"物"、"事"、"誠信"並"聽"、"審名"、"定位"、"明分"、"辯類"、"知"等），指的就都是有關認識"事""物"方面的，與"刑名"絕異。晉魯勝敘其所注《墨辯》的"惠施、公孫龍……以正別名顯於世"，可能因其又稱曾采名、墨類著作"集為《刑名》二篇"（《晉書·隱逸傳》）作"刑"字，而自孫星衍以下頗有校"別"作"刑"的。但是孫詒讓在其《墨子閒詁》聚珍本並定本中皆主張《刑名》之"刑

---

① 即"刑"字。《說文》："刑，剄也。"段注："按：荆者，五刑也。凡荆罰、典荆、儀荆皆用之。刑者，剄頸也，橫絕之也。此字本義少用。俗字乃用刑為荆罰、典荆、儀荆字。"
② 還有未列舉的幾處，亦同。

當作形",對"別"字亦未見主張校改,只在定本中注曰"孫星衍校改刑",其後的掃葉山房石印本、中華書局1986年、2001年點校本皆與定本同。《晉書》中華書局1974年點校本同樣不主校改"別"字,且錄孫星衍校說而只錄孫詒讓"'刑'當作'形'"之說。這足以說明,孫氏以及後世的點校、整理《閒詁》並《晉書》者皆不主張"刑""形"通用。到了現代,二字已絕不通用。《現代漢語詞典》"刑"字僅有三個義項:"刑罰"、"對犯人的體罰"、"姓",與"形"字絕不相涉;"形"字下共有五個義項:"形狀"、"形體;實體"、"顯露"、"表現"、"對照"、"姓",亦與"刑"字無涉。其釋"刑名"為:"古代指法律;~之學。"亦可見已經只用"刑"而不用"形"。今天之稱古代官署內處理刑事判牘的幕僚為"刑名師爺"簡稱"刑名",亦決不用"形"字。

《韓》書之於邏輯學,不僅沒有作出"精闢、科學的闡述",而且是沒有進行過什麼有益的研究。其與邏輯學發生關係者唯兩事:其一是頗多反邏輯的詭辯。其二,是逆歷史潮流而動,在當時百家爭鳴的高潮中激烈地反對並主張以暴力禁止已經蓬勃開展起來的辯論和邏輯學研究。由於它反對並禁止除自己以外的人辯,使它的詭辯連在一般情況下(如古代希臘)可以對邏輯學產生刺激、啟發等反面教育的作用都不可能具有。因此,它之對於邏輯學的發展實實在在地起着十分惡劣的阻礙作用;其作者,應該也就是中國邏輯史上的反面人物。

[作者簡介] 楊俊光(1932—    ),男,上海人。現為南京大學哲學系教授,主要研究方向是先秦諸子學,著作有《〈公孫龍子〉蠡測》、《惠學錐指——惠施及其思想》、《惠施公孫龍評傳》、《墨子新論》、《墨經研究》、《廿七年公孫龍研究之評議》等。

# 韓非子的進言術

## ——從進言術看知言

### 尹振環

歷史進展至韓非時，秦已歷六世之勝，大勝小勝以百數，滅諸侯，成帝業，天下一統，已如炊婦之灶上掃除①。合縱連橫那一套顯得過時了，但是遊說並未結束，不過這時它的內容、方法需要革新。韓非的難言論與進言術，就是在這樣的歷史條件下應運而生的。

## 一、鬼谷子望塵莫及

著名的說客，大政客公孫衍、張儀、蘇秦等都是掛數國相印，"一怒諸侯懼，安居則天下熄"，這樣叱咤風雲、名震天下的風流人物，必然影響其後的一些思想家。別的不說，荀子、韓非子、李斯無疑是讀過他們的以及鬼谷子的著作的。《荀子·非相》說："談說之術，矜莊以蒞之，端誠以處之，堅強以持之，譬稱以喻之，分別以明之，歡欣憤悶以送之，寶之、珍之、貴之、神之，如此則說常無不受。"這與鬼谷子所說的："辯之、明之、持之、固之，又中日主之所善，如此而不行者，天下未嘗聞也。"（《說苑·善說》引）豈不大同小異？而那"歡欣憤悶以送之"，豈不是鬼谷子的"憂言、喜言、怒言"的"精而用之"相類似？鬼谷子曾說："人主之不善而能矯之者，難矣。"而荀子則說："凡說難之，以至高（高深的道理）遇至卑（低水準的知識），以至治接至亂（以治國之理去說服亂國之國君），未可直至也。"這顯然是一種深化與發展。而韓非更是研讀過縱橫家的著作，熟悉他們的經歷的。他的《初見秦》、《存韓》，就像兩篇典型的縱橫家著作吧？但是，韓非的博大精深，入末見微，是鬼谷子等望塵莫及的。

第一，縱橫家着重一個時期的合縱連橫及其言談之術，而韓非所設計的則是封建專制主義的千秋大業。如果說鬼谷子"矯人主之不善"，只限於某個時期國君外交與用兵方面的不善，而韓非的整個著作都是想矯正人君在政、軍、經、文各方面的不善。比如他的《十過》，就是寫的君王應該避免的十種過錯，每種過錯都徵引具體的歷史事件及其造成的危害，生動具體

---

① 李斯語，見《史記·李斯列傳》。下引同。

地加以說明。又如《亡徵》,就是對四十七種亡國徵兆的逐一列舉,它無一不是君王不善的歷史概括。這種"不善",既有政治、經濟、軍事、外交、文化方面的,也有君王自身修養、愛好及家庭、宗族關係的。或者更乾脆地說:《亡徵》就是指摘過去、現在、今後國君已犯或將要再犯的種種過錯與種種邪僻的。

第二,韓非把口頭言語為主的遊說,發展成以寫作語言為主的勸說。二十卷《韓非子》,其中《說林》與內外《儲說》,就占了七卷,起碼要占全書的三分之一。所謂"說",勸說、諫說、建議、說服、說合、說教、說破也;所謂"林",彙集成群也;所謂"儲說",匯總積蓄,待以向國君建言也。因為彙集得太多,所以《說林》分上下,《儲說》分內外左右再分上下。可見說辭之多,勸說內容之豐富。再說其他三分之一的文章,又何嘗不是對封建國君的建言呢?試問:古今中外,有哪一位思想家寫了這麼多對君王勸告之語?

第三,出身迥異。鬼谷子是位隱君子,張儀、蘇秦出身社會下層,身份貧微,他們只是遠距離觀察國君與宮廷,張、蘇二人後來雖側身上層,畢竟是外人,而且歷史知識粗淺,所以設計的言談術難免粗疏,有的屬於隔靴搔癢。而韓非出身王公,生活於王庭,耳濡目染入微見末,加之悠閒的生活與優越的條件,能廣泛涉獵各種文獻,本身又是罕見的天才,所以他的為言專著:《難言》、《孤憤》、《說難》把難以直言、為言之種險阻、由此而生的進言術,刻畫得入木三分,推向空前絕後的境界。當秦始皇讀到《孤憤》等文章後,竟然說出:"嗟呼!寡人得見此人與之遊,死不恨矣!"可見其何等打動秦始皇,而且它也震撼了歷代閱讀它的帝王將相及文人墨客們的心弦。所以,談先秦諸子的聽言、為言之道,而不談韓非為言專著,是絕對不行的。

## 二、來自權臣方面的險阻

這裏只是準備研究《孤憤》、《說難》兩篇。而談《孤憤》,又不得不具體分析其歷史背景。

李斯說:"今諸侯服秦,譬若郡縣。"韓非也說韓國"與郡縣無異也"(《初見秦》)。這時雖然滅諸侯還是一個時期之當務之急,但滅了以後再統一的天下,如何改變分封制,確立郡縣制,是當時思想家們不得不考慮到的首要問題。韓非的注意力早從縱橫家的以外交軍事為主,轉向以內政為主力。除了如何管理社會、獎勵耕戰、富國強兵之外,主要是如何御制群臣、所謂"群臣",包括宗室,甚至妻妾,以變分封制為郡縣制。韓非根據各國的歷史,認為當時的"公患"是私封多,封君重,大臣太重。"萬乘之患,大臣太重,千乘之患,左右太信。此人主之公患也。"(《孤憤》)"戰勝則大臣尊,益地則私封立。"(《定法》)"大臣太重,封君太眾一。"(《合氏》)這些嚴重的障礙和隱患,不利於變分封制為郡縣制,不利於君主專制,更不利中央集權,當然也不利於統一戰爭。究竟是什麼樣的"重"、"太重"、"太信"呢?試舉韓非以前及韓非當時的一些史例:

(一)秦之穰侯魏冉,因為力主擁立秦昭王而相秦;又因攻韓、魏,勝之伊闕;攻楚,取宛、葉,所以被封於穰,後來又益封於陶,號曰穰侯(《史記·穰侯列傳》)。陶邑,是戰國時期最重要的商業城市,居濟、汝、淮、泗水之中,為水道交通網之中心,陸路也是"天下之中",手工業、商業很發達,所以形成"穰侯之富,富於王室的局面"。用范雎的話說,幾乎尾與身大,手比臂寬。這豈不就是"戰勝則大臣尊,益地則私封立"? 穰侯還"攻楚得宛、穰以廣陶,攻齊得剛、博以廣陶,攻魏得許、鄢以廣陶"(《戰國策·魏四》,下文只注策名,不注書名)。有人還建議穰侯,越過韓魏兩國去攻強齊,"攻齊之事成,陶為萬乘,長小國以朝天子,天下必聽,五霸之事也"(《秦三》)。果真這樣,則戰國七雄將變為八雄;戰亂勢必長一兩百年。幸好,在范雎建議下,秦昭王罷穰侯之職,放逐出關。

(二)正由於封君重,大臣太重,所以齊"聞有田單(田文?)不聞有其王",而在秦,"聞秦有太后、穰侯、涇陽、華陽(後二人皆為太后之弟秦昭王之舅父),不聞有其王"(《秦三》)。秦始皇繼位後,秦四境之內,上至執政,下至車夫,都說:"與繆氏乎? 與呂氏乎?"(《魏四》)這是"只聞繆呂氏,不聞其王"的變換說法。呂不韋被封為文信侯,"食蘭田十二縣","食洛陽十萬戶",積極籌備攻趙,以擴充其封地,在甘羅的說服下,趙王割了五城,方才了事。此舉韓非哪能不知道? 各國如此事例甚多。

(三)再從《韓非子》援引的眾多史例中,選出有關韓國的兩例:其一,公孫伯嬰任韓相而有功於秦;公仲朋被韓王器重。公孫伯恐韓王任公仲朋為相,陽使齊、魏約而攻韓,公孫伯嬰乘機把齊軍引入韓國都鄭,要脅韓王,以固其位,表面上說是信守兩國之約。其二,"崔璜,魏王之臣也,而善於韓。乃召韓兵令之攻魏,因請魏王去與韓國講和,用以自重也"(見《內儲說下》,略有簡譯)。這即是"左右太信",而且也是韓非所說"大臣寡力者借外權";另一方面則是"多力者樹其黨",如此事例就更多了。同時韓非認為"大臣甚貴,偏黨甚眾","大臣隆盛,外籍敵國",甚至"太子尊顯,徒屬眾強,多大國之交,威勢早具","后妻淫亂,主母畜穢(太后畜養姘夫),外內混通,是謂兩主"(《亡徵》),這不只是削弱君主專制,而且是亡國的徵兆。

戰國末期遊說者的遊說內容,已經由合縱、連橫逐漸轉向上述兩個問題了。比如上面所說的范雎,而韓非更是如此。而韓非的話說,那些"智術之士"、"能法之士",想說服國君改變上述狀況,一定要將"無令而善為,虧法以利私,耗國以便家"的"當途重人",繩之以法,予以剷除,這豈不是太歲頭上動土? 簡直比捋虎鬚還要危險。這不只是向一個人挑戰,而且是向一個巨大的既得利益權勢集團開戰。韓非謂之"不可兩存之仇"。當韓非衡量了兩者懸殊的力量,感到無比孤獨與憤慨,於是寫下了這篇千古名文:《孤憤》。它主要分析了"重人"與"法術之士"條件、地位、力量何等的懸殊:

首先,"四助"與"四無助"。因為重臣人權在握,又被君王信任。所以諸侯和外交官們,若不依靠他們則會寸步難行,即便是敵國也不得為他們唱讚歌,宮廷中的人也要依靠他們才能接近人主,因而都會為他們隱瞞私情。百官不依靠他們,也休想職位升遷,所以常常為他們所用;學士若不依靠他們,就養俸薄、地位低,所以也得吹捧逢迎他們。國外、左右、群臣、學士就是他們的"四助";而"智術之士"卻連一助也沒有。可見當權擅要之"重人",怎麼會推薦任用那些仇恨自己的智術之士呢? 他們必然會阻撓人君與智士的接近。

其次,"五勝之資"與"五勝之勢"。權臣奸人與君王親近、熟悉,執掌重權,黨羽重,用迎合君王的辦法近身和固寵,一國都為他們說話。而法術之士與君王關係疏遠,地位貧賤,"無黨特孤",僅憑一張嘴去"矯人主阿僻之心"。這豈不是"疏遠與近愛爭"嗎?再說法術之士,幾年難得一見國君,而"乘五勝之資"的"重人"隨時都有機會對君王單獨勸說,所以"法術之士"哪能不險呢?不是被公法治罪死於吏誅,就是亡於刺客之私劍。《史記·孟嘗君列傳》說:"孟嘗君招致天下人俠六萬餘家矣。"可見"私劍"之多。一次,"孟嘗君(田文)過趙,平原君客之。趙人聞孟嘗君賢,出觀之,皆笑曰:始以為孟嘗君為魁然也,今視之乃渺小丈夫耳。孟嘗君聞之,怒,客與俱下者,斫擊數百人,遂滅一縣以去。"可見私劍何等之無法無天。用"私劍"除政敵,易如反掌。至於死於牢中吏誅,韓非就是在李斯、姚賈的"不如以過法誅之"的建議下,死於牢中的。其實他還沒有開始講李、姚的壞話,只不過見識能力超過罷了。可見,有的話是國君需要聽、必須聽的,但其中絕大部分話卻沒有訴說的途徑,即便說出來,也是君王聽不到的。即便萬幸能面君,得以陳述己見,君王卻往往會將法術之士的話,議之於權臣,議之於左右,或議之於枕席。人主之妻妾左右,未必智、未必賢,這樣一來常常是與"愚人論智"與"不孝論賢",結果是"智者決策於愚人"、"賢者程行(評論)於不肖"。"人主之明塞矣!"而與權臣議,往往是議之於"被告",後果可以想見。韓非只有感歎:"人主時得悟乎?"

## 三、來自國君方面的險阻——向君王進言的八危與十疑棄

如果說《孤憤》是說來自權臣的險阻的話,那麼,《說難》篇說的就是來自國君方面的險阻。

《史記·韓非子列傳》不過千字,但竟然用了七百餘字引錄《說難》篇,除史例之外,幾乎全部錄引。可見司馬遷是何等看重這篇文章。《說難》指出向人君進言有八危:

(一)"事以密成,語以泄敗。"君王隱匿之事,未必是進言者洩露的,但無意間談及"如此者身危";

(二)君王表面上做此事,內心實在是為了成他事,進言者既知此事又知君王之實意在彼事,"如此者身危";

(三)進言者替君王正確地謀劃重大的事,被外面的人猜測出來,君王必定懷疑到進言人,"如此者身危";

(四)進言者與君王還屬新交,但進言者把話都說了,如果行得通,有了成績,他的功勞會被忘掉;如果行不通,失敗了,那就會被懷疑,"如此者身危";

(五)君王有錯有缺點,進言者挑明他的錯誤和形成的惡果,"如此者身危";

(六)君王計謀成功,並且想獨占其功,進言者參與了這一計謀,"如此者身危";

(七)勉強君王去做他不能做的事,"如此者身危";

（八）勉強君王停止他所不能甘休的事，"如此者身危"。

這即是進言者的八種危險。

除此之外，還有十多種進言不慎，不僅會把事情弄糟，會引起國君的懷疑與遺棄：

（一）如果人主是求名的人，你用重利去勸說他，他會認為你節操卑賤，必被疏遠不用；

（二）如果人君好利，你用高名勸說他，他會認為你太不實際，無頭無腦，也不會被採用；

（三）如果君王內心求利外表求名，你用名勸說他，他暗地會採用你的意見，而表面上會拋棄你；

（四）如果你與國君議論大臣，君王會懷疑你是不是在離間君臣關係；

（五）與君王議論侍從會被懷疑賣弄權勢；

（六）與君王議論他所愛的人，會被懷疑為借助所愛的人；

（七）與君王議論他所憎恨的人，會被疑為試探含怒深淺；

（八）如果說話直截了當，簡單扼要，則會被認為"不智而拙之"；

（九）如果議論太細緻，會被認為囉嗦、被討厭，如果只陳述大意，那麼他會感到你怯懦而沒有把話說完；

（十）如果暢所欲言，廣泛的陳述己見，會被認為傲慢和粗魯。

因此韓非說：對於進言者，"此說之難，不可不知也"。並且由此引出了以下韓非的進言術。

## 四、十四條進言術

上述險阻固然是難，但韓非說："凡說之難非吾知之有以說之難也；又非吾辯之能明吾意之難"，而"在知所說之心，可以吾說當之"，即進言的困難在於瞭解君王的心理，使我所說的話能迎合君王的心理。這種"凡說之難"，產生了韓非的十四條"凡說之務"：

第一，要懂得怎樣美化與誇張君王自鳴得意的方面，以掩蓋他認為可恥的方面（"在知飾說之所矜而滅其所恥"）；

第二，君王有私欲之急，未必有利於國家利益，進言者應當表明這是符合國家利益的，而勸他去做（"彼有私急也，必以公義而強之"）；

第三，君王有見不得人的卑鄙念頭，如好聲色之類，而又不能抑制自己，這就需要把他不能抑制的念頭加以粉飾美化，嫌他不去做（"其意有下也，然而不能已，說者因為之飾其美而少其不為也"）；

第四，君王企慕某種崇高的事，但又難以辦到，進言者就是應該指出他所羨慕而做不到的事的缺點和壞處，稱讚他不去做（"其心有高而實不能及，說者為之舉其過而見其惡，而多其不行也"）；

第五，人主想炫耀自己的智慧與才能，說者應為他舉出同類的另一件事，多方面替他考慮,使他從我這裏取得許多啟示與辯法,而我裝做不知道,如此來幫助他自逞才智("有欲矜以智能,則為之舉之同類者,多為之地,使之資說於我,而佯不知也,以資其智");

第六,如果想要勸說人君保全其私利的事,那麼必須說明那是符合國家利益的,又暗示它也符合國君之私利("欲內相存之言,則必以美名明之,而微見其合於私利");

第七,向君王陳述有關他的壞話,必須先指明那是惡意誹謗,然後暗示未必不是一種隱患("欲陳危害之事,則顯其毀誹,而微見其合於私患也");

第八,其他人的美德與君王相同,讚譽他人即所以讚譽君王,這樣就可免去阿君之嫌("譽異人與同行者");

第九,謀劃他事與君王所做的事相同,謀劃他事即所以謀劃君事,免得掠君之美與揚己之嫌("規異事與同計者");

第十,有與君王相同的污迹,那就盡可能粉飾,表面它並沒有什麼傷害("有與同污者,則必以大飾其無傷也");

第十一,有遭到與君王同樣的失敗的事,那麼也必須明確表示關係不大,損失不算什麼("有與同敗者,則必以明飾其無失也");

第十二,如果君王自雄其力,那麼就不要用他難以辯到事來難他("彼多自其力,則無以其難概之也");

第十三,君王如果自以為勇敢果斷,那麼就不要用他決斷中的失誤來惹怒他("自勇其斷,則無以其摘怒之");

第十四,君王如果自以為高明,那麼就不要用他的失誤來使他難看("自智其計,則毋以其敗窮之")。

總之,進言的基本內容不得有違反君主的地方,言辭也不得與君王相抵觸("大意無所拂悟,辭言無所擊摩"),這就是進言的總原則。儘管韓非指責"順人主之心,以取親幸之勢"的奸臣(《奸劫弒臣》),也批判、揭露了"即主心,同乎好惡"(《孤憤》)的"重人",但是為了進言,他也不惜採取同樣的手法。孟子曾斥責公孫衍、張儀:"以順為正者,妾婦之道也。"韓非也知道這樣做,實在不光彩,但是這才是得以接近人君,可以進言的必由之路,這才能為今後"明割利害,直指是非"鋪平道路。不如此就難以進言,更談不上使國君明辨是非、舉措得宜。所以,文過飾非絕不可少。從韓非來說,他的目的,不在其他,而確確實實是在這之後能"直指是非",歷史上不自覺或自覺地運用這套進言之術的人不少,但直保或直指高官厚祿的,恐怕要千百倍於"直指是非"吧?

## 五、從進言看知言

韓非的進言術,並非憑空杜撰,而是歷史經驗教訓的高度概括與總結,也是無數血淋淋史實的結晶。韓非著作就有許多這樣的史例。下面只單舉《說難》中的一段三則史例：

　　(1)昔鄭武公欲伐胡，故先以其女妻胡君以娛其意。因問於群臣：“吾欲用兵，誰可伐者？”大夫關其思對曰：“胡可伐！”武公怒而戮之，曰：“胡，兄弟之國也。子言伐之，何也？”胡君聞之，以鄭為親己，遂不備鄭。鄭人襲胡，取之。(2)宋有富人，天雨牆壞。其子曰：不築必將有盜。其鄰人之父亦云。暮而過，大亡其財。其家甚智其子，而疑鄰人之父。此二人說者皆當也。厚(重)者為戮，薄(輕)者見疑，則非知難也，處知則難也。(3)故繞朝之言當矣，其為聖人於晉，而為戮於秦也，此不可不察。

第一則是歷史，是說鄭武公的，其在位時間為西元前770—744年，春秋初期君王，看來那時國君就可以隨意置臣於死地了。儘管你的話完全正確，但是對不起(當時連這客氣話也可免掉)，借尊頭一用。第二則是個故事。它是說，話雖相同，但是出自身份、地位、親疏關係不同人的口中，效果就會截然相反。而第三則史實，需要詳細交代一下，“繞朝”乃春秋時秦國的一位大夫。晉國大夫士會逃亡在秦。晉國害怕秦國會重用士會，所以派人用計誘騙士會回國，繞朝識破晉國之計，力勸秦康王不要放士會回國，但秦康王不聽。士會臨行時，繞朝去對士會說：“你不要以為秦國就無人識破你們晉國的計謀了，只不過我的意見未被採納而已。”士會回到晉國後，覺得繞朝的才智威脅太大，於是建議晉國國君派間諜到秦國，讒毀繞朝，康公果然聽信讒言，殺了繞朝。這就是韓非所說的：繞朝勸告康公的話是正確的，他被晉國看成聰明人、聖者，在秦國卻被殺掉。這前後兩例，說明春秋中期君之於臣的專制主義早已確立。戰國以來，儘管鬥智的需要，使國君不得不謙下，以重金招納賢才，但畢竟國君依然操生、殺、富、貴、貧、賤六柄在握。到了戰國末期的人一統前夕，君主專制益趨強化，更是一個殺機四伏的政治環境。進言者怎能不察言觀色呢？怎能不在恭維備至的言辭中夾上幾句真要說的話呢？怎麼能不面堆微笑百倍小心千分謹慎呢？韓非不無感歎地說：“非知之難也，處知則難矣！”知其實，知其取捨去從，並不困難，難在怎樣處理這些“知”，怎樣對待這些“知”。一個正確的認識(“說者皆當矣”)，有時會被接受，甚至成為智者、成為聖人；有時它又會使人頭落地；有時它會招來大量莫名其妙的疑忌；這“說”，在昨天是悲，到明天可能是喜；凡此種種，多與逆鱗有關：

　　夫龍之為蟲也，柔可狎可騎也，然其喉下有逆鱗徑尺，若有人嬰之者，則必殺人。人主亦有逆鱗，能無嬰人主之逆鱗，則幾矣！

也許還可以說，封建專制下，天下之官長，也大都有一塊逆鱗。由於不觸犯逆鱗，許多該說的話不能說、不敢說、不許說，自然君王不能聽到。而聽到的又是經過精心選擇，挑出你愛聽的說給你聽。因此，少不了隱惡揚善、報喜不報憂的，迎合君王私心邪僻的，掩飾錯誤、吹捧功績和美德的。假話、空話、套話、浮誇話，投其所好的逢迎奉承的話、諂媚話、虛情假意的話，間或夾雜幾句實話、真話。有的假話套話是為實話服務的，這正是它是可以理解的、可以同情的，不能一概否定的原因所在。但是這種為言狀況，又釀造成多少歷史悲劇呢？古文《尚書·囧命》有這樣的話："僕臣正，厥後（王）正；僕臣諛，厥後（王）自聖。"即君王左右的群僕、人君正，他們的君王正；君王左右群僕人臣諂媚，他們的君王就會自以為聖哲。鬼谷子、韓非子的言辭之術，使君王成天耳聽諛言，無處不在迎合、投其所好之中，一旦有人膽敢直言，即會一觸即發，火冒三丈，輕者個人、家人倒霉，重則冤案錯案偏及國中，殃及國家及民族。不過這種言談術，無意間從認識論的角度解答了歷史上反覆出現的一樁樁疑案：為什麼一些雄才大略的帝王常常錯誤估計自己，認為"自古無及己者"，為什麼他會做出一些連普通人也做不出的蠢事來，因為有水分的話太多，而國君恰恰是在這大量的假話、空話、浮誇言辭之下來認識他治下的國家，來判斷政治、功過、德行、下情，並進而決定全國之是非、毀譽。

　　韓非的"非知之難，處知則難矣"，是從"法術之士"的角度來說的。或許可謂之"知易行難"論。它雖然與孫中山先生的"知難行易"論正好相反，但都含有一定真理，只因為歷史條件相異、論述角度不同罷了。"實踐出真知"，這是眾所周知的"知行者合一論"。這是就自然科學或民主與法治社會的政治而言的，而就封建專制君王的認識過程而言，情況要複雜、曲折得多，並且其過程相當漫長、相當反覆，常伴着殘酷的血腥味。孟子就曾感歎過："天下之生久矣！一治一亂。"（《孟子·滕文公下》）可見在孟子之前就已經跳不出治亂循環的怪圈。一直到清，又何嘗不治亂循環呢？黃炎培所說的：不少王朝總是不能跳出"其興也勃，其亡也忽"[1]這個週期率的支配，也是一種治亂循環論。為什麼封建帝王、封建階級總是不能從治亂興亡的週期率中"出真知"。從可言、能言的歷史，知言的歷史，為言的方法（術）中，也許可以找到一些具體的答案吧？

　　[作者簡介] 尹振環（1934— ），男，河北滄州人。現為貴州省委黨校教授，主要從事《馬王堆帛書老子》的研究工作，已發表研究《老子》論文150餘篇，著作有《帛書老子辨析》、《帛書老子與老子術》、《今本〈老子〉五十七個章中的模糊點》、《楚簡老子辨析》、《帛書老子再疏義》等。

---

[1] 語出《左傳》莊公十一年，即西元前683年。"禹湯罪己，其興也勃；桀紂罪人，其亡也忽焉。"所謂"罪人"，即拒諫飾非，諉過於人，殺戮（甚至剁成肉醬、烤成肉乾，剖腹取心，如紂王所為）敢於發表異見的輔弼大臣。

# 《吕氏春秋》题解

## 劉生良

《吕氏春秋》是戰國後期出現的一部重要典籍,在中國思想文化史上具有重要地位,然而長期以來,人們對其題意、性質、宗旨及學派定位的認識尚不盡明確到位。本文擬就此略述己見,以期推動這一問題的深入研究和解決。

## 一

吕不韋把他主持編著的這部大型書籍命名為《吕氏春秋》,是頗有深意的。

"春秋"一詞,本是年、歲之意。古人認為春是萌發生長的季節,秋是成熟收穫的季節,春秋連稱就代表一年或一歲。也許在遠古時代只有春、秋兩季,後來又從中分出夏、冬兩季,才變成了一年四季。由於春秋可代表年歲,後人便把它引申為編年體史書的稱謂。唐人劉知幾曾說:"春秋家者,其先出於三代。案《汲冢瑣語》記太丁時事,目為《夏殷春秋》。"[①]太丁是商紂的祖父,或許在商代後期就以"春秋"作為歷史書的名稱了。到春秋時代,各國都將其官方史書稱為"春秋",如周《春秋》、燕《春秋》、宋《春秋》、齊《春秋》(見《墨子·明鬼》篇)。春秋末年,孔子根據魯《春秋》加以增刪修訂,編寫出《春秋》一書,"春秋"又進一步成為該書所記時代的稱謂。由於孔子編寫的《春秋》文字極為簡括,以"微言大義"著稱,隨後便出現了為《春秋》作傳注的《左氏春秋》等,又進一步衍生出擺脫編年體史書之局限的《虞氏春秋》、《晏子春秋》等以史為主、亦史亦子的專書。

《吕氏春秋》正是沿着這條路徑編寫的又一部題名"春秋"的書,較之以前此類專書,更是一種創格。它既有沿襲繼承,更有發展創新,從而賦予了"春秋"更多的新意。其一,它沿用了"春秋"表示年歲的本義,但既不按年紀事,也不記述某一特定年份已發生的事情,而是在總結以往經驗的基礎上以十二月令的形式依次講述一年四季十二個月的天象、物候尤其是天子應做的政事和應注意的問題,別出心裁地設計出了一份天子的施政年曆和活動年表,賦予了"春

---

[①] 劉知幾《史通》卷 《內篇·六家》,上海世紀出版集團2008年版,第2頁。

秋"以"年曆"、"年表"的新意。其二,它繼承了"春秋"紀事敘史的傳統,但不只記人事,而是將天、地、人結合起來全面記述和思考,不只寫史事,而是立足於現實、着眼於未來,凡過去(歷史)、現在(現實)、未來(理想)之事全都敘寫和討論,從而賦予了"春秋"全方位的空間內涵和全維度的時間內涵。其三,它仿效孔子寫《春秋》的做法,但徹底打破了其編年紀事的體例,放棄了其"微言大義"的筆法,採用以舉例形式講史事和充分說理的寫法,注重其內在的邏輯聯繫,務求意旨顯豁明快,這就賦予了"春秋"一種新的表現形式和寫作風格;更重要的是,它還弘揚了孔子作《春秋》"明王道"、"定天下"的旨趣和精神,與之一脈相承,但又與孔子向後看、夢想恢復舊秩序的做法截然相反,而是向前看、希望建立新秩序,這又改變了"春秋"固有的思維定勢和價值取向。其四,它保持了"春秋"作為史書的某些特徵,因而司馬遷謂其"以為備天地萬物古今之事,號曰《呂氏春秋》",將其與《左氏春秋》、《虞氏春秋》並列①,作為史書看待;馮友蘭先生稱其"實乃史家之寶庫"②;任繼愈先生也認為"《呂氏春秋》作者欲通古今之變,以史典自詡,故自號'春秋'"。③ 但是它又繼虞氏、晏子之後進一步打破了史書與子書的界限,更加向子書靠近,以人事徵天道,借事論理,以史資政,欲成一家之言,因而亦史亦子,甚至是以子書為主,這又進一步賦予了"春秋"亦兼指子書的新意,大大拓展了其內涵、外延以及容量和空間。

要之,呂不韋將其書題名"春秋",賦予了"春秋"多重新意,使其成為一個既表示年歲又兼表年曆,既專指史書又兼指子書,既以紀人事、敘歷史為主,又全面涵蓋天、地、人三個空間維度和過去、現在、未來三個時間維度,"備天地萬物古今之事",形貌和指向也煥然一新的新概念。呂氏以此命名其書,其深意就不難看出了:它表明這部書是仿效孔子《春秋》而作,和孔子編寫的《春秋》旨趣一樣,都具有"欲以定天下"的用意,而且隱含着其書後來居上,頗多創新,是繼孔子《春秋》之後一部囊括一切、更加周密完備的王政法典和治國綱要的深意。孫人和指出,呂書"名曰春秋,欲以定天下"④。這話是非常正確的。同時,呂書"名曰春秋"也隱含着呂氏是以孔子第二自居,想使自己成為諸子百家中堪與孔子媲美甚至超越其上的文化巨子的深意。把呂不韋在這方面的用心和後來秦始皇在政治上的用心相比,可以看出,他們都想成為"天下霸主",其性格是十分相似的,儘管他們意見分歧,頗有矛盾。

## 二

《呂氏春秋》的題意既明,我們接下來討論該書的性質。關於呂書的性質,首先是史書和

---

① 司馬遷《史記·十二諸侯年表序》,中華書局1982年版,第509頁。
② 許維遹《呂氏春秋集釋·馮友蘭序》,中國書店1985年版。
③ 任繼愈《中國哲學發展史·秦漢》,人民出版社1985年版,第5頁馮友蘭序。
④ 許維遹《呂氏春秋集釋·孫人和序》。

子書之爭。此書名曰《呂氏春秋》，而沒有叫做《呂子》，說明它具有史書的性質，而不是子書。但是《漢書·藝文志》又將其列入諸子中的雜家類，且作為雜家的代表作，則又說明它具有子書的性質，而不是史書。考慮到它以雜采各家學說自成一說為主要特點，筆者認為它亦史亦子，實際上是名為史書，主要應作為子書看待。此外，還有人說它是"實千古類書之先河，亦一代思想之淵海"，"一部獨一無二的晚周哲學思想的文集"，"我國封建社會初期一部較完備的治國法典"，"欲為一代興王之典禮"，"我國古代第一部有組織、有計劃集體編撰的大型學術著作"，"一部有謹嚴體系的私人學術著作，一部先秦時期的百科全書"，"一部古典王政全書，一部百科全書式的帝王教科書"，"一部哲學味濃厚的社會政治論著"等①。在筆者看來，上述諸說除"類書"和"文集"之說不妥外（詳見下文），其他說法都有其道理。綜合起來，呂書的性質似可這樣表述：《呂氏春秋》是戰國末期呂不韋及其門客集體編纂的一部亦史亦子而以子書為主的雜家著作，是一部為秦統一天下和治理天下而編寫的完備的王政法典、治國綱要和百科全書。

## 三

　　《呂氏春秋》的寫作宗旨是與其性質密切相關的。既然它是一部以子書為主的"雜家著作"，是一部較完備的"王政法典"和"百科全書"，那麼其寫作宗旨就必然是博采各家精華，以成一家之言。也就是宋人高似孫所說的"采精錄異，成一家言"②。下面我們就來看看其採錄合成的具體情況。

　　陰陽家的學說在全書中處於綱紀的顯著位置。它比較集中地體現在"十二紀"各紀的首篇以及"八覽"、"六論"的首篇，並散見於全書，《應同》篇似乎還錄用了鄒衍《五德終始》的文字。呂書採用了陰陽家用陰陽二氣消長和五行相生相勝來解釋宇宙萬物構造與發展變化規律的說法，以及政令要與時令相配、帝王是應天數而興的觀點，但並未過分迷信其神秘的"天命"觀和"天人感應"論；相反，其《圜道》、《盡數》等篇提出的自然天道觀和"精氣"說，還與之針鋒相對。

　　呂書中採用最多的是道家學說，尤其崇尚道家的哲學思想。書中多處提到老子，闡揚老子的思想。涉及的篇章大致有《貴公》、《去私》、《大樂》、《序意》、《諭大》、《務大》、《君守》、《審應》、《分職》、《士容》等。有些話語往往直接來源於《老子》，如"至智棄智，至仁忘仁，至德不德"（《任數》），"至言去言，至為無為"（《精諭》），"大智不形，大器晚成，大音希聲"（《樂成》），"禍兮福之所倚，福兮禍之所伏"（《制樂》）等。書中直接來源於《莊子》、闡揚莊子思想的地方

---

① 王啟才《呂氏春秋研究》，學苑出版社 2007 年版，第 325～330 頁。
② 高似孫《子略》卷四，中華書局據《學津討原》本校刊，1936 年版。

更多，大致涉及《貴生》、《論人》、《圜道》、《誠廉》、《必己》、《貴因》、《觀世》、《審分》、《離俗》、《上德》、《貴當》、《有度》等篇章。例如"庖丁解牛"(《精通》)、"材與不材"(《必己》)、"列子拒粟"(《觀世》)、"諸賢讓王"(《貴生》、《離俗》、《審為》)、"孔子窮於陳蔡"(《慎人》)等著名故事皆采自《莊子》；而且"天道圜，地道方"，"主執圜，臣處方"(《圜道》)，"因者君術也，為者臣道也"(《任數》)，"性者萬物之本也，不可長，不可短，因其固然而然之"(《貴當》)，以及"八觀六驗"、"六戚四隱"(《論人》)等著名觀點也都脫胎於《莊子》。此外，書中還有一些篇章採用了關尹、楊朱、子華子、詹何、田駢等道家人物的學說，如《審己》通於關尹學派，《本生》等篇源於楊朱學派，《貴生》等篇輯錄了子華子的言論，《執一》等篇採用了詹何、田駢的說法，《序意》等篇保存了六國時人偽托黃帝的一些學說。由此可見，呂書採用道家的學說實在很多，尤以《莊子》為最多。同時，就相關篇章看來，呂書極力推崇的是道家的哲學思想，主要採納了其重道守柔、道法自然、無為而治、因性任物、超然物外、重己養生等思想觀點，並且以"法天地"作為全書的指導思想。據《不二》篇所云："老耽(聃)貴柔"，"關尹貴清，子列子貴虛，陳駢(田駢)貴齊，陽生貴己"，呂書顯然將其精華全部採擷了，而且更將其視為全書的主腦和靈魂。由此也足見道家學說在呂書體系中占有多麼重要的地位。當然，呂書對道家學說也並非全盤接受，它揚棄了其逃避現實、冷漠無情、不思進取、與世敷衍等消極性，在《當務》篇中甚至還站在儒家立場上諷刺莊子學派的偏激說法。

呂書中採用的儒家學說僅次於道家，尤為讚賞儒家的政治和倫理思想。書中談到孔子的地方有39處之多，居於諸子人物之首。《不二》篇云："孔子貴仁。"呂書中記述孔子的言行事蹟，都是為了着重突出一個"仁"字，從而創造性地吸收、改造和發展了孔子的"仁學"思想。《愛類》篇中"仁於他物，不仁於人，不得為仁。不仁於他物，獨仁於人，猶若為仁。仁也者，仁乎其類者也。故仁人之於民也，可以便之，無不行也"一段話就是明證。與弘揚"仁學"相應的，呂書也很重視孔子所提倡的"禮"、"信"等學說，這在《壹行》、《處方》、《貴信》等篇中有充分的體現。此外，《孝行》篇極力宣揚儒家的孝道學說，並保存了曾子論孝的言論；《至忠》、《不苟》等篇又宣揚儒家的忠君思想，歌頌人臣的忠義精神；《忠廉》、《士節》等篇闡發了孟子"捨生取義"的思想；《情欲》、《博志》等篇還主要發揮了荀子的主張。特別值得注意的是，呂書夏令三紀中有關於教育和音樂的兩組專論，集中闡述了教育和音樂的重要作用，其思想觀點顯然是對儒家學說的傳承和發揚。總的看來，呂書對儒家學說也是非常重視的。如果說道家思想是從哲學層面和精神內涵上貫穿了全書，那麼儒家學說則是從政治倫理和社會秩序層面上貫穿了全書。它所採擷的儒家學說，除了"至忠"的主張在今天看來含有愚忠的成分而有一定缺陷外，其餘都是儒家的精華所在。當然在採擷的過程中，編著者也是有所改造和揚棄的，從而擯棄了儒家學說的某些迂腐氣和保守性。書中也有一些批評儒家的言論，如《貴公》篇中"荊人遺弓"一則寓言，就多少含有孔子比老子稍遜一籌的意思；《有度》篇中還站在道家立場上，把孔、墨之徒拉在一起進行批判。

呂書對墨家學說也相當重視，採擷了其中一些精華。書中指名道姓論及墨子及其後學的,凡 21 見,僅次於孔子,另外還有不少隱性地論及墨子和墨學的,由此可見墨學在呂氏心目中的地位。《不二》篇謂"墨翟貴廉",所以呂書對墨學的吸收重在"廉"上。《節喪》、《安死》脫胎於《墨子·節葬》之義,此乃儉樸、節用之"廉";《高義》篇中"墨子辭封"一事,表現出墨子的高尚品格,此乃尚義、不苟之"廉";《去私》篇中"腹䵍殺子"一事,表現了墨家不徇私枉法的精神,此乃公正、無私之"廉"。還有,《當染》全取自《墨子·所染》,強調環境熏陶的意義;《期賢》等篇反復闡發墨家"尚賢無差等"的思想;《聽言》、《適威》等篇一再宣揚墨家的"愛利"之道,似乎都與"廉"有關。在採擷墨家精華的同時,呂書根據現實需要,堅決反對墨家"非樂"及"非攻"、"救守"的思想主張,在《大樂》及《振亂》、《禁塞》等篇中進行了有力批判。但是總的看來,呂書對於墨家學說,採用的明顯多於反對的。

呂書還采擷了法家、名家、兵家、農家的一些思想和言論。法家在秦國根深蒂固,很有勢力,呂書在《察今》篇闡揚了商鞅順時變法的思想,在《慎勢》篇發揮了慎到重勢的主張,在《任數》等篇又論及申子重術的觀點,在《用民》篇中甚至還將管仲、商鞅這樣的法家人物比之於商湯、周武。但是,呂氏卻並不贊同法家嚴刑峻法的主張,在《上德》、《功名》、《用民》等許多篇章一再強調德義勝於賞罰。這也是呂不韋和秦始皇的主要分歧之一。呂氏反對名家之流的淫辭詭辯,卻又在《正名》、《審分》等篇採納了其"按實審名"的主張,書中也收錄和保存了宋鈃、尹文、鄧析、公孫龍、惠施等名家人物的一些言論。兵家的學說主要體現在孟秋、仲秋二季所繫的一組文章中,作者為了統一天下而極力鼓吹"義兵"和"攻伐"理論。農家的學說主要保存在書末《上農》等四篇文章中,由於呂氏原本是商人,所以在重農的同時並不抑商。

以上是《呂氏春秋》博采各家之長亦即"采精錄異"的大致情況。不惟全書如此,即使同一篇中也有雜糅數家觀點的現象。關於呂書的雜取博采,清人徐時棟在其《呂氏春秋雜記序》中有一段話說得更為充分,茲錄如下:

> 其書瑰瑋宏博,幽怪奇豔,上下巨細事理名物之故,粲然皆具,讀之如深入寶藏⋯⋯遺文軼事,名言至理,往往而在。考其徵引神農之教,黃帝之誨,堯之戒,舜之詩,后稷之書,伊尹之說,夏之鼎,商、周之箴,三代以來,禮樂刑政,以至春秋、戰國之法令,《易》、《詩》、《書》、《禮》、《孝經》,周公、孔子、曾子、子貢、子思之言,以及夫關、列、老、莊、文子、子華子、季子、李子、魏公子牟、惠施、慎到、寧越、陳駢、孫臏、墨翟、公孫龍之書,上志故記,歌誦謠諺,其捃摭也博,故其言也雜。⋯⋯漢人高誘有言,尋繹此書,大出諸子之右。吾習其書尤信。故於諸子中,每好觀是書。[1]

由是觀之,呂書的雜取博采確已達到了登峰造極的地步,"且有不少早已湮沒之家派,賴此得

---

[1] 徐時棟《煙嶼樓文集·呂氏春秋雜記序》,清光緒三年葛氏刻本。

以保存"①,誠可謂"總晚周諸子之精英,薈先秦百家之眇義"②。

但是必須明確指出,吕書的雜取博采、"采精録異",決非機械的摘録類抄,決非簡易的兼收並蓄,也決非單純的思想糅合和材料匯總,而是通過有機的取捨、吸收和綜合,有序的加工、改造和重組,"以道德為標的,以無為為綱紀,以忠義為品式,以公方為檢格"③,從而形成吕氏自己獨創的一家之言,形成那個時代特需的一套體系。也就是説,它首先經過"上揆之天,下驗之地,中審之人"(《序意》)的審查和檢驗,"敢於和善於將各家的'精'採集起來,將各家的'異'筆録下來,再進行冷靜的比較、分析、消化、吸收,最後形成只屬於自己的一家言。這裏有對各家各派的吸收和繼承,但更多的是改造和創新。這裏有對各家各派的批判和針砭,但更多的是思考和探索"④。正如前人所説:"《吕氏春秋》采莊列之言,非莊列之理,用韓非之説,殊韓非之旨。"⑤書中雖然雜有道家、儒家、墨家及各家的學説,但是這些學説一旦進入此書,便基本被融化了,就不應再是道家、儒家、墨家及各家的思想,而成為該書思想體系的有機組成部分了。因此,以前有些學者認為吕書只是雜采博摭而沒有創造精神的説法是不正確的。吕書決非"類書"或"文集"之類的著作,而是有着統一思想、明確宗旨且自成體系的一部學術專著。它雖然雜取百家,但又卓然自成一家。儘管這一體系還未盡整齊、圓融、貫通、完滿,還存在某些齟齬和矛盾,但它畢竟是不同於先秦諸子百家中任何一家的一個全新的體系。

## 四

與寫作宗旨密切相關的一個問題,就是吕書的學派歸屬及定位問題。關於這個問題,最早清人盧文弨主墨家説,其後郭沫若主儒道兩家説,陳奇猷主陰陽家説,金春峰等主儒家説,牟鍾鑒主道家説,熊鐵基主新道家説,衆説紛紜⑥。這些説法都有其道理,但都不盡妥當,因為吕書雜采各家,而他們總想將此書歸入其中自認為最主要的一家體系之中,這自然説不通,也不符合實際。依筆者愚見,還是按《漢書·藝文志》的歸類將其認定為"雜家"為妥。《漢志》云:"雜家者流,蓋出於議官,兼儒墨,合名法。"它雜采各家,又別是一家。所以雜家的"雜"並非雜存、雜湊之意,而是薈萃、綜合、總結、集成、匯通、統一之意,也就是雜采各家、取長補短、集腋成裘而自成一家之意。它在取捨、整齊中有所改造、超越,這也算得上一種發展創新。因

---

① 陳奇猷《吕氏春秋新校釋·編纂説明》,上海古籍出版社2002年版,第2頁。
② 許維遹《吕氏春秋集釋·自序》。
③ 高誘《吕氏春秋序》,見陳奇猷《吕氏春秋新校釋》,第2頁。
④ 陳雪良《吕子答客問》,上海人民出版社2002年版,第93頁。
⑤ 蔣維喬等《吕氏春秋匯校·敘》引譚獻《復堂日記》語,中華書局1956年版,第3頁。
⑥ 王啟才《吕氏春秋研究》,第7頁。

此,《吕氏春秋》就應定位為一部以陰陽家、道家、儒家及墨家學說為主,雜采各家、取眾為一、集先秦諸子精英之大成的雜家著作,甚至可稱其為雜家之祖。正因為吕書法天地,通古今,雜取博采,整合總結,集其大成,卓然自成一家,所以高誘序稱其"大出諸子之右"①,《四庫全書總目提要》也認為"是書較諸子之言獨為醇正"②。

綜上所述,吕不韋將其書題名"春秋",賦予了"春秋"多重新意,使之既表示年歲又兼表年曆,既專指史書又兼指子書,既以紀人事、敘歷史為主,又全面涵蓋天、地、人三個空間維度和過去、現在、未來三個時間維度,"備天地萬物古今之事",形貌和指向也煥然一新。吕氏以此命名其書,表明這部書是仿效孔子《春秋》而作,和孔子編寫的《春秋》旨趣一樣,都具有"欲以定天下"的用意,而且隱含着較多的深意。就性質而言,《吕氏春秋》應是一部亦史亦子而以子書為主的著作,是一部為秦統一天下和治理天下而編寫的完備的王政法典、治國綱要和百科全書。其寫作宗旨是博采各家精華,以成一家之言,也就是所謂"采精錄異,成一家言"。相應的,其學派歸屬就應定位為一部以陰陽家、道家、儒家及墨家學說為主,雜采各家、取眾為一、集先秦諸子精英之大成的雜家著作,甚至可稱其為雜家之祖。這就是本文的結論。

[作者簡介] 劉生良(1957—    ),男,陝西洛南人。文學博士,現為陝西師範大學文學院教授、博導。研究方向為先秦兩漢文學,主要研究《莊子》、《楚辭》、《詩經》、《史記》等,發表學術論文八十多篇,代表著作有《鵬翔無疆——〈莊子〉文學研究》。

---

① 高誘《吕氏春秋序》,見陳奇猷《吕氏春秋新校釋》,第2頁。
② 《四庫全書總目提要》卷一一七《子部雜家類》,中華書局1983年版,第1009頁。

# 論《呂氏春秋》的編撰背景

## 延娟芹

《呂氏春秋》編撰於戰國末期的秦國。前人談及戰國中晚期的秦國文化，多認為物質文化發展較快，精神文化卻遠不及東方國家。加之秦人尚武好戰，商鞅變法壓制文化的發展，秦始皇焚書坑儒，更使得後人形成了秦人重武輕文、秦精神文化落後的總體印象。如有學者指出："秦文化的實用性表現之三就是它在物質文明方面發達，在精神文明方面遜色。……秦國的精神文明則遠遠落後於東方諸國。春秋戰國時期是我國古代學術大繁榮的時代，然而秦國卻沒有產生一個真正的思想家和一個獨立的學派。"①

與這一說法不同的事實是，戰國晚期，在呂不韋的主持下，秦國編撰了一部雜家著作——《呂氏春秋》②。在《呂氏春秋》中，儒、道、墨、法、陰陽、兵等各家思想共存，甚至各派的一些分支也有著錄，為我們全面瞭解先秦諸子思想提供了重要依據。除此之外，書中對宇宙、自然、

---

① 邱文山、張玉書、張傑、于孔寶《齊文化與先秦地域文化》，齊魯書社2003年版，第746頁。
② 關於《呂氏春秋》的具體創作時間，《呂氏春秋·序意》中有明確記載："維秦八年，歲在涒灘，秋，甲子朔，朔之日，良人請問《十二紀》。"這裏的"秦八年"，據孫星衍考證，是從秦莊襄王滅周的第二年算起，八年後應該是秦始皇六年（前241年）。因為"涒灘"是申年，秦始皇六年正好就是申年，秦始皇八年是壬戌年，不是申年，與"涒灘"不合（見孫星衍《問字堂集·太陰考》，駢宇騫點校，中華書局2006年版）。但是《呂氏春秋》三部分是一次成書，還是分幾次成書？對此，學者們分歧頗大。如牟鍾鑒云："《呂氏春秋》於呂不韋執政後期一次編纂而成；流傳至今的《呂氏春秋》，雖經過歷代輾轉抄傳而出現若干訛誤漏衍，但就其內容而言，即是當初布於咸陽市門而懸千金其上的那部書。"牟鍾鑒《〈呂氏春秋〉與〈淮南子〉研究》，齊魯書社1987年版，第6～7頁。而陳奇猷又曰："《十二紀》確係成於秦八年即始皇六年，而《八覽》、《六論》則成於遷蜀之後。"陳奇猷《〈呂氏春秋〉成書的年代與書名的確立》，見《呂氏春秋新校釋》附錄，上海古籍出版社2002年版。分歧產生的緣由有二：一，上引《序意》中載有良人問該書的主編呂不韋，只說到"良人請問《十二紀》"，並沒有提到《八覽》、《六論》。許多學者認為《序意》僅僅是《十二紀》的序，並不是全書的序。假如這一說法可以成立，則《十二紀》與《八覽》、《六論》顯然非成書於一時。二，司馬遷在《報任安書》中說道："不韋遷蜀，世傳《呂覽》。"隱含的意思是《呂覽》作於遷蜀之後。儘管以上諸家關於《呂氏春秋》的具體編撰時間存在分歧，但是該書編撰於戰國末期是可以確定的。

社會、歷史、人生、邏輯、教育、農業、藝術、醫藥、天文等無所不包,有的理論達到了先秦最高成就,是先秦學術的一大集成。在精神文化較爲落後、沒有思想家的國家竟然編撰了這樣一部集各種思想文化爲一體的巨著,這一現象不能不讓人産生疑惑,《吕氏春秋》是如何編撰而成的?

戰國時期的秦國精神文化真的落後於其他國家嗎?仔細勾稽梳理相關文獻,可以發現,事實並非如此。戰國中晚期的秦都咸陽是當時的學術中心,這爲《吕氏春秋》的編撰奠定了堅實的基礎。《吕氏春秋》就是在咸陽這一大的學術背景下編撰而成。關於《吕氏春秋》編撰背景的形成,本文從戰國時期秦國士人情況以及思想文化狀況兩方面進行討論。

# 一、戰國時期秦國士人情況

李斯在《諫逐客書》中曰:

> 昔繆公求士,西取由余於戎,東得百里奚於宛,迎蹇叔於宋,求邳豹、公孫支於晉。此五子者,不産於秦,而繆公用之,並國二十,遂霸西戎。孝公用商鞅之法,移風易俗,民以殷盛,國以富彊,百姓樂用,諸侯親服,獲楚、魏之師,舉地千里,至今治彊。惠王用張儀之計,拔三川之地,西並巴、蜀,北收上郡,南取漢中,包九夷,制鄢、郢,東據成臯之險,割膏腴之壤,遂散六國之縱,使之西面事秦,功施到今。昭王得范雎,廢穰侯,逐華陽,彊公室,杜私門,蠶食諸侯,使秦成帝業。此四君者,皆以客之功。由此觀之,客何負於秦哉!

李斯不但指出了秦國重用客卿的幾個重要時期,同時指出了客卿對於秦國强盛的重要作用。不論出身,不分貴賤,唯才是用,重用外來人才,這是秦國自封國後一貫的用人制度。秦國是平王東遷時始立國,立國時處境異常艱難,平王賜給秦襄公的"岐以西之地"尚在犬戎手中,還常常遭受犬戎的侵擾。惡劣的生存環境,使得秦國在人才選擇上只能唯才是用,而不能像晉、魯等國採用"尊尊親親"的世襲用人原則。春秋戰國時期,秦國歷代國君都繼承了這一用人制度。因此,在其他國家可以看到影響政局的世家大族,秦國卻沒有出現這一現象。可以說,秦國偏居西北,最終卻能相繼滅六國,統天下,與秦國的用人制度有着直接關係。

戰國中後期,隨着商鞅變法的成功,秦國勢力逐步東擴,成爲當時的頭號强國。秦國在當時諸侯國中的這一地位,對士人無疑有着莫大的吸引力,士人紛紛從各國彙聚到秦國。戰國晚期,秦都咸陽已經成爲當時最爲繁榮的學術中心。

戰國中晚期秦都咸陽學術中心的形成,主要經歷了四個階段。

## (一) 秦孝公時期(前361—前338年)的二十餘年間

這一時期是咸陽學術中心形成的開端。秦孝公時期一項重要的政令是在孝公元年頒佈了《求賢令》：

> 孝公元年……秦僻在雍州，不與中國諸侯之會盟，夷翟遇之。孝公於是布惠，振孤寡，招戰士，明功賞。下令國中曰："昔我繆公自岐、雍之間，修德行武，東平晉亂，以河為界，西霸戎翟，廣地千里，天子致伯，諸侯畢賀，為後世開業，甚光美。會往者厲、躁、簡公、出子之不寧，國家內憂，未遑外事，三晉攻奪我先君河西地，諸侯卑秦，醜莫大焉。獻公即位，鎮撫邊境，徙治櫟陽，且欲東伐，復繆公之故地，修繆公之政令。寡人思念先君之意，常痛於心。賓客群臣有能出奇計彊秦者，吾且尊官，與之分土。"①

商鞅就是在看到《求賢令》後自魏國入秦的。魏國當時文化較為發達，尤其是魏文侯(前445—前396年在位)禮賢下士，魏國聚集了許多文人，成為當時的文化中心之一。魏國發達的文化顯然對商鞅有很大影響，商鞅就是帶着魏國李悝的《法經》入秦的，"(李)悝撰次諸國法，著《法經》六篇……商君受之以相秦"②。商鞅還曾師從魯人尸佼，《漢書·藝文志·諸子略》"雜家"著録有《尸子》二十篇。班固注曰："名佼，魯人，秦相商君師之。鞅死，佼逃入蜀。"可見，商鞅雖以法家著稱，他對其他諸家思想也是熟悉的。商鞅見孝公，分別以帝道(道家)、王道(儒家)以及霸道(法家)遊說孝公，也說明了這一點。

商鞅入秦後孝公任為左庶長，頒佈了變法令。變法取得了巨人成功，商鞅也由左庶長升為大良造。商鞅最後雖然被殺，但是法家思想並沒有隨着商鞅的被殺而在秦國消失，反而由於變法的成功，法家思想在秦國得以正式確立。在商鞅的倡導下，秦國出現了一批商鞅的後學，《漢書·藝文志》載"《商君》二十九篇"，屬法家。又載"《公孫鞅》二十七篇"，屬兵權謀家。《荀子·議兵》："故齊之田單，楚之莊蹻，秦之衛鞅，燕之繆蟣，是皆世俗所謂善用兵者也。"說明戰國時人就認為商鞅不僅是法家人物，也是兵家人物。學者們研究，《商君書》多數篇目並非出自商鞅之手，但出自商鞅後學是可以肯定的。這些篇目從內容看，都是站在秦國的立場，反映的是秦國的實際情況，因此都應該撰寫於秦國③。商鞅後學具體情況雖然無從考知，但商鞅死後仍有大批的法家人物留在秦國是可以確定的。

孝公時期見於史籍的文人還有商鞅的反對派甘龍、杜摯。他們的情況史籍記載不多。關

---

① 司馬遷《史記·秦本紀》，中華書局1959年版，第202頁。
② 房玄齡《晉書·刑法志》，中華書局1974年版，第922頁。
③ 張林祥《〈商君書〉的成書與思想研究》，人民出版社2008年版。

於甘龍,《史記·商君列傳》索隱曰:"孝公之臣,甘姓,龍名也。甘氏出春秋時甘昭公王子帶後。"

孝公時期可考知的士人不多,但孝公頒佈《求賢令》後從六國來到秦國的文人一定不少。《求賢令》的頒佈,拉開了咸陽學術中心的序幕。

### (二) 秦惠王時期(前337—前311年)的二十餘年間

這一時期是咸陽學術中心形成的準備階段。秦惠文王在位二十七年,惠王時期延續了孝公時期的治國方略,秦國國力仍處於急速上升時期。憑藉強盛的國力,惠王躊躇滿志,將惠文君改為惠文王,在秦國歷史上首次稱王。

惠王時期秦國招攬的客卿數量更為龐大,這一時期活躍在秦國的主要是法家、兵家、縱橫家、墨家人物。縱橫家張儀是惠王時期最重要的文人,惠王時期在官職上最重要的變化就是國君之下設相,張儀就是秦國第一個相。當時的許多大事件張儀都曾參與,如與公子華一起率兵攻魏,為秦出使魏、楚、韓、齊、趙、燕等國,為人熟知的用商於六百里欺騙楚國一事,張儀就是總導演。《史記》中專列《張儀列傳》,《漢書·藝文志》載張儀曾有《張子》十篇,漢武帝建元元年,"丞相綰奏:'所舉賢良,或治申、商、韓非、蘇秦、張儀之言,亂國政,請皆罷。'奏可"①。可見其書在漢初猶存。

除張儀外,惠王時期的士人還有陳軫、公孫衍(犀首)、司馬錯、甘茂、樂池、管淺、馮章、寒泉子等②。陳軫與張儀俱事惠王,曾為秦出使齊國,勸諫惠王對義渠戎採用安撫的辦法使其歸順。公孫衍為魏之陰晉人,惠王時為大良造,張儀卒後入相秦,曾率兵攻魏。樂池,亦相秦惠王。

墨家人物在惠王時期非常活躍,秦墨是當時墨家三大分支中最重要的一支。如墨家之巨子腹䵍,惠王時居秦。唐姑果,亦為秦之墨者。東方之墨者謝子,曾西見惠王。田鳩,惠王時居秦三年。這些墨家人物對於秦國墨家思想的傳播有重要意義。關於秦墨的相關記載,本文第二部分將有詳述。

惠王時期打破了孝公時期法家占主要地位的局面,這一時期縱橫家、兵家、墨家等人物也紛紛參與到秦國的政治生活中,為咸陽學術中心的形成以及《呂氏春秋》的編撰奠定了良好的基礎。

### (三) 秦武王、秦昭王時期(前310—前251年)約六十年間

這一時期是咸陽學術中心形成的前奏。武王在位三年,武王將惠王時期設置的相又分設

---

① 班固《漢書·武帝紀》,中華書局1962年版,第156頁。
② 張儀、司馬錯事迹見《史記·張儀列傳》與《戰國策·秦策》,陳軫、公孫衍、樂池事迹見《史記·張儀列傳》,甘茂事迹見《史記·甘茂列傳》,管淺、馮章、寒泉子事迹見《戰國策·秦策》。

左右相,如樗里疾、甘茂、屈蓋等都曾任武王時相。樗里疾為惠王弟,曾為秦出使周。甘茂,楚人,曾為秦出使魏、趙。屈蓋亦為楚人。此外,惠王時期的馮章在武王時依然是重要文人,武王三年他出使楚①。

昭王在位五十六年,這一時期人才最為集中,就丞相論,就有樗里疾、向壽、魏冉、孟嘗君、樓緩、芈戎、范雎、蔡澤、金受、壽燭、杜倉②。向壽,楚人,為宣太后外族,曾為秦出使魏、楚。魏冉,宣太后弟,任秦相共五次達二十五年之久,是秦相在位最長者。孟嘗君為戰國四公子之一,身邊有不少門客,他在秦昭王時期雖然只任秦相一年,但這一時期齊國稷下學宮學術繁榮的餘緒尚在,孟嘗君及其門客必然會把齊國百家爭鳴的學術思想帶到秦國。范雎曾建議秦昭王對六國實行遠交近攻的策略。芈戎為宣太后同父弟,昭王十一年使楚。蔡澤曾說范雎功成身退。

昭王時期還出現了一批文臣武將,如公孫昧,昭王元年出使韓。司馬錯,昭王拜為客卿。白起,軍事家,昭王時期的多次戰役任將帥。司馬蘄,司馬錯孫,事武安君白起。造,客卿,曾說穰侯。胡傷,衛人,昭王時為客卿。蒙驁,官至上卿。公子池,惠王之子,昭王之兄,昭王十一年使齊、韓、魏。姚賈,昭王時使魏。王稽,昭王時使魏,曾引薦范雎進見秦昭王。呂禮,齊康公七世孫,事昭王。冷向,秦臣。司馬庚,秦大夫。許綰,秦臣,為宜陽令。韓春,秦大臣,曾說昭王取齊女為妻。庸芮,秦臣,曾說宣太后③。

荀子在昭王時期也來到秦國,他在秦國與范雎有一段談話:

> 應侯問孫卿子曰:"入秦何見?"孫卿子曰:"其固塞險,形勢便,山林川谷美,天材之利多,是形勝也。入境,觀其風俗,其百姓樸,其聲樂不流污,其服不挑,甚畏有司而順,古之民也。及都邑官府,其百吏肅然莫不恭儉、敦敬、忠信而不楛,古之吏也。入其國,觀其士大夫,出於其門,入於公門,出於公門,歸於其家,無有私事也,不比周,不朋黨,倜然莫不明通而公也,古之士大夫也。觀其朝廷,其閒聽決百事不留,恬然如無治者,古之朝也。"④

---

① 樗里疾事迹見《史記·樗里疾列傳》,屈蓋事迹見《戰國策·秦策》。
② 魏冉、范雎、蔡澤、孟嘗君事迹分別見《史記·穰侯列傳》《史記·范雎列傳》《史記·蔡澤列傳》《史記·孟嘗君列傳》,樓緩、金受事迹見《史記·秦本紀》,壽燭事迹見《史記·穰侯列傳》,杜倉事迹見《韓非子·存韓》,芈戎事迹見《戰國策·韓策》。
③ 公孫昧事迹見《史記·韓世家》,白起事迹見《史記·白起列傳》,司馬蘄事迹見《史記·太史公自序》,胡傷事迹見《史記·秦本紀》及《史記·穰侯列傳》,蒙驁事迹見《史記·蒙恬列傳》,造、公子池、韓春、庸芮事迹見《戰國策·秦策》,姚賈事迹見《史記·韓非列傳》《戰國策·秦策》及《史記·秦始皇本紀》,王稽事迹見《史記·范雎列傳》,呂禮事迹見《史記·秦本紀》及《史記·穰侯列傳》,冷向事迹見《戰國策·韓策》,許綰事迹見《戰國策·魏策》及《呂氏春秋·應言》。
④ 見《荀子·彊國》。王先謙《荀子集解》,中華書局1988年版,第302~303頁。

荀子對秦國的山川形勢、民風民俗、都邑官府、朝廷制度、文武百官、市井下人等都作了評論，說明他在秦國並非短暫的逗留，應該是生活了較長的一段時間，才會對秦國有如此全面的瞭解。儒家大師來到秦國，推動了儒家思想在秦國的傳播。

總之，昭王時期秦國統一天下的趨勢日漸明朗，這一時期的秦國對六國士人具有更大的吸引力，一批文臣武士紛紛彙聚到秦國這個大的政治舞臺，力求一顯身手。從秦統治者而言，統一天下是秦人從未經歷過的重大歷史使命，也需要一批有識之士的輔佐，以便統一大業能夠順利進行，因此這一時期對士人的渴求超過了之前任何一個時期。可以說，昭王時期是咸陽學術中心形成的前奏。

### （四）秦莊襄王到秦王政前期（前250—前221年）約三十年間

這是戰國晚期咸陽學術中心的形成期，也是《呂氏春秋》從醞釀到編輯成書的時期。

莊襄王時期以及秦王政前期主要是呂不韋當政，權傾一時的呂不韋身邊必然聚集了大批士人。除了昭王時期的一批人依然活躍在這一時期外，重要士人還有李斯、尉繚、昌平君、昌文君、王翦、王賁、李信、蒙武、蒙恬、蒙毅、頓弱、中期、茅焦等①。李斯為楚人，曾為相，秦始皇時的許多大事件李斯都是參與者。尉繚為戰國末期重要思想家，曾遊說過秦王政，《漢書·藝文志》載"《尉繚》二十九篇"，屬雜家。兵形勢家有"《尉繚》三十一篇"。昌平君為楚公子，秦王政九年，嫪毐作亂，秦王"令相國昌平君、昌文君發卒攻毐"②，《索隱》："昌平君，楚之公子，立以為相，後徙於郢，項燕立為荊王，史失其名。昌文君名亦不知也。"王翦及其子王賁俱為秦始皇時大將。蒙武為蒙驁之子，蒙恬、蒙毅為蒙武之子，蒙氏三代四人均為秦國重要將帥，尤其是蒙恬，史載其嘗書獄，典文學。頓弱，始皇時使韓、魏、燕、趙。中期，曾與秦王政爭論。茅焦，齊人，因嫪毐事向秦王進諫。

法家人物韓非也曾使秦，在韓非使秦前，他的作品早已流傳到秦國，並得到秦王政的高度讚賞，《史記·韓非列傳》："人或傳其書至秦。秦王見《孤憤》、《五蠹》之書，曰：'嗟乎！寡人得見此人與之遊，死不恨矣！'"韓非使秦後，李斯嫉妒韓非，逼迫韓非服毒自殺。

《呂氏春秋》是呂不韋召集門客編撰而成，史籍中還記載了呂不韋的兩個門客。甘羅，甘茂孫，事文信侯呂不韋。司空馬，三晉人，少事文信侯，為尚書③。

秦國還不乏其他方面的人才，如李冰為蜀守時修建了大型水利工程都江堰，韓國水工鄭國入秦修建了鄭國渠，可見秦國科技方面的成就。秦國還有相馬專家伯樂、九方皋，秦簡日書

---

① 李斯事跡見《史記·李斯列傳》，尉繚事跡見《史記·秦始皇本紀》，王翦、王賁事跡見《史記·王翦列傳》，李信事跡見《史記·王翦列傳》以及《史記·秦始皇本紀》，蒙武、蒙恬、蒙毅事跡均見《史記·蒙恬列傳》，頓弱事跡見《戰國策·秦策》，中期事跡見《說苑·正諫》，茅焦事跡見《史記·呂不韋列傳》。

② 司馬遷《史記·秦始皇本紀》，中華書局1959年版，第227頁。

③ 甘羅事跡見《史記·甘茂列傳》，司空馬事跡見《戰國策·秦策》。

中有《馬禖》篇,學者考證是中國最早的相馬經①。《史記》還記載了被稱為"秦倡侏儒"的藝人優旃②。《呂氏春秋》的内容包羅萬象,堪稱當時的百科全書,戰國末期秦國士人的知識結構也說明當時秦國文化之豐富。

戰國養士之風盛行,《史記·呂不韋列傳》:"當是時,魏有信陵君,楚有春申君,趙有平原君,齊有孟嘗君,皆下士喜賓客以相傾。呂不韋以秦之彊,羞不如,亦招致士,厚遇之,至食客三千人。"呂不韋門下尚有食客三千,其時秦國之士人數量應該遠遠大於這一數字,由此可見當時秦國人才聚集的盛況。

戰國時期出現的秦國作品也證明了當時秦國士人的繁盛。目前能見到的戰國中後期秦文學作品,除《呂氏春秋》外,還有《秦記》、《詛楚文》、《秦曾孫駰告華大山明神文》、《商君書》、《諫逐客書》、《南郡守騰文書》等,《詛楚文》與《諫逐客書》向來爲人稱頌,是文學史上難得的佳作。秦國下層社會也有文學作品出現,有些作品甚至具有追溯源流的重要文獻價值,如《睡虎地秦簡》中的《爲吏之道》可與《荀子·成相》互證,從軍士兵的兩封家書是目前見到的最早的家書,放馬灘秦簡中的《墓主記》是目前見到的最早的志怪故事,有學者指出比《搜神記》早了五百多年③。這些都說明戰國時期的秦國從上流階層到下層社會,都有比較好的文化基礎,說明當時秦国文人數量之龐大。

從孝公下詔《求賢令》始,到秦王政統一全國前夕,秦國在國力日漸強盛的同時,也吸引了許多士人,以上只就史籍所見重要士人做了梳理。這些士人多數爲法家、兵家、縱橫家人物,但也不乏其他方面的人才。有的本爲秦人,大多數則爲外來人士,他們在秦國活動時間長短不一,共同促成了咸陽學術中心的繁榮。戰國中後期咸陽學術中心的繁榮爲《呂氏春秋》的編撰奠定了堅實的基礎。

## 二、史籍所見秦國思想文化狀況

咸陽學術中心的形成,促進了戰國中晚期秦國思想文化的發展。《呂氏春秋》的編撰,還與戰國中晚期秦國思想文化的發達有關。下面分別論之。

### (一) 秦 之 墨 家

《韓非子·顯學》:"自墨子之死也,有相里氏之墨,有相夫氏之墨,有鄧陵氏之墨。故孔、

---

① 賀潤坤《中國古代最早的相馬經——雲夢秦簡〈日書·馬〉》篇,《西北農業大學學報》,1989 年第 3 期。
② 李冰事迹見《風俗通》及《水經注》,鄭國事迹見《史記·河渠書》,伯樂事迹見《韓非子·說林下》,優旃事迹見《史記·滑稽列傳》。
③ 李學勤《放馬灘簡中的志怪故事》,《文物》,1990 年第 4 期。

墨之後,儒分為八,墨離為三。"《韓非子》中明確記載了墨子之後墨學曾離為三。墨家三派究竟有什麼不同?《莊子》中作了簡略說明,《天下篇》云:"相里勤之弟子,五侯之徒,南方之墨者苦獲、己齒、鄧陵子之屬,俱誦《墨經》,而倍譎不同,相謂別墨;以堅白同異之辯相訾,以觭偶不仵之辭相應;以鉅子為聖人。皆願為之尸,冀得為其後世,至今不決。"現當代學者對墨學三派分佈地域以及特點作了細緻的考證,如蒙文通先生言:"三墨者,即南方之墨、東方之墨、秦之墨。秦之墨為從事一派,東方之墨為說書一派,南方之墨為談辯一派。"①

秦墨在秦惠王時期最為活躍,前引田鳩、謝子、唐姑果以及墨家巨子腹䵍在惠王時期都活躍於秦國。墨家巨子居秦,說明當時墨家在秦國影響之大。《呂氏春秋·去私》:

> 墨者有巨子腹䵍,居秦,其子殺人,秦惠王曰:"先生之年長矣,非有它子也,寡人已令吏弗誅矣,先生之以此聽寡人也。"腹䵍對曰:"墨者之法曰:'殺人者死,傷人者刑',此所以禁殺傷人也。夫禁殺傷人者,天下之大義也。王雖為之賜,而令吏弗誅,腹䵍不可不行墨者之法。"不許惠王,而遂殺之。

秦國從孝公開始,任用商鞅變法,變法的內容之一就是嚴刑罰,即"王子犯法與庶民同罪"。惠王為孝公子,這時法家思想在秦國確立時間並不長,變法內容還需要嚴格執行。但惠王卻因腹䵍之故要赦免其子,並且稱腹䵍為先生,可見腹䵍深受惠王的禮遇與敬重,墨家在秦國地位非同一般。

墨家在秦國地位如此之重要,自然會吸引一些墨家人物進入秦國。《呂氏春秋·首時》:"墨者有田鳩欲見秦惠王,留秦三年而弗得見。客有言之於楚王者,往見楚王,楚王說之,與將軍之節以如秦,至,因見惠王。"《淮南子·道應訓》也有記載,文字略異。高誘注:"田鳩,齊人,學墨子術。"田鳩屬東方之墨無疑。《漢書·藝文志》載有《田俅子》三篇,《繹史》:"田鳩即田俅。"田鳩有著作傳到漢代,在當時應為墨家重要人物。遺憾的是,田鳩居秦三年欲見惠王而弗得見,田鳩在秦國停留三年之久等待惠王的接見,也說明當時秦國墨學在戰國時期各國影響巨大。

《呂氏春秋·去宥》又載:

> 東方之墨者謝子將西見秦惠王。惠王問秦之墨者唐姑果。唐姑果恐王之親謝子賢於己也,對曰:"謝子,東方之辯士也,其為人甚險,將奮於說以取少主也。"王因藏怒以待之。謝子至,說王,王弗聽。謝子不說,遂辭而行。

此事又見《淮南子·修務訓》、《說苑·雜言》,唐姑果又作唐姑梁、唐姑等,謝子又作祁射子。

---

① 蒙文通《論墨學源流與儒墨匯合》,收入劉夢溪主編《中國現代學術經典·廖平蒙文通卷》,河北教育出版社1996年版,第584頁。

高誘注:"唐姓,名姑梁,秦大夫。"當東方之墨者謝子將見秦惠王時,惠王徵求唐姑果的意見,並最終採納了唐姑果的意見,足見唐姑果深得惠王的信任。東方之墨者田鳩與謝子在秦國都遭到排斥,可見《韓非子·顯學》載墨子之後墨學三個分支之間分歧很嚴重,它們已經屬於不同集團,很難融合。

秦墨還有著作傳世,今傳《墨子·備城門》以下諸篇,不少學者考證就應該出自秦墨者之手。如蒙文通先生通過將《墨子》中《備城門》、《號令》等篇與秦法與秦國官制相比較,認為:"自《備城門》以下諸篇,備見秦人獨有之制,何以謂其不為秦人之書?……推而明之,其為秦墨之書無惑也。"①

《吕氏春秋》中《去私》、《節喪》、《安死》、《當染》等篇都反映的是墨家思想,這些篇章應該就是居秦的墨家後學所作。

墨家思想還滲透到了秦國的政治、軍事、法律思想中,是秦國立國思想的重要組成部分。上引腹䵍一段中,腹䵍沒有聽從惠王的一片好意,而是堅決殺了自己的兒子,就頗有法家的作風,墨家鉅子執法之嚴格於此可見。《墨子》中有關內容也反映了墨法之間的相似之處。如《墨子·號令》:"奸民之所謀為外心,罪車裂。""四面之吏亦皆自行其守,如大將之行,不從令者斬。諸灶必為屏,火突高出屋四尺,慎無敢失火,失火者斬其端,失火以為事者車裂。伍人不得,斬;得之,除。救火者無敢讙譁,及離守絶巷救火者斬。其正及父老有守此巷中部吏,皆得救。部吏亟令人謁之大將,大將使信人將左右救之,部吏失不言者斬。諸女子有死罪及坐失火皆無有所失,逮其以火為亂事者如法。""歸敵者,父母、妻子、同產皆車裂。先覺之,除。當術需敵,離地,斬。伍人不得,斬;得之,除。""其以城為外謀者,三族。"

以上引文中提到的三族、車裂等,均是秦之重法。引文語言風格也與《商君書》、《睡虎地秦簡》語言如出一轍,頗有法律條文斬釘截鐵、冷酷無情之風格。三族之法,秦國古已有之,《史記·秦本紀》載,秦文公二十年(前746年),"法初有三族之罪"。而車裂之法,不見於《商君書》以及《睡虎地秦簡》,應來自於秦墨之法。郭沫若先生曾指出:"墨者與秦王既相得,我們要說秦法之中有墨法參入,總不會認為是無稽之談吧。"②認為墨法是秦立國思想的重要組成部分,這是很有見地的。這不僅進一步證明戰國後期秦國是墨家的重要活動中心,而且説明秦國的法律深受墨家的影響。

## (二) 秦 之 道 家

秦國也出現了道家人物。《列子·湯問》:"唯黄帝與容成子居空峒之上。"容成子據稱是老子之師,《列仙傳》:"容成公者,自稱黄帝師,見於周穆王。……事與老子同,亦云老子師也。"容成子籍貫不可考,但他居住的崆峒山,近於秦地。《莊子·寓言》又載:"老聃西遊於

---

① 蒙文通《論墨學源流與儒墨匯合》,收入劉夢溪主編《中國現代學術經典·廖平蒙文通卷》,第587頁。
② 郭沫若《青銅時代》,科學出版社1957年版,第179頁。

秦。"《列仙傳》也有相關記載。老子西入秦的時間,趙逵夫先生考證應是在前501年前後:"老子當生於前570年前後,至其入秦之時,已七十來歲。我以為他應是在徹底厭倦了當時的社會之後,從人生的方面考慮問題,一方面希望逃避在耄耋之年死於刀兵,另一方面想進一步瞭解秦地所傳重生、養生的思想。"老子晚年入秦後還收受門徒,楊朱就是老子晚年所收弟子。《莊子·應帝王》:"陽子居見老聃。"《山木》篇有"陽子之宋",成玄英疏:"姓楊名朱,字子居,秦人也。"陽子居即楊朱。秦地另一個與老子有關的人是秦失。《莊子·養生主》:"老聃死,秦失吊之,三號而出。"學者們考證秦失也是秦人,其思想與老子有一致之處。《齊物論》、《人間世》等篇中提到的南郭子綦(也作南伯子綦),也為秦人。孫以楷等學者考證南郭子綦是莊子的老師。趙逵夫先生就秦地出現眾多的道家人物總結道:"我認為從春秋時代開始,秦地就有一種重生的觀念,這種觀念因為老子思想的影響進一步理論化,成為後來老子思想承傳者所張揚的思想中一個重要的內容,而這一內容又成了後代道教思想產生的麴蘗。"①

趙逵夫先生認為從春秋時代開始,秦地就有一種重生的觀念,甚有見地。關於秦地盛行重生養生觀念,還可以從其他方面得到證實。

秦國醫學水準在春秋時期就已經為各國之冠,連當時的北方霸主晉國也要去秦國求醫。《左傳》成公十年載:"醫緩者,秦人也。……晉景公疾病,求醫於秦。公使緩為之。"而秦景公時的醫和,在為晉平公診斷時的一番話已經觸及許多醫學中的基本理論原則。

> 晉侯求醫於秦,秦伯使醫和視之,曰:"疾不可為也,是謂近女,室疾如蠱。非鬼非食,惑以喪志。良臣將死,天命不佑。"公曰:"女不可近乎?"對曰:"節之。先王之樂,所以節百事也,故有五節;遲速本末以相及,中聲以降。五降之後,不容彈矣。於是有煩手淫聲,慆堙心耳,乃忘平和,君子弗聽也。物亦如之。至於煩,乃舍也已,無以生疾。君子之近琴瑟,以儀節也,非以慆心也。天有六氣,降生五味,發為五色,徵為五聲。淫生六疾。六氣曰陰、陽、風、雨、晦、明也,分為四時,序為五節,過則為菑:陰淫寒疾,陽淫熱疾,風淫末疾,雨淫腹疾,晦淫惑疾,明淫心疾。女,陽物而晦時,淫則生內熱惑蠱之疾。今君不節、不時,能無及此乎?"②

《國語·晉語八》亦載此事,略異。醫和將陰陽、六氣與疾病相聯繫,開了《內經》中病因、病理學的萌芽,"他是見載於書的把陰陽和醫學聯繫的第一位醫家"③。戰國末年呂不韋召集門客編《呂氏春秋》,其中《盡數》一篇,則是對醫和理論的繼續發展,中醫學的奠基之作《內經》中的許多基本概念和論點,就是由醫和與《盡數》中的觀點發展而來的。可以說,醫和的理論

---

① 參見趙逵夫《論老子重生思想的源流與道教思想的孕育》,《蘭州大學學報》,2007年第4期。
② 楊伯峻《春秋左傳注》,中華書局1990年版,第1221~1222頁。
③ 趙石麟《春秋戰國時期秦醫學的歷史地位》,《陝西中醫》,1989年第2期。

是中醫學理論探討的開始,雖然還顯得有些簡單,但畢竟是從單純的就醫論醫向更加系統化、理論化、實質化的研究邁出了可貴的一步,為後來的探索指出了方向。陰陽、五行、六氣之說是中國傳統文化的核心,許多學科中的觀點如天文曆法、音樂、地理等都由此生發,醫和將自己的理論納入中國傳統文化的大系統中,可見秦國醫學之成就。

名醫扁鵲也曾入秦,"扁鵲名聞天下。過邯鄲,聞貴婦人,即為帶下醫;過雒陽,聞周人愛老人,即為耳目痺醫;來入咸陽,聞秦人愛小兒,即為小兒醫:隨俗為變。秦太醫令李醯自知伎不如扁鵲也,使人刺殺之"①。扁鵲為齊國人,他經邯鄲,過洛陽,最後入咸陽,說明他這次旅程的目的地就是咸陽。扁鵲不遠萬里來到秦地,與其久聞秦地發達的醫學不無關係。

秦國醫學的發達,與重生觀念有直接關係,重生的觀念,推動了秦國醫學的發展。醫學、重生養生思想又吸引了道家人物來到秦國,推動了秦道家的發展。

### (三) 秦之天文曆法與五行思想

上世紀以來有大量的秦簡出土,這些秦簡中除了法律文書外,數量最多的就是有關選擇時日吉凶的數術書《日書》了。目前出土的秦簡《日書》主要有兩種:一種是1975年出土於湖北雲夢縣睡虎地十一號秦墓的睡虎地秦簡《日書》甲、乙種,另一種是1986年出土於甘肅天水市北道區黨川鄉放馬灘一號秦墓的放馬灘秦簡《日書》甲、乙種。睡虎地秦簡抄寫於秦昭王時期(前237年至前251年),放馬灘秦簡主要抄寫於秦代。

從事推擇時日吉凶的人被稱為日者,日書就是日者用來決凶擇吉的工具書。《史記》中褚先生補記《日者列傳》,但所記錄者均為漢代人。《漢書·藝文志》數術類中也記載了大量日書,可惜大都已經亡佚。對於漢代之前的日書情況史籍記載很少,秦簡《日書》為我們瞭解這些書籍提供了珍貴的資料。

睡虎地十一號秦墓墓主喜曾做過令史等小官,他將日書作為隨葬品,足見當時人對日書之重視。《史記·秦始皇本紀》載,秦始皇時曾云:"吾前收天下書不中用者盡去之,悉召文學方術士甚眾,欲以興太平,方士欲練以求奇藥。"秦始皇曾廣召方術士,說明秦代方術士頗受禮遇。秦始皇焚書,"所不去者,醫藥卜筮種樹",由此也看出方士在當時影響之巨大、數術之盛行。

秦簡《日書》中有相當的內容是有關曆法及家事的,反映了當時秦國下層社會的文化水平。從《日書》記載看,當時秦國民間文化水平遠遠超出人們之前的認識。放馬灘秦簡中記載的內容除了門忌、日忌、占卦、巫醫等內容外,還出現了月忌,即說明一年十二月中每月應該做什麼,不可做什麼②。如"正月東方,四月南,七月西方,十月,凡是是咸池會月矣。不可垣其鄉(向);垣高厚,死。取谷、兵,男子死;谷壞,女子死"③。《吕氏春秋》中《十二紀》每紀之前都有

---

① 司馬遷《史記·扁鵲倉公列傳》,中華書局1959年版,第2794頁。
② 李零先生稱之為"月諱",見《中國方術考》(修訂本),東方出版社2001年版,第43頁。
③ 吳小強《秦簡日書集釋》,嶽麓書社2000年版,第283頁。

一段有關時令的文字,文字內容與《禮記·月令》很相似,這些與《日書》中載月忌作用、性質一致,前後淵源關係十分明顯。

擇日總是與天文曆法相配合禁忌,日書通常會吸收天文、曆譜、雜占等思想。《日書》中已經出現了二十八宿星座的名稱以及運行情況的記載,睡虎地秦簡《日書》"玄戈"篇詳細排列了一年十二個月中二十八宿與地支十二辰的對應變化順序,以星宿表示吉凶,如"十月,心、危、營室大凶,心、尾致死,畢、此(觜)觿大吉,張、翼少吉,柖(招)榣(搖)系未,玄戈系尾"①。秦人還將一天分為十六個時辰:"平旦生女,日出生男,夙食女,莫(暮)食男,日中女,日西中男,昏則女,日下則男,日未入女,日入男,昏女,夜莫(暮)男,夜未中女,夜中男,夜過中女,雞鳴男。"②十六時辰分別為平旦、日出、夙食、暮食、日中、日西中、昏、日下、日未入、日入、昏、夜暮、夜未中、夜中、夜過中、雞鳴,其中"昏"出現兩次疑為抄寫之誤。

當時人還觀測到一年中白天黑夜的長短比例,如放馬灘秦簡《日書·甲種》載:

> 正月,日七夕九,二月,日八夕八,三月,日九夕七,四月,日十夕六,五月,日十一夕五,六月,日十夕六,七月,日九夕七,八月,日八夕八,九月,日七夕九,十月,日六夕十,十一月,日五夕十一,十二月,日六夕十。③

睡虎地《日書·乙種》中也有類似記載。這段文字意思是說,正月,一天白晝是七分,夜晚是九分;二月,一天白晝是八分,夜晚也是八分等。一年中,以五月日最長夜最短,以十一月日最短夜最長。

放簡《日書·乙種》中出現了用十二地支與動物相配的文字,分別為子鼠、丑牛、寅虎、卯兔、辰蟲、巳雞、午馬、未羊、申猴、酉雞、戌犬、亥豕④,十二種動物與現在十二生肖大體相似。甲種中也有類似記載。這些記載對我們瞭解十二生肖之源流演變有重要意義。

秦簡《日書》中還記載了五行思想。秦始皇時期用五德始終說,德水,尚黑,改十月為歲首,秦始皇的這一改制,學者多認為是接受了齊人鄒衍的五德相勝學說。事實上,在鄒衍五德始終說傳入秦國前,秦國民間就已經出現了五行思想。睡虎地秦簡中兩處提到五行概念,《日書·甲種》:"金勝木,火勝金,水勝火,土勝水,木勝土。東方木,南方火,西方金,北方水,中央土。"⑤《日書·乙種》"十二月"中有"丙丁火,火勝金;戊己土,土勝水;庚辛金,金勝木;壬癸水,

---

① 吳小強《秦簡日書集釋》,嶽麓書社2000年版,第45頁。
② 同上,第262~263頁。
③ 同上,第182頁。
④ 同上,第267~268頁。
⑤ 同上,第156頁。

水勝火;丑巳金,金勝木。未亥勝土;辰申子水,水勝火。"①放馬灘秦簡《日書·乙種》:"土生木,木生火,火生土,土生金。"②這些記載說明,戰國後期秦人已經掌握了五行之間相生相勝的關係。五行思想貫穿於《日書》中許多章節,日者往往按照五行的觀點和邏輯來解說吉凶。饒宗頤先生就曾指出:"秦人已用十二律吕配五音、五行以占出、行之休咎。"③

秦簡《日書》的出土為我們展現了戰國後期秦國下層社會文化發展之水平。如果說睡虎地秦簡《日書》呈現的還是秦楚文化雜糅融合的特質與現象,還有楚文化因素的話,放馬灘秦簡《日書》呈現的就是純秦文化的特徵了。從簡文看,戰國晚期的秦文化並不落後於其他國家文化,秦國在天文曆法等方面已經達到了較高的成就。

### (四) 秦之儒家、兵家

《史記·仲尼弟子列傳》有"秦祖字子南"、"壤駟赤字子徒"之記載,《集解》俱曰:"鄭玄曰秦人。"這是秦國有儒家人物的明證,在尚功利的秦國出現儒家人物,頗為難得。

秦國還出現了戰國後期最著名的軍事家白起、王翦,二人俱為秦人。司馬遷高度讚揚二人,稱讚白起"善用兵",稱讚王翦"少而好兵"。在秦國統一六國的戰爭中,白起、王翦起了重要作用。古今學者認為戰國時期秦精神文化落後的原因是秦國沒有產生思想家,沒有產生影響深遠的著作。就兵學思想而言,秦國沒有產生重要的軍事著作,但是這並不意味着秦人沒有掌握軍事理論、秦人不善於帶兵作戰,秦先後滅亡六國雄辯地說明了秦人是精於兵學的。秦人之所以很少將他們的作戰經驗與軍事理論書之竹帛,與秦人尚實用的風習有關。注重實踐能力,忽視理論的提升、總結與整理,是導致秦人理論著作缺乏的主要原因。嚴耕望先生就指出:"秦之白起、王翦皆名將,善用兵,而不傳書說,蓋秦人尚質,見之行事,不托之於文辭與?"④

除法家外的其他思想也存在於秦國,還可以有其他佐證,《史記·秦本紀》載:

> (秦昭襄王)二十一年……赦罪人遷之……二十六年,赦罪人遷之穰……二十七年,錯攻楚。赦罪人遷之南陽……二十八年,大良造白起攻楚,取鄢、鄧,赦罪人遷之……孝文王元年,赦罪人,修先王功臣,褒厚親戚,弛苑囿……莊襄王元年,大赦罪人,修先王功臣,施德厚骨肉而布惠於民。

---

① 吴小强《秦簡日書集釋》,嶽麓書社2000年版,第210頁。

② 同上,第284頁。

③ 饒宗頤《秦簡中的五行說與納音說》,收入《古文字研究》(第十四輯),中華書局1986年版,第261~280頁。

④ 嚴耕望《戰國學術地理與人才分佈》,收入《中國史學論文選集》(第三輯),臺北幼獅文化事業公司1979年版,第225~270頁。

昭王到莊襄王時期的幾次大赦罪人，莊襄王時期的"施德厚骨肉而布惠於民"，這些與法家思想都格格不入，反而更接近於儒家、道家思想。這些政令的頒佈也說明儒家、道家思想在戰國時期的秦國是存在的，有時甚至影響到國家政令。

秦國出土文獻也反映了這一現象。《睡虎地秦簡》中有《為吏之道》一篇，關於本篇之作時，學者們考證，《為吏之道》中有"則"、"正"，不避秦昭王、秦王政諱，其抄寫應在孝文王、莊襄王時①。從內容看，《為吏之道》是對當時基層官吏進行教育的教科書。反映的思想較為複雜，有儒家、道家、法家等成分，具有融合諸家的鮮明傾向，說明了當時官吏精神世界之豐富。如對官吏有關規定的一段：

> 以此為人君則鬼，為人臣則忠；為人父則慈，為人子則孝；能審行此，無官不治，無志不徹，為人上則明，為人下則聖。君鬼臣忠，父慈子孝，政之本也；志徹官治，上明下聖，治之紀也。②

此段明顯反映的是儒家思想。秦國以儒家的行為準則來教導官吏，這與人們通常瞭解的與夷狄同俗、"虎狼之國"、落後野蠻、好戰剽悍的秦人截然不同。文中其他文字如"怒能喜，樂能哀，智能愚，壯能衰，勇能屈，剛能柔，仁能忍，強良不得"又近於道家思想，"審當賞罰"、"敬上勿犯"等句又有法家的影子。總體來說，《為吏之道》中反映儒家、道家思想較為突出，法家卻居次要位置。

李斯在《諫逐客書》中列舉了秦王享用的許多"娛心意，悅耳目"的寶物都來自山東六國，可以設想秦國在吸收這些寶物時，六國思想文化也會隨着這些寶物與士人傳入秦國。

由上可知，除法家外，儒家、道家、墨家、兵家等思想在秦國都曾存在，有的還對後代產生了重要影響，秦國醫學也居各國之首。戰國晚期秦國精神文化與科學技術已經達到一定水平。《呂氏春秋》彙集諸家學說為一爐，為《漢書·藝文志》所載而已散佚的戰國諸家學說，大多數都能在《呂氏春秋》中找到一些片段，《呂氏春秋》是秦國學術大繁榮的標誌。

戰國時期秦國士人數量與結構表明戰國中晚期秦都咸陽已經成為當時的學術中心。戰國後期，秦在思想文化方面也達到全國的先進水平。秦國已經具備了編撰一部彙聚各家思想、具有百科全書性質的著作的條件，《呂氏春秋》就是在這樣的背景下編撰而成。

**[作者簡介]** 延娟芹(1973— )，女，山西中陽人。文學博士，現為華東師範大學中文系博士後、西北民族大學文學院副教授，主要從事先秦兩漢文學與文化研究，已發表論文 10 餘篇。目前主持國家社科基金項目《地域文化背景下的秦文學研究》。

---

① 參趙逵夫主編《先秦文學編年史》(下)，商務印書館 2010 年版，第 1289 頁。
② 睡虎地秦墓竹簡整理小組《睡虎地秦墓竹簡》，文物出版社 1978 年版，第 285 頁。

# 宋本《春秋繁露》書後

鍾肇鵬

《春秋繁露》宋朝著録之本凡五種：一、歐陽修所見四十篇本（見《歐陽修文集》卷七三《書春秋繁露後》）。歐公所見大概只是前十卷。二、《崇文總目》著録《春秋繁露》十七卷八十二篇。這是當時皇家圖書館所藏最完備的本子。三、《中興館閣書目》著録《春秋繁露》十卷，未注明篇數。這個本子即南宋初所存，只前十卷而已。四、南宋胡仲方（槩）在萍鄉刻《春秋繁露》十卷，只有三十七篇。他說："雖非全書，然亦人間之所未見。"（胡槩《跋春秋繁露》）可見《繁露》在宋時已是珍稀之本。五、南宋樓大防（鑰）從潘叔度（景憲）處得《春秋繁露》善本，凡十七卷，八十二篇。這個本子與晁公武《郡齋讀書志》、陳振孫《直齋書録解題》所著録的卷數相同，與《隋》、《唐》志所著録的卷數也一致，可見這是唐宋以來所流傳的《春秋繁露》全書，只是樓氏所得缺三篇。經樓大防校正後交給胡槩，胡氏過録，把抄録本送其兄胡榘。胡榘為江右漕臺，即是江西管漕運的官，南宋時稱轉運司，主管運輸糧食、軍餉等，因關係國計民生大事，故又稱"計臺"。胡榘於嘉定四年（1211年）刻成《春秋繁露》十七卷。這就是現在藏於國家圖書館的宋計臺本《春秋繁露》，簡稱宋本《春秋繁露》。另有岳珂刻《春秋繁露》於嘉禾郡齋。岳本現已不存，而這個本子也晚於計臺本。宋末王應麟《玉海》卷四十著録《春秋繁露》八十二篇，三篇闕。王氏並將十七卷的篇目及所缺三篇均一一列出，與今所見宋本完全一致，知王應麟所見就是計臺本。

國家圖書館所藏的宋本《春秋繁露》實際上有兩部，都是半頁十行，每行十八字。為了便於區別，今用甲、乙分述之。

《春秋繁露》甲本，南宋寧宗嘉定四年（121年）刊於江右計臺。凡十七卷，原缺一、二兩卷。上世紀七十年代由周叔弢先生介紹，從天津購得宋本一、二兩卷補齊。此本印有"華陽山人皇甫沖印"、"玄晏先生滿架書"、"皇甫子孫"。皇甫沖，明長洲人，嘉靖舉人，好談兵，著有《枕戈維言》、《三峽山水記》等。玄晏先生是晉朝皇甫謐的別號，皇甫沖為皇甫謐之後，故稱"皇甫子孫"。印記中又有"華亭朱氏"、"宋本"。朱氏即朱大韶，明松江華亭人，嘉靖進士，朱氏亦為藏書家，並標出此係"宋本"。鈐記中又有季滄葦、徐乾學等印記。季振宜號滄葦，江蘇泰興人。順治時進士，是清初著名的藏書家。季氏的藏書散佚，大部分歸徐乾學的傳是樓收藏。徐乾學(1631—1694年)號健庵,江蘇昆山人。他是顧炎武的外甥,康熙庚戌中探花,官至刑部尚書,任明史館總裁,為清初名臣,又是著名的藏書家。其藏書處名"傳是樓",意味着不以田宅金銀傳子孫,唯以"是書"傳子孫。《春秋繁露》宋甲本,自明迄清,流傳有緒。現在北京圖書館出版社影印的"再造善本古籍"用的就是這個底本。計臺本《春秋繁露》原缺第三十九、第四十及第五十四凡三篇,篇名也未保留下來,所以《繁露》八十二篇,實存七十九篇。《繁露》宋甲本又缺《四時之副》第五十五一篇。《人副天數》第五十六篇首缺三行,後面又脫去一頁(兩個半頁)。卷末附錄里又脫去一頁。

《春秋繁露》宋乙本。此本與甲本文字相同,板式行款相同,唯缺第一、二卷經抄寫補齊,蓋明代抄本。甲本所缺的卷十三首二頁,這個本子也抄補完整。"附錄"部分也不缺、不錯亂。北京圖書館出版社影印的北圖《珍本叢刊》和《續百子全書》中所印的《春秋繁露》就是這個本子,並且都標明"宋本"。但這樣珍貴的古籍,在《中國善本書目》及《北京圖書館善本書目》裏均未見著錄。

明初編《永樂大典》所收《春秋繁露》即據計臺本抄録。只有極個別字作了校改,而抄録的誤字則大大超過校正之字。故計臺本實為《繁露》祖本,昔周采刻《春秋繁露》當亦據宋本,晚於周氏的明刻本又多出自周本。清修《四庫全書》,由《永樂大典》中輯出《春秋繁露》。《四庫》本及武英殿聚珍本《繁露》均出自《大典》本。宋本《繁露》流傳極稀罕。清代校勘《春秋繁露》者如紀昀、孔繼涵、錢塘、錢坫都是據《永樂大典》本校《繁露》,二錢只見過明影抄宋本《繁露》。盧文弨、俞樾、孫詒讓以及注釋《春秋繁露》的凌曙、蘇輿也都未見過宋本《繁露》。只有黃丕烈曾借到過錢遵王述古堂流傳出來的影抄宋本《春秋繁露》做過校勘,並言嘉慶時浙江一進士入京曾攜有宋本《春秋繁露》一部。但書坊及黃氏均未見到此書。近世校勘《繁露》者如冒廣生、張宗祥亦均未見過宋本《繁露》,冒氏借涵芬樓藏明抄宋本《春秋繁露》校讎一過。國家圖書館所藏宋乙本《春秋繁露》首二卷每半頁十行、每行十八字,與宋本相合,與冒氏所記明抄宋本字數行款相合,當即明抄本之殘存者。現在《永樂大典》中的《春秋繁露》已不可見。明抄宋本今亦不存。而計臺本雖有殘缺,尚留兩部於國家圖書館,誠舉世之瑰寶矣!我建議國家圖書館出版社,以再造善本之《春秋繁露》為基礎,將其中缺篇脫頁,及顛倒之處更正,印成一完整的宋計臺本《春秋繁露》,保存古籍的完整,提供學術界參究,在弘揚傳統優秀文化上都是一大貢獻。

[作者簡介] 鍾肇鵬(1925—    ),男,四川成都人。1948年畢業於四川大學中文系,1956年考入中國科學院哲學研究所,曾任中國社會科學院哲學研究所中國哲學研究室副主任,1981年調入中國社會科學院世界宗教研究所任學術委員、研究員。主要從事道教及儒學研究,著有《孔子儒學與經學》、《王充年譜》、《讖緯論略》、《桓譚評傳》、《春秋繁露校釋》、《管子簡釋》,編著有《道藏提要》、《新編道藏目録》、《中國哲學範疇叢刊》等。

# 司馬父子對先秦西漢諸子學術體系的構建

陳廣忠

司馬遷(前135—？前90年)是西漢中期最為傑出的思想家和文學家,他以血淚鑄成的鴻篇巨制《史記》,被魯迅稱為"史家之絕唱,無韻之《離騷》"(《漢文學史綱要》),對中國古代史學、文學及學術思想,都產生了巨大而深遠的影響。

## 一、司馬談：六家學術體系之首創

先秦西漢學術體系構建的首創者是司馬遷之父司馬談(？—前110年)。據《史記·太史公自序》記載,司馬氏的祖先是周朝史官,掌管文書、典籍。司馬談在漢武帝建元、元封年間,繼承祖業,擔任了三十多年的太史令。司馬談極為博學,他曾"學天官於唐都,受《易》於楊何,習道論於黃子"。"學天官",就是研究天文學,觀測日月星辰的變化。唐都是西漢著名的天文學家,晚年還和司馬遷一道參加太初曆的研制工作。楊何是山東菑川(今山東壽光)人,漢初傳《易》學者之一,曾在武帝元光元年以《易》學專家的身份,升為中大夫。黃子,即黃生,是漢初黃老學派的理論家,曾和傳《詩》的儒者轅固生,在漢景帝面前辯論湯、武殺桀、紂的問題。司馬談的學問、職掌、思想和才華,影響了自己的獨子司馬遷。

西漢初年近七十年間,漢朝實行的是黃老道家"無為而治"、"休養生息"的政策,給國家帶來了"文景之治"的空前繁榮。《漢書·食貨志》說:"至武帝之初七十年間,國家無事……京師之錢累百鉅萬,貫朽而不可校;太倉之粟陳陳相因,充溢露積於外,腐敗不可食。眾庶街巷有馬,仟伯之間成群,乘牸牝者擯而不得會聚。"而漢武帝建元元年(前140年),年僅十六歲的劉徹上臺,實行了"尊儒"的政策。《漢書·武帝紀贊》:"孝武即位,卓然罷黜百家,表章六經。"建元元年冬十月,丞相衛綰奏:"所舉賢良,或治申、商、韓非、蘇秦、張儀之言,亂國政,皆請罷。奏可。"衛綰(？—前131年)曾任武帝太子太傅和丞相。雖所陳諫言合武帝之意,但其為政仍主張實行黃老政治,因而很快被免官。而被舉薦的賢良文學中,有一位善治《春秋》公羊學的董仲舒(前179—前104年)。漢武帝詔舉賢良對策,董仲舒提出:"《春秋》大一統者,天地之常經,古今之通誼也。今師異道,人異論,百家殊方,指意不同,是以上亡以持一統,法制數變,下不知所守。臣愚以爲諸不在六藝之科、孔子之術者,皆絕其道,勿使並進。邪辟之說滅息,然後統紀可一而法度可明,民知所從矣。"(《漢書·董仲舒傳》)這就是主導中國兩千年儒家統治思想基礎的"罷黜百家,獨尊儒術"的治國方略。

而在黃老統治時期成長起來的司馬談,以其史職專長和師傳,對於當時儒者固執師說,墨守一家,使學術處於隔絕狀態而不能流通的風氣,感到十分困惑,作爲一個有理想、有作爲的知識分子,不甘隨聲附和,於是提出了影響中國學術史兩千年的《論六家要指》:

"《易大傳》:'天下一致而百慮,同歸而殊塗。'夫陰陽、儒、墨、名、法、道德,此務爲治者也,直所從言之異路,有省不省耳。"

司馬談作爲博學多才的學者,高屋建瓴,融會古今,卓絕一世,總結春秋以來六百餘年天下興衰和諸子爭鳴的史實,用"爲治"即有助治理社會,作爲衡量諸子思想和學術影響的價值取向,將其歸納爲六家。由此可以知道:第一,諸子各家的學說,雖然路徑不同,但是治理社會的目標是一致的。第二,諸子各家都是平等的,並無高低優劣之分。也就是說,"獨尊儒術"的觀點是片面的。第三,諸子各家的"言"即理論、方法、觀點、學說,是有差別的,即"異路",但是僅僅是對於治世的理念,有的已"省察"清楚,有的尚未審察清楚而已。

## 二、六家得失辨

在討論司馬談確立的先秦、西漢學術體系時,必須強調的是,談、遷父子由於生活的時代、其時治政的指導思想及師承的不同,所以對六家的得失評價,並不完全相同。

司馬談卒於漢武帝元封元年(前110年)。《太史公自序》:"是歲天子始建漢家之封,而太史公留滯周南,不得與從事,故發憤而卒。""卒"的具體時間是:"元封元年,夏四月癸卯,登封泰山,降坐明堂。"(《漢書·司馬遷傳》)司馬談生年不清楚,但是司馬談生活、任職在武帝朝30年。就是說,司馬談經歷了文、景黃老思想治政和武帝獨尊儒術兩個不同的時代。

司馬遷生於漢武帝建元六年(前135年)。《太史公自序》:"(談)卒三歲而遷爲太史令,紬史記石室金匱之書。五年而當太初元年。"唐司馬貞《索隱》:"《博物志》:太史令茂陵顯武里大夫司馬遷,年二十八,三年六月乙卯除,六百石。"又文淵閣《四庫全書》本《玉海》卷四十六:"《史記正義》:《博物志》云:遷年二十八,三年六月乙卯除,六百石。"就是說,司馬談離世時,司馬遷是25歲,28歲接任父職,擔任太史令。可以知道,司馬遷完全是生活在"獨尊儒術"的政治氛圍和學術環境之中。司馬遷除了隨其父讀古文,研讀黃老道家典籍以及學習天文律曆之外,還從董仲舒學習《春秋》公羊學:"太史公曰:余聞董生曰。"(《史記·太史公自序》)《史記·集解》服虔曰:"仲舒也。"從孔安國習古文《尚書》。《漢書·儒林傳》:"孔氏有古文《尚書》,孔安國以今文讀之,因以起其家。逸《書》得十餘篇,蓋《尚書》茲多於是矣。遭巫蠱,未立於學官。安國為諫大夫,授都尉朝,而司馬遷亦從安國問故。遷書載《堯典》、《禹貢》、《洪範》、《微子》、《金縢》諸篇,多古文說。"就是說,司馬遷曾從大儒董仲舒、孔安國問學,其學術思想,當然受儒家很深的影響。

對於六家的評價,司馬談將陰陽家放在首位:

> 嘗竊觀陰陽之術,大祥而眾忌諱,使人拘而多所畏;然其序四時之大順,不可失也。
>
> 夫陰陽、四時、八位、十二度、二十四節,各有教令,順之者昌,逆之者不死則亡,未必然也。故曰"使人拘而多畏"。夫春生夏長,秋收冬藏,此天道之大經也,弗順則無以為天下綱紀,故曰"四時之大順,不可失也"。

司馬談認為,陰陽家的長處是揭示了自然變化的根本法則,如果背離了自然法則,那麼整個天下就失去了秩序。而其中的陰陽、四時、八位、十二度、二十四節氣等,就是依據天象變化而制定出的具體規定,人類是不能夠違背的。其短處是特別瑣細,而且忌諱(如祥瑞、災異、占星、占卜、夢異、鬼神等)眾多,使人受到拘束而害怕。

陰陽觀念,是中國最為古老的學說之一。《周易·繫辭上》:"一陰一陽之謂道。""《易》有大極。是生兩儀,兩儀生四象,四象生八卦。"陰陽學說,也是中國道家自然天道觀的理論基礎。《老子》四十二章:"萬物負陰而抱陽,沖氣以為和。"《管子·四時》:"陰陽者,天地之大經也。"《莊子·則陽》:"陰陽者,氣之大者也。"陰陽家研究的是自然天象的變化規律。《史記》中《曆書》和《天官書》,就是這一研究的具體成果。《太史公自序》:"律居陰而治陽,曆居陽而治陰,律曆更相治,間不容翲忽。五家之文怫異,維太初之元論。作《曆書》第四。"又:"星氣之書,多雜磯祥,不經;推其文,考其應,不殊。比集論其行事,驗於軌度以次,作《天官書》第五。"陰陽、律曆、天官,是司馬談、遷太史令職掌之一。"太史公既掌天官,不治民。"這裏說,司馬遷等人曾經比較"五家"即黃帝、顓頊、夏、商、周的曆法,而制定了比較準確的太初曆。考察天象"星氣",驗對日、月、"五星"的軌道躔度。

司馬談、遷的陰陽、律曆和天文學研究,也是古代史官、政治家和學者為治理國家而精心研究的內容之一。《夏小正》、《呂氏春秋》十二紀、《禮記·月令》、《淮南子》的《天文訓》和《時則訓》等,皆為前賢的研究結晶。《天官書》應吸收了《淮南子·天文訓》的研究成果。《淮南子·要略》云:"《天文》者,所以和陰陽之氣,理日月之光,節開塞之時,列星辰之行,知逆順之變;避忌諱之殃,順時運之應,法五神之常,使人有以仰天承順,而不亂其常者也。"司馬談的"序四時之大順,不可失也",與《天文訓》"順時運"、"仰天承順",其順應自然的目的完全一致。班固在《漢書·藝文志》中,將"天文"歸於"數術略"。其序云:"天文者,序二十八宿,步五星日月,以紀吉凶之象,聖王所以參政也。《易》曰:'觀乎天文,以察時變。'"紀吉凶"、"避忌諱",順應天道變化,避免災害的發生,創造較好的生存條件,這是陰陽家的重要職責。

《史記》中記載的陰陽家代表人物,僅見於《孟子荀卿列傳》,包括三方面的內容。其一:"騶衍睹有國者益淫侈,不能尚德,若《大雅》整之於身,施及黎庶矣。乃深觀陰陽消息而作怪迂之變,《終始》、《大聖》之篇十餘萬言。"其二:"稱引天地剖判以來,五德轉移,治各有宜,而符應若茲。"其三:"以為儒者所謂中國者,於天下乃八十一分居其一分耳。中國名曰赤縣神州。中國外如赤縣神州者九,乃所謂九州也。"又"作《主運》"。又"騶奭者,齊諸騶子,亦頗采騶衍之術,亦紀文"。

班固《漢書·藝文志》"陰陽家"小序云:"陰陽家者流,蓋出於羲和之官,敬順昊天,曆象日月星辰,敬授民時,此其所長也。及拘者為之,則牽於禁忌,泥於小數,舍人事而任鬼神。"並收有"《鄒子》四十九篇"。班固注:"名衍,齊人。為燕昭王師,居稷下,號談天衍。"又"《鄒子終始》五十六篇"。又"《鄒奭子》十二篇"。班固注:"齊人,號曰雕龍奭。"其中二騶子的著作皆已亡佚,不得其全貌,從司馬遷的記載可以知道,騶衍、騶奭的學說,已經從"談天"而引申到歷史政治領域,倡"五德終始",為朝代更替尋找理論根據,這與司馬談的觀點不同;又引申到大地理領域,亦非司馬談之所言者。在司馬遷筆下,騶衍等陰陽家代表人物,把陰陽與五行相結合,開闢了新的天人關係和宇宙模式,這亦應是司馬遷所倡導的歷史觀。

其二,是儒家。司馬談認為:

> 儒者博而寡要,勞而少功,是以其事難盡從;然其序君臣父子之禮,列夫婦長幼之別,不可易也。

> 夫儒者以六藝為法。六藝經傳以千萬數,累世而不能通其學,當年不能究其禮,故曰"博而寡要,勞而少功"。若夫列君臣父子之禮,序夫婦長幼之別,雖百家弗能易也。

司馬談認為,儒者奉為宗法的是"六藝"。"六藝"就是六種"技能"。《集韻》"祭"韻:"藝,《說文》:'種也。'一曰技能也。"他把儒者傳習的《禮》、《樂》、《詩》、《書》、《易》、《春秋》,視為六種技能。"儒者"六藝的學說,內容廣博。而其弊端在於:其一,"六藝經傳"千萬種,缺少要領,祖孫數代不能通曉一經。其二,傳習六藝的儒生,用力辛勞,收效甚少。司馬談的態度是:儒家的學說,不能完全聽從。只有儒者制定的君臣、父子、夫婦、長幼的禮節,是任何一家不能更改的。

對於儒學的弊端,司馬遷也是贊同的。《孔子世家》中晏子批評孔子說:"今孔子盛容飾,繁登降之禮,趨詳之節,累世不能殫其學,當年不能究其禮。"《漢書·藝文志》"六藝略"序中也說:"後世經傳既已乖離,博學者又不思多聞闕疑之義。而務碎義逃難,便辭巧說,破壞形體。說五字之文,至於二、三萬言,後進彌以馳逐,故幼童而守一藝,白首而後能言。"可知晏子、班固的批評與司馬談完全一致。

但是,司馬遷是尊儒的。這是由當時的政治環境、文化氛圍和師承董仲舒、孔安國等因素決定的。司馬遷的尊儒,《史記》中記載頗多:其一,稱孔子為"至聖"。司馬遷作《孔子世家》,將其與諸侯王並列。在"太史公曰"中評論道:"孔子布衣,傳十餘世,學者宗之。自天子王侯,中國言六藝者折中於夫子,可謂至聖矣!"其二,記載了孔子的學術貢獻。其中有:序《書傳》:"追迹三代之禮,序《書傳》。"傳《禮記》:"故《書傳》、《禮記》自孔氏。"正樂:"吾自衛反魯,然後樂正,《雅》、《頌》各得其所。"編《詩》:"古者《詩》三千餘篇,及至孔子,去其重。"作《易》"十翼":"孔子晚而喜《易》,序《彖》、《繫》、《象》、《說卦》、《文言》。"對"六藝"的治政功用,司馬遷也有記載:《滑稽列傳》:"孔子曰:'六藝於治一也。《禮》以節人,《樂》以發和,《書》以道事,《詩》以達意,《易》以神化,《春秋》以義。'太史公曰:'天道恢恢,豈不大哉!'談言微中,亦可以解紛。"切中事理,解決紛爭,這也是司馬遷對"六藝"的肯定。其三,為儒家學派眾多人物立傳。其中有肯定有批評。《史記》中有《仲尼弟子列傳》、《儒林列傳》。記載大儒孟子、荀子的有《孟子荀卿列傳》;而記載晏子的有《管晏列傳》。司馬遷對晏子極為欽佩:"假令晏子而在,余雖為之執鞭,所忻慕焉。"對"上大夫董仲舒推《春秋》"之義,篤志學術,"三年不觀於舍園",給以充分的讚美。而對憑着《春秋公羊學》登上相位,虛偽透頂的公孫弘,則予以辛辣的諷刺。其他如撰《新語》的陸賈、才華橫溢的賈誼,皆有專篇加以記述。

可以知道,崇道的司馬談與尊儒、重道的司馬遷,在對待儒學的學術地位與價值,有相同的地方,也有很大的不同。談、遷的記載,可以成為對儒家評估的互補關係。

其三,是墨家。司馬談認為:

> 墨者儉而難遵,是以其事不可遍循;然其強本節用,不可廢也。
>
> 墨者亦尚堯舜道,言其德行曰:"堂高三尺,土階三等,茅茨不翦,采椽不刮。食土簋,啜土刑,糲粱之食,藜藿之羹。夏日葛衣,冬日鹿裘。"其送死,桐棺三寸,舉音不盡其哀。教喪禮,必以此為萬民之率。使天下法若此,則尊卑無別也。夫世異時移,事業不必同,故曰"儉而難遵"。要曰強本節用,則人給家足之道也。此墨子之所長,雖百家弗能廢也。

從司馬談的記載可以知道,墨家崇尚堯、舜的道術和德行,並以此作為墨家的榜樣。司馬談讚賞墨家加強根本,節約用度(包括住、吃、穿、喪葬)的觀點,認為這是達到"人給家足"的最佳途徑,也是任何一家都不能廢棄的。司馬談認為,由於社會的變遷和時代的改變,從事的事業有所不同,墨家倡導的儉嗇是難以普遍遵循的;若以簡約的喪禮,作為萬民的表率,那麼尊卑就沒有區別了。

對於墨家學派產生的背景和時代,《淮南子‧要略》中有準確的表述:"墨子學儒者之業,受孔子之術,以為其禮煩擾而不悅,厚葬靡財而貧民,[久]服喪生而害事,故背周道而用夏政。"因此,墨家背棄了儒家的學說,而創立了與儒家思想相對立,主張尚賢、尚同、兼愛、非攻、節用、節葬、明鬼、天志、非樂、非命、非儒等為內容的墨家思想體系。

墨家是戰國時代顯學之一,曾與儒家、道家之一派的楊朱充滿天下。《孟子·滕文公下》:"楊朱、墨翟之言盈天下,天下之言,不歸楊則歸墨。"《韓非子·顯學》:"世之顯學,儒、墨也。儒之所至,孔丘也。墨之所至,墨翟也。"《呂覽·有度》:"孔、墨之弟子徒屬,充滿天下。"而到了西漢前期,流行數百年的墨家學派已不復存在,其思想已經滲透到黃老道家及其他學派思想之中。

司馬遷在《孟子荀卿列傳》中,對墨子僅有簡略的記載:"蓋墨翟,宋之大夫,善守禦,為節用。或曰並孔子時,或曰在其後。""善守禦",可知他是一個高明的守禦器械製造者,又體現了他的"非攻"即反戰的和平理念。"為節用",反對奢侈,節約用度,也是他治世思想的重要組成部分,司馬遷可以說抓住墨學的核心,即科技特長和政治理想。

司馬遷把墨子看作是與孔子並列的賢人。《陳涉世家》:"(陳涉)材能不及中人,非有仲尼、墨翟之賢,陶朱、猗頓之富也。"將儒學與墨學並列,指出墨家為各家所吸收。《太史公自序》:道家"采儒、墨之善"。集儒家之大成的荀卿,亦"推儒、墨、道德之行事興壞,序列著數萬言"。指出戰國中期道家旗手莊子批儒亦批墨。《老子韓非列傳》:"(莊子)善屬書離辭,指事類情,用剽剝儒、墨,雖當世宿學不能自解免也。"司馬遷作《孟子荀卿列傳》,曾"獵儒、墨之遺文,明禮義之統紀"。比如《魯仲連鄒陽列傳》中,就引用了"墨翟之守"的故事。司馬遷認為,漢武帝時舉薦的文學之士,包括從事儒學和墨學的人士。《平津侯主父偃列傳》:"漢興八十餘年矣,上方鄉文學,招俊乂,以廣儒、墨,弘舉為首。"司馬遷並記載了墨子被囚之事。《魯仲連鄒陽列傳》:"昔者魯聽季孫之說而逐孔子,宋信子罕之計而囚墨翟。夫以孔、墨之辯,不能自免於讒諛,而二國以危。"司馬遷對儒、墨擯斥平民俠士深為惋惜。《遊俠列傳》:"至如閭巷之俠,修行砥名,聲施於天下,莫不稱賢,是為難耳。然儒、墨皆排擯不載。"可知司馬遷對墨子的事跡、學術、學派、思想等都是熟悉的,正因為如此,才能在《史記》有如此準確的記載。

其四,是法家。司馬談認為:

> 法家嚴而少恩,然其正君臣上下之分,不可改矣。
> 法家不別親疏,不殊貴賤,一斷於法,則親親尊尊之恩絕矣。可以行一時之計,而不可長用也,故曰"嚴而少恩"。若尊主卑臣,明分職不得相逾越,雖百家弗能改也。

司馬談認為,法家的價值:其一,確立君臣上下的等級區別;其二,明確職責許可權,不能夠相互逾越。這些是任何一家都不能改變的。法家的弊端是:治政嚴酷而缺少恩義。不分親疏、貴賤,一律以法律來決斷,那麼親近親人、尊重尊長這些恩義就斷絕了。司馬談的觀點,與班固《漢書·藝文志》"法家"序觀點相近:"法家者流,蓋出於理官,信賞必罰,以輔禮制。《易》曰

'先王以明罰飭法',此其所長也。及刻者為之,則無教化,去仁愛,專任刑法而欲以致治,至於殘害至親,傷恩薄厚。"

司馬遷接受了司馬談有關法家的觀點,但是對法家學術源流的記載,則更為細緻準確。

第一類,是學於道家,即黃老刑名之學,而成為法家的。《老子韓非列傳》:"申不害者,京人也,故鄭之賤臣。學術以干韓昭侯,昭侯用為相。內修政教,外應諸侯,十五年。終申子之身,國治兵強,無侵韓者。申子之學,本於黃老而主刑名。著書二篇,號曰《申子》。"《漢志》"法家"載《申子》六篇。申不害的"術",司馬貞《索隱》云:"術即刑名之法術也。"術,即國臣駕馭臣下之術。裴駰《集解》云:《新序》曰:"申子之書言人主當執術無刑,因循以督責臣下,其責深刻,故號曰'術'。"章學誠《校讎通義·內篇三》:劉向《別錄》云:"申子學號刑名,以名責實,尊君卑臣,崇上抑下。"申子在治理韓國中取得了成功。

慎到亦歸於此類。《孟子荀卿列傳》:"慎到,趙人。皆學黃老道德之術,因發明序其指意。故慎到著十二論。"《漢志》"法家"載"《慎子》四十二篇"。班固注:"名到,先申、韓,申、韓稱之。"《四庫全書總目》"雜家類"收《慎子》一卷,云:"道德之為刑名,此其轉關,所以申、韓多稱之。"知慎到為早期由道家而轉入刑名家的重要人物。

第二類,是由儒、道而成為法家的。《老子韓非列傳》:"韓非者,韓之諸公子也。喜刑名法術之學,而其歸本於黃老。非為人口吃,不能道說,而善著書。與李斯俱事荀卿,斯以為不如非。"韓非"作《孤憤》、《五蠹》、《內外儲》、《說林》、《說難》十餘萬言"。又有《解老》、《喻老》二篇,解說老子之旨。《漢志》載《韓子》五十五篇。

第三類,由儒、兵家而成為法家的。李悝,《孟子荀卿列傳》:"魏有李悝,盡地力之教。"《漢志》"法家"有"《李子》三十二篇"。班固注:"名悝,相魏文侯,富國強兵。""儒家"有"《李克》七篇"。班固注:"子夏弟子,為魏文侯相。"《兵書略》"兵權謀"有"《李子》十篇"。疑為李悝。從"相魏文侯"記載來看,李悝、李克應為一人。

吳起亦當為此類人物。吳起曾學習曾子、子夏。《孫子吳起列傳》:"吳起者,衛人也,好用兵。嘗學於曾子,事魯君"。又"曾子薄之,而與起絕。起乃之魯,學兵法以事魯君"。《儒林列傳》:"如田子方、段干木、吳起、禽滑釐之屬,皆受業於子夏之倫,為王者師。"又"楚悼王聞起賢,至則相楚。明法審令,捐不急之官,廢公族疏遠者,以撫養戰鬥之士"。《漢志》"兵書略"有"《吳起》四十八篇"。吳起雖在楚國變法獲得了成功,但自己卻被亂箭射死。

商鞅亦歸於此類。《商鞅列傳》:"吾說公以王道而未入也。""吾說公以霸道,其意欲用之矣。"《索隱述贊》:"王道不用,霸術見親。""王道"是儒家的政治主張。指"以德服人",用"仁政"進行統治。"霸道"是法家的政治主張。指"以力服人",用暴力進行統治。司馬遷曾讀過"商君開塞、耕戰書"。《漢志》"法家"有"《商君》二十九篇"。《兵書略》"兵權謀"亦有"《公孫鞅》二十七篇"。

第四類,以申、商為學的法家。文、景時的晁錯屬於此類。《袁盎晁錯列傳》:"晁錯者,潁川人也。學申、商刑名於軹張恢先所。"在擔任御史大夫時,"錯所更令三十章,諸侯皆喧嘩疾晁錯"。晁錯上削藩策,致使吳、楚七國造反,晁錯被斬於東市。《漢志》"法家"有"《晁錯》三十一篇"。

司馬談、遷有鑒於秦朝實施嚴刑峻法,而導致天下生靈塗炭,最終導致滅亡的教訓,對法家"嚴而少恩"充滿了痛恨。《秦始皇本紀》中引賈誼《過秦論》中說:"秦皇懷貪鄙之心,禁文書而酷刑法,以暴虐為天下始。"而吳起,《孫子吳起列傳》:"吳起以刻暴少恩亡其軀。"對李斯,《李斯列傳》:"斯知六藝之歸,不務明政以補主上之缺,持爵祿之重,阿順苟合,嚴威酷刑,聽高邪說,廢適立庶。"對商鞅,《商君列傳》:"商君,其天資刻薄人也。"而對晁錯,《袁盎晁錯列傳》:"錯為人陗直刻深。"可知談、遷對殘暴少恩的法家代表人物的天性及下場的記載,自然有一定的道理。

其五,是名家。司馬談認為:

名家使人儉而善失真;然其正名實,不可不察也。
名家苛察繳繞,使人不得反其意,專決於名而失人情,故曰"使人儉而善失真"。
若夫控名責實,參伍不失,此不可不察也。

司馬談認為,名家的價值在於:確定名、實關係,依據名稱,督求實際;根據事物參互比驗,得出可靠的結論,而不會出現失誤,這是不能不考察清楚的。

名家是春秋、戰國之際研究名、實之間邏輯關係的一個學派。秦漢之際,其學術思想曾被法家和道家所吸收,成為漢初黃老刑名之學的重要組成部分。1973 年 12 月湖南長沙馬王堆漢墓出土《黃帝四經》,為這一時期的代表作。《史記·儒林傳》中也說:"田蚡為丞相,絀黃老刑名百家之言。"司馬遷對名家也有記載:《孟子荀卿列傳》:"而趙亦有公孫龍,為堅白同異之辯。""堅白論"為《公孫龍子》篇名。《漢書·藝文志》"名家"有"《公孫龍子》十四篇"。在《莊子·秋水》中有公孫龍"合同異,離堅白"之言,而《淮南子·齊俗訓》中則記載"公孫龍折辯抗辭,別同異,離堅白,不可以眾同道也"。知司馬遷此文採自《莊子》、《淮南子》。

《漢書·藝文志》"名家"尚有《鄧析》二篇、《尹文子》一篇、《惠子》一篇等七家,《史記》皆沒有涉及。

其六,是道家。司馬遷認為:

道家使人精神專一,動合無形,贍足萬物。其為術也,因陰陽之大順,采儒、墨之善,撮名、法之要,與時遷移,應物變化,立俗施事,無所不宜,指約而易操,事少而功多。
儒者則不然。以為人主天下之儀表也,主倡而臣和,主先而臣隨。如此則主勞而臣逸。
至於大道之要,去健羨,絀聰明,釋此而任術。夫神大用則竭,形大勞則敝。形神騷動,欲與天地長久,非所聞也。

道家無為,又曰無不為,其實易行,其辭難知。其術以虛無為本,以因循為用。無成執,無常形,故能究萬物之情。不為物先,不為物後,故能為萬物主。有法無法,因時為業;有度無度,因物與合。故曰:"聖人不朽,時變時守。虛者道之常也,因者道之綱"也。群臣並至,使各自明也。其實中其聲者謂之"端",實不中其聲者謂之"窾"。窾言不聽,奸乃不生。賢不肖自分,白黑乃形。在所欲用耳,何事不成?乃合大道,混混冥冥;光耀天下,復反無名。凡人所生者神也,所托者形也。神大用則竭,形大勞則敝,形神離則死,死者不可復生,離者不可復反,故聖人重之。由此觀之,神者生之本也,形者生之具也。不先定其神[形],而曰"我有以治天下",何由哉?

司馬談是道家思想的信徒,但他筆下的"道家",與先秦的道家始祖老子和戰國道家莊子不同,也與漢初盛行的"黃老"思想不盡相同。他心目中的道家的特點是:既包含着道家順應自然規律的特長,又包容百家,廣泛吸收諸子的思想,對百家起到統領作用。具體地說,"道家"的思想價值在於:第一,"秉要執本"。其"要",其"本",即順應自然和萬物變化規律,才"能究萬物之情","成為萬物主"。第二,強調"形神相扶",不能"形神騷動",要抛棄"健羨"和小聰明,重視養生,才能更好地治理天下。其三,強調"與時遷移","時變是守",要順應時代變化,制定相合的措施,才能"無所不宜"。作為治國理論,司馬談強調,第一,"道家無為,又曰無不為"。來自《老子》三十七章"道常無為,而無不為"。就是說,按照自然、社會和人的認識規律辦事,就沒有達不到的目標。"虛者道之常也,因者君之綱也。"這樣群臣都能有所表現,而人盡其才。第二,要廣采儒、墨、法、名諸家之長,避免各家之短,為治國服務。第三,強調"名"、"實"相合。名、實相符的叫"端",名、實不合的叫"窾"。不聽信空話,奸邪小人就不會產生,賢人、不肖就能分清。可知司馬談對道家的治世思想和實踐,都有深刻的認識。可以知道,這就是漢代黃老刑名之學的重要內容,構建了儒、墨、道、法、名、陰陽相結合的治世理論體系。

對於道家,《漢書·藝文志》"道家"序中說:"道家者流,蓋出於史官,歷記成敗、存亡、禍福、古今之道,然後知秉要執本,清虛以自守,卑弱以自持,此君人南面之術也。"班固的觀點與司馬談相似。可以說,黃老道家治國理論,不失為一種開放的、包容的、進步的思想體系,但不能為占統治地位的儒家正統思想所容納,這也成為班固《漢書·司馬遷傳》中"論大道則先黃老而後六經",指責和非議司馬遷的理由之一。

司馬遷《史記》中對"道家"的記載包括兩個方面:

第一,對先秦道家學派人物的記載。關於老、莊。《老子韓非列傳》:"老子者,楚苦縣厲鄉曲仁里人也,周守藏室之史也。老子修道德,其學以自隱無名為務。居周久之,見周之衰,迺遂去。至關,關令尹喜曰。於是著書上下篇,言道德之意五千餘言而去。"1973年長沙馬王堆漢墓出土帛書《老子》甲、乙本,1993年10月湖北荊門郭店出土簡本《老子》甲、乙、丙篇,為《史記》作了最好的佐證。"莊子者,蒙人也,名周。周嘗為蒙漆園吏。其學無所不闚,然其要本歸於老子之言。故其著書十餘萬言。作《漁父》、《盜跖》、《胠篋》,以詆訛孔子之徒,以明老子之術。《畏累虛》、《亢桑子》之屬,皆空語無事實"。《漢志》"道家"載"《莊子》五十二篇"。有老萊子。"老萊子亦楚人也,著書十五篇,言道家之用,與孔子同時云。"《漢志》有"《老萊子》十六篇"。《漢志》有"《關尹子》九篇"。其學"本於黃老"的尚有申不害、韓非子。《孟子荀卿列傳》中有慎到、田駢、接子、環淵,"皆學黃老道德之術,因發明序其指意,故慎到著十二論,環淵著上下篇,而田駢、接子皆有所論焉"。《漢志》有《蜎子》十三篇,《田子》二十五篇,《捷子》二篇。

第二,其他與道家思想有關的人物及著作。《漢志》"道家"有"《筦子》八十篇"。《管晏列傳》中載:"故論卑而易行。俗之所欲,因而予之;俗之所否,因而去之。其為政也,善因禍而為福,轉敗而為功。故曰:'知與之為取,政之寶也。'"皆合道家之旨。知班固歸"筦子"為道家自有其內在原因。《漢志》"道"類有"《伊尹》五十一篇。班固注:湯相"。《史記·殷本紀》記載伊尹為"處士"。仕湯後作《女鳩》、《女房》。以後又作《咸有一德》、《伊訓》一篇,《肆令》、《徂后》、《太甲訓》。《漢志》有"《太公》二百三十七篇。《謀》八十一篇,《言》七十一篇,《兵》八十五篇"。《齊太公世家》:"太公至國,脩政,因其俗,簡其禮,通商工之業,便魚鹽之利,而人民多歸齊,齊為大國。"合道家之義。《漢志》有"《鬻子》二十二篇。班固注:名熊,為周師。自文王以下問焉,周封為楚祖"。《楚世家》曰"周文王之時,季連之苗裔曰鬻熊。鬻熊子事文王"。《漢志》中載有:"《文子》九篇。班固注:老子弟子,與孔子並時。""《列子》八篇。班固注:名圄寇,先莊子,莊子稱之。"《史記》中未載文子與列子。

第三,漢初皇帝、皇后、重臣、學者等黃老道家人物及著作。《史記》中載有呂太后、竇太后、文帝、景帝、蕭何、曹參、陳平、張良、蓋公、司馬季主、王生、黃生、汲黯、田叔、直不疑、樂巨公、陸賈道、儒兼容,賈誼先儒後道。這一時期重要著作有《河上公老子章句》、《黃老帛書》,陸賈《新語》,賈誼《服鳥賦》、《吊屈原賦》,"集道家之大成"的《淮南子》等。

## 三、論六家要指:繼承與創新

在司馬談之前,戰國秦漢之時,一些思想家試圖對古代學說進行分類,歸納其內在特點,主要有以下五家:

尸佼(?前390—?前330年),戰國時學者。《漢志》"雜家"有"《尸子》二十篇。班固注:名佼,魯人。秦相商君師之。鞅死,佼逃入蜀"。其書《廣澤》云:"墨子貴兼,孔子貴公,皇子貴衷,田子貴均,列子貴虛,料子貴別,囿其學之相非也。"對六人的學說主旨進行了高度的概括。

莊子(?前369—前286年)在《莊子·天下》中,比較詳細地評述了先秦各家學說的觀點,其中有"鄒魯之士,搢紳先生",即以孔子為代表的儒家,以墨翟、禽滑釐為代表的墨家,宋鈃(《漢志》"小說家"有《宋子》十八篇。班固注:"孫卿道宋,言其黃老意。")、尹文(《漢志》歸於名家,有《尹文子》一篇)、彭蒙(田駢師)、慎到(《漢志》為法家)、田駢(《漢志》為道家)、關尹(《漢志》歸道家)、老聃、莊周、惠施(《漢志》歸名家)、桓團、公孫龍。可知《天下》篇中有的學術界限尚不是很清楚。

呂不韋(?—前235年)及門客所著《呂氏春秋》,其書雖列為"雜家",實為秦漢道家的學術著作。在《不二》中說:"聽群眾人議以治國,國危無日矣。何以知其然也?老聃貴柔,孔子貴仁,墨翟貴廉,關尹貴清,子列子貴虛,陳駢貴齊,陽生(《列子》有《楊朱》篇)貴己,孫臏(《漢志》"兵書略"兵權謀有《齊孫子》八十九篇)貴勢,王廖貴先,兒良(《漢志》"兵書略"兵權謀有《兒良》一篇)貴後。"以上對十位學者的思想特點進行了概括。

荀子(?前313—前238年)的《荀子·非十二子》中,對道、墨、名、法各家以及儒家的各個流派,進行了分析批判,而獨推崇仲尼、子弓(孔子弟子)。十二子有它囂、公子牟(《漢志》"道家"《公子牟》4篇。班固注:"魏之公子也,先莊子,莊子稱之。")、陳仲、史鰌、墨翟、宋鈃、慎到、田駢、惠施、鄧析(《漢志》"名家"有《鄧析》一篇。班固注:"鄭人,與子產並時。")、子思(《漢志》"儒家"有《子思》二十三篇。班固:"名伋,孔子孫,為魯繆公師。")、孟軻。荀子認為,十二子的思想,皆"持之有故,言之成理"。同時又指出各家的不足之處。

淮南王劉安(前179—前122年)《淮南子·要略》中列舉"太公之謀"、"儒者之學"、墨子、管子之書、晏子之諫、縱橫修短、刑名之書、商鞅之法、劉氏之書九家產生的社會背景,明白告訴我們,各種學說皆為應時而生。

從以上五家的歸納可以知道,主要是以學派代表人物的面目出現,而對其理論和學派的共性探索,則是不夠的。同時,對其學派的劃分,亦有界域不清的問題。可以知道,這樣的歸納,顯然不能適應漢代大一統社會的需要,它需要提供深層的學術思考和新的理論架構。在這個背景之下,司馬談的"論六家要指"便應時而生了。這是對春秋、戰國以來六百餘年學術思想的全面科學總結,奠定了中國古代學術史的基礎,對兩千年來中國的思想、政治、哲學、文化、學術的發展,提供了導向作用。

司馬遷對"論六家要指"的記載、補正和發展,則又有繼承和創新。

關於兵家。司馬談未涉及。《史記》中專設本紀、世家和列傳,為項羽、張良、陳平、司馬穰苴、孫武、孫臏、吳起、白起、王翦、樂毅、廉頗、李牧、田單、蒙恬、淮陰侯、李將軍、衛將軍、驃騎將軍、伍子胥、范蠡、魏無忌等一大批人物立傳,對他們的軍事思想作了生動的記述,刻畫了一個個活生生的人物形象,成為《史記》中膾炙人口的篇章。《史記》中記載的兵書有《司馬兵法》和《司馬穰苴兵法》、《孫子》十三篇(《漢志》"兵書略"有《吳孫子兵法》八十二篇")、《吳起兵法》(《漢志》"兵書略"有《吳起》四十八篇")。"孫臏以此名顯天下,世傳其兵法"(《漢志》"兵書略"有《齊孫子兵法》八十九篇)。《魏公子兵法》(《漢志》"兵書略"有《魏公子》二十一篇)。見於《漢志》"兵書略"的尚有:《公孫鞅》二十七篇、《范蠡》二篇、《韓信》三篇、《項王》(項羽)一篇、《五子胥》十篇、《李將軍射法》(李廣)三篇等。可以知道,這些兵家政治家、軍事家,為兵學理論建設作出了重要的貢獻。

《淮南子·兵略訓》中說:"兵之所由來者遠矣。黃帝嘗與炎帝戰矣,顓頊嘗與共工爭矣。故黃帝戰於涿鹿之野,堯戰於丹水之浦,舜伐有苗,啟攻有扈,自五帝而弗能偃也,又況衰世乎?"以上所記六場戰爭中,其中五處《史記》中的記載與《淮南子》相同。戰爭是政治的繼續。《史記》中對各國朝代和諸侯王國的更替,就有大量戰爭的記述。

《史記》中引用了大量兵書的資料。《淮陰侯列傳》:"吾聞兵法,十則圍之,倍則戰。""信曰:此在兵法,顧諸君不察耳。兵法不曰:'陷之死地而後生,置之死地而後存?'"1972年4月銀雀山漢墓竹簡《孫子兵法·謀攻》:"故用兵之法,十則圍之,五則攻之,倍則分之,敵則能戰之,少則能逃之,不若則能避之。"《九地》:"芋之亡地然而後存,陷之死地然而後生。"可知司馬遷十分熟悉《孫子兵法》,非常準確地使用了《孫子》的文句。

兵家在治國安邦中的重要作用不言而喻,司馬遷記載了兵家的定鼎之功。《漢志》"兵書略"序中說:"漢興,張良、韓信序次兵法,凡百八十二家。刪取要用,定著三十五家。"可知漢初兵書之盛。其中有奉行黃老道學思想的治兵人物。《太史公自序》:"(陳平)六奇既用,諸侯賓從於漢;呂氏之事,平為本謀,終安宗廟,定社稷。作陳丞相世家第二十六。"關於張良:"運籌帷幄之中,制勝於無形,子房計謀其事,無知名,無勇功,圖難於易,為大於細。作《留侯世家》第二十五。"兵家強調"治身"和"應變",這就是武德。《太史公自序》:"非信、廉、仁、勇不能傳兵論劍,與道同符,內可以治身,外可以應變,君子比德焉。作《孫子吳起列傳第五》。""勇於當敵,仁愛士卒,號令不煩,師徒鄉之。作《李將軍列傳》第四十九。"

關於縱橫家。司馬談未涉及。對於縱橫家,《淮南子·要略》有這樣的論述:"晚世之時,六國諸侯,溪異谷別,水絕山隔,各自治其境內,守其分地,握其權柄,擅其政令,下無方伯,上無天子,力征爭權,勝者為右。恃連與國,約重致,剖信符,結遠援,以守其國家,持其社稷,故縱橫修短生焉。"而《史記·六國年表》云:"務在強兵並敵,謀詐用而從橫短長之說起。"采《淮南子》之說。可以知道,這個學派產生在戰國之時,這是一個"勝者為右"的時代,無不"力征爭權",以達到"持其社稷"之目的。

《史記》中記載了戰國、楚漢戰爭和漢初一批縱橫家人物。有蘇秦,曾"約六國從親,秦兵不敢闚函谷關十五年"。《太史公自序》:"天下患衡秦毋厭,而蘇子能存諸侯,約從以抑貪強。作《蘇秦列傳》第九。"有張儀。《太史公自序》:"六國既從親,而張儀能明其說,復散解諸侯。作《張儀列傳》第十。"又有陳軫、犀首。《淮陰侯列傳》中有蒯通。他對韓信說:"相君之面,不過封侯,又危不安。相君之背,貴乃不可言。"有主父偃。《平津侯主父列傳》:"主父偃者,學長短縱橫之術,晚乃學《春秋》、百家言。"又有"趙人徐樂,齊人嚴安,俱上書言世務"。

《漢志》"縱橫家"序云:"言其當權事制宜,受命而不受辭,此其所長也。及邪人為之,則上詐諼而棄其情。"《漢志》中收有:《蘇子》三十一篇、《張子》十篇、《蒯子》五篇、《鄒陽》七篇、《主父偃》二十八篇、《徐樂》一篇、《莊安》一篇。1973年長沙馬王堆漢墓出土了《戰國縱橫家》書,共27章,其中16章為佚書,11章的內容與《史記》、《戰國策》相同。而《史記·蘇秦列傳》中的材料,與出土帛書差距甚大。

司馬遷對縱橫家的態度,《六國年表》云:"戰國之權變亦有可頗采者,何必上古?"對蘇秦的態度,《蘇秦列傳》:"夫蘇秦起閭閻,連六國從親,此其智有過人者。"對佩六國相印的蘇秦,死後"獨蒙惡聲",司馬遷為其正名。對於張儀,《張儀列傳》:"三晉多權變之士,夫言從橫強秦者,大抵皆三晉之人也。要之,此兩人(蘇秦、張儀)真傾危之士哉!"對於安定漢朝天下有大功的陸賈:"名為有口辯士,居左右,常使諸侯。""余讀陸生《新語書》十二篇,固當世之辯士。"可知司馬遷對縱橫家有比較客觀的評價。

關於雜家。司馬談亦未涉及。《漢志》"雜家"序中說:"雜家者流,蓋出於議官。兼儒、墨,合名、法,知國體之有此,見王治之無不貫,此其所長也。及蕩者為之,則漫羨而無所歸心。"按照班固的概括,雜家合儒、墨、名、法四家,則與司馬談論"道家"相近。知班、馬認識並不相同。

司馬遷《呂不韋列傳》:"呂不韋乃使其客人人著所聞,集論以為八覽、六論、十二紀,二十萬餘言。以為備天地萬物古今之事,號曰《呂氏春秋》。"《漢志》"雜家"《呂氏春秋》二十六卷。《漢志》中尚有:《五子胥》八篇。班固注:"名員,春秋時為吳將,忠直遇讒死。"《尉繚》二十九篇,《尸子》二十篇,《淮南內》二十一篇、《淮南外》三十三篇。《史記》中有《淮南衡山列傳》,但無一字言及淮南王的眾多著述,這應是司馬遷作為史官的一個失職。而班固則記載了淮南王二十部(篇)著作,則勝於司馬遷。又《東方朔》二十篇、《荊軻論》五篇。班固注:"軻為燕刺秦王,不成而死,司馬相如等論之。"

關於數術。司馬談亦未涉及。《漢志》"數術略"序中說:"數術者,皆明堂羲和史卜之職也。春秋時,魯有梓慎,鄭有神灶,晉有卜偃,宋有子韋,六國時,楚有甘公,魏有石申夫,漢有唐都,庶得粗觕。"《漢志》歸為六類:天文、曆譜、五行、蓍龜、雜占、形法等。《史記》中的《天官書》、《律書》、《曆書》、《日者列傳》、《龜策列傳》與此有關。《漢志》"數術略"收有:《淮南雜子星》十九卷、《陰陽五行時令》十九卷、《刑德》七卷、《龜書》五十二卷、《周易》三十八卷、《易卦》八卷、《神農教田相土耕種》十四卷、《山海經》十三卷等。而《史記·曆書》收有《曆術甲子篇》。司馬遷曾參與制定太初曆。《日者列傳》云:"自伏羲作八卦,周文王演三百八十四爻而天下治。"《大宛列傳》:"至《禹本紀》、《山海經》所有怪物,余不敢言之也。"

對於方技,《漢志》"方技略"序云:"方技者,皆生生之具,五官之一守也。太古有岐伯、俞拊,中世有扁鵲、秦和,蓋論病以及國,原診以知政。漢興,有倉公。"分為醫經、經方、房中、神仙四類。其中有《黃帝內經》十八卷、《外經》三十卷、《扁鵲內經》九卷、《外經》十二卷、《風寒熱十六病方》二十六卷、《婦人嬰兒方》十九卷、《容成陰道》二十六卷、《黃帝岐伯按摩》十卷等。

《史記》中設《扁鵲倉公列傳》。《太史公自序》云:"扁鵲言醫,為方者宗,守數精明;後世修序,弗能易也,而倉公可謂近之矣。"對於扁鵲,司馬遷讚歎道:"至今天下言脈者,由扁鵲也。"而倉公,得名醫陽慶授予"禁方","傳黃帝、扁鵲之脈書,五色診病,知人死生,決嫌疑,定可治,及藥論,甚精"。"受《脈書》上下經、五色診、奇咳術、揆度陰陽外變、藥論、接陰陽禁書,受讀解驗之,可一年所"。可以知道,司馬遷對古代醫藥及養生術,給予了高度的重視和肯定。

關於詩賦。司馬談未言及。《漢志》"詩賦略"序中言及"詩","大儒孫卿及楚臣屈原,離讒憂國，皆作賦以風。其後宋玉、唐勒，漢興枚乘、司馬相如，下及楊子雲，竟為侈麗閎衍之詞，沒其風諭之義"。班固分為屈原賦之屬、陸賈賦之屬、荀卿賦之屬、雜賦、歌詩五類。收入的有：屈原賦二十五篇、唐勒賦四篇、宋玉賦十六篇、賈誼賦七篇、枚乘賦九篇、莊夫子賦二十四篇、司馬相如賦二十九篇、淮南王賦八十二篇、淮南王群臣賦四十四篇；陸賈賦三篇、枚皋賦百二十篇、嚴助賦三十五篇、朱買臣賦三篇、司馬遷賦八篇；孫卿賦十篇；成相雜辭十一篇、高祖歌詩二篇、淮南歌詩四篇等。

《史記》列《屈原賈生列傳》、《司馬相如列傳》。《太史公自序》："作辭以諷諫，連類以爭議，《離騷》有之，作《屈原賈生列傳》第二十四。"又"《子虛》之事，《大人賦》說，靡麗多誇，然其指風諫，歸於無為。作《司馬相如列傳》第五十七"。司馬遷對《離騷》加以解釋："離騷者，猶離憂也。"並引用淮南王《離騷傳》之文："推此志也，雖與日月爭光可也。""余讀《離騷》、《天問》、《招魂》、《哀郢》，悲其志。"對屈賦作品，給以很高的評價。傳中還記載了屈原名篇《漁父》、《懷沙》。對才子賈誼，記錄了他的《吊屈原賦》、《服鳥賦》。對司馬相如，記載了他的《子虛之賦》、《喻巴蜀檄》、《難蜀父老文》、《長楊賦》、《哀二世賦》、《大人賦》、《奏封禪書》、《遺平陵侯書》、《與五公子相難》、《草木書》等。司馬遷評論道："相如雖多虛辭濫說，然其要歸引之節儉，此與《詩》之諷諫何異？"對相如賦作了客觀的評價。

以上對兵家、縱橫家、雜家、數術家、方技家和詩賦家的記載，都是司馬遷的創新。可以知道，他以史官之博學和遠見，對治理社會有關的各個學術領域，都予以關注和肯定，極大地拓寬古代學術視野。他的觀點，對爾後劉向(？前77—前6年)校理群書，編成《別錄》；其子劉歆(？—23年)撰為《七略》，以及班固(32—92年)撰《漢書·藝文志》，都具有直接的影響，從而確立了中國古代歷史悠久而源流分明的學術體系，為中國古代文化的發展豎立了不朽豐碑。

[作者簡介] 陳廣忠(1949—    )，男，安徽淮南人。現為安徽大學文學院教授，主要從事古代文學、古典文獻學、漢語史等研究，已發表論文數十篇，著作有《淮南子譯注》、《劉安評傳》、《淮南子科技思想》、《中國道家新論》、《韻鏡通釋》、《列子評注》等。

# 《史記》與戰國遊說之關係

[美國] 史嘉柏

中國文字的獨特性與悠久歷史,使得東西方學者在研究古代文化史時很自然地把焦點放在書寫系統及其演變與社會作用上。與古代史其他領域相比,中國史重視書信所扮演的角色,而商周王朝的歷史形象也因此顯得非常官僚化。當時朝廷頗像現代政府,經常通過文件來處理要緊事務。當然,因為早期書寫工具所引起的種種不便,當時書寫的用途僅限於相當狹窄的範圍,如占卜、策命、盟誓、《春秋》類的記載等。據今所知,一直到戰國末至秦漢時,各國執政者才開始較為普遍地使用文件,以進行各項行政事務。更早的王朝與諸侯國朝廷多以非書寫的方式處理問題,維持政權,而現在我們很容易就忘記當時言語的關鍵作用。

如果暫且不論當時的書寫作用,而盡量通過所有記載來嚴格詳細地考量古代中國的言論史,我們是否能對歷史達到更深層的瞭解?正確地把握古代中國社會書寫與言論的用法,及其互相關係與時代演變,是否能夠改正我們對歷史的某些誤解?最後,是否能夠幫助我們更明瞭史書及各種文體的產生與早期發展?

## 一、言論行為與古代辯論的問題

近年來美國出現了兩部有關辯論以及研究非歐美洲國家辯論的史學著作。其中之一是洛伊德(Geoffrey Lloyd)和思文(Nathan Sivin)合著的《道和言:古代中國與古代希臘之科學與醫學》(*The Way and the Word. Science and Medicine in Early China and Greece*)。該著中,兩位著名的科學史家以比較史學的研究方法,探討了古時東西方具有代表性的兩種科學傳統。其主要研究對象就是公元前六世紀到公元前一世紀中國和希臘(特別是雅典城)兩地科學思想發展的社會背景。據該書著者說,東西古代史上科學進步之所以不同的關鍵就在於兩個地方言語習慣之不同。該書著者認為,希臘人因為偏向於公開的競爭與辯論,所以在追求真理的過程中必定會經過共同討論和批評的過程。既然每個科學家或哲學家都希望獲得思想競賽上的勝利，文化因素也因此促進了科學進步①。而據這種理論模式，古代中國人重視和諧，對他們而言，與其去公開競爭辯論，倒寧願選擇婉約的說服方法，甚至於保持沉默②。當然，更深一層的差別則在於雅典城的民主體制與中國在戰國秦漢時期君主政體之對立③。兩位學者對比較科學史的貢獻其實是維持了一種歷史成見：就是說古代中國非但沒有民主，而且缺乏科學進步的基本條件。

第二部書則是1998年榮獲諾貝爾獎的哈佛大學經濟學家森氏(Amartya Sen)的《好辯的印度人》(*The Argumentative Indian: Writings on Indian History, Culture and Identity*)。森氏研究對象雖然不是中國，但因為這位身為"好辯的印度人"的研究成果正好否認了Lloyd與Sivin兩位先生對古代史的假設，所以也不妨參考其帶給中國史的新啟示。森氏指出，儘管有學者習慣將印度視作與歐洲不同的宗教多元化而非理性的國家，但此看法很明顯是以東西文化之對立為前提。如果擺脫這種成見，再次審查所有資料，則很容易發現各種上古文獻如詩篇《吠陀》(*Rig-Veda*)和史詩《摩訶婆羅多》(*Mahabarata*)等，都敘述了很多關於辯論的故事。而在印度歷史上，不僅僅是一些文學作品中的眾神和英雄才會參與辯論，在這種菁英的傳統之外，連沒受過教育的普通老百姓也有自己的辯論傳統。這一結論又關係到政治思想。印度的民主傾向並不能說完全是(或者主要是)英國殖民政府的進口貨，而是同時深深吸取了印度本土的傳統文化元素(這裏要強調的是，森氏絕對不是極端印度民族主義者，他引用古代印度人的文獻只是反映其在印度文化史上所發揮的影響力)④。

退一步而言，世界歷史上怎麼可能有任何一個國家，任何一個民族社會、社會階層，甚至於部落、家庭、朋黨等，真的會缺少或失去了口頭辯論的能力呢？語言既然是全人類的自然稟賦，怎麼可能會有一個把口才束之高閣的地方呢？而僅僅從社會行政效率的角度來看，既然語言是緩和衝突、避免暴力的重要工具，又怎麼可能會有任何一個族群會全面地"棄文從武"呢？各地各族群的辯論方式變化萬千，並未符合一定的格式，就連那些傳說是歷史上缺乏辯論的社會，如中國、印度等，也總會有一些文獻(或以歷史方式，或以小說體裁)記載了口才在不同時代的最高成就，也會有一些文獻舉出口頭說服、辯論的理想原則和範例。既然如此，為甚麼一直到目前為止，"非歐洲文化的社會"一般都由學者歸類為缺乏理性辯論的傳統呢？答案就在於世界史學最近兩百年流行的分類法，特別是受了黑格爾影響的那些理論，強調理性在西方之持續不斷的進步，研究焦點很習慣放在古希臘、羅馬關於理性辯論的記載上，而對東方社會的理性言論成就卻撇棄不顧。

---

① New Haven, Yale University Press, 2002, 110-112.

② 同上，第116頁。

③ 同上，第11～15頁。

④ Amartya Sen, The Argumentative Indian: Writings on Indian History, Culture and Identity, New York: Farrar, Straus and Giroux, 2005, 3-35.

## 二、重建古代中國言論習慣

古代希臘有專門針對修辭學及說服技術的書,例如由柏拉圖(Plato,前 424—前 348 年)所撰的 *Gorgias* 以及亞里士多德(Aristotle,前 384—前 322 年)所撰的 *Rhetoric*。中國雖然有少數直接分析說服技術的資料,如《荀子·非十二子》、《韓非子·說難》、《難言》等,但是除了疑為晚出的《鬼谷子》以外,都無類似亞里士多德有系統性的、理論性的教科書。然而古希臘文學學者 Thomas Cole 指出,亞里士多德之前有更早的修辭學教科書,今已失傳,其形式上與亞里士多德不同,不以系統或理論為主,而僅僅收集了若干優秀的言論例子來示範修辭和說服的技術①。從這個角度來看,中國早期"記言"不只是提供資料給史書的編纂者,可能更基本地是提供模範給從事教訓、教書,以及說服活動的人。以《韓非子》為例,如果說《說難》、《難言》兩篇涉及較為抽象的修辭理論,《內儲說》、《外儲說》六篇便是非常具體實用的模範。同樣,《戰國策》,甚至《孟子》等諸子書,多多少少都可以適用於培養讀者的口頭說服的能力。以下我把焦點放在"培養口才"對於早期歷史書編輯所發揮的影響。

古代中國的言論、辯論以及修辭,並不是沒有人研究過,然而據我所知,專門以古代中國之言論為研究對象,如對古希臘、羅馬之研究一般,細緻描繪出言論各方面的真相之研究,至今尚未出現。思想史家格蘭(A. C. Graham)曾經在《道之辯論者》(*Disputers of the Dao*)一書中探討先秦哲學各家的論說及其富於代表性的證明方法,但此所謂"辯論"並未區分真實口頭辯論與其在書上之擬聲,也未提及辯論者之社會背景、訓練與其前途出路等問題。格蘭說,公孫龍之"白馬非馬"可能屬於一種適合演出的邏輯戲劇,這一點算是說及了這記載背後的事實。但一般來講,格蘭論述的是書與書之間的差別,不是人與人之間的辯論。而哈佛大學東亞系教授普鳴先生(Michael Puett)也一樣在其作品中解釋了先秦兩漢思想史上之傾向,雖說是"辯論",但嚴格說來,卻是後一代對前一代思想之調整,而不是真正的辯論。真正的辯論就是對話,要在被攻擊時能反駁、能頂嘴,這種跨時代的思想發展並不能算是真正的辯論。

在中國的學者,特別是最近二十年來,越來越多對古代修辭史進行研究,其中也有少數比較具體地探討了言論的社會條件。有專文針對西周王朝冊命儀式及其說詞格式進行研究②,《春秋左傳》所反映的春秋時代的外交辭令和其他言論方式最近也引起了注目③。更奇特而具有突破性的是一些關於戰國時代言論方式的論文。最著名的應該是張彥修的《縱橫家書:

---

① Thomas Cole, The Origins of Rhetoric in Ancient Greece, Baltimore: The Johns Hopkins University Press, 1991.
② 陳漢平《西周冊命制度研究》,學林出版社 1986 年版。
③ 陳致宏《語用學與〈左傳〉外交辭令》,臺北萬卷樓 2000 年版。

〈戰國策〉與中國文化》①。張先生對"長短縱橫之術"的論述相當仔細,雖然無從一一寫出縱橫家之教育和就業過程,但還是很深入地追究出《戰國策》、《鬼谷子》等書有歷史價值的資料。另一方面,張先生跟一些研究《左傳》的學者一樣,刻意強調了古人言論所表示的"民本思想",如此,與森氏近年才出版的對印度民主史之研究比起來,就先人一着了。除了《縱橫家書》之外,還有很多關於縱橫家、《戰國策》、《鬼谷子》的專門論文以及幾部大規模的修辭學通史②,也有芝加哥帝保大學傳播系教授、中國學者吕行女士用英文撰寫的《古代中國修辭學:公元前五到三世紀與古希臘修辭學之比較》(*Rhetoric in Ancient China: Fifth to Third Century B. C. E.: A Comparison with Classical Greek Rhetoric*)③。修辭學與"言論學"並不完全相同,修辭學史往往只注重文字上的精巧而忽略了其背後的言論表演。

要恢復古代中國的言論環境,不如從早期歷史書的編寫下手。《左傳》雖然提及一些"藏於盟府"的記載,敍述了晉國"古之良史"董虎以及齊國殉職太史兄弟④,但除此之外幾乎沒有說明這部巨大史書的資料來源、傳授以及收集、編撰相關之事,連作者何人在文中也未曾提及。但是《左傳》、《國語》裏則屢次以形式化的語言描述另外一種資料傳授。例如,《國語·楚語上》引左史倚相勸諫申公子亹的話如下:

    昔衛武公年數九十有五矣,猶箴儆於國,曰:"自卿以下至於師長士,苟在朝者,無謂我老耄而舍我,必恭恪於朝,朝夕以交戒我;聞一二之言,必誦志而納之,以訓導我。"在輿有旅賁之規,位寧有官師之典,倚几有誦訓之諫,居寢有褻御之箴,臨事有瞽史之導,宴居有師工之誦。史不失書,矇不失誦,以訓御之,於是乎作懿戒以自儆也。及其沒也,謂之睿聖武公。

《左傳》襄公十四年、《國語·周語上》、《晉語六》也有類似的敍述。對我來說,這看起來是一種半傳說性的記載,而其在不同文籍一再出現,則可能表示歷史上真的有這麼一個完善的教育系統,也可能表示後代人在回顧前代人的聖德時懷有這麼一種幻想。儘管不是完全可靠的歷史記載,這幾段話所形容的言論行為在很多方面大約符合一般古代社會傳授智識的條件。即使也有金石竹帛文獻,但主要憑的還是口頭傳誦。"旅賁之規"、"官師之典"、"誦訓之諫"、"褻御之箴"、"瞽史之導"、"師工之誦",其內容到底是甚麼還不清楚,但應該包括《詩》、《書》之類的箴言,很可能也包括各種歷史故事。我認為《左傳》、《國語》主要資料來源之一就是這類口頭傳誦的歷史故事。

---

① 張彥修《縱橫家書:〈戰國策〉與中國文化》,河南大學出版社1998年版。
② 陳光磊、王俊衡等《中國修辭學通史》,先秦兩漢魏晉南北朝卷,吉林教育出版社1998年版。
③ Columbia, University of South Carolina Press, 1998.
④ 《左傳》僖公五年、宣公二年。

## 三、《史記》與說客之資料

不幸的是，對於《左傳》、《國語》所引用的春秋時代原始資料，今已無法直接進行考證，完整的史書及其參考資料之關係由此遂無法確定。若要更具體了解此關係，就只好參考《史記》所提供的證據。《史記》原稱作《太史公書》，是司馬談、司馬遷父子以及褚少孫等人共同編撰的，在此我為了暫時排除一些固定的聯想而堅持把它稱為《太史公書》。

跟《左傳》相比，《太史公書》的作者坦白多了，有幾次透露了資料的來歷，司馬遷在《太史公自序》一篇還非常自覺地自稱為"作者"，將其本人所經歷的悲劇作為此書之前提，並把寫作此書描繪為十分孤獨的心路歷程。其實，就算部分編撰是靠司馬遷個人之努力而成，但在別的方面，《太史公書》應當比較像大致同時代的一些作品，如《呂氏春秋》、《淮南子》等，其所謂"作者"，是指導收集資料的人，並不一定負責所有的寫作任務。很值得注意的一個現象是，一直到西漢末年為止，古代中國傳下來的篇幅較大的書，沒有一部可以確認完全是所謂"作者"一個人親自所編寫的，即使是《荀子》、《韓非子》這類內容一致的書也總有一兩篇是別人竄寫的。《太史公書》的確是歷史上空前的傑作，只是還沒有我們想象的那麼獨特例外。

我們很習慣把《太史公書》歸類為史部之代表作，正史之首創。而西漢雖然有"太史"這個詞，也有"史記"這個詞①，卻沒有後代所給予"歷史"的定義。"歷史"這個觀念也許可以說在中國就是以《太史公書》為起點，《太史公書》後來改稱《史記》，即可能表示新觀念之成立。那麼，尚未改稱《史記》之前，還算是史書嗎？當時的人是怎麼認為的呢？是否該屬於諸子書呢？如果當時算是諸子書之分支，那麼其為諸子書之性質又如何影響到歷史書之誕生呢？

《太史公書》所收集的材料中，有一部分看來好像就是從諸子書抄寫或改寫過來的，也有一部分是採自"好事者"的傳聞。其實，這兩種材料基本上是同一個來源的不同分流。《太史公書》有本紀、世家、列傳等敘述性質強的篇章，而來自諸子書之成分主要是些關於某國某人某事的短篇故事，有的可信，有的是迷信傳說，而有的真偽分不清楚。其共同點就在於每篇每段故事之教條意義非常明顯，不是講仁義道德，就是講兵法權謀等事。諸子書中片段的敘述並不像後代純文學之短篇小說，而比較像《莊子》之"寓言"。雖然很少像《莊子》寓言那麼誇張荒謬，但大部分還是可以歸類為一種"歷史寓言"，其用途在於提供例子，作為諸子論點之證據。諸子書中所編輯的每篇，有的是單純的文章，有的敘述諸子之辯論、教訓、遊說活動，有的收集了一些雜亂的格言、寓言等。歷史、文學史、哲學思想史慣於把諸子書看作是徒弟子孫等人紀念夫子之記錄，這樣研究焦點自然而然地就放在夫子本身的生活與教學上。如果試把焦點放在後代編寫傳授的動機上，成果就會不一樣。由於諸子書並沒有以歷史家之態度自覺準

---

① 《史記·十二諸侯年表序》：孔子"觀周室，論史記舊聞"。

確地建立諸子言行之實錄,因而諸子書中個人生平事迹異聞傳說頗多,連史書的基本條件都不符合(所以才會有像錢穆先生的《先秦諸子繫年》,試圖整理所有參差不齊的記載)。如果撇開諸子書之歷史價值,再換個角度來看看書中內容反映了什麼樣的社會背景和原來的作用,就可以看出,諸子書中凡是有敘述性質的資料都很可能曾經被引來當作論說之證據例子。如果說這些例子只有諸子等會作文的人或只有作文的時候才用得到,那麼其可信度就值得推敲了。諸子書中舉的例子,在內容及用法上跟當時所謂"遊說之客"舉的例子往往毫無差異,諸子文章可說是從《戰國策》等書所反映之口頭遊說在修辭、體裁等方面醖釀而來。更進一步說,諸子還沒被奉為諸子之前,還沒尊稱"哲學家"之前,只屬於說客之流。遊說之客在說服人君時所憑的是自己的才能、自己的記憶,雖然蘇秦曾經"閉室不出,出其書遍觀之",也會寫書信,但總不可能在說服人家的時候手上拿一束竹簡來講吧。口才好的人就是記憶力強,他們背下來的資料也包括各種歷史故事在內。所以說《太史公書》引用的也有採自諸子書的材料,也有口頭傳說。

不妨仔細看看蘇秦故事。張儀、蘇秦,作為說客中的兩位明星,應該幾乎無人否認他們是真正的歷史人物,《戰國策》等書所記錄他們駕車去遊說人君的活動大概也有一部分是切實的。但廣泛地考察所有與張儀、蘇秦有關的記載,不可避免的結論就是:其中傳說性的資料佔了很大的比例。主要的問題並不在於這些記載的時代錯誤、內在矛盾等,而在於其內容過於豐富多彩。只看蘇秦一個人物,不僅《戰國策》、《太史公書》有很多關於他的故事,在《荀子》、《呂氏春秋》、《淮南子》、《新書》、《新序》、《說苑》、《新語》等書中,他也都有出現,連馬王堆出土的《戰國縱橫家書》中也有他的記載。每次出現,他一定是用一些巧詐的計謀與華麗的辭藻來說服人君,憑着他的口才與權謀能力進而權傾天下,"車馬金帛"多得甚至"擬於王者"①。戰國時代大事很多好像都取決於他,他的玩弄權術也在很大程度上決定了歷史之方向。但是資料越豐富,蘇秦在歷史舞台上扮的角色越重要,讀者越懷疑這些故事只不過是傳說罷了。畢竟,即使歷史上真的有一些人說服人君而決定了大事,但是像蘇秦這樣子,能夠涉足這麼多互不相關的事件,這就屬於另外一種常見的現象,就是人在敘述過去之事時,很自然地把它"人性化",把複雜的、多元的歷史過程簡化,歸功於一個英雄人物。太史公也說過:

> 蘇秦兄弟三人,皆遊說諸侯以顯名,其術長於權變。而蘇秦被反間以死,天下共笑之,諱學其術。然世言蘇秦多異,異時事有類之者皆附之蘇秦。夫蘇秦起閭閻,連六國從親,此其智有過人者。吾故列其行事,次其時序,毋令獨蒙惡聲焉。②

為甚麼一直到西漢武帝年代,蘇秦故事還是如此流行,甚至於"異時事有類之者皆附之蘇秦"?

---

① 《史記‧蘇秦列傳》。
② 同上。

一方面,當然是由於剛才所提到的人性化傾向,另一方面可能更重要,就是由於蘇秦是遊說者,而"學其術"的人,僅書上說及的就有數十人的名字,由此可推測出讀過這些書並且學習過此術的戰國末、西漢初年的人就成千上萬了。

《太史公書》敘述孔子弟子子貢之事迹,也好像吸收了一些來自戰國遊說傳說的資料。在《論語》中,子貢算是最優秀的弟子之一,是"告諸往而知來者",常常與夫子抵掌而談。他和宰我兩個人是最善於"言語"的孔門弟子。子貢在《論語》中十幾次出現,給我們留下的印象就是,他是一個反應敏捷,能言善辯的人。《左傳》幾次說及他,焦點也放在他的口才上。他屢次代表魯國與吳、齊等大國談判,每次都以巧妙的外交辭令防禦大國對魯國的侵犯①。而他第一次在《左傳》出現,邾隱公來朝,子貢觀察邾子與魯公兩個國君行禮不合標準,子貢准確地預料兩個人之死,孔子就說:"賜不幸言而中,是使賜多言者也。"②可見子貢的形象早在戰國初期與中期就已經開始形成。

但是《論語》、《左傳》等戰國時代的文獻中的子貢,還遠不如《太史公書》的子貢來得深謀遠慮。如果說早期的記載還保持了基本的可靠性,那麼到戰國末年、秦漢時的子貢形象,已經像蘇秦一樣,被覆上了一層厚厚的虛構的傳說,在這些傳說中,子貢不但口才好,甚至還發了財。《貨殖列傳》說:

> 子贛既學於仲尼,退而仕於衛。廢著鬻財於曹、魯之間。七十子之徒,賜最為饒益。原憲不厭糟糠,匿於窮巷。子貢結駟連騎,束帛之幣以聘享諸侯,所至,國君無不分庭與之抗禮。夫使孔子名布揚於天下者,子貢先後之也。此所謂得勢而益彰者乎?

值得注意的是,《仲尼弟子列傳》也說及原憲窮居草澤的事,說子貢有次遇到他,問他是不是病了,原憲答曰:"無財者謂之貧,學道而不能行者謂之病。"子貢最後"慚,不懌而去,終身恥其言之過也"。而《貨殖列傳》中,子貢已經"不知羞恥"了,太史公提到原憲好像就是為了要做對照,這樣毫無保留地讚揚了子貢為"得勢而益彰者"。

要知道子貢如何"結駟連騎,束帛之幣以聘享諸侯",得看《仲尼弟子列傳》中一段關於子貢遊說活動的敘述。齊國田常欲討伐魯國,孔子知道了,專門派子貢出使齊國設法保衛魯國。子貢先說服田常,再遊說吳、越、晉等國,經過一系列言語非常像《戰國策》的遊說,不僅救了魯國,還使得越國破吳而稱霸。太史公之結論如下:

> 故子貢一出,存魯,亂齊,破吳,彊晉而霸越。子貢一使,使勢相破,十年之中,五

---

① 《左傳》哀公七年、十一年、十二年、十五年。
② 《左傳》定公十五年。

國各有變。子貢好廢舉,與時轉貨貲。喜揚人之美,不能匿人之過。常相魯衛,家累千金,卒終於齊。①

和蘇秦一樣,子貢在戰國秦漢傳說中成為一位憑口才而改變歷史的遊說名家。參看《吳越春秋》、《越絕書》等書,可見吳越之爭一直是很熱門的傳說題目,但除了《太史公書》之外,其他文獻沒有一個以子貢為主要人物。至於《仲尼弟子列傳》之作者為什麼這樣解釋春秋末年吳越之爭,這就跟孔子的歷史地位有關。《伯夷列傳》說:

> 伯夷、叔齊雖賢,得夫子而名益彰。顏淵雖篤學,附驥尾而行益顯。巖穴之士,趣舍有時若此,類名湮滅而不稱,悲夫! 閭巷之人,欲砥行立名者,非附青雲之士,惡能施於後世哉?

如果說伯夷、叔齊得夫子而名益彰,顏淵得夫子而行益顯,巖穴之士、閭巷之人也一樣,那麼難道孔子獨自大異尋常嗎? 絕對不可能。《史記正義》在此加上兩句評語:

> 伯夷、叔齊雖有賢行,得夫子稱揚而名益彰著。萬物雖有生養之性,得太史公作述而世事益睹見。

《史記正義》作者張守節與太史公一樣,在這裏暗示着一種總是無法直接表達出來的看法,就是說,孔子也是萬物之一,也是同樣憑太史公之陳述而得以傳於後世。但是既然說孔子有所憑,那麼也得承認其所憑者不只是太史公一個人,在春秋末、戰國初也得助於其"得勢而益彰"的弟子子貢。而像《仲尼弟子列傳》所述,子貢就是因為遊說技巧強才能"使孔子名布揚於天下者"。而且,據太史公所陳述,孔子所憑以揚名天下的弟子子貢是個"與時轉貨貲……家累千金"的人,如此一來,"惡夫佞者"、討厭"巧言令色"的孔子所憑的是個遊說之士,"貧而樂道"的孔子所憑的是個企業家,而至少據太史公所收集的傳說並不是那種"富而好禮"的企業家。

讀過《太史公書》關於張儀、子貢、范雎、蔡澤等人的敘述,可以知道太史公認為遊說之客在歷史上扮演了很重要的角色。如以太史公所收集的故事以及說客、諸子等人所引用的故事、寓言等資料進行對比,可以知道《太史公書》敘述的歷史故事有一大部分採自說客所熟悉的那種小故事。而《太史公書》之所以演變成中國第一部史書《史記》,可能是由於太史能夠按照個人生活或世界的時序重新排列組合那些資料,在諸子和說客所鋪墊的基礎上,再建立起新的歷史原理。如此,在西漢皇朝集中政權的時期,過去的遊說傳統逐漸產生了新的歷史體裁。但一直到西漢末年,《太史公書》還保持着一種來自說客之內在潛能,皇朝政權好像懷疑

---

① 《史記·仲尼弟子列傳》。

讀了此書的人是否將成為後世的蘇秦、後世的子貢。所以《漢書·宣元六王傳·東平思王劉宇》說：

> 後年來朝，上疏求諸子及《太史公書》，上以問大將軍王鳳，對曰："臣聞諸侯朝聘，考文章，正法度，非禮不言。今東平王幸得來朝，不思制節謹度，以防危失，而求諸書，非朝聘之義也。諸子書或反經術，非聖人，或明鬼神，信物怪；《太史公書》有戰國從橫權譎之謀，漢興之初謀臣奇策，天官災異，地形阨塞：皆不宜在諸侯王。不可予。不許之辭宜曰：'五經聖人所制，萬事靡不畢載。王審樂道，傳相皆儒者，旦夕講誦，足以正身虞意。夫小辯破義，小道不通，致遠恐泥，皆不足以留意。諸益於經術者，不愛於王。'"對奏，天子如鳳言，遂不與。

## 結　　論

從比較史學的角度來看，古代中國並不像某些觀察者所認為，缺乏理性言論的傳統，缺乏以言論進行競爭的習慣，缺乏修辭理論的發展，按照森氏說法，反而可說是有史以來就有"好辯的中國人"。承認了言論技術以及培養口才在春秋戰國西漢社會上的重要，才使我們瞭解史書和諸子書一方面是記載，另一方面則為提供言論模範以備學者與遊說者之用。若視為諸子書，《太史公書》繼承了說客與諸子修辭方法與敘述資料；若視為史書，《史記》則以同樣的文化遺產成為真正歷史學的基礎。中國在書寫歷史之前、正史之外還有另類歷史，也就是言論史。要徹底瞭解古代中國的政治文化，正史與言論史之研究，缺一不可。兩者之間之密切關係，更是十分重要。

[作者簡介] 史嘉柏(Dr. David Schaberg)，現為洛杉磯加州大學(UCLA)中國研究中心新任共同主任，多年潛心研究中國史學和古典文學，已出版多部著作，並合作翻譯《尚書》、《春秋》、《國語》等。

# 《劉子》的版本及其作者問題

## 林其錟

作為繼《呂氏春秋》、《淮南鴻烈》之後，中古時期雜家代表作的《劉子》，曾盛行於隋、唐，迄今已流傳了十五個世紀。南宋以後，由於《劉子》作者歸屬發生爭執，所以《劉子》社會影響隨之減弱。但由於《劉子》"總結了古代諸子的學術思想"並"自鑄其奇"，而且"其文儁彩警拔"，故仍能流播不絕。然而，在千年傳播中，從書名、卷帙、版本，到成書緣由，作者誰屬、流派所歸等都發生了異議，本文僅就其版本和作者相關問題作簡略疏理。

## 一、關於書名、篇數、卷帙

從歷史著錄、版本題署看，除《劉子》外，還有《流子》、《新論》、《劉子新論》、《雲門子》、《石匏子》、《孔昭子》、《德言》等名稱。從歷史發展看，明代以前，只稱《劉子》或《流子》，而《流子》僅見於敦煌寫本伯三六三六卷《九流》及伯二七一一、伯三六四九、伯三六七一、斯四六六三、斯五六五八題《隨身寶》、《珠玉妙》、《益智文》等小類書書目著錄。《流子》即《劉子》，這是作為"標音系"古書口授錄音、"同音假借"所致。唐《隋書·經籍志》、釋慧琳《一切經音義》、《日本國見在書目》，五代《舊唐書·經籍志》，宋《新唐書·藝文志》、鄭樵《通志·藝文略》、晁公武《郡齋讀書志》、陳振孫《直齋書錄解題》、章俊卿《山堂考索》、黃震《黃氏日抄》、趙希弁《郡齋讀書附志》、王應麟《玉海》，元《宋史·藝文志》、馬端臨《文獻通考·經籍志》等公私著錄，一致稱作《劉子》。著於隋大業二年的虞世南《北堂書抄》，七處徵引並稱"《劉子》"或"《劉子》云"。成書於隋的釋道宣《廣弘明集》徵引亦稱《劉子》。唐太宗《帝範》、武后《臣軌》、釋湛然《輔行記》等徵引亦並稱"《劉子》"。北宋《太平御覽》卷一六一引，《金史》卷八《世宗本紀》下記載，也皆稱《劉子》。今傳南宋刊巾箱本《劉子》殘本，首題《劉子新論》，但此本第一、二兩卷早佚，係以明覆宋刻本配補，考其第三卷《愛民篇》以下每頁版心小字，皆題《劉子》。明晁瑮《晁氏寶文堂書目》記載的元刻本（今佚）也題《劉子》。由此可見，《劉子》乃此書本名，其他名稱皆後人所加。清周中孚《鄭堂讀書記》即已指出："諸家書目皆云《劉子》，是本（按：指《漢魏叢書》本）題

《新論》者,蓋程榮、何鏜輩誤改從桓譚之書名。"周氏此言甚是。考《劉子》之異名,實出於明代以後。此現象之產生,大抵出於文人、書賈之標新立異,以抬高身價、廣其影響和銷路而已。

《劉子》全書55篇,其篇數、篇次古今各本一致,這可從敦煌遺書伯三六三六卷篇題下注"事在《劉子》第五十五章"及今存各本得到證實。關於各篇篇題,除盧文弨校明末刻本和程遵嶽校《乾隆重刊漢魏叢書》本《思順》作《思慎》之外,其他各本無異。可是篇數提法則有所不同:有作"第X"、"章X"或只有篇題而無"第X"、"章X"者。從上引伯三六三六卷篇題下注看,或有"第X"、"章X"並用作"第X章"者,但在今存版本中則未見。

《劉子》卷帙分合差別頗大。從今存版本和歷史著錄的情況看,有不分卷、分上下兩卷、分三卷、分四卷、分五卷、分十卷者。敦煌西域遺書九種殘卷均不分卷,《隋書·經籍志》等皆作"十卷";鄭樵《通志·藝文略》作"三卷";陳振孫《直齋書錄解題》作"五卷"。成書於日本寬平年代(相當於我國唐昭宗初期和中期)的《日本國見在書目》雜家類中有"《劉子》十、《劉子》五、《劉子》三"的著錄。這表明:在晚唐傳入日本的《劉子》,即有十卷本、五卷本和三卷本的區別。唐釋慧琳《一切經音義》有"劉勰,梁之高士也,著書四卷,名《劉子》"的記載,說明唐代還有四卷本《劉子》的存在。關於卷數的題著各本也不盡同,有題"卷X"、或"卷第X"、或"卷之X"及"上"、"下"者。

## 二、關於版本

《劉子》盛行於隋、唐,成了"當時社會上讀書識字人的一般理論讀物"(王重民),並受到唐太宗、武后的青睞,佛家釋道宣、釋慧琳、釋湛然等也引為同調,因而遠播邊裔,乃至海外。《劉子》流傳千年而不輟,明季以降,諸多叢書將其收入,轉抄復刻,版本繁多。據統計,迄至民國就有八十種。其中抄本十九種:唐前寫本一種、唐寫本八種、金抄本一種(佚)、明抄本四種、清抄本四種、民抄本一種;單刻本十五種:宋刻本一種、元刻本一種(佚)、明刻本九種、清刻本一種、民刻本三種;叢書本二十三種:明刻本八種、清刻本七種、民刻本八種;節選本九種:明刻本七種、清刻本二種;校本九種:明校二種、清校三種、民校四種;注本五種:宋注三種(佚二)、民國注二種。在叢書本中,有前後增補、重校、重刊的,故以上統計或尚有遺漏者。今存最早的抄本為敦煌遺書伯三五六二卷,此卷不避唐諱,學術界已考定為"當出六朝之末",或為"隋時寫本"。今存最早的刻本,當屬由孫星衍、黃丕烈校跋的"小字殘宋刻本"。此本有注,題"梁通事舍人劉勰撰,播州錄事參軍袁孝政注",具體刊刻時間,孫星衍考定為"南宋版本"。

《劉子》版本繁富,限於篇幅於此僅能就隋、唐、宋代和我國已佚傳而在日本尚在流傳的版本,摘要予以介紹。

(1) 伯三五六二卷(Pelliot Chinois Touen-houong 3562)。此卷於1900年在敦煌鳴沙山藏經洞被發現,1908年被法國人伯希和所竊取,今藏巴黎國立圖書館。此係現存最早的《劉子》版本。寫本已殘,起於《韜光》第四後半,迄於《法術》第十四之開端,計存《崇學》、《專學》、《辯樂》、《履信》、《思順》、《慎獨》、《貴農》、《從化》九整篇,《韜光》、《法術》二殘篇。此卷每行17～20字不等,書寫用筆端秀,遒麗瘦勁而有力,結體謹嚴,內緊外拓,雖係正楷,卻有行意。此卷不避唐諱,亦多六朝古字。在空白處有後人塗鴉:"至心歸衣(依)道寶"、"口口也恭忝秘本"等字句。此卷抄寫時間,傅增湘認為:"此卷'民'字不缺避,當為隋時寫本。"王重民認為:"此卷不避唐諱,當出六朝之末。"

(2) 伯二五四六卷(Pelliot Chinois Touen-houong 2546)。此卷發現及歸宿同伯三五六二卷。此亦寫本殘卷,起《審名》第十六末句;迄《托附》第二十一前半。計存《知人》、《薦賢》、《因顯》三整篇,《鄙名》、《托附》二殘篇及《審名》末句五字。此卷破損嚴重,殘佚字亦多,每行30～31字不等,字小行密。此卷避唐諱,"世"作"代","民"作"人","治"作"理"。王重民根據卷中避唐諱所改之字,斷定它寫於"開、天之世"。

(3) 伯三七〇四卷(Pelliot Chinois Touen-houong 3704)。此卷發現及歸宿同前卷。此亦寫本殘卷,起《風俗》第四十六;迄《正賞》第五十一。計存《風俗》、《利害》、《禍福》、《貪愛》、《類感》、《正賞》等六整篇,恰得百行,每行25～32字不等。此卷亦避唐諱,改"世"作"代",改"民"作"人"。王重民以此為據,斷定此本亦寫於"開、天之世",並且認為此卷"與二五四六號卷子當是同卷",還舉此卷許多可正今本誤字的實例,以證"此卷子本之善"。但從此卷與二五四六卷每行字數之參差、書寫字體之不同看,斷"與二五四六號卷子當是同卷"恐未的確。

(4) 伯三六三六卷(Pelliot Chinois Touen-houong 3636)。此卷係類書雜抄殘卷,內在"九流"目下錄《劉子·九流》第五十五中的"道"、"儒"、"陰陽"、"名"、"法"、"墨"、"縱橫"、"雜"、"農"九段和另一段的十九字,及在"四異"目下錄《風俗》第四十六的一段。在《九流》目下注:"事在《流子》第五十五章。"王重民在其《敦煌古籍敘錄》(中華書局1979年出版)《雜抄(?)伯三六三六》中說:"此卷長可兩丈,首尾殘缺,書名不可知。卷中民字缺筆,則當寫於唐代……卷中'九流'一條目下注云:'事在《流子》第五十五章',余在二七二一與三六四九兩卷中並見之,雖未得其解,而此卷又引作'流子',唐人固有此稱也(1935年7月26日)。"

(5) 何穆忞舊存《劉子殘卷》(日本東京國立博物館 TB1204)。此卷乃敦煌藏經洞發現之遺書,在一九一〇年敦煌藏經洞劫餘文物運抵北京李盛鐸(何穆忞岳父)家時被盜取瓜分者,原屬何震彝(號穆忞)舊存,1914年傅增湘有過錄,1922年歸羅振玉收藏。羅氏在1923年亦作了校錄,並收入於1924年刊印的《敦煌石室碎金》之中,最後流入日本,今藏日本東京國立博物館。此卷今存202行,羅振玉校錄並排印的《敦煌石室碎金》本行數與今藏本一致,而傅增湘過錄本則比羅校本和今藏本多六行,約124字。今藏本起《去情》第三篇末"向之評者,與鏡無殊,然而向怨"的"怨"(按本卷作"怒")字(傅錄本起點同);迄於《思順》第九篇首"山海爭水,水必歸海"(傅錄本迄於"若環桑之條以")。計存《崇學》、《專學》、《辨樂》、《履信》四整篇,《去情》、《思順》二殘篇。此卷避唐太宗諱,"世"作"代"。羅振玉認為:"書勢頗縱逸,有褚薛意與經生書體謹飭者不同,殆出初唐人手。"此卷在羅振玉之後長期下落不明,所以我們於1988年在上海書店出版《敦煌遺書劉子殘卷集錄》時,只能以羅振玉校錄之《敦煌石室碎金》排印本和傅增湘過錄本影印,並為未得原本而感遺憾。1990年11月,我國學者榮新江在日本訪查流散的敦煌吐魯番遺書,在東京國立博物館參觀時,無意中見到此卷,並在1993年著文披露,我們方得知其下落。經過多方努力,在臺灣王更生教授鼎力協助及日本友人幫助之下,終於得到影印碟片。乃於《〈劉子〉集校合編》刊出,以饗同道。

(6) 劉幼雲舊藏唐卷子《劉子殘卷》。此卷原是劉廷琛(字幼雲)"從何秋輦家解委員分得者",即在一九一〇年敦煌藏經洞劫餘文物運抵北京時被盜取瓜分者,秘不示人,鮮有人知,所以未被《敦煌遺書總目索引》所收錄。傅增湘於1939年4月,從劉幼雲長子劉希亮處得見此卷之影寫本,並作過錄。1983年我們在整理《劉子》撰《劉子集校》時,在北京圖書館見到傅增湘過錄在"光緒紀元夏月湖北崇文書局開雕"的《百子全書》本《劉子》上的過錄文字並兩則手跋,遂將其與其他五種敦煌殘卷加以比勘,特別是與伯三五六二卷、伯二五四六卷相重疊部分進行了比勘之後,發現不僅起迄點全不合,而且文字相異亦多,故疑為五種之外的別本。為慎重起見,特持影印本及比勘文字向版本目錄學家、上海圖書館館長顧廷龍先生請教。經顧先生鑒定,認為此卷確與其他五種敦煌殘卷不同,且是未被《敦煌遺書總目索引》收錄的《劉子》殘卷。可是此卷藏於何處? 不知下落。在出版《敦煌遺書劉子殘卷集錄》時,也只能以傅增湘過錄本影印刊出。書出後,得到榮新江先生的回應。他在1993年《書窗》第一期發表的《兩種流散的敦煌劉子寫本下落》中透露:"1981年7月,北京圖書館善本組編印了《敦煌劫餘錄續編》,揭示出1949年以後該館入藏的敦煌遺書1065種。其中的新0608號為《劉子新論》卷中九篇,始於'下可',終於'第廿',並記:'共十四紙,288行。'但因其來歷不明,未引起人們注意。最近,北京圖書館尚林先生根據館藏檔案,查清這件《劉子》寫本,就是劉幼雲舊藏,經張子厚、黃某之手,於50年代入藏北圖。"後來,我們在國家圖書館詹福瑞教授等的幫助下得到影印光碟,與傅增湘過錄的劉希亮影抄本對勘,發現傅增湘過錄之劉希亮影抄本,原是首尾不完之本子。今藏本實存290行(含篇題殘行),起《貴農》第十一之"先王知其如此,而給民衣食"的"衣食",傅錄本則起於《愛民》第十二之篇題;今藏本迄於《因顯》第二十之篇題。傅錄本迄於《薦賢》第十九"矧復抑賢乎"。兩本相較,傅錄本少了四十七行半:首缺三十八行,尾缺九行半。同時,經過劉希亮影寫,傅增湘轉錄,誤讀誤判難以避免,所以訛誤也不少。於此可見原本彌足珍貴。

(7) 斯六二〇九卷。此卷乃敦煌遺書,為《劉子·兵術第四十》的殘篇,僅存十五殘行(下半行均殘佚),210字,首起篇首"太古淳樸,民心無欲,淳澆則争起"的"則争";迄於"千牛俱奔,田單之策"的"田"字。按刊本字位推算,每行約30～33字不等。此殘卷有兩"民"字,皆避唐諱改作"人",由此可見乃唐寫本。

(8) 斯一二〇四卷。此殘篇為敦煌遺書,起《劉子·慎獨第十》篇末"上可以接神明"殘存之"神明"二字,迄《貴農第十一》"而給民衣食"的"給民",計6殘行,40字。殘篇中有5個"民"

字,皆因避唐諱而缺末筆,可知為唐寫本。

(9) M·TO六二五卷。此殘篇屬《劉子·福禍第四十八》,存 7 殘行 42 字。起"吳兵大勝以為禍也,而有姑蘇之困"的"之困",迄於"昔武丁之時亳有災口"(刊本"災口"作"桑穀")的"災"字。此卷係在新疆塔里木盆地(唐代屬於闐)麻剳塔格遺址發現。"麻剳"係阿拉伯文 Mazār 的音譯,意為"聖地"、"聖徒墓",主要指伊斯蘭教顯貴的陵墓。此殘篇在古西域伊斯蘭遺址發現,對研究《劉子》的影響與傳播,具有特殊意義。此卷"民"作"人"避唐諱,亦可知為唐寫本。

(10) 孫星衍、黃丕烈跋南宋《劉子新論》殘本。此為今存最早的《劉子》單刻本,有注,題"梁通事舍人劉勰撰,播州錄事參軍袁孝政注",係十卷本,第一、二卷已佚,配以明覆宋刻本。宋刻本起於卷三《愛民》第十二,迄於卷十《九流》第五十五。其中有漫漶殘佚者,如卷六《文武》、《均任》兩篇全佚,《薦賢》僅存四十四字,因而由後人抄補者亦多。宋刻本黑框絲綾、蝴蝶裝,框高 14.5 厘米,寬 10.5 厘米,半頁 11 行,行滿 18 字,中縫上下依此:每頁字數、向下單魚尾、劉子 X(卷數)、向下單魚尾、頁數。每頁框外左上角有篇名如"知人"、"九流"等。避宋諱,"恆"字缺末筆。卷首有孫星衍殘跋,卷末有黃丕烈手跋。宋刻本留有"堯圃過眼"、"竹塢"、"宗伯"等十三方印記。覆宋刻中縫與宋刻稍異,亦無框外篇名。留有"孫氏伯淵"等十方印記,其中"揚州李氏"、"滄葦""振宜之印"為墨章。

(11) 日本寶曆八年刊五卷本《新雕劉子》。《劉子》卷帙分合,唐時即有多種,五卷本著錄,今存文獻最早可見於《日本國見在書目》。宋趙希弁《郡齋讀書志附志》、陳振孫《直齋書錄解題》、元馬端臨《文獻通考經籍考》並有"《劉子》五卷"的記載。五卷本《劉子》全篇,大概入清之後便失傳了。1985 年拙作《劉子集校》出版,遵王元化先生囑,奉寄日本著名學者、《文心雕龍》日文譯者戶田浩曉先生請教。不久,戶田浩曉先生便於 1986 年 7 月 25 日給我們來信。信中說:"我手頭有寶曆八年(西元 1758 年)刊的《劉子全書》五冊,在皆川淇園作的序裏,斷定'《劉子》劉勰作'";"在日本,自古以來便力倡劉勰作者說"。我們方知五卷本《劉子》在日本尚存。1993 年,經顧廷龍先生多方努力,才得到此本的複印本。此本刊於日本寶曆八年(西元 1758 年,即乾隆二十三年),其底本為"菅廟書府"的"應永寫本"(相當我國明洪武年間)。此本封面已殘,扉頁兩旁上下異向雲龍,中間上面橫排書"全篇",下大籀直書"劉子"。卷前有播磨清絢行草書《劉子序》和校勘者平安感願(咸伯恭)《劉子序》,繼之為目錄。五十五篇,十卷,蝴蝶裝、黑粗框綾,框高 16 公分,寬 14 公分,每半頁八行,行滿十七字。中縫頂框題"新雕劉子",單魚尾向下題卷數、篇名、頁數,橫綾下題"皇都書鋪"。每卷首行頂格題"新雕劉子卷 X",次行下題"梁劉勰著",第三行並列題"唐袁孝政注"。正文有句讀號,間有日文訓讀,校字刻於天頭加框。注除袁注外,亦間有漢字音注,皆雙行小字。卷末有城南滕璋《書劉子後》,末頁右署"寶曆八年戊寅孟春谷旦",左署"皇都書肆、西村平八、山田三郎兵衛梓行"。經查,此本亦曾流入我國東北和臺灣。

## 三、關於作者問題

《劉子》作者誰屬？唐前未見著錄。《隋書·經籍志》雖有"梁有《劉子》十卷，亡"的記載，但未及作者。但是，自唐迄於南宋初年，今能見的直接史料公私著錄，皆明確記載：《劉子》劉勰著。《劉子》作者誰屬沒有異議。其著錄有：

(1) 唐釋慧琳《一切經音義》：

(甲) 卷九十《音高僧傳》第八："劉勰(嫌煩反——原注)，梁朝時才名之士也，著書四卷，名《劉子》。"

(乙) 卷九十《音續高僧傳》第五："劉勰(嫌煩反——原注)，人名也，著書名《劉子》。"

按：(甲) 繫於《高僧傳·釋僧柔傳》；(乙) 繫於《高僧傳二集·僧旻傳》。《一切經音義》成書於唐憲宗元和二年(西元 807 年)或五年(西元 810 年)。《一切經音義》釋義援據古籍之多，保存佚文之富，在古辭書中首推此書。

(2) 敦煌遺書伯二七二一卷、伯三六四五卷、斯四六六三卷、斯五六五八卷均有題為《雜抄》，亦稱《隨身寶》、《珠玉抄》、《益世文》者，並有："《離騷經》，屈原注。《流子》劉協注。"按：敦煌遺書伯三六三六卷在《九流》標題下，基本全錄《劉子·九流》第五十五，在其標題下注："事在《流子》第五十五章。"王重民據此認為："《流子》劉協注"，"必係《劉子》劉勰著矣"；"唐人稱《劉子》為《流子》"，"唐人固有此稱也"①。敦煌學專家甯希元在研究唐人寫本、早期民間作品及晚出坊刻民間用書之後認定：此類廣泛運用同音假借，定非"書手之任性"，實是一種源於"口授錄音"、"語言寫真"的"標音系古書"②。因此上面唐寫本中"劉"寫作"流"，"勰"寫作"協"，"著"寫作"注"，皆屬"標音系古書"。關於《隨身寶》、《珠玉抄》、《益世文》等作者是誰？作於何時？宋鄭樵《通志·藝文略七類書下》有："《珠玉抄》一卷，張九齡撰。"敦煌遺書中之《珠玉抄》是否就是張九齡撰之《珠玉抄》？今難確考。張九齡，唐玄宗時大臣，長安進士，任右拾遺、遷左補闕。據周一良等人考證，敦煌遺書《雜抄》撰寫時間一般認為當在唐中宗景龍元年(西元 707 年)至唐肅宗寶應元年(西元 762 年)之間。在諸卷中，抄寫最晚的是伯三六四九卷，抄寫時間在五代後周世宗顯德四年(西元 657 年)。

(3)《舊唐書》卷四十七《經籍志·雜家類》："《劉子》十卷，劉勰撰。"按：《舊唐書·經籍志》所錄書目的出處，在《經籍志敘錄》中有明確說明："今錄開元盛時《四部》諸書，以表藝文之盛。"按照史學家黃永年的說法，也就是"只是把玄宗開元時根據皇帝藏書(林按：應該還要加

---

① 王重民《敦煌古籍敘錄》，中華書局 1979 年版，第 182 頁。
② 甯希元《"標音系"的古書與變文中假借字的解讀》，載《敦煌學論集》，甘肅人民出版社 1985 年版，第 236～238 頁。

上"詔公卿士庶之家所有異書,官借繕寫"之書)編寫的《群書四部錄》和《古今書錄》照抄一遍"①。所以《舊唐書·經籍志》所錄實際是唐開元間所編書目的翻版,可視作唐人編撰的目錄書。

(4)《新唐書》卷五十七《經籍志·雜家類》:"《劉子》十卷,劉勰。"按:《新唐書》修纂始於北宋仁宗慶曆五年(西元1045年),成書於仁宗嘉祐五年(西元1060年)。《藝文志》乃著名文學家、史學家歐陽修花大力氣撰寫而成。《新唐書·藝文志》不是照抄《舊唐書·經籍志》,很多是另起爐灶,不僅增加開元以後五百餘家,而且金石銘刻間亦採用,改作補充不少。所以《劉子》作者著錄也不是簡單重複,而是經過甄別認定的。

(5)鄭樵《通志·藝文略·諸子類·儒術》:"《劉子》三卷,梁劉勰撰。"按:鄭樵《通志》成書於宋高宗紹興三十一年。他在《通志略·總序》中稱:"臣之十二《略》,皆臣有所得,不用舊史之文。"後人也認為他"於所論述,多有高出於同時代人的精闢見解"。特別是十二《略》,"為作者用力之作,也是本書的精華"。鄭樵《藝文略》著錄《劉子》與前人不同,一是在《劉子》作者劉勰前冠以"梁"字;二是將《劉子》歸之"儒術"。

(6)高似孫《子略》:"劉子三卷,梁劉勰撰。"按:高似孫《劉子》錄自《通志·藝文略》。《子略》不是全抄舊目,而是有所選擇。《四庫全書總目》云:"(《子略》)所載皆削其門類,而存其書名,略注撰人、卷數於下。其一書而有諸家注者,則惟列本書,而注家細字附錄焉。"就是說,在所選錄每一書下,注作者姓名和卷數;如果有不同的題注,則書下惟列所錄原來的撰者和卷數,但把其他各家不同的題注,用小字作為附錄繫其下。所以後人說該書"於每書下,集其諸家評論,指其真偽,頗多考證"。該書唯著《劉子》作者為"梁劉勰撰",未有細字附錄涉及他人,說明至高似孫撰《子略》錄《通志·藝文略》《劉子》著錄時,對"《劉子》梁劉勰撰"認為沒有疑義。

從以上歷史著錄可見:由唐至南宋初,《劉子》作者為梁劉勰是沒有問題的。因此,著名目錄學家、圖書館學家、前上海圖書館館長顧廷龍斷言:"因就今日可見唐人著錄,皆以為《劉子》劉勰著,此我國歷史記載已甚明確。又日本新雕《劉子》五卷,為日本寶曆八年(相當我國清乾隆二十三年)刊本,所據為日本應永(相當我國明洪武年間)寫本,亦明題'梁劉勰著'。首有播磨清絢、平安咸願,末有城南滕璋等序跋,悉稱《劉子》劉勰所作。可見海外流傳,不僅亦已久遠,而作者誰屬亦甚明確。"②

《劉子》作者誰屬的異議是隨袁孝政的注本及其《序》的出現而發生的,時間是在南宋高宗紹興前後。袁《序》全文已佚,今最早提及袁注的當屬晁公武初成於南宋高宗紹興二十一年,終成於孝宗淳熙七年的《郡齋讀書志》。此書"雜家類"有:"《劉子》三卷。右劉畫孔昭撰,唐袁政(按:原文如此)注,凡五十五篇,言修心治身之道,而辭頗俗薄。或以為劉勰、或以為劉孝

---

① 黃永年《舊唐書與新唐書》,人民出版社1985年版,第33~34頁。
② 顧廷龍《敦煌遺書劉子殘卷集錄序》,載林其錟、陳鳳金《敦煌遺書劉子殘卷集錄》,上海書店1988年版。

標,未知孰是。"繼之則有陳振孫成書於南宋理宗端平三年的《直齋書録解題》。該書雜家類引録了袁《序》中的一段:"《劉子》五卷。劉畫孔昭撰,播州録事參軍孝政(按:原文如此)爲序,凡五十五篇。案:《唐志》十卷,劉勰撰。今序云:'畫傷己不遇,天下陵遲,播遷江表,故作此書。時人莫知,謂爲劉勰、劉歆、劉孝標作。'孝政之言云爾,終不知畫爲何代人。其書近出,傳記無稱,莫詳其始末,不知何以知其名畫而字孔昭也。"

筆者曾對袁孝政其人、其注作過專題考證,得出的結論是:袁孝政非唐人,袁注亦非唐人注。清乾隆時人吴騫在世恩堂本《劉子》跋中也已指出"《新論》(按:即《劉子》)昔人多疑其非劉畫所撰,其書至南宋始出,又《北齊書》及《北史》並不言畫有《新論》……作注之袁孝政亦無表見,其注更多蕪陋,且不類唐人手筆,當更改之"。筆者的主要根據有五:(1)注者傳記無憑,來歷不明:今存九種敦煌西域《劉子》殘卷、五種敦煌《隨身寶》、《珠玉抄》、《雜抄》以及南宋前文獻目録全無有關《劉子》注者袁孝政記録,連唐、宋播州所在地清修《遵義府志》也直言:"袁孝政,播州録事參軍任年未詳。"(2)今藏九種敦煌西域唐寫《劉子》殘卷皆無注;迄至南宋初年也全無《劉子袁注》的記録:五種敦煌遺書《隨身寶》、《珠玉抄》和《舊唐書·經籍志》、《新唐書·藝文志》、鄭樵《通志·藝文略》著録《劉子》及其作者,但都未見有《袁注》著録,《宋史·藝文志》著録《劉子》有"奚克讓《劉子音釋》三卷、又《音義》三卷"也未有《袁注》記載。(3)當有持"《劉子》劉畫撰"説的袁孝政《序》的《劉子袁注》本在南宋出現時,南宋的主要目録學家都對其表示質疑:晁公武説"未知孰是"。陳振孫云:"此書近出,傳記無稱,不知何以知其名畫而字孔昭也。"章如愚稱《袁序》爲"今袁孝政序"。趙希弁説"《劉子》作者袁孝政爲序之際,已不能明矣"。黄東發直言"無傳記可憑或者袁孝政之自爲耶"。(4)袁注遺存異體字與隋、唐古本不成比例。據統計:劉幼雲舊藏唐寫本八整篇異體字133字;南宋刊44篇19字;袁注243條13字。袁注異體字與南宋刊本相近,與唐代相去甚遠,比例懸殊,可見不屬同一朝代。(5)袁注與唐人注書體例不相屬:唐人注書謹嚴,實名徵引比例高;宋人注書好竊襲前人之語,轉爲己説,實名徵引比率低。據統計,唐人注書實名徵引率一般均在60%以上,而袁注僅有0.699%(以寶曆本爲例)。綜觀以上五點,可以斷定:袁孝政《序》及《袁注》實宋人僞托(詳見筆者《劉子集校合編·前言》,華東師範大學出版社2012年版)。此外,前賢也早已指出:袁《序》所言"畫傷已不遇,天下陵遲,播遷江表,故作此書",完全同《北齊書》中《劉畫傳》記載的劉畫身世不合。所以如果我們不是對晁、陳二氏著録斷章取義,而是細加辨析,不難發現:以袁孝政《序》爲據否定兩《唐書》等"《劉子》劉勰著"的著録是不可靠的。在南宋之前,"《劉子》,劉勰撰",是肯定的,是没有異議的;從南宋高宗紹興後,隨着袁注本《劉子》並袁《序》的出現,《劉子》作者誰屬的爭議才隨之發生。但是,在此説出現時,由於南宋的主要目録學家都表示質疑,因而在當時影響還不大;只是到了明代以後,正如劉勰在《文心雕龍·史傳篇》所説:"俗皆愛奇,莫顧實理。傳聞而欲偉其事,録遠而欲詳其迹。於是棄同即異穿鑿旁説,舊史所無,我書則博。"於是腰斬原文,曲解原意,由疑變是,晁公武、陳振孫等本來質疑袁孝政的"劉畫"説,倒反成了一些人"劉畫"説的依據。這便是《劉子·審名》所説:"傳彌廣而理逾乖,名逾假而實逾反"了。

在南宋文獻中，尚有劉克莊《後村大全集·詩話續集》轉引之所謂唐張鷟《朝野僉載》："《劉子》書，咸以為劉勰所撰，乃渤海劉晝所制。晝無位，博學有才，竊(按:《四部叢刊》本原缺，依余嘉錫《四庫提要辯證》引文補)取其名，人莫知也。"的真偽問題。

根據《四庫全書提要》："克莊有《後村集》已著錄。所撰詩話惟《前集》有本別行，其餘皆編入文集中，共十四卷。末有自跋，稱《前後二集》為六十至七十歲時所作，《續集》四卷，為八十歲時所作，《新集》六卷，則八十二歲時作也。克莊晚節頹唐，詩亦漸趨潦倒。"由此可知，《詩話續集》乃成於南宋度宗咸淳三年，即他逝世前兩年。《四庫提要》對此書抄錄之《朝野僉載》等條目，既有肯定"精核"，也指出不少"殊未詳閱，持論亦或偶疏"，甚至"自相矛盾"。

劉克莊《後村大全集·詩話續集》所引是否真是張鷟《朝野僉載》原有？其言《劉子》作者是否可信？首先，查張鷟《朝野僉載》世之傳本，根本沒有劉克莊轉引的關於《劉子》作者這一條，新出的張鷟《朝野僉載》中的這段話，是今人從《後村大全集·詩話續集》中"集佚"補進的。其次，《後村大全集·詩話續集》所引《朝野僉載》有"後人取他書竄入者"。並且劉克莊成書之前，已經出現"《劉子》劉晝撰"的說法，其引文大意與袁孝政《序》除"竊取其名"外又幾乎雷同。更重要的是：除劉克莊引文之外，再也找不到第二個對《朝野僉載》同一條的引文作為佐證。劉克莊所引張書"竊取其名"則更乖實理。對此，筆者在1985年發表的《劉子作者考辨》曾舉三條反駁："第一，劉勰在南朝的地位始終不高，《文心雕龍》在南北朝時期的社會影響並不大。……所以劉晝欲'翻托劉勰之名'達到他'猶之郢人為賦，托以靈均，見其舉世傳誦，聊以快意'(余嘉錫語)的目的，在當時是沒有意義的。""第二，劉勰最終以遁入空門皈依佛祖做和尚為歸宿。劉晝則是敵視和鄙視佛教徒的，翻托為自己所不齒的人以廣自己的論著，是不符合邏輯的。""第三，劉勰與劉晝生活時間很近，劉勰卒年只比劉晝早三四十年，在這麼短的時間裏，公開偽造翻托一部書，且不被儒林致疑，恐怕也是辦不到的。"①王叔岷《劉子集證·自序》批駁則更有力："晝既不能得真賞於當時，惟有求知音於後世，若竊取劉勰之名以傳其書，則並身後之名不可得矣！晝之愚不致如此。"②可見，"竊取其名"而撰《劉子》的說法，只有"淺陋紕繆"、於事"尚多亂道"、"偽造古書"被斥為"粗識之無，不通文義者"(皆余嘉錫語)，而且有胡編劉晝"天下陵遲，播遷江表"身世前科，如袁孝政之流方能說出。

根據以上三點，筆者以為"劉克莊《後村大全集·詩話續集》所引所謂唐張鷟《朝野僉載》"語不可信，以此作為"唐人早有此說"故而否定兩《唐志》、《通志》和《一切經音義》、五種敦煌遺書、《子略》等《劉子》劉勰撰的根據更是不足為據。

《劉子》作者誰屬問題，自南宋紹興以降，已經聚訟千年，有劉勰說、劉晝說、劉歆說、劉孝標說、魏晉間人說、唐貞觀以後人說、袁孝政偽撰說，還有金劉處元說，另有姓劉人說。以上九

---

① 林其錟、陳鳳金《劉子作者考辨》，載《劉子集校》，上海古籍出版社1985年版，第371～372頁。
② 王叔岷《劉子集證自序》，載《劉子集證》，中華書局2007年版，第6頁。

種說法，多數皆因版本無據，史無明録，唐前寫本發現和內證等皆不攻自破，所以焦點仍集中於劉勰、劉晝身上。自上世紀八十年代中期拙作《劉子集校附作者考辨》出版，爭議復熾，討論熱烈，諸家各抒己見，展開百家爭鳴。綜合大家提出的問題，除前面歷史著録外，涉及否定劉勰著作權的問題可歸納如下十個方面：(1)《梁書》、《南史》本傳不録；(2)《隋志》所録《劉子》未必即今傳《劉子》；(3)《隋志》依《七録》列《劉子》於吴、晉人之間，《劉子·貴農篇》有"天子親耕於東郊，后妃躬桑於北郊"，正合於魏、晉籍田制度，故當爲東晉人作；(4)《劉子》與《文心雕龍》卷數不合；(5)《文心雕龍》避梁諱屬梁代，而《劉子》不避梁諱，非梁劉勰作；(6)《劉子·辯樂》與《文心雕龍·樂府》關於"北音"起源相左，"必不出於一人"；(7)《劉子·惜時篇》"道業未就"不合劉勰而合劉晝身世；(8)《劉子》與《文心雕龍》習慣用語不同；(9)《劉子》與《文心雕龍》兩書語言結構、文章風格不同；(10) 劉勰崇佛，《文心雕龍》尊儒宗經，《劉子》好道"歸心道教"，兩書志趣迥殊，必不出一人之手。隨着討論的展開和深入，大家提出了所能發現和想到的問題，除上述十個方面之外，又有人假設：是否有另外一個姓劉的《劉子》作者？還有人具體提出劉孝標、劉遵等人，但終因史無明録，版本無據，以假設作基礎的討論也就很難深入了。

筆者不才，不揣淺陋，對《劉子》作者爭議中的一系列問題，也作過一些考證，並撰文提出自己的看法。已公開發表的主要有：《劉子作者考辨》(1985年)；《再論劉子作者問題》(1986年)；《劉子思想初探》(1987年)；《文心雕龍與劉子思想比較》(1988年)；《劉子作者補證》(1988年)；《魏晉玄學與劉勰思想——兼論〈文心雕龍〉與〈劉子〉的體用觀》(2008年)。而海內外學者如朱文民、游志誠、陳志平等諸多學者對上面質疑"《劉子》作者劉勰"說的十個論點也多有精闢駁正文章發表。以下再就爭議焦點的若干問題作進一步申述。

劉勰是中古時代傑出的文論家和思想家，雖然他在《梁書》和《南史》中均有傳，但是《梁書》本傳僅1 116字，除去其中引述《文心雕龍·序志》777字，真正記其生平事迹者只有339字。《南史》本傳則更少，全文僅367字，除去引用《文心雕龍·序志》116字，真正記其生平事迹者僅251字。所以王叔岷認爲："夫史傳所記，不無疏略，雖未明言劉晝、劉勰撰是書，亦不足以塙證二子並未撰是書，惟有就是書內容探討分析，或有助於作者之誰屬。"① 因此研究《劉子》思想，把《文心雕龍》作爲參考資料，比較兩書，用科學方法加以分析，把握其實質內涵，確是有助於考辨作者之誰屬。例如兩書篇目設置：《文心雕龍》五十篇；《劉子》五十五篇。《文心雕龍·序志》"彰乎大易之數，其爲文用，四十九篇而已"。乃源於《易傳》"大衍之數五十，其用四十九"。《劉子》五十五篇正合《易傳》天地之數："天數二十有五，地數三十。凡天地之數五十有五。"如果聯繫"以子自居"(清曹學佺語)的劉勰把《文心雕龍》定位於"言爲文之用心"(《文心雕龍·序志》)只是一個方面專業的書；而把子書定位"博明萬事"的"入道見志"之書，前者取《易傳》大衍之數，而後者則取《易傳》天地之數是很自然的。因爲"天地者，形之大者

---

① 王叔岷《劉子集證自序》，載《劉子集證》，中華書局2007年版，第3頁。

也"(《莊子·則陽》),"天地者,萬物之總名也"(《莊子·逍遙遊》)。這是符合劉勰以子自居的思想的。《文心雕龍》、《劉子》篇目設置同源,而用意有別,所以非巧合,乃是作者精心的安排。至於被認為"有力之證據"的兩書"志趣迥殊",即《文心雕龍》"崇儒宗經",《劉子》"歸心道教"問題,如果我們也能夠真正用"知人論世"、"顧及全篇"視野,將兩書同置於南北朝晚期社會發展大趨勢、和適應這一大趨勢而出現的社會思潮大背景中考察,也就會看到兩書同樣具有"三教連衡,五乘並騖"①,儒道互補,道體儒用,一本多元,相容各家的時代特點。《文心雕龍》既"原道"倡言"自然",又"宗經"奉為"群言之祖";《劉子·九流》也斷言:"道者玄化為本,儒者德教為宗;九流之中,二化為最。"就以兩書最根本的認識論而言,常被引作"歸心道教"與《文心雕龍》"志趣迥殊"證據的《劉子》前四篇:《清神》、《防欲》、《去情》、《韜光》而言,我們如果不是顧前而不顧後,用孤立、片面的眼光,而是顧及全書,從形而上認識論的高度,同接下去的《崇學》、《專學》、《辯樂》、《履信》、《思順》、《慎獨》一起加以探究,再同《文心雕龍·神思篇》中的"是以陶鈞文思,貴在虛靜,疏瀹五藏,澡雪精神。積學以儲寶,酌理以富才,研閱以穷照,馴致以繹辭,然後使玄解之宰,尋聲律以定墨;獨照之匠,窺意象而運斤"加以比較研究,我們不難發現:《劉子》的《清神》、《防欲》、《去情》、《韜光》只不過是《文心雕龍》"貴在虛靜,疏瀹五藏,澡雪精神"的展開與發揮,也就是道家"滌除玄覽"、"虛室生白"、排除雜念,"私志不得入公道,嗜欲不得枉正術"認識論的或簡或詳的表述。而《劉子》之《崇學》、《專學》、《辯樂》、《履信》、《思順》、《慎獨》等篇,也只是《文心雕龍》"積學以儲寶,酌理以富才,研閱以穷照,馴致以繹詞"的展開與發揮,而這也正是儒家"學而鑒道"、"積學而成"認識論或簡或詳的表述。簡單地斷言兩書"志趣迥殊"是不合實際的。事實上,經過歷史長期的碰撞、磨合,把作為中國學術流派主幹的儒家"格物致知",和道家"體悟致智"的認識論有機地統一起來,正是作為思想家劉勰的一大貢獻。人們往往囿於傳統的門派對立和西方唯物、唯心二元對立思維的慣勢,視儒道兩家為水火。其實,《劉子·九流篇》就講得很清楚:"夫道以無為化世,儒以六藝濟俗;無為以清虛為心,六藝以禮教為訓。""迹雖有殊,歸趣無異。"綜觀《劉子》全書,同《文心雕龍》一樣是體現了儒道會通,道體儒用,體用一如,相容諸家的時代精神的。

關於《隋志》列《劉子》於吳、晉人之間向《劉子·貴農篇》有"天子親耕於東郊,后妃躬耕於北郊"正合於魏、晉籍田制度故當為晉人作問題。陳志平博士《劉子研究》本來是持此觀點的。後來經他對《隋志》的深入考證,找出與《劉子》著錄雷同的特例,得出了如下的結論:"可見以《隋唐·經籍志》中的書籍所在位置推測該書產生時代並不可靠,因為其中有許多特例存在。故清姚振宗雖然提出了考證《劉子》作者時代的一條思路,但因為此思路有太多的可能性,所以尚缺說服力。"②至於《貴農篇》"親耕於東郊","躬桑於北郊"問題,只要細考《梁書》、《南史》中的《梁武帝本紀》,就會發現:正是梁武帝在普通二年,因遭雪災而下詔"徙籍田於東郊"的

---

① 法琳《對傅奕佛僧表》,《廣弘明集》卷十一。
② 陳志平《從文獻學的角度論〈劉子〉作者》(稿)。

實録。《梁書·武帝紀》普通二年:"三月庚寅大雪,平地三尺。夏四月乙卯,改作南北郊。丙辰詔曰:'夫欽若昊天,曆象無違,躬執耒耜,盡力致敬。上協星鳥,俯訓民時,平秩東作,義不在南。前代因襲有乖禮制,可於震方簡求沃野,具茲千畝,庶允舊章。'"《南史》記載略同,但在詔書後有"於是徙籍田於東郊十五里"的記載。《梁書·武帝紀》普通三年還有"秋八月辛酉,作二郊及籍田並畢,班賜工匠各有差"的記載,可見落實武帝改籍田於"震方"(東方)詔書的認真。《梁書·武帝紀》未提及后妃躬桑地,但南宋張敦頤《六朝事迹編類》有"隸縣北七里耆闍寺前沙市中,六朝皇后親蠶之所也"的記載,《景定建康志》記載亦同①。過去有人認為:"是天子耕東郊,乃唐制也(《帝範·務農篇》:'故躬耕東郊')。非劉子所宜言。豈傳寫者妄改歟?"②事實說明,此說非也。《劉子·貴農篇》"天子親耕於東郊,后妃躬耕於北郊"。正是梁武帝普通二年下詔改籍田於東郊的寫實,也為《劉子》屬劉勰晚年(即普通二年之後)所撰多提供了一條佐證。

關於習慣用語問題。有論者以《劉子》一些慣用語《文心雕龍》全書未使用,而《文心雕龍》一些慣用語《劉子》全書也未使用,以此證明兩書"字句上也有很大不同",因為兩書"不可能出自一人之手"③。但是朱文民在其《把劉子的著作權還給劉勰》一文中說:"我將《文心雕龍》、《劉子》、《滅惑論》、《梁建安王造剡山石城寺像碑》等劉勰著作,全部輸入電腦進行檢查",結論是"區別只在於使用頻率少一點",而不是"全書中也未使用過"④。電腦專家楊少俊,接受美國華人學者林中明的建議,也用電子電腦檢索《劉子》與《文心雕龍》兩書的用詞、辭源、句法類型,他得出初步結論:傾向兩書同出於一個作者。

關於兩書語言結構和風格問題。有論者認為:"從語言結構看,《劉子》的文筆整飭、平板,排句多,好緝綴成文";"《文心雕龍》的文筆流暢、生動,儷句多,善自鑄偉辭(《文心雕龍》中絶無像《劉子》那樣的緝綴前人著作辭句)"⑤。筆者以為:《劉子》與《文心雕龍》在語言結構上的確有不完全相同之處,但對這種相異要作具體分析。首先,兩書性質不同:《文心雕龍》乃劉勰前期壯年之作,其書係"言為文之用心";《劉子》是劉勰後期晚年之作,其書係"論治國修身之要"。前者論文,後者論政。論文以"雕縟成體",可以自由發揮;論政則必須顧及政治環境,"順風以托勢","順情而入機",不能重蹈"酈君既斃於齊鑊,蒯子幾入於漢鼎"(均見《文心雕龍·論說篇》)的覆轍。《劉子》為什麼要採取如論者所言"緝綴前人著作辭句",或如王重民所說用"總結了古代諸子的學術和思想,來用古說今"的曲筆表述方法? 只要聯繫劉勰晚年的政治處境,那就不難理解了。劉勰雖有傑出的文才,但他志不在文而在於政。他認為:"士之登庸,以成務為用。魯之敬姜,婦人之聰明耳,然推其機綜,以方治國,安有丈夫學文而不達於政

---

① 陳志平《劉子研究》,吉林人民出版社 2008 年版,第 76 頁。
② 楊明照《增訂劉子校注》,巴蜀書社 2008 年版,第 210 頁。
③ 同上,第 54~55 頁。
④ 朱文民《劉勰傳·附錄·把〈劉子〉的著作權還給劉勰》,三秦出版社 2006 年版,第 400 頁。
⑤ 楊明照《增訂劉子校注》,第 4 頁。

事哉?"(《文心雕龍·程器》)他年輕時入定林寺跟隨釋僧祐十餘年而不出家,《文心雕龍》一殺青便急於取定沈約,踏上仕途之後經過十年奮鬥成了儲君昭明太子的近臣。正當他滿懷希望,企盼依附蕭統以實現自己"摛文必在緯軍國,負重必在任棟樑"(《文心雕龍·程器》)的理想,成為文武兼備、經國濟世、立功垂楷、延芳百世的"大器"的時候,由於梁武帝"末年多忌",蕭統在與蕭綱圍繞皇位繼承人的宮廷爭鬥中,最終因丁貴妃墓地事發遭到梁武帝追究,"昭明以憂患而死",東宮易主,蕭統文士集團遭到整肅,劉勰也因此不得不"先燔鬢髮"、"乞求出家",遁入空門以避禍(筆者對此曾有《城門失火,殃及池魚——試論劉勰的出家與梁宮廷內爭的關係》專文考證,載《文心雕龍研究》第四輯,北京大學出版社 2000 年出版)。所以,《劉子·惜時篇》末段:"歲之秋也,涼風鳴條,清露變葉,則寒蟬抱樹而長叫,吟列悲酸,蕭瑟於落日之際,何也?哀其時命,迫於嚴霜,而寄悲於菀柳。今日向西峰,道業未就,郁聲於窮岫之陰,無聞於休明之世。"正是劉勰晚年政治處境和人生理想破滅之無奈和痛苦心境的真實寫照。但是,劉勰是一個有強烈社會使命感和強烈功名意識的思想家,雖然"達於政事"的道路已被堵死,他仍不甘"空蝗梁黍,枉沒歲華,生為無聞之人,歿成一棺之士",所以只能"霑衿於將來,染意於松煙"(《劉子·惜時篇》),通過"立言",寫"入道見志"之書,以抒胸中之塊壘。可是,在那樣艱危險惡的政治環境裏,要"論治國修身之要"是極為敏感和具有很大的風險的,稍有不慎便會招來殺身之禍。這對於有歷史博識和豐富政治經驗的劉勰而言,是不能不加深思慎行的。劉勰撰《劉子》採取"緝綴前人著作辭句"、"總結古代諸子的學術思想,來用古說今"的方法,正是他思想成熟、經驗老到、聰明智慧的表現,也完全符合他在《文心雕龍·論說篇》中總結前人經驗的基礎上,提出"順情而入機,雖批逆鱗,而功成計合"、"進而有契於成務,退無阻於榮身"的主張。所以語言結構雖然可以作為辨析兩書同異進而推斷作者誰屬的一個手段,但也不能不顧時空條件而將其絕對化。明代《文心雕龍》注釋的奠基人、《文心雕龍訓故》的作者王惟儉,在其《文心雕龍訓故序》中就說:劉彥和《文心雕龍》"其持論深刻,摛詞藻繪,凡所撰著必將含屈吐宋、陵顏蹈謝為者;而《新論》(按:即《劉子》)一書,類儒士之書抄,多老生之常譚。何也?匪知之難,惟行之難"。王惟儉一生屢遭魏忠賢奸黨誣害,"坐事削籍"、"落職閒居"、"御扎罷官",深知"惟行之難",因此儘管他也認為《文心雕龍》與《劉子》語言風格有很大差異,但他仍認為《文心雕龍》與《新論》(《劉子》)同出於劉彥和之手。《文心雕龍》學會創會會長張光年,在第二屆文心雕龍年會上與人討論《劉子》作者問題涉及兩書語言風格差異時,還"現身說法":"在十年動亂中,我被關了起來,被迫寫了許多當時黨八股格式的'交代'文字,雖然同我其他時期寫的文章風格有很大的不同,但不能說它就不是我張光年寫的。所以不能一概而論。"實際上,對於《劉子》的語言風格,歷來也是"見仁見智"看法不一的。在某些評本、諸如明孫廣評本、明清謹軒抄本等,也不乏"語多典雅"、"頗娟媚"、"語多幽默"、"工麗"、"入神"等評語。所以也有人斷定:"其文筆豐美,頗似劉彥和。"[1]"其分類鑄辭,尊仲尼,卑百家,一似

---

[1] 宋濂《諸子辨》。

《文心雕龍》,謂必梁舍人劉勰所著也。"①還有人說《劉子》:"駢偶之體,實齊梁巨擘;當其清麗,輒為金石之聲";"麗而爽,即《文心雕龍》之一斑也"②。人們常常舉《文心雕龍·物色篇》的一段文字讚美《文心雕龍》的文采:"歲有其物,物有其容,情以物遷,辭以情發。一葉且或迎意,蟲聲有足引心,況清風與明月同夜,白日與春林共朝哉!"我們也不妨看看《劉子·言苑篇》:"睇秋月明而知孀婦思,聞林風響而見舟人驚。陽氣主生,物所樂也;陰氣主殺,物所憾也。故春葩含日似笑,秋葉泫露如泣。"比較兩段文字,恐亦難分伯仲。我們還不妨再看看劉晝唯一留存的兩段遺文,即由唐釋道宣在其《廣弘明集》卷四六《敘列代王臣滯惑解》中引錄的劉晝"上書言":"佛法詭誑,避役者以為林藪。""有尼、有優婆夷,實是僧之妻妾。損胎殺子,其狀難言。今僧尼二百許萬,並俗女向有四百餘萬,六月一損胎,如是年族二百萬戶矣。驗此,佛是疫胎之鬼也,全非聖人之言。道士非老莊之本,藉佛邪說為其配坐而已。"從劉晝這兩段遺文來看,說它"古拙"尚可,若說與《劉子》"縟麗輕蒨"一致,大概是說不上的。

特別值得重視的是,曾被不少人斷為"歸心道教"與《文心雕龍》"志趣迥殊",因而被作為非劉勰著而是劉晝撰的根據的《劉子》,同佛家的關係。從今存的九種敦煌、西域《劉子》殘卷看,有八種出自敦煌藏經洞,其中書寫最早,被學術界斷為"隋時寫本"或"六朝之末"的伯三五六二卷,在其《愛民第十二》篇題之下,留有"至心歸衣(依)十方道寶";在《法術第十四》篇題下方,也留有"恭丞秘本"等文字,這些文字與正文字體不相屬,顯然是此殘卷持有者所塗鴉。這表明:此卷的持有者乃虔誠的佛教徒,是他把當時就視為珍寶的"秘本"獻給了佛寺的。《劉子》有這麼多寫本遠播邊陲,並被佛寺收藏,為佛家所青睞,表明了此書同佛家的密切關係。成書於隋代的釋道宣《廣弘明集》,曾將《劉子》與《文心雕龍》並列徵引,而且還用《劉子·妄暇篇》之言斥責反佛者劉晝"狂、哲之心相去遠矣"!唐四明寺高僧釋慧琳在其《一切經音義》中,兩處明確著錄,《劉子》乃梁劉勰所著。此外,釋道世《法苑珠林》、釋湛然《輔行記》,也都分別徵引《劉子》。以上事實都足以證明:在隋、唐時期,這些冕親無等的佛教徒,都引《劉子》為佛門同調。細考《劉子》內容,也不難發現:從思想到某些資料的采擷,也同佛教經典有關。被"傳為中國第一部漢譯佛經"(任繼愈主編《宗教辭典》)《四十二章經·第三十四章處中得道》云:"沙門夜誦迦葉佛遺教經,其聲悲緊,思悔欲退。佛問之曰:'汝昔在家,曾為何業?'對曰:'愛彈琴。'佛言:'弦緩如何?'對曰:'不鳴矣。''弦急如何?'對曰:'聲絕矣。''急緩得中如何?'對曰:'諸音普矣!'佛言:'沙門學道亦然,心若調適,道可得矣。於道若暴,暴即心疲;其身若疲,意即生惱;意若生惱,行即退矣;其行既退,罪必加矣。但清淨安樂,道不失矣。"③《劉子·愛民》亦曰:"刑罰者,民之寒暑也;教令也,民之風雨也。刑罰不時,則民傷;教令不節,則俗弊。故水濁無掉尾之魚,土磽無葳蕤之木,政煩無逸樂之民。政之於民,猶琴瑟也:大弦急,

---

① 蔣以化《刻〈劉子〉引》。
② 明清謹軒藍格抄本《新論》評語。
③ 《佛教十三經》,中華書局2010年版,第46頁。

則小弦絕;小弦絕,大弦闋矣。"顯然,前者乃以琴喻學道,闡"急緩得中"、"處中得道"之理;後者則以琴喻政治,闡"刑法"有時、"教令"有節之道。二者都本於佛家般若中觀、中道,處事不取狂狷極端態度。這種思想方法,不僅貫穿《劉子》全書,而且也體現在《文心雕龍》之中。《四十二章經》在梁釋僧祐《出三藏記集》中曾有著錄:"《舊錄》云:《孝明皇帝四十二章經》,安法師(林按:指東晉道安)所撰《錄》闕此經。"並補加說明,以為乃明帝派使者到西域求法,"於月支國遇沙門竺摩騰譯寫此經還洛陽"。《文心雕龍》學界,有學者認為:僧祐《出三藏記集》,係劉勰協助編成,其中序文,亦可能出於劉勰手筆。日本《文心雕龍》研究家興膳宏,就有專文《〈文心雕龍〉和〈出三藏記集〉》對此作了考證①。於此可見,劉勰著《劉子》,承襲和運用《四十二章經》思想和資料,是完全有可能的。《劉子》有《命相篇》,北京楊少俊教授曾將影本向著名學者季羨林先生請教,季先生閱後明確表示:此篇思想與印度佛學有關。被人稱作"不失為現存介紹我國早期佛教思想狀況的重要著述之一"(中華書局《中國佛教思想資料選編》第一卷《牟子簡介》)的《理惑論》(也稱《牟子理惑論》),在回答"云:佛有三十二相,八十種好,何其異與人之甚也?"時,答曰:"諺云:'少所見,多所怪,覩馲駝言馬腫背。'堯眉八彩,舜目重瞳子,皋陶鳥喙,文王四乳,禹耳三漏,周公背僂,伏羲龍鼻,仲尼反頨,老子日角月玄,鼻有雙柱,手把十文,足踏二五。此非異於人乎?佛之相好,奚足疑哉!"所謂"佛之相好"就是《無量壽經》所說的佛"三十二相,八十隨行好",或"無量壽佛有八萬四千相,一一相各有八萬四千隨形好"。"八萬四千"是印度人所常說的一種習慣用語,只是數目很多的意思,並不是確指的數量。《劉子·命相第二十五》也有:"伏羲日角,黃帝龍顏,帝嚳戴肩,顓頊骿骭,堯眉八彩,舜目重瞳,禹耳三漏,湯肩二肘,文王四乳,武王駢齒,孔子返宇,顏回重瞳,皋陶鳥喙。若此之類,皆聖賢受天殊相而生者也。"此外,王充《論衡·骨相篇》也有類似的內容,但各家所述,文字或同或異。比如《論衡》"皋陶馬口",而《理惑論》和《劉子》並作"皋陶(《劉子》或作皋繇,但繇,陶通)鳥喙";《論衡》"十二聖"異相未列"伏羲",而《理惑論》則云"伏羲龍鼻",與《劉子》有異。各家所用資料可能源於當時的緯書,但《劉子》同《理惑論》可能有關係,因為《理惑論》在僧祐的《出三藏記集》和《弘明集》均有著錄。《理惑論》有:"昔齊人乘船渡江,其父墜水,其子攘臂捽頭顛倒,使水從口出,而父命得穌。大抵頭顛倒,不孝莫大,然以全父之身;若拱手修孝子之常,父命絕於水矣。孔子曰:'可與適道,未可與權。'所謂宜施者也。"(同前引)《劉子·明權第四十二》:"《語》稱:'可與適道,未可與權。'權者,反於經而合於道,反於義而後有善。若唐棣之花,反而更合也。孝子之事親,和顏卑體,盡孝盡敬;及其溺也,則攬髮而拯之,非敢悔慢,以救死也。故溺而捽父,祝則名君,勢不得已也,權之所設也。"《劉子》思想同《理惑論》是相通的。《劉子·惜時第五十三》開頭一段話:"夫停燈於釭,先焰非後焰,而明者不能見;藏山於澤,今形非昨形,而智者不能知。何者?火則時時滅,山亦時時移。"(同前引)筆者曾向多位佛

---

① 興膳宏《〈文心雕龍〉與〈出三藏記集〉》,興膳宏著、彭恩華編譯《興膳宏〈文心雕龍〉論文集》,齊魯出版社1984年版。

教學者請教，皆言源於佛經。《四十二章經·第三十八章生即有滅》，《劉子》此文思想也正與之相契。《出三藏記集》開頭便說："夫真諦玄凝，法性虛寂，而開物導俗，非言莫津。"《劉子·崇學第五》開篇亦言："至道無言，非立言無以明其理；大象無形，非立形無以測其奧。道象之妙，非言不津；津言之妙，非學不傳。"（同前引）再聯繫《劉子》書中用了許多"神照"、"垢滅"、"煉業"、"機妙"等佛家慣用語，可見《劉子》不僅融合道儒，而且也會通佛家，這正是南朝"梁武之世，三教連衡，五乘並騖"（《廣弘明集》法琳《對傅弈廢佛僧表》）時代精神的反映。《劉子》的思想境界，以及它同佛教的密切關係，大概絕非"言好衿大"、"詆佛甚力"的劉晝所能言，恐怕只能非"精通佛理"、"改名慧地"的劉勰莫屬了。

末了順帶提及避諱問題。有論者舉《文心雕龍》"《哀悼篇》將'蘇順'改作'蘇慎'，《檄移篇》'信順'作'信慎'，《諸子篇》、《序志篇》等均避免使用'衍'字"係"劉勰在撰寫《文心雕龍》時也避蕭順之與梁武帝父子之諱"。"但《劉子》一書卻不避蕭順之與梁武帝父子之諱"列舉之例有：《思順篇》"七緯順度"、"美於順也"；《愛民篇》"上順天時"，《清神篇》"蔓衍於荒淫之波"、《九流篇》"鄒衍"等，得出結論是："由此可見，《劉子》當不可能是梁代劉勰所撰。"①筆者以為：避諱問題比較複雜，首先是南北朝時期避諱並不嚴格，按照論者觀點因《文心雕龍》有避梁諱而推斷劉勰撰寫《文心雕龍》當在梁代，而事實上從多方考證《文心雕龍》成書在齊末，這已被多數學者所接受。其次在《劉子》一些版本中，也有疑似避梁諱字的存在。如伯三六三六卷《九流》，"俾順機變"，就寫作"俾慎機變"；盧文弨校明末刻本和程遵嶽校乾隆重刊《漢魏業書》本《劉子》，《思順篇》都並作《思慎篇》等。所以用《文心雕龍》所謂避梁諱，而又說"《劉子》一書卻不避"，進一步推斷"《劉子》當不可能是梁代劉勰所撰"並不可靠。此外其他一些問題，辯者也多有回應，不再贅言。但值得一提的是，近出的臺灣學者游志誠教授的新著《文心雕龍與劉子系統研究》（臺灣文史哲出版社2010年版）。此書運用"互證法"，通過"本之易學易理"，"求之思辨之法"，"考之撰作體系與全書結構"，"審之關鍵字之相通"等四個方面，對《文心雕龍》和《劉子》二書詳加比考核，作了系統、全面、深入的比較研究，最終得出："《文心雕龍》與《劉子新論》雖二名而實出一人之手"，"《劉子新論》一書之作者必劉勰無疑"的結論。而且對於否定劉勰著作權的種種觀點，均列舉詳實例證予以辯駁。儘管該書某些具體問題仍有可商榷之處，但就其總體而言，應該肯定是有說服力的，對於厘清《劉子》作者誰屬的混亂是有很大幫助的。

在《劉子》作者考辨中，有一種不顧全篇、全人以及所處的社會背景，摘取片言，主觀聯繫、附會求證的方法。例如，《劉子·正賞》末段："今述理者，貽之知音君子，聰達亮於聞前，明鑒出於意表，不以名實眩惑，不以古今易情，采其制意之本，略其文外之華，不沒纖芥之善，不掩熒爝之光，可謂千載一遇也。"這本是全篇的總結；其中也體現了時代玄學思潮"言意之辯"中"象外之意，繫表之言，固蘊不出"（何劭《荀粲傳》）之言，和"言者所以明象，得象而忘言；象者

---

① 周紹恆《劉子作者問題辨》，《文心雕龍研究》第八輯，河北大學出版社2009年版。

所以存意,得意而忘象"(王弼《周易略例·明象篇》)方法,也就是王元化所言:"無非是說不可拘泥於文字表面,而應探求其內在意蘊,以達到尋言以觀象,尋象以觀意。"(《1988年廣州〈文心雕龍〉國際研討會閉幕詞》)可是有人卻偏要將它同劉晝掛鉤,說這是劉書"自敍其著書之意,以其詞賦為人所嗤,故望讀者采其制意之本,而略其外之華,又自以博學奇才而不為時所知,故不能無望於知音之君子"。觀其詞意,與本傳"針芥相應,著此書者,非晝而誰"?(余嘉錫《四庫提要辯證》)這就把《劉子·正賞》對如何正確鑒別、批評的嚴肅理論探索和經驗總結,看成是作者個人玄機的暗示,並籍此玄機破譯,以坐實《劉子》作者。筆者以為用這種方法取證是不可靠的。更何況《隋書經籍志》注有"梁有《劉子》十卷,亡"的著錄。按照清章宗源、姚振宗《隋書經籍志考證》:"凡注中稱梁有今亡者,皆阮氏(按:指阮孝緒《七錄》)舊有。""阮氏《七錄》作於普通四年,而是書(按:指《劉子》)載《七錄》,其非晝所撰更可知。"也就是說,當阮孝緒在梁普通四年撰《七錄》時,劉晝(約生於北魏延昌二年,即梁天監十二年)還只是個十歲左右的小孩,怎麼可能寫出一部"言修身治國之要"、流傳千古的《劉子》?

總之,從《劉子》作者早期的著錄,到《劉子》作者爭議的產生及發展過程,以及否定《劉子》劉勰撰而提出的種種"論據",只要摒棄在爭論過程中出現的先入為主、先有定見再用索隱附會求證的方法,採取實事求是的客觀態度,尊重歷史事實,不避繁難,深入考察,一定會還"《劉子》劉勰撰"的本來面目。通過二十多年討論,筆者對"《劉子》梁劉勰撰"的歷史著錄,是更加堅信不疑了。

《劉子》"泛論治國修身之要,雜以九流之說",內容豐富,涉及哲學、經濟、政治、文化、人才、管理等諸多領域,比較充分反映了南朝社會即將從分裂走向統一而出現的玄風復闡,三教連衡,儒道會通,佛學玄化的思想大融合發展趨勢和學術從"析同為異"到"合異為同"的時代思潮。《劉子·九流》肯定"道者玄化為本,儒者德教為宗。九流之中,二化為最"。"九家之學,雖旨有深淺,辭有詳略,俏儷形反,流分乖隔;然皆同其妙理,俱會治道,迹雖有殊,歸趣無異。"這種儒道互補、相容九流、一本多元文化結構的思想,對在"全球化"背景下,既要貫通古今,又需連接內外,構建現代中國文化具有重要借鑒意義。

[作者簡介] 林其錟(1935— ),男,福建閩侯人。上海社會科學院研究員、五緣文化研究所所長、原中國文心雕龍學會副會長。主要著作有《劉子集校》、《敦煌遺書劉子殘卷集錄》、《劉子集校合編》、《敦煌遺書文心雕龍殘卷集錄》(附《宋本〈太平御覽〉引〈文心雕龍〉輯校》)、《元至正本文心雕龍匯校》、《增訂文心雕龍集校合編》、《五緣文化概論》、《中國古代大同思想研究》等。

# "一家之言"與《金樓子》*

## 陳志平

《金樓子》是梁代蕭繹撰寫的一部子書,在《序》中作者提出要將此書撰寫成一部"一家之言":

> 由年在志學,躬自搜纂,以為一家之言。

然閱讀此書,給人的感覺卻是文字多半剿襲自他書,和蕭繹自己宣稱的一家之言之間存在巨大差距。《金樓子》今存十四篇,共549條①,現在可以尋得出處的共345條,剿襲比例高達62.84%。對於《金樓子》的這種著書方式,前人多有批評。宋黃伯思《東觀餘論》卷下《跋〈金樓子〉後》說:"及觀其書,但裒萃傳記,殊無衿臆語,恐所著諸書類若是。"清李慈銘《越縵堂讀書記·〈金樓子〉》說:"此書大半勦襲子史中語。"清譚獻《復堂日記》卷五說:"自謂切齒於不韋、淮南之借人,而雜採子史,取《淮南者》尤多,又與《文心雕龍》、《世說新語》相出入,未免於稗販也。"

民國時劉咸炘《舊書別錄》卷四(乙二)論《金樓子》曰:

> 至於梁元《金樓》,遂成類書矣。其人本無學術,非有立言之旨,而猥慕著書之名,自言"笑淮南之假手,嗤不韋之托人",恃其聚書之富,鈔纂陳說,雜記近事,以充篇幅。……書今存者凡十四篇,其曰《興王》,曰《箴戒》,曰《后妃》,曰《說蕃》,皆鈔古事,或末加數語;其曰《戒子》,曰《立言》,則雜鈔古言,與己作混列。子史文篇無所不錄,大氐鈔八而作二,叙次無理,傳寫又亂之。其曰《捷對》,曰《志怪》,曰《雜記》,則記瑣屑諧戲甚多,亦有幾條古言;其曰《終制》,曰《自序》,則自述;曰《著書》,則自載

---

* 本文為教育部人文社會科學研究規劃基金項目"魏晉南北朝諸子學研究"成果之一,項目批準號:12YJA751008。
① 此依據筆者與熊清元撰《金樓子疏證校注》所編排條目統計,書稿上海古籍出版社即出。

所著之書及其序跋。統觀全體,竟是書鈔文集,陳言累累,絶少胸中之造,謂之纂言可耳,何謂立乎? ……觀其立意,蓋亦欲以和會羣言,仿《吕覽》、《淮南》之所為,而學識不逮,既無統宗,又無鑒别,智小謀大,故並類書而不成,僅與當時鈔詞之書(筆者注:原闕)之流校其長短。①

在後世研究者看來,"成一家言"與雜取諸家著作匯為一編者之間存在着巨大矛盾,《金樓子》是不能成為"一家之言"的。余嘉錫在《古書通例》中認為:

雜家者"兼儒墨,合名法,知國體之有此,見王治之無不貫",故必雜取各家之長,入《吕覽》、《鴻烈》而後可。後世雜家,若《抱朴子外篇》、《劉子新論》之兼道家,《金樓子》、《顔氏家訓》之兼釋家,《長短經》之兼縱橫家,此特於儒家之外,有所兼涉耳,未嘗博綜以成一家之學也。②

對於《金樓子》這麽一部"剿襲"的書,何以作者蕭繹自己能視之為"一家之言",作為終身事業?本文試對此略作探討。

## 一、"一家之言"與"述作"傳統

最早提出"一家之言"說法的是西漢司馬遷,他在著述中兩次提到此說:

序略,以拾遺補藝,成一家之言,厥協六經異傳,整齊百家雜語,藏之名山,副在京師,俟後世聖人君子。③

僕竊不遜,近自托於無能之辭,網羅天下放失舊聞,考之行事,稽其成敗興壞之理,凡百三十篇,亦欲以究天人之際,通古今之變,成一家之言。④

東漢明帝曾專門擷出此語以評價司馬遷⑤。班固《漢書》卷一〇〇下《敘傳》云:"烏呼史

---

① 據黄曙輝編校《劉咸炘學術論集》,廣西師範大學出版社 2007 年版,第 458 頁。
② 余嘉錫《余嘉錫說文獻學》,上海古籍出版社 2001 年版,第 225 頁。
③ 《史記》卷一三〇《太史公自序》。
④ 《漢書》卷六二《司馬遷傳》録司馬遷《報任安書》。
⑤ 《文選》卷四八班孟堅《典引》載永平十七年,班固與賈逵等,召詣雲龍門。漢明帝詔曰:"司馬遷著書,成一家之言,揚名後世。"

遷,薰胥以刑! 幽而發憤,乃思乃精,錯綜群言,古今是經,勒成一家,大略孔明。"劉宋裴駰《史記集解序》謂《史記》:"雖時有紕繆,實勒成一家,總其大較,信命世之宏才也。"《宋書》卷十一《曆志》:"司馬遷制一家之言,始區別名題。"可見對於《史記》的"一家之言",不僅司馬遷自己有所期許,後世也是十分認同。

然關於"一家之言"的涵義,古人並沒有給出具體解釋。分析漢魏晉南北朝關於"一家之言"的論述,範圍並不限於史學,而是涉及經學、子學、醫學、宗教、繪畫等諸多領域,但多是指將前人的著作材料進行整理加工,以自己的著述體例形式表現出來,重點在"一家"上。"一家"是相對"眾家"而言,即將眾家言論進行總結處理,勒成一部著述。《隋書》卷三三《經籍志·史部》:

> 至漢武帝時,始置太史公,命司馬談為之,以掌其職。時天下計書,皆先上太史,副上丞相,遺文古事,靡不畢臻。談乃據《左氏》、《國語》、《世本》、《戰國策》、《楚漢春秋》,接其後事,成一家之言。談卒,其子遷又為太史令,嗣成其志。上自黃帝,訖於炎漢,合十二本紀、十表、八書、三十世家、七十列傳,謂之《史記》。

此論古代史書之作,尤其是《史記》如何撰述的,明確指出是據遺文古事、前代著述而成一家之言。對於《史記》的材料來源,前人早有研究,認為源自政府的檔案、現成的書篇、父親的舊稿、實際的見聞和自己的推斷等方面:

> 這五種成分合起來,就構成他的《史記》。認真說起來,他在《史記》中根據已成的東西處是遠超過於自己的摸索的。關於他的著述方法,是和他的著述根據分不開的。他著述既已依據前人為多,所以他的工作乃是整理剪裁(這就是他所謂"整齊"),乃是對已有資料而尋出或賦予一種意義。此外,則是運用他的文學天才,把自己的人生體驗(大部分是人生苦果)交織於其中,讓所寫的生動而親切,把已往的宛然變為目前。這就是他的本領。就他的整理剪裁言,他的工作是客觀性質的。[1]

對於自己的著述特點,司馬遷自己也曾解釋道:

> 余所謂述故事,整齊其世傳,非所謂作也。而君比之於《春秋》,謬矣。[2]

司馬遷認為《史記》是"述",而非"作"。《禮記·樂記篇》說"作者之謂聖,述者之謂明",清焦循

---

[1] 李長之《司馬遷之人格與風格》,天津人民出版社,第109~110頁。
[2] 《史記》卷一三〇《太史公自序》。

《雕菰集》卷七《述難篇》發揮道：

> 人未知而己先知，人未覺而己先覺，因以所先知先覺者教人，俾人皆知之覺之，而天下之知覺自我始，是為"作"。已有知之覺之者，自我而損益之；或其意久而不明，有明之者，用以教人，而作者之意復明，是之謂"述"。

在司馬遷看來，"成一家之言"和材料的來源之間並無直接關係，所謂"厥協六經異傳，整齊百家雜語"，關鍵是如何處理材料。這種著述方式得到了後世的認同，《晉書》卷八二《王隱傳》提供了一個很極端的例子：

> 太興初，典章稍備，乃召隱及郭璞俱為著作郎，令撰晉史。豫平王敦功，賜爵平陵鄉侯。時著作郎虞預私撰《晉書》，而生長東南，不知中朝事，數訪於隱，並借隱所著書竊寫之，所聞漸廣。是後更疾隱，形於言色。預既豪族，交結權貴，共為朋黨，以斥隱，竟以謗免，黜歸於家。貧無資用，書遂不就，乃依征西將軍庾亮於武昌。亮供其紙筆，書乃得成，詣闕上之。隱雖好著述，而文辭鄙拙，蕪舛不倫。其書次第可觀者，皆其父所撰；文體混漫義不可解者，隱之作也。

王隱(字處叔)撰《晉書》，書為虞預(字叔甯)所竊，結果是王隱書雖成，卻因"文辭鄙拙"、"蕪舛不倫"、"文體混漫義不可解"而不足觀，虞預雖是竊寫，卻成為一家之言：

> 處叔區區，勵精著述，混淆蕪舛，良不足觀。叔甯寡聞，穿窬王氏，雖勒成一家，未足多尚。①

然而至清代，"一家之言"成為"作"的代名詞，要求具有完全的獨創性。顧炎武《又與人書十》說："嘗謂今人纂輯之書，正如今人之鑄錢。古人采銅於山；今人則買舊錢，名之曰廢銅，以充鑄而已。所鑄之錢既已粗惡，而又將古人傳世之寶舂剉碎散，不存於後，豈不兩失之乎？"《日知錄》卷十九"著書之難"條中也指出：

> 子書自孟、荀之外，如老、莊、管、商、申、韓，皆自成一家言。至《呂氏春秋》、《淮南子》，則不能自成，故取諸子之言匯而為書，此子書之一變也，今人書集一一盡出其手，必不能多，大抵如《呂覽》、《淮南》之類耳。其必古人之所未及就，後世之所不可

---

① 《晉書》卷八二《史臣論》。

無,而後為之,庶乎其傳也與?①

顧炎武以為《呂氏春秋》、《淮南子》"取諸子之言匯而為書,此子書之一變也",著書立說要"古人之所未及就,後世之所不可無"才有價值。章太炎在《學變》中也說:"著書莫易以雜說援比諸家,故季漢而降,其流不絕。"②此均是對剿襲他文以成書者表示不滿。

羅根澤在對諸子進行了一番研究後,並不同意顧炎武的看法:

> 顧炎武詆毀《呂覽》、《淮南》的"取諸子之言,匯而成書"。是的,這有很多的因襲成分。但或則諸人之言,零碎散亂,隱霾不彰,匯而總述,形成學說;或則諸人之言,各照一隅,罕觀通衢,左右采獲,蔚為宏議;或則諸人之言,互有短長,取長棄短,別構體系。……第三種的例證,就是《呂覽》、《淮南》的"諸子之言,匯而為書"。近代的研究者,有的推為系統哲學家,因為雖無發明,卻能"兼儒墨,合名法",構一新體系,也便是"以述為創"了。③

羅氏認為創造有四種形式:(1) 純粹的創造;(2) 綜合的創造;(3) 演繹的創造;(4) 因革創造。綜合也可以是一種創造,同樣可以產生優秀的著作。編述工作包括文字的改編,資料的取捨,以及一切有關提煉製作的功夫。沒有高才卓識,自然談不上對別人的原著有所"損益"。一部編述性的著作不在於引用他書的多少,關鍵在於它對舊材料的改造融合程度,即是否能將這些材料融入自家的著作中,形成一部有完整體系的新著作。成功的編述作品,其價值並不在著作之下④,更不損其為一家之言。

那麼,如何才能將材料處理成家之言呢?《晉書》卷八二《史臣論》曰:

> 若夫原始要終,紀情括性,其言微而顯,其義皎而明,然後可以茵蕕緝油,作程遐世者也。丘明即沒,班馬迭興,奮鴻筆於西京,騁直詞於東觀。自斯已降,分明競爽,可以繼明先典者,陳壽得之乎!江漢英靈,信有之矣。允源將率之子,篤志典墳;紹統咸藩之胤,研機載籍。咸能綜緝文,垂諸不朽,豈必克傳門業,方擅箕裘者哉!⑤

"原始要終,紀情括性,其言微而顯,其義皎而明",是指敘事清晰,能表達作者的思想性情,語

---

① 顧炎武《日知錄》卷十九《著書之難》,嶽麓書社1994年版,第678頁。
② 傅傑編校《章太炎學術史論集》,中國社會科學出版社1997年版,第273頁。
③ 羅根澤《中國文學批評史》,上海書店出版社2003年版,第26~27頁。
④ 參張舜徽《中國文獻學》,華中師範大學出版社2004年版,第26~29頁。
⑤ 《晉書》卷八二《史臣論》。

言明白,含義明晰,大約是專對歷史著述而言。所以修《晉書》的唐代史臣們才承認虞預《晉書》是一家之言,而不承認王隱《晉書》如此。

"綜合的創造",就是古人說的"述",也就是"編述"。其實,傳世作品中,編述著作是最多:

> "編述"是在許多可以憑藉的材料的基礎上,加以提煉製作的功夫,用新的義例,改編爲另一種形式的書籍出現。儘管那裏面的内容,不是作者的創造而是從别的書内取來的;但是經過了細密的剪裁、熔鑄,把舊材料變成更適用的東西,這便是"編述"。①

"編述"工作包括書籍的改編、資料的取捨,以及一切有關提煉製作的功夫。没有高才卓識,自然談不上對别人的原著有所"損益"。所以幾千年間,成功的編述作品,其價值並不在著作之下。張舜徽說:

> 編述工作的極則,在能改造舊資料成爲新的適時的書籍。凡是一部比較成功的編述作品,必須具備下列幾個基本條件:
> 一、從全書結構上講,必有完整的體系。
> 二、從全書内容上講,必有駕馭材料的手段,施以剪裁功夫。
> 三、從寫作形式上講,必有熔鑄材料的能力,使多種不同的文字紀録,改造爲統一的嶄新的筆調。②

下面,我們循着"一家之言"的最初含義,對編述性著作《金樓子》略加分析。

## 二、《金樓子》的編述方式

首先,我們對《金樓子》編述方式略作分析,其大致有如下幾種形式:

1. 照録原文

這種方式對原來的材料基本上不做任何處理,直接引用或抄録在《金樓子》中,但蕭繹在抄録時並不忌諱材料來源,所以有的材料署上了原來的作者或書名。

(1) 具名

《戒子篇》第二節:

---

① 張舜徽《中國古代史籍校讀法·認識古人著述體要》,中華書局1962年版,第199頁。
② 同上,第199~202頁。

① 后稷廟堂《金人銘》曰:"戒之哉! 無多言,多言多敗;無多事,多事多患。勿謂何傷,其禍將長;勿謂何害,其禍將大。"② 崔子玉《座右銘》曰:"無道人之短,無說己之長。施人慎勿念,受恩慎勿忘。"凡此兩銘,並可習誦。③ 杜恕《家戒》曰:"張子臺,視之似鄙樸人,然其心中不知天地閒何者為美,何者為惡,敦然與陰陽合德。作人如此,自可不富貴,禍害何因而生?"

此節來源有三,蕭繹已經一一作了交代,今天我們還可以從其他書籍中找到相同的記載:① 《說苑》卷一〇《敬慎》:"孔子之周,觀於太廟,右陛之前,有金人焉,三緘其口,而銘其背曰:'古之慎言人也。戒之哉! 戒之哉! 無多言,多言多敗;無多事,多事多患。安樂必戒,無行所悔。勿謂何傷,其禍將長;勿謂何害,其禍將大。"亦見《孔子家語》卷三《觀周》、《顏氏家訓》卷五《省事》、《藝文類聚》卷一九引《周太廟金人銘》、《太平御覽》卷三九〇引《孫卿子》、卷四五八引《家語》。

② 《文選》卷五六崔子玉《座右銘》。

③ 《三國志》卷一一《邴原傳》"永寧太僕東郡張閣以簡質聞",裴松之注:"杜恕著《家戒》稱閣曰:'張子臺,視之似鄙樸人,然其心中不知天地間何者為美,何者為好,敦然似如與陰陽合德者。作人如此,自可不富貴,然而患禍當何從而來? 世有高亮如子臺者,皆多力慕,體之不如也。'"亦略見《太平御覽》卷五九三引杜恕《家事戒》。

(2) 不具名

《立言》第三八節:

夫聰明疏通者戒於太察,寡聞少見者戒於壅蔽,勇猛剛強者戒於太暴,仁愛溫良者戒於無斷也。

此節源自《漢書》卷八一《匡衡傳》:"匡衡復上疏曰:'蓋聰明疏通者戒於大察,寡聞少見者戒於壅蔽,勇猛剛強者戒於大暴,仁愛溫良者戒於無斷,湛靜安舒者戒於後時,廣心浩大者戒於遺忘。'"

2. 刪略剪取

此種方式是對來原材料進行了加工處理,使它更符合《金樓子》的體例和作者口吻。

如《興王》第二一節:

永明十年,太祖登遐。上始承不豫,便即言歸。輕舟仍發,州府贈遺,一無所受。齊(隋)〔隨〕郡王苦留一宿,不許。得單艇,望星上路,犯風冒浪,兼行不息。雖狂飆地發,高浪天湧,船行平正,常若安流,舟中之人皆稱神異。及舟漏臨沒,叫不輟聲,鵲頭戍主周達奉上一船,犇波就路,至京不踰二旬。自在途便不盥櫛,寢食俱廢,焦憂易形,視人不識。望宅奉諱,氣絕良久。既葬,嘔血數升,水漿不入口者四日。憂服之內,不復嘗米,所資麤麥,日中二溢。再拜山陵,杖而後起,涕淚所灑,松為變色。及號思廬室,未嘗見齒,仍留山陵,因欲隱遁,太傅宣武王苦諫乃止。

此節源自梁武帝《孝思賦序》:"先君體有不安,晝則輟食,夜則廢寢,方寸煩亂,容身無所,便投刺解職,以遵歸路。於時齊隋郡王子隆鎮撫陝西,頻煩信命,令停一夕,明當早出,江津送別。心慮迫切,不獲承命,止得小船,望星就路,夜冒風浪,不遑寧處,途次定陵,船又損壞。於時門賓周仲連為鵲頭戍主,借得一舸,奔波兼行,屢經危險,僅而獲濟。及至庀止,已無逮及,五內屠裂,肝心破碎,便欲歸身山下,畢志墳陵,長兄哀愍,未許獨行。"①原文是蕭衍以自己的口吻寫父去世後的悲痛之情,今蕭繹以兒子的身份要將父親蕭衍的這段歷史寫出,自然不能照抄,故事實大體未變,但口吻已改。如原文"於時門賓周仲連為鵲頭戍主,借得一舸",蕭衍在父蕭順之亡時,尚未稱帝,多年後登上皇位追憶此事時,用"借",仍有心存感激之意,且是十分符合當日情形的;《金樓子》作"鵲頭戍主周達奉上一船",蕭繹早已習慣了父親的皇帝身份,用"奉"字,以今日的高人一等回視於往昔,心態與乃父自是不同。

3. 概述大意

有時蕭繹也會對材料作大刀闊斧的處理,甚至是用自己的話語將原材料重新敘述一遍,如《立言》第四二節:

或說人須才學,不資矜素。余謂不然。① 昔孔文舉有言:"三人同行,兩人聰雋,一夫底下。饑年無食,謂宜食底下者,譬猶蒸一猩猩,煮一鸚鵡耳。"此蓋悖道之言也,寧有是乎? ② 禰衡云:"荀或彊可與語,餘人皆酒甕飯囊。"③ 魏時劉陶語人曰:"智者弄愚人,如弄一丸於掌中。"

本節來源有三:

① 《意林》卷五引晉楊泉《物理論》曰:"漢末有管秋陽者,與弟及伴一人,避亂俱行。天雨雪,糧絕,謂其弟曰:'今不食伴,則三人俱死。'乃與弟共殺之,得糧達舍,後遇赦無罪。此人可謂善士乎? 孔文舉曰:'管秋陽愛先人遺體,食伴無嫌也。'荀侍中難曰:'秋陽貪生殺生,豈不罪邪?'文舉曰:'此伴非會友也。若管仲啖鮑叔,貢禹食王陽,此則不可。向所殺者,猶鳥獸而能言耳。今有犬齧一狸,狸齧一鸚鵡,何足怪也? 昔重耳戀齊女而欲食狐偃,叔敖怒楚師而欲食伍參,賢哲之忿,猶欲啖人,而況遭窮者乎。'"

② 晉葛洪《抱朴子》外篇《彈禰》:"衡遊許下,自公卿國士以下,衡初不稱其官,皆名之云阿某,或以姓呼之為其兒,呼孔融為大兒,呼楊修為小兒,荀或猶強可與語,過此以往,皆木梗

---

① 見唐釋道宣《廣弘明集》卷二九錄梁高祖《孝思賦序》。

泥偶,似人而無人氣,皆酒甕飯囊耳。"

③《三國志》卷一四《劉曄傳》裴松之注引晉傅玄《傅子》曰:"陶字季冶,善名稱,有大辯。曹爽時為選部郎,鄧颺之徒稱之以為伊吕。當此之時,其人意陵青雲,謂玄曰:'仲尼不聖。何以知其然? 智者圖國;天下羣愚,如弄一丸於掌中,而不能得天下。'"

顯然文中對三處材料作了概括處理,以説明人不可恃才傲物之理。

4. 借鑒熔鑄

即對别人的同題材文章從内容、結構和用典上進行模仿,這種情况在《金樓子》中比較少。如《后妃》第七節:

① 繹聞玄獺有祭,丹烏哺糧,矧乃禽魚,猶能感動,況稟含靈之氣者也。東入禹川,西浮雲夢,冬温夏清,二紀及兹。昏定晨省,一朝永奪,几筵寂寞,日深月遠,觸目屠殞,自咎自悼。昔泝淮浹,侍奉舟艫;今還宮寺,仰瞻帷幙。顧復之恩,終天莫報;陟(岵)〔屺〕之心,鯢慕何已。② 樹葉將夏,彌切風樹之哀;③ 戒露已濡,倍縈霜露之感。過隙難留,川流不舍。④ 往而不還者,年也;逝而不見者,親也。獻年回斡,恆有再見之期;就養閨闈,無復盡歡之日。拊膺屠裂,貫裁心髓。日往月來,暑流寒襲,仰惟平昔,彌遠彌深。煩冤拔懊,⑤ 肝心屠裂,攀號腷臆,貫截骨髓,竊深遊張之感,彌切蒼舒之報。

此節是寫蕭繹對亡母阮修容的懷念之情。梁武帝蕭衍倡導以孝治理天下,自己以身作則,寫有懷念亡父亡母的《孝思賦》。此賦成為蕭繹絶佳的模仿借鑒對象,一則内容情感相似,二則可以討好自己的父親,故此節多模仿《孝思賦》:

①《孝思賦》:"靈蛇銜珠以酬德,慈烏反哺以報親。在蟲鳥其尚爾,況三才之令人?"
②《孝思賦》:"仲由念枯魚而永慕,丘吾感風樹而長悲。"
③《孝思賦》:"念過隙之儵忽,悲逝川之不停。踐霜露而悽愴,懷慫穀而涕零。"
④《孝思賦》:"年揮忽而臭反,時瞬睒其如電。想慈顔之在昔,哀不可而重見。痛生育之靡答,報顧復而無片。"
⑤《孝思賦序》:"五内屠裂,肝心破碎。"

## 三、傳統的編述式著述體例仍在延續

從以上對《金樓子》的撰述情况分析看,蕭繹是十分清楚自己處理材料的方式的,並且對此也不避諱,因為在許多章節中材料的作者和篇目他交代得非常清晰,在蕭繹看來,"剿襲"和"一家言"之間並不存在矛盾。其重要原因之一就是,自《史記》以來的以編撰為撰述方式的傳統至六朝并没有斷絕。如：
(1) 三國時魏曹植《與楊德祖書》

若吾志未果，吾道不行，則將采庶官之實録，辯時俗之得失，定仁義之衷，成一家之言。雖未能藏之於名山，將以傳之於同好。①

曹氏所謂"采庶官之實録，辯時俗之得失"依然是模仿司馬遷，即以前人的材料爲基礎，創作自己的一家之言。
(2) 東晉干寶《搜神記》序

雖考先志於載籍，收遺逸於當時，蓋非一耳一目之所親聞睹也，又安敢謂無失實者哉。衛朔失國，二傳互其所聞；吕望事周，子長存其兩說，若此比類，往往有焉。從此觀之，聞見之難，由來尚矣。夫書赴告之定辭，據國史之方冊，猶尚如此，況仰述千載之前，記殊俗之表，綴片言於殘闕，訪行事於故老，將使事不二迹，言無異途，然後爲信者，固亦前史之所病。然而國家不廢注記之官，學士不絕誦覽之業，豈不以其所失者小，所存者大乎？今之所集，設有承於前載者，則非余之罪也。若使採訪近世之事，苟有虛錯，願與先賢前儒分其譏謗。及其著述，亦足以發明神道之不誣也。

干寶在此交代了《搜神記》的材料來源是"前載"和"近世之事"，可見這種採納他書材料的著述方式在當時十分流行。
(3)《劉子》
這種編撰以成一書的著述特點，也可以從蕭繹同時代的子書《劉子》中得到印證。《劉子》全文二萬九千字，其中有八千多字的段落語句可以在《吕氏春秋》、《淮南子》、《文子》、《孟子》、《莊子》、《國語》、《荀子》、《論衡》、《史記》、《戰國策》、《樂記》、《慎子》、《申鑒》、《說苑》、《新序》等五十多種典籍中找到相同或近似的論述，約占全部篇幅的36％，而個別篇幅的引用比例高達50％以上。如開頭三篇：《清神篇一》（包括標點，下同）共505字，其中288字出自《淮南子》、《吕氏春秋》等書，比例達57％；《防欲篇二》共813字，其中331字出自《淮南子》、《吕氏春秋》、《後漢書》等書，比例達41％；《去情篇三》共計480字，其中243字出自《莊子》、《淮南子》、《文子》等典籍，比例高達50％。而可見《劉子》在著述體例上兼采眾書的數量和比例也是非常高的。

《劉子》在材料的"抄襲"上和《金樓子》有驚人的相似之處，這種廣採成言舊說，既是雜家類子書如《吕氏春秋》、《淮南子》的傳統寫法，也是魏晉以來子書著述體例的一種發展趨勢。

---

① 見《文選》卷四二曹子建《與楊德祖書》，《金樓子·雜記上》亦引有此文。

## 四、南北朝文化氛圍與撰述體例

南朝是一個"知識至上"的時代①，上層社會極度重文，以能文為榮，甚至貴族高官平日宴会賦詩，不能者則罰酒②。齊梁時，此風愈演愈烈，"江南閭里間，士大夫或不學問，羞為鄙樸"③。而文士宴遊、賦詩，又喜隸事炫博，以顯示學問。《梁書》卷一三《沈約傳》載：沈約嘗侍高祖蕭衍宴，"值豫州獻栗，徑寸半，帝奇之，問曰：'栗事多少？'與約各疏所憶，少帝三事。出謂人曰：'此公護前，不讓即羞死。'"可見讀書不多，記事太少是很沒面子的。這就一方面要求士人多讀書；另一方面要求士人多誦書④。

要多讀書，首先得聚書。齊梁時期，官、私聚書都达到了高潮⑤。《金樓子》單列《聚書篇》，講述自己搜書的經歷："初出閣，在西省，蒙敕旨賚《五經》正副本。"出閣指出內宮就封爵，時在封為湘東郡王的天監十三年(514年)，蕭繹年才七歲，此為其聚書之始。經過六十餘次、四十年的積聚，蕭繹得書八萬卷，和當時國家藏書相當。

其次得勤學。《金樓子·自序》載："吾小時，夏日夕中下絳紗蚊䙡，中有銀甌一枚，貯山陰甜酒。臥讀有時至曉，率以為常。又經病瘡，肘膝爛盡。比以來三十餘載，泛玩眾書萬餘矣。曰余年十四，苦眼疾沉痼，比來轉暗，不復能自讀書。三十六年來，恆令左右唱之，曾生所謂'誦詩讀書，與古人居；讀書誦詩，與古人期'，茲言是也。"⑥

儘管多讀多誦，然而人的記憶力畢竟是有限的，同時一卷書從頭到尾讀下來，也頗費時間，於是有些人就將書中新奇稀見的事項分門別類抄在一起，做成簡本或選本，以便記誦。如庾仲容、沈約均抄撰有《子抄》，劉孝標編撰《類苑》，徐僧權等撰《華林遍略》，蕭繹也曾撰《內典博要》，均是為了記誦、翻閱的方便。《金樓子》同樣受到了此種抄書之風的影響：

> 諸子興於戰國，文集盛於二漢，至家家有製，人人有集。其美者足以敘情志，敦風俗；其弊者祇以煩簡牘，疲後生。往者既積，來者未已。翹足志學，白首不徧。或

---

① 胡寶國《知識至上的南朝學風》，《文史》，2009年第4期。
② 《金樓子·雜記篇》就記載三國魏高貴鄉公宴會時和晉石崇金谷聚會時，不能著詩者罰酒事。
③ 《顏氏家訓》卷三《勉學篇》。
④ 《梁書》卷四〇《劉顯傳》載：沈約於坐策顯經史十事，"顯對其九。約曰：'老夫昏忘，不可受策；雖然，聊試數事，不可至十也。'顯問其五，約對其二。陸倕聞之歎曰：'劉郎可謂差人，雖吾家平原詣張壯武，工粲諳伯喈，必無此對。'"
⑤ 參胡寶國《知識至上的南朝學風》，《文史》，2009年第4期。
⑥ 《金樓子·自序篇十四》。

昔之所重,今反輕;今之所重,古之所賤。嗟我後生,博達之士,有能品藻異同,刪整蕪穢,使卷無瑕玷,覽無遺功,可謂學矣。

和其兄昭明太子蕭統的《文選》相比,雖然蕭繹也因感於文集太多①,無法"覽無遺功",故摘其精華,"集其清英",但和蕭統全篇照錄不同,蕭繹是"品藻異同,刪整蕪穢",主觀傾向性更明顯,即蕭繹是"一邊抄寫,一邊斷章取義,借古典來表達自己思想感情",而"如此斷章取義、編輯成書,正是六朝式的方法",《金樓子》正是基於時代變化而產生的新批評標準來編的現代的選集②。

## 五、作者處理材料的方式

《金樓子·立言》第三九節說:

> 世有習干戈者,賤乎俎豆;修儒行者,忽行武功。范甯以王弼比桀紂,謝混以簡文方殷獻,(李)〔季〕長有顯武之論,文(莊)〔度〕有廢莊之說。余以為不然。余以孫吳為營壘,以周孔為冠帶,以老莊為歡宴,以權實為稻糧,以卜筮為神明,以政治為手足。一圍之木持千鈞,五寸之楗制開闔:總之者明也。

《金樓子》在歷代書目中均作為"雜家"著作,具有兼容百家之意,從上引材料看,蕭繹確實有意兼蓄百家,即將百家總而為一,然而他是如何做的呢?從處理材料的方式上講,他在如下幾方面比較着力。

1. 裁剪

例見第二節《金樓子》的編述方式之刪略剪取和概述大意。

2. 綴合

(1) 同一作者、作品的綴合

《立言》第二節:

> ① 與人善言,煖於布帛;傷人以言,深於矛戟;② 贈人以言,重於金石珠玉;觀人

---

① 蕭統《文選·序》:"余監撫餘閑,居多暇日。歷觀文囿,泛覽辭林,未嘗不心遊目想,移晷忘倦。自姬、漢以來,眇焉悠邈,時更七代,數逾千祀。詞人才子,則名溢於縹囊。飛文染翰,則卷盈乎緗帙。自非略其蕪穢,集其清英,蓋欲兼功太半,難矣!"

② [日] 興膳宏著、戴燕譯《梁元帝蕭繹的生涯和〈金樓子〉》,收《異域之眼——興膳宏中國古典論集》,復旦大學出版社 2006 年版。

以言,美於黼黻文章;聽人以言,樂於鐘鼓琴瑟。

此節來源有二:
① 《荀子》卷二《榮辱》:"與人善言,煖於布帛;傷人之言,深於矛戟。"
② 《荀子》卷三《非相》:"故贈人以言,重於金石珠玉;觀人以言,美於黼黻文章;聽人之言,樂於鐘鼓琴瑟。"

作者將《荀子》不同篇目的文字巧妙地組合在一起,卻表達了自己對"言語"的看法,使人覺得作者確實在組織編排上下了一番工夫。

《立言》第三〇節:

① 成瓦者炭,而瓦不可以得炭;潤竹者水,而竹不可以得水。② 蒿艾有火,不燒不燃;土中有水,不掘無泉。③ 百梅能使百人酸,一梅不足成味也。

此節雖同源自《淮南子》卷一七《說林》,但卻是並不相連的三個段落:① "瓦以火成,不可以得火;竹以水生,不可以得水。"② "槁竹有火,弗鑽不然;土中有水,弗掘無泉。"③ "百梅足以為百人酸,一梅不足以為一人和。"

(2) 不同作者、作品的拼合

《立言》第九節:

① 晉平公問師曠曰:"吾年已老,學將晚耶?"對曰:"少好學者如日盛陽,老好學者如炳燭夜行。"追味斯言,可為師也。②《淮南》言:"蕭條者,形之君;寂寞者,(身)〔音〕之主。"③ 又云:"教者生於君子,以被小人;利者興於小人,以潤君子。"④ 孟子言:"禹惡旨酒而樂善言。"⑤ 又云:"若我得志,不為食前方丈,〔侍〕妾數百人。"斯言至矣。⑥ 故原憲之縕袍,賢於季孫之狐貉;趙宣之肉食,旨於智伯之芻豢;子〔思〕之銀佩,美於虞公之垂棘。嬌婬之理,豈可恣歟!人非有柳下、延陵之才,蒙莊、柱史之志,其以此者,蓋有以焉。雖復拔山蓋世之雄,回天倒地之力,玉几為(樽)〔尊〕,金湯設險,驪山無罪之囚,五嶺不歸之戍,一有驕奢,三代同滅。⑦ 鑴金石者難為力,摧枯朽者易為功,居得其勢也。

此節來源比較多:
①《說苑》卷三《建本》:"晉平公問於師曠曰:'吾年七十,欲學,恐已暮矣。'師曠曰:'何不炳燭乎?……臣聞之,少而好學,如日出之陽;長而好學,如日中之光;老而好學,如炳燭之明。炳燭之明,孰與昧行乎?'"
②《淮南子》卷一一《齊俗》:"故蕭條者,形之君;而寂寞者,音之主也。"

③《淮南子》卷一〇《繆稱》:"教本乎君子,小人被其澤;利本乎小人,君子享其功。"亦見《文子》卷下《微明》。

④《孟子·離婁下》:"孟子曰:'禹惡旨酒而好善言。'"

⑤《孟子·盡心下》:"孟子曰:'說大人,則藐之,勿視其巍巍然。堂高數仞,榱題數尺,我得志,弗為也。食前方丈,侍妾數百人,我得志,弗為也。般樂飲酒,驅騁田獵,後車千乘,我得志,弗為也。在彼者,皆我所不為也;在我者,皆古之制也,吾何畏彼哉?'"

⑥《鹽鐵論》卷四《貧富》:"原憲之縕袍,賢於季孫之狐貉;趙宣孟之魚食,甘於知伯之芻豢;子思之銀佩,美於虞公之垂棘。"

⑦《漢書》卷一三《異姓諸侯王表》:"鐫金石者難為功,摧枯朽者易為力,其勢然也。"

3. 論斷

《立言》第二則:

儉約之德,其義大哉!齊之遷衛於楚丘也,衛文公大布之服、大帛之冠,務材、訓農、敬教、勸學。元年,有車三十乘;季年,三百乘也。豈不(宏)〔弘〕之在人。

第三則:

明月之夜可以遠視,不可以近書;霧露之朝可以近書,不通以遠視。人才性亦如是,各有不同也。

前者鈔自《左傳》閔公二年①,後者襲自《淮南子》卷一七《說林訓》②。但前者"豈不(宏)〔弘〕之在人",後者"人才性亦如是,各有不同也"卻是作者的斷語。《雜記篇十三上》篇題下小字注曰:"此篇雜引子史,疑皆有斷語。"通過斷語,剿襲的材料變作了作者觀念的佐證,而非簡單的轉錄。

蕭繹採取這種對前人典籍摘錄、重組和論斷的編撰方式,使自己的觀念在《金樓子》中得以表達,由此也成就了自己的一家之言,也正因為如此,我們在《金樓子》中讀到了蕭繹的"隱私"。

# 六、"私人化"寫作

在《梁書》、《南史》等正史的記載中,蕭繹被描述成為一個野心勃勃的陰謀家,他自私、殘

---

① 《左傳》閔公二年:"僖之元年,齊桓公遷邢於夷儀。二年,封衛於楚丘。邢遷如歸,衛國忘亡。衛文公大布之衣、大帛之冠,務材、訓農、通商、惠工、敬教、勸學、授方、任能。元年,革車三十乘;季年,乃三百乘。"

② 《淮南子》卷一七《說林訓》:"明月之光可以遠望,而不可以細書;甚霧之朝可以細書,而不可以遠望尋常之外。"

忍、變態，報復欲強。尤其是面對國破家亡的慘劇，蕭繹的行為被描寫得更加不堪。唐代魏徵在評價梁元帝蕭繹時指出：

> 元帝以磐石之宗，受分陝之任，屬君親之難，居連率之長。不能撫劍嘗膽，枕戈泣血，躬先士卒，致命前驅，遂乃擁眾逡巡，內懷觖望，坐觀國變，以為身幸。不急莽、卓之誅，先行昆弟之戮。又沉猜忍酷，多行無禮，騁智辯以飾非，肆忿戾以害物。爪牙重將，心膂謀臣，或顧眄以就拘囚，或一言而反菹醢，朝之君子，相顧懍然。……其篤志藝文，采浮華而棄忠信；戎昭果毅，先骨肉而後寇仇。口誦《六經》，心通百氏，有仲尼之學，有公旦之才，適足以益其驕矜，增其禍患，何補金陵之覆沒，何救江陵之滅亡哉！①

受正史描寫的影響，後世評論蕭繹時，也多持批評意見，甚至他的盲眼都被後世的小說家演繹為其心腸不好的結果②。明張溥《漢魏六朝百三家集題辭·梁元帝集》曰：

> 間讀梁元帝與武陵王書，言："兄肥弟瘦，讓棗推梨，上林聞鳥，宣室披圖。"友于之情，三復流涕。漢明東海，詞無以加。乃縱兵六門，參夷流血，同室之鬥，甚於寇讎，外為可憐之言，內無急難之痛，狡人好語，固難以嘗測也。荊南定蹕，強虜叩城，地非王氣，自速其災。然召師覆國，禍發岳陽，帝好殺家人，卒殺之者家人也。驪山之火，君子緩誅申戎，而先咎幽王，有以哉！帝不好聲色，頗有高名，獨為詩賦，婉麗多情，妾怨迴文，君思出塞，非好色者不能言。而徐娘角枕，垂刺《金樓》，內教之闕，不能謂當璧無過也。釋典諸文，雕鏤匠意，威鳳紺馬，增其爛熳。顧涅槃德宗，讓悟父兄，道心三降，其風薄矣。詔令書表，咄咄火攻，挾陳思之才，攘子桓之坐，眇僧化身，固一神物哉！

張溥持論雖基本同於唐魏徵，并指出蕭繹"狡人好語，固難以嘗測也"，即蕭繹的文章並不能反映其真實的思想。這點也是我們在讀《金樓子》時遇到的困惑。在《金樓子》中，我們讀到了一個完全不同的蕭繹。

在《金樓子》中，呈現在讀者面前的是一位文雅好學、風度翩翩的貴族公子。他以孝立身，母親之死，他十分痛苦，"拊膺居裂，貫裁心髓。日往月來，暑流寒襲，仰惟平昔，彌遠彌深。煩冤拔懊，肝心屠裂，攀號腷臆，貫截骨髓，竊深遊張之感，彌切蒼舒之報。每讀孟軻、皇甫謐之

---

① 《梁書》卷六。
② 《太平御覽》卷七四〇引《梁書》："修容常失珠，謂是左右所盜，乃炙魚目，不知其珠。孝元吞之，信宿之間，珠遂便出，一目致眇。魚之報焉。"

傳，未嘗不拊膺哽慟也；讀詩人'勞悴'之章，未嘗不廢書而泣血也。乙丑歲之六月，氣候如平生焉。冥然永絕，入無瞻奉，慈顔緬邈，肝膽糜潰，貫切痛絕，奈何奈何"①！

同時，他勤奮好學，"比以來三十餘載，泛玩眾書萬餘矣"②。他喜聚書、勤著述。聚書四十年，得書八萬卷。《金樓子》有《聚書篇》，專門講述蕭繹自己收集、抄寫、購買各種書籍的經過。另《金樓子》有《著書篇》，記載其著作三十七種，六百餘卷。

他明事理，善其身。蕭繹熟悉歷代的修身治家格言，自稱"性頗尚仁"③，並能正確認識和反省自身的缺點。蕭繹性情急躁，在《金樓子》中，他多次指出和反省自己這種缺點。《立言篇》九上："但性頗狷急，或有不堪，不欲蘊蓄胸襟，須令豁然無滯，將令士庶文武，見我所懷。"《雜記篇》十三上："南陽劉頒好察民間，聞狗逐豬子聲，謂吏殺豬，便曳五官掾孫粥，時在職有三不肯遷之也，吏題其門曰：'劉府君，三不肯。'此戒褊急也，余豈可不三復斯言哉。"《自序篇》十四載："余不閑什一，憎人治生，性乃隘急。刑獄決罪，多從厚降；大辟之時，必有不忍之色。多所捶樸，左右之閑耳。"

將《金樓子》和正史比對，會發現兩者差距很大。是不是蕭繹在《金樓子》中故意拔高美化自己呢？雖然並不能完全排除這種可能性，但事情似乎並不完全如此。

首先蕭繹創作《金樓子》，是當時眾人皆知的事情。甚至有借閱者④，如果過分歪曲捏造事實，必然遭人恥笑。

其次，《金樓子》記載的一些內容可以在同時代其他作者的書中得到印證，譬如他的勤奮好學，顔之推《顔氏家訓》可以為證："梁元帝嘗為吾說：'昔在會稽，年始十二，便已好學。時又患疥，手不得拳，膝不得屈。閑齋張葛幛避蠅獨坐，銀甌貯山陰甜酒，時復進之，以自寬痛。率意自讀史書，一日二十卷，既未師受，或不識一字，或不解一語，要自重之，不知厭倦。'"⑤《南史》卷八《梁紀·梁元帝紀》亦載："性愛書籍，既患目，多不自執卷。置讀書左右，番次上直，晝夜為常，略無休已，雖睡，卷猶不釋。五人各伺一更，恆致達曉。常眠熟大鼾，左右有睡，讀失次第，或偷卷度紙。帝必驚覺，更令追讀，加以檟楚。"又譬如蕭繹對母親的孝道。母阮修容死後，蕭繹在《金樓子·后妃篇》中寫道："冥然永絕，入無瞻奉，慈顔緬邈，肝膽糜潰，貫切痛

---

① 《金樓子·后妃篇》三。
② 《金樓子·自序篇》十四。
③ 《立言篇》九上："性頗尚仁，每宏解網。重囚將死，或許伉儷自看；城樓夜寒，必綈袍之賜。狴牢併遣，犴圄空虛。"
④ 《雜記篇》十三上："余作《金樓子》未竟，從荊州還都，時有言是鍛真金為樓子者，來詣余，三爵之後，往往乞借'金樓子'玩弄之，應大奇巧。此則近可哈也。"
⑤ 《顔氏家訓》卷三《勉學篇》。顔之推之父顔協曾釋褐為湘東王蕭繹國常侍，又兼府記室。蕭繹出鎮荊州，轉正記室。顔真卿《顔魯公集》卷一六《唐故通議大夫行薛王友柱國贈秘書少監國子祭酒太子少保顔君廟碑銘並序》："〔顔見遠〕生梁鎮西記室參軍諱協字子和，感家門事義，不求聞達。元帝著《懷舊詩》以傷之。撰《晉仙傳》五篇。"

絕,柰何柰何!"其對母情深,亦為同時顏之推所記載。《顏氏家訓》卷二《風操》載:"江南風俗,兒生一期,為製新衣,盥浴裝飾,男則用弓矢紙筆,女則刀尺針縷,並加飲食之物,及珍寶服玩,置之兒前,觀其發意所取,以驗貪廉愚智,名之為試兒。親表聚集,致讌享焉。自茲已後,二親若在,每至此日,嘗有酒食之事耳。無教之徒,雖已孤露,其日皆為供頓,酬暢聲樂,不知有所感傷。梁孝元年少之時,每八月六日載誕之辰,常設齋講;自阮修容薨歿之後,此事亦絕。"

更重要的是,《金樓子》還記載了一些一般人會回避的"敏感內容"。如詳細記載其母阮修容曾入侍四主之事,清代吳騫認為:"按《梁書》及《南史》阮修容傳並謂初為齊始安王遙光所納,遙光敗,入東昏宮。今據此書,則在遙光之前曾入榆林之宮,逮遙光敗後未嘗入東昏之宮,且齊世祖因荀昭華進修容於郁林王所屬一大節目不應抹煞。此足箴史氏之失。"① 又如載《金樓子》中記載不足為外人道的自己妻子徐妃的淫行②。

那麼,到底哪一個才是真實的蕭繹呢?其實正史史官描述的蕭繹和《金樓子》中作者自己描述的都具有真實性。一方面六朝子書逐漸與文集合流,其由對社會政治人生的關照轉向對自身命運的留戀,子書成為個人生命的記錄,這使得子書中的文字記載出奇的"真實",所以《金樓子》的記載是可信的。另一方面,正史記載蕭繹主要是他在侯景之亂爆發後的種種行為,此時蕭繹的政治野心高度膨脹;而《金樓子》的完成雖然經歷了一個漫長的過程③,但其主體完成還是在侯景之亂爆發前,此時的蕭繹只是沒有任何登基希望的諸侯王,他的夢想就是在不能立功的情況下,通過立德和立言討得父親的歡心,進而青史留名。

在《金樓子》中,從聚書藏書歷程到著述目錄,從父母慈愛到兄弟宴會,均有所記載,可以說,這種記載極其個人化。六朝以來子書很多,北齊顏之推《顏氏家訓·序致第一》說:

---

① 吳騫《金樓子校》,稿本,藏中國國家圖書館。
② 《南史》卷一二《后妃下·徐妃傳》載:"妃與荊州後堂瑤光寺智遠道人私通。酷妒忌。見無寵之妾,便交杯接坐。才覺有娠者,即手加刀刃。帝左右暨季江有姿容,又與淫通。季江每歎曰:'柏直狗雖老猶能獵,蕭溧陽馬雖老猶駿,徐娘雖老猶尚多情。'時有賀徽者美色,妃要之於普賢尼寺,書白角枕為詩相贈答。既而貞惠世子方諸母王氏寵愛,未幾而終,元帝歸咎於妃。及方等死,愈見疾。太清三年,遂逼令自殺。妃知不免,乃投井死。帝以屍還徐氏,謂之出妻。葬江陵瓦官寺。帝制《金樓子》述其淫行。"今本《金樓子》僅於《后妃篇三》云"饋人失禮",於《志怪篇十二》記結婚時之"怪異",並未明言徐妃淫行,或是已亡佚。
③ 關於《金樓子》的創作時間,劉師躍進認為"倘若以蕭繹十五歲為著述之始,則該書寫作前後花費了竟達三十餘年的時間",參《關於〈金樓子〉研究的幾個問題》,收《古典文獻學論稿》,學苑出版社1999年第2版。杜志強認為《金樓子》不會是倉促間成書,"定《金樓子》完成於552—554年間,即蕭繹登極之後"。參《蕭繹〈金樓子〉的版本及其寫作時間》,載《文獻》,2004年第1期。筆者認為《金樓子》的每一篇寫作時間並不完全一致,每一篇內部的寫作時間也不一致,故以一兩條來認定《金樓子》的寫作時間肯定存在問題。像《金樓子》這種"雜抄"性質的作品,逐步添加的痕跡是很明顯的,故劉師躍進的判斷是有道理的。

魏、晉已來，所著諸子，理重事複，遞相模斅，猶屋下架屋，床上施床耳。吾今所以復為此者，非敢軌物範世也，業以整齊門內，提撕子孫。

　　子書既多，顏氏何以又要創作，他的理由是"整齊門內，提撕子孫"，而非"軌物範世"，說明顏氏子書的創作已經自覺地從宏大的社會、政治、道德論述轉向了家庭的個人化的私人寫作，這和《金樓子》的撰述十分相近。蕭繹的《金樓子》在不自覺中打開了子書發展的另一扇門，子書與文集合流，甚至發展為一種新的私人化形式——筆記。從這個角度看，《金樓子》完全稱得上一家之言，因為它確實是關於蕭繹私人的。

　　但在另一部和《金樓子》幾乎同時的子書《劉子》中，我們幾乎見不到作者的現身，這部書的作者將自己掩飾得如此"完美"，以至在後世該書作者是誰一度都無從考證，以至有人認為是魏晉間人，有人認為是齊梁間人，還有人認為是唐人，從該書的內容來考察作者的努力總是讓人十分沮喪。同樣是受時代之風的影響，《劉子》由綜述百家而承傳統子學之緒，《金樓子》卻由剿襲史籍而開後世筆記之端，個中得失，耐人尋味。

　　從蕭繹自己的角度來說，綜述眾家既是上承《史記》撰述精神，又符合時代之風，包括自己的兄長蕭統、一代文宗沈約都這樣做，自己有何不可？且自己努力融百家著述於一爐，有裁剪，有綴合，有概述，還有自己的論斷與日常生活，作品處處體現了自己的用心，以"一家之言"自詡亦有何不可？張舜徽說："閱讀古代書籍，便必須首先辯明古人寫作的體例，才不致拿今人寫作的規格，去衡量古人。"①重返蕭繹所處的時代，我們大約是不會對他作過多的批評的。

　　[作者簡介]陳志平(1976— )，男，湖北黃岡人。現為黃岡師範學院副教授、華東師範大學中文系博士後，主要從事諸子學研究，已發表相關論文數十篇。

---

① 張舜徽《中國古代史籍校讀法·認識古人著述體要》，第199頁。

# 李贄編纂《孫子參同》的時地和動機*

## 李桂生　郭　偉

李贄《孫子參同》在歷代文人論兵著作中具有重要的意義，它實踐了李贄提出的《七書》与《六經》合二為一的兵學思想。筆者不揣淺陋，擬對其撰作時地及動機作一闡述，以就教於方家。

## 一、李贄編纂《孫子參同》的時地

學術界一般認為《孫子參同》成書於山西大同，這幾乎成為定論。著名的李贄研究專家張建業先生在其論文《明代思想家李贄在山西》云："明代進步思想家李贄，於萬曆二十四年（公元 1596 年）至萬曆二十五年（公元 1597 年）曾到山西一遊。在這次為期一年的客遊中，李贄寫下了《道古錄》、《孫子參同》兩部重要著作。"又云："在大同期間，李贄重要的工作是修訂了《藏書》世紀八卷、列傳六十卷，並編著了《孫子參同》十三篇。《孫子參同》是李贄為《孫子》一書所作的評注。"①其根據是《續焚書》卷二《老人行叙》云："故至坪上，則有《道古錄》四十二章書；至雲中，則有《孫子參同十三篇》書……又有《藏書》世紀八卷、列傳六十卷，在塞上日，余又再修訂。"在《李贄文集》第七卷之附錄《李贄年表》中云："萬曆二十五年（公元 1597 年）夏，赴大同依梅國楨；秋，住北京西山極樂寺。著述《道古錄》、《孫子參同十三篇》。"此後的李贄研究者沿襲此說，幾乎沒有人提出過懷疑。

李贄軍事思想主要存在於《兵食論》及《孫子參同》兩論著中，其主旨乃是文武並用，以《六經》與《七書》合二為一。其《兵食論》云：

---

\* 基金項目：湖北省高校人文社科重點研究基地規劃項目（2008JD010）。
① 張建業《明代思想家李贄在山西》，《山西師大學報》，1980 年第 1 期。

夫三王之治，本於五帝，帝軒轅氏尚矣。軒轅氏之王也，七十戰而有天下，殺蚩尤於涿鹿之野，戰炎帝於阪泉之原，亦深苦衛生之難，而既竭心思以維之矣。以為民至愚也，而可以利誘；至神也，而不可以忠告。於是為之井而八分之，使民咸知上之養我也。然搜狩之禮不舉，得無有傷吾之苗稼者乎？且何以祭田祖而告成歲也？是故四時有田，則四時有祭；四時有祭，則四時有獵。是獵也，所以田也，故其名曰田獵焉。是故國未嘗有養兵之費，而家家收穫禽之功；上之人未嘗有治兵之名，而人人皆三驅之選，戈矛之利，甲冑之堅，不待上之與也；射疏及遠，手輕足便，不待上之試也；攻殺擊刺，童而習之，白首而不相代，不待上之操也。彼其視搏猛獸如搏田兔然，又何有於即戎乎？是故入相友而出相呼，疾病相視，患難相守，不得上之教以人倫也。折中矩而旋中規，坐作進退，無不如志，不待上之教以禮也。歡欣宴樂，鼓舞不倦，不待耀之以族旗，宣之以金鼓，獻俘授職而後樂心生也。分而為八家，布而為八陣；其中為中軍，八首八尾，同力相應，不待示之以六書，經之以算法，而後分數明也。此皆六藝之術，上之所以衛民之生者，然而聖人初未嘗教之以六藝也。文事武備，一齊具舉，又何待庠序之設，孝弟之申，如孟氏畫蛇添足之云乎？彼自十五歲以前，俱已熟試而閑習之矣，而實不知上之使也，以為上者養我者也。至其家自為戰，人自為兵，禮樂以明，人倫以興，則至於今凡幾千年矣而不知，而況當時之民歟！

李贄陳述三皇五帝時期文武並舉，尚無文武分途及文武相輕之現象，意在闡明後世統治者以儒家之文治禮樂為根本，而輕視兵事，實乃孔孟之"畫蛇添足"。本來上古聖人並不知有"六藝"之教，在改造自然與社會的實踐中卻履行"六藝"之實際。所謂"六藝"，即禮、樂、射、御、書、數，是儒家總結歸納並要求弟子們學習和掌握的六種技能。六藝之名出於《周禮·保氏》，云："養國子以道，乃教之六藝：一曰五禮，二曰六樂，三曰五射，四曰五馭，五曰六書，六曰九數。"李贄主張文武並重而反對重文輕武的思想，在《孫子參同》的編撰中得到了簡明而確切的表述："以《七書》與《六經》合二為一，以教天下萬世。"①李贄在《孫子參同序》中云："蒙溪張鏊先生序《武經七書》，其略曰：'文事武備，士君子分內事也。姬鼎奠，而尚父之勳可紀；群雄角，而孫吳之略稱強。天不生仲尼，則斯文之統以墜；天不生尚父，則戡亂之武曷張？《七書》、《六經》，固仁義一原之理，陰陽貞勝之符也。'"李贄指出，張鏊雖主張文武並重，但仍未得文武之深義。李贄繼而發表自己的觀點，云："此言固知武事之為重矣，然猶不免與文士為兩也。猶以治世尚文，而亂世用武，分治亂時世為二也。猶以太公似未可以繼斯文之統，而孔子似未可以謀軍旅之事也。夫軍旅之事，雖孔子且未嘗學，而可責之鯫生小子乎？且世儒之不知郭令公、諸葛武侯者固眾也，而獨我也乎？我能通經學道，四六成文，即可稱名士，不愧名儒矣，彼

---

① 《孫子參同序》。

吴起、淮陰諸人,有才無行,又況皆非我之所屑者,則蒙溪此言,未免使人以不信也。"①

萬曆八年(公元1580年),李贄辭去姚安知府之官,絕意回到家鄉泉州,而來到三年前與耿定理等相約之地湖北黃安(今紅安)。萬曆五年(公元1577年),李贄由南京刑部郎中出任雲南姚安知府,途徑團風(今湖北團風縣),捨舟登岸,徑奔黃安(今湖北紅安)見耿定理,並在耿定理的建議下,把女兒、女婿留在黃安居住,自己則攜妻去雲南赴任,臨行前與耿定理相約:"待吾三年滿,收拾得正四品祿俸歸來為居食計,即與先生同登斯岸矣。"②可是在客居黃安不久,李贄便與耿定理之兄耿定向發生衝突。李贄來黃安後,擔任了耿氏子弟的私塾先生,常以什麼樣的課業教授學生與耿定向意見相左。李贄反對以虛偽的道學教育耿家子弟,而耿定向則主張李贄教授孔孟之道。萬曆十三年(公元1585年),耿定理死,李贄便再也無法在耿家立足。於是在友人周柳塘、周友山的幫助下,移居麻城維摩庵,然後派人護送妻女回福建原籍。萬曆十六年(公元1588年),李贄移居龍潭湖的芝佛書院。

李贄記載移居麻城之事云:"余自出滇,即取道適楚,以楚之黃安有耿楚倥、周友山二君聰明好學,可藉以夾持也。未逾三年而楚倥先生沒,友山亦宦遊中外去。余悵然無以為計,乃令人護送家眷回籍,散遣僮僕依親,隻身走麻城芝佛院與周柳塘先生為侶。柳塘,友山兄,亦好學,雖居縣城,去芝佛院三十里,不得頻頻接膝,然守院僧無念者以好學故,先期為柳塘禮請在焉,故余遂依念僧以居。日夕唯僧,安飽唯僧,不覺遂二十年,全忘其地之為楚,身之為孤,人之為老,鬚盡白而髮盡禿也。"③作此文字時李贄已是七十五歲。

李贄之所以至死不回家鄉泉州,一是因為泉州乃閩學重鎮,程朱理學氛圍甚濃,李贄在學術上無有呼應;二是李贄不受管束之性格使然,不願回家鄉受鄉党宗親的管束,亦不願受家人的管束;三是在黃安、麻城有學問知己和勝己之友,如耿定理、耿定向、梅國楨、梅澹園、周柳塘、周友山、楊定見、丘坦之、汪可受、釋無念等一批摯友可以依靠,可以傾心,可以切磋。即使是與耿定向的關係,在思想上李贄雖與之相左,但到晚年,仍從感情上冰釋前嫌。耿定向晚年退居於家鄉黃安天台山,聚友講學,心境趨於平淡。萬曆二十三年(公元1595年),由好友溝通,李贄不顧年邁,往天台書院會晤耿定向。兩人只敘舊情,不談學術,相擁痛哭,暢遊甚歡。李贄作詩《夜宿天台山頂》云:"縹緲高臺起暮秋,壯心無奈忽同遊。水從曹漢分荊楚,山盡中原見豫州。明月三更誰共醉,朔風初動不堪留。朝來去雨千峰閉,恍忽仙人在上頭。"耿定向亦以詩相酬云:"解綬歸來苦病侵,愛山時候強登臨。蒼崖不設千年色,古松猶垂千畝陰。風谷坐驚饑虎嘯,霜林臥聽曉猿聲。舊遊朋輩今何在?手把茱萸淚滿襟。"

萬曆二十四年(公元1596年),李贄應丁憂居家的保定巡撫劉東星之邀,離開湖北麻城到劉東星的故鄉山西上黨與之相晤。劉東星,字子明,號晉川,山西上党沁水人。隆慶二年(公

---

① 《孫子參同》。
② 《焚書》卷四《耿楚倥先生傳》。
③ 《續焚書》卷二《釋子須知序》。

元 1568 年)進士,萬曆二十年(公元 1592 年)歷任右僉都禦史、左副都禦史、吏部右侍郎、工部尚書等職。李贄與劉東星相識,始於萬曆十九年(公元 1591 年)。當時李贄遊訪武昌,受到耿定向等僞道學家雇傭的地痞流氓圍攻。劉東星正好在武昌任湖廣左布政使,早就聞聽李贄之才氣膽識。此時李贄遇襲,劉東星便出手相援,親自到李贄居住的洪山寺拜訪,並迎進自己的官署加以保護。劉東星記述云:"予西鄙之人也,拘守章句,不知性命爲何物。入楚期年,而暑患作,思親之念轉亟。欲息此念則不能,欲從此念亦不能,真令人彷徨無皈依處。聞有李卓吾先生者,棄官與家,隱於龍湖。龍湖在麻城東,去會城稍遠,予雖欲與之會而不得。又聞有譏之者,予亦且信且疑之,然私心終以去官爲難,去家尤難,必自有道存焉,欲會之心未始置也。會公安袁生,今吴令者,與之偕遊黄鵠磯,而棲托於二十里外之洪山寺,予就而往見焉,然後知其果有道者。雖棄髮,蓋有爲也。嗟夫! 此身若棄,又何有於家,何有於官乎? 乃區區以形跡議之,以皮毛相之者,失之遠矣。嗣後或迎養別院,或偃息宦邸,朝夕談吐,始恨相識之晚云。"①

李贄在上黨白天閉户讀書,夜晚與劉東星相對而坐,切磋學問。劉東星之子侄用相與用健亦在旁侍立,質問《大學》、《中庸》之大義。他們的談話後來編成了《道古録》,其主旨是借解釋儒家經典,批判傳統儒家思想,主張自由平等之制度。劉東星詳述與李贄在武昌別後,遣子用相至麻城邀請李贄,以及李贄在山西上黨劉東星家居住之事,云:"別後宦遊燕趙,雖聞問不絶,而欲從末由。比者讀禮山中,草土餘息,懼有顛墜,特遣兒相就龍湖問業,先生欣然不遠千餘里與兒偕來,從此山中,歷秋至春,夜夜相對。猶子用健,復夜夜入室,質問《學》、《庸》大義。蓋先生不喜紛雜,唯終日閉户讀書。每見其不釋手抄寫,雖新學小生不能當其勤苦也。彼謗先生者,或未見先生耳。倘一見先生,即强暴亦投戈拜矣。又何忍謗,又何能謗之耶? 相與健等,既獲録其所聞之百二,予遂亟令梓行。雖先生之意,亦予意也,亦相與健等之同意也。"②

萬曆二十五年(公元 1597 年)夏,應山西大同巡撫梅國楨之邀,李贄作別劉東星,去往大同。梅國楨是湖北麻城人,與李贄相知甚厚。李贄在大同,與梅國楨談禪論道,遊覽勝景,並在此時最後修訂編成《讀孫武子十三篇》之書,並更名爲《孫子參同》。其實,李贄《孫子參同》於萬曆二十四年(公元 1596 年),便已基本完成。這年李贄寫信給好友方訒庵云:

《征途與共》一册,是去冬別後物,似妥當可觀,故久欲奉,不能得奉。今春湖上纂《讀孫武子十三篇》,以六書參考,附著於每篇之後,繼之論著,果係不刊之書矣。夏來讀《楊升庵集》,有《讀升庵集》五百葉。升庵先生固是才學卓越,人品俊偉,然得弟讀之,益光彩焕發,流光於百世也。岷江不出人則已,一出人則爲李謫仙、蘇坡仙、楊戍仙,爲唐、宋並我朝特出,可怪也哉。余瑣瑣別録,或三十葉,或七八十葉,皆老

---

① 劉東星《書道古録首》。
② 同上。

人得意之書,惜兄無福可與我共讀之也……我雖貧,然已為僧,不愁貧也,唯有刻此二種書不得不與兄乞半俸耳。此二書全賴兄與陸天溥都堂為我刻行,理當將書付去,然非我親校閱入梓,恐不成書耳。兄可以此書即付陸都堂。①

李贄在此提到的"此二書"當是《征途與共》及《讀孫武子十三篇》,並不包含《楊升庵集》。《楊升庵集》應是已經刻行之書。此信目的之一,便是請求好友方訒庵為之刻印此二書。《征途與共》為李贄所著。萬曆二十三年(公元 1595 年),李贄的女婿莊純夫到麻城,方訒庵亦從江西寧州往湖北麻城與莊純夫相會,一同向李贄問學。臨別,李贄為他們所學之內容題名"征途與共"四字,並作《征途與共後語》(今載《焚書》卷三)。然《征途與共》一書已亡佚。

李贄在信中又說,方訒庵官居五品,俸銀不菲,勸他若有餘贏,可以分給宗親友朋之貧者,以積善成德,實際上亦委婉表達了分撥一點俸銀為其刻書之意。李贄信中謂方訒庵曰:"知州為親民之官,寧州為直隸之郡,江西為十三省之首。且五品之祿不薄,一日有祿,可以養吾積德累行之身。……願兄勿以遷轉為念,唯以得久處施澤於民為心。則天地日月,昭鑒吾兄,名位不期高而自高,子孫不期盛而自盛矣,非誣飾之詞也。"②方訒庵,即方沆,是福建莆田人,"訒庵"是其號。從這封書信看,方訒庵當時任寧州知州,有離開寧州並遷轉之意。寧州即今江西省修水縣,而江西在明朝所置十三省(浙江、江西、湖廣、陝西、廣東、山東、福建、河南、山西、四川、廣西、貴州、雲南十三清吏司)中居第二,故李贄有"江西為十三省之首"語。

《孫子參同》成書於湖北麻城芝佛院,還可從梅國楨所作《孫子參同敘》得到印證:

> 余友禿翁先生,深於禪者也。於兵法獨取《孫子》,於注《孫子》者,獨取魏武帝,而以餘六經附於各篇之後。注所未盡,悉以其意明之,可謂集兵家之大成,得《孫子》之神解。余在雲中始得讀之。雲中於兵,猶齊魯之於文學,其天性也。故為廣其傳,使人知古今兵法盡於《七經》,而《七經》盡於《孫子》。若善讀之,則《十三篇》皆糟粕也,況其他乎?

從這段話看,梅國楨在山西大同才讀到了李贄的《孫子參同》一書。不然,何以言"余在雲中始得讀之"? 這說明,李贄赴雲中之前,梅國楨便已知曉李贄著有《孫子參同》,只是沒有讀到而已。李贄在大同居住時間很短,大約三四個月,顯然《孫子參同》的主要內容不是作於這麼短的時間內,只是在這裏修訂而已。故李贄《續焚書》卷二《老人行敘》所云"至雲中,則有《孫子參同十三篇》書"亦非虛言,因為最後修訂並更名為《孫子參同》則在山西大同,而此前題名為《讀孫武子十三篇》。

---

① 《續焚書》卷一《與方訒庵》。
② 同上。

概言之，李贄於萬曆二十四年（公元 1596 年）春在麻城芝佛院已經編成《讀孫武子十三篇》，同年秋赴山西上党依劉東星，居住時間較長，約有八九個月。第二年夏即赴大同依梅國楨，在梅國楨官署只住了三四個月。同年秋便往北京，住西山極樂寺。故《李贄文集》第七卷《李贄年表》云李贄著述《孫子參同》，應當是修訂並更名之意，而非真正"著述"。

## 二、李贄編纂《孫子參同》的動機

李贄在晚明的文化舞臺上充分扮演了一個啟蒙先鋒的角色。在其悲喜交集的人生之途，他不僅給後人樹立了特立獨行的人格形象，而且還以評注、輯錄、自敘、尺牘、雜論等形式留下了大量熠熠生輝的著作。諸如反映其歷史觀的《藏書》、《續藏書》、《史綱評要》，反映其一生事迹、因緣遇合、論學主張的尺牘、雜論合集《焚書》、《續焚書》，以制藝闡發孔孟學說之精蘊的《說書》，晚年解易之作《九正易因》，闡釋道、佛思想的《解老》、《淨土訣》，說部輯評《初譚集》。除此之外，出於傳承陽明心學的熱情，他還編錄有《陽明先生道學鈔》、《陽明先生年譜》等書，又以《童心說》、《李卓吾批評水滸傳》等各種著述及批點文字推動了晚明時期追求個性解放的文學思潮。

李贄這些著作，內容包羅萬象，廣泛涉及文學、史學、哲學等傳統學術的各個領域，筆墨所潤，甚至深入到政治、軍事之畛域，充分展示出他治學不囿於一隅的大家風範。其思想之新穎通脫，更是古今罕有，至今仍能引發新鮮的回味。其在文史哲領域的著述與思想已經得到學術界廣泛的關注與研究。然而，其軍事思想卻極少有人問津。事實上，李贄留下的軍事理論遺產相當豐富，除了《藏書》、《史綱評鑒》等歷史著作中包含大量的戰例分析、軍事人物評論之外，還有他編著的《孫子參同》，這些著述至今仍沒有引起學界足夠的重視。或許這與李贄的文人身份有關。畢竟，在一般情況下，人們很難將文人與軍事聯繫起來。多數人或許會產生這樣的疑問：作為一介文人，李贄既沒有帶兵打仗、馳騁疆場的實戰經歷，也從未擔任過朝廷的軍事要職，為何還要紙上談兵，編著《孫子參同》？筆者針對這一問題，作一粗淺的探討，茲條述如下：

### （一）《孫子參同》意在批判重文輕武的弊病

《孫子參同》的寫作具有強烈的現實批判色彩。李贄通過編著此書，批判了社會上普遍流行的重文輕武的思想，意在廓清儒學空疏偏激之流弊。李贄的《孫子參同》是明朝眾多《孫子》注本中較有特色的一種，具有強烈的現實批判色彩，尤其是對重文輕武、文武分途思想的批判，體現了他一貫與儒學相左的"異端"立場。

重文輕武的思想萌芽於以孔孟為代表的原始儒家。孔子一貫不主張以武力平綏天下："遠人不服，則修文德以來之。"強調以文治教化的手段達到使天下人心歸順的目的。孟子則明確指出"威天下不以兵革之利,得道者多助,失道者寡助",推崇以仁政為核心的王道政治。他們思想中的"重文輕武"傾向是顯而易見的。不過,孔孟的原始儒學雖然具有強烈的"文治"理想色彩,倒也還沒有發展到空疏偏激的地步。在闡釋文武之事時,仍能充分考慮現實政治的需要,作出相對全面而辯證的認識。譬如孔子曾明確說過:"有文事者必有武備,有武事者必有文備。"①"足食足兵,民信之矣。"②聖人之言充分說明,一個完善的國家政權的良好運轉離不開文事与武備的共同作用。可是,孔孟所代表的儒家思想傳播到後世,其政治理論中關於文武相輔的辯證論述在無形中已被消解或忽略,而強調道德實踐和帝王"德治"、"仁政"的內容則得到了片面的繼承,以致到唐中葉以後,社會上形成了一股重文輕武的偏激風氣。唐朝詩人杜牧在《孫子兵法注》裏描述了這一反常的現象:"因使縉紳之士不敢言兵,或恥言之。倘有言者,世以為粗暴異人,人不比數。"也就是說,士大夫諱言兵事,都爭着附庸風雅,以儒雅為美,誰要去研讀兵書,討論軍事問題,往往會被世人看作是粗俗暴戾的怪物(異人),甚至沒人和他們交往(人不比數)。既然言兵以為恥,古代兵書的遭遇自然可想而知。

　　中國軍事著作之最負盛名者當屬"武經七書",即《孫子》、《司馬法》、《吳子》、《尉繚子》、《六韜》、《三略》、《李衛公問對》等七部古代兵書的合集,宋神宗元豐年間開始頒定流行。其中《孫子》和《吳子》最受兵家推崇,在戰國時代,"境內皆言兵,藏孫吳之書者家有之"③。到了西漢,"世俗所稱師旅,皆道《孫子》十三篇,吳起《兵法》,世多有"④,足見流傳之廣。然而,在唐宋以後普遍的重文輕武的時代風氣的籠罩下,傳統兵書作為儒學的對立面遭到了無情的批判和打擊,譬如宋朝文人陳師道上書神宗,誣蔑"孫吳之書"是"不陳於王者之前"的"盜書"之流,還大發厥詞曰:"夫兵,非聖人之學。"他極力反對朝廷以《武經七書》作為武舉考試的內容,並勸說神宗"卻兵家之圖書"⑤。"七書"之一的唐代兵書《李衛公問對》,在中國軍事學術史上占有重要地位,也長期遭到冷遇乃至誣衊。明人胡應麟在《四部正譌》中公然稱它"詞旨淺陋……當是唐末宋初俚儒村學掇拾貞觀君臣遺事、杜佑《通典》原文,傅以閭閻耳口。武人不知書,悅其俚近,故多讀之"。胡應麟不僅貶斥該書,而且直接表現出對軍人的鄙夷。作為武學經典的《武經七書》尚且如此,其他兵書的遭遇可想而知。這裏值得注意的是,陳師道、胡應麟兩人只是貶斥和反對兵學的兩個典型代表,可他們的言論卻反映了唐宋以後的儒家文人對待兵學和武事的普遍的偏激傾向。

　　在李贄看來,儒生的這種崇文抑武、輕視武臣的思想只不過是狂妄自大的糟粕之見。為此,他早在《藏書·賢將論》中就以辛辣的筆觸描述道:"世平時緩,家詩書而戶禮樂,糟粕者冠

---

① 《史記·孔子世家》。

② 《論語·顏淵》。

③ 《韓非子·五蠹》。

④ 《史記·孫子吳起列傳》。

⑤ 陳師道《擬御試武舉策》。參見王顯臣、許保林《中國古代兵書雜談》,解放軍出版社1983年版,第141頁。

冕珮玉以立於朝,視甲胄之士皆為武夫,為粗人,小小儆戒,即推以與一二粗人,而自視則曰:
'我伊、傅、周、召也,我皋、夔、稷、契也,安能知此粗人之事哉?'蓋食肉者乃細人,彼赴火者盡
粗人也。嗚呼! 古今天下,又安得有如是智、信、仁、勇、嚴之粗人而用之哉?"①在這段話裏,李
贄為我們勾勒了自視為"細人"的鄙儒們大言不慚的無恥面目:平日徒事禮樂詩書,一遇"小
小儆戒",就束手無策,只知推諉,還恬不知恥地自詡為經世之才,不屑"知此粗人之事"。在李
贄眼中,這些儒者只是一群"糟粕者"而已。

　　與李贄持同一見解的自然也不乏其人。比如蒙溪張鏊在《武經七書》序言裏就明確指出:
"天不生仲尼,則斯文之統以墜;天不生尚父,則勘亂之武曷張?"認為文武各有專用,不可偏
廢。李贄十分認同張鏊對崇文抑武思想的批判。不過在他看來,張鏊的這種文武分途、各有
其用的論調仍然沒有抓住問題的癥結,只是一種蒼白無力的辯解。為此,李贄在《孫子參同
序》中進行適時的理論糾偏。他將文武之用比喻為手足不可分離於人體,身體的各種活動都
要靠手腳共同完成,"雖手足亦不自知其孰為文用,而孰為武用者"。由此李贄斷言:"然則儒
者自謂能文而不能武,有是理耶? 既不能武,又豈復有能文之理耶?"對那些聲稱"儒專習文,
將專用武,原是兩途。縱儒有知兵者,然亦射不穿劄,騎不絕塵"的所謂"名儒"的辯駁予以有
力的回擊。在《藏書·世紀列傳總目後論》中他曾明確指出,文武分途的錯誤思想既源於"儒
者以文學名為儒"、"儒專習文"的偏見,同時也源於用武者以"不文名為武"的錯誤認知。在他
的理解中,"夫聖王之王也,居為後先疏附,出為奔走禦侮,易有二也"? 意思是說,"後先疏附"
為文之用,"奔走禦侮"是武之用,文武不二,皆聖王隨"居"、"出"之機所施之方便。李贄通過
一系列的文章,詳盡闡述了"文武不二"的理論。在此基礎上,他最終在《孫子參同序》中提出
了"以'七書'與'六經'合二為一,以教天下萬世"②的大膽設想。

　　李贄在《孫子參同》中除了對張鏊的文武分途論進行理論糾偏、主張"七書"與"六經"合一
之外,還對後世儒生空疏、偏激、迂腐的言行給予了猛烈的抨擊。他嘲諷腐儒邯鄲學步的行
為,並為其行為感到悲歎、惋惜:"唯夫子自以嘗學俎豆,不聞軍旅辭衛靈,遂為邯鄲之婦所證
據,千萬世之儒,皆為婦人矣。可不悲乎! 使曾子、有子若在,必知夫子此語,即速貧速朽之
語,非定論也。武臣之興,起於危亂;危亂之來,由於嬖寵。故傳親臣,傳近臣,傳外臣。外臣
者,隱處之臣也。天下亂則賢人隱,故以外臣終焉。嗚呼! 受人家國之托者,慎無刻舟求劍,
托名為儒,求治而反以亂,而使世之真才實學,大賢上聖,皆終身空室蓬戶已也,則儒者之不可
以治天下國家,信矣。"③在他看來,儒者不以《孫子兵法》取士,判文武為兩途的"左而又左"的
思想和言行已經嚴重阻礙了社會的正常發展。李贄說:"如是而望其折沖於樽俎之間,不出戶

---

① 《藏書》卷五十五《賢將論》。
② 《孫子參同》。
③ 《藏書·藏書世紀列傳總目後論》。

庭,不下堂階,而制變萬里之外,可得耶?"①李贄對宋明理學流行以來儒生"平日袖手談心性,臨終一死報君王"的學術偏失進行了自覺的反省,他形象描繪了腐儒的漫畫形象:"個個皆能抱不哭孩兒,一聞少警,其毒尚不如蜂蠆,而驚顧駭愕,束手無措。即有正言,亦不知是何說;即有真將軍,亦不知是何物。此句不合《論語》,此句不合《孝經》,此說未之前聞,此人行事不好,此人有處可議。嗚呼!雖使孫武子復生於今,不如一記誦七篇舉子耳。二場三場,初不省是何言語,咸自為鹿鳴瓊林嘉客,據坐瑤堂,而欲奔走孫武子堂下矣。豈不羞歟?夫孫武子且然,況魏武乎?蓋以市井奴輩視之矣。嗚呼!若魏武者,吾以謂千載而一見也。學者慎勿作矮人觀場之語可也。"②在這段話中,李贄甚至針對明朝開國以來以八股取士、一味重舉子業的僵化的人才選拔標準,以及知識分子的思想被"代聖賢立言"的八股文體禁錮等諸種現象,表達了自己的不滿,充分反映了他不以孔子之是非為是非,不為時俗所左右,敢於獨立思考的偉大思想家品格。

## (二)《孫子參同》意在申述作者不能實現的偉大理想

《孫子參同》的寫作體現了李贄對當時嚴峻形勢的現實關懷,真實反映了他渴望效命疆場的功名之念。有明一代,外憂內患不斷。北有蒙古諸部時相侵擾,明世宗嘉靖年後,東南沿海又有倭寇為患,再加上內部叛亂,民變蜂起。面對惡劣的軍事形勢,明王朝內部始終未能達成積極有效的統一意見。在北方,從明太祖朱元璋開始,明軍對盤踞漠北的蒙古貴族多次進行遠征北伐,然而始終未能取得戰場上的主動權,反而不斷損兵折將。明成祖以後,只好修建一條長城,對北方瓦剌部實行消極防禦,但最終也沒能阻止英宗被擄、京城淪陷的"土木之變"事件的發生。明朝廷只能依靠長城邊牆和火器進行被動防守,甚至畏敵如虎,凡是言戰的大臣多被冠以"輕啟邊釁"的罪名下獄處死。在東南沿海的對倭作戰中,明朝廷更是缺乏果斷的軍事措施,在戰略上始終存在着所謂"剿撫之爭"和"水陸之爭",在首鼠兩端的猶豫徘徊之間。浙江、福建沿海地區的鄉鎮已經在日本的武士浪人與部分閩浙大姓的勾結下一再遭到劫掠和侵擾,百姓的生命財產受到了嚴重的威脅。

李贄恰好就生活在這樣的一個時代。明嘉靖三十九年(公元1560年),李贄三十四歲,"聞白齋公沒,守制東歸。時倭夷竊肆海上,所在兵燹。居士間關夜行晝伏,余六月抵家,抵家又不暇試孝子事,墨衰率其弟若侄,晝夜登陴擊柝為城守備。城下矢石交,米斗斛十千無糴處。居士家口零三十,幾無以自活"③。這段簡短的敘述為我們勾勒了一幅正當壯年的李贄穿着黑色的孝服積極守城抗倭的緊張畫面,當然也表現了這位一生繫念現實民生的思想家的拳拳報國之心。李贄在萬曆七年(公元1579年)五十三歲時曾經回憶過一生遭遇的這些內憂外

---

① 《孫子參同》。
② 同上。
③ 《焚書》卷三《卓吾論略滇中作》。

患,說:"余初仕時,親見南倭北虜之亂矣。最後入滇,又熟聞土官、佧、僮之變矣。"①萬曆二十年(公元1592年),寧夏軍隊發生叛亂,與韃靼相勾結,騷擾西北邊防,對國家安全造成嚴重威脅。正在武昌作客的李贄聞訊大為驚歎,說:"天下之兵始矣。"②話語中流露出一腔憂憤之情。

　　國家內憂外患的形勢和儒家修齊治平的理想也在不斷刺激着李贄的功名之念。他畢生渴望能夠在戰場上建功立業,為此特別敬佩那些為國家效命疆場的豪傑之士。他在自詡為"萬世治平之書"的《藏書》、《續藏書》中曾為古今名臣將相立傳,並給予熱情評論,尤其對那些反抗民族侵略、保家衛國的歷史人物,從來不吝嗇褒揚的筆墨。譬如,他記載了岳飛抗金、文天祥抗元的英雄事迹,並詳細敍述了宗澤臨死仍心繫國難的動人情景:"諸將入問疾,澤瞿然曰:'吾以二帝蒙塵,積憤至此。汝等能殲敵,則我死無恨。'眾皆流涕。諸將出,澤歎曰:'出師未捷身先死,長使英雄淚滿襟。'翌日,風雨晝晦,澤連呼過河者三而卒。都人號慟,三學之士千餘人,為文以哭。"③正是出於這種感同身受的憂患意識和壯志豪情,李贄批駁了朱熹對堅決主張抗金的陳亮所作的"氣粗"、"血氣粗豪"的貶抑之詞,並批評他說:"吾意先生必有奇謀秘策,能使宋室再造,免於屈辱,呼吸俄頃,危而安,弱而強,幼學壯行,正其時矣。乃曾不聞嘉謀嘉猷。入告爾後,而直以內侍為言。是為當務之急與?"他認為朱熹對於入侵的外敵毫無辦法,只知排斥一些所謂"內侍",據說是"小人"的人。他雖然敬重夫子的學問,但也不能不從社稷憂患的角度給予猛烈的針砭。

　　與對朱熹頗多非議相反,李贄一生敬仰平定寧王宸濠之亂的前輩思想家王守仁。王守仁與朱熹同為一代理學大師,然而與朱熹相比,他更具有李贄夢寐以求的既能坐而論道又能安邦定國的真儒風範。李贄曾充滿深情地說道:"古之成大功者,亦誠多有,但未有旬日之間,不待請兵請糧而即擒反者,此唯先生能之,古今亦未有。"④萬曆二十二年(公元1594年),李贄已經六十八歲了。可他在教導汪本鈳時卻說:"丈夫生於天地間,太上出世為真佛,其次不失為功名之士。若令當世無功,萬世無名,養此狗命,在世何益?不如死矣。"這句話中雖然反映了晚年的李贄意欲學佛出世的思想,但另一方面也說明他直到垂暮之年也沒有忘情於功名,即始終保持着對現實的真切關懷⑤。

　　這種功名之念在李贄的詩篇中亦有體現。萬曆二十五年(公元1597年),七十一歲的李贄應梅國楨之邀奔赴大同。在途中,他寫有《過雁門》兩首詩。其一云:"盡道當關用一夫,昔人曾此捍匈奴。如今冒頓來稽顙,李牧如前不足都。"其二云:"千金一劍未曾磨,陛上關來感

---

① 《焚書》卷五《蜻蛉謠》。
② 凌禮潮、李敏《李贄其人》,香港天馬圖書有限公司2002年版,第76頁。
③ 《藏書》卷五十二《宗澤》。
④ 容肇祖《李贄年譜》,三聯書店1957年版,第27頁。
⑤ 同上,第73頁。

慨多。關下人稱真意氣,關頭人說白頭何!"①雁門關在山西代縣,自古是戍守重地,戰國時期趙國大將李牧曾長期駐守此地,防備匈奴入侵,以維護趙國北疆的安定。面對古戰場,李贄感慨萬千,他仰慕李牧大破匈奴的功業。然而,昔日的匈奴懾於李牧的威名僅止於不敢犯邊者十餘年,而明代自張居正整飭邊防以來,蒙古韃靼部俺答在戚繼光一系列的軍事壓力下被迫與明朝議和,其後繼者最終還接受了明朝順義王的封號。相比之下,李牧的功業何足道哉?面對張居正、戚繼光的豐功偉績,李贄由衷地表達了自己的崇敬之情。由他人聯想到自己,李贄情不自禁地在第二首詩中抒發了"廉頗老矣"的慨歎,表達了不能為國建功立業的無限悵惘。在大同客居的這年八月,李贄又寫有《塞上吟》一首:"乘槎欲問天,只怕沖牛斗。乘槎欲浮海,又怕蛟龍吼。"②該詩題下注有"時有倭警",指的是這年八月,日本再犯朝鮮並進逼王京的戰事,因朝鮮是大明的藩屬國之一,故明朝兵部尚書邢玠親往王京坐鎮,指揮抗倭。李贄於塞上作此詩,含蓄地表達了自己對國事的關心和志存高遠的豪邁情懷。這年秋天,李贄離開大同,奔赴北京。在途中,他寫下了《曉行逢征東將士卻寄梅中丞》一詩,云:"烽火城西百將屯,寒煙曉爨萬家村。雄邊子弟誇雕鞯,絕塞將軍早閉門。傍海何年知浪靜,登壇空自拜君恩。雲中今有真頗牧,安得移來覿至尊?"這首詩與《塞上吟》一樣,仍是為日本再犯朝鮮一事而發,充滿了對軍國大事的關心。李贄在去北京的途中遇到明廷派往朝鮮而經過塞外的"征東將士",不由寫詩諷刺那些早早"閉門"的"絕塞"庸將,由庸將聯想到朝廷因循守舊的用人方略,他多麼期待堪與戰國名將廉頗、李牧相媲美的好友梅國楨能被朝廷所重用。

上引詩作僅寫於他行赴大同及在大同生活的時期。由一斑而窺全豹,李贄一生的憂患意識和功名之念可以想見。這種對國家、民族的現實關懷是李贄編著《孫子參同》一書的重要動因,但這種動因並非緣於大同之行,而是緣於李贄一以貫之的現實情懷和不能實現的宏大抱負。正因如此,在明代眾多的《孫子》注解之作中,《孫子參同》才成為現實批判色彩最為濃重、注者個性最為張揚、思想最為獨特的一部力作。

### (三)《孫子參同》意在表達對好友梅國楨的同情

《孫子參同》的寫作既表現了李贄對友人梅國楨仕途遭遇的深切同情,同時也是邊塞特殊的軍事環境氛圍刺激的結果。萬曆二十五年(公元1597年),七十一歲的李贄,應大同巡撫梅國楨之邀,五月抵大同,在巡撫官署修訂《孫子參同》十三篇。對於此事,明季文人劉侗、于奕正《帝京景物略·李卓吾墓》一文留下了李贄"為梅中丞著《孫子參同》"的記載,由此傳達了這樣一個重要信息:梅國楨乃是考察《孫子參同》編著動機的關鍵線索。考察李贄與梅國楨的交往始末,我們發現,李贄編著《孫子參同》最直接的目的,即借着此書表達對友人梅國楨仕途命運的慨歎與同情。

---

① 《焚書》卷六《過雁門》。
② 《焚書》卷六《塞上吟》。

曾為《孫子參同》作序之梅國楨(公元1542—1605年),字客生,號衡湘,比李贄小十五歲,為人"闊達,不拘細碎"(明葉向高語),是湖北麻城人,隆慶元年(公元1567年)舉人,萬曆十一年(公元1583年)進士。據查,李贄與梅國楨第一次見面是在"戊子初"(公元1588年)。時李贄居麻城維摩庵,梅國楨服喪歸里。四年後,即萬曆二十年(公元1592年),寧夏發生叛亂,他不顧個人得失,大膽向神宗"薦如松大將才",並毛遂自薦,表示願協同討逆。最終神宗"命如松為提督陝西討逆軍務總兵,即以國楨監之"①。李如松在梅國楨的協助下,終於在當年九月平定了叛亂,安定了西北局勢。得知梅國楨自薦平叛,李贄竟然"喜見眉睫",奔走相告,說:"客生往矣,必能辦賊。"梅國楨凱旋,聽聞李贄所言,乃引為相知。兩人從此結為摯交。

在明朝後期腐敗無能的統治集團中,梅國楨確實堪稱智勇雙全之俊傑。李贄對此曾一再加以稱道。寧夏兵變後,他曾感於人才凋零,朝廷乏識人之慧,故發憤撰寫《二十分識》與《因記往事》兩文,表達"識、才、膽"兼備的人才觀,慨歎當世能為朝廷所用的理想人才實在太少。然而,在《復麻城人書》中,他卻又欣喜地說:"設早聞有梅監軍之命,亦慰喜而不發憤矣。"②在《與梅衡湘》一信中,李贄鑒於梅國楨願"繫單于頸"的壯志豪情,感慨地說:"今日之頸不在夷狄而在中國,中國有作梗者,朝廷之上自有公等諸賢聖在,即日可繫也。"由此可見,李贄對梅國楨的運籌帷幄之才確實深信不疑,堅信其為"識、才、膽"兼備和平定兵變的理想人選,所以當他得知梅公毛遂自薦、慷慨請纓的壯舉之後,便在《與友山》一文中由衷地表示了自己的欽佩之情:"今惟無江陵其人,故西夏叛卒至今負固,壯哉梅公之疏請也,莫謂秦遂無人也。"③深受李贄推重的梅衡湘已平叛成功,本應受到朝廷嘉獎、重用,可是等待他的卻只有被冷落的遭遇,"褒崇之典,封爵之勝,垂綸廣蔭,同載並舉,而客生回朝半歲,曾不聞有恩蔭之及,猶然一侍禦何也?余實訝之而未得其故,後於他所獲讀所為《西征奏議》者,乃不覺拊幾歎曰:'余初妄意謂客生西事我能為之,縱功成而不自居,我亦能之。不知其犯眾忌,處疑謗,日夕孤危,置身於城下以與將佐等伍,而卒能成奇功者也。'"④李贄對梅公的遭遇既"訝"且"愧",無奈之餘只好感慨道:"雖然,天下之事固有在朝不知,而天下之人能知之,亦有一時之天下不能知,至後世乃有知者,但得西方無事,國家晏然,則男兒志願畢矣,知與不知,何預吾事!"⑤在這裏,李贄表面上表示男兒報國不必計較時人與後人知否,但字裏行間仍流露出他對朝廷有功不賞的憤懣與不滿。這種語氣在他受梅公之邀由沁水到大同沿途所作詩篇中也能清楚地體味出。《晉陽懷古》一詩云:"水決汾河趙已分,孟談潛出間三軍。如何智伯破亡後,高赦無功獨首

---

① 《明史》卷二三八《李如松傳》。
② 《焚書》卷二《復麻城人書》。
③ 《焚書》卷二《與友山》。
④ 《續焚書》卷二《西征奏議後語》。
⑤ 同上。

論?"①戰國初期的晉國,智、趙、韓、魏四家公卿勢大,智氏最強,智伯恃勢強要三家土地,韓、魏無奈,被迫答應,只有趙襄子拒絕,於是智伯聯合韓、魏兩家欲水淹晉陽,當此危難之際,趙襄子派張孟談潛出城去,以利害說動韓、魏聯趙,終滅智氏,三分晉國。這裏的"高赦"和張孟談一樣,也是趙襄子的家臣。他在水淹晉陽的危急關頭,仍按照應有的禮節侍奉主公,因此被趙襄子賞識,擢居功臣之首。《呂氏春秋·義賞》記載了孔子對此事的欣賞態度。一貫不屈從聖人之意的李贄顯然不認可趙氏的這種做法,不過在這首詩中,他表面上是在詠史懷古,表達他對趙襄子論功行賞不看重軍功的不滿,為孟談打抱不平,事實上再次對梅國楨功成不賞的仕途遭遇寄予了深切同情。《孫子參同》的編著同樣反映了李贄這種心理背景。

一部著作的產生,實為多種機緣共同作用的結果。《孫子參同》的編著亦不僅是梅公遭遇觸發之故,而且有特殊的地緣關係。

《孫子參同》寫成於湖北麻城,最後修定於山西大同。在中國歷史上,麻城具有非常獨特的戰略地位。麻城位於鄂東北,大別山中段南麓,鄂、豫、皖三省交界處。夏商時期麻城屬於夏商王朝控制的小方國舉國,公元前十一世紀以後,成為黃國屬地。春秋戰國時期隸屬楚地。秦統一全國,置三十六郡,以郢為南郡,麻城屬南郡轄地。後置衡山郡,郡治邾城(今黃岡禹王城),於是劃歸衡山郡。兩漢時期為西陵轄地,隸屬江夏郡。三國時期先屬魏弋陽郡,後屬吳蘄春郡。晉屬弋陽郡,西晉永嘉三年(公元306年),因恢復西陽王爵位,先後將弋陽郡的西陵、邾、蘄春等劃歸西陽國(國都為今河南光山)。東晉咸和四年(公元329年),西陽王因叛亂被殺,國除,遂於邾城附近置西陽郡,麻城屬之。十六國時期後趙南侵,石勒的部將麻秋在今縣城東北十五里的古城築城以守,稱為"麻城"。自此,"麻城"之名始出。隋開皇十八年(公元598年)設縣,正式命名"麻城",屬黃州府,唐宋以後相襲至今。春秋戰國時期,地處吳頭楚尾的麻城是吳楚爭霸的主戰場,中國歷史上著名的柏舉之戰就發生在麻城龜峰山上。在中國戰爭史上,麻城一直是烽煙之區、交戰之地。在中國現代史上的黃麻起義、解放戰爭的中原突圍、劉鄧大軍挺進大別山、解放軍渡江作戰等戰役中,麻城都是一個重要的戰略要地。今日麻城位於光州、黃州之間,為守淮要塞,南北要衝,仍是兵家必爭之地。大別山乃江淮之分水嶺,險峻崎嶇,關隘森列。大別山有十三關隘,其中五關在明代麻城境內。如今之"五關",已部分屬湖北紅安縣境與河南新縣境。巍巍麻城五關,至今猶在。麻城這塊神奇的戰略要地,吸引了中外史學家的目光。比如,美國漢學家羅威廉(William T. Rowe)曾兩赴麻城考察,撰寫了《紅雨:一個中國縣七百年的暴力史》(斯坦福大學出版社2007年版)。

"大同"在有明一代乃抵禦蒙古勢力之邊關重地,而且早在秦漢時期就已經是抗擊匈奴之要塞,與兵家關係匪淺。大同又稱平城、雲州、鳳凰城,位於雁北大同盆地的西北部,桑乾河從大同南約十五公里處流過,桑乾河支流御河流經大同舊城東畔。大同北扼陰山,南控太行,東連上谷(今河北易縣),西以黃河為界挾內外長城,其地理位置決定了大同有重要的戰略地位。

---

① 《焚書》卷六《晉陽懷古》。

中國歷史上，中原的農耕文明與北方的遊牧文明處於衝突與融合的狀態，遊牧民族多從大同入侵中原。所以，大同歷來都是農耕文明和遊牧文明的爭奪要地。戰國時期，大同一帶是燕、趙的邊疆。趙武靈王"胡服騎射"就發生在大同。秦滅六國，設雁門郡，大同歸之。漢初在大同發生的"白登之圍"，高祖劉邦幾被匈奴俘獲。之後，漢代在大同一帶設郡縣，遣將屯軍。西晉永嘉年間（公元307—313年），鮮卑族首領拓跋猗盧從並州牧劉琨手裏獲取了陘北之地（今雁門關以北的地區），陘北之地遂又繁榮起來。最後，在桑水北築平城（大同），為北魏國都。北魏末年，由於平城氣候惡劣和孝文帝拓跋元宏急於漢化，加上六鎮叛亂使得平城周邊安全形勢惡化，北魏放棄大同把國都遷往河南洛陽，不久北魏滅亡。由此有人說，北魏的滅亡是放棄平城（大同）造成的。北周、北齊年間，大同以北的突厥族逐漸強大，常常進犯大同。隋唐兩朝，為防突厥南侵，保護河東（指黃河東面，今山西一帶），在大同重新築城。石敬瑭為謀取後唐，把轄境內的大同割讓給了契丹，以此換取契丹的援助。趙宋一代，大同屬遼、金統治，和中原文明無關，所以大同一直都是遼、金進攻宋朝的前沿陣地。遼代以後，大多建都北京。大同地勢居高臨下，成為北京的西北部防禦門戶，戰略位置十分重要。據說，早晨從大同出發，晚上即可進抵紫荊關，使京西成為戰場。故明代視大同為"肩背之地"，作為屯兵戍邊和通商的九邊重鎮。明太祖朱元璋封朱桂為代王，府邸在大同，後又派鎮朔大將軍石亨駐守大同，平時屯墾戍邊，敵來則戰。明代"九邊"之一的大同邊，治所就在大同。大同城不僅有重兵把守，而且周圍數百里城堡林立，烽火相望，加之內外長城環護，東有太行橫亙、西有黃河守衛，大同因此成為防衛北京和中原的戰略要地。

　　大同又稱"雲州"、"雲中郡"。西漢馮唐"持節雲中"之典故，史載甚明。梅國楨《孫子參同敘》云："雲中於兵，猶齊魯之於文學，其天性也。故為廣其傳，使人知古今兵法盡於《七經》，而《七經》盡於《孫子》。"①齊魯舊地，禮樂之鄉，正是孔孟學術盛行之地。與之相反，雲中則與兵家有不解之緣。這是時代、歷史的造就，也是文化的積澱。梅公這段文字實際上涉及地域文化的普遍原理，亦即獨特的地理環境往往能醞釀出與之相適應的文化風格、文化氛圍和生活情調。另一方面，這種別具一格的文化風格、文化氛圍和情調又對個性化的著述寫作至關重要，往往成為作家生命中的"非量化因素"，從而激起他前所未有的創造力。李贄的《藏書》、《焚書》等大部分著作與麻城龍潭湖之間的這種契合關係，即是明證。正如張建業教授所說："龍潭湖是孕育李贄光輝價值的一個重要情結、機緣和基地。"②同樣的道理，雲中作為歷史和現實中的邊關軍事重地，其濃郁的軍事氛圍和深厚的歷史感無疑會啟迪李贄的軍事思考，激勵他始終帶着強烈的現實意識，以高屋建瓴之勢最終完成了《孫子參同》修訂工作。

---

① 《孫子參同·孫子參同敘》。
② 淩禮潮、李敏《李贄其人》，香港天馬圖書有限公司2002年版，第99頁。

## (四)《孫子參同》寄托了李贄的"儒將"情結

　　《孫子參同》繼承了古代知識分子紙上談兵的學術傳統，寄托了濃郁的"儒將"情結。中國古代有豐厚的兵學遺產，僅存留於今的兵書就有四五百種之多。而兵書的作者更是十分廣泛，而且並非都是戎馬一生的職業軍人。從社會地位看，既有權傾一時的顯赫人物，如最早為《孫子》作注的魏武帝曹操；也有優遊林邊泉下的隱逸之士，如明代《孫子校解引類》（在日本流傳最廣的趙注孫子）的作者趙本學。從職業身份看，既有戰功卓著的一代名將，如唐代衛國公李靖、明代抗倭英雄戚繼光等；也有從未上過戰場的文人群體：哲學家、文學家，如唐代李筌、杜牧，宋代梅堯臣，明代呂坤等。這些文人雖然不是古代兵書的主要作者，但在中國軍事學史上，自春秋戰國以來，紙上論兵的傳統一直綿延不絕。《墨子》城守諸篇，《荀子·議兵》，自漢朝以來都被認為是兵書，可作者並不是軍人。在古代"學而優則仕"和"修齊治平"的傳統文化背景下，這種看似奇特的現象不僅是文武相輔之道的真實反映，而且傳達了文人強烈的社會責任感和顯現了追求不朽功名的情結。

　　我們常言"文治武功"，文武兩途自來有分工，不過這種分工只是相對而言，兩者之間的關係猶如陰陽兩極，始終處於互依共生和互相滲透之中。軍事非徒武力之用，亦在文事之修。通俗點說，帶兵打仗的將軍身邊必須有軍師謀士等文職人員的襄贊輔佐。這些參謀策士之流往往很有學問，善於動腦子，他們一般不會糾纏於具體的軍事指揮問題，而是經常站在全局的角度、戰略的高度思考與解讀戰爭，規劃戰爭的走向。戰爭結束後，又特別善於針對具體的戰役戰術，總結經驗教訓，形諸文字，做"事後諸葛亮"。當然，這些投身軍界的"另類"文人，既有希求圖形淩煙閣的主動抉擇者，亦有在仕途失意的狀態下屈身以求進者。不管出於何種動機，他們的選擇和成功實例在一定程度上帶動了傳統知識界對軍事關注和研究的興趣。事實上，即便已通過科舉考試，晉身士林的知識分子，在國際形勢嚴峻的背景下，出於對社稷安危的關心，也會經常關注軍事戰略問題。自宋仁宗年間元昊稱帝之後，部分士大夫更是注解《孫子》等古兵書，形成"士大夫人人言兵"的局面。

　　在此需要特別說明的是，在傳統文化的畸形語境下，文人言兵往往是在一種複雜、緊張的心理背景下進行的，既缺乏開明、通脫的眼光，又缺乏必要的科學態度，故多被熱情和偏見所主宰。以重文輕武風氣最為濃厚的宋朝為例，士大夫一方面鄙視武夫，認為"萬般皆下品，惟有讀書高"，熱衷於心性之學，或"盡力於經史詞章之學，而陋言兵"①，不屑於閱讀兵書；另一方面，面對西夏、遼、金、元迭相圍困的戰略形勢，面對被逐漸蠶食的大量國土，又時時興起慷慨恢復之志，力主抗戰，表現出強烈的英雄主義情懷，故而動輒言兵，臨山水而抒壯懷。這種學術偏見和情感偏執使得這些儒家文人對軍事實踐的複雜性和系統性缺乏深刻、科學的認識，往往空言託大，自命為"運籌帷幄之中，決勝千里之外"的"儒將"。以宋代大詞人蘇軾為例，作

---

① 茅元儀《廿一史戰略考·序》。

為古代知識分子的人格典範，蘇軾不僅承繼了儒家士大夫"修齊治平"的學術門徑，同樣沾染上了儒學發展過程中循道統、斥異端而自錮的疾患。他曾在《孫武論》中抨擊孫子的"詭道"，說它會導致無休止的"天下之亂"。可在他生活的時代，西夏、大遼已經對北宋構成了嚴重威脅，面對邊關狼煙，自小以天下為己任的蘇軾不可能無動於衷，所以他也經常在詩詞中慨歎年華老去，渴望早日建功立業，一旦登臨懷古，總不忘緬懷那些曾創造歷史的英雄豪傑。他在密州太守任上，曾寫《江城子·密州出獵》（老夫聊發少年狂）一詞。此詞表達了蘇軾對西夏邊患的擔憂和渴望馳騁疆場的壯懷。然而，文學畢竟是文學，極易變化的情緒畢竟無法替代科學、縝密的軍事部署，也無法抵消儒生骨子裏對武力征伐的鄙視和偏見。

　　古代文人"紙上談兵"的社會現象既包含了他們作為正面價值認同的儒家精神，同時還潛藏着大量的畸形心理趨向：貢高我慢；重文輕武；誇誇其談；華而不實。作為一個站在時代前列的啟蒙思想家，李贄無疑敏銳地認識到了傳統文化中的正負影響。正因為他的內心確立了這種有揚有棄、批判吸收的治學原則，故其軍事著作才呈現出既包羅萬象又自出機杼的個性化特徵。

　　李贄軍事思想的繼承性表現在廣泛吸收了豐富的古代軍事思想，堪稱"集兵家之大成，得孫子之神解"，發揚了儒家的正面價值觀，重視"修齊治平"的學術傳統，關心國家的安定團結和現實民生。其言兵論兵，皆出於儒者民胞物與之情。在此特別要強調的是，從治學本身而言，文人言兵的學術傳統對李贄論兵著書的行為往往具有潛在的影響。大凡學術，其研究對象與方法一旦自成模式，必會澤溉後人，形成一種綿延不絕的學術門徑或流派。李贄的一系列軍事論著，當然也受惠於這種傳統。

　　李贄軍事思想的開明性一面，除了表現在批判文人重文輕武的陋習，闡述文武相輔的思想之外，還表現在其軍事論著生動地融入了他對儒家之道的深刻認識。正因為他浸淫儒學甚深，已經洞察到儒學的根本不在章句之學，甚至不在充當口舌之資的心性之學，而在涵蓋生活與政治的全面、廣義的道德實踐之中，所以他眼中的軍事活動，很自然地變成了貫徹儒學之道、完成儒將修養的現實舞臺。與那些自命不凡的文人所想象的"儒將"有着本質的差異，李贄擁有自己獨特的儒將觀。兩者的區別在於：文人想象的"儒將"之"儒"側重在"儒雅"的氣質，經常被文人想象成"羽扇綸巾，雄姿英發，談笑間，檣櫓灰飛煙滅"的儒生模樣；而李贄理解的"儒將"則忽視其表而重視其心性，側重在儒者的仁心。曾被他明確肯定的北宋名將狄青就是一個典型的代表。狄青身為一員驍將，幾乎沒讀過什麼書，上陣殺敵多以獰獰的面具和鮮明的鎧甲示人，很難說有什麼瀟灑自得的儒生風度，然而正是他，寧可放過敵人，也不願錯殺無辜，具有真正的仁者之心。所以，李贄才在《藏書·大將傳》中稱其"儒將也，可敬可愛"。後世的"儒商"之流也多承襲了傳統的陋見，以為書架上羅列一批精裝名著，談吐引用一些詩詞名句，賣弄一點自己的學識，便可躋選"儒商"之列，殊不知，買櫝還珠，與儒者境界早已是天地懸隔。從這個意義上講，李贄的軍事著作正是其儒將情結的生動表達。

综上所述,《孫子參同》主要完成於萬曆二十四年(公元 1596 年)春的麻城。其編纂動機是多方面的：一方面,晚年李贄隱居於湖北黃安、麻城,遊於雲中等兵家必爭之地,即景生情,油然想起了硝煙彌漫的歷史往事,追昔撫今,又不由得為國家的邊患而憂心忡忡。另一方面,好友梅國楨的仕途遭遇,有明一代武將地位低下的現實,俗儒空談心性、鄙視武學的狹隘偏見,諸如此類的社會現象,總讓他感觸滿懷,心緒難平。紙上談兵的學術傳統、歷史往事和現實關懷引發的憤世嫉俗之念、在軍事活動中貫徹儒學之道的儒將情結,最終衍化為李贄於垂暮之年編著《孫子參同》的動力。

[**作者簡介**] 李桂生(1967—　),男,江西寧都人。文學博士,歷史學博士後,現為黃岡師範學院文學院副教授、副院長,主要從事兵家与諸子學研究,代表著作有《諸子文化与先秦兵家》、《兵家管理哲學》,發表論文 30 餘篇。

郭偉(1981—　),男,湖北襄陽人。現為黃岡師範學院文學院講師,已發表論文多篇。

# 旨在傳世的《子藏》工程

## 徐志嘯

近期收到華東師範大學《子藏》編纂中心寄來《子藏·道家部·莊子卷》的《簡介》一冊（國家圖書館出版社），翻閱一過，感觸良多。

早已聞及，華東師範大學先秦諸子研究中心以方勇教授為首，帶領一批青年教師和碩、博研究生及博士後，聯手海內外志同道合的諸子學研究者和文獻學專家，擬從事一項前無古人的浩大工程——堪與《佛藏》、《道藏》、《儒藏》並駕的大型古籍文獻子書集成文庫《子藏》；後又得悉，萬事開頭難，該工程的起步階段並不順利，遇到了一些意外情況，令學界不免有些風風雨雨。好在真相總能說清，是非自有公斷，塵埃落定，工程終於奠下了基石，並在經過多年辛勤努力的基礎上，開始問世成果——眼下這本《簡介》告訴我們，工程不僅已開工，且經過八年的艱苦奮鬥，已問世了"首批成果"——《子藏·道家部·莊子卷》，該套卷本搜輯了中國歷代莊子學著作（包括《莊子》原著白文本及歷代《莊子》校勘、注釋、研究等）302部，合成精裝16開本162冊，由國家圖書館出版社出版。據悉，這"首批成果"的發佈會，經文化部正式批準，在國家圖書館出版社的大力支持下，於不久前在人民大會堂隆重召開，海內外數十位專家濟濟一堂，共同見證了這部空前浩大古籍文獻文庫首批成果的問世。

由《簡介》可以清楚看出，《子藏》工程是一個規模宏大、搜集全備、編輯品質上乘的歷代子書文獻集大成的文庫（目前問世的《莊子卷》儘管有162冊之多，收入302部書，卻還只是整個《子藏》文庫的一小部分，全部文庫將納入先秦至六朝包括《論語》、《孟子》、《老子》、《莊子》等在內的五十六部子書，及由這些子書所衍生的眾多文獻資料，其所收數量將達5 000部之多）。翻開《簡介》，首先撲入眼簾的是162冊《莊子卷》的圖冊縮影照，精美典雅的圖冊，表明了國家圖書館出版社對出版這個宏大文庫的高度重視。

從總編纂對該文庫編纂宗旨及具體編纂過程的闡述中，我們可以知道，《子藏》編纂的總體原則是"求全且精"：即一方面要做到"竭澤而漁"式的"全"，彙輯、影印海內外所存先秦兩漢魏晉六朝的諸子白文本，及歷代涉及諸子原著校勘、注釋、研究等的各類著作（包括善本、珍本、孤本，乃至抄本、手稿本等第一手資料），力求搜羅殆盡（甚至還包括刊本與稿本或抄本並傳，而內容有所不同者，也將一併予以收錄，而對歷代子書的多種批校本，則擇善而從）；且還要顧及"精",即特別要重視對諸多版本的精心選擇,尤其對一些後代翻刻、影印而致殘損的本子,力求找到能保持原貌的原本。這方面的例子,《莊子卷》是很好的說明。同樣截止到1949年,《莊子卷》收錄的歷代莊子學著作,比前已問世的嚴靈峰所編的《莊子集成》(包括初編、續編、補編等),總數超出了130部,且一些深藏於中國國家圖書館、上海圖書館、北京大學圖書館、復旦大學圖書館等的珍本、孤本,嚴靈峰等人或未曾見到、或未予收錄者,《莊子卷》都予以一一錄入,足見其"全"的程度;而對版本的選擇,嚴靈峰《莊子集成》(還包括其他一些大型叢書)收入的本子中,不少選用了民國間上海涵芬樓借北京白雲觀所藏明正統《道藏》加以影印的本子作為底本,而涵芬樓在影印這些本子時已將各書中眾多的扉畫盡予刪除,還對版式作了改動,而《莊子卷》卻不然,不用涵芬樓的影印本,直接以北京白雲觀原藏梵夾本的明正統《道藏》為底本,這就保證了原貌的完整性,便於讀者和研究者看到原著的本來面貌。特別值得一提的是,北宋呂惠卿的《莊子義》十卷,一般人只能見到宋末褚伯秀《南華真經義海纂微》引錄的文字,以及民國陳任中據褚著引錄及黑水城出土的呂著殘頁整理而成的《宋呂觀文進莊子義》十卷,而無緣見到深藏於中國國家圖書館內的金大定十二年(公元1172年)刊本《壬辰重改證呂太尉經進莊子全解》十卷,《莊子卷》則滿足了莊學研究者的願望,讓呂惠卿的《莊子義》得以全貌展示於眾。類似的例子在《莊子卷》中還有很多,足見編纂者為求"全且精"的良苦用心和所花費的工夫之深。可以相信,不光是《莊子卷》,此後《子藏》中的其他一系列子書的卷本,都會以這種精神和方式,體現"求全且精"的原則。

從對《子藏》的編纂要求而言,不光是盡可能"全且精"地收錄歷代子書的各種有價值的本子,還要對各類本子按系列撰寫"提要"(擬先出版單行本,而後匯成"總目提要"),這些"提要",要求文字準確簡要,體例基本一致——包括著者的生平、世次、爵里,以及著作的內容簡要和版本源流等。《簡介》中附了《南華真經五卷·提要》,其所寫文字,應該說很好地體現了編纂者的上述要求,它可稱《莊子卷》(實際也是《子藏》)"提要"的範例,讀者藉此可窺一斑。顯然,《子藏》的工作量是十分浩大的,對學術品質的要求也相應非常嚴格,不過,我們從眼下已經問世的《莊子卷》看,可以毫不懷疑地斷定,編纂者為實現保質保量所作的努力,實際上已達到初定目標了。

由《簡介》的介紹,我們初步認識了《莊子卷》的基本面目,且透過它,似能窺到《子藏》的全豹之影。這裏應特別提及,總編纂方勇為《子藏》和《莊子卷》分別撰寫的《子藏》"總序"及《莊子卷》"前言"(均載於《簡介》),是兩篇很能體現學問功力和學術分量的力作,它們完全可以作為論述子學史和莊子學史的論文看待,且前者以駢文形式撰就,足顯作者扎實深厚的古文功底。也正如方勇在《子藏》"總序"中所說:"敢以振興文教自任,啟動《子藏》工程,蒐天下之遺籍,極百家之大觀,其霑溉子學,嘉惠來茲,蔑以加矣。""然則《子藏》之纂,廣蒐博採,薈萃群籍,若渤澥納百川之流,太倉聚萬斛之粟,自有子書以來,無有如斯之富有美備,蔚然稱盛,不特策府藉資充盈,用垂久遠,凡四方治子學者,蓋不俟於遐搜之力,患乎旁稽之艱,亦可愜意鷹心,足資觀覽矣。"這番話既說明了編纂《子藏》的真正目的——乃旨在"振興文教"和"霑溉子學,嘉惠來茲",也道出了完成此工程本身的難度和不易,同時,它也告訴我們,《子藏》的問世,無疑將功在當代、澤被後世。筆者以為,這個容納五千冊之巨堪稱煌煌宏大之古籍文獻文庫,一俟其全部出版問世,不僅將有利於當今的文化建設,有利於傳統文化遺產的繼承、傳播和古典文獻的妥善保存和流傳,更將有功於後世千秋百代,為中華傳統文化的弘揚與走向世界,作出不可磨滅的貢獻。故而,筆者稱《子藏》為旨在傳世的工程,毫不為過,它的最終圓滿完工,一定可成為傳世的文獻寶庫,為世人所稱道。

(作者單位:復旦大學中文系)

# "為後來學莊者節省了半生精力"
## ——評方勇教授《莊子纂要》

### 包兆會

華東師範大學方勇教授經過八年努力,撰成《莊子纂要》,不久前已由學苑出版社出版發行,精裝八冊,400萬字。這是莊學史上的一件大事。

在莊學界和諸子學界,學者們對方勇教授並不陌生。方教授已出版過100萬字的《莊子詮評》(合著,巴蜀書社2007年版)和200萬字的《莊子學史》(人民出版社2008年版),總編纂《子藏·道家部·莊子卷》162冊(國家圖書館出版社2011年版)。因而,他是最有資格和實力撰寫這一煌煌巨著的。

那麼,為什麼要編撰此書呢?方勇教授在該書序中說:"魏晉以降,解者無慮五六百家,然率多支離隔膜,其或臆測瞽說,《莊子》之旨難以卒顯也。故非薈眾說、擷諸家、葺狐腋、聚吉光,未可窺其全真之美,此陸元朗《音義》、褚雪巘《纂微》、焦弱侯《莊翼》、郭子潣《集釋》之所為作也。"同時也感歎:"時下治《莊》,或魚兔未獲而筌蹄已棄,尤多華辭臆說,高談而不根,若憑虛之捕象罔也。"有感於此,方教授"八載以來,廣稽群籍,撮要抉精","匯千載治《莊》精華於一編"。撰者也確實做到了斟酌選擇、調和決奪、得一妥適之正解。

有了數十年文獻積累的功夫,尤其有歷代300多家莊學著作為基礎,方勇教授才能精採古今各家之注,度越古人褚伯秀、焦竑、郭慶藩,超軼時賢王叔岷等。茲舉數例:其一,《莊子》流傳至今,訛誤甚多,故撰者在"箋注"中依據《經典釋文》所出的六朝本,及敦煌殘卷、日本高山寺古鈔本、明正統《道藏》各本等進行校勘,在"校勘"中撰者遍引諸家,從魏晉郭象、唐陸德明、宋陳景元、清俞樾,乃至聞一多、馬敘倫、劉文典、高亨等,無所不涉,然後斷以己意,時有新見,發前人所未發。其二,歷代注《莊》者不乏引證廣泛,校勘精審,網羅眾說,如郭慶藩《莊子集釋》、王先謙《莊子集解》、王叔岷《莊子校詮》等,但主要關注義理和考據,對《莊子》文章之學關注不夠,尤其對明清以來大量以文解莊者關注不多,方勇教授則在原文每節後特設"點評",網羅明清陸西星、林雲銘、宣穎、胡文英、劉鳳苞等從文學方面對莊文的評點,彌補了這方面長期以來的空缺,使讀者從文學角度體會到了《莊子》散文行文之妙。

撰者的編撰體例也值得稱道,各篇前有"解題",後有總論,末附"論文輯目"。各篇原文分為若干節,各節原文後依次為"箋注"、"點評"、"分解"、"校勘"。"箋注"及各篇"解題"末冠以

"愚按",斷以己意。清宣穎《南華經解·莊解小言》說:"先細讀其一節,又細讀其大段,又總讀其全篇,則竅會分明,首尾貫穿,蓋必目無全牛者,然後能盡有全牛也。"方勇先生把各篇原文分若干節,並分別對若干節進行"箋注"、"點評"、"分解"、"校勘",最後在文末有總論,這種做法類似於宣穎所說的,是先對一節和大段的細讀,後又有對全篇的總讀。這樣確實做到了宏微並照:微在有分解、校勘和注釋,或訓其詞章,或標其音義,或定其錯訛;宏在有解題、總論和撰者提綱挈領式的總結,探其義理和篇章結構思路。尤其撰者抒發的宏論即"愚按",通體朗暢,豁人心意,超越時下治《莊》者得於此者失於彼,明於前而昧於後的通病。末附以發表時間為序的研究這一篇章的"論文輯目"。以《逍遙遊》為例,該"論文輯目"收錄了內地從1933年至2009年、臺灣從1966年至2009年共400餘篇這方面的研究論文目錄。這對治莊者瞭解這方面相關議題研究進展甚有襄助之功。

此書另一亮點是,撰者在斠讎與義理並重同時,兼好文章。書末附錄《莊子詩文序跋匯輯》二冊,以手工檢索與電子檢索相結合,從浩如煙海的歷代文獻資料中,輯出有關《莊子》序跋及詩文,依不同內容及問世先後而次第之。從某種意義上說,此二冊用實證的方式展示了《莊子》對中國古代思想尤其詩文寫作的影響,藉此改變了過去學界詮釋和理解莊子主要通過研讀《莊子》和解莊者的單一路徑,也打破了把莊子影響僅局限在對中國人的思想、心靈和生活方式層面上的做法。附錄二冊也讓我們非常清晰地看到,《莊子》在魏晉成為顯學以前,其相關內容已在先秦和兩漢主要文人學者著作中留有痕迹,如荀子、韓非子、呂不韋、賈誼、韓嬰、劉安、司馬遷、董仲舒、劉向、揚雄、桓譚、班固、王充、張衡等著作中都提到《莊子》,這說明《莊子》從誕生之日起,對中國後世文化的強大影響一直沒有中斷過。

此書還有一亮點,就是在某一專題下所羅列的各家觀點構成了該專題的編年史。以《逍遙遊》"解題"為例,作者詳採古今各家之說,從魏晉向秀、郭象、司馬彪對"逍遙遊"解釋始,途經唐陸德明、成玄英,宋陳景元、林希逸、劉辰翁,明陸西星、沈一貫、釋德清、錢澄之,直至清浦起龍、劉鴻典、王先謙,由此逍遙義的編年史也成了逍遙義演變的歷史,這十分有助於學莊者瞭解逍遙義的時代發展趨勢和歷史演變。

不過,由於受編撰體例影響,此書沒法從某一專題的編年史上升到問題史。在現代語境下,若要讓莊子提出的議題與現代人和西方對談,須把某一專題編年史的文獻整理成該專題框架下的問題及問題史,陳鼓應先生就提出:"《莊子》一書在不同時間、不同地域下的詮釋和演進仍存有許多問題亟待更深入細緻的討論,其中隱含的很多學術問題仍需要予以揭明。即使是莊子研究的方式方法,我們也應該嘗試多作改變。比如,可以以專題的形式集中探尋莊子某一理論在後世的變遷。"① 瑞士莊學研究專家畢來德注重《莊子》本身所傳達的"人類共通經驗",並希望就某些終結問題,中西文化一起面對並共同反思,"這種反思要面向未來,但離

---

① 陳鼓應《諸子學的新浪潮》,載《光明日報》2011年12月5日第15版。

不開對歷史和歷史遺産的思考,而這裏缺不了莊子"①。

實際上,《莊子纂要》的文獻資料也很大程度上提供了對某一專題從問題史角度的考察。以莊子思考的人生二難爲例,《人間世》篇提到了顔回所面臨的"危身"與"危國"之間的二難選擇,《山木》篇中所面臨的"山中之木,以不材得終其天年,今主人之雁,以不材死"的人生困惑。面對這樣的"人類共同經驗",歷代注莊者對其作了不同的應對之道,大致有以下六種:第一種肯定莊子提出的"與時俱化"、"無肯專爲"的人生策略,但沒有進一步說明這一人生策略如何操作及落腳點在什麽地方,如郭象曰:"不可必,故待之不一方。惟與時俱化者,能涉變而常通耳。"林希逸曰:"歎人事之無常,危機之可畏也。故囑其弟子識之,唯順乎自然,則可以自免也。"第二種肯定莊子提出的"乘道德而浮遊"、"浮遊乎萬物之祖,物物而不物於物"的人生策略,强調回到萬物之祖,"萬物之祖,始於無有。無有,豈尚落在材不材上?"(陶崇道)宣穎曰:"若材若不材,猶以兩界而不免於傷,唯道德,則材不材之跡俱化,超然萬物之上,累何自至耶?嗚呼!斯鄉也,農黄以後其不再見矣乎!"②第三種强調遠害之道,在於去其自賢,如陸西星曰:"此篇所論全身免患之道,最爲詳悉,正好與内篇《人間世》參看,其要只在虚己順時,而去其自賢之心。熟讀此者,可以經世務矣。"第四種强調了人生的無可奈何,如朱青長曰:"因設兩問自難,作《山木》十三",方勇按:"所有這些都表明,在'殊死者相枕'、'桁楊者相推'、'刑戮者相望'的殘酷現實面前,作者已完全感到無可奈何,無能爲力,因而只好韜光斂迹,超然物外,以便使自己遠離禍患,到精神的自由王國裏去獲得徹底的解脱。"③第五種强調莊子處人間世,重退藏,但不需歸隱山林,在朝市可以過心隱和身隱、自適自得、至真的生活,如袁中道曰:"處人間世不易,而事暴君尤難。……不獨山林可隱也,朝市亦可隱也;不獨朝市可隱也,暴主之前亦可隱也。……不材之木,不材之人,全其天年。膏火山木,歌於楚狂,亦欲其退藏也。夫人間世之道,莫妙於退藏矣。退藏非不用也,有可用,則莫能用。故退藏不用,正所以用也。"④袁中道肯定自身有用,只不過世道讓其莫能其用,"故退藏不用"。第六種如方以智的回應:"人間險阻場也,誣人間乎!心若不生,何險何阻?然以有心無心之幡,爭雄妙禍之門,神販利器,甚則誣天,流涕久矣。迷陽迷陽,郤曲郤曲。三陳九卦,懼以終始。憂患之密,何其不得已也若此!……汝之師曰:人不畏死,奈何以死懼之?"⑤方以智認爲面對人生險境,若置個人生死得失於度外,選擇時就不會患得患失,所以他認爲"治國也,出使也,傅太子也,皆折軛觸樊之

---

① 畢來德《莊子的世界與世界的莊子》(訪談録),載《光明日報》2008年12月8日第12版。
② 以上資料摘自《山木》首段"分解"部分,詳見方勇《莊子纂要》(四),學苑出版社2012年版,第950~954頁。下引用該書,省去作者、出版社及出版時間。
③ 以上資料摘自《山木》"解題"部分,詳見《莊子纂要》(四),第944~946頁。
④ 見《莊子纂要》(八),第756頁。
⑤ 同上,第865頁。

族也"①。

　　以上六種對人生二難的回應,散落在《莊子纂要》第四冊《山木》篇"分解"、"解題"以及《莊子詩文序跋匯輯》第八冊中,由於編者不是從問題史角度搜集這方面資料,所以,有些文獻未被汲取,如,此書雖收有清人田雯的詩②,但未收有田雯對"木雁二難"問題的回應:"才與不才兼木雁,隱能終隱伴漁樵。"(《春日十首》之一)莊子面對的人生二難在今天這個時代也隱隱回響,錢穆先生在《莊子纂箋·序言》中感歎說:

　　　　報載平、津大學教授,方集中思想改造,競坦白者踰六千人,不禁為之廢書擲筆而歎。念蒙叟復生,亦將何以自處?作逍遙之遊乎,則何逃於隨群虱而處褌?齊物論之芒乎,則何逃於必一馬之是期?將養其生乎,則遊刃而無地。將處於人間乎,則散木而且翦。儵忽無情,混沌必鑿。德符雖充,桎梏難解。計惟鼠肝蟲臂,唯命之從。曾是以為人之宗師乎!又烏得求曳尾於塗中?又烏得觀魚樂於濠上?

　　"論文輯目"中沒有收錄香港學者這方面的研究成果,是一大遺憾。其次,由於《莊子纂要》涉及兩千多年的莊學史料,在搜羅方面不可能做到纖細不遺,尤其是晚清以來的莊學資料,未被汲取的尚有不少,需要後人繼續搜輯補充。可能考慮到篇幅太長,歷代解莊者的簡介在此書中沒有出現。若能對引用的歷代解莊者在附錄中作一簡介,對他們治莊特色作一說明,則有助於初學《莊子》者對他們的瞭解。

　　總體而言,此書瑕不掩瑜,在文獻集大成上遠超前人,在體例安排上可謂至纖至悉。正如曹礎基先生評論說:"(方)先生不愧為莊學功臣,(此書)為後來學莊者節省了半生精力。"

（作者單位：南京大學文學院）

---

① 見《莊子纂要》(八),第865頁。
② 田雯《偶作之二(節錄)》:"置身木雁是蒙莊,多事張儀鬥舌強。老子何妨無病病,國人群笑不狂狂。"(《古歡堂集》卷十一》)(見《莊子纂要》(八),第952頁。)

# 為諸子學全面復興而努力

——在"先秦諸子暨《子藏》學術研討會"上的發言

## 方 勇

中華文化，向以博大精深、源遠流長著稱於世；先秦諸子，則以切磋琢磨、學富思深見長。方彼之時，儒墨爭流，百家競秀，諸子號為顯學，其沾溉後世，嘉惠學林，可謂深且遠矣。

春秋戰國之世，王道衰微，禮崩樂壞，社會政治與道德人心發生了重大變化。面對紛紜複雜的社會現狀，有志之士皆思有以救世：孔子以仁義為道德根基，墨子以兼愛為救世良方；孟子倡性善，荀子主性惡；老聃貴柔，列子貴虛……各家主張不一，取捨亦異，遂形成思想文化領域"百家爭鳴"的繁盛局面。可以說，春秋戰國時期是中華學術思想第一次高度繁榮的時期，是中華文化傳統奠基發展的時期，是形成中華民族核心價值觀念、培育民族精神的時期。活活潑潑的諸子百家，是中華精神和思想的源頭活水。馮友蘭在《中國哲學史》中曾說："在中國哲學史各時期中，哲學家派別之眾，其所討論問題之多，範圍之廣，及其研究興趣之濃厚，氣象之蓬勃，皆以子學時代為第一。"

然自秦之後，子學發展道路艱難曲折。秦代焚書坑儒，"天下敢有藏《詩》、《書》、百家語者，悉詣守、尉雜燒之"。所謂"百家語"，即諸子之學。漢武帝建元元年（前140年）以申不害、商鞅、韓非、蘇秦、張儀之言亂國政，皆廢而不用。後又遵從董仲舒之議，"罷黜百家、獨尊儒術"，全使儒家獨大，諸家不顯。漢成帝時，東平思王劉宇曾上書求諸子書，遭到拒絕，理由是"諸子書或反經術，非聖人；或明鬼神，信物怪"。東漢班固的《漢書·藝文志》以《六經》權衡百家，以為諸子"亦《六經》之支與流裔"，"若能修六藝之術，而觀此九家之言，舍短取長，則可以通萬方之略矣"。班氏雖置經學於諸子之上，但不否認諸子價值，然後世讀書人多以經學為獨尊，廢諸子之書不觀，甚者如南宋呂公著上書請禁諸子，以為"主司不得出題老莊書，舉子不得以申、韓、佛書為學"（《宋史·呂公著傳》）。然亦有博學宏識之士，以子書創作為己任，發其宏論。楊雄《法言》、王充《論衡》、王符《潛夫》、荀悅《申鑒》、葛洪《抱朴》、佚名《劉子》、蕭繹《金樓》、顏介《家訓》、王通《中說》，皆踵武"百家"，流譽後世，子學傳統遂如縷之不絕矣。

子學研究亦歧路屢出。自子書誕生以來，子學研究就從未停止過。先秦時期有《莊子·天下》、《荀子·解蔽》和《非十二子》、《尸子·廣澤篇》、《呂氏春秋·不二》等提綱挈領的論述。西漢時期，司馬談在《論六家要指》中首次提出先秦諸子有陰陽、儒、墨、名、法、道六個主要學術派別。後，劉向、劉歆父子校讎天下圖書為《七略》，以周秦以來諸子所著之書為《諸子略》，在司馬談的基礎上增加農、縱橫、雜、小說四家，"九流十家"的說法自此形成。其後歷代官私書目均立有子部，然或分類蕪雜，或收錄不全，諸子之概念和範圍模糊不清。如《四庫全書》推步、算書、數學、占候、相宅相墓、占卜、命書相書、陰陽五行、雜技術、書畫、琴譜、篆刻、雜技、器物、食譜、雜學、雜考、雜說、雜品、雜纂、雜編、雜事、異聞、瑣語，均入諸子，門類冗雜，採擇失統。且雖稱"全書"，所收《管子》、《晏子》、《老子》、《莊子》、《墨子》、《商君》、《荀子》、《韓子》、《呂覽》、《淮南》白文本及其研治之著作，僅有二三十部，諸多重要子書著述、版本遺漏未收。

諸子之學，凋零若此。然亦間有有識之士，唐韓愈儒墨互用之說，柳宗元《辯鶡冠子》之篇，宋高似孫《子略》，明宋濂《諸子辨》，皆子學棘途之踽踽者。自明中葉以後，王陽明、楊慎、朱得之、羅汝芳、焦竑、楊起元諸人，更以佛、道推盛心學，子學亦隨之漸張。明末傅山倡導"經子不分"，曰"有子而後有作經者也"（《雜記三》），且身體力行，評注《老》、《莊》、《墨》、《荀》、《淮南》等，開近代諸子研究之先聲。清代文禍屢起，士人不得不埋首故紙堆，不問世事，以求自保。清儒整理群書，以先秦諸子之書為大宗。梁啟超總結清代學術成就，以為："蓋自漢武罷黜百家以後，直至清之中葉，諸子學可謂全廢。若荀若墨，以為得罪孟子之故，幾莫敢齒及。及考證學興，引據惟古是尚，學者始思及六經以外，尚有如許可珍之籍。"（《清代學術概論》）"自清初提倡讀書好古之風，學者始以誦習經史相淬厲。其結果惹起許多古書之復活，內中最重要者為秦漢以前子書之研究。"（《近三百年學術史》）清人以校注、輯佚、辨偽之"樸學"，使沉寂兩千年之子學重新復活，引起學界研究諸子學的極大興味。

民國時西學漸進，以西方思維、邏輯和知識體系來闡釋諸子者漸多，諸子研究頗為興盛，但也呈現出光怪陸離之勢。或倡"西學源於諸子"之論，以張揚國粹：鄒伯奇以泰西科技、宗教、文字濫觴於《墨子》，薛福成以西洋電學、化學權輿於《莊子·外物》，張自牧以西人算學、重學、數學、聲學、熱學、光學、電學、化學、醫學、天文學、氣象學、地理學、機械學、測量學、植物學出自《墨子》、《關尹》、《淮南》、《亢倉》、《論衡》。如此之類，皆有激於當時經濟技術落後於西方，故意圖以文化爭勝，持論雖偏，然推抱九流，熱忱愛國，用心可謂良苦。或是以西學簡單緣附、權衡諸子，"由是孔子成了最時髦的共產主義者，又成了新大陸挽近的行為派的心理學家"，或"以愛因斯坦的'相對論'解釋《老子》"。以至當時羅根澤想寫一篇《由西洋哲學鐵蹄下救出中國哲學》的論文，以揭穿這種中國哲學家披上西洋外衣的中貨西裝的把戲（見《古史辨》第七冊前序，又見《羅根澤說諸子學》前序）。由是可見，民國時期學界對諸子學的研究仍處在艱難的摸索階段。

改革開放以來，經濟大發展，民族文化也得到了高度重視。黨的十七屆六中全會制定了文化大發展大繁榮的宏偉藍圖，鮮明地把文化強國作為國家戰略的重要內容突出強調。人類文明發展的歷史表明，自從各大原創文明"軸心時代"爆發以後，王朝興替，文運輪回，每一次文化的大規模重建都是對軸心時期思想文化的再闡釋。產生於"軸心時代"的諸子之學從來都是當下之學——自彙聚諸子思想的諸子文本誕生伊始，伴隨後人對文本的不斷詮釋、解構與重建,子學如同鮮活的生命體,不斷發展、演變,生成了一代又一代的新子學。因此,我們認為,文化繁榮、文化強國離不開子學研究,子學研究必然能促進經濟繁榮。在國家政治穩定、經濟繁盛的今天,"新子學"的春天再度來臨,全面復興子學的時機已經成熟。

現在,我們有了堪與其他重大文化工程比肩的子學類重大科研項目。多年來,中華書局一直致力於《新編諸子集成》叢書的編撰出版,為學界提供了子學的權威讀本;四川人民出版社出版《諸子集成補編》、《諸子集成新編》、《諸子集成續編》共40冊,為學界提供了一個總覽諸子學全貌的機會。而今,華東師範大學先秦諸子研究中心編撰《子藏》,預計以十年時間,收書5 000餘部,將其打造成為一部取之不盡用之不竭的諸子研究資料寶庫,為諸子學的全面復興打下堅實的資料基礎。現首批成果《子藏·莊子卷》已經出版。

現在,我們也有了子學研究的系列叢書。近些年來,學界圍繞諸子學,出版了數百部專著,內容涉及專書研究、交叉研究等,極大地推進了諸子學的發展。2011年,華東師範大學先秦諸子研究中心也推出了"諸子研究叢書",以總結歷代諸子學研究和推進當前諸子學研究為己任,重點關注周秦、漢魏、兩晉南北朝、隋唐時期的諸子之書,主要立足於文獻和思想這兩個層面而展開。預計推出五十種,現已經推出六輯。

現在,我們更擁有了子學交流的科研陣地。今天,眾多的大學學報、學術期刊均在發表諸子學研究的文章。《諸子學刊》作為全國首個以發表諸子學研究論文為目的的專門性期刊,已經連續主辦了六輯,發表論文二百餘篇。

"德不孤,必有鄰",我們在諸子學研究領域同樣有許多好的方法可供借鑒。20世紀20年代,四川學者劉咸炘指出研究諸子學有三個必經的步驟:一曰考校,即考真偽,釐偏卷,正文字,通句讀。二曰專究,即各別研求,明宗旨,貫本末。三曰通論,即綜合比較,立中觀,考源流。然子學研究的這三個步驟古人做得並不好,宋、明學者因鄙棄諸子,不肯作一、二兩步,而徑作第三步,故多粗疏概斷割裂牽混之習。清代學者恪守第一步而局於枝節,於二、三步又太疏。(《劉咸炘學術論集·子學編上·子疏先講》)時至30年代,羅根澤也曾有過宏大的子學研究計劃,擬分為五種研究:人的研究,書的研究(包括文字內容的研究、通釋、標點、索引、著作年代的研究);學說的研究(包括個人的研究、派別的研究、歷史的研究、比較的研究、測重學術者);佚子的研究;歷代人研究諸子的總成績(包括子學考和歷代人眼光中的諸子)(《羅根澤說諸子學》前序,又見《古史辨》第七冊前序)。前輩學者的心得、計劃,給了我們無數的啟迪,可以用為我們進一步研究的指南。前輩未完成的事業,需要我們繼續努力! 一代有一代之學術,新的時代又賦予了我們新的學術使命,我們以為:

諸子學的全面復興,尚有待於我們對子學的重新界定和認識。劉勰云:"諸子者,入道見志之書。"(《文心雕龍·諸子》)然歷代書目,子部配隸,多有可議。如《隋志》合《漢志》諸子略、兵書略、數術略、方技略而為"子部",歸攝天文、歷數、五行、醫方,此皆方術。我們以為子學之"子",當取思想史"諸子百家"之"子",而並不能因襲目錄學"經、史、子、集"之"子"。

諸子學的全面復興,還有待於我們對子學資料的搜集整理。諸子之書汗牛充棟,散落於各大圖書館,需要我們搜集;同時,諸子評論、研究資料也散落在各種史書、筆記、文集中,需要我們勾稽。我們期待這些材料的挖掘、整理,期待現代技術手段的運用,諸子資料庫和網站的建立,為學人提供更大的便利。

諸子學的全面復興,亦有待於我們對子學的全面研究。諸子學是一個開放多元的系統,各種方法,各種角度,思想的、哲學的、文學的、宗教的、文獻的,均應在歡迎之列。

歷久彌新的諸子學,承載着民族的精神,維繫着民族情感,在新的時代,依然散發着芬芳和魅力。今天,我們在此真誠地發出倡議:為諸子學的全面復興而努力!

(作者單位:華東師範大學先秦諸子研究中心)

# 古籍整理與中華文化傳承創新

——在"先秦諸子暨《子藏》學術研討會"上的發言

## 傅璇琮

《子藏》應該説是新世紀一個極大型的學術工程,文化學術界已有高度評價,認為這在學術傳承乃至整個社會生活中都具有重大而深遠的意義。

進入 21 世紀,古籍整理確已進入了新階段,許多大型類書、叢書如《續修四庫全書》、《中華再造善本》等工程相繼啟動。去年,黨的十七屆六中全會審議通過了《中共中央關於深化文化體制改革推動社會主義文化大發展大繁榮若干重大問題的決定》,明確指出,文化是民族的血脈,是民族凝聚力和創作力的重要泉源,是國家綜合競爭力的重要組成部分。在繼承與弘揚優秀傳統文化方面,古籍整理自然是重中之重。春節期間,中共中央政治局常委李長春同志代表黨中央看望了在京的文化界知名人士。我作為古籍整理研究領域的一員,有幸成為其中之一。李長春同志談得最多的,依然是期待我們古籍整理工作者能抓住這難得的歷史機遇,為中華文化和子孫後代留下一些寶貴的文化財富。他特別提出,當前全國文化界的形勢很好,黨的十七屆六中全會是我們党在領導文化建設歷史進程中一件具有里程碑意義的大事,標誌着我國文化建設迎來了繁榮發展的黃金期。今年是黨的十八大召開的喜慶之年,是貫徹落實黨的十七屆六中全會精神的關鍵一年。希望廣大文化工作者牢牢把握歷史機遇,進一步興起貫徹落實黨的十七屆六中全會精神的新高潮,以優異成績迎接黨的十八大勝利召開。今年 3 月 22 日,中華書局成立一百周年慶祝大會在北京人民大會堂舉行,李長春又出席接見慶祝大會代表,他在傳達胡錦濤同志祝賀辭後,又講話,在講話中特別提出:"出版更多思想性、知識性、可讀性相統一的優秀作品,更好地弘揚中華優秀文化,增強時代感和吸引力,推動中華文化走出去,在新的起點上再接再厲。"

要弘揚中華文化,培育民族精神,離不開對我國優秀傳統文化的繼承。中國古籍是中華民族歷史文化的主要載體,只有加強古籍整理工作和古文獻學研究,才能更好地挖掘中華民族豐富的文化遺產,以保持民族性、體現時代性,成為社會主義新文化建設的重要資源。因此,黨的十七大報告提出要"做好文化典籍整理工作",國家在近年也實施了為期十年的"中華古籍保護計劃"。

應該説,《子藏》工程正是順應時代潮流的事業,是承前啟後、繼往開來的學術壯舉。因此確有必要，研討已開始進行的工作經驗，可以作為古文獻學的學科建議，探索古籍整理方法的不斷創新和古籍整理理論的深入研究。

古籍整理與文化研究、文化建設有密切關係，現就文學古籍整理舉一兩個例子。以宋詩而論，大家知道，宋詩是中國詩歌史上繼唐詩之後又一個新的高峰，但這一高峰的形成，是與宋人對唐詩的編集、刻印分不開的。唐人詩文集，原都是傳抄本，至宋代絕大部分都經搜集、校注，如元代詩文大家元好問所見宋人杜詩注即有六七十種，他即稱之為"杜詩學"。北宋、南宋，都編纂有較大規模的詩文總集，如北宋前期的《文苑英華》《唐文粹》，南宋洪邁《萬首唐人絕句》，都對宋人研習前代文學提供翔實的資料。宋人的這些努力，促進了唐詩的傳播，開闊了人們對唐詩的認識，從而也提高了宋代詩人本身的文學素養。又如清代初期，好幾位學者編撰了好幾部大規模的宋代詩歌選集，這也影響到了清代宋詩派的形成與發展，乾隆時詩文名家翁方綱的肌理說及後來的同光體詩，都與當時宋集的大量編纂、刻印有關。由此可見，文學古籍的整理與文學創作、文學思潮有着密切的關係。

又如清乾隆時編纂大型古籍叢書《四庫全書》，同時又從學術角度為所有經史子集四部各書撰寫提要，即《四庫全書總目提要》。當時參加《四庫提要》初稿撰寫的，多為一流名家，他們發揮各自的專長，以義理與考據相結合，對各書考訂其異同，辨別其得失。故清季張之洞給予極高的評價，認為"將《四庫全書總目提要》讀一過，即略知學術門徑矣"（見其所著《輶軒語》）。現代古典文學界，有從學術史的角度，探討《四庫提要》的文學觀念流變與理論批評原則的，如有人認為，《四庫全書》對杜甫詩集的選錄及評論，是清中葉對杜詩學的一次總結和檢討；也有從歷朝詞籍提要中探索當時學者對詞的發展規律及詞學思想、詞學風格的認識的；更有一些論著，就文體學對《四庫全書》作出了系統的評述。這次《子藏》，除了廣泛收集子部書籍，亦撰有學術性提要，定會對古代哲學著作、哲學思想的研究起極大的推進作用，既繼承"辨章學術、考鏡源流"的目錄學傳統，更有所創新。

《子藏》工程在把握傳統文化基本命脈的同時，還綜合版本目錄學和學術思想史，整理出十分精確的文獻搜索範圍和編撰體例，明確所謂"子"是指諸子百家。《子藏》沒有簡單地照搬諸如《四庫全書》等所採用的"經史子集"的傳統分類。"經史子集"的"子"雜合陰陽五行、天文曆法、農業、醫學等。其在歷史上出現，有着複雜的時代背景。但隨着學術的發展，這樣簡單不加細辨的分類必然會造成編修內容與體例雜而不純、疏而不當，無法真正體現"子學"之所指及其在傳統文化中的基本特點與特殊地位，也無法滿足當下對古籍整理極高的學術性要求。此外，《子藏》也不簡單地以地域性為標準來局限、割裂傳統文化的內部有機聯繫，而是嚴格以歷史流變為依據，很好地體現和保護了傳統文化有機聯繫的整體性和傳承性。

在高屋建瓴、明確大框架的前提下，《子藏》在具體的編纂方面也頗具特點。它特設"儒家部"、"道家部"等諸"部"，以標識各家，分攝眾子；在版本擇取上，嚴格遵循"既全且精"的原則；且在收錄文本的同時，還為每一部書撰寫提要。此外，它還編有《諸子學刊》、《諸子研究叢書》等學術期刊、學術叢書，作為羽翼，貫穿始終。可以說，《子藏》工程是一個全面的、系統的、深入的古籍整理與文化研究工程。它為學術界所帶來的影響，是深遠而不可估量的。

　　這次《子藏》的大規模整理，一定能從學術上總結古籍整理方面必須達到的標準和要求，能推動古籍整理的規範化，必將有助於古籍整理工作的理論建設，並進一步明確古文獻學科的發展方向，完善古文獻學科的建設。我希望我們這次討論，通過對《子藏》整理工作的探索，對諸子學的總結性研究，將深刻闡明古籍整理與古文獻學在當代文化建設中的重要作用，回應黨和國家整理文化典籍、加強傳統文化建設的號召，為推進社會主義文化大發展大繁榮作出貢獻。我與在座同仁共襄盛舉，亦可謂幸甚至哉！

　　　　　　　　　　　　　　　（作者單位：清華大學古典文獻研究中心）

# 抓住機遇　共興子學

——"先秦諸子暨《子藏》學術研討會"綜述

## 李秀華

由華東師範大學先秦諸子研究中心舉辦的"先秦諸子暨《子藏》學術研討會"於4月6日至8日在上海召開。應邀參加本次研討會的學者近60名，分別來自各大高校、研究機構和出版社等單位，共向大會提交學術論文40餘篇。與會者主要就文化強國與先秦諸子及其學派的現代價值、先秦諸子及其學派的再認識、《子藏》編纂與古籍整理的持續推進、新時期諸子學發展大計等問題進行了廣泛交流和深入探討。這次會議期間，在舉辦方和與會者的共同推動下，中國諸子學會、中國莊子學會宣佈成立，以作為新時期復興諸子學的重要舉措。與會者並對兩個學會建立的必要性、可行性及意義展開了討論。

## 一、文化強國與先秦諸子及其學派的現代價值

黨的十七屆六中全會確定了文化大發展、大繁榮的國家戰略，文化強國已成為重要的執政理念。中國擁有延綿不斷的文明歷史，實施文化強國之策，顯然要依托於我們自己的優秀文化傳統。形成於先秦時期的諸子之學又是中華優秀文化傳統中的精髓，充滿生機和活力，開掘其現代價值、吸取其思想資源和發揮其學術精神，可以為構建中華現代文化提供智力支持，可以促進社會主義文化的大發展、大繁榮。對於文化強國與先秦諸子及其學派的現代價值這一議題，與會者表示出極大的興趣，紛紛建言發論。

浙江社會科學院徐儒宗研究員對儒家的中庸之道重新加以思考，批駁了當前關於儒家學說不適應現代、中庸之道已經過時的觀點，認為中庸是真善美、道德與知識、宏觀與微觀、高明與平凡、內聖與外王的統一，是以重人而不輕天、重群而不輕己、重本而不輕末、重義亦重利、重人文亦重科技、重和諧而不取消鬥爭為價值取向，這在世界經濟日趨一體化而民族文化日趨多元化的時代無疑具有指導作用，對於振興中華民族文化乃至促進全人類各民族文化的和平發展必將起到積極的進步作用。華中師範大學劉韶軍教授則以儒家後起之秀揚雄的《太玄經》為對象，詳細分析了此書所隱含的三分結構與三分思維，認為這突破了《周易》二分結構與

二分思維只說明原理不說明過程的局限,顯示了中國文化相容並包的氣魄,其中的內涵和歷史沉澱都值得我們思考、借鑒和發揚。

　　莊子思想的現代價值是與會者討論的一大熱點。遼寧大學涂光社教授重估了《莊子》政治批判的現代意義,認為莊子雖未能提供可付諸實踐的政治方略,卻把政治批判的矛頭直指先聖時賢違背自然的主觀行為以及常人的某些弱點,強調皈依自然、珍愛一切生命體,反對人類利欲的惡性滋長,這在當代依然極具啟示性。安徽大學孫以昭教授詳細剖析了莊子的山水觀,認為莊子及其後學對自然山水有很深入的觀察與體悟,他們提倡順應自然,不與自然爭勝、對立的哲學理念,具有超前意識和現實意義。南京大學包兆會副教授以莊子面對人生二難即"有用"與"無用"、"危國"與"危身"的思考為話題,探討了莊子所提出的人生二難之框架及其應對的方案,認為莊子的思考揭示了人類存在的真實困境,而其順乎自然、不執一端、忘卻得失的應對方式至今仍有啟發意義。上海大學郝雨教授則從我國現代人文精神的重新覺醒切入,引出對整個諸子人文思想的重新思索。郝教授概括了諸子及其學派所持有的基本理念,即"人最貴"、"本於個體"、"精神高於物質"、"以人為本",認為重樹諸子的人文精神傳統有助於削弱物質異化時代給人們帶來的傷害。

　　華東師範大學方勇教授從宏觀的角度將諸子學與文化強國結合起來進行論述。他在梳理了諸子學兩千年來的興衰史之後說,諸子之學承載民族精神,維繫民族情感,從來都是當下之學,伴隨後人對其文本的不斷詮釋、解構與重建而不斷煥發生機,文化強國離不開子學研究,子學研究必能促進經濟繁榮,如今國家昌盛,文運昭回,全面復興子學的時機已經成熟。在方勇教授看來,諸子學的全面復興是時代賦予我們的新的學術使命,也是一項長遠而艱巨的學術事業。為此,他提出了自己的思考,認為:諸子學的全面復興,尚有待於我們對子學的重新界定和認識,子學應有別於子部,子學之"子"當取"諸子百家"之"子"而非"經史子集"之"子";諸子學的全面復興,還有待於我們對子學資料的搜集整理,不僅要有像《新編諸子集成》這樣的校注本和《子藏·莊子卷》這樣的影印本,也應運用現代技術手段建立各種數據資料庫;諸子學的全面復興,更有待於我們對子學的全面研究,各種方法,各種角度,百花齊放,文學的、哲學的、宗教的、政治的、經濟的、軍事的、民俗的、文獻的、科技的,均應提倡。他極力呼吁與會者及同道:團結起來,為諸子學的全面復興而努力!

## 二、先秦諸子及其學派的再認識、再探討

　　全面復興諸子學,就離不開對先秦諸子及其學派持續而深入的再認識、再探討。諸子學是一個多元開放的系統,相容並蓄,無所不包,簡直就是一座文化的寶藏,只要會開採,就會有收穫。先秦諸子素有"九流十家"之稱,與會者有的從各家的代表人物與典籍入手,有的把諸子作為一個整體的學派加以討論。

作為儒家最具爭議的傑出人物,荀子受到了與會者的關注。復旦大學林宏星教授對荀子"可以而不可使"之主張作了哲學上的闡述,敷衍其微言大義。山西社會科學院耿振東副研究員重辨荀子的人性論,提出了荀子以生言性、以心言性和善化性惡的新見解。西華師範大學強中華副教授以理順荀子與《毛詩》的關係為務,不同意學界關於《毛詩》傳自荀子的一元判斷,指出兩者在詩學觀念上存在既相通又相別的微妙聯繫。

老、莊亦是與會者討論的焦點人物。上海大學邵炳軍教授對老子其人其書從老氏世系、老聃姓氏名稱、老聃生卒年、老聃出遊、《老子》成書年代等方面作了逐一考證,為我們理順出一條認識老子的新途。華東師範大學貢華南教授專以《老子》第二章為中心,深刻剖析了老子相反與回返的思想,並提出"回返之動屬於道域,相反之動屬於盜域"的嶄新見解。蘇州大學王鍾陵教授則從文本解讀的角度陳述了他關於《莊子》創新研究的一些看法,相信只要繼承並革新乾嘉傳統,抓住《莊子》一書的思維特徵、內在進程和文風變化這三項思路就能開創莊子研究的新局面。商丘師範學院劉洪生教授、揚州大學賈學鴻副教授、上海大學楊秀禮博士別開生面,專從民俗文化的角度來解讀《莊子》,分別考察了《莊子》中的豫東方言民俗、宋人形象塑造、北海若形象演變,又為莊子創新研究注入另一種活力。而旅居美國的日本學者武重淑子以自己對舞蹈的體悟,揭示出《莊子》所反映的兒童思維,亦是發前人之所未發。東北師範大學張洪興副教授解析莊子心學的層次和特點、山西大學楊文娟副教授歸納朱熹對莊子思想的評說與吸納、安慶師範學院李波副教授梳理清代《莊子》散文評點的流變,皆理據並茂,新意迭出。

首都師範大學白奚教授把論題轉向陰陽家所傳《太一生水》,着重闡述其吸納並超越於"水生論"的思想成果,認為《太一生水》將宇宙原素論上升到宇宙生成論,實現了新的哲學突破。北京大學許抗生教授通過反思自己早期所撰《先秦名家研究》一書,重新修正了自己對名家學派思想特徵的認識,認為名家學派並不是以辯論名實問題而著稱,而是以"專決於名而失人情"為基本特徵。華中師範大學高華平教授從整個先秦農業思想,特別是楚國農業思想發展的具體背景下來探討農家的淵源、形成、發展及其思想特點,得出農家學說實際是原始農業社會部落與氏族成員共同勞動的遺風且在三代演變成田籍制度之結論,極富說服力。上海財經大學張覺教授立於善本匯校的角度,對法家重要典籍《商君書》的歷代版本進行全面考述,並將序跋、題識輯錄在冊,為進一步研究《商君書》打下文獻基礎。陝西師範大學劉生良教授基於雜家典籍《呂氏春秋》的名稱,對其涵義以及作者寫作宗旨展開評述,主張將《呂氏春秋》視作雜家之祖。隨後,暨南大學張永春博士暢談民國時期國粹派的墨學,黃岡師範學院李桂生副教授解讀明代兵書《孫子參同》。至此,諸子各派皆有專論,可謂精彩紛呈。

華東師範大學李似珍教授又將討論的話題轉入對整個諸子學派的認識上來。她以張載《正蒙》為個案,重點探討了諸子的文本結構及其學術意義,彰顯理論深度。爾後,復旦大學劉康德教授談《世說新語》與諸子學的關係,浙江科技學院張涅教授談先秦諸子思潮的開端,漳州師範學院湯漳平教授談先秦諸子與戰國時代的楚國學術,都給人以諸子學的整體視閾。

## 三、《子藏》與古籍整理的持續推進

2011年12月,由華東師範大學先秦諸子研究中心主持編纂的《子藏》首批成果《莊子卷》問世,收錄歷代莊學著述302種,整合成精裝16開本162冊,製作十分精良。這是古籍整理中又一件值得載入史冊的幸事。《子藏·莊子卷》的成功,也引發了與會者對於推進古籍整理的一些思考。

原中華書局總編傅璇琮先生以耄耋之年親臨會場,參與《子藏》與古籍整理的討論。傅先生系統闡述了古籍整理與文化研究、文化建設之間的密切關係。他首先略舉文學古籍整理的例子加以說明,認為:宋詩高峰的出現實際上與宋人對唐詩的編纂、刻印分不開,唐人詩文集原都是傳抄本,至宋代絕大部分被搜集和校注,無形中就擴大了唐詩的傳播,開闊了宋人對唐詩的認識,同時也提高了宋代詩人本身的文學素養,清代宋詩派、同光體詩的形成、發展同樣如此,都與當時宋集的大量編纂、刻印有關。他隨後又以《四庫全書》為例,認為這部大型古籍叢書的編纂以及《四庫全書總目提要》的撰寫大大促進了當時學術的發展和繁榮,影響遍及方方面面。傅先生在討論中還對《子藏》工程予以高度評價,指出:《子藏》工程是一項順應時代潮流的事業,是承前啟後、繼往開來的學術壯舉,這個工程在把握傳統文化基本命脈的同時,亦綜合版本目錄學和學術思想史,撰寫每種著述的學術性提要,制定出十分精細的文獻收錄範圍和編撰體例,不是簡單地以地域性為標準來局限、割裂傳統文化的內部聯繫,而是嚴格地以歷史流變為依據,儘量體現和保護傳統文化有機聯繫的整體性和傳承性,並出版《諸子學刊》、《諸子研究叢書》作為羽翼,已達成一個全面的、系統的、深入的古籍整理與文化研究工程,必定會對古代哲學著作、哲學思想的研究起極大的推進作用,必定有助於古籍整理的規範化和理論建設,有助於進一步明確古文獻學科的發展方向。他希望,通過這次對《子藏》整理工作的探索,能深刻闡明古籍整理與古文獻學在當代文化建設中的重要作用,回應黨和國家整理文化典籍、加強傳統文化建設的號召,為推進社會主義文化大發展大繁榮作出貢獻。

復旦大學徐志嘯教授主要表達了他關於《子藏·莊子卷》問世後的一些感想,認為從《莊子卷》的出版品質可以看出編纂者對《子藏》工程學術品質的嚴格追求,相信此套叢書編完之後,必將有利於當今的文化建設,有利於古典文獻的保存和傳播,有利於中國傳統文化走向世界,必將成為一個傳世的文獻寶庫,為諸子學的全面復興打下一塊最堅實的基石。

北京大學張雙棣教授則為《子藏》下一步編纂《淮南子卷》提出了實質性的建議。他主張,編纂者不要輕視任何一個古代版本,應認真比對,找出差異,要盡可能地影印《淮南子》(包括注本)或《淮南子》研究著述的不同精善本,這樣做的目的一方面可保護古籍善本,另一方面又能借此編寫異文匯錄。

## 四、新時期復興諸子學重要舉措：成立中國諸子學會、中國莊子學會

建國以後，傳統文化的命運頗有起伏。改革開放至今，在世界文化多樣性的影響下，中國傳統文化作為中華民族特有的文化形態愈來愈受到重視，一直處於發展的良好勢頭，各種投入不斷加大，各級學會應運而生。諸子學亦沐浴其中，研究的隊伍逐漸壯大，成果也快速增多。但力量分散，重複勞動，研究無序，重大項目的開展偏少。這些都是新時期諸子學發展應該解決的問題。為此，與會者對成立中國諸子學會、中國莊子學會的必要性、可行性、意義以及具體的建制展開了熱烈討論，在意見達成一致的基礎上，宣佈了這兩個學會的成立。

與會者一致認為，在傳統文化中，子學僅僅次於經學，尤其是先秦諸子之書，儼然成了中國古代哲學思想和藝術創作靈感的活水源頭，兩千年來研習者趨之若鶩，諸子學至今已成為一個十分龐大的體系，紛繁複雜，有必要成立合適的學術組織來加以引領，諸子學會、莊子學會若能成立，正好順應了這一要求。上海社會科學院林其錟研究員並站在子學拓展研究與構建中國現代文化的角度闡述了他的看法。林研究員說，既爭鳴又互取是諸子的學術精神，而目前的子學研究很多都屬於見樹木不見森林的割裂式研究，有違諸子精神，有必要成立一個學會予以統合，引導學者重視貫通諸子學說的綜合式研究，由此而改變學者之間的成見，有利於構建以傳統文化為本位而橫貫中西、融通古今的中國現代文化。中國社會科學院陳靜研究員並指出，成立學會也是老一輩學者的心願，她就莊子學會舉例說，陳鼓應先生很早就有建立這個學會的打算，但一直未能如願，我們若把莊子學會建立起來的話，就在一定程度上幫助陳先生實現了心願，亦是學界之美談。

與會者又認為，當前我國傳統文化迎來了復興甚至新生的黃金時期，中央及各級政府切實加大了資金投入，諸子學正面臨難得的發展機遇，而華東師範大學敢於以振興文教、沾溉子學自任，編纂《子藏》，又創辦《諸子學刊》，發行《諸子研究叢書》，無疑是子學領域的領頭羊，這些條件的交匯就為諸子學會、莊子學會的成立提供了極佳時機，切不可棄而不顧。中國社會科學院陸永品研究員還談到了學會建立的一些實際情況。他說，黨中央實施文化強國建設方針，鼓勵建立各種學會以繁榮學術，且華東師範大學斥鉅資打造《子藏》工程，《莊子卷》162冊也已出版，向學術界表明了欲引領諸子學發展的決心，無疑可以作為諸子學會、莊子學會的掛靠單位，提供充足的運作經費，該校先秦諸子研究中心以《諸子學刊》為陣地，十分重視注意挖掘和培育諸子學人才，形成了一支優秀而穩固的學術團隊，所以建立諸子學會、莊子學會是基於天時、地利、人和而水到渠成之舉，也是回應時代召喚之舉。

與會者一致相信，這兩個學會的成立必能帶來重要的學術意義。傅璇琮先生即指出，建立學會對於學科建設很有作用，兩者可相得益彰，相互促進。他以中國唐代文學學會為例，進

一步論述了這個觀點。他說，唐代文學學會自1982年成立後開始每兩年一次會議，90年代升格為一年一次，不斷擴大，擁有《唐代文學研究年鑒》和《唐代文學研究》兩個會刊，還帶動成立了一批諸如李白學會、韓愈學會、李商隱學會這樣的二級學會，凝聚了一群唐代文學研究的精英，吸引和培養了大批青年學者，經常開會，效果很好，大大促進了唐代文學這一學科的發展，諸子學會、莊子學會的建立將同樣能夠起到這樣的作用。陸永品研究員非常認同傅先生的觀點，並認為諸子學會、莊子學會的建立還可以整合海內外處於分散狀態的科研力量，使學者在研究思路和方法上及時得到溝通，帶動諸子學研究走向規範、健康、有序的學術道路，為諸子學全面復興做好領路人，當好協調員，進而推動對我國文化學術源頭的深入研究，為建設文化強國貢獻力量。

關於兩個學會的具體建制，與會者亦有論及。安徽大學陳廣忠教授建議，諸子學會、莊子學會現在應着手起草章程，制定詳細的運作方案，吸納會員時應考慮自然科學方面的專家和國外的漢學家。王鍾陵教授就人事方面發表意見，認為會長、副會長、理事的人選應考慮到學術成就和結構平衡，要盡可能利於調動和整合各種資源。

在舉辦方和與會者的一致努力下，中國諸子學會（籌備）、中國莊子學會（籌備）宣佈成立。著名學者李學勤、傅璇琮、陳鼓應、裘錫圭、卿希泰、鍾肇鵬、熊鐵基、許抗生、譚家健、陸永品、曹礎基、崔大華、張雙棣、王葆玹、王鍾陵、楊國榮、葉舒憲等分別擔任了兩個學會中的不同職務，華東師範大學先秦諸子研究中心主任、《諸子學刊》主編、《子藏》總編纂方勇教授當選為中國諸子學會（籌備）、中國莊子學會（籌備）首任會長。

總之，這次"先秦諸子暨《子藏》學術研討會"，滙聚了一大批在子學領域頗有造詣的學者，他們將最新的研究成果公諸眾，互相切磋，見仁見智，走在了當代諸子學研究的前沿，重樹了百家爭鳴、思想自由的諸子精神。這次研討會還鄭重倡導為全面復興諸子學而努力，並推動產生了中國諸子學會（籌備）、中國莊子學會（籌備），完成基本的建制，是諸子研究史上的重要事件，功莫大焉。

（作者單位：台州學院人文學院）

# 稿　　約

一、本刊是研究諸子學的大型學術專刊,每年出版二輯,16開本繁體橫排,每輯50～60萬字。

二、本刊以追求學術品位自期,文必原創,務去陳言;言必有據、不尚空談爲首要。同時積極倡導學術争鳴之風,希望藉此發展學術。

三、本刊歡迎一切關於中國諸子學研究的學術文章,長篇短制皆在此例。既歡迎宏通高論,也歡迎具體研究。無論研究子學之思想、文學、歷史、版本、校勘、訓詁、音韻者,一律歡迎。也擬適量刊發有關諸子的書評,但不刊發只是一味美言而不肯指陳缺點的書評。

四、本刊所載,每篇包括題目、作者、正文、注釋四部分。文末請附上100～200字左右的"作者簡介",内容包括姓名、出生年月、性别、籍貫、學歷、職稱、學術特長、學術成果等。

五、來稿請使用新式標點符號,除破折號、省略號各佔兩格外,其他標點符號均佔一格。書刊、論文名稱均用"《 》"號,此點尤請海外學者注意。凡文中引文,務請作者認真校對一過。

六、請將文稿注釋統一爲腳註,注釋碼用圓圈内阿拉伯數字①、②、③……表示。第一次提及帝王年號,須加西元紀年,如"貞觀八年(634)"。中國年號、古籍卷數,皆用中文數字,如"太康五年"、"《管子》卷十四"。其他如西曆及雜誌卷、期號、頁等,則用阿拉伯數字。如:《元稹集》卷十三,北京中華書局1982年版,第147頁。又如:李學勤《齊侯壺的年代與史事》,《中華文史論叢》總第八十二輯,上海古籍出版社2006年,第2頁。

七、文稿請用A4型紙繁體字橫排打印,並發一份電子稿給編輯部。如確實不能用電腦打印者,也可直接寄送手寫稿。凡來稿,皆請注明真實姓名、通訊地址、電話或電子郵箱等。

八、來稿一經採用,不可再投别處。除經本刊同意,不接受任何已刊登之稿件。稿件中涉及版權問題,由作者本人負責。論文凡經本刊刊出,未經本刊同意,不得翻印、轉載。

九、來稿刊載後,即致稿酬,並贈送該卷雜誌1册。

十、來稿請寄:上海市閔行區東川路500號華東師範大學先秦諸子研究中心《諸子學刊》編輯部方山子先生收,郵編200241;或傳真投遞,傳真號(021)52752559;也可投傳電子文本,電子郵箱: zhuzixuekan@yahoo.com.cn。本刊編輯部電話號碼:(021)54345269。本刊在香港另設有編輯分部,稿件可寄:香港九龍塘窩打老道224號香港浸會大學中文系陳致先生收;或傳真投遞,傳真號(852)34115993。

《諸子學刊》編委會

# 編　後　語

　　《諸子學刊》自創辦至今，已有八年多的歷史，共向讀者順利推出第一至六輯刊物，得到了海內外學術界的廣泛好評。本輯是繼第三輯會議論文專輯（"首屆莊子國際學術研討會論文專號"）之後的又一學術會議論文專輯。

　　2012年4月6—8日，華東師範大學先秦諸子研究中心在上海舉辦了"先秦諸子暨《子藏》學術研討會"，其中心議題，一為成立中國諸子學會（籌備）、中國莊子學會（籌備），二是提出"全面復興諸子學"的口號，以全面推動諸子學的蓬勃發展。在大會上，華東師範大學先秦諸子研究中心主任方勇教授和原中華書局總編、清華大學古文獻研究中心主任傅璇琮教授，分別作了"為諸子學全面復興而努力"、"古籍整理與中華文化傳承創新"的主題發言。應邀參加本次研討會的學者近60名，分別來自各大高校、研究機構和出版社等單位，共向大會提交學術論文40餘篇。與會者主要就文化強國與先秦諸子及其學派的現代價值、先秦諸子及其學派的再認識、《子藏》編纂與古籍整理的持續推進、新時期諸子學發展大計等問題進行了廣泛交流和深入探討。今遴選其中約三分之二的篇目，經過作者在會議結束後的認真修改，編入本輯。

　　同年5月6—7日，臺灣屏東教育大學舉辦"東亞莊子國際學術研討會"，來自臺灣、大陸及新加坡、韓國等國家和地區的數十名莊學專家濟濟一堂，就莊子學中的諸多學術問題和東亞莊子學發展的前景進行了熱烈而深入的討論，是臺灣地區歷史上首屆國際性莊子學會議，在學術界具有一定的影響。根據舉辦方於2011年7月中旬與本刊主編在上海的當面商定，此次會議將遴選部分論文交《諸子學刊》發表，以進一步促進兩岸的學術交流和莊子學的共同發展。因此，經雙方協商，今將臺灣蔡忠道《嵇康莊學析論》、臺灣江美華《論莊子應世思想中的"我"與"他人"》、韓國姜聲調《宋人對〈莊子・養生主〉首段的探究》三篇會議論文，經作者會後的認真修改，編入本輯。

　　本輯主要是上海"先秦諸子暨《子藏》學術研討會"和臺灣"東亞莊子國際學術研討會"的論文專輯，亦可謂是兩次會議的論文合璧，昭示着兩岸諸子學合作研究具有良好前景。除此而外，本輯還另收入姚奠中先生《論治諸子》、鍾肇鵬先生《宋本〈春秋繁露〉書後》、尹振環先生《韓非子的進言術》、美國史嘉柏先生《〈史記〉與戰國遊說之關係》四篇論文。姚奠中先生是我國著名的學者、教育家、書法家,曾為章太炎先生的入室弟子,在文、史、哲、詩、書、畫、印各領域皆有建樹。今值先生百歲華誕之際,本刊恭録先生此篇舊文,以致賀忱。

《諸子學刊》編委會

圖書在版編目(CIP)數據

諸子學刊.第7輯/方勇主編;《諸子學刊》編委
會編.—上海:上海古籍出版社,2012.12
ISBN 978-7-5325-6711-9

Ⅰ.①諸… Ⅱ.①方…②諸… Ⅲ.①先秦哲學—研
究—叢刊 Ⅳ.①B220.5-55

中國版本圖書館CIP數據核字(2012)第260112號

**諸子學刊(第七輯)**
《諸子學刊》編委會 編
方 勇 主編
華東師範大學先秦諸子研究中心 主辦
上海世紀出版股份有限公司
　　　　　　　　　　　　　　　　　出版
上 海 古 籍 出 版 社
(上海瑞金二路272號 郵政編碼200020)
　　(1)網址:www.guji.com.cn
　　(2)E-mail:gujil@guji.com.cn
　　(3)易文網網址:www.ewen.cc
上海世紀出版股份有限公司發行中心發行經銷
南京展望文化發展有限公司 啓東人民印刷廠印刷
開本787×1092 1/16 印張27.25 插頁2 字數568,000
2012年12月第1版 2012年12月第1次印刷
印數:1—1,300
ISBN 978-7-5325-6711-9
B·805 定價:98.00元
如發生質量問題,讀者可向工廠調換